国家社科基金
后期资助项目
GUOJIA SHEKE JIJIN HOUQI ZIZHU XIANGMU

本土文化的他者：
浮叶女的底层叙事

The Otherness of Local Culture:
Oral History for Females from Fuye Village

严 静 著

社会科学文献出版社
SOCIAL SCIENCES ACADEMIC PRESS (CHINA)

国家社科基金后期资助项目
出版说明

后期资助项目是国家社科基金设立的一类重要项目，旨在鼓励广大社科研究者潜心治学，支持基础研究多出优秀成果。它是经过严格评审，从接近完成的科研成果中遴选立项的。为扩大后期资助项目的影响，更好地推动学术发展，促进成果转化，全国哲学社会科学工作办公室按照"统一设计、统一标识、统一版式、形成系列"的总体要求，组织出版国家社科基金后期资助项目成果。

全国哲学社会科学工作办公室

序

　　作为在北京的闽籍学术出版人，我始终对家乡的人文社会科学研究怀有一种特殊的情愫。2013年伊始，我与著名性别社会学者、浙江省社会科学院王金玲研究员和福建省委党校副校长刘大可教授商议，拟联合开展闽台区域特殊女性人群如"女五老人员"、惠安女、"铜钵寡妇"、"大陆新娘"、"福佬妈"、"万八嫂"、"明溪少妇"、客家妇女的口述史研究，邀请福建省委党校、龙岩市委党校从事社会学研究的教师和科研人员组成课题组，希冀出版一套妇女口述史丛书。如能成形，当属女性研究中一项具有学术价值和学术魅力的成果。可惜，由于种种原因，这个设想未能如愿，仅有福建师范大学严静副教授撰写的惠安女，历时7年访谈、调研、写作，得以完稿，并获批国家社科基金后期资助项目，由我原来服务的学术出版社——社会科学文献出版社正式出版。在即将付梓之际，我看到这近60万字的厚重书稿和精湛的文笔还是倍感欣慰，并在相当程度上化解了我对此项研究的心结。

　　本书最大的亮点在于研究内容，给学界呈现了生动的惠安女口述史，使其成为展现流动族群真实生存图景的重要研究参照。本书依据中心-边缘的话语体系和吉登斯的结构二重性理论，阐述作为惠安女的分支和延伸的浮叶女，在迁移到南日岛后作为"他者"的客体存在，经历了文化的冲突-适应-融合的过程，呈现了迁移历史中浮叶族群建构了从"边缘-他者-客人"到"中心-我者-主人"的话语政治，妇女的性别实践促使移民文化从边缘回归中心，并实现性别化的自我认同与再生产。基于此，本书关注并分析了村庄视野下浮叶女对原生地文化传统的沿袭和对迁移地文化的融合，以及女性视角下浮叶女重塑村庄文化结构并获得新的文化认同和价值，从而建构起新的浮叶女文化。从文化溯源上看，本书的田野调查点南日岛浮叶村位于台湾海峡，位于海上丝绸之路的沿线。随着海上丝绸之路贸易的发展以及浮叶人生存策略的选择，她们从惠安县域陆地迁移至海岛，这对于研究海上丝绸之路沿线区域的族群流动历史有重要的参考价值，也有利于深化对闽台文化的研究。

作者对南日岛浮叶村惠安女的口述史调研，在书中主要是通过村庄和女性两个维度进行的。

在村庄的视野下，浮叶女沿袭原生地的文化传统，保留着原生地的诸多文化因素。书中第三章"浮叶女对原生地文化的沿袭"介绍了浮叶女对原生地的历史记忆与族群认同，浮叶女族群迁移的经验及文化认同的强化，以及浮叶女对原生地文化沿袭的生活经验，着重阐述浮叶女所保留着的惠女服，并将其作为重要仪式、结婚、土葬时的服装；她们还保留着闽南话且熟练掌握莆田话；老一代在年轻时还有长住娘家的特殊婚俗，早婚而晚育，对待婚姻从一而终的态度而离婚成为道德耻辱；长住娘家的婚俗促使她们有类聚本能与姐妹伴，姐妹伴成为她们婚姻中重要的角色，也异化为集体自杀的行动可能性；沿袭原生地的石雕技术，不少浮叶女与石头有着神秘的情怀，从事建筑业者众；"男主外，女主内"的传统性别分工和丈夫出海打鱼的谋生策略，使浮叶女掌控家庭财权，也提升了她们的家庭地位。

浮叶女不仅沿袭原生地的文化传统，还融合迁移地文化，产生对迁移地的文化认同，二者相互强化，制约着浮叶女在日常生活中的行为模式。书中第四章详细介绍了浮叶女对本土文化的吸纳，表现为日常生活的本土化。她们封闭且鲜有出岛的生活方式、饮食习惯为南日岛人所同化，对待子女的教育也与南日岛人以九年义务教育为分界线的重男轻女做法趋同；民间信仰表现为有形的信仰而无果的传承，与本土文化交融所衍生的金、邱大人信仰，兼收并蓄原生地与迁移地信仰所形成的独特妈祖信仰，以及重阳节习俗的表达方式；繁琐的相亲仪式与婚配模式展现了婚姻是浮叶女重要的生命事件，婚配仪式表现出迁移地的程序特征；受制于父权制、重男轻女文化、姓氏制度，招赘婚姻盛行导致有情人难成眷属，对于面子的推崇使得礼金攀比成为习俗，表象的婚姻竞争使家庭在村庄的地位格局被重新调整，尤其是作为仪式载体的灯笼成为家庭地位分化的表征。该章还探讨了一个被忌讳却又无比重要的土葬仪式及原生性幻想，分析在特殊化的海岛语境下，岛民的魂魄观演变成对于土葬的原生性幻想，浮叶人对土葬趋之若鹜，家族坟墓成为家庭权力博弈的竞技场。随着土葬被政府明令禁止，浮叶女用绝食、非暴力不合作等方式作为弱者的武器，维护根深蒂固的土葬观。在巫术和灵媒部分，介绍了与神灵因缘际会的女性，她们天赋异禀，有着通晓未来、指点迷津的能力，巫术和灵媒在村庄盛行，她们对于村庄生活世界的深度渗透，异化为村庄治理的"第二力量"；此外，南日岛还存在着一个神秘的库拉圈，类似于马林诺夫斯基在《西太平洋上的航海者》中所提到的库拉圈，只是交换的等价物换成了鲍鱼，鲍鱼成为礼物流动的重要载体，也演变为库拉，在流通中逐渐形成库拉圈效应并体现村庄地位格局。对于全国广泛存在的重男轻女思想观念，本书却有不同的理解，从历史上溯源，分析海上风浪的险恶使得远洋捕捞成为女性的禁区，也促使重男轻女文化特质在岛上根深蒂固地传承下来。母系家庭衍生出浮叶女母凭子贵的利益策略，现代生殖技术成就了很多浮叶女的生子梦想，也固化了她们在家庭中的依附地位。很多浮叶人认为，女子无才便是德，在教育投入上的性别歧视和男孩偏好沉淀在很多浮叶人的思想观念里。

在女性的视野下，本书探讨了浮叶女如何重塑村庄文化结构，获得新的文化认同和价值，建构起新的浮叶女文化。书中描述了浮叶女作为积极的社会行动者，对村庄文化的改造和重塑，建构起特殊的浮叶女文化，影响村庄的日常生活。第五章所描述的浮叶女对村庄文化的塑造，不仅介绍了海上丝绸之路上活跃的生存者，还描述了清末民初延续到20世纪90年代的浮叶人在海上丝绸之路沿线国家讨生活的经历，展现了他们的性别分工及勤劳质朴的性格特质。

对于就业流动中的性别分工与夫妻关系重塑，本书给出了不同的理解，很多浮叶女出于家庭利益最大化的生存理性的考虑而选择流出，但她们的就业经历也导致自我异化和自我物化。父权制限制着浮叶女积极的就业，浮叶女不得不选择就业回流，在家里承担起养老抚幼的责任。男女生理上的差异形成不平等的家庭性别分工，也让浮叶女的性别化自我认同与再生产成为习惯。书中还有一个生动有趣的部分探讨攀比与竞争的游戏规则。面子是村里最为讲究的声誉，春节时村民操办的夸富宴和燃放鞭炮，将家庭财富展示给村民，并演化为互相攀比的竞争游戏。从传统乡土社会到现代工商社会变迁的过程中，很多年轻的浮叶女蜕变为精致的利己主义者，她们学会人情的熟练运作和面子的印象整饰，精心编制的社会关系网络改变了传统差序格局的交往方式。书中运用福柯的话语权力概念，描述了浮叶女阿琴婚姻危机的个案，探讨家庭成员和左邻右舍的关系话语，剖析旁观者对于新生家庭的婚姻维护，展示他们通过集体动员约束和维护婚姻，建构起一整套与家庭道德联系在一起的文化规则。至于父系家族的代际传承与儿女间分化的赡养逻辑，本书描述了父系家族代际传承建构的重男轻女的互惠体系，儿子对于家庭财产的继承与对于父母的赡养行为形成约定俗成的交换关系，女儿在赡养中的非正式身份并未妨碍她们的实践性赡养关系，尤其是在生育家庭中，母亲建构起积累性责任，并通过家庭的权力予以表达。

　　本书的学术价值还在于提出了浮叶女的迁移是历史上海上丝绸之路发展的重要环节，是海上丝绸之路研究的文化分支。目前对海上丝绸之路的研究更多地从经济、政治、文化发展的视角展开，但对于沿线的性别社会学研究却几乎没有。以沿线的流动族群作为个案进行口述史研究，可以留下生动的历史记载，丰富海上丝绸之路研究的相关内容。同时，本书实现了多学科的理论和方法的融合，将社会学的结构二重性理论、历史学的口述史研究方法和人类学族群迁移研究的理论和方法加以整合，取长补短，博采众长，探寻原生地文化在历史传承中受到迁移地文化潜移默化的渗透，经过冲突、磨合、适应并获得双重文化认同，由此获得新的规律性认识。除此之外，本书还丰富了流动族群的女性口述史研究。目前学界已经积累了一些关于区域女性的口述史研究，但对于流动族群的女性口述史研究相对较少。该书作者主要基于社会性别视角，将女性记忆的底层叙事置于历史的主体地位，探讨她们建构性别化的话语权力结构的过程，以她们的声音和情感体验对男权文化的挑战和对村庄公共秩序的重塑，对妇女口述史研究来说是重要的学术尝试。

　　在研究方法上，作者采用口述史研究方法记录流动女性族群最直接的感触与体会，用"女性自己的声音"进行底层叙事，不加修饰地展现流动女性族群真实立体的生存图景，是记载和传承妇女史的"活材料"。

书中不仅将历史分析与比较分析相结合，采用历时性和时段论方法对调查资料进行全面梳理，通过族谱记载、地方志、碑刻等文字资料，探寻浮叶女族群迁移的历史谱系，采用女性学独特的学科视角和社会性别理论进行原生地惠安女文化和迁移地莆田女文化的性别比较。作者还将口述史描述与文献分析相结合，采用半结构式或开放式的口述访谈，基于阐释学的叙事方法收集所需资料，使被访者在叙述中将处于碎片状态的个人经历拼接起来，做到"让女人自己说话"。具体操作中采用即兴式的口述采访，让被访者口述真实生活的经历，使文化表述和生活经验有效结合起来，形成对于社会事实的厚描述。书中采用文献搜索、看族谱记载和碑刻等方式予以补充，以此探索浮叶女的性别特征，多维度展现其立体化的生存图景。本书还有一个亮点在于话语分析和历时性研究相结合。在对资料的分析处理上，采用话语分析和历时性研究相结合的方法，通过话语分析探寻女性在村庄的建构身份及其意义，以及所处的社会地位状况和生存图景。通过历时性研究可以从特殊的角度阐明经验同话语之间的关系，探讨话语氛围和时间周期如何影响女性个体的生活经验和身份地位，以及原生地文化和迁移地文化如何形塑浮叶女，她们的文化适应及融合的状况。具体操作上综合运用类属分析、情境分析、事件－结构分析等方法进行深度二次分析。

本书还具有工具书的功能，为妇女口述史研究提供文献的线索性导引，从纵向和横向两个维度呈现了近十年来国内外的学术成果。在纵向上，采用历时性方法和时段论回顾学界对于异域文化的本土变迁的相关论述，阐明迄今为止的发展流派与阶段性特点；在横向上，侧重于综述各相关学科的研究范式、运用的理论视角、借助的分析方法与资料来源，以及研究发现与得到田野调查支持的理论解释等。全书正文后还归纳整理了国内外参考文献，大都是研究妇女口述史的最新文献，也不乏经典著作，为学术界日后在女性口述史研究上提供了文献检索的便利。

严静副教授履职福建师范大学以来，为了当年约定的课题投入了7年多的时间，做了非常扎实的田野调查，获得的口述史资料真正发出"女性自己的声音"，并以厚重的书稿获得国家社会科学基金后期资助。她虽为学林新株，乃欲将有所作为，不求闻达，但求友声，恭候学界同仁拨冗雅正，也希冀以此为契机，激励更多志同道合的同行为女性口述史继续投入更多的创作热情，进行更多的学术尝试。

　　是为序。

2022 年初夏于北京轻阳疫中

目　录

第一章 口述史与女性叙事

对于南日岛的最初印象始于先生的描述，他曾绘声绘色地描述了这样一个神奇的海岛，海是那么的湛蓝，天空点缀着些许的白云，海边山坡上晾晒着海带，海里养着鲍鱼，在傍晚时分，还可以在海边见到小海龟……在外人的眼里，南日岛是从陆地分离出去的一个小岛，那里的人应该过着世外桃源般悠闲的农耕生活。而事实是，海岛位于台湾海峡，是福建的第三大岛，总陆地面积 52 平方公里，岛岸线总长 66.4 公里，它由 111 个岛礁组成，其中面积 0.1 平方公里以上的有 18 个，故有"十八列岛"之称。论其人口也有 6.1 万之众。诚如我屡次踏访南日岛的经历，新鲜而充满着憧憬，神秘而带着亲切的盼望，总是在每次的停留后对海岛有着更深刻的认识和领悟。而之所以要在这样一个神秘的海岛上选择一个村落作为调查的地点，则有多重的考量。浮叶村是乾隆年间从惠安迁移过来的渔民繁衍成的一个村落，保留着惠安文化的诸多特征，比如惠安女的服饰、婚俗、生活习惯，但在莆田语系为主体的南日岛却受到其他文化潜移默化的影响，相异的文化不断地冲突、磨合，并最终适应，衍生出惠安文化和莆田文化交融辉映的浮叶文化，这也是本研究的一个兴趣点。同时，口述史是一个重要的田野调查方法，但将其作为资料收集方法来呈现生动立体的浮叶女生存图景的文献却是寥寥无几，这更加凸显本研究对于浮叶女口述史研究的价值。

第一节 口述史的学术价值

口述史是保持历史事实的原始资料和档案储备，收集口述史的过程也是收集第一手史料的过程。对于历史传承而言，口述史是一种亲身经历、亲眼所见的历史记忆，是对文献资料的重要补充。1978 年，英国口述史学会第一任主席汤姆逊（Paul Thompson）在其著作《过去的声音：

口述史》① 中，将口述史称为"过去的声音"，它与文献资料记载一起成为记录历史的两种方式。文献资料提供可信的历史，而见证人的口述史则提供更加公正的历史。熊月之曾指出："口述史在复原历史方面，有其他任何档案、文献资料无法替代的价值。"② 常建阁从历史记录的广度指出："人类活动无比繁复，即使再详细的文献、档案，也只能记录其中极为微小的一部分。人们生活中所历、所见、所闻、所传闻的种种活动、认知，不一定都能载入史册。以往的档案、文献，比较侧重于记录统治阶层、社会精英和政治方面的活动，对普通民众生活、经济活动、社会生活、妇女生活则记录较少，即使有也多为枯燥的统计数据，缺少有血有肉的个案记录。口述史可在这方面弥补传统档案、文献的不足。"③ 口述史方法的采用使得田野调查的现实感具有朴素和多样的特点。众所周知，文字记载没有"在场性"，缺乏"活态交流"。对于民族志调查而言，需要将现场感和讲述者融为一体，获得讲述者带来的活生生的经验，从而直接从现场听到多样化的声音，理解不同的场域所隐喻的意义，以及话语和情境背后的原因，并赋予个性化的理解。从某种意义上说，口述史恰恰为民族志研究提供了零距离的现场体验，口述不只是认识对象、反映事实、叙述和传达的方式，更是言说意义现场、建造关系结构的重要因素。调查者、口述者、现场情境之间形成共同体的关系结构，彼此互相理解和认知，达致默契的互通，使叙述变得丰富多彩。④ 口述史主要呈现的是生动、立体、通俗的语言表达，同时辅以影视、音乐、旁白等方式，以完整、真实地记录下历史的"活"材料，贴近生活的表现方式让人们直接观看和评说，再现活生生的历史事实。⑤ 随着国外口述史学理论与本土实践的充分结合，口述史研究在近十几年来在诸多领域都有长足的发展。戴逸先生认为，现代"口述历史"是在现代社会"记录、保存、传播历史知识"手段取得重大进步的条件下"应运而生"

---

① Thompson, P. *The Voice of Past: Oral History.* New York: Oxford University Press, 1978.
② 熊月之：《口述史的价值》，《史林》2000 年第 3 期。
③ 常建阁：《对口述史价值的思考》，《黑龙江史志》2012 年第 11 期。
④ 徐杰舜、彭兆荣、徐新建：《对话：人类学高级论坛与中国人类学家口述史》，《民族论坛》2014 年第 4 期。
⑤ 李小沧：《现代口述史对传统历史学的突破与拓展》，《天津大学学报》（社会科学版）2011 年第 1 期。

的；过去的"历史学家奉'文省事增'为概写历史的准则，但文字过于简略，就不可能把历史过程的细节详细地笔录下来，就会有简化、省略、遗漏及错误的地方。而录音则能够保存耳闻目睹者原始的叙述，每字每句毫无差错，连语气口音都不会走样，而录像更能够保存口述者生活和行动的某些片断形象，使后人与原始口述者几乎零距离"。① 刘志琴教授则把田野调查引起史学研究者的关注和口述史的兴起视为当代中国史学发展的两大趋势，并指出，"这两者标志着当代史学研究的视野从单纯的文献求证转向社会、民间资料的发掘，这是历史学进入 21 世纪的重要倾向。对传统的史学研究方法来说，口述史学无疑是一场革命性的变革"。②

可以说，口述史将历史研究的视角从上层精英转向底层民众，去重新寻访被人们遗忘的历史，保存那些即将逝去的过去的"声音"，作为一部"活着"的历史，口述史的价值与意义非凡。

采用口述史的方法来记录村庄中女性的真实生活和情感体悟，可以避免口耳相传所带来的误传，还原真实生动、原汁原味的历史经验。诚如《论语》，就是由孔子的弟子记载他说过的话，我们今天看到的"子曰"，就是对话体，这种老师说学生听的方式可以减少第三方转述所带来的以讹传讹的风险。故此，左丘明在《左氏春秋》里予以诠释：

> 是以孔子明王道，干七十余君，莫能用，故西观周室，论史记旧闻，兴于鲁而次《春秋》，上记隐，下至哀之获麟，约其辞文，去其烦重，以制义法，王道备，人事浃。
>
> 七十子之徒口受其传指，为有所刺讥褒讳挹损之文辞不可以书见也。鲁君子左丘明惧弟子人人异端，各安其意，失其真，故因孔子史记具论其语，成《左氏春秋》。
>
> （《史记·十二诸侯年表》）

由此可见，用文字记载和转述的"书见"形式有其局限性，这就凸显了口述资料的真实性和流传的优势。用口述史来书写女性所经历的历

---

① 戴逸：《漫谈口述历史》，载王俊义、丁东主编《口述历史》（第 2 辑），中国社会科学出版社，2004，第 3~5 页。

② 刘志琴：《口述史与中国历史学的发展》，《光明日报》，2005 年 2 月 22 日。

史，更能展现生动真实的女性经验。

作为女性学家，创作了《让女人自己说话》系列丛书的作者李小江教授也指出，"在这个世界上，除了女人自己，再没有任何人能帮助她们认识自己，……从妇女口中叙述出来的历史虽然由于角度、观念的不同而与正史有很大差别，但却是极其珍贵的。她们叙述出来的历史事件、民风民俗更贴近妇女自身的生活，也更接近人类的自然状态，口述史可以不加任何修饰地反映人类生活本身。……她们的口述记录，可以看到她们在历史上划过的痕迹。"对于妇女口述史的价值，李小江教授强调，"口述史可以通过妇女独特的视觉，给人类生活方式提供多种选择。我们的使命便是挖掘、整理和保存它们，不让它们消失在人类历史的长河中。口述史之于人类的今天、未来，它所揭示的价值都是不可估量的"，① 可以有效解决"妇女几乎无史"的被动局面，具有将妇女载入史册的价值意义，有助于丰富和完善人类对自身历史的认识。

第二节　相关文献的综述

在女性视野下，村庄具有强烈的共同体的意味。村庄是自然形成的、整体本位的，由亲属、邻里和情感作为联结纽带，有其特有的惯习和秩序，其变迁的方向是利益合理化的机械社会，② 宏观层面体现为国家权力的文化网络的渗透，微观层面具体化为生活的共同体，存在个体与村庄间的互助与依赖，③④ 这样的传统乡村共同体具有高度价值认同和道德内聚，基于本土化的伦理和自治的本质，女性会形成适应于乡村秩序的特有的惯习和道德伦理义务，⑤ 并在一定条件催化下建构为村庄女性的

---

① 黎曦：《妇女口述史：人类历史的另一半——访中国女性学家李小江教授》，《中国民族》1995 年第 8 期。
② 斐迪南·滕尼斯：《共同体与社会——纯粹社会学的基本概念》，张巍卓译，商务印书馆，2021，第 52～53 页。
③ 李国庆：《关于中国村落共同体的论战——以"戒能—平野论战"为核心》，《社会学研究》2005 年第 6 期。
④ 郑浩澜：《"村落共同体"与乡村变革》，载吴毅主编《乡村中国评论》（第一辑），广西师范大学出版社，2006。
⑤ 余涌：《道德权利和道德义务的相关性问题》，《哲学研究》2000 年第 10 期。

"关系共同体"① 和 "文化共同体"②；吉登斯的结构二重性理论所持有的观点 "社会系统的结构性特征对于它们反复组织起来的实践来说，既是后者的中介，又是它的结果" 可以支持这样的解释。因此，结构可以被认为是模式化的社会关系或社会现象，通过人的行动外在地表现出来，制约着村庄主体的自由创造，村庄业已存在的规则和制度体系，深刻地影响女性的思维模式和行为方式；③ 相对于本土的主流文化而言，亚文化假说认为，外来文化能否实现本土化变迁取决于村民对原有文化价值的保持程度，尽管外来文化与本土文化会产生磨合的阵痛，导致异质文化间的冲突和矛盾，但会在文化变迁中逐渐渗透并消解融合；结构同化理论更支持了外来文化与本土文化在社会经济方面的趋同必将逐步消除二者在思想和行为模式上的差异。但也要看到，外来文化，在本土化变迁过程中，还会延续自身的发展脉络和文化精髓，但也会产生异化，导致同质的文化发展为具有区域特点的异构文化，蜕变为崭新的文化形态，成为同质异构文化，既有理性的建构又有自然的潜移默化。④

在村庄的视野下，女性是主动的个体行动者，但也是地位结构中的弱者。村庄是 "去国家化" 的 "伪个人主义社会"，村庄结构是脱离时空的虚拟秩序，处于具体情境中的女性个体行动者作为理性小农，其实践活动并不必然是集体行为选择，⑤ 而是具有个体能动性，对村庄秩序有解构的作用，使秩序得以再生产和重塑；⑥ 社会地位分析理论认为，迁移人口的外来身份以及由此而生的边缘感觉和不安全感，都在一定程度上影响他们的参政、经济和家庭生活安排，与本土村民对比，他们的个人发展更需要主体地位的确认和本土文化的认同；交换理论认为，文化的建构是外来与本土人口将各自所拥有的资源进行理性交换的结果，

---

① 胡必亮：《关系共同体》，人民出版社，2005，第2~3页。
② 苏海舟：《直至1978年前的中国农村：共同体还是社会——关于共同体论战的另起与自解》，2017年5月16日，http://publishblog.blogchina.com/blog/tb.b/?diaryID=4886888，最后访问日期：2021年8月26日。
③ 安东尼·吉登斯：《社会的构成》，李康、李猛译，生活·读书·新知三联书店，1998。
④ 林聚任、刘翠霞：《论乡村社会秩序的重建——"共同体"之路》，载林聚任、何中华主编《当代社会发展研究》（第2辑），山东人民出版社，2007。
⑤ 胡必亮：《关系共同体》，人民出版社，2005，第2~3页。
⑥ 同③。

异地生存的不稳定性和压力强化了外来人口的交换意识，促成了原生文化与本土文化的互动和交换，逐渐演化为新兴的文化形态；[①] 选择理论认为，迁移人口带走原生地的同质性文化，即保留着原生地的文化礼仪和风俗习惯，到达迁移地后有着强烈的融入愿望，会选择性地筛选，析出原生文化的精华并加入本土文化的可资利用之处，建构差异化的文化结构。

纵观现有的文献可以发现，国内外学者对于村庄和女性的解释更多的是基于男性主义的视角，女性在村庄文化建构历史进程中的能动性和贡献没有得到相应的关注；在研究中所采用的理论体系更多的是沿用普遍化的观点，而没有从女性学独特的学科视角和性别理论加以描述分析；且往往着眼于宏观社会环境、经济发展、文化氛围的考量，缺少具体生动的女性叙事的描述；同时，研究的学科视角较为单一，更多从经济学、社会学、管理学等独立的学科视角加以分析，没有综合采用社会学、女性学、人类学、人口学等多重学科视角进行高屋建瓴式的整体把握。对于文献的梳理和综述说明有必要把女性及其村庄这个互相联系的整体作为一个重要的研究领域，在理论思考和田野调查中进行更多的学术投入。

第三节　口述史与妇女口述史

一　口述史的界定及其历史谱系

口述史作为田野调查的资料收集方法，有较长时间的运用历史。早在 3000 年前，我国周朝便有专门为史官收集人们言谈的书籍，主要记载君王的言行举止。到了汉代，司马迁在《史记》里则确实运用口述历史方法来收集资料。但是口述史真正发展却要追溯到 20 世纪中叶以后，作为具有较强专业性的研究方法，有必要探讨口述史的相关议题。

（一）何谓口述史？

对于口述史的定义，国内外学者已有相关的阐述。18 世纪英国学者

---

① Strong, Bryan, Christine DeVault and Theodore F. Cohen. *The Marriage and Family Experience: Intimate Relationships in a Changing Society*. Nashville: B & H Publishing, 2010.

塞缪尔·约翰逊就有过"所有的历史最初都是以口述的形式存在"① 的论断。早在 20 世纪 40 年代，口述史不仅是"关于人们生活的询问和调查，包含着对他们口头故事的记录"，② 口述历史是以录音访谈的方式收集口传记忆以及具有历史意义的个人观点，而且是以笔录或影音的方式来搜集、整理特定个人、群体或组织的"口头回忆和重大历史事件的个人评论"。③ 口述历史不仅包括访谈所得的具有保存价值和迄今尚未得到的原始资料（即包括文本的、多媒体的"口述史料"），也包括对口述史料的收集和整理以及对这些资料所进行阐释的"个人观点"。美国哥伦比亚大学教授亚伦·内文斯说："口述史是用现代科技产物录音机、录像机来实现口述语言、声音、形象的保留，是有声音，可倾听，可观赏的历史。"④ Starr 说："口述历史是通过有准备、以录音机为工具的采访，记述人们口述所得的具有保存价值和迄今尚未得到的原始资料。"⑤ 保尔·汤普逊认为，口述史给了我们一个机会，把历史恢复成普通人的历史，并使历史密切与现实相联系。口述史凭着人们记忆里丰富得惊人的经验，为我们提供了一个描述时代根本变革的工具。⑥ 唐纳德·里奇的定义较为详尽，他认为"口述历史是以录音访谈的方式收集口传记忆以及具有历史意义的个人观点。是一位准备完善的访谈者向受访者提出问题，并且以录音或录影记录下彼此的问与答。……口述历史不包括无特殊目的的随意录音，也不涵盖演讲录音、秘密窃听录音、个人录音日记，或者其他不是经由访谈者与受访者对话而来的声音记录。"⑦

较早进行中国口述史实践的冯骥才，就是用口述史的写作方式来"记载心灵的历程"，"因为只有底层小百姓的真实才是生活本质的真实。"⑧ 自

---

① 唐纳德·里奇：《大家来做口述历史》（第 2 版），王芝芝、姚力译，当代中国出版社，2006，第 3 页。
② 保尔·汤普逊：《过去的声音：口述史》，覃方明、渠东、张旅平译，辽宁教育出版社，2000，第 37 页。
③ 同①，第 2 页。
④ 杨祥银：《与历史对话：口述史学的理论与实践》，中国社会科学出版社，2004，第 1 页。
⑤ Louis Starr, "Oral history", in *Oral History*: *An Interdisciplinary Anthology*, edited by Dunaway David K. and Baum Willa K. New York: Rowman & Littlefield Pub Inc, 1984.
⑥ 同②，第 22 页。
⑦ 同③。
⑧ 冯骥才：《一百个人的十年》，江苏文艺出版社，1991，第 8 页。

此后的文化人类学家将口述史研究方法定义为一种通过对话方式收集历史事件重要资料的一种方法，侧重于对"原生态"资料的收集和整理，[①] 是以同被访谈者有目的的访谈录音、录像所记录的口述资料、作为构建或复原历史原貌的重要史料文本的一种科学方法。[②] 民族史学家张双志、于洪认为，"口述史就是研究者运用相关手段包括调查访问、记录、录音、录像等，收集所需口头材料，经与文字史料核实，整理成文字稿，以供人们研究的历史研究方法"。[③] 著名作家程中原认为，口述历史即为"亲历者叙述的历史"。[④] 杨立文说："口述历史最基本的含意，是相对于文字资料而言，就是收集当事人或知情人的口头资料，它的基本方法就是调查访问，采用口述手记的方式收集资料，经与文字档案核实，整理成为文字稿。"[⑤] 口述史是"亲历者叙述的历史"，[⑥] 主要是指非亲历者或知情者写作的历史回忆录，[⑦] 是通过传统的笔录或者录音和录影等现代技术手段的使用，记录历史事件的当事人或目击者的回忆而保存的口述证词，[⑧] 可以为廓清历史真实提供大量的"在场"经验。口述史建立在访谈对象对过去的事情进行回忆的基础之上，其宗旨在于挖掘和再现"作为社会发展进程的大众记忆"。[⑨] 大众记忆作为普通民众在日常生活、生产过程中逐渐产生、长期积淀而成的一种文化模式，既反映了特定区域的民众集体生活，同时也承载着民众丰富的"集体记忆"和历史讯息。[⑩] 李宝梁将口述史的内涵界定为亲历者叙述的历史，不仅包含一问

① 李向平、魏扬波：《口述史研究方法》，上海人民出版社，2010，第 7 页。

② 曲彦斌：《略论口述史学与民俗学方法论的关联：民俗学视野的口述史学》，《社会科学战线》2003 年第 4 期。

③ 张双志、于洪：《口述史在民族史研究中的功用及相关问题》，《西北民族大学学报》（哲学社会科学版）2004 年第 4 期。

④ 程中原：《谈谈口述史的若干问题》，《扬州大学学报》（人文社会科学版）2005 年第 2 期。

⑤ 杨立文：《论口述史学在历史学中的功用和地位》，载《北大史学》（第 1 辑），北京大学出版社，1993。

⑥ 同④。

⑦ 虞和平：《口述史学的学术特点》，《北京党史》2005 年第 6 期。

⑧ 杨祥银：《关于口述史学基本特征的思考》，《郑州大学学报》（哲学社会科学版）2010 年第 4 期。

⑨ 齐小新：《口述历史在美国刍议》，《北京大学学报》（哲学社会科学版）2002 年第 3 期。

⑩ 尤育号：《口述史、生活史与民间文化研究》，《温州大学学报》（社会科学版）2013 年第 5 期。

一答式的口述成果，而且包括当事人自己用笔写下亲身经历的著作，如回忆录、人物传记等。① 杨祥银认为，"口述历史就是指口头的、有声音的历史，它是对人们的特殊回忆和生活经历的一种记录。"②

李小江认为，口述史是一种将记录、发掘和认识历史相结合的史学形式，通过调查访问，用录音设备收集当事人或知情人的口头资料，与文字档案核实，整理成为文字稿。其中，口述史是通过口述完成的，但口述资料并不同于口述史；口述是史学研究中可以普遍使用的方法，但仅仅是引用口述材料做专论的史书还不能看作是口述史，典型的口述史应是史学家退居幕后，让事件的参与者直接进入历史前台，扩大史学研究的话语空间，成为"历史的主体"。口述史应是一个体现口述特点的完整过程，研究者在采访、收集、整理、编辑成书的过程中，应将口述人或口述所反映的事实放在重要的位置。③

（二）口述史发展的历史谱系

口述史是指以访谈、口述方式，记载过往人事，搜集史料的一种学术活动。口述史形式古已有之，代不乏人。比如，司马迁作《史记》，就使用了不少口述史料；贾思勰在《齐民要术》"自序"中写道，他的书是"采捃经传，爰及歌谣，询之老成，验之行事"而写成的，"询之老成"隐喻了口述史的方法。

1. 口述史的萌芽

不管是西方还是中国，口述史的源起都较早。世界各民族文化史上的各种形式的口头传说，"以其所能透析、折射或印证的历史文化而论，则可谓非现代口述史学性质的、传统的、原生态的口述史料"。④ 在西方，口述史书的代表就是《荷马史诗》《马可·波罗游记》。特别是《荷马史诗》的形成经历了一个很长的口耳相传的时期，成为口述史目前能够追溯到的重要源头之一。从实质内容上看，《荷马史诗》是荷马整理出来的许多民间行吟歌手的集体口头创作成果，公元前 8 世纪后逐渐定

---

① 李宝梁：《现代口述史的兴起与研究述要》，《社科纵横》2007 年第 7 期。
② 杨祥银：《与历史对话：口述史学的理论与实践》，中国社会科学出版社，2004。
③ 杨洁：《妇女口述史国际学术研讨会综述》，《历史研究》1999 年第 2 期。
④ 曲彦斌：《略论口述史学与民俗学方法论的关联：民俗学视野的口述史学》，《社会科学战线》2003 年第 4 期。

型为战争传说，公元前 6 世纪以文字形式记录下来，公元前 3 世纪后由亚历山大里亚学者编订而成。《荷马史诗》中有关特洛伊木马的传说已为现代的考古研究证实。修昔底德写《伯罗奔尼撒战争史》，大量采用口述史料，并运用缜密求真的科学方法，怀疑某些口述史料的可信度。他说："关于战争事件的叙述，我确定了一个原则：不要偶然听到一个故事就写下来，甚至也不单凭我自己的一般印象作为根据。我所描述的事件，不是我亲自看见的，就是我从那些亲自看见这些事情的人那里听到后，经过我仔细考核过了的。就是这样，真理还是不容易发现的。不同的目击者对于同一个事件，有不同的说法：他们或者偏袒这一边，或者偏袒那一边，或者由于记忆的不安全。"[①] 16 世纪，在欧洲人征服美洲期间，西班牙殖民者就依靠口述资料为土著重构了历史，殖民者主要搜集被殖民地幸存者的证词，记录他们的经济、社会和宗教传统，并用殖民者的文化价值观念加以改造和扭曲，尽管如此，还是为后来的哥伦布发现新大陆以前的美洲历史提供了重要的口述资料。[②] 伏尔泰的著作曾参考了包括个人回忆在内的很多生动形象的口述史料，记录旧朝廷臣、仆役、大领主以及其他人士的谈话中相互吻合的事实。研究法国大革命的朱尔斯·米舍莱就以大革命发生后半个世纪作为研究的时间段，"走入乡间酒肆就可以听到的农人、商人、老者、妇女，甚至孩童的回忆所汇成的资料"，作为官方资料的重要补充。公理制[③]牧师威廉·戈登访谈了美国独立战争的参战者，对一位重要参战者里维尔进行了"相当充实而准确"的访谈。到了 1870 年，美国出版家休伯特·班克罗夫特派人搜集 19 世纪墨西哥军事将领、文人官吏以及美国初期拓荒者的文件和回忆录，编纂了《加利福尼亚州史：1884—1890》。马克思的《资本论》也引用了来自报刊、白皮书和回忆录等丰富翔实的口述史料。

在中国，远古的神话传说就是通过无数人的口述，为后人保存了先辈生活、生产、军事、祭祀及治水等各种活动的记录。周朝设有专门为

---

① Moss, William W. "Oral History: What Is It and Where Did It Come From?" in *The Past Meets the Present: Essays on Oral History*, edited by David Stricklin and Rebecca Sharpless. Landam, Md: University Press of America, 1988.

② Jaksic, Ivan. "Oral History in the Americas," *Journal of American History* 79 (1992): 590.

③ 基督教新教教会体制的一种。

史官收集人们言谈内容的书记员，《礼记·玉藻》记："动则左史书之，言则右史书之"。司马迁在写《史记》时，不仅通过"读万卷书"搜集文献史料，而且通过"行万里路"搜集口述史料。他将五帝的传说正式载入《史记·五帝本纪》。他在《太史公自序》中回答"昔孔子何为而作《春秋》"时说："余闻董生曰：'周道衰废，孔子为鲁司寇……以达王事而已矣'"。《史记·刺客列传》最后谈及荆轲刺秦王的史料来源时说："始公孙季功、董生与夏无且游，具知其事，为余道之如是。"《史记·李斯列传》开头关于李斯观察和议论"厕中鼠"和"仓中鼠"的生动逼真的描写，《史记·项羽本纪》中关于鸿门宴人物言谈举止、音容笑貌的栩栩如生的描绘，应该也是司马迁采自当时的口述史料。正如顾颉刚所说："凡是没有史料（文献史料）做基础的历史，当然只得收容许多传说。这种传说有真的，也有假的；会自由流行，也会自由改变。改变的缘故，有无意的，也有有意的。中国的历史，就结集于这样的交互错综的状态之中。你说它是假的吧，别人就会举出真的来塞住你的嘴。你说它是某种主义家的宣传吧，别人也会从这些话中找出不是宣传的证据。你说它都是真的吧，只要你有些理性，你就受不住良心上的责备。你要逐事逐物去分析它们的真或假吧，古代的史料传下来的太少了，不够做比较的工作。所以这是研究历史者所不能不过又极不易过的一个难关。"[1] 唐德刚被认为是现代最早从事中国口述史的专家，他说："一般学者总以为口述史是哥伦比亚大学教授内文斯先生一人提倡起来的，殊不知它是我国历史学里的老传统。早在秦始皇统一六国的末期，发生了荆轲刺秦王事件。这一件所谓'图穷匕见'的暗杀案，从开始到结束，不过短短几分钟。当时在场者除荆轲与秦王外，还有一个医生夏无且在侧。数十年过去了，当事人也都死了。历史学家司马迁要写这段历史，为了发掘历史的真相，他可能请教了夏无且医生的老朋友公孙季功和一位董先生。他俩都听过夏医生亲口说过这件暗杀事件的始末，现在司马公再访问他两人以明真相。最后他才根据这个访问记录，写出那比较可靠的惊心动魄的《刺客列传》来，这就是我国史籍中最早的'口述历史'。"[2]

---

[1]　顾颉刚：《战国秦汉间人的造伪与辨伪》，《史学年报》1935 年第 2 期。

[2]　徐承伦：《关于胡适、李宗仁的口述历史及其他——唐德刚教授访问记》，《文史哲》1993 年第 6 期。

唐德刚还当面对内文斯说："你不是口述历史的老祖宗，而只是名词的发明人，口述历史是中国和外国都有的老传统。"

　　2. 口述史的发展

　　现代意义上的口述史是从 20 世纪 40 年代开始的。按美国口述历史协会一份报告的说法："口述史是在 1948 年作为一种记录历史文献的现代技术而确立自己的地位的，当时哥伦比亚大学的历史学家内文斯开始录制美国生活中的要人们的回忆。"内文斯还创建了美国历史上第一个研究口述史的专门机构——哥伦比亚大学口述历史研究室，已成为世界公认的口述历史重镇。值得一提的是，内文斯还收集整理了"福特汽车公司访谈回忆资料"，访谈了福特汽车公司的老板、员工和相关人员，记录下长达两万多页的文字资料，成为研究企业史料的重要文献。在该研究室工作的内文斯的同事和后来的工作人员继续完成他的企业史料搜集工作。比如他们曾经在 1958 年对当时寓居美国的李宗仁在内的历史人物的访谈，搜集到原中国军政要员的珍贵的访谈资料。这些口述史研究大大提升了哥伦比亚大学口述史基地的社会影响力，对口述史的研究和发展起了不可磨灭的作用。1967 年，美国口述历史协会应运而生。到 20 世纪 70 年代，口述史通过英国传到西欧，许多孜孜不倦的年轻历史学家开始学着用口述史方法研究"二战"中的小人物。1980 年，口述历史的评价标准以及口述历史工作者和口述历史机构的义务被美国口述历史协会隆重推出，至此，口述史有了学界普遍认可的运作规则和评价标准，作为分支学科纳入历史学的学科范畴，并在后来的发展中展现出勃勃生机。中国对口述史理论和方法的接纳是在 20 世纪 80 年代，一开始主要是翻译和评述西方口述史的理论和方法，直到 20 世纪 90 年代才开始探索中国本土化的路径。1996 年，国际口述历史协会正式成立，并先后在瑞典、巴西、土耳其、南非、意大利、澳大利亚和捷克等国家召开，两年一度的国际会议增强了国际口述史研究的交流与合作。可见，根据口述史研究的侧重点，70 多年的现代口述史研究可以梳理成四个发展阶段：第一个阶段始于"二战"后回忆文体的兴盛并成为"人民史"的来源；第二个阶段从 1970 年末开始，是对记忆以及主体性的"后激进"探索的发展；第三个阶段从 1980 年末开始，侧重于对历史学家进行口述史研究的角色分析；第四个阶段以 1990 年以来电子革命发展后给口述史带来的多元访谈方式为标志，也出现了诸多在国际上有着广泛影响的重要的口述史著作。比如英国的《过去的声音：口述史》，这本著作由口述史学家保尔·汤普逊撰写，探讨了作为历史学分支的口述史学对于建构历史的重要价值，系统介绍了口述资料的获得、设计课题的流程、访谈资料的评价等，具有划时代意义。美国的历史学家唐纳德·里奇的《大家来做口述历史》，则详细介绍口述史的理论、方法和实践。他在具体阐述中采用问答的方式，分析了口述史计划的拟定、访谈的执行过程，以及口述历史录影、撰述、保存要注意的事项。这本书还强调了口述历史作为历史教育手段的重要性。美国著名口述史学家肖娜·格拉克评价此书"为当代口述历史研究人员提供了实践性建议和合理性解释。这本研究几近口述史学研究领域的百科全书"。① 美国的《记录口述历史：社会科学家的实践指南》，是独立学者和精神医疗师瓦拉利·雷海针对深度访谈的实践性指导手册，汇集了作者多年的实践经验，是历史学家和社会科学家重要的参考文献，这是一本关于口述史项目的基本程序和口述史的跨学科应用手册，综合运用多学科的理论来分析访谈资料，探讨种族、民族、性别、社会地位等多元因素对口述访谈的影响。②

　　囿于中国特定的政治和社会环境，在国外口述史兴盛的时候，中国并没有跟着发展。到了20世纪80年代，随着国内外局势的变化，中国才意识到口述史的重要性并开展引入口述的方法进行研究。国内较早的关于口述史理论和实践的专著是1989年钟少华写作的《中国口述史刍议》，杨祥银的《与历史对话：口述史学的理论与实践》，将口述史学和历史教学有机结合起来，系统介绍口述史学的基本理论、基本方法，融合了历史与现实、理论与实践，创新了口述史学研究的新方式，他创办的口述史研究所积累了丰富的口述资料和访谈经验。口述史的典型代表是《胡适口述自传》，这本书由胡适口述，唐德刚译注，不仅有丰富、具体、客观的胡适先生的口述内容，唐德刚还在书中做了详尽的注释，展现了对于口述资料考证工作的严谨态度。20世纪70年代，海外史学界盛称："先看德刚，后看胡适"。③ 可见这本专著的可信度之高。21世

---

① 刘平平：《现代口述史研究的理论与方法综述》，《传奇·传记文学选刊》2011年第4期。
② 同①。
③ 唐德刚：《胡适口述自传》，广西师范大学出版社，2005。

纪后，国内的口述史研究更加深入和具体，不仅规避了以往口述史研究存在的不足，还创建了系统的治史规范。比如宋学勤指出，口述史研究应该更多关注基层普通人的日常生活和人民文化史，而不是局限于上层社会的历史，把国家与社会的分析结合起来。中国当代史要基于文献资料收集口述资料，使得二者得以互证和交相辉映，开创"新二重证据法"。口述史作为研究历史的"活材料"，对口述资料的收集要有紧迫性并提上议事日程，作为历史研究的基础工作。① 闫茂旭提出，口述史是一个二重概念，即：作为学科的口述史的"口述史学"和作为方法的口述史的"口述史料"。闫茂旭还辨析了口述史与回忆录、访谈录之间的联系与区别。② 朱志敏指出，可以通过保存和共享口述录音录像资料、对访谈者进行培训以提高调查水平、深入研究口述史学的相关理论、多学科的协同合作，以此来提高口述史的科学性和客观性，并扩大口述史研究的广度和深度。③ 傅光明认为，收集史料文献的作者由于其所掌握的价值体系和理论水平的差异性，对文献资料的理解存在片面性，迫切需要口述资料予以补充。做口述史研究贵在进行考证，只有大量的能互相佐证的口述资料才有史学价值，因此在访谈中要遵守严格的规范和操作程序。④ 综上，可以将近年来国内口述史著作分为五类：一是带有社会学、人类学倾向的口述史，如《走近鼓楼——侗族南部社区文化口述史》等；二是立足文学的口述史，如《太平湖的记忆——老舍之死》等；三是自传体口述史，如《黄药眠口述自传》等；四是政要人物口述史，如《吴德口述：十年风雨纪事》等；五是普通民众口述史，如《中国知青口述史》等。⑤

二　以妇女为研究对象的口述史

在传统社会的主流价值和知识体系里，少数社会精英掌握着主流话语，建构起以他们的利益中心和意识形态的知识体系，并通过文字的流传和传播媒介的宣传得以渗透和固化。看似繁荣的文化传承其实传递的

① 宋学勤：《当代中国史研究与口述史学》，《史学集刊》2006 年第 5 期。
② 闫茂旭：《当代中国史研究中的口述史问题：学科与方法》，《泰山学院学报》2009 年第 5 期。
③ 朱志敏：《口述史学能否引发史学革命》，《新视野》2006 年第 1 期。
④ 傅光明：《口述史：历史，价值与方法》，《甘肃社会科学》2008 年第 1 期。
⑤ 姚力：《谈一谈眼下的口述史著作》，北京日报，2010 年 1 月 4 日，第 19 版。

意识形态充斥着各种不平等和支配关系，普通民众、少数族群、社会边缘群体被摒弃在主流文化之外，尤其是占人口一半的女性群体，她们的声音长期淹没在历史文化的长河里。图海纳曾经反思过现代社会科学研究方法，他指出："有谁在倾听那些被束缚者、被压迫者、被遗弃者、被剥削者、被征服者、被放逐者的声音？那些在石头上铭刻碑文，树立石碑，在纸草、羊皮和纸张上书写文字的人们却无法让他们的言行被记载。被我们称之为历史的东西却包含着比泛黄的老旧地图更多的未知领域。让我们想象一下这些无尽的沉默并沉浸其中，正是这些沉默划定了所有知识的边界……"[1] 女性主义研究者对于女性长期以来在社会地位和知识体系的弱势状态，认识到口述史对于女性研究的重要性和可操作性，二者之间有着天然的亲缘关系。对于女性口述史的研究，能从女性视角出发客观记载和评价底层普通女性的发展历史，"将妇女置于历史的主体地位来研究，通过重视一向被忽视的妇女的声音和视角，以及她们在历史上一贯的主观能动性，来揭示形成社会性别的历史过程。"[2]

（一）对于妇女口述史的理解

妇女口述史是历史学与女性学发展到一定阶段的产物，它主张自下而上的历史研究方法，认可口述回忆的价值，赞同女性主义的价值理念，强调以妇女为中心展开历史研究。从这个意义上看，妇女口述史兼具史料、方法与政治的三重含义。从史料学的意义上说，它把作为历史见证人的妇女个人的回忆看作是历史资料；从治史方法的意义上说，历史学家以这样得来的资料作为研究妇女史的依据；从政治上说，研究者通过口述史的方式，可以肯定女性的价值，增强女性的自信心。[3] 另外，从广义上而言，研究对象确定为女性，自然就带着女性主义的意识，归属于妇女口述史的研究视野，研究围绕着关于妇女（on）、为了妇女（for）、与妇女一起（with）三个维度展开；狭义上说，妇女口述史应该指称的是以性别视角和女性主义意识收集资料的方法，将女性放在调查的主体地位，让她们一贯被主流研究所忽视的声音和经验得以呈现，并在

---

[1]　Touraine, Alain. *The Voice and the Eye: An Analysis of Social Movement.* New York: Cambridge University Press, 1981.

[2]　鲍晓兰：《西方女性主义口述史发展初探》，《浙江学刊》1999 年第 6 期。

[3]　魏开琼：《中国妇女口述史发展初探》，《浙江学刊》2012 年第 4 期。

性别视角的范畴内对所收集的资料进行理论建构。女性口述史的现实意义在于走向民间，通过口述史的方法获得妇女活的历史，在搜集和保存的过程中，提高妇女自我认识、自我求证、自我发现的能力，让她们学会独立寻找、发现、记录、总结自己的生存状态和生活经验，从社会主流价值判断中自觉地认识自己。这也可以认为是妇女口述史研究所产生的边际效益。

正确理解和认识妇女口述史，还要区分口述历史和口述史，把握好二者之间的概念边界。这两个概念只有一字之差，却有不同的本质内涵。口述历史是动宾短语，是动态的现场活动，口述者讲述她经历的事情，这些事情可能具有史料价值，也可能是没有史料价值的街头巷尾的生活琐事。而口述史则是一个研究过程，是科研工作者通过田野调查，将获得的第一手口述资料进行筛选、甄别，选取出具有史料价值的口述资料加以提炼和打磨，成为规范的、具有历史价值的研究成果。学界对于口述史研究主要体现为事件、传记和专题研究三种形式。[①] 历史事件要准备大量的相关文献予以佐证，用来还原历史的真相；个人生平则不仅仅局限于某个人的叙述，还要辅助以相关关系人的访谈，以及相应的档案资料；专题研究的工作量很大，要尽可能多地搜集到相关的文献资料。对于妇女口述史的研究也表现为这三种形式，具体的操作化也遵循口述史对于文献资料的重视和佐证。本研究对于妇女口述史的研究主要是专题研究的形式，通过对某个区域女性群体生存状态的口述资料分析，探寻个中隐藏的文化发展和变迁的规律。

（二）妇女口述史的发展沿革

20 世纪 60 年代以来，历史研究中的精英取向受到批判与反思，社会史倡导对底层人群进行关注的理论与方法，与妇女史研究强调以女性立场为中心的政治取向具有高度一致性，彼时的妇女研究因其女性主义立场在学术领域掀起一股重建知识体系的努力，通过口述收集历史资料并通过这些史料来研究妇女历史意识的形成，受到妇女研究者的欢迎和认可。随着 70 年代兴起的新型妇女运动，很多研究开始寻找女性自己的历史的切入点，与主流的历史学形成强烈对比。就主流历史学而言，他

---

① 李小江：《口述史学与口述访谈的若干问题——从"妇女口述史"说起》，《山西师大学报》（社会科学版）2017 年第 6 期。

们更关注统治者的意志，也从男性的视角来看待历史，强调男权主义的观点。对此，他们将女性归属于主流社会以外的私人领域，是没有历史的群体。但随着妇女运动的兴起，女性在诸多领域起着重要的作用，女性经济社会地位获得提升，被私人领域化的女性开始有了建构自己历史的要求。于是，从 20 世纪 80 年代开始，学者开始将关注点转移到女性，比如德国女性主义学者多萝苔·维尔琳对于做家务劳动的侍女的研究，就是通过对侍女的访谈来了解这个群体的工作经历、生活方式、家庭及日常生活，窥探她们在历史变动中的私人领域状况，获得史料中所没有的女性自己的声音。口述史在女性研究中的采用，发现了口述史这一经验及以此经验为基础的动机和经验，即历史主体的主体意识。20 世纪 90 年代以来，越来越多的中国女性主义学者开始认识到口述史的反思性、批判性和多元性，采用口述史方法进行女性研究的成果不断涌现，比如李小江教授主持的"二十世纪妇女口述史研究"中《让女人自己说话》丛书，台湾中研院近代中国女性口述史研究，金一虹教授的《女性叙事与记忆》，美国加州大学贺萧教授与陕西省妇女研究所高小贤研究员合作的集体化时期妇女口述史研究，等等。

（三）女性叙事与记忆的日常呈现

对于女性叙事与记忆的口述史，就是站在女性的立场上，以自下而上的方式对女性的生命经验进行访谈，以"接地气"和"人民化"的价值取向来关注她们的生命事件，尤其是与日常生活紧密联系的碎片化的记忆和感受，理解话语背后所隐含的深层的价值体系并重新认识妇女意识的建构历程，揭示日常语境对女性的塑造及女性对所处状态的适应和重塑，特别是她们目前所处位置所预示的社会地位状况。

在日常生活中，女性口述史具体呈现为如下层面。

第一，"让女人自己说话"是建构妇女史的基本原则；发出"女性的声音"，在当今社会中兼有政治的和学术的双重使命。找回和重建女人的历史，不仅是史学的需要，更是女人找回自我，确立自主、自信的人生的必要基石。对此，女性主义者已经有相关的文献研究，并取得了大量的研究成果。[1] 这

---

① Gluck, Sherna Berger & Daphne Patai eds. *Women's Words: The Feminist Practice of Oral History.* New York: Routledge, 1991.

些研究主张从女人的立场出发，用女性的视角分析资料，"将妇女置于历史的主体地位来研究，通过重现一向被忽视的妇女的声音和视角，向男权文化为主导的传统史学发起挑战"。① 在历史发展过程中，女性作为弱势群体常处于边缘化的地位，她们的存在价值和付出的辛苦常被忽略，女性的话语权没有得到应有的重视，女性的声音和所表述的情感体验很少得到主流学界的关注。即使偶尔出现女性的角色描述，也大多是从男性的视角出发来评价和记载上流社会的女性，而极少出现对少数族裔和底层普通女性的专门研究。② 女性口述史的目的就在于"挑战以男权文化为主导的传统史学、将妇女置于历史的主体地位来研究，通过重视一向被忽视的妇女的声音和视角，以及她们在历史上一贯的主观能动性，来揭示形成社会性别的历史过程。"③

　　第二，对于女性的叙事，必须有女性意识"在场"。女性意识必须放在父权制的性别结构框架内，用女性的视角来看待她们发展的历史，挖掘父权制束缚下被漠视的女性生活经验，对此，要将女性作为研究的主体而不是传统认识上的客体或男性的依附，认可她们的主体能动性和创造力，强调她们在历史进程中的细碎生活经验，融入性别视角的解读和理解。通过性别比较寻求男性和女性在建构历史中的行为差异，肯定女性在历史进程中由于特殊的性别分工所扮演的角色及作出的贡献，以更加公正客观的价值理念来阐释性别结构中的女性生存图景，包括对于她们所处地位、情感体验、社会心态、生活经验、历史作用的描述，弥补长期父权制框约下女性生活状态的集体失语，还原一个立体生动、凸显女性主体意识的历史图景。反观性别发展的历史谱系，恰恰缺乏对于女性主体意识的强调，性别敏感和性别意识稍显不足，历史中的女性记载缺失或带有性别偏见，且更多局限于描述女性在家庭生活的作用，塑造出的女性更多是贤妻良母而非社会生活中积极能动的参与者。历史是男女两性共同创造的，理当共同分享社会贡献，需要纠正长期沿袭的带有偏颇的性别观念和性别态度的历史传统，以正确的性别视角写作的女

---

① 鲍晓兰：《西方女性主义口述史发展初探》，《浙江学刊》1999 年第 6 期。
② 游鉴明：《她们的声音：从近代中国女性的历史记忆谈起》，四川人民出版社，2020，第 21 页。
③ 同①。

性口述史，才能让世人真正了解性别关系的真实存在，补充女性所发挥的作用和贡献等相关知识。也许，这样的女性口述史才能建构和谐平等的价值体系，树立女性自尊、自信、自立、自强的主体意识，升华为集体能动的性别意识。

第三，对于女性记忆的叙述，更多是采用小叙事的方法。所谓小叙事，是相对于大叙事而言，大叙事是具有合法化功能的叙事，将社会和政治体制及实践、法律、伦理、思想方式合法化，视为"主宰叙事"，具有对小叙事的霸权。① 小叙事是从微观的角度叙述个体的经历，亦可指涉从属群体（亦称庶民）的叙事。而女性作为一个从属群体存在，对于女性记忆的口述记载，则更多采用小叙事来描写。斯皮瓦克著名的"从属者无话语权"的论点，用于社会性别领域，源于女性受政治、经济及意识形态诸因素所限，失落于"历史文献"与本地"父权制"夹缝的现实。女性的叙事被这样一个话语的权力结构所压抑，通常难以"浮出历史地表"。由此，女性叙事不仅是对历史的"补白"，更是对以往那个失衡的文化符码结构的拆解，对主宰性叙事的抵抗，体现主体性解放。②

第四，对于女性口述史的访谈应该站在"他者"的立场上。以"自我"为主体的立场建构的自传式口述史，主要记录个人生命历程中刻骨铭心的根植于记忆中的重要事件和个人的心理感受，带着强烈的个人判断和自我意识。而女性口述史研究则是站在"他者"的立场上，从旁观者的视角来看待过往事件的主体，客体化的思维方式可以打破个人主观封闭的思维空间和话语空间。这样一来，口述者的思维得以拓展，能触类旁通展示尽可能多的信息。口述过程中互动的提问和回答也会给口述者追忆的线索，可以帮助口述者追踪和挖掘已经淡忘或丢失的记忆。当然，口述的过程对访谈者和口述者来说都是双向互动的交流，对二者而言都增加了双向反省的契机，访谈者的提问方式和思维架构会随着口述者的表达而随时灵活调整，而口述者也能在访谈者的启发下呈现更加丰富多元立体的信息。访谈者还有一个作用就是可以根据口述者的信息进

---

① 让 - 弗朗索瓦·利奥塔：《后现代性与公正游戏——利奥塔访谈、书信录》，谈瀛洲译，上海人民出版社，1997。

② 金一虹：《女性叙事与记忆》，九州出版社，2007，第 7~8 页。

行前后对比，筛选出真实的信息，对口述者不愿意表达的信息进行引导，对她们刻意隐瞒或混淆的信息去伪存真，让口述资料真正成为现实情境的表述而不是个人的虚构想象。除此，访谈者在选择口述对象的时候，也并非要选择典型个体，个性化的个体也可以成为有代表性的、能彰显所属群体特征的对象。过于典型的口述对象反而无法展示普遍化的生存状况，普遍性和特殊性的辩证统一在口述访谈中需要寻找合适的尺度。

第五，将零散的底层叙事材料融入完整的历史脉络中。对于口述史来说，主要采用面对面的访谈方法，这些材料看似零散、局部、碎片化、自成体系，与访谈对象所处的社会场域没有太强的直接联系，但零散不代表没有代表性，任何一个口述者的表述都代表着她所属的群体以及所置身的社会文化场域。她们长年累月生活在特定的文化环境里，目之所及的元素建构了她们独特的价值观念，她们一开口就是真实的原始资料，不会对自身文化背景有僭越性的过度阐释。因此，女性口述史的研究过程，本质上就是融入历史脉络、实现质的飞跃过程。每个个体的、碎片化的口述材料根据它们的共同特征被分类和整理，与整体的历史脉络整合成一体。口述资料并不是简单的材料堆砌。在本研究的具体阐述中，笔者极力还原口述者所处的真实场景，根据她们"在场"的意识形态，用相应的理论体系加以阐述，从中梳理出能体现历史脉络的知识体系，比如异质文化的冲突和融合，就是通过零碎的口述资料来寻找线索，总结出现象下的本质规律。因此，在访谈前，就需要熟悉口述对象的家庭禀赋和社会经历，并对她所处的文化语境有大致的了解。作者可以通过参阅地方志①等文献，保持对碎片化细节的敏感度，及时纠正口述资料中的瑕疵，并引导口述者结合所处的语境叙述，避免对日常生活琐事的过多表达，以此挖掘个人经历的历史价值。当然，妇女口述史面对的女性有着不同的价值观念和文化背景，她们更多是叙述柴米油盐等日常生活中的历史细节，而不会反思传统史学意义上的"宏大叙事"。我们将历史事件作为叙事的背景，以此衍生出该背景对口述者日常生活和人生事件的影响，不仅要关注具体生活细节的描述，还要关注口述者的神情、

---

① 有关浮叶村的记载主要通过口耳相传，将所见所闻记录在碑文上或复印的手写稿中，并无专门的地方志记载。

表达和肢体语言，思考她们的情绪体验背后蕴含着的文化系统对她们的影响和塑造。妇女口述史不仅仅是对历史事实的还原，更多是对"人"的理解，关注人的日常生活呈现背后隐藏的文化价值考量，她们对历史的感受和评价。人的价值和体验才是妇女口述史要追求的终极目标，由此写作的妇女口述史才具有立体的、人性的、多元的品质。

基于此，我们有必要用口述史的方法对特定区域的女性生存状态进行描述，探讨她们在村庄的语境下如何生存和发展，以及她们的存在对于村庄会产生怎样的影响。可以说，口述史恰恰提供了这样一个工具媒介，让我们以此为载体获得属于女性自己的真实情感表达，在字里行间搜寻女性的历史经历，由此展现生动的妇女史，构建多维立体的女性生存图景和历史还原。

三　流动族群中女性底层叙事的操作化

（一）研究思路与主要内容

从文化溯源上看，本研究的调查点南日岛浮叶村位于台湾海峡，属于海上丝绸之路的沿线。随着海上丝绸之路贸易的发展以及浮叶人生存策略的选择，他们从惠安迁移至此。本研究对于海上丝绸之路沿线区域的族群流动历史有重要的参考价值，也有利于深化对闽台文化的研究。本研究依据中心—边缘的话语体系和吉登斯的结构二重性理论，阐述作为惠安女文化的分支和延伸的浮叶女文化，在迁移到南日岛后作为"他者"的客体存在，经历了文化的冲突—适应—融合的过程。在村庄的视野下，她们沿袭原生地的文化传统，保留着原生地的诸多文化因素，还融合迁移地文化，产生对迁移地的文化认同，二者兼收并蓄，制约着浮叶女在日常生活中的行为模式。在女性的视野下，浮叶女重塑村庄文化结构，获得新的文化认同和价值体系，建构起新兴的浮叶女文化。本研究描述浮叶女作为积极的社会行动者，对村庄文化的改造和重塑，建构起特殊的浮叶女文化，影响村庄的日常生活。

第一章：口述史与女性叙事。本章探讨口述史的学术价值和现实价值，从纵向和横向两个角度对国内外文献进行系统梳理。在纵向方面，采用时段论和历时性方法回顾学界对于异域文化本土变迁的相关论述，阐明迄今为止的发展流派与阶段性特点；在横向方面，侧重于综述各相关学科的研究范式、理论视角、分析方法与资料来源，以及研究发现与得到田野调查支持的理论解释。在此基础上，界定口述史的概念，梳理口述史发展的历史谱系，通过对女性口述史发展沿革的描述，着重阐述对于女性叙事与记忆的理解以及底层叙事的调查中应注意的若干问题。

第二章：浮叶村：他乡漂来的村落。第一节"遥望历史：浮叶村的由来"，记录从乾隆初年开始，惠安杜厝的渔民因为房份的斗争及生存的需要，陆续迁移到南日岛。浮叶村在地理上因为有一个优良的避风港而成为渔民栖息地，慢慢形成一个村落并衍生了杨、周、邱、林等姓氏，至今有四千多人。浮叶村的人文特质延续了海洋文化的深刻烙印。第二节"还看今朝：浮叶村的现在"，描述浮叶村的地理位置和资源、主要姓氏及其族谱记载、房系支派的构成情况、作为族群标签的元宵节和繁琐的仪式，以及浮叶村的渔民依托南日岛与台湾地理上的优势，与台湾的诸多经济往来。

第三章：浮叶女对原生地文化的沿袭。第一节，原生地的历史记忆与族群认同，体现在一呼百应的社会行动建构的凝聚力，神灵崇拜和祖先崇拜的融合，繁琐的元宵节仪式及展演等方面，这些都强化了浮叶女对族群的认同；第二节，浮叶女族群迁移的经验及文化认同的强化。浮叶女延续了闽越原始文化元素及族群之间结构关系对文化特质的强化；第三节，对原生地文化沿袭的生活经验，这部分着重阐述浮叶女还保留着惠女服饰，将其作为重要仪式时的服饰，虽然在现代的影响力已经日渐式微；她们还保留着闽南话且熟练掌握莆田话；老一代在年轻时还有长住娘家的特殊婚俗，早婚而晚育，对待婚姻从一而终的态度将离婚作为道德耻辱；长住娘家的婚俗促使她们有类聚本能与姐妹伴，姐妹伴成为她们婚姻中重要的角色，也异化为集体自杀的行动可能性；沿袭原生地的石雕技术，很多浮叶女与石头有着神秘的情怀，从事建筑业者众；男主外女主内的传统性别分工和丈夫出海打鱼的谋生策略，使浮叶女掌握家庭财产的控制权，也提升了她们的家庭地位。

第四章：浮叶女对于本土文化的吸纳。第一节，日常生活的本土化，探索浮叶女封闭且鲜有出岛的生活方式，饮食习惯、饮用井水、靠海吃海为南日岛人所同化，对待子女的教育也与南日岛人重男轻女的做法趋同。第二节，浮叶女的民间信仰，表现为有形的信仰而无果的传承，与本土文化交融所衍生的金、邱大人信仰，兼收并蓄原生地与迁移地所形成的独特妈祖信仰，以及重阳节习俗表达方式的本土适应。第三节，相亲仪式与婚配模式。婚姻是浮叶女重要的生命事件，婚配仪式表现出迁移地的程序特征；受制于父权制、重男轻女文化等因素的框约，招赘婚姻盛行导致有情人难成眷属；对于面子的推崇使得礼金攀比成为习俗，表象的婚姻竞争重新调整家庭在村庄的地位格局，尤其是作为仪式载体的灯笼成为家庭地位分化的表征。第四节，对于土葬的原生性幻想。在特殊化的海岛语境下，岛民的魂魄观演变成对于土葬的原生性幻想，浮叶人对土葬趋之若鹜，家族坟墓成为家庭权力博弈的竞技场。随着土葬被政府明令禁止成为历史，浮叶女用绝食、非暴力不合作等方式作为弱者的武器，维护根深蒂固的土葬观。第五节，巫术和灵媒。与神灵因缘际会的女性天赋异禀，"有着通晓未来、指点迷津的能力"，巫术和灵媒在村庄盛行，她们对村庄生活世界的深度渗透，异化为村庄治理的"第二政府"。第六节，神秘的库拉圈。鲍鱼成为礼物流动的重要载体，也演变为库拉，在流通中逐渐形成库拉圈效应并调整着村庄地位格局。第七节，重男轻女的根深蒂固。海上风浪的险恶使得远洋捕捞成为女性的禁区，也促使重男轻女文化特质在岛上根深蒂固地传承下来。母系家庭衍生出浮叶女母凭子贵的利益策略。现代生殖技术成就了很多浮叶女的生子梦想，也固化了她们在家庭中的依附地位。很多浮叶人认为，女子无才便是德，在教育投入上的性别歧视和男孩偏好沉淀在很多浮叶人的思想观念里。

第五章：浮叶女对村庄文化的塑造。第一节，海上丝绸之路上活跃的生存者。本节描述了清末民初延续到 20 世纪 90 年代的浮叶人在海上丝绸之路沿线国家讨生活的经历，展现他们的性别分工及勤劳质朴的性格特质。第二，就业流动中的性别分工与夫妻关系重塑。很多浮叶女出于家庭利益最大化的生存理性考虑而选择外出就业，但她们的就业经历也导致自我异化和自我物化；父权制限制着浮叶女积极的就业，浮叶女不得不选择回归家乡，在家里承担起养老扶幼的责任；男女生理的差异形成不平等的家庭性别分工，也让浮叶女的性别化自我认同与再生产成为习惯。第三节，攀比与竞争的游戏规则。面子是村里最为看重的，春节时村民操办的夸富宴和燃放鞭炮，将家庭财富展示给村民，并演化为互相攀比的竞争游戏；在从传统乡土社会到现代工商社会变迁的过程中，很多年轻的浮叶女蜕变成精致的利己主义者，她们学会人情的熟练运作和面子的印象整饰，精心编制的社会关系网络改变了传统差序格局的交往方式。第四节，维护婚姻的集体动员与关系话语。本节描述了浮叶女阿琴婚姻危机的个案，探讨家庭成员和左邻右舍的关系话语，剖析旁观者对于新生家庭的婚姻维护，展示他们通过集体动员约束和维护婚姻，建构起一整套与家庭道德联系在一起的文化规则。第五节，父系家族的代际传承与儿女间分化的赡养逻辑。父系家族代际传承建构了重男轻女的互惠体系，儿子对于家庭财产的继承与对于父母的赡养行为形成约定俗成的交换关系，女儿在赡养中的非正式身份并未妨碍她们的实践性赡养关系，尤其是在生育家庭中，母亲建构起积累性责任，并通过家庭的权力予以表达。

第六章：沉默的未央语。本章总结本研究的主要发现，探讨本研究所开创的底层叙事的记忆次文体，描述口述史研究方法在本研究田野调查中的应用及有益经验，探寻其学术价值和社会价值。本研究调查的主要是底层农村妇女，意旨在于发出她们自己的声音。本研究所采用的底层叙事的记忆次文体拓展了口述史的研究方法，具有开创性学术功能，能对未来口述史研究提供线索性导引。

（二）田野调查的展开

本研究基于南日岛浮叶村的文献资料，设计调查方向、访谈问题，选择访谈对象，引导访谈过程。通过与女性口述者的充分沟通，笔者获得了丰富的第一手资料，既有现场的文字记录，也有访谈录音的事后整理，加以女性社会学的知识作为理论基础，对访谈资料进行归类、分析、整理。对资料的分析处理上，笔者采用话语分析和历时性研究。通过话语分析探寻女性在村庄的建构身份及其意义，以及所处的社会地位状况；通过历时性研究可以从特殊的角度阐明经验同话语之间的关系，探讨话语氛围和时间周期如何影响女性个体的生活经验和身份地位。具体操作上拟综合运用类属分析、情境分析、事件—结构分析等方法对访谈资料进行深度二次分析。在这一过程中，始终贯穿着性别视角，使整个调查过程沿着性别视角的主线展开，充分尊重访谈资料的真实性，并用相应的理论和背景知识予以佐证，自觉地以性别视角进行分析。在访谈中，不仅要了解客观历史事件，口述者的社会行动，更重要的是了解口述者对所经历事件的看法、感受、经验，她们所呈现的世界观和价值观，这是区别于男性的独特视角，需要在调查中加深社会性别视角。同时，可以根据相关的实践进行阐述和说明，比如，玻利舒克的研究显示，在分析访谈内容时，有必要穿插使用有关文字的记载。① 因此，本研究对于地理位置、民间信仰、风俗习惯等方面的描述采用文献搜索、族谱记载、碑刻等方式予以补充，以弥补单纯口述资料的不足。

在调查对象的选择上，本研究的调查对象主要是浮叶女。考虑到本研究描述的是女性视野下的村庄和村庄视野下的女性，顾名思义，本研究的主旨在于研究女性，展现"女人的历史"，而非"男人的历史"。从现有关于口述史资料的整理中不难发现，大量的文献更多探讨历史重要事件的经历者、英雄人物等，"人的历史"演变为记录"男人的历史"，展现男人的贡献和价值，重大历史事件和所谓的英雄，更多形塑的是男人的形象，而女性作为重要的历史亲历者却常被摒弃于史料记载中。可见，有必要采用口述史的方法，来恰如其分地勾勒女性的生存状态、真实的情感经历和应有的主体价值，以此来弥补现有口述史文献的不足。因此，调查对象的选择主要是浮叶女，通过口述史方法的采用，了解这个特殊群体发出的声音，她们的个人经验和情感经历所折射出的族群性格，以及从惠安迁移到南日岛后的文化冲突、文化磨合和文化适应，彰显女性这个生命本体所迸发出的生命力和价值。而且就本研究来说，主要探讨的是女性的底层叙事，这就注定了本研究的着眼点在于处于弱势地位的普通女性群体，而不是过多纠结于某些精英女性的描述。正如哈丁所言，仅仅了解个体精英女性获得的成就并不足以消除性别歧视，而关注作出重大贡献的妇女则可能强化那些男性主导的概念。②

在对调查对象访谈中，采用半结构式的个案访谈，事先列出具体的

---

① Polishuk, Sandy. "Secrets, Lies, and Misremembering: The Perils of Oral History Interviewing," *Frontiers* 19, no. 3 (1998): 14 – 23.

② 桑德拉·哈丁：《是否有一种女性主义研究方法》，载孙中欣、张莉莉编《女性主义研究方法》，复旦大学出版社，2007。

问题，以调查者提问、被调查者回答的方式进行。基于阐释学的叙事方法收集所需资料，使被访问者在叙述中将处于碎片状态的个人经历拼接起来使之具有连贯意义。具体操作中，笔者采用即兴式的叙述采访，让被访谈者叙述真实生活的经历，使文化表述和生活经验有效结合起来，形成对社会事实的厚描述。笔者在访谈中基于事先准备好的问题但又不囿于此，而是因时、因地、因人灵活处理，给予被调查者最大的表达空间，畅所欲言，最大化丰富访谈资料。

综上所述，本研究的田野调查历时六年多，选取的研究对象都是浮叶村的女性，兼顾了她们不同的生命周期。因为地理位置的缘故，浮叶村长期处于封闭的环境下，村民的思想观念、传统文化、价值体系相对比较一致，因此在访谈对象的选择中，本研究访谈了两千多位女性村民中的 117 位，这些同质性较强的访谈对象有着足够的代表性，完全可以反映村庄女性的总体状况。同时，为了更好地进行性别比较，呈现具体的性别差异，尤其是考虑到男性村民对村情更加熟悉，相关的族谱和口耳相传的村庄历史主要保留在男性村民手里，本研究还访谈了 26 位男性口述者。在具体的访谈中，主要联系了村主任、村支书、浮叶小学的校长，还有部分有名望的乡老，他们作为公权力的执行者，在村庄有着广泛的影响力，也对村情了然于心。本研究先组织座谈会，简要介绍研究的意图和调查方式，然后大家畅所欲言，寻找合适的入户方式，尤其是筛选调查对象。部分口述者由村干部和乡老安排入户访谈，还有部分口述者通过村里的熟人引荐和入户，特别是有典型故事的女性，比如南日岛保卫战中的英雄女性和曾经受过伤害的"土匪婆"。访谈主要采用录音的方式，并辅以相关的照片深化对口述内容的理解。访谈的浮叶女有些不会讲普通话，经常夹杂着闽南话和莆田话表述。本研究在收集到丰富的录音资料后，由听得懂闽南话和莆田话的当地人一句句翻译并口述给笔者，然后逐一记录下来，保证口述资料的真实表述。

（三）女性底层叙事需要注意的若干问题

从业已掌握的田野调查经验来看，底层普通女性往往缺乏对宏大历史事件及变迁的明确认识和表述。比如在调查中，很多女性没有明确的历史时间感，更多将历史事件与"我结婚那年""我刚生完孩子那会"

等私人生活事件结合在一起。[①] 对她们而言，每天面对更多的是柴米油盐等最直接的生活事件，她们没有太多的机会接触外面的世界，由此，大量日常生活中的细节无序地混杂在一起，没有清晰的时间次序和边界，没有深刻感受到私人生活事件其实就是历史事件的现实反映。从社会性别视角审视，口述中可能存在的"无事件境"其实就是社会性别制度所带来的负面影响。大部分的底层普通女性被摒弃于公领域之外，没有形成女性特有的话语体系和表达方式，以及记录回忆的机会和相应的资源。底层女性的这个叙事特点需要我们在田野调查中给予更多的关注。

调查中我们注意到，很多底层女性对柴米油盐、养老抚幼、家务劳动、婆媳关系、身体病痛等私人生活事件的记忆是清晰、明确且鲜活的，但这些描述往往是碎片化的、片断式的记忆，无法符合主流历史对于记载内容的要求。对此，我们要看到，这些无足轻重、稀松琐碎的描述，恰恰是口述史的一个绝好的素材。对于调查者来说，就要把这些碎片化、片断化的记忆表述拼凑成生动完整的事件描述和情感体悟，这对调查者的能力和素质的要求提高了，但也从另一个方面彰显口述史"接地气"、贴近民生的魅力，并不妨碍女性"用身体、生命去感受历史，并记忆和表达历史"。[②]

还有一个问题是调查中常会遇到的，那就是生理记忆的模糊和谬误。随着时间的流逝，很多口述者对事件的真实理解存在谬误，群体记忆在叙述历史过程中与事实本身发生分离。对于事件真实与群体记忆出现矛盾的叙述形式，我们要注意到事件与记忆之间是同质异构的关系，二者在本质上是一致的。口述者从自己的理解视角出发，以独特的语言来对事件进行描述、呈现和阐释，是对相同事件的差异化描述。[③] 不能因此否认所获得口述资料的历史价值。从口述者和事件的关系来看，不管口述者话语描述存在怎样的相似或差异，抑或口述者用以普遍化先前事件

① 方慧容：《"无事件境"与生活世界中的"真实"——西村农民土地改革时期社会生活的记忆》，载杨念群主编《空间·记忆·社会转型："新社会史"研究论文精选集》，上海人民出版社，2001。

② 郭于华：《心灵的集体化：陕北骥村农业合作化的女性记忆》，载王政、陈雁《百年中国女权思潮研究》，复旦大学出版社，2005，第287页。

③ Portelli, Alessandro. *The Death of Luigi Trastulli and other Stories：Form and Meaning in Oral History*. New York：State University of New York Press, 1991, pp. 57–58.

的范畴等叙述形式，都可以透视出口述者对过去所赋予的意义，将个体经历与社会情境联系起来，解释个体生活与社会世界。由此，我们需要更多关注的是口述者在经验中的情感历程、心理活动、行为范式等外在的事件和内在的情感之间的融合，建构口述者眼中的"社会事实"。这也反映了我们对女性口述者主体性的强调，对她们表达自身历史感的文化形式和过程的尊重。可见，性别视角和口述史方法强调的是女性的主体性，没有将关注点局限于所谓的"客观事实"，就算描述中出现与真实情况相悖离的方面，也不影响口述史所表达的女性主体性。这种个体用以表达其自身历史感的文化形式和过程，有着独特的客观法则、结构和图示，叙述与事实的分离正是叙述者的主体所在，强调了讲述者的立场、价值和意义。毕竟客观历史真实要被主体接纳，并在群体记忆中被不断内化、加工和阐释，形成主体理解意义上的价值体系，成为表达群体意愿和梦想的符号，渗透着讲述者的情感体验，在这一过程中，客观事实更像是外化的衍生物，不会对事件的理解产生太大的冲击和影响。

在调查中，研究者要与讲述者营造"在场"的意境，使双方都能达到"共鸣"。讲述者在讲述的过程中常渗透着个人的情感，对同一事件的理解常带有差异性。但对于研究者来说，来自不同声音的矛盾，不同讲述者之间片面性和局部性的碰撞，反而是口述历史最大的魅力所在。[①]对此，研究者要让讲述者充分参与到知识建构的过程中，对女性个体进行"赋权"，让女性真正成为历史叙述的主体，发出自己的声音，打破传统男权话语的惯习。研究者还要将自己作为有一定知识资源的行动主体，通过与讲述者的沟通和交流，融入她们的生活世界中，带着感情去倾听口述者的叙述，善于理解她们的心声，从她们所处的特定语境去认识她们的视角，以"在场"的角色与讲述者进行互动，不应将女性讲述者仅仅当成收集资料的工具媒介，因为"妇女口述史不仅是一种重要的研究手段，而且是一种政治手段，即通过对妇女经历的肯定，增强妇女的自信心，从而赋权于妇女"。[②] 最后，对于研究者来说，在阐述和反思口述史的过程中，也要坚持客观中立的价值立场，还原生动的、原汁原

① Portelli, Alessandro. *The Death of Luigi Trastulli and other Stories：Form and Meaning in Oral History*. New York：State University of New York Press, 1991, pp. 57 – 58.

② 鲍晓兰：《西方女性主义口述史发展初探》，《浙江学刊》1999 年第 6 期。

味的口述史资料，以客观中立的史料作为辅助，不让自身的立场和价值观过多影响口述资料的研究。

　　还有一个不得不回避的问题，也是笔者常遇到的伦理困境，就是田野调查中的"欺骗"和伦理悖论。对于前者，正如普通人一样，调查时也会遇到访谈对象对于所叙述故事的歪曲，做出有利于自己的曲解，尤其是涉及个人或家庭隐私的问题。在笔者不知情的状态下，往往被蒙蔽，以为这就是事件本身。格式塔心理学家曾经描述过一位行走在贝加尔湖冰面上的访客，他的愉悦之情溢于言表，而当有人突然告诉他，其脚下所踩着的冰面下乃是浩瀚的贝加尔湖湖水的时候，那种既有的愉悦之情不仅顿然消失，而且当场被吓得晕厥过去。这个故事所阐述的寓意十分明显。比如笔者在调查浮叶村一位中年女性时，就问到她家有几口人，这在当地是很普通的一个小问题，但她的戒备心非常强，她很快告诉我，家里只有两个儿子，而笔者通过对其邻居的走访得知，她家有两个儿子和三个女儿。当年在严苛的计划生育体制下，她为了生儿子在外地逃亡了好多年，若干年后，她带着两个儿子回到村里，既然生米已经煮成熟饭，村里的计生干部只能拆了她家的房子以示惩罚，除此以外，对于这个一贫如洗的家庭来说，终究也无可奈何。所以，笔者在访谈她家的时候，对于家庭子女数这个问题，她总是敏感之至，讳莫如深，只强调自己只有两个儿子，掩盖了还有三个女儿的客观事实。由此获得的访谈资料，常让笔者不得不带着疑惑的心态去审视，难免存在瑕疵的可能性。人性总有天生的弱点，何况访谈的对象都是性格迥异的活生生的个体。笔者在调查的过程中，不仅要学会把握真实的文化意义，也要注意去揭示那些虚假的文化悖论，深刻洞悉这些文化悖论与真实经验之间所表现出来的差异性，从而去伪存真，辨析并保留真实的口述资料。除此之外，就是涉及伦理的问题，这几乎是所有的田野调查者都无法回避的道德困境。在调查中，笔者也深深地感受到，一个只有两千多人的移民村落，在两百多年共同生息繁衍的过程中，互相帮助、共存共荣，形成情感关联的村庄共同体，亦对彼此的家庭背景、个体秉性有着熟络于心的了解。作为外来的调查者，他们对笔者的信任是建立在他们所熟悉的第三人，也就是带笔者前往调查的中间人身上，信任关系的建立并非一朝一夕，是笔者多年来长期跟踪调查所建立起来的朴素的信任感。口述的对象之所以能对笔者知无不言、言无不尽，就是基于对笔者脚踏实地的调查精神的尊重，以及谨慎治学的理解。笔者相信，她们所叙述的绝大多数都是真实生动、客观存在的故事，渗透着她们的情感体验，当然，也涉及她们不为人知的个人隐私。作为口述资料的记录者，笔者要还原真实的历史经验，用文字来记录她们的故事和感受，但这些无法向外人道之的隐私故事，多少年来一直深埋在她们的内心，是她们平时不愿意涉足的盲点。而且对于文化程度不高且单纯善良的浮叶女来说，她们并不能真正理解出版的意义。她们的口述资料一旦为笔者所记录并转化为文字出版，就有着大众传媒的渲染力，会随着出版行为的存在而扩大口述资料的受众和影响力。对于理性的旁观者而言固然是难得的学习素材，但对于浮叶村村民来说，却是打探他人隐私的窗口。这个潘多拉盒子一旦打开，相当于将他人的隐私公之于众，村庄共同体内的村民就会对号入座，将这些隐私作为茶余饭后的谈资，原本建立起来的信任关系就会受到极大的冲击，届时，客观中立与道德理性的矛盾与两难选择，将是此书不得不面对的伦理困境。

第二章　浮叶村：他乡漂来的村落

浮叶村作为从他乡漂来的村落，多少带着一些历史悲情主义的色彩。浮叶文化的核心价值是移动性，这个基因成为浮叶文化历史建构的基础和本原。移民文化的逻辑依据中带有两个重要的关键因素：首先，浮叶文化是惠安文化的延伸，作为惠安族群的特殊存在，其历史、政治、文化的基本表述和认同诉求来自局部迁移的历史过程以及在这一过程中形成的特殊的文化传统。其次，迁移历史性使得浮叶族群从"中心—我者—主人"成为"边缘—他者—客人"的话语政治。作为异域文化的分支和延伸，浮叶文化一开始就作为"他者"的客体存在，寄居于莆田文化的话语体系里，融合原生地和迁移地的文化特质，形成特殊的浮叶文化形态。

对于"他者"的理解，萨义德有如下的界定："将自己熟悉的地方称为'我们的'，将'我们的'地方之外不熟悉的地方称为'他们的'……地域的边界以一种可以想见的方式与社会性的、民族的和文化的边界相对应。"[1] 由此，判断族群特定的文化属性和行为方式常有这样的标准，即"我者"被想象成"稳定"属性，而"他者"则被想象成"移动"属性。在传统的政治结构中，"我者"指代农业伦理的稳定性，而"他者"指代蛮夷的迁移性。在中国传统文化的秩序和格局中，"以农为本"是根本，属于"自我"，其中"本"是指土地，有着稳定的思想意涵，与费孝通先生理解的"乡土中国"如出一辙。他说，我们的民族是和泥土分不开的，是从土里长出来的光荣历史，自然也会受到土地的束缚。土地是我们的命根，土地是最近于人性的神。[2] 他形象地将族群与土地的关系表述为"土地捆绑的中国"。"中国人的生活是靠土地，

---

① 爱德华·W. 萨义德：《东方学》，王宇根译，生活·读书·新知三联书店，2019，第67~68页。

② 费孝通：《乡土中国》，载《费孝通文集》（第5卷），群言出版社，2001，第316~317页。

传统的中国文化是土地里长出来的。"① 相对而言，"末"则属于"他者"，离开土地去讨生活，不仅表明舍本求末（离开土地随处捕鱼安家），更表明遭遇变故（比如浮叶的房份斗争）。"以农为生的人，世代定居是常态，迁移是变态。背井离乡、人口流动，还是微乎其微的。"②

第一节　遥望历史：浮叶村的由来

浮叶，远方的人们对这座村庄的名字抱有浓厚的兴趣，该村取浮斗、后叶各一字，故名浮叶，"浮在水上的一片树叶"，寓意漂泊的意思。

一　历史悠久的南日岛

（一）独特的地理位置和资源

浮叶村位于莆田南日岛东部。南日岛，本名南匿山，因山隐匿在海里而得名。位于福建省莆田市东南部，北邻福清市的野马屿，东北是平潭县的塘屿，东面兴化湾，处于平海湾和兴化湾交汇处。北倚福清，东濒台湾海峡，距台湾新竹港72.9海里，离乌丘屿10.6海里，西距埭头石城5.4海里，历来是海上南北交通要冲。据《南日岛志》记载，明洪武初，海盗"以勾引番寇遗祸地方"，以明中叶嘉靖二十二年至四十一年最严重。被倭寇骚扰地区东至江口、涵江，南起南日岛、平海、笏石、黄石至莆郡城，沿这两线的各乡村以抵于滨海各地，概遭其劫掠。③ 海贼海寇海盗和倭寇相勾结，④ 危害烈，为防御海贼和倭寇，明廷最初在这里设南匿山水寨，平海卫向这里派驻军900名，后因水寨"在涨海中孤立无援"，遂迁往一水之隔的石城，与青山巡检司合一。其南为莆田乌丘屿。距离石城7里，距台湾新竹港72.89海里，南日岛是南日群岛的主岛，福建第三大岛，莆田市第一大岛。南日岛由111个岛礁组成，总陆地面积约52平方公里，面积在0.1平方公里以上的岛礁有18个，素

---

① 费孝通：《土地里长出来的文化》，载《费孝通文集》（第4卷），群言出版社，2001，第176页。
② 费孝通：《乡土中国》，载《费孝通文集》（第5卷），群言出版社，2001，第317～318页。
③ 莆田县县志编集委员会编《莆田县志·明代倭寇祸莆》，1963。
④ 福建省莆田县地名办公室编《莆田县地名录》，1982。

有"十八列岛"之称，其中主岛面积为 45.08 平方公里，海岸线总长
66.4 公里。主岛分为东半岛和西半岛（原来为两个岛屿，后海湾变浅相
接），东西长，南北狭，中间平坦，地形呈现"哑铃"状，东西两头大，
中间窄小。岛上有耕地面积 1.75 万亩，有林地面积 2.13 万亩，森林覆
盖率 29%，绿化程度 95%。花岗岩储量 2 亿立方米，30 米等深线可开发
利用的浅海滩涂面积 5.5 万亩，大小渔船 822 艘，500 吨级运输船 16 艘。
岛上气候属亚热带海洋性气候，全年最高气温 35℃，最低气温 2℃，年
平均气温 19.2℃，全年无霜，空气中富含负离子，海水理化因子稳定。
南日镇管辖 17 个行政村，其中小日、鳌屿、罗盘、赤山为 4 个小岛村，
总人口 6.1 万人。①

图 2 - 1　等待上船的拥挤的人群

（二）历史谱系

《清一统志》载：南匿山在莆田东 90 里的大海中，与琉球相望，明
初设寨丁此。石盘村石头盘陈姓有宗祠及族谱，其神主与图像皆始于明
初。远在宋元，徐兴公藏书目有安国贤《南日寨小纪》10 卷。

南京图书馆古籍部藏有民国中央政治学校研究部编印的《福建乡土

---

① 南日岛，2014 年 8 月 20 日，https://baike.baidu.com/item/南日岛/897369? fr = aladdin，
最后访问日期：2021 年 8 月 27 日。

历史教材资料》，其丛刊第一辑对南日岛有相关的记载：

> "南日岛之发现，地方既无志乘，附庸于福清、莆田两县志，一
> 鳞半爪，语焉不详。全岛中惟石头盘乡陈姓有宗祠及族谱，其中神
> 主及图像暨氏族之由来，肇始于明初。其他古墓碑石及神庙之纪年，
> 多为清代康熙、乾隆年间，虽间有一二废墟残迹，殊难考证。
>
> 综以上之迹象，南日岛于明季倭寇猖狂时代，或遭焚毁、劫杀；
> 或惧祸内迁。寇平后，始相率来归，辟田网鱼，至清初乃大盛。
>
> 全岛分为东山、西山两部。清季东山属于莆田县，西山隶属于
> 福清。咸丰、同治之际，设县丞，民国初，设县佐，继设岛务局。
> 迨民国国民政府以来，全部划为福清第九区；民国二十四年四月，
> 福建省政府鉴于南日岛地位重要，有关国防、设至特种区署，仍归
> 福清县政府节制。民国二十五年十二月，省府重厘特区职权，直辖
> 省府。受第一区行政督查专员之指挥监督，跻南日岛于县市同等
> 地位。"

明清两朝兵马在福建沿海拉锯之际，清廷实行截界，南日人民被迫
内迁。1676 年，兴化城守将与郑成功之子郑经联合，同守兴化城抗拒清
兵。第二年，郑经兵败，退出兴化城。1679 年，郑经军队驻扎在南日围
头和湄洲等地，继续抗清。1682 年，施琅攻台成功，郑成功之孙郑克塽
率南明政权投降，莆田沿海全部复界。复界后，南日人民从涵江等地返
迁，同时迁来的还有不少平潭、福清和闽南人（主要是惠安杜厝人）。
道咸年间设县亟。1864 年，基督教经南日岛传入莆田。

1916 年设县佐，继设岛务局直辖本省，1933 年设区，1934 年划为福
清县九区，1935 年改为省辖特种区，仍属福清县四区。1940 年划回莆田
县。[①] 1949 年属十三区，1952 年属二十四区，20 世纪 50 年代初，南日
岛再次成为国共两军拉锯之地。南日岛烈士纪念碑屹立在尖山山腰，是
为纪念两度抗击反攻该岛的国民党军队而英勇阵亡的中国人民解放军战

---

① 莆田文化网：《南日岛》，2012 年 6 月 7 日，http://www.ptwhw.com/? post = 1468，最
　后访问日期：2021 年 8 月 27 日。

士而于 1964 年建立的。1955 年成立南日区，1957 年称乡，1958 年建立南日人民公社，1993 年改为南日镇，2002 年划归秀屿区。

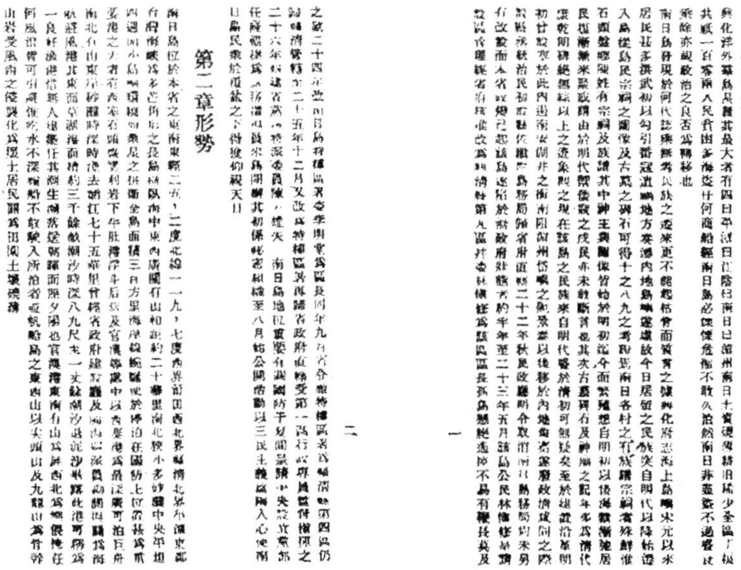

图 2-2　南日岛志

笔者对于南日岛的调查已有些年头，岛上并没有太多对于历史发展的描述，多见于与莆田文化有关的零星记载。笔者能搜集到的较为完整的对南日岛情况介绍的古文，是清朝中期南日岛一个姓杨的秀才①所写，他上京赴考，因名落孙山，落第返梓后，抑郁拾暇而作此俚词，弄墨叙景略展其才以释情怀。因年久抄传，其中存在字词的遗漏和不妥之处，尽管如此，对于南日岛极为有限的历史文献来说，也弥足珍贵。

（三）风土人文与民间记载

1. 乱石山遗址

《莆田市志》载：乱石山遗址位于南日岛海山、后坑两村间、海山水库西南，分布范围约 5000 平方米；山坡东侧石缝中有厚 60 厘米的文化堆积层；山坡西南侧被雨水冲刷裸露，采集到石环 1 件、石球 2 件、红砂陶纺轮 1 件，灰砂陶片及灰印纹硬陶片 136 片；纹饰有：绳纹、网纹、方格纹、圆点纹、弦纹、直篮纹、曲折纹、刻划纹等种。

———————

① 亦云是内地秀才。

经鉴定，乱石山为商周时期的古遗址。2000 年，昙石山博物馆长欧谭生也到乱石山遗址采集到一些红砂陶片。这说明在商周时期，人类已在南日岛活动。

2. 尖山望远

南日地处南北交通要冲，历来是军事要地。明初，兴化府设南日水寨，水兵由兴化、平海、泉州三卫拨旗军 1510 名充当，有官快哨船 29 艘。清初设水汛（军事小据点），领兵 70 名，配坐战船 2 艘巡防。1952 年 7 月部队进驻海岛。尖山以头尖得名，是镇人民政府所在地的最高峰，海拔 100.2 米。《南日岛志》载：尖山树林茂密，充满生机。山之巅有玉皇宫，山尖有石，平滑如台。攀岩而上，可俯瞰全岛。岛民于东海捕鱼均以此山为方向标。当天气晴朗，从尖山顶峰可远眺台湾岛和琉球群岛。回港的船只每从海平线上望见尖山便觉有无限的家乡温暖。

3. 皇帝山

皇帝山位于南日岛西南端，是岛上最迷人的黄金沙山，北拥千畴绿林，南临万顷碧波，周围山海相连，丛林密布，风光秀丽，沙滩绵延 2000 米，纵深 300~500 米，滩平、水清、坡缓，沙质柔软而洁净，是不可再生的旅游资源，是天然的海滨浴场和理想的避暑度假胜地；山岳并不嵯峨，朝北一面岩石展露，树木茂盛，葱葱郁郁，朝南一面则光秃秃的，没有一树一草，遍地尽是细沙。巨大的沙丘，让人感觉不到正身处于海岸边，而仿佛走入了神秘沙漠。据说，这沙山被人"践踏"后，过了一夜，第二天又平滑如初。几百年以来，经过成千上万人的"高山滑沙"，面貌依旧。相传，从前有皇帝巡游江南，携带一位太子，太子整日跑到此山玩耍，攀爬沙山。后来被皇帝召回京都……从此，南日岛老百姓把这座山尊称为"皇帝山"。《南日岛志》亦有载曰："帝山天子来游"。

4. 九重山

九重山位于港南村，是岛中山区，方圆 2 公里内九座山头连绵不断，重重叠叠，险峻逶迤，蔚为壮观，恍若一条巨龙横卧在岛间，故名九重山。山上有海军基地遗址，山外还有小渔村。九重山地势险要，自古乃兵家必争之地。至今还保留一些近代设立的堡垒、瞭望塔、水塔及地下

图 2 - 3 南日岛皇帝山

坑道等工事，好像神秘古堡，时常有人进入探秘。《南日岛志》载：九重山险峻，为环岛冠若千年，前为海盗雄踞，山势迥环堡垒屏峙，至今遗迹尚存，足供后人凭吊。

图 2 - 4 位于南日岛中部的九重山

二 浮叶村的起源

偏安一隅的浮叶村在二百多年前是一处荒无人迹、草木凋零的海湾。大约在乾隆上叶（约 280 年前）①，惠安净峰镇的渔民航海经过南日岛东边，遇到大风，船停泊在大白屿附近，待无风时起航，起锚时，锚篾绳

---

① 浮叶村有文字记载的历史是 213 年。

周围鲜活的虾米在游动，确以此海道潮水盛，鱼虾旺，故常北上到此海区捕捞，后上岸搭茅屋居住，修晒场加工。渔民觉得来回航运颇费周折，就逐渐在海岛上定居下来，后来越聚越多，慢慢形成一个村落，并衍生出几个主要的姓氏。其他姓氏如郭、颜、谢、郑等也大多是从惠安杜厝附近迁来的，王、洪两姓是从泉州附近迁来的。

关于浮叶村的起源，村里的林姓族人当中还流传着一个更为完整的故事。据说浮叶村的开基祖林向伯原本是个穷人，林姓在石壁东又是弱姓，他经常被人看不起。直到有一天，他在地底下挖出了三个金元宝，用这三个金元宝在惠安杜厝造了一艘大渔船，长年出海打鱼。后来他偶然发现南日岛的渔业资源极为丰富，就在浮叶村附近搭起简易的木寮，每年秋季来南日岛打鱼时就住在岛上。但石壁东的人对他还是不以为意，他的妻子一气之下就写信让他把船开回杜厝让乡里人瞧瞧。不料，船走到杜厝坳口附近却触礁沉没了。失去渔船的他不得不迁到浮叶村定居，成为浮叶村林姓的开基祖和开拓者。后来，惠安杜厝周围的周姓、杨姓、陈姓等几个姓氏的渔民先后迁来，浮叶村逐渐发展成为一个兴旺的小渔村。时至今日，浮叶村开基的林姓在石壁东已经没有几户了，据说有一部分迁到了一个叫前林的地方。据族里的老人回忆，上一辈中有人曾拿着祖先的牌位到老家石壁东以及前林找过亲人，现在在石壁东还可以寻到当年林向伯挖出金元宝的三个大坑。

而据村里的周姓人讲，他们的祖先最早来到浮叶村大约是在 270 年前。当时一个名叫周南伯的渔民从惠安杜厝关边来到浮叶村定居。其后一两百年间，周姓族人又陆陆续续迁来不少，最后迁移到海岛上的时间是在 80 多年前。现在周姓在浮叶村里已经有两千多人，是村里的第一大姓。我们采访的一位名叫周阿福的老人，今年已经 86 岁了。他告诉我们，周姓的祖先最早是定居在晋江东石一带的，后来才迁移到惠安杜厝关边。因此，惠安周姓的灯号是"汝南家声大，惠安世泽长"，以前这个灯号一直写在聚斗安乐社的门前。

浮叶村还有一个重要的姓氏是杨姓，是隋朝皇帝杨广的叔叔——大将军杨素的后裔。笔者寻访到浮叶村的杨氏宗亲联谊会，会长杨文荣告诉我们，杨姓定居浮叶村也有 280 多年的历史。杨姓的祖先最早定居于泉州晋江后洋芙蓉村，明朝永乐年间才迁到惠安净峰杜厝村，历代以渔业兼小农作为生计，祖先是福惠公，分长房、二房、三房、四房。后来，杜厝一位名叫杨表公的渔民在咸丰初年迁到浮叶村，族中的另一支于乾隆初年也迁到了浮叶。现在杨姓在浮叶村已经繁衍生息了5代，全族293户，1408人，分布在浮叶村上、中、下楼，世代以捕捞业为主，近代还发展养殖业。因历史缘故，四房未迁移，三房迁大部，二房迁较大部，长房只迁小部。按谱牒讳字，属福惠公支派，辈分为密、表、羽、河、宜、荫、梓、榆、昭、世、道、生、华、国、景、勋、传、家、承、祖、远、贻、百、代24字。各辈分代代承接，繁荣昌盛。杨氏后人杨文荣还给了笔者一本《南日杨氏谱序》，上面记载着杨氏的迁移历史。据《岱峰云楼杨氏族谱》记载，杨氏源于三千多年前的姬氏。经西周周成王钦封杨姓之后，根发枝繁，发祥于汉朝河西。但杨氏自关西派出四方，杨震后裔繁衍派系入闽。崇祯《谱序》记载，在唐朝杨姓始祖入闽，赐进士官镛洲司户，汉太尉震公22代孙邦高公，字讳衡、27代孙杨荣徙迁将乐县，其后杨公五世孙杨时官，北宋哲学家，字中立，号龟山，南剑洲将乐人（今福建将乐县），学者称龟山先生，熙宁进士。后历浏阳、余杭、萧山三县，徽宗时应召官至徽猷阁待制。高宗时，官至龙图阁直学士，称为理学名臣。曾孙肇，字永成，入融即福清（谱序记载）岱峰云楼，杨氏始祖肇公系延平府将乐县人，名时，号龟山之后也。因课盐玉融卜居岱峰。又据清道光《谱序》曰，岱峰之杨氏也，实出将乐县，时中立公五世孙，讳肇公。贩盐福清，因过岱峰，见其龙脉蜿蜒，山清水秀，遂有乔居之志，始卜筑凤凰山，则继迁岱峰——福清杨氏为一世繁衍，徙迁云楼岭南永宾里，玺公开玉融。玺公生三子，名讳君棠、君球、君玉。三男君玉改名均玉公，玉祖择取六一岭南后，即琯下村。均玉公生三子，长子德顺，卜居龙祥，凤起腾蛟，长发其祥；次子德熙衍发牛峰；三男德载迁发仙井，绵延支派各地。而德顺长子聪公，第四世孙，梓公一支派徙迁居南日山后叶村，即始祖。待载公居仙井第十一世孙春润公，次子，支派徙迁南日山鹅头下村，由鹅头下分支西皋、白沙洋、后叶之始祖。其后，顺载二公后裔之分支绵延，繁衍南日岛各地湣之下其称下五杨。现已分布在十多个自然村，传二十四代，总人口12000多人。其中岛之东部海滨浮斗，现浮叶村，杨姓支派实由泉州市惠安县净峰镇杜厝村，即芙蓉村杨氏支派，徙迁往南日岛浮斗定居，据

《杜厝杨氏谱序》记载，原福惠公，始于明初传四房，经十一世三百多年，后三房蜜公长子，讳慎字，中年迁来南日岛浮斗定居。在乾隆末年继后二房、三房同样也迁来浮斗定居，距今约有三百多年历史，传十一世，人口 1408 人，但南日岛虽在闽中沿海避处，也有邹鲁文风，其杨氏家族有悠久历史，名贤辈出，外向驰名，遂居各地，开枝散叶。

尽管惠安人迁移到南日岛已有两百多年的历史，但岛上的浮叶人仍然与原生地保持着密切的联系。在浮叶村，杨文荣提到，浮叶村杨氏开基始祖与惠安杜厝宗亲交往密切，凭借"四知"丁号，曾和福清杨氏宗亲多次联系，也和岛上"五杨"（加之浮叶村杨氏一支，后称"六杨"）宗亲共事。也有学者为了印证惠安渔民迁移南日岛的历史，还专门到了惠安净峰镇杜厝一带采访。在杜厝村，一位叫杨益生的老人，以前经常到南日岛"讨海"。他在浮叶村有不少亲戚，用他的话说："买一块钱的糖，光分给叫我姑父的孩子都不够。"在老人提供的一份《杜厝芙蓉杨氏家谱》中，找到了一段关于浮叶村杨姓的记载："福惠公是晋南芙蓉入闽第十五世祖，公迁居惠安杜厝肇业，是杜厝杨氏派系开居始祖。据传说福惠公生有长、二、三、四子……二房迁往南日岛（莆田县）浮叶（又称下寮）现尚小部分留杜厝。"这段记载恰好印证了浮叶村杨姓族人的说法。还有一位周金木老人今年已经 65 岁了，据他讲，他的太公于清朝末年迁居南日岛，在浮叶村一带打鱼为生。后来抗战时期，浮叶村渔船被日军烧毁，其父为了避难，又迁回惠安杜厝。他还有个姑姑现在还在浮叶村。浮叶村老人会原副会长周福清是他的堂兄。周金木老人的回忆印证了杜厝周姓迁居浮叶村的历史以及浮叶村历史上的"三兴两败"之说。①

在两三百年的历史当中，浮叶村与泉州、惠安等地亲人的来往从来没有间断过。两地渔民在"讨海"当中更是守望相助，亲如兄弟，用浮叶村人的话来说："原本就是一家人嘛"。时至今日，在杜厝一带还有不少人家与浮叶村有来往，有几户人家原先也是在浮叶村打鱼为生，后来才迁回杜厝的。杜厝的杨细皮老人讲，他们这一支现在在惠安杜厝还有

---

① 李立兴：《原本就是一家人——南日岛上寻亲记之三》，2001 年 9 月 22 日，http://www.qzwb.com/gb/content/2001 - 09/22/content_299645.htm，最后访问日期：2021 年 8 月 27 日。

300 多户，前几年"讨海"时经常来往，近两年才来往少了。

图 2－5　当年浮叶村祖先在南日岛发现的避风港

注：浮叶村的坳口，是个很好的避风港，浮叶村祖先在乾隆年间就是因为这里良好的地理位置而选择在此定居的。每年正月十八闹元宵都在此举行仪式。

三　浮叶村的人文特质

浮叶村位于台湾海峡的南日岛上，作为大陆和海洋之间独特的地理单元，有着特殊的文化性质。

第一，文化外源的原生地沿袭。从文化发展渊源来看，浮叶文化发端于大陆，这与岛民的迁移路径有重要的关联。从清朝开始，就陆续有惠安人迁移到南日岛来，这些人当初的职业类型一般是渔民，从大陆出发到远海捕鱼，在捕鱼的过程中，经常遇到大风大浪等海上风险，渔民发现南日岛有很多避风港，很适合渔船停航，且此地鱼虾众多，适合生存繁衍，于是就安营扎寨留了下来，并世代繁衍成当前三千多人之众。在迁移地繁衍生息的过程中，浮叶人在语言、服饰、信仰等方面还带着惠安的惯习和风俗。这些渔民在迁移地安顿下来后，将大陆的文化带入浮叶村并实现了本土化变迁，因此浮叶文化带着深刻的大陆印记，是大陆文化的衍生物，这表现在浮叶人的生存方式仍以捕鱼和养殖海产品为主，文化习俗、民间信仰、思想观念、等级秩序等都与原生地有相似之处，其文化外源性受到大陆文化的诸多影响。

第二，对传统文化的保留。由于地处海洋中间，与大陆在时空上的位置差距使得浮叶文化保留了很多传统的成分，这突出表现在其婚配方式、生育观念、女性家庭地位等方面。因为其交通的不便而鲜有人为因素的干扰，外来的大陆文化能长期保持其初始状态，结果表现为浮叶村本土的婚配模式还是沿袭着"相亲—神灵占卜—订婚—结婚"的路径，很少有自由恋爱的，就算就业外流的岛民也会在春节、国庆等重要的节日回岛上相亲，而且整个过程有灵媒和神灵的运作，使得相亲到结婚的周期大大缩短且该婚配模式较之于自由恋爱更加牢不可摧。此外，浮叶人还有极端的重男轻女偏好，在村民的生存理性和性别分工中，男性更适合出海捕鱼，而女性最擅长操持家务，这就衍生了村民的生男偏好，对男孩有执着的追求和近乎愚昧的疯狂，且这样的偏好会在村里重要的庆祝活动，如相亲、结婚、摆满月酒等重要仪式中充分体现出来，生育男孩的数量在一定程度上成为女性家庭地位的衡量标准，家族中有生育男孩且家境殷实的女性常常成为男方订婚仪式中的座上宾，拥有较多的话语权和决定权；只有男孩才能成为婚礼中"滚婚床"的对象；生育男孩才会办满月酒和派发喜糖，生育女孩则没有这样的仪式。出于对男丁和家族姓氏延续的考虑，所生子女一般随父姓，但由于多年来计划生育的普及，很多家庭最多只能生育两个子女，二女家庭或独女家庭为了在村里的颜面和姓氏延续的需要，就要求男方入赘，以后所生子女跟女方姓，这在传统的岛民眼里是非常屈辱的，也增加了很多入赘男飞黄腾达了以后更换子女姓氏的风险。为此，招赘婚的家庭如果要招上门女婿的话，往往找同姓男，以绝后患。但随着少子化生育观念内化于心，男丁越来越少了，很多家庭的男丁可谓"入不敷出"，为此，岛民往往采取"两顾"的方法，男方家说女方是嫁出去的，女方家说男方是上门的，这样一来，两家的颜面都保住了。至于所生育子女，第一个随父姓，第二个随母姓，如果第一个是女孩，第二个是男孩的话，男孩跟父亲姓，女孩再改过来跟母亲姓。尽管如此，还是经常会出现很多家庭为了小孩的姓氏闹得不可开交的状况。

第三，海洋文化个性。浮叶村地处南日岛的避风港，虽然有天然的屏障抵御海风，但仍然要面对时不时出现的恶劣自然灾害。每年的台风都会对村落造成较大的影响，特别是海产养殖和出海捕鱼作业，还有因为大量种植龙须菜造成海水缺氧，影响鲍鱼养殖和海带种植，形成恶性循环，此外，赤潮对岛民赖以谋生的海洋经济的影响也很显著。由此可见，长期面对自然环境的不确定性和风险性，使浮叶人有着坚韧团结、宽容保守、传统务实的海洋文化个性，体现在浮叶人特别能吃苦，很多人到外地打工或做生意，都很勤劳肯干，而且特别节俭，家庭收益很大一部分被省下来用来盖房子和其他重要的家庭开支。村民的家庭意识和家庭责任感也很强，长期以来形成的男性出外捕鱼而女性在家种地照顾家庭的性别分工使女性家庭成员的重要性和地位不容小觑，和谐的分工格局和亲情氛围保持着家庭长久的凝聚力，离婚、分居等似乎成为村民难以接受的异化行为模式，受到社会舆论的广泛质疑和压力，使村民轻易不会尝试这样的婚姻模式。在相对封闭保守的文化氛围中，村民很少有离婚的意识或打算，坚持着从一而终的婚配观念。

第二节　还看今朝：浮叶村的现在

一　浮叶村的地理位置和资源状况

浮叶村所在的南日岛山海兼优、资源丰富：岛上花岗石储藏量达 2 亿立方米，有林面积 1000 多公顷，海岸线总长 66.4 公里，天然避风沃有 25 处，30 米等深线可开发利用的浅海滩涂面积达 5.9 万亩，盛产鲍鱼、石斑鱼、红毛藻、大海蟹、斑节虾等 100 多种名优水产品。2007 年，南日鲍获得"中华人民共和国地理标志保护产品"称号，2013 年被认定为中国驰名商标；风能资源丰富，风向稳定，全年 5、6 级风时间长达 300 天以上，风电建设项目发展完善；岛上风光独特、滩平沙净，拥有众多奇特的山势地貌、名胜古迹和渔民风情，属于原生态海岛，低碳开发了海岛的旅游业，建设原生态滨海旅游休闲区。可以说，南日岛依托海洋、海风、海景三大海岛资源优势，力促实现"风行海西、鲍打天下，客聚八方"的发展思路。

　　浮叶村取浮斗、后叶各一字，故名浮叶。该村在东经 119°，北纬 25°的海岬上，占地 1.7 平方公里，位于南日岛镇政府驻地东侧 6.8 公里，宋元时属感德乡南匿里，明清属四区南匿，民国初年归省府直辖，1934 年属福清县九区，1935～1936 年属南日特种区，1940 年属莆田县南日镇，1941 年属南日镇浮叶村，1960 年属 13 区浮叶村，1961 年属 13 区浮叶乡，1963 年属 24 区浮叶乡，1965～1966 年属 24 区（南日）浮叶乡，1968 年属南日镇浮叶高级社，1969 年属南日公社浮叶大队，1995 年改为南日镇浮叶村委会。本村有聚斗境安乐社、燕头境东兴永顶后叶境新兴社、芦竹井境东兴社。

　　浮叶村有 4 个自然村，设 3 个村民小组，分为上浮、中浮和下浮，827 户共 4686 人，都是汉族人，以杨姓、周姓居多，还有邱、陈、王、洪、谢等总共九个姓氏。农地 394 亩，主要种植甘薯、大小麦，兼种花生；养殖的海产品有鲍鱼、海带、龙须菜、石斑鱼等；林地面积 5 亩，以种木麻黄、相思树为主；有小学、医疗所；有电灯照明；水陆交通方便，岛上公路通本村，通客车；本村有水产冷冻厂 1 所。

　　浮叶人长期以捕鱼为生，这几年海水有所污染，近海的海产日渐减少，不得不到远海去捕捞。没有足够资金购买大型渔船的村民则开始承包海域，主要养殖鲍鱼、石斑鱼、红毛藻、大海蟹、斑节虾等海产品。海上风浪险恶，每次出海捕鱼都是一次冒险的挑战。远洋的渔船为了行船平安且获得一个好收成，到了开渔节的时候，数艘渔船绑在一起，集体出海，伴随着烟花爆竹声，场面异常壮观。开渔节对捕鱼为生的村民来说具有重要的意义。相传在明朝的时候，倭寇侵扰福建沿海，晋江的渔民深受其害。有一年春节过后，渔民聚在一起，商量先派三艘渔船出海打探，如果倭寇没来，再回来通知大家集体出海。这三艘渔船出海后，第一艘和第二艘都平安归来，唯独第三艘遇到大风浪，沉入大海。从此以后，每年第三艘出海的渔船都会遭遇不幸，因此渔民认为凡是第三艘出海的，都不吉利。由此，每年只有两艘渔船出海打鱼，渔民们争着坐第一艘和第二艘出海的渔船，对第三艘讳莫如深，形成"三车陋习"。后来，渔民们为了解决排序上的争执，干脆就把所有的渔船绑在一起，集体出海，省却渔民的矛盾争端，也规避了不吉利的可能性。于是开渔节这样的传统习俗就传承下来并被迁移的浮叶人带到了南日岛，到目前为止，浮叶村还保留着开渔节的传统。

图 2-6　一年一度的开渔节

浮叶人对于南日岛的本土人来说是外迁人口，一开始就住在坳口附近，当地人留下一块地给他们远洋捕鱼时休息所用，日积月累，浮叶人与当地村民相处还算融洽，彼此相安无事好长一段时间。随着浮叶人慢慢移居海岛，他们就把捕鱼的收获，比如新鲜的龙虾、螃蟹、海鱼等，或者在海边晒干后的海产品运到莆田售卖，换取的钱在南日岛买田置地。莆田人天生对土地和房屋有着独特的情怀，岛民寸土必争的心态使他们对土地格外珍惜和偏爱。浮叶祖先要从岛民手里买到土地和房屋是非常不容易的，售卖海产品只能换取数量有限的土地。因此，笔者在浮叶村调查的时候发现，村里的房屋建得非常拥挤，几乎成了"握手楼"。① 在村里很难找到可以停车的空地，只能把车停在村口，这足以体现浮叶村人多地少的窘状。

二　姓氏与族谱

浮叶村主要有九个姓氏，其中，占人口最多的姓氏是杨姓和周姓，还有陈、王、洪、谢等姓。浮叶村设立族谱的只有杨氏和陈氏。

（一）杨氏族谱

杨氏家族的先祖，据说是隋朝皇帝杨广的叔叔，也就是大将军杨素，

---

① 当地人常用"握手楼"来形容房屋靠得太近，邻居在自家阳台上都可以握到对方的手。

杨氏家族就是杨素这支的后裔。从杨氏族谱（图2-7）上可以清晰地看出浮叶村杨氏的房份和居住分布情况。杨氏共同的祖先是福惠公，祖籍惠安杜厝，娶了三房太太，分别是长房、二房和三房。长房的后代至今在惠安居多，只有少部分迁移到浮叶村，迁移到浮叶村的一般都是偏房，二房、三房基本上都迁移过来了，留在惠安杜厝的二房只有十几户。这三房迁移到浮叶村后又各生了若干个儿子，除了长房、三房只生两个儿子外，二房有三个儿子。族谱的房份后面分别都标注了所在地，后角是上浮，燕头是中浮，后楼是下浮（见图2-7）。

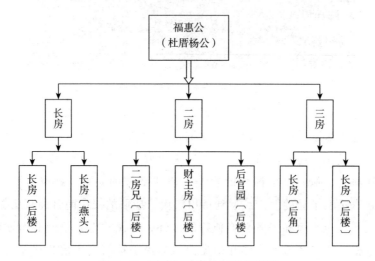

图2-7　浮叶杨氏房份居住分布图

说明：该图来自杨氏族谱，笔者未修改。

在长房这个房份中，长房〔后楼〕这个分支主要在杜厝，迁移到浮叶村的比较少，在族谱上就没有更多的分支；长房〔燕头〕这个分支主要是近公，生四子，分别是九林、九兴、九仔、亚苗。长房属于银祥角。

在二房这个房份中，长房就是二房兄〔后楼〕，主要有目乞公，生子元瑞和元祥；杨生公，生子天树、天生、盐生；近公，生子三个，一个佚名，一个昂团，一个不伶林。不伶林这个分支后来迁移到惠安净峰。还有二房的财主房〔后楼〕，生子伯房公、仲房公、叔房公、季房公。以上这两房属于银祥角。此外，还有三房后官园〔后楼〕，文风角主要有河公双勇，生子龙飘、龙富、乌亚，以及毛亚，生子金春、金连；居住在刘牛角的主要有羽公猫仔、河公红九伯、猫公全伯。

在三房这个房份中，主要有猪仔贤公，生子双水；龟仔公，生子十一指；山猴公，生子鼓头丁；国光公，生子亚喜、大目周、九利、拍岛、毛庆，属于清银角。

笔者访谈的口述者之一是杨氏的一支，即财主房，属于二房的偏房，到现在已经繁衍了十几代。财主房的祖先在靠近浮叶村坳口的小岛上买了一块风水宝地，修建了祖墓，在当地是非常显赫的，毕竟杨氏是浮叶村的大姓，其他姓氏都要让杨氏三分。现在的杨家在当地称为"六杨"，在南日岛已经衍生了一万多人口。

（二）陈氏族谱

阁族宗考①

唐一世祖瑞圭陈公自乾宵四年从福州省内迁居兴化府莆田县橄榄巷，祠堂在南门外，地名阁口。门额石碑刻玉壶二字，又从兴化来惠，择居岑兜厥，后由岑兜再徙宣美园旁迁。开基祖厝坐巽向乾，并建大宗祠，坐坤向艮兼申寅。自唐以后，先祖俱失传，名号迨乎。在宋传有兄弟三人者，长子②巨清，次子巨渊，三子巨源。其从巨清公分派者如本乡园边刊场下乡、石井乡、赤厝乡、山柄乡、坵内乡、田乾乡、埭头乡，而辋川崤尾乡、溪底铺乡、西铺乡则由山柄乡再分者也。至若溪底铺、蜂后乡、埕头下陈姓及崇武城内陈姓乃从田乾下厝迁分配这也。从巨渊公分派者，如宣美东西头及西厅迁是也。自宣美再分派者，如水边乡、新塘乡，其邑内学边陈姓，邑内大巷陈姓，水关内白沙埕陈姓，崇武城内营盘边陈姓，新后门乡、樵兜乡、坑黄乡、庄内乡，皆从新塘再分派者也。至如惠北门外街陈姓又从白沙埕分派也。更有从水边中厝迁分在浮斗南日，又从水边东厝迁分于福州王沂居住，其在水边乡皆系西厝刊之派。从巨源公分派者，如前垵乡、岭头乡、大印石乡、陈芹乡、坑仔乡、山富乡、南魏乡、安民铺洋边乡、东周铺东头乡、近岑兜内墓乡，有从内墓再迁涂岭溪下乡者，又有从坑仔乡分派者，如尾头乡、丰汤乡、盘龙湾司口乡是也。近接传有瑞圭妈墓，在司口乡里西边风水亦佳。

---

① 陈氏族谱来自浮叶村陈氏后人所收藏的手抄记录，错误之处未予改正。

② 原稿写作"译"，同"裔"，儿子的意思。

而北门外双龟牌陈姓则从前垵乡分派者也，又大印石分派者，近后宅东头乡，惟东头乡亦有瑞圭妈墓在其本山，而上溪乡又从东头乡更分派也。

以上数十乡皆瑞圭公后裔当时设祭大宗时缺略。东头上溪二乡以后，大印石乡乃传此二乡是伊乡分派，祖厝现在可据，致祭。

瑞圭公宜作三庵阁，当时新塘乡有康熙壬子科举人陈犹龙为山东安邱县令，回籍要加意敬祖，故新塘一乡一祭一阁因作四阁轮流致祭。

瑞圭公墓在苟前张山后，牡屈穴坐巽向乾兼系缝针孤筹，内案金鸡，外案文笔，左边石狗，右边石龟、石鸭，诚天生奇地为我族发祥之真龙者也。

今就宋本支先祖，巨渊公择居在本乡埔仔下名三落迁者，与东头迁、西厅迁建立小宗，自宋历元至明，因累经兵火，谱系烧毁无存，故列祖名号无从考据，惟明末有国柜公者系本乡东西头西厅公共先祖，有骸棺，四首葬在本山下大园穴，坐西向东，号金鱼戏水，形体至清同治九年十月吉日诸裔孙合共重修坟堆勒石碑为据。本乡丈量鳞图皆从陈国柩户内分出，可见国柩公为小宗内东西头西厅通共先祖确据无疑。

附记

园旁迁户名"陈六仔"，系巨清公支派。我祖巨渊公择居宣美乡西头埔仔下户丁陈国柜。宣美乡康熙年间有名居淑者遣于邑内司口埔。其孙陈云章，字卓老，乾隆壬子科吴举人。其裔孙"才舍"，嘉庆间武生。

又附记

陈国瑶丁户讳"行淑"，康熙年间分支普光铺陈厝乡，生三男，长（子）林淑，次（子）佛淑，三（子）雄淑，又行淑胞弟康熙间再分居蔡宅铺社前乡宣美。分于水旁者乾隆年间有生员陈肃度，字仪仲，皇明祖讳"耀"，号"伯煌"，生于明正德元年，生卒日时失传。

妣李氏闺名"美娘"，谥"慈懿"，生于明正德贰年。祖讳"前"，号"有辉"，生于明嘉靖年间，是长子，与父母合葬在本山土名图内，生卒日时失传。

此是明朝中先祖大厝迁尾献，迁南日，迁草湖，迁海澄岭仔洋，皆其后裔在明末可稽。孙有名"奏"，名"烈"，名"苍"，名"球"。

以上皆照世简公磨光公谱稿录清。

裔孙"辉俊"重修

另补记

居淑有堂侄讳"美淑"，康熙年间分居蔡宅铺下珩乡，生二男，长（子）讳"琴"，次（子）讳"衡"，衡出嗣王冢"琴淑"，生四男，长（子）忠，次（子）阵，三（子）举，四（子）石，子孙亦不甚旺。

三　房系支派

房是宗族内部的一种纵向的、与辈分世系相结合构成的宗族内部严密的组织结构。房串联宗族内部的有关家庭，构成一种小于族、大于家的血缘组织。在一般的村落宗族中，宗族的组织结构分为族、房、家三级。所以房是宗族结构下的亚结构，家则是房下面的亚结构。相对于族和家来说，房的问题显得复杂而繁琐，因为每一代都存在着分房的问题。

房的形成是一个历史的过程。由于房是儿子相对于父亲而言的一个概念，房存在的条件之一就是祖先要有儿子，有几个儿子就分成几房，每代均是如此。所以，后世称祖先的分房在当时实则是兄弟分家，现世的分家则是祖先的分房。① 宗族的发展过程就是每一代不断分房的过程，宗族的裂变实际上就是分房，所以房又有大房与小房之分。大房是指上

---

① 刘大可：《中心与边缘：客家民众的生活世界》，社会科学文献出版社，2012，第21～22页。

代分的房，每房人数多、经济实力强；小房则指较后面分的房，人数相对较少、经济实力相对较弱；等等。由于房的出现，村落宗族内部的关系趋于复杂，存在着族与房、房与房、大房与小房、房与家错综复杂的关系。在中国很多村落里，都是大姓或者长房拥有较多的政治机会和话语权，小姓或者偏房常被边缘化，数百年来人口没有太大的发展，一直维持着固有的规模，更没有修过祠堂或建立族谱，上代只遗留下简单的家谱，薄薄的一本只是简单记载了世系、婚配、生卒及葬地。小房的后代对于祖先知之甚少，仅存一些模糊的认识。[1] 因此，小房的后代更多处于边缘的地位，但随着时代的变迁，传统以人口数来区分大房和小房的简单标准已经为新的价值取向取代。小房的后代出于对宗族和姓氏发展的考虑，在经济实力和政治面貌上往往有着较多的投入热情。比如，浮叶村现在的村主任姓杨，但村支书却是小房的王姓（上一届）和江姓（这一届），其中，王姓在村里还小有名气，掌管着村里的大小事务，闲暇之余还经营着自己的饭店，凭着广泛的人脉，生意异常红火，大小也算是村里的能人。王姓虽然是小姓，但该姓氏比较注意培养党员，因此党员的人数比较多，在政治参与上有较大的优势。在人民公社时期，浮叶村分为三个生产队，上浮是一队，中浮是二队，下浮是三队。在那个时候，王姓有很多人当干部，就很有觉悟去培养本宗族的党员，他们通过对本宗族成员的职业规划和人生引导，使王姓成员有更多机会参军或从部队转业，党员人数也随着增加。总体算下来，他们一个姓氏的党员有四十多人，长年累月，在政治参与和村委选拔上占有比较优势。而相比之下，尽管这两个自然村周姓和杨姓在人数上占据较大优势，二队的中浮和三队的下浮加起来才四十多个党员。俗话说，风水轮流转。王姓虽然在人数上占有较小的比例，但随着该姓氏的不断经营，逐渐掌握了主动权，在基层治理上有自己的发展空间，随之而来的是宗族影响力日增，实现了从边缘到中心的质的飞跃。

四　作为族群标签的元宵节

农历正月十五日是中国的传统节日——元宵节，早在两千多年前的

---

① 刘大可：《中心与边缘：客家民众的生活世界》，社会科学文献出版社，2012，第27~28页。

西汉就有了。汉武帝时，"太一神"的祭祀活动定在正月十五，司马迁创建"太初历"时，就已将元宵节确定为重大节日。因为正月是农历的元月，古人称夜为"宵"，所以把农历正月十五称为元宵节，又叫"上元节"。正月十五日的夜晚是一年中的第一个月圆之夜，也是一个大地回春的夜晚。天上皓月当空，地上各家各户张灯结彩。人们出门赏月，燃放烟火，喜猜灯谜，共吃元宵，亲朋好友团聚，共庆佳节，其乐融融。"去年元夜时，花市灯如昼。月上柳梢头，人约黄昏后。今年元夜时，月与灯依旧。不见去年人，泪湿春衫袖。"这是宋代文学家欧阳修在元宵夜观灯后写下的一首脍炙人口的诗，千百年来，广为传唱。

（一）莆田人的元宵节及仪式

在莆田的文化元素中，元宵节有着特别的意义，过元宵的习俗长盛不衰。元宵节的欢庆仪式主要有"放灯""祈年"等。据弘治《八闽通志·风俗·兴化府》载："上元。放灯，先期各构松棚于户外过街，每棚燃灯六盏或八盏，自十三日起至十九日止。祈年，自十三日起至十七日止，里民各合其闾社之人，为祈年醮。是夜以鼓乐迎其土神，遍行境内，民家各设香案候神，至则奠酒果，焚楮钱，拜送之，亦古者乡人傩之遗意也。"清代，参与"放灯""祈年"等活动的人络绎不绝。乾隆《莆田县志》载："自十三日夜，城中四门通衢各设松棚，悬灯其上，里社皆盛张灯，为祈年之举，坊乡之民，轮年为福首，醵金祀里祠，设醮诵经祈福。境内火树箫鼓，达旦不辍。"[1] 元宵迎神祈福，由里社福首捧着锡制"社炉"绕境。社炉约1尺高，方形或圆形，深约10厘米，带有下柄，像"至"字形，可以手捧，背插金花红布，各户或迎接入厅堂，进香拜祝，俗称"接行傩"，或在门口焚香烧金纸叩拜，俗称"献纸"。此外还有"请社妈"活动，即由一个妇女捧着"社妈"到各家各户，"社妈"为木雕1尺多高的女神像，多为站立抱婴或哺乳状，头上插满鲜花，白花象征男性，红花象征女性。妇女祈子者，按自己意愿虔诚地从"社妈"头上取下一朵花插在自己头上，须给捧"社妈"的执事"红包"和红团、红橘、线面。

莆田的游灯习俗也非常热闹。据清人郑得来《连江里志略》载，元

---

[1] 金鋈谢：《兴化府莆田县志》（康熙版），中国文史出版社，2000。

宵灯会从正月十二日至十六日夜，枫亭有两街五宫，每宫各轮一日，"先一夜擎灯数百，鼓乐遍游二街，谓之摆市。次日妆春台遍游，谓之报街。夜点灯数百，簇拥神游，家陈果酒，当街拦接，谓之过市。方妆台日，远近聚观，儿女堵塞街巷。……鳌山、火树、观剧、击毯，贴背摩胸，趑趄而不得进"。① 莆田游灯的灯式多样，有"走马灯""猜谜灯""塔灯""龙灯""六角灯""蜈蚣灯""彩篮灯""菜头灯"等。据载，莆田还曾出现一种"舟灯"，"一舟放灯，三舟联并为一架，座供佛舟上，左右列灯三十二，倒景水中，凡六十四光。钟鼓轻击，笙馨间之。风息时和，僧三十二，齐声唱佛"。② 在莆田的很多乡村，除了在本村内闹元宵外，还到其他村去"参服"，即出村游灯。比如莆田华亭霞皋村，每年元宵晚上，各家各户都要按男丁出灯笼，把灯笼安装在长约 3 米、宽 6 厘米左右的条木板上，组织一次有三四千人参加的大游灯。一串接一串的灯笼，蜿蜒一两公里之长，从霞皋村游到城里广化寺前。③

"放灯""祈年"之外，莆田元宵节还有跳棕轿、踩高跷、舞狮、戏龙等活动。志书记载："里中少年，各抬棕轿，聚薪跳火为戏。其夕，年少作角觚戏，舞龙灯，弄青狮，男装为女，充街塞巷，鼓乐聒耳，彻夜不绝。"④

（二）南日岛的元宵节及仪式

南日岛人民来自五湖四海，中原的文化与当地的闽越文化在此交流、融汇，激活了南日岛的钟灵之气，逐渐形成了南日岛的多元文化和不同的民风民俗。因此，南日岛的各个乡里闹元宵的习俗有所不同。每个乡里都有一个大元宵和一个小元宵。从农历正月初八开始一直到农历正月廿八结束。岛上轻歌曼舞，敲锣打鼓，欢欢喜喜地闹上 21 天，可以说是中国历史上最长的元宵节了。

南日岛人民十分重视元宵节，在外地工作，甚至远渡重洋的人都要赶回来闹元宵。人们开展了丰富多彩的活动：燃灯观灯、猜灯谜、舞龙、

---

① 郑得来编《连江里志略》，莆田市图书馆收藏抄本。
② 林登名：《莆舆纪胜》，载福建省地方志编纂委员会编《福建省志·民俗志》，方志出版社，1997，第 250 页。
③ 周雪香：《莆仙文化述论》，中国社会科学出版社，2008。
④ 《莆田县志》卷 8《风俗志下·岁时》，第一册，第 279～280 页。

耍狮、踩高跷、扭秧歌、游行、吃元宵……其热闹喜庆程度超过春节。南日岛的元宵习俗与全国大部分地区差不多，但由于南日岛特殊的地理位置和历史背景，孕育了具有特色的民风民俗，其中，绕山绕海巡村、冲海、送灯是南日岛闹元宵的三大亮点。

农历正月初八，凉风飕飕，但丝毫没有冲淡南日岛人民闹元宵的热情。精彩纷呈的南日岛元宵节从岩下村拉开了序幕。"岩下岩下，初八行道（巡游），肉丸冻僵，乡老咬不动（别嚼），锣敲一窟窿，鼓打一个洞，锣挂铺上，鼓放铺下，木屐（草鞋）夹在腋窝下。"① 这首在南日岛民间广泛流传的童谣，生动地呈现了岩下村民在寒风中高举彩旗，敲锣打鼓，绕山绕海游行巡村的热闹场面。

在巡村的队伍里，全村男女老少依次排队，孩子们举着彩旗，少年们敲锣打鼓，新婚燕尔的男人负责举彩色的华盖，年轻的小伙子们抬着菩萨轿子行傩。行傩要绕山绕海一周，浩浩荡荡的队伍像长龙一样走过家家户户的门前，再到海边去。为了迎接行傩的队伍，每家每户都要在厅堂摆设香案，等着队伍到的时候，放鞭炮，烧柴草、化贡银，祈求全年五谷丰登，平安如意，俗称"接行傩"。然后，家里的女主人收了余烬回家，倒在灶膛里，希冀来年生活红火，万事顺意。

天黑的时候，每家每户都在大门及阳台挂上红灯笼。每年村里的宫庙都要抽四五户家庭做东，负责"做大棚"，亦称"做大头"，届时，游行队伍把载着菩萨像的轿子抬到"做大棚"的家里。这个晚上，全村村民欢聚一堂，跳火傩，吃元宵，一直闹到天明。翌日，游行队伍继续举着彩旗、敲锣打鼓、燃放鞭炮，送"菩萨回宫"。接着每个家庭按照男丁数分发喜饼，叫"分丁饼"，祈盼家庭财丁兴旺。

南日岛闹元宵还有一个"送灯"的习俗。因为元宵节是一年中的上元，岛上人们祈盼着这一年添丁进财行好运，所以就有了元宵"送灯"的习俗。莆田话中的"灯"与"丁"是同音，"送灯"就是"送丁"的寓意。据古书记载：女子已嫁未生男者，娘家于正月初以观音送子为名，以灯送之，谓之送"丁"。这样，女儿在新的一年里能为婆家添丁。因

① 佘辉松：《南日岛元宵习俗》，2014 - 07 - 02，http://www.fengsuwang.com/jieri/minsu-jie8976.asp，最后访问日期：2021 年 8 月 27 日。

此，每年元宵节期间，都要由小舅子提着一对大红灯笼和一篮子花生，送到姐夫家表示"添丁"，祝愿姐姐今年就生个胖小子。这也许是南日岛人民靠海捕鱼为生，出海捕鱼需要男子，所以特别在意家中"添丁"的缘故吧。

"有灯无月不娱人，有月无灯不算春。春到人间人似玉，灯烧月下月如银。满街珠翠游村女，沸地笙歌赛灶神。不展芳尊开口笑，如何消得此良辰。"这是明朝才子唐寅的《元宵》诗。古人在元宵节时偏爱花灯，因为花灯象征着红红火火、阖家幸福、家庭兴旺。元宵节还有一个重要的仪式就是游灯，"明月满街流水远，华灯入望众星高。"元宵之夜，皓月当空，月朗星稀，村民们自发排起长长的队伍，分成几路走在村道上，每个村民都举着灯笼，远望过去如火龙蜿蜒数里，场面颇为壮观。南日岛的元宵习俗，既丰富了海岛人民的节庆生活，又展示了独具匠心的民间绝活，传承着悠久灿烂的中华文化。

（三）浮叶村的元宵节及仪式

正月十八浮叶村的元宵节是南日岛最热闹的节日，冲海闹元宵的仪式每年都吸引成千上万的岛民前来观看，浮叶村特有的闹元宵习俗有着浓郁的乡土和民俗氛围，既有闽台闹元宵的习俗，还带着莆田人的民俗文化。

浮叶村民祖祖辈辈靠捕鱼为生，长年累月地跟大海打交道，所以正月十八闹元宵也冲着大海而来。浮叶村冲海闹元宵由来，民间至今还流传着一个有趣的传说。三百多年前，村里有姓金和姓邱的两位先人，平时乐善好施，扶危济困，深得村民的爱戴。他们去世后，人们为了纪念他们，在村子南面近海处修建了一座宫来供奉他们，并约定每年农历正月十八要举行一次全体村民祭祀金大人和邱大人二神的活动。这天各宫都到供奉"金、邱二神"的主宫觐见后，由"金、邱二神"率领众神出巡全村，以祈求境内平安，民生幸福。

每年农历正月十八这天，全村男女老少鸣锣开道，狂舞的金龙紧随其后，由十几个身强力壮的年轻男子抬着一顶供奉神灵的轿子，共有十几顶"神轿"排着浩浩荡荡的队伍冲向大海，在大海里颠簸搏浪，个个精神抖擞，神勇无比，犹如人神合体，力贯全身，溅起了一道道白色的浪花。据说，水花溅得越高，这一年村里的渔民出海捕的鱼就越多，生活更红火，全家更平安。那些附了神的"僮身"，光着上身，高高地坐在"刀轿"上，挥舞着刀剑和令旗，口中念念有词，似乎在降妖除魔。据说，这样可以斩除海上的妖魔鬼怪，扫除渔民出海的障碍。

这时，来自各地的看客携妻带子，呼朋引伴，涌向沙滩看热闹，整个海滩上人山人海，成了欢乐的海洋。这时，闹元宵达到高潮，十几顶"神轿"奋不顾身地扑向大海，驱除海中的邪魔，整个海滩立刻沸腾起来。声壮身威，神助人胆，轿夫们竭尽全力地抬着、推着、拉着、跑着，虽然寒风刺骨，海水冰凉，但是他们热气腾腾，奋勇争先，因为他们祈盼着一年风调雨顺，全家平安。

对于浮叶村特有的正月十八闹元宵的习俗，莆田仙游文化系列纪录片还有相关的记载：

> "午饭后村里各个宫、社、庙都开始装点神妆，起乩请神，神灵与灵媒产生某种共鸣后，彩旗、锣鼓、鞭炮开道，来到村里的安乐社前集中，等候金、邱大人率众出游，巡安全境。这时的安乐社近20张竹椅两旁排开，神明云集，相互揖让，香烟缭绕，铃鼓盈耳，充溢着不可言明的神秘韵味。随后，在信众的肩扛手抬下，一顶顶神轿鱼贯而出（见图2-8），浩荡出游，先是在村里绕上一圈，最后到一个宽广的海滩上。村里的年轻人，抬着载着神像的轿子在海中颠簸搏击（见图2-9），而许多僮身也会冲向大海，击浪跃舞，与神轿一同冲海，据说溅起的水花越大越好，意味着今年出海平安，打的鱼也越多。在海上尽情狂欢后，还会在街道上继续游神，围观人群如浪奔涌，直到神明回宫，才会各自散去。正可谓'料峭春凉水犹寒，浪花乱开在浅滩。只为肩舆神明驻，冲海祈福不畏难。'"

浮叶人主要信奉金、邱大人，对金、邱大人的信仰是浮叶人内化于心的共同价值观，是村里约定俗成地位最高的神灵。尽管每年正月十八元宵节村里各路神灵都要用轿子抬出来游街，但村民们自觉地将金、邱大人排在第一位，这也是村民朴素的价值认同。为了探求金、邱大人的来历，笔者专门到村里人俗称公社的聚斗安乐社了解，这是村里举行重

图2-8　跟着神灵出巡的灵媒　　　图2-9　载着神像的轿子冲海

要仪式的聚集地，也是供奉金、邱大人的庙宇，村里人俗称为"公社"。聚斗安乐社是浮叶人共同的精神归属，每逢村里的重要公共事务，或者村民占卜吉凶、祈福祭祀等活动，都会选择在这里举行。安乐社的墙上，还以图文并茂的方式详细记载了安乐社的历史溯源和功能定位。（见图2-10）

图2-10　聚斗安乐社墙上的传统道德故事

聚斗安乐社

　　浮叶村聚斗安乐社（金、邱府）始建于1624年，乃奉祀传说中浮叶先贤金爷、邱爷两位神明的庙堂。三百多年来，庙宇历经改建、修葺，仍保持传统建筑结构，坐北朝南，香火逾盛。

　　聚斗安乐社（金、邱府）为上中下聚斗三浮祭祀先贤之所，也为正月十八元宵节人神会集之地，延续之久长，影响之深远，可谓百代流芳，千古回响。"文化大革命"期间，庙堂一度被毁为废墟。

1988 年，为延续先贤行善济世、为民解忧的高风亮节，聚斗弟子群策群力，重建聚斗安乐社（金、邱府），以庇护浮叶村风调雨顺，人畜平安；聚斗弟子宗族房系，兴旺发达，子孙后裔，枝繁叶茂。

时空更替，千年轮回。聚斗弟子慎终追远，弘扬祖德，欲续显血缘地缘亲缘。依此心愿，聚斗安乐社董事会动议再度重建庙宇。广大炉下弟子踊跃筹资伍拾余万元，社会知名人士捐资近伍拾万元，加上聚斗安乐社多年积累壹拾陆万元，于 2011 年 2 月 20 日奠基，建筑总面积壹百玖拾伍点叁平方米，分为前殿柒拾伍点陆平方米，后殿玖拾壹点叁伍平方米，中天井贰拾捌点叁伍平方米。

树高千丈有根，水流万里有源。聚斗神明，千秋万载，赐福于民，巡安一方，与日月同辉，与山河共存。

聚斗安乐社董事会

共和辛卯年仲春

董事会成员

乡　老：周大反

社　长：陈金荣

副社长：周风潮

董　事：杨金民　杨清银　杨刘牛　陈荣珍　杨乞祥

　　　　陈军忠　周忠金　杨笔春　杨金九　杨忠进　杨仁禄

　　　　谢文贵　林兴顺　陈放连　杨友民　周老芳　杨文凤

　　　　周中来　陈细玊　周亚神　周山腰　周文芳　杨银祥

　　　　陈锦祥　杨发兴　杨文水　杨亚兴　杨细楼　杨扣来

　　　　周连兴　杨亚条　杨春金

五　与台湾的交流与发展契机

浮叶村的祖先长期以捕鱼为生，一个历史的机缘巧合，他们选中了浮叶村定居，这还要仰仗于浮叶村所在的地理位置。在实地考察中可以看到，浮叶村有个很大的避风港，可以容纳上百渔船避风休息，而且每到退潮的时候，避风港中央位置就会露出一个硕大的石头，形状酷似乌龟壳，由此，浮叶人觉得是有神灵在庇佑，对灵石产生了不可抗拒的崇拜和信仰，这也与他们的惠安祖先长期的采石、雕石[①]等有着不解之缘。

正是有这样得天独厚的地理优势，南日岛历来是军事重地，南日水道更是海上交通要冲。从 20 世纪 50 年代开始，南日镇政府筹划着要将坳口建成军港，但由于种种原因一直搁置至今，政府拟提供的 30 万元经费，对于建避风港来说可谓杯水车薪，村民对此没有太大的热情。但这个坳口对于大陆和台湾的船只停靠，以及密切两岸关系都具有重要意义。多年前，浮叶村的村民就有拿当地特产与台湾同胞交换手表的惯例，交换的特产主要是鸡、鸡蛋、紫菜、酒等等。据说，浮叶人对台湾的机械表尤其喜爱，机械表特别美观又精准，在一段时间里，浮叶人对于台湾手表趋之若鹜，佩戴台湾手表成为身份的象征、个人的荣耀。况且当时大陆处于计划经济时代，很多物品都要凭票供应，手表更是物以稀为贵，买一块手表经常要拉关系、走后门，好不容易拿到供应票，还得等到有货了才能购买。在那个有钱都不一定能买到东西的特殊时期，繁琐的程序更增加了浮叶人购买台湾手表的热情。随着大陆经济发展水平的提高，很多惠安、晋江一带的村民发展第三产业，赚了满满的第一桶金，也带动浮叶人回到原生地去发财致富。调查中就有很多浮叶人表示，他们村有很多人在晋江一带从事捕鱼和养殖的工作，很多都是举家迁移去打工的，收入都很不错，回到村里盖的房子也比其他人家气派。留在浮叶村的村民，也有因地制宜的独到的赚钱方式，比如养殖、海产品加工等，村民逐渐富裕起来，当年他们趋之若鹜的台湾产品，也渐渐失去了曾经的魅力。改革开放以来，南日岛由于与台湾直线距离颇近（距台湾新竹港 72.89 海里，距乌丘屿仅 10.64 海里），凭借其独特的地理位置，成为扩大对台、对外贸易的窗口，政府同意设立对台贸易点、台轮停泊点；为了更好地与台湾对接，有效发挥对台效应，南日镇被列为福建省海洋资源综合开发示范镇之一。2013 年，南日岛迎来一个具有里程碑意义的发展曙

---

① 惠安一带的石雕非常有名，已经形成具有地域特色的品牌，从崇武古城的石雕可见一斑。

光——莆田正加快推进南日岛海洋牧场建设，着力构建"风行海西、鲍打天下"的海洋经济发展新格局。

基于此，莆田市拟按照"1 年全面启动，3 年拉开框架，5 年实现跨越"的发展目标要求，在 2014 年全面启动海洋牧场建设工作；到 2016 年，海洋牧场建设初具规模，建设面积达 300 平方公里，试验区"一区多园"的产业园区发展格局初步形成，现代海洋经济产业体系进一步完善，海洋经济总产值达 300 亿元；到 2018 年，建成 1000 平方公里现代海洋牧场，实现海洋经济总产值 1000 亿元。同时，为了高起点、高水平、高标准地发展，莆田市已编制相关规划，设立南日海洋经济综合开发试验区管委会，加大统筹协调组织海洋牧场开发建设力度。加快整合组建南日集团公司，推进海洋牧场开发经营的集约化、产业化。投资 140 亿元重点建设装机容量达 120 万千瓦的南日岛海上风电场，打造全国首创海上风电与海洋牧场立体化开发、资源节约型的海上风电基地。此外，莆田市还构建融资平台，创立"海洋渔业授信专项风险补偿基金"，筹资 1000 万元，银行按照 30 倍于基金的规模（3 亿元），安排专项授信定向支持海洋渔业；同时积极筹备设立"海洋牧场成长基金"，专项支持南日岛海洋牧场建设；组织 7 个南日海洋现代渔业项目申报 2015～2017 财年利用世行贷款规划备选项目，申请世行贷款总额达 5 亿元。①

为着力打造两大海洋产业核心区，海洋生态渔业发展核心区以南日岛及平海湾海域为载体，依托风电产业，重点发展海洋养殖，探索海上风电场与海洋牧场建设相结合的开发模式，建设全省乃至全国规模最大的海洋牧场生态养殖基地；海洋文化创意核心区，依托湄洲岛妈祖文化，整合南日岛生态岛屿群，创新海岛开发模式，发展海岛旅游及文化创意产业，积极引进台湾文化创意资源，加快妈祖文化的推广和传播。

为着力构建海洋经济发展带，以埭头半岛为中心，依托兴化湾、平海湾，实施陆岛联动开发，拓展海洋牧场建设空间，打造形成全新的沿

---

① 苏明聪：《福建莆田南日岛打造海西"黄金海洋牧场"》，福建侨报，2014 年 2 月 27 日。

海海洋经济发展带，作为连接南日群岛、湄洲岛与大陆的纽带。依托南日岛水道和兴化湾的全面开发，在埭头半岛建设现代物流园区，重点发展以海洋渔业物流为主的专业物流产业；依托平海湾优越的生态环境条件，大力推进海洋健康产业园建设，重点发展海洋保健品研发制造、高端医疗咨询服务、疗养旅游、海上健康运动等产业。

以上的种种举措就是充分利用海峡西岸经济区发展契机，加大与台湾地区的海洋经济合作，共建闽台渔业创业产业园；加强与平潭综合试验区的协调互动发展，在开放合作、信息共享、体制机制创新等方面加强合作，共同开创海岛经济新模式；加强与海峡西岸其他省市以及国内其他沿海地区的合作，在产业承接、园区共建、科技研发等方面加强沟通和交流。由此可见，海洋牧场的提出，有利于整合闽台、平潭等优势资源，实现经济产业对接，发挥辐射带动作用，对于南日岛来说，是具有历史意义的发展契机。（见图2－11）

图2－11　南日岛海上鲍鱼养殖场

第三章　浮叶女对原生地文化的沿袭

在浮叶村的调查中，我们了解到，截至2014年浮叶女的人口数为2108人。作为从惠安迁移过来的村落，浮叶村还保留着浓厚的惠安风俗。

惠安杜厝人大量迁入浮叶村，不仅促进了岛上捕鱼业的发展，而且在一定程度上改变了浮叶村的文化生态环境，闽南的惠安文化很快就成为浮叶村的主流文化。惠安文化作为一种富有特色的地方文化，与当地民众的日常生活息息相关，在人们的生产和社会生活中不断被丰富和发展。惠安文化所包含的内容多元，从服饰、语言、常住娘家的婚俗、姐妹伴、石头缘等都可见一斑。本研究的写作着重描述浮叶村普通女性的日常生活，通过对她们日常生活细节的描述来展现移民文化在村庄的变迁历程。毕竟"人民创造历史"，历史是否发展，起决定作用的还是人心向背的问题，而史料更多的是官方组织人员撰写，体现着上层社会的历史观和价值观，对老百姓的情感、思想、生产活动等的描述却很少，就算有也不甚准确。假如普通民众的日常生活没有被载入历史，那么人类历史能够呈现给后世的就只有一半的价值，是上层社会的主流历史。因此，笔者在田野调查中，着重记录很多没有文化、不会书写的女性的真实生活，将她们的经历所隐含的知识用生动的语言记载下来，作为日后研究的借鉴之资。

在族群流动迁移过程中，文化代表一种特定的资源。族群通过对移民历史的诠释建立起自己的文化体系，并继承和发展迁移地文化以获得新的文化认同，建立新的价值体系。历史的边界在族群迁移过程中不断演变，从中心文化到边缘文化再回归中心文化，跟齐美尔的流行理论一样，终究就是历史的循环往复。流动族群建构历史的实质就是制造文化，时间和空间的概念只是一个符号而已，但时间和空间符号对于文化的传承和变迁却具有重要价值，文化在时间里积淀出深厚的价值体系，并随着空间的变换而被赋予新的内涵。正如人类学家基辛所言："那种以最初的文化作为定义和认同方式显然与现实不吻合了，不同的群体在与其他群体的互动过程中，其文化内涵和结构都发生了变化。"① 对于族群认同的理解应放置于族群文化变迁和互动的特殊情境，赋予个体化解释。

由此看来，惠女文化及族群认同就是惠安杜厝的女性族群经过长期相互磨合而产生的结果，是浮叶女诠释原生地文化的权威，而浮叶文化则是浮叶女跟随从事渔业的丈夫迁移到南日岛后，在继承原生地惠女文化的基础上，融入迁移地南日岛的莆田文化元素，经过几百年的矛盾—冲突—融合—再造，建构起新的浮叶女文化和族群认同。

第一节　原生地的历史记忆与族群认同

原生论认为，族群文化认同是一种原生情感问题，血缘、语言、习俗对族群自身的内聚性有强大的力量。族群里的成员按照经验性的惯习与血缘和地缘亲近的人联系互动，彼此进行情感、利益、需求的交换与协调，并承担相应的成员义务。重要的是，保持联系纽带本身的某种不可估量的绝对重要性的结果。② 基于自然或精神上的同源关系衍生出朴素的原生情感，共同的历史记忆和经历产生强烈的族群归属与认同。族群成员对于本族群的原生地和迁移的经历有着共同的历史记忆，这记忆承载着族人的价值理性情感，增强族群内部的彼此认同，成为族群的个性化标签，亦是区分族外人的标志。人在社会化的过程中，逐渐了解原生地的族群历史和渊源，从而形塑族群认同意识。③ 族谱、房份、口头传说、历史记载，都是关于族群迁移过程的"书写"的历史，获得原生的情感记忆，并以民间信仰、风俗习惯等形式对原生情感进行强化和传播，形成族群认同的边界，清晰地区分出迁移地与原生地的文化。这也就可以解释浮叶村通过每年定期举办的元宵节活动来延续集体记忆、强化族群认同。此外，随着当代传媒业的发展，传媒手段改变着人类认识

① 基辛：《人类学与当代世界》，张恭启、于嘉云译，巨流图书公司，2005，第 203 页。
② 克利福德·格尔茨：《文化的解释》，韩莉译，译林出版社，1999，第 308 页。
③ 潘蛟：《解构中国少数民族：去东方学化还是再东方学化》，《广西民族大学学报（哲学社会科学版）》2009 年第 2 期。

世界和自我的方式。在《想象的共同体》一书中，本尼迪克特·安德森论述了印刷业的全球性发展对民族国家共同体形成的重要性。① 法国学者阿尔弗雷德·格罗塞指出，身份认同的传递也通过媒体来实现。② 互联网技术的革新、信息传播方式的改变，都强化了族群对于原生地文化的认同。比如浮叶村元宵节活动每年都会吸引众多新闻记者前来摄像、采访，通过现代互联网的传播，让更多的人了解这个从惠安迁移到南日岛的小渔村。媒体对民间信仰的仪式过程进行详细的记录，借助网络空间的社会互动和集体记忆表达形塑浮叶人对原生地文化认同的空间实践，增强浮叶人的族群自豪感，激发浮叶人的身份认同。

一　一呼百应的社会行动：建构族群认同的凝聚力

从生物的自然规律来看，除非发生基因突变，否则遗传基因是很难轻易改变的，一般都会传递完整的遗传信息给下一代。文化基因类似于族群的遗传信息的基本单位，轻易不会改变，在特定情况下，比如流动迁移，能激发出强大的凝聚功能，这就是认同的力量。文化认同代表着特殊意义和经验来源。诚如西班牙学者曼纽尔·卡斯特在《认同的力量》中引用卡洪的话说："每个人都有名字，所有语言和文化都在其中区别自己与别人，我们与他们的方式……对自我的知识——总是被'建构'的，虽然有时看来很像是被'发现'的——永远无法与他人独特的、用来了解我们的说法分开。"③ 为此，曼纽尔·卡斯特认为，认同的主体是社会行动者，认同是在文化物质或相关的整套的文化物质的基础上建构意义的过程，而这些文化物质是在诸多的来源中占有优先位置的，虽然认同也可以经由支配的制度产生，但是只有在社会行动者将之内化，且将他们的意义环绕着内化过程建构时，才是真正意义上的认同。

对于族群认同的理解，笔者在对浮叶村周氏礼鼓队考察时注意到的一个细节足以诠释浮叶女特别的凝聚力，可谓一呼百应。2019 年大年初

---

① 本尼迪克特·安德森：《想象的共同体——民族主义的起源与散布》，吴叡人译，上海人民出版社，2016。
② 阿尔弗雷德·格罗塞：《身份认同的困境》，王鲲译，社会科学文献出版社，2010。
③ 曼纽尔·卡斯特：《认同的力量》，曹荣湘译，社会科学文献出版社，2006。

三笔者到访浮叶村做完对灵媒的访谈时正好是午休时间，但热情的乡老还是意犹未尽，留住笔者想要展示一下村里的礼鼓队（见图3-1）。这是一队由浮叶女自行组建的队伍，人员自愿参与，年龄不一，有十几岁的小姑娘，也有50多岁已经当奶奶的大妈。她们平时都生活在村庄里，没有到外面去打工，形成互动频繁的人际关系。她们组建的礼鼓队主要在村庄重要的仪式上负责敲锣打鼓，烘托节日气氛，展现浮叶女的风采，也成为每次电视台拍摄元宵节活动时重要的拍摄内容，在当地有一定的知名度。这支礼鼓队由一位举牌子的妇女作为领路人，队员们跟着她做队列的变化，一位妇女负责敲锣，她来控制节奏或暗示队列变化，还有一位妇女用的是大鼓，声音具有较强的震撼力，其他妇女在队列、节奏、音量上配合这三位妇女，她们的表演很有气势，引得村民们争相到祖祠来观赏。

图3-1　在祖祠里表演的周氏礼鼓队

笔者的到访让乡老很想展示一下村里具有地方特色的礼鼓表演。于是他特地给礼鼓队队长打电话，希望她能召集礼鼓队队员来祖祠表演。让人没想到的是，也就半个小时而已，13位妇女身穿惠女服，画好淡妆就在祖祠里集合了。改良版的惠女服虽然简便许多，但整一身行头也不容易，何况还要化淡妆；村庄虽说不大，但走个来回还是有点距离的，况且还是午休时候；她们随身携带的鼓也是有一定重量的，很多人都要肩扛好远过来。尽管如此，她们还是积极响应乡老的集结，以最快的速度赶过来，这件事让笔者错愕不已，也感慨良久。

戈登认为，人口的绝对规模、相对规模、自然增长率和地域分布是影响族群关系的一个重要变量。① 在一个国家或区域内，不同的族群之间，其人口数量的比较差异，会表现在经济和社会生活各个领域的力量对比上。文化是由人创造的，具有一定的社会功用，文化的传承需要一定人口作为基础才有影响力。不论哪个族群的文化，文化认同的人口数量越多，发展空间也越大；反之，则发展空间有限。人口数量少的族群难免会被人口数量多的族群边缘化，在文化比较中处于相对弱势。这就促使人口数量少的族群强化内部整合，增强对自己族群文化的认可，以更大的凝聚力来抵御边缘化的风险，获得族群文化生存发展的空间。浮叶女在族群文化认同乃至族群内部整合上能形成强大的团结动力，这也是浮叶文化能以区区几千人的数量，在莆田系强势文化的包围影响下，没有完全被同化还能保持本族群文化的特色并拓展发展空间的重要原因。

吉登斯把资源分为配置性资源和权威性资源，他认为配置性资源是指对物质工具的支配，这包括物质产品以及在其生产过程中可予以利用的自然力；而权威性资源则是指对人类自身的活动行使支配的手段。这两种资源对社会组织和社会变迁都有重要作用。② 通常情况下，人口较少的族群在与其他族群互动的过程中，调动配置性资源和权威性资源的能力有限，在族群利益获得，或者与其他族群的竞争中不占优势。弱小族群生存下来的途径就是加强内部整合，只有内部更加团结，社会组织更加坚固，才能一致抵御外部风险。科塞在《社会冲突的功能》就提到外部冲突对于社会与群体具有内部整合的功能，有利于群体内部稳定和促进，对新规范和制度的建立有激发功能，是社会组织中重要的平衡机制。③ 由此，流动族群在边缘化的社会地位中要坚守下来并发展兴旺，就要强化内部整合，建立凝聚力量的社会规范和秩序。这就能解释乡老何以有很多配置性资源和权威性资源，他只要给其中一位礼鼓队队员打电话，其他队员就会一呼百应，以整齐高效的集体行动来体现族群强大的凝聚力。尤其是有外人造访的时候，正是检验和表现村庄是否团结的绝好契机，关乎村庄的颜面，体现流动族群特殊的认同力量，自然就会

---

① 马戎：《西方民族社会学的理论与方法》，天津人民出版社，1997，第128页。
② 安东尼·吉登斯：《民族—国家与暴力》，胡宗泽、赵力涛、王铭铭译，生活·读书·新知三联书店，1998，第7～9页。
③ L. 科塞：《社会冲突的功能》，孙立平等译，华夏出版社，1989。

一呼百应。此外，浮叶女的性格特征也跟她们长期形成的姐妹伴习俗息息相关。源于惠安女的姐妹伴习俗，强化了姐妹伴在她们心目中的分量和地位，她们在日常生活中朝夕相处，互相沟通对于婚姻、家庭、子女、生活的态度，彼此交流经验，在长期的磨合过程中形成三观趋同的价值体系。乡老的电话就像一个源符号，很容易在朝夕相处的姐妹伴中得到传递，从而形成统一的集体行动。

二　神灵崇拜和祖先祭拜的融合，宗族凝聚力促进族群认同

民间传统中对于族群认同的最广泛表现形式是神灵的祭拜仪式，这也是族群公共仪式的基础和原型，成为凝聚族群成员的核心力量。浮叶村民长期以来信奉金、邱大人，为此村民还集资在海边空旷区域兴建聚斗安乐社来供奉金、邱大人，将此作为精神依托。由此，金、邱大人、聚斗安乐社成为浮叶人的标签，是浮叶村区别于莆田语系村落的重要标志。每年正月十八元宵节的祭拜仪式是村民们认可和熟悉的形式，并由此产生策略性功能。民间信仰的祭拜仪式在中国绵延数千年，超越简单亲属关系的宗族理念在仪式的过程中得以强化，形成族群认同，不管他们日后迁移到哪里，共同的民间信仰是整合集体行动的载体，也是族群周期性团聚的契机。从历史溯源来说，村庄民间信仰的对象往往也是他们的祖先，祖先在世时积累的丰功伟绩让后世村民对其顶礼膜拜。对于浮叶村来说更是如此，很多村民在家族年长者的家里摆设已故亲人的塑像，逢年过节或祭日时都会前来祭拜，久而久之，就当作神灵一样膜拜。家族的重要事务都会通过灵媒来问询已故亲人的意见，或者在塑像前进行占卜等活动。到了每年正月十八元宵节的时候，陆续有祭拜时间较久的祖先被当作神灵请上神轿去游村，这也是元宵节游行队伍日益庞大的主要原因，与此相联系的是游村的神轿每年都在增加，出游的神灵名单也在不断更新。

浮叶村的乡老说：

> 每年元宵节巡游前，都会让各个宗族的乡老报上巡游的名单。这几年随着各级政府的关注，尤其是央视的报道，元宵节仪式被很多岛内外的人所熟知，他们从四面八方赶来看热闹。这样一来，村里很多宗族都想把家族祠堂里供奉的祖先请出来巡游，这不仅是对

祖先的尊重，也是家族的荣耀。巡游时负责抬轿的家族成员都会穿上不同的衣服来区分，每个家族来多少人一目了然。村民不管平时多忙，都会在这个重要时刻赶回来参加，尤其是家族里比较有威望、收入比较高的成员，都会被家族乡老请回来炫耀一番。但现在也遇到一个问题，每个家族都想把自己家供奉的祖先塑像请出来参加巡游，因此每年巡游的神像都在不断增加，从原来的十几个增加到现在的二十几个，给主办的乡老增加了很多麻烦。有时村民连祖先的名字都说不清楚，登记时要多方打听求证来统一名字。巡游的队伍越来越长，仪式开始的时间固定在中午吉时，要赶在天黑之前完成村里巡游和海里冲浪活动，安排起来就变得越来越赶。

对于流动性不强的传统村落来说，信仰的神灵也是他们共同的祖先，浮叶人共同信奉的金、邱大人其实就是最早带领他们迁徙而来的祖先，在迁移地休养生息并繁衍的过程中为村民做了很多善事，村民感念他们的事迹，就把他们当作神灵予以祭拜。所以，对于神灵的祭拜本质上就是祭祖，元宵节仪式其实就是对祖先的祭拜。这样，祖先就像活着的时候一样继续发挥影响力和凝聚力，庇护所有子孙。祖先祭拜和神灵崇拜一样有着悠远的文化溯源，是中国传统亲属关系延续的重要载体。每到重要节日或家族重要活动，族长都以祖先祭拜仪式来召集家族成员，即借助共同的祖先来整合子孙的行动，建构心理归属感。祖先的肉体不可能长期存在，但通过祭祀祖先灵魂的仪式却能让祖先对于家族整合的效用得以绵延长久。正如李亦园所言，祭祖仪式是维持"家系"与"香火"不断的物化和实践性表现，通过建祠堂，在祠堂中举行祭祖仪式、修族谱来延续宗族的存在与整合。作为子孙，对祖先的首要义务就是祭祀，使祭拜的香火永远不断。[①]

传统祭祀、巡游等形式的祖先祭拜，在商品化经济日益发展的现在也会异化为家族间的博弈。每年元宵节的巡游异化为各个家族展示本族势力与财富以及族人集体意识的表演舞台。巡游时家族成员穿着的统一服饰、男丁的数量、家族显赫人士的出席、捐款数额等，都成为博弈的指标。质

---

① 李亦园：《人类的视野》，上海文艺出版社，1997，第276~277页。

言之，元宵节仪式上的种种活动就是表演的舞台，村民都是观众，参与巡游的家族成员就是表演者。为了彰显家族的势力，扩大家族在村庄的影响力，元宵节活动都被纳入家族的重要事务。尤其是这几年很多家族还争着把祖先的塑像请出来巡游，以此为契机让更多家族成员出来亮相。另外，对于势力式微的家族来说，他们也很看重元宵节仪式，借此来激发家族成员的集体意识，增强凝聚力，重振家族雄风，亦能有多赢的效果。

从整体上说，修族谱、建祠堂、祭祖先、行慈善往往都是在宗族认同的层面上进行的。宗族认同的依据是中国传统宗族社会的背景，其社会基本单位为"家族"，一方面，家族是衡量与某一姓氏相关联的人群在社会中的地位；另一方面，它又是该姓氏成员直接分享利益、承担责任的依存的体制。这一条认同纽带由于最具实际利益上的相互关联，因而也就更具附着力。① 因此，家族成员在元宵节仪式对于祖先尊重与祭拜的积极能动的参与过程，就是宗族认同的碎片化表现。这个过程也让村民们重新学习宗族组织结构，拓展经济来源，增强彼此间的联系。在村庄重要活动中将祖先祭拜融入神灵崇拜，让村民的"小我"意识得以升华，能够促进族群意识的形成和发展。族群意识作为族群认同的基础，是社会过程的表象特征，是族群成员在特定的历史经验中，为了竞争有利的资源而在经济、政治、社会的互动中建构起来的。族群认同主要还是停留在组织层面，由族群共同推崇的精英来组织协调，族群内不同人群对于权力的竞争还会导致族群意识始终处于动态平衡的状态，族群意识的强化有赖于族群的共同历史记忆、象征性物化符号的建构及仪式的举行。② 由此，族群意识也就是在既存的宗族凝聚力下，通过文化认同的建构（共同的神灵崇拜、共同的村庄仪式）达到的，从而潜移默化地衍生为族群认同。

三　繁复的元宵节仪式：标签、展演及族群认同的强化

对于浮叶村最重要的元宵节，一系列繁复的仪式主题是祭拜神灵（很多神灵也是他们的祖先）。在祭拜和游神的过程中，他们朴素的海神

---

① 彭兆荣：《边际族群：远离帝国庇佑的客人》，黄山书社，2006。

② 同①。

信仰以及具体的仪式流程总是充满了海洋文化神秘的气息。笔者专门找到了浮叶村的前任村委会主任，他姓杨，参与过国内外多个杨氏宗亲大会，见多识广，也对村里的很多事务保持着高度的热情。笔者的到访让他非常开心，这个60多岁的老人对于这样的访谈很感兴趣，他说在海岛上待了这么多年，还没有哪个人会把浮叶村的风土人情，特别是女性的生存状态做如此细致的调查，用他的话来说，这是可以载入浮叶村史的一件好事。他说：

　　正月十八元宵节是我们村最热闹的一天，不仅是我们村的大喜事，岛上其他村的人也会过来看热闹，好多人聚集在宫庙里、做仪式的海边，从中午开始直到傍晚天黑，到处都是人。出游前的主宫庙叫聚斗安乐社，里面供奉着金、邱大人（见图3－2）。神像一个红脸、一个黑脸，上面的匾额写着"金邱府邸"。仪式开始的时候，村里人把红蜡烛和香都点起来，负责抬神像和拿各类法器的人穿着红黄相间的衣服，戴着红色的帽子，披着绶带，上面写着"上天赐福"的字样。大家把神像放上轿子以后，出游就开始了。出游的时间一般安排在下午潮水退去的时候，这样可以到浮叶村祖先当年登陆的坳口去走一圈。走在最前面的人扛着大香炉，然后是十几个抬轿子的，后面紧跟着拿法器及各式物品人：有的拿着筊篱，有的拿彩旗，有的拿彩色的船桨，有的拿写着"素穆""回避"的木牌，还有的跟着敲锣打鼓，披着绶带的人走在后面。整个游行队伍非常热闹，不管走到哪儿，都会有很多村民围着看。到处都是鞭炮声和锣鼓声，你想在家待着都很难，大家个个都想出来看热闹。

图3－2　聚斗安乐社和供奉的金、邱大人

　　游行队伍不只是抬金、邱大人的轿子，还有其他神灵的轿子，比如妈祖神像的轿子（见图3-3）、协府三大帝的轿子（见图3-4），还有灵媒的轿子，等等，抬轿子的人数也不一定，有的6个，有的9个，有的12个。

图3-3　抬着妈祖神像的轿子和人群

图3-4　协府三大帝的轿子

　　但这些抬轿子的都要按照一定的顺序排列，负责人会事先将顺序列好（见图3-5），这样游行队伍就不会乱了。除了金大人和邱大人有着较为广泛的信众外，其他位次较小的神灵由信奉各个不同神灵的姓氏和房份负责，比如陈姓负责江大人、吕王爷、蔡大人，后角负责青兰公、杨王爷、三王府，财主房负责苏大人、温大人、太子，大阄负责陈大人、蔡大人，周二房负责邱府大人、苏大人、林大人、关帝爷，除此之外，还有新厝的邱爷、三爪子，周姓的妈祖娘，顶房的孔子爷，后宫园的苏大人，三房的五王爷、王府大人，还有一些小房杂姓则负责关帝爷。其中，有些神灵的名字是有重复的，主要是因为各个房份或姓氏所信奉的神灵有重合。……快到元宵节的时候，各房份和姓氏的乡老就要自己安排具体由谁来抬轿子，要多少人来抬，统一穿什么衣服，并事先演练好，知道仪式的流程、游行要走的路线。到了游行的时候，金大人排第一，然后是邱大人，接着按照分发给各房份的《元宵大轿出游次序》来排队，最后是灵媒的轿子。这样浩浩荡荡几百人，在村道上游行，再到海边做各种仪式。

图 3－5　元宵大轿出游次序

说明：该出游次序由文化水平有限的乡老书写张贴，与正文表述稍有不同，后同。

游行队伍所到之处，设有很多重金色的充气拱门，一路上到处都在放鞭炮迎接游行队伍，随处可见都是举着彩旗站在村道两边的村民，大家都很自觉地为游行队伍让路。游行队伍浩浩荡荡地走到我们祖先当年登陆的坳口，这时候差不多也已经退潮了，海滩上都是湿湿的沙地。那些抬轿子的都要扛着神灵或灵媒，绕着坳口上现出来的乌龟壳形状的大石头绕圈。

从人们的习俗上看到了一个根深蒂固的传统，他们用一种不寻常的方式——游村来愉悦古老的神祇。很多神灵的神像就坐在轿子里，由村里的青壮年男性抬着，游行于村间小道，在退潮的时候，沿着浮叶人公认的图腾标志（石头乌龟壳）绕一圈。浮叶人长期以捕鱼为生，海上风浪的险恶常是不可预计的，出于对不可抗力的畏惧，浮叶人常用烦琐的宗教仪式来愉悦神灵，以祈求来年风调雨顺，诸事平安。这在浮叶村元宵节仪式中淋漓尽致地体现出来。

第二节　浮叶女族群迁移的经验及文化认同的强化

对于从惠安迁移到海岛的浮叶女来说，其文化的根源与惠安文化是一脉相承的，尽管她们的移民行为已经有两百多年的历史，但仍然延续着惠安的种种文化元素，并在现实生活中体现出来。要深化对浮叶文化的认识，就要对惠安文化追根溯源。

一　对闽越原始文化元素的延续

正如体质人类学研究认为，惠安人族群中的崇武人具有体质特征中东亚类型和南亚类型的双重特征。[1] 按种群遗传学的解释，这是历史上两种基因型不同的族群通过接触婚配而形成新的基因型的结果。[2] 史学家认为，汉以前闽地为闽越族所居。西汉武帝时遭灭国迁众，虽经强徙但仍有大量后裔"山越"存在。根据南宋福建莆田人赵克庄《漳州谕畲》记载："然炎照以来常驻军，于是岂非以其壤接溪峒，苑苇极目，

---

① 陈国强、石奕龙主编《崇武大岞村调查》，福建教育出版社，1990。
② 哈维兰：《当代人类学》，王铭铭等译，上海人民出版社，1987。

林菁深阻，省民山越往往错居……凡溪洞种类不一：曰蛮、曰瑶、曰黎、曰蛋，在漳曰畲"。① 根据此记载，我们可以判断，至少到南宋，闽地越裔还一直生息繁衍在本土。虽然其分布的具体位置、人数的多寡不详，但为惠安土著先民的起源提供了重要的历史依据。且惠安地区属于蛮荒之地，开发较迟，土地贫瘠而无优良海港。因此，在当时的生存条件下，汉族人口大量自然流入的可能性小。② 开发迟就意味着人群大规模流入无从发生，汉文化对该地区的影响力有限，惠安地区还保留着闽越的文化遗风，对本土的闽越文化保存得相对比较完整。

既然不晚于南宋时期惠安一带的土著居民是闽越族的后裔，那么土著文化就是闽越文化的历史传承。而闽越文化的特征主要在于农业渔猎经济生活、断发文身、凿齿拔牙、从妻居婚俗、"鸟夷卉服"、习于水斗、便于用舟、赤足行走等文化因素。自然经济对于闽越社会来说始终处于主导的地位，仅仅依靠文化内部的驱动力实现文化变迁是个漫长的过程。历史的发展总有其特有的惯性，这一特征直到近现代仍可以明显地感觉到。汉以后至唐宋，惠东地区土著文化与闽越文化比较，除了地区性的变异和时代发展因素外，不可能有根本性的变迁。可以认为，惠安的土著文化仍然是一种闽越文化的继承和发展，至少在凿齿拔牙、从妻居婚俗、"鸟夷卉服"、啖食鱼蛏、习于水斗、便于用舟、赤足行走和农业渔猎经济方面有较多的继承，构成土著社会的基本文化氛围。③ 正是基于对闽越文化的传承关系，近现代惠东地区的长住娘家风俗、镶牙之风、赤足行走等分别是古代闽越从妻居婚俗、凿齿拔牙、赤足行走的遗俗。④

惠安特殊的人文情境，衍生了特定的文化习俗，比如与众不同的服饰、语言特征、长住娘家、早婚晚育、对姐妹伴的情有独钟、与石头的神秘情怀，都凸显了浮叶女独特的审美和价值体系，保留了闽越社会的大量文化元素。尤其是放置于南日岛这一相对独立的地理空间和社会环

---

① 蒋炳钊：《惠安地区长住娘家婚俗的历史考察》，《中国社会科学》1989 年第 3 期。
② 陈清发、汪峰：《惠东崇武镇的历史地理环境及对外关系》，载乔健、陈国强、周立方主编《惠东人研究》，福建教育出版社，1992。
③ 陈国强主编《惠安民俗》，厦门大学出版社，1997。
④ 辛土成：《浅释福建若干特异之民俗》，《人类学研究》（试刊号），1985。

境中，对于传统闽越文化的延续和留存会更加原汁原味。这体现在浮叶文化的内聚力强，传统约束力大，同时也排斥外来文化，对于莆田文化更多是有选择地融合。本土文化与外来文化相互制约，产生无形的非强制影响，固化为浮叶女的思维定式，强化了浮叶女对于原生文化的归属感。

二 族群之间结构关系对文化特质的强化

族群关系常因文化特质的强调而形成所谓的结构对比，在浮叶村与莆田村的结构对比意义上，二者之间构成差异化的对比，他们各自拥有不同的传统，彼此之间既有合作也存在对立。这种对立关系的存在，强化了浮叶人对原有文化特质的保持。众所周知，海岛的房屋建造材料以石头为主，故此，原生地惠安有打石的传统，长年累月的积淀，他们对房屋建造有独有的技术和经验，可以说，这成为惠安人的一个标签。浮叶人也延续了这样的传统，对建造房屋有独门绝技。在南日岛，说起浮叶人，岛民对他们的印象就是会盖房子，在建造房屋时浮叶人成为首选的师傅。而早期岛民判断师傅的标签就是浮叶人特有的宽腿裤，女人特殊的惠女服，以及他们张口即来的闽南话，这些文化要素提醒着岛民他们的族群标签，只要岛民看到这些醒目的服饰和语言，就会觉得他们是建造房屋的行家。可以说，服饰和语言就成为浮叶族群识别的标志，是族群关系结构最明显的表现。换而言之，这是一种以服饰的差异区分不同族群的做法。不同的服饰和语言附着在族群交易关系上是一种差别的标签，在族群互动中是一种辨识，在族内则是一种认同。①

在南日岛，不同风俗、习惯、语系的人互相区分，构成族群结构关系的阶梯，这些族群通过不同服饰与风俗互相辨识，并通过这种辨识进行族群间的交换关系，这就构成了族群的结构阶梯。② 虽然南日岛的族

---

① 李亦园：《两岸惠东人的比较研究：理论架构与探讨方向》，载陈国强等编《闽台惠东人》，厦门大学出版社，1994，第146～149页。

② 南日岛虽然大体上分为闽南语系和莆田语系的村落，但很多村落的祖先并不都是从莆田迁移过来的。笔者访谈的几位村里的乡老，有的说是从福州的螺洲迁移过来的，有的是从惠安迁移过来的，有的是从莆田迁移过来的。他们在岛上经过长年累月的交流和共存，都会讲莆田话，除了迁移史较短的浮叶人还保留闽南话以外，其他村落全部都同化了，都讲莆田话，在语音语调上没有明显的差异。

群阶梯不够明晰，仍可以分为闽南话和莆田话两大体系，毕竟语言作为显而易见的文化特质，很容易判定出来。不可忽视的是，有些文化特质潜藏在岛民性格里，成为根深蒂固的惯习，在日常交往中仍然可见一斑。如浮叶村以远洋捕捞和建筑业为主，岩下村以农业生产为主，万峰村养鲍鱼的居多，而鳌屿等一些列岛的人更愿意出去承包医院。对于南日岛这样一个鲜有文字记载的原始海岛而言，要考证这些村落迁移的原生地和历史似乎有点困难，只能从村里长辈的只言片语中找寻，但族群的文化特质却能以村落作为界线表现出他们的存在和差异。

在这里，我们可以设想一下，既然我们无法完成岛上所有族群的民族志，那么我们可以建立一个族群结构关系阶梯，这样族群间的差异关系，比如语言、风俗、习惯、信仰等文化特质就显而易见，在理论上具有重要意义。现代结构学的理论并不着重对个别现象外在特性的解释，而在于对各个现象之间关系的逻辑意义进行解答，这个内在关系的结构理论可以扩大到整个族群关系的结构上。这样，族群研究就不是地方性的，而是整体族群结构关系上的一个阶梯，有利于做族群间的文化比较。

基于此，描述村庄文化对浮叶女的塑造，我们可以追根溯源，从浮叶人对闽越原始文化元素的保留和延续上寻求其存在的合理性，描述移民过程中文化元素的保留和传承；更能建构一个族群结构关系阶梯，通过文化特质的比较来探讨浮叶文化与他者文化的差异点，尤其是共生于同一个海岛的浮叶女与莆田女的差异点，更加凸显浮叶文化的特质。

第三节　对原生地文化沿袭的生活经验

一　惠女元素的传承及弱化

> 野火在远方，远方
> 在你琥珀色的眼睛里以古老部落的银饰
> 约束柔软的腰肢
> 幸福虽不可预期，但少女的梦
> 蒲公英一般徐徐落在海面上
> 啊，浪花无边无际

天生不爱倾诉苦难

并非苦难已经永远绝迹

当洞箫和琵琶在晚照中

唤醒普遍的忧伤

你把头巾一角轻轻咬在嘴里

这样优美地站在海天之间

令人忽略了：你的裸足

所踩过的碱滩和礁石

于是，在封面和插图中你成为风景，成为传奇

——舒婷《惠安女子》

　　毋庸讳言，浮叶村所在的南日岛，由于特殊的地理位置，是一种相对独立的生活空间，历史上迁徙到这里的惠安女，在这样封闭的环境里，保留着深厚的传统文化特质，表现在对传统头饰和服饰的沿袭，以及保守稳定的族群性格，她们内聚力强，传统约束力大，彼此耳濡目染，互相影响，但这样的性格特质必然也会排斥外来的现代文化，表现在对本土南日岛文化的抗拒，保持着相对的独立性。作为最具惠安女特色的头饰和服饰，是浮叶村最显眼且独特的妇女文化风范，成为当地的文化符号，代表着惠安女对时尚美好的追求。但浮叶女毕竟离开惠安太久了，她们的传统习俗并不是坚不可破的，在长期的族群沟通交流中，也吸收了南日岛的文化特质，修正和改造了自身的文化细节。比如最具南日岛特色的红色头巾的广泛使用，是对传统戴斗笠习俗的扬弃。原来古老而沉重的"封建头"，以及繁琐而拘谨的服饰也融入了现代元素，更加简单时尚，由此改变了传统共识的美的装饰、族群的规范，并产生了无形的非强制性影响，成为惠安女主观思维的形象化，人与人之间和谐共处的象征，在社会的认可下形成了新的文化符号，凝聚着族人的情感归属。

　　尽管浮叶村的祖先已经迁移到南日岛两百多年，但浮叶村的很多女性还是保留着惠安人的服饰，特别是60岁以上的老年女性，还穿着惠安女典型的"节约衫，浪费裤，封建头，民主肚"的服饰，但出于便利考虑，平时的发髻较为简便，装饰也不追求华丽。

　　惠安女的服饰据说也与"娃娃亲"这一婚俗有关。传说有个地主家

的女儿被包办婚姻所迫，要强行嫁给自己不喜欢的人。因为她誓死不从，半夜里被捆绑着送去夫家。于是第一次回娘家的时候她穿了一身奇特的衣服，也就是后来惠安女们特有的服饰。她哭倒在亲人跟前控诉着自己婚姻的不幸，头戴斗笠代表着当时是被人用麻袋套着抢走的，用布裹着脸代表着是被人抢去成亲的，没有脸面见人；短小的上衣和宽松的裤子，代表着当时是穿着肚兜和睡袍"出嫁"的；衣服上的补丁再现了"出嫁"时衣服被扯烂的情形；银裤链代表着当时是被人用麻绳绑着"出嫁"的。

惠安女的打扮正是为了记住当时被迫"出嫁"是一种怎样的遭遇，这些都表示惠安女对父母包办婚姻的不满意。后来随着这一事件的发生，那些深受包办婚姻迫害的女人们就效仿这一着装进行打扮，慢慢地就蔓延到多个渔村，成为惠安女传统的服饰。

（一）头巾

头巾是指一块方巾从前额绕过耳后缠在髻下。《古乐府》有云："行者见罗敷……脱帽著绡头"。绡头意指头上戴着的方巾。对于浮叶女来说，从早到晚外出干活，海风和卷起的沙尘会弄脏头发，头巾可以抵御清晨、傍晚的寒风，又可以遮挡灰尘，是保护头部的实用方法。可见，头巾的使用与海岛独特的地理位置息息相关。但调查中发现，惠安女的头巾常是天蓝色的方巾，当然也有其他花哨的颜色和款式，但浮叶村的女性却似乎很默契地采用红色的头巾。这个红色的头巾在整个南日岛非常普遍，几乎每个海岛女性都人手一条。这也许是浮叶女的权宜之计，在一个莆田语系的海岛上，大家都使用红色的头巾，购买也比较方便，于是她们就入乡随俗，亦使用这种头巾。据此，天蓝色的头巾让位于具有南日岛特色的红色方巾，这体现了浮叶女对于迁移地文化的适应和接受。

阿丽是浮叶村的老年女性，从小就生活在浮叶村，对海岛以外的世界一无所知。对于浮叶女戴头巾的传统，她说：

> 我们这边海风很大，没有戴头巾实在没办法，怕会引起头风，而且会把沙子都吹到头发里去。戴上头巾后还要梳头，这样就不用天天洗头了。……戴头巾要梳髻，梳髻容易脱发。头巾戴久了，就一直要戴着，这样可以遮住头顶的脱发。

她向笔者展示了她的脱发，主要集中在上半部分，只剩稀疏的几根，都已经花白了。她接着说：

> 平时梳头的时候就把下面的辫子往上折，遮住秃顶，然后用发髻固定住，再插两朵小花。有时觉得扎辫子很麻烦，就干脆戴着头巾，可以直接遮着头发。……我们这里海风很大，戴头巾就不怕脸被海风吹干，一到天冷的时候，海风吹得跟刀割一样，不戴头巾真是没法度（曰）。我们经常吹海风，在海边晒太阳，皮肤很容易变黑变干，所以就要经常戴着，一般是戴好了再出门，有时走得匆忙忘记戴头巾，就会很难受，不得不找其他人借一条，要不晚上回家就要涂很多百雀羚了。

（二）头饰和发髻

传统的浮叶女在孩提和少女时代，都是留着辫子而不挽起的，到了十五岁左右或出嫁时，就会请人来"上头"。所谓的"上头"类似于汉代的成人礼，需要经过一系列繁琐的仪式，上头后就代表女性是成人了或可以出嫁了。从某种程度上说，"上头"就是一种独特的心理暗示，宣告女孩子从此成为女人，可以谈婚论嫁或者正式进入婚姻生活，而"上头"后的女性，也就不能再像姑娘那样留着辫子了，而要将辫子挽起来形成一个发髻。

古代《仪礼》有"男子二十而冠，女子十五及笄"的说法，而"上头"就是男子乾冠、女子坤笄的俗称。坤笄对女子来说是很重要的仪式，与男子的乾冠略同，但也是很繁琐和迷信的仪式。对此，阿香是这么说的：

> 要"上头"的女孩子要坐在母亲的房间里，然后家里会请一个"好命"妇人①代为"修眉""拔鬓"……我们当地叫作"开脸"，

---

① 在闽南语系或莆田语系的很多地区，人们深信"好命的妇人"是能给新人带来吉祥幸福的，在上头、订婚、嫁娶、分家等重要的仪式上，常邀请她们扮演重要的角色。

然后解开女孩子的大辫子①，进行分头，用红头绳扎好"中股"，准备好了，就可以"上头"和"做髻"了。准备工作做好了，就说明你以后不能再垂着辫子了，都得要挽起来，这代表女孩子以后开始正式成为女人。……"开脸"时，只有至亲的女性家人，比如母亲、姐妹等才可以在场，外人都不能随便在旁边看。"开脸"结束后，把"上头"的衣服、裤子、鞋子、袜子、帽子、红色和白色裤腰带放入竹筛，在炉火上过一下给她穿上，竹筛过炉火时，先内转后外转各三圈。这个跟男孩子"上头"不一样，男孩子"上头"的物品是先外转再内转的。筛完炉火后，女孩子就在自家客厅的台阶前坐好，朝南，这样，"上头"的仪式就正式开始。"上头"时，女孩子的前面放一个木头做的洗脚桶，下面垫着竹筛，脚踩在桶沿上，仪式开始时，要声称奉父母之命，先用柴梳，再用虱篦，从前往后各梳三下，表示举一反三的意思。上头结束就可以开始梳发髻了，可以梳"双股头""三股髻""缚八只"，等等，发髻上插银质镀金的"扁钗""髻闸""瓜子闸""骨簪""翠插"，还包有"抹额""龙凤巾"；鬓边簪上一对"上头花"，还要插上一枝串有一小片生猪肉和一小丛"火盆刺"的银簪子。按照我们村的风俗，这样可以避属虎的人，或者见过死人的人。然后还要在手腕上戴"全环""编环""桂花镯"，脖子上戴银项圈或银项链，这样下来估计也有四五两或七八两重，家里比较有钱的还要给女孩子的手指上戴金戒指或银戒指。腰上还要系几两银裤腰链。衣服是穿丽雪蓝上衣，黑裤，脚上穿"踏轿鞋"，这种鞋子用绣花镶边，鞋底就跟现在的松糕鞋一样厚，有时还要打上粉。这些都做好以后，还有一道重要的程序，那就是到祖祠去拜祖先，意思是告诉祖先："我长大了，今天要嫁人了"。回来后就在母亲的房间里等新郎的花轿来，这时候就不能再跑出去了，就算到了新郎家，也要在洞房里待三天不能出门。相反，男孩子上头后倒是可以到处走，不受约束。

上头是浮叶村村民很重要的成人礼，带着浓厚的迷信色彩和繁杂的

---

① 浮叶村旧俗，女孩子未出嫁不能梳髻，只留辫子。

仪式，俗话说，"一切从头开始"。"上头"代表着青年成人后一个新的开始，是成家立业的一个具有里程碑意义的重要生命事件。

对女性来说，还有一个重要的装饰品就是头饰。一般而言，浮叶女发髻的装饰物，主要有簪钗、珠花、胜、步摇、篦子，都具有固髻的实用价值和美的价值。在重要的人生事件中，比如结婚，浮叶女都会在盛妆时梳"大头髻"。髻形硕大，直径达 60 厘米左右，造成行动不便，进出门都要低着头。此种发髻梳法复杂，髻上饰物 100 多件，重 10 公斤左右。其中，银饰物有 10 多种 20 多件，还配上各式绒扎花；髻周围插 64 支"骨架"（长约 25 厘米，厚 1.5 厘米，首宽 1.8 厘米，下逐渐收缩如袋针的白铜片）；两边及上方又插摇鼓（铜银合金，周围有小铃）、花垂（铜质镀金，下垂绒丝，长 30 多厘米）、刀、戟（铜质镀金，长 30 多厘米）、孔雀尾（长 30 多厘米）、杖针等，除杖针外，其余均是左右成双对称；"髻塞"下沿饰一排银铃，"髻塞"中央遍缀各种碎插，两耳挂形如帐钩的铜银合金大耳环；髻上加戴个布面的棚状遮盖，棚顶后部耸起两个尖角；棚与髻之间扎一条 5 尺长的黑色丝巾，从两边向背后垂至衣沿。相关的文献对于发髻和安插首饰，也有类似的描述：

> 大头髻的首饰，开头先沿髻塞周围插上 64 支骨架（白铜片制成，长约 8 寸，厚约 0.5 分，首宽 6 分，以下逐渐收削如袋针形），在其两边及上方又分别盛饰摇鼓（铜银合金，周围有小铃，属步摇之类，比骨架略长）、花垂（铜质镀金，下垂绒丝，长尺许）、刀、戟（铜质镀金，长尺许）、孔雀尾（长尺许）、杖针等。除杖针外，其余各种饰物都是左右成双对称插上去的。在脑后髻塞的下延，则饰以一排银铃。髻塞中央遍缀琳琅满目的各种碎插，左右两耳各挂上一个形如帐钩的大耳环（铜银合金）。①

据说，一个大头髻全部首饰加起来，数量超过 100 件，重量可达 20 斤。传统女性头上要顶着这样一个她们自认为唯美的重物，确实是一个很大的挑战，想想都觉得很沉重很不舒服。不过这还没完，首饰安插完

---

① 萧春雷：《嫁给大海的女人》，海峡摄影艺术出版社，2003，第 30 页。

毕，还要从额顶挂下一条绉纱巾，垂到下巴。这是遮羞布。妇女初婚，或者长住娘家期间回夫家，路上难免遇上陌生人，刚好用来遮羞。就算路上偶遇丈夫，① 也要归入生人来避嫌。然而，尽管这种头饰庄重美丽，却又是沉重的负担，除非有重要的活动，要不一般人很少梳这种发髻，而是采用"贝只髻""圆头""双髻头""螺棕头"，甚至是更为轻便的自创头饰。

在现在的浮叶村，年轻人的装扮与现代人没有什么太大的差异，梳发髻似乎是老年女性的专属。对老人来说，早已摒弃了古老传统中繁琐的发型，常梳传统的簸箕髻（或称蝴蝶髻）。先用铁丝制成一个长方形的框架，再用黑漆缎布裹着顶上两个角，不管是远看还是近瞧，发髻与蝴蝶颇为相似。簸箕髻则采用倒置的框架，发髻结于后脑勺，这一类型的发髻常采用假发套，髻形接近莆田笏式，假发套上扎着紫红色丝条，边缘缠绕五颜六色的布条或丝织品，立体感强。色带的层次、对比轮廓上，给人以色调鲜明、发髻饱满的感觉。从整体上来看，就像一只大蝴蝶；从局部的装饰花来看，也似一只小蝴蝶。蝴蝶发髻的这一特征也衍生了丰富的内涵，意寓梳这个发髻的女性就像一朵鲜艳的花朵，让蝴蝶迟迟不愿意离开，以此暗喻她们的自信心，形成群体共识的价值取向。在日常生活中，老人们并不梳这么繁复又笨重的发髻，而是梳短辫子，或在后脑勺缠成螺状等简单易梳的发髻，或把双辫折叠在头顶的两侧，头顶前方别着1~3把塑料梳子，既为装饰又可以固定头发。不过在重要的节日和场合，为了表现家族人丁兴旺、五福临门，发髻的打扮上会更加繁琐和隆重些，以体现被尊重的地位。

除此，发髻上还常有装饰花。发髻插花的传统由来已久。据传，春秋西施已扎有素洁淡雅的彩花，增添了她的妩媚。历代民间发髻插花已然成为风俗，古称"髻戴"，雅称"闹娥""玉梅""雪柳"等。既有衬托端庄美丽的作用，还有辟邪的象征意义。一般而言，"茉莉花能驱鬼，戴上菊花能长寿"。由此，结婚"探房"用菊花，祝新婚夫妇白头偕老；老年人戴菊花象征"福气"，有"春色尚在"之意。传统浮叶女所戴常

---

① 浮叶村在早些时候，很多村民在十二三岁的时候就安排相亲、订婚，但订婚后还住在娘家，路上遇到未来的丈夫，心里有数，面上却不敢表现出来。

是假花，扎成多种样式，再配耳环、簪、钗等装饰品，就能把发髻弄得美丽大方、雅俗共赏。可以说，发髻在一定程度上也是多种文化符号的体现，渗透着传统的元素。（见图3-6）

图3-6　惠安女的传统发髻和头饰

　　然而，不管发髻如何变化，总也改变不了梳短辫子、包头巾这个基本框架，发髻的装饰上也以简单、美丽、实用为基础。对此，笔者在浮叶村遇到阿玲，她已经人届中年，丈夫在岛上从事渔业养殖，两个儿子在晋江从事捕捞工作，还有一个女儿留在岛上还未出嫁。对于盘头和发饰，阿玲说：

　　　　我们村的很多女人都要在家做家务，遇到海产品收成的季节，比如四五月份海带收成的时候，我们都要去加工海带的，做一些晒海带、绑海带的活，一天能赚好多钱，不过也只是收海带的那一段时间。我们村很多人的老公都要出海捕鱼，有时当天就回来，有时要出去好几天，每次他们一回来，我们几个女的就要到海边等他们靠岸，帮忙扛鱼、运鱼，他们在家待几天，我们还要去海边补渔网。平时太忙了，当然没空去梳传统的那种头，而且我从小就在海岛上长大，很多惠安的发髻和头饰我都不会梳了，就梳简单的发型。而且海风太大了，我们经常要到海边去，所以也不敢留太短的头发，主要还是以盘头为主。……至于梳什么头，都是我们周围几个姐妹互相学习模仿的。每次去海边补渔网或加工海带，就想找人说话，我们几个女的都喜欢在一起聊天，发型也都差不多。谁梳了一个好看的头，我们都会互相学习，或者让她帮我梳几次我就会了。……不过，虽然我们梳头都很简单，但我们的发髻和头饰跟惠安女没有太大的差别，只是没有像她们一样还要戴斗笠，我们更多就是扎头巾。

浮叶女的发型和头饰是在长期劳动和生活中有意无意互相学习效仿而形成的，已然成为一种风气和惯习传承下来，并在基本框架的范围内创造出适应于特殊海岛环境又轻便简单的发饰（见图3-7）。几百年来，浮叶女偏隅于这个陌生的海岛并繁衍生息，长期以来的集体劳动生活使她们根据自身的兴趣和秉性形成不同的"姐妹淘"，感情日渐弥笃，她们彼此之间有着很多"闲聊"的机会，谈天说地，家长里短，从国家大事到街头巷尾的小道消息、从终身大事到夫妻生活，都是她们闲聊的话题。女人天生就是爱美，喜欢打扮自己，因此她们有时也免不了要议论品评各种打扮和装饰，头巾样式的选择、头饰的购置地点、颜色款式等常能成为她们共同的话题且乐此不疲。她们互相效仿并成为习俗，形成浮叶村的风格，修正了传统沉重繁琐的头饰，但都没有脱离历史延续下来的惠安女的头饰范畴，即头巾、发髻、短上衣。

图3-7　浮叶女的简易发髻和头饰

但传统终归是传统，随着审美观念的发展，现在很多爱美的老人们还是想着要添加一些亮丽的饰物，于是，她们就在脑后盘着发髻，髻上别着闪亮银簪，或者红色的小花。这在很多老年人的头饰上也依然可见，既保留着原有古朴的风味，又融入当地的时尚元素。在南日岛考察期间，笔者发现浮叶村女性的头饰跟南日岛其他莆田语系的女性没有太大的区别，这也在一定程度上说明了移民文化对本土文化的认同和融合。

（三）服饰

学界普遍认为，惠安女的现代服饰是从 20 世纪 50 年代才开始定型，并逐渐发展和变化，甚至有学者还具体到修建惠女水库时才出现的。但穿着惠女服饰主要在惠安一带，但却不仅仅局限于此。比如，李亦园就提到他早些年在泉州城时所见的情形，"从晋江一带挑卖牡蛎进城来的……'蟳埔姨'大都有特别的服饰，戴有大笠子，颇有惠东女的特色。"① 由此可见，惠女服饰并不是新中国成立后才有，也不是在惠安一带才有，附近的晋江等地区也有类似的服饰，在这个相对固定的区域内，惠女服饰的特别之处就在于短襟衣、黑裤、戴笠、天足、喜饰物，等等，具有该区域特殊的社会文化基础和历史背景，从历史渊源上可以追溯到西汉的古越人。据刘安《淮南子》一书记载："九嶷之南，陆事寡而水事众，于是民人……短绻不绔，以便涉游。短袂攘卷，以便刺舟。"这种"短绻""短袂"的服饰适应了频繁的水上生产劳动的需要，与中原地区的宽衣博带截然不同，反映了当时岭南越族服饰的发展水平，后世的南方诸族广泛地流行短衣之制。千百年来，随着社会经济生活水平的提高，南方诸族的服饰也发生了翻天覆地的变化，但穿着短衣的风俗倒是延续了下来。比如，明清广西壮族的服饰也与此略同，相关文献记载如下：

《大明一统志》卷八十三"广西布政司"条记载：上林壮族"赤脚蓬头，白带顶笠"。

嘉庆《广西通志》卷八十七记载：思恩"妇女草笠短衣。"西林"女戴笠跣足"；镇安"村氓着巾跣足"；下雷"妇人戴笠"。

《百粤风土记》记载：广西"官署曹橡而下，皆短衣，或跣足，著屐，无襟裤。"

《桂平县志》卷三十一记载：灵山县壮族"戴笠跣足"。

光绪《庆远府志》卷十八记载："男女皆衣布，色尚深蓝，间用青皂……戴笠者居半，衣及腰而止……髻上或覆布，或花巾，或笠。笠制极工，常以皂布幕遮，半露其面……衣多绿绣，亦止及腰，

---

① 李亦园：《两岸惠东人的比较研究：理论架构与探讨方向》，载陈国强等编《闽台惠东人》，厦门大学出版社，1994，第 146～149 页。

内络花兜，敞襟露胸以示丽……"

　　该文献所描述的壮族服饰，与惠安女的服饰有异曲同工之妙，足以证明壮族服饰与古越人的服饰有诸多相似之处。这也是当时社会经济条件，特别是自然地理条件使然，穿着短小的衣服、跣足、著屐可以方便劳动，戴斗笠又适应南方多雨潮湿的气候特征。可以说，南方古越人有着相似的着装风格，只是对于惠安女而言，她们的穿着保留了更多的古越遗风，并且在具体的色彩元素上更加清新亮丽，容易吸引眼球让人过目不忘。这些斑斓的色彩元素来自惠安地区的自然特色，惠东沿海一带的自然景观以黄、蓝、白色调为主，天空是蓝的、海是蓝的、沙滩是金黄的、土地也是黄的、花岗岩房子是白的、庄稼的苗蔓是绿的。惠安女善于从劳动和实践中吸取智慧和灵感，从大自然的绚丽色彩中得到启示，以此设计自己的服饰——黄色缀花的尖顶斗笠，绿中带白点的花头巾、色彩丰富的紧身上衣、黑色的阔绸裤、镶着彩色花边的腰带、雪白的银裤链。这些服饰色彩亮丽、和谐、鲜艳，对应周围的生活环境。惠安女根据劳动的需要、审美的要求和社会生活的变化，不断调整服饰的造型和色彩。目前的服饰式样，据说是以清朝末年的服饰为基础逐步演变过来的，并且仍在不断变化。20世纪40年代，惠女服的色彩由原来的深暗趋向绚丽，造型日益美观，新中国成立后又有所更新，现在只有中老年妇女还穿黑色阔绸裤，年轻女子早已换上了黑绸紧身包臀的长筒裤。1958年修建惠女水库时，还出现了缀有鲜艳塑料花的精致黄斗笠，更显美观大方。由此，长期以来的思维定式，就使得惠安女成为如此着装习惯的代表而铭记在人们的脑海里。[①]

　　尽管惠安女的服饰是近几十年才开始定型的，但浮叶村早在两百多年前就已经迁移到南日岛，自然没有随波逐流演变成现在的惠女服饰，而是在传统基本元素的基础上加以改进和演变，成为独具特色的服饰。在浮叶村，年轻女性的服饰跟都市人没有太大的区别，很多人出外求学、打工，留在村里的很少，已经不再穿惠安女的服饰。但笔者在南日岛码头等船的时候，无意中还是发现改良版的惠女服饰，保留着惠女服饰的

---

　　①　周立方：《福建十年民俗调查》，厦门大学出版社，2007。

轮廓和主要元素，比如头巾、宽松的裤子、短得露出肚脐的上衣，但衣服的颜色已经不局限于传统的蓝色，而是采用其他更加花哨的颜色，从头巾、上衣到裤子，都是同一款布料和颜色，走在人群中格外地扎眼，让人不得不佩服浮叶女对于服饰的考究和智慧，这也反映了浮叶村经济生活水平的提高。

村里的老太太们倒是没有年轻人的花哨，她们穿着较为朴素稳重的颜色，主要为蓝衫黑裤，上衣的长度较短，但很少有露出肚脐的，与惠安女的节约衫有一定的区别。在我小时候的记忆里，大家只要讲到惠安女，都会说："她们买百雀羚不是涂脸的，而是涂在肚子上的"。这可以说明惠安女的服饰以短小为特征。但浮叶村的女人，现在穿传统惠女服的主要还是六七十岁的老太太，她们已经不再从事繁重的海上作业和体力劳动，只是在家里操持家务或者颐养天年，就不需要继续穿着短小的衣服来方便劳动，而且肚脐长期被海风吹，也不利于老人们的身体健康，因此，她们现在穿着的惠女服更能体现她们的年龄特征，适应她们的身体状况，从照片就可见一斑（见图3-8）。对此，笔者访谈了村里的阿春，她家刚盖好房子，但还没有装修，到她家的时候她正在吃饭，对于她穿着的服饰，笔者非常好奇地问："我们外地人只要看到惠安女的衣服，第一眼都是看肚脐，为什么你们的衣服没有露出肚脐呢？"

图3-8　浮叶女的服饰

阿春很不好意思地笑着说：

> 露肚脐的衣服是穿给外地人拍照片或者电视台拍电视看的，我们平常一般不穿露肚脐的衣服，衣服本来就很短了，再露着肚脐，海风一吹就会肚子痛，我都一把年纪了，可受不了。我们这边只要穿惠女服的，很多人都不露肚脐了。除非一些爱漂亮的姑娘，穿着好玩的，才要把衣服做得短短的，露着肚脐觉得好看，现在年轻人不也很多穿低腰裤，也是露着肚脐的。我们都是老人家，不需要漂亮的（说到这，她抿着嘴笑）……我们经常在里面穿一件内衣，冬天就穿厚点的棉衣，夏天就穿薄点的纱衣，不管里面穿什么，我们都把内衣塞进裤子里，我们才不愿意露肚脐给别人看呢。

为了更多地了解现代浮叶女所穿着的服饰，笔者特意找到了村里的裁缝阿美。阿美42岁，没上过什么学，是家庭主妇，平时做完家务闲下来的时候兼做些衣服来贴补家用，她没有开裁缝店，就在家里给人做衣服。村里人都知道她会做衣服，常到她家来做衣服。凭着一双巧手，她会缝制各式衣服，也常做些传统服饰出售，但一般都是定做的。十几年来她家不时有人光顾，在村里也算小有名气。阿美给我展示了她做衣服的房间，还有很多做好和没做好的衣服（见图3-9）。阿美说：

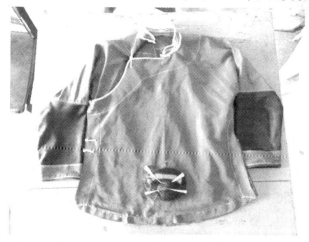

图3-9 浮叶女的服饰

现在来做传统衣服的人少了，以前会比较多，村里一般也只有老年人在穿这种衣服，主要是20世纪40年代出生的这些老人，她们现在也都70岁左右了，再往下的年龄就很少有人穿。我想，再过二三十年，这些老人都不在了，穿这种传统衣服的人就剩下没几个了，以后估计都不用做这种简单传统的衣服了。……不过也不好说，说不定以后大家老了就想着怀旧一下，也会重新穿这种衣服。……而且你也知道老年人都比较节俭，做一套衣服就要穿很久，平常一般是两套衣服在替换着穿，不会有太多衣服的。但是，过年过节，特别是准备要当婆婆的人，就会来我这里定做衣服。我发现很多年轻人不敢穿的衣服，年纪大的倒是乐意穿，有时还穿得比新娘更好看呢。但平常的时候，老人也很少穿惠女服，只有一小部分还保留着这样的穿着习惯。绝大部分的老年人把惠女服保留下来压箱底，留着百年后当寿衣穿。你随便去找一个老人家，她们都有惠女服，但都藏起来保存着，留着日后用，平时一般不轻易给人看的，怕弄脏了。

来我这里做衣服的主要是年轻人和中年人，做普通的衣服。不过现在也有一些爱漂亮的年轻人会跑来凑热闹，也跟我说要做惠女服，但她们裁剪的布料不只是蓝色和黑色，喜欢花哨的颜色，比如湖蓝色、绿色，甚至是淡紫色，等等。她们经常说，老人家穿的衣服都很土，只有黑色和蓝色，土到没有颜色了。……所以，领口啊，袖口啊，衣服下摆啊，她们都喜欢滚点花边来装饰，总体看还是比较像惠女服的，但跟传统老人家穿的相比还是比较漂亮的，颜色也比较多样，款式也会比较新潮。……听说惠安那里有很多裁缝店有专门做传统衣服卖给游客作纪念的，不过南日岛现在虽然旅游的人很多，但还是很少有人知道我们浮叶村是惠女村，来村里游玩的人较少，大家一般都是到海边沙滩上玩，然后吃鲍鱼什么的。

惠安女特有的传统服饰在浮叶村渐渐有了颓势，按照这样的发展趋势，在不久的将来，村里将很难再看到穿着蓝衣黑裤的传统浮叶女了。从某种程度上说，服饰是一个族群文化丛的显著标志，代表着他们的文化元素和性格特征，也是对地理环境的适应，以及经济文化生活的生动写照，这样的服饰作为非物质文化遗产，如果没有得到应有的保护，很快地，该族群将不再具有族群的文化特性，而是潜移默化地被本土文化所同化了，届时，浮叶村有可能成为一个历史记忆，这是笔者所深感忧虑的。对此，笔者问道："这么漂亮新潮的衣服应该主要是上街或者出去玩的时候穿的，正式的场合，比如说定亲、结婚之类的，还得穿传统的惠女服吧？"

阿美拨弄了一下她齐眉的刘海，忙不迭地点头说：

　　你说得没错，这些漂亮的衣服都是赶时髦穿着好玩的，平时随便穿，家长也不会去管。但是一些比较重要的场合，特别是结婚，都会来我这里裁剪衣服，比如我们村还有裁衣的风俗。[①] 结婚前都要准备好嫁娶那天穿的衣服，具体哪天开剪，要事先对好男女双方的生辰八字，再来安排时间。我们村里的人喜欢找我这样的人来裁衣，因为我家是结发夫妻，儿女双全，还不是属虎的，在我们村里算是"好命人"。裁衣要根据男女的身材来定做全套的衣裤，以蓝色、白色为主，在衣服的领子后面、裤腰还要钉上"缘钱"[②]（见图3-10），就跟我们这边的小孩子出生后，只要出门都要用黑白格子的花帕来辟邪和保平安一样，花帕的中间用红线绣上万字，在字上也是缝上一个"缘钱"（见图3-11、图3-12）。钉好"缘钱"后，"上头"衫裤就做好了，让媒人送到女方家，等着男方娶新娘的时候穿。你知道吧，在我们村，对"上头"衫裤是很看重的，洞房掀红盖头的时候就是穿这套衣服，有的新郎还要拿来扔在地上踩一踩，说这样以后就永远不怕老婆了（捂着嘴笑）……"上头"衫裤平常一般是不穿的，只有等到快走完人生道路要回归自然的时候才再拿出来当寿衣穿。……按照惯例，做"上头"衫裤的新人家还要送我鸡蛋、面线，还有红包。……帮忙做"上头"衫裤的收入还不错，又有面子，还喜庆，我比较喜欢做这种衣服。到了结婚那天，新娘子一大早就穿好"上头"衫裤，可漂亮了。艳丽的红头巾，红花短上

---

① 据笔者了解，裁衣的风俗在闽南一带比较普遍，男方到女方家定亲的时候，都要准备钱给女方买衣服或做衣服，以便结婚那天穿。
② 闽南地区认为缘钱代表缘分，嫁娶当天往往由媒人撒"铅钱"，并高声念闽南吉祥语"人未到，缘（铅）先到""缘钱散门口，夫妻吃到老""缘钱撒高高，生子中状元"等。

衣，刺绣绿贴背，蓝袖套滚了一道又一道彩边，深蓝色的灯笼裤，还要戴手镯、戒指、腰链，闪闪发亮的。我们村有专门到新娘家给新娘梳头的人，到了春节的时候，大家都从外地回来办喜酒，她们往往一个早晨要赶好几场，生意可好了。你要是结婚的时候去看，就知道我们村最漂亮的传统惠女服是长什么样了。

图 3 - 10　缘钱　　　　　　　图 3 - 11　闽南地区婴儿用的花帕

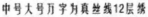

图 3 - 12　用红线缝制的万字上钉着的缘钱

　　阿美的回答消除了笔者的疑问，尽管村里的女人很少有穿传统的服饰，但是在重要的人生事件中，她们对于传统文化还是保留着敬畏和尊重，力求保持对于原生文化的认同，她们发自内心的朴素族群情感在此体现得淋漓尽致，以最简单具体的行动表达着对于传统文化的维护。

　　惠安女的服饰中还有一个非常重要的饰物，那就是银裤链，这个饰物常挂在腰间，大约四指宽，组合起一条宽且发亮的链带（见图3-13）。

图3-13　银裤链和刺绣腰带

对于银裤链的由来，阿美有自己的一番说辞：

　　银裤链最初是男人的饰物。这要追溯到清朝，刚开始男人喜欢在裤头上扎一条彩色绸巾做装饰，可是在海上打鱼的时候经常会被海水浸湿，戴着很不舒服。后来很多惠安渔民到南部的厦门港渔场从事捕捞和养殖，他们看到很多当地的渔民腰间都扎着银裤链，赚钱了就换算成银子打造成银裤链穿在腰间，可以说，看一个男人腰间的银裤链有多重，就可以知道这人的家底如何了。这种风俗适合于长期在外捕鱼而无法回家的渔民，如果把赚到的钱放家里怕不安全，家里毕竟都是女人、老人和小孩，万一被抢了或者偷了都让人不放心，于是就想了这样一个权宜之计。这个方法挺管用的，我们的祖先从惠安迁移到南日岛来的时候，也延续了这样的方法。那时在我们村的渔民间非常普遍，而且不仅男人戴银裤链，女人也戴。后来，男人可能觉得披金戴银有点"娘"，也累赘，就逐渐不戴了，改穿中山装，反而是爱美的女人一直延续着这个风俗，刚开始是一股、两股，后来就慢慢增加了，而且在男方给聘礼的时候都必须要赠送一条给女方，当然，银裤链倒是越宽越好啦。我母亲以前就有一条，是16岁结婚时我父亲送的，当时我父亲家里穷，就给了一条只有两股的细链子，其实就是为了面子做做样子而已，没多少分量的。对此我母亲还经常埋怨父亲，觉得当时嫁给他亏了，什么值钱的东西都没有。我父亲每次都信誓旦旦地说，等发财了就给她做一个十八条的银裤链，重得都直不起腰来，走不得路去（她已经笑翻了）。

　　所以，银裤链在我们村就是面子，有钱没钱看腰间的链子就知道了。……有些人家为了显示银裤链多么宽多么重，不惜把衣服的下摆裁剪得越短越好，这样就可以有足够的空间露出能显示家庭财富的银裤链。我想传统的惠安服之所以会这么短，不仅是为了方便劳动做家务，而且估计也跟银裤链有关。不过我们这里只有已经结婚的女人才戴银裤链，未婚的都是戴彩色刺绣的塑料腰带，但是未婚女孩子很少有穿传统服饰，所以也无所谓扎塑料腰带还是银裤链。

对于银裤链的经济价值和背后的符号意义，笔者一直很好奇，是否她们把全部的家当都折算成银饰作为嫁妆由娘家送给女方？浮叶女现在的服饰也还保留着这个原生的文化元素吗？于是，就继续请教了阿美。阿美作为村里对服饰较为熟悉的人物，游走于传统与时尚之间，对银裤链所体现的文化意义有着深刻的理解。她说：

　　浮叶村的女人平时很少戴银裤链的，只有在庄重的场合，比如结婚等重要仪式上，才会佩戴银裤链。银裤链差不多四个指头宽，由七条银链子自上而下排列组合的。你就可以知道这些链子有多么重了。以前的人家里穷，很少有用七条的，经常三四条串成银裤链，有个一斤多就算好的了。现在的人有钱了，戴的银裤链就重了，不过很少超过七条的，呵呵，超过七条就太重了，走路都会成为负担。也有人会想办法把每条的重量做得轻一些，细一些，结婚后再设法加个一两条上去，整个八九条的，这样不仅好看，还有面子。……银裤链不是当嫁妆用的，而是结婚前男方家事先给女方的聘礼，按照现在的行情就是银裤链三斤，银手镯三两，这算是比较上得了台面的，多了也显摆，少了会被人笑话的。不过，现在很多女孩子结婚时都不喜欢戴银裤链，觉得太重了，走路别扭又累赘，就跟南日岛其他村一样改送金子，比如金项链、金手镯、金戒指，有的赶时髦的，还要另外买白金项链、白金戒指什么的，但都是为了好看，当装饰品的。作为聘礼，我们这里还是以送黄金比较普遍。结婚的时候，家里的亲戚朋友和左邻右舍，也会打听聘礼多少，有哪些东西。人就是有攀比心理，觉得这回你比我多了，下回我办喜事的时候就想着比你多一些，在心理上占据优势，要不在村里就觉得没面子，抬不起头来。特别是那些家里有人在外面打工的家庭，结婚的时候新人都要回村办喜酒，自然就要显摆一下，炫耀自家的财富，很多人为了面子不惜勒紧裤腰带，也要在聘礼和办喜酒上花大钱，以防日后给村里茶余饭后聊天留下口实。……现在啊，银裤链在我们村已经变成一个装饰品了，戴着好玩的。

宽腿裤也是传统惠女服的代表性元素。浮叶村的宽腿裤主要是黑色的，当地人称"旷裤"。很多浮叶村的老年女性也都喜欢穿这种宽腿裤。我曾经想过，惠安女的服饰那么美丽，那么鲜艳，处处体现着对于美的追求，但唯独对于裤子，却没有那么多讲究，按照一般的逻辑，盛装打扮或者传统服饰，都是以裙子为主，因为裙子更能体现女性的柔美和气质，但浮叶女的传统服饰却偏爱裤子。裤子不仅没有鲜艳的颜色，也没有体现女性的线条感，这点似乎与常理相悖。对此，阿美说：

本来我们惠安的祖先都是穿裙子的，跟其他民族地区的女人是一样的。长裤子是穿在裙子里面的，而且是窄的，不像现在那么宽大。后来觉得里面裤子、外面裙子这样的搭配太麻烦，有时就干脆只穿里面的裤子，干活也方便，而且丈夫们捕鱼回来时，这些女人都要穿着雨鞋去海边搬货，穿着裙子总是不那么利索，于是就穿着裤子，套在雨鞋里面。而且你知道吧，那时我们这边的男人和女人一样，都是穿宽腿裤，每天一大早起床，黑灯瞎火的，又都是黑色的，男人和女人经常会穿错裤子（她忍不住笑起来）。那时的裤子一般都是用黑色的布料，裤脚宽约一尺两寸，裤头宽约两尺，裤头缝一道五寸宽的蓝色布边。平时一般穿布裤，只有到了节日或重大的活动才穿绸裤；到了20世纪60年代开始流行洋装洋服，很多女人参加社会活动都喜欢穿裤装，当时叫作"西服"；发展到80年代，还流行穿喇叭裤、牛仔裤式样的黑裤；现在呀，主要是老人在穿，就又变回宽宽大大的裤子，老人家都只要舒服，不需要花哨的款式。而且有时出门怕不好意思，就经常穿普通的布裤配节约衫。……其实你认真看一下我们的宽腿裤，就发现跟清朝的满族裤子有很多相似的地方，比如宽裤管、黑绸布。这种裤子有个好处，就是凉快。听说生活在阿拉伯半岛的人都穿宽大的长衫，这样衣服里的空气可以流通循环，外面看着觉得长衫很热，其实里面很凉快，宽腿裤就跟这阿拉伯的长衫一样，夏天会比较凉快。而且因为裤腿很宽，远远看还以为是裙子，其实也很好看的。现在很多人到我店里来定做裤裙，其实就是一种改良版的宽腿裤，很时尚，也很适合在我们这里穿。关键是很多年轻人，如果你叫她穿着传统服饰在路上走，她不敢，但要是设计改良过的惠女服，比如露脐装、裤裙、彩腰带的话，她们就很愿意来做这样一套衣服在路上显摆。就跟星光大道的那个玖月奇迹组合一样，唱的还是老歌，但他们把老歌的节奏改头换面一下，配上可以手弹脚踩的钢琴，就有很多人愿意看了，道理是一样的。我这里的生意之所以会那么好，就是因为我经常看《时尚》杂志，然后根据时尚潮流设计新款的衣服，又带有我们这里的传统元素，就很好卖了（阿美一脸的自豪）。

天快黑了，对阿美的访谈暂告一个段落，阿美送我到大路口坐车，走在浮叶村的村道上，很少有年轻人的身影，更多的是穿着惠女服的老人，还有稚嫩的孩子，在村里蹦跳着玩耍，偶尔也有打扮入时的年轻姑娘经过。阿美说：

　　现在我们村很多年轻人都到外面打工去了，留在村里的很多都是老人和小孩，别看现在还有人穿惠女服，到了春节，年轻人都回村了，那时形形色色的流行服装会晃得你头晕。很多人到外地打工做生意，不方便穿惠女服，因为传统服饰色彩过于浓烈，比较单调，缺少个性，没有流行服饰那么变化多端。留在村里的年轻姑娘，甚至是中年妇女，也不能坦然穿着惠女服在村里逛荡，很多男人也觉得传统服饰太土了，不喜欢自己的妻子按传统打扮。但不管怎么变化，传统的惠女服还是得保留下来，要不以后我们的子孙会忘记我们的祖先是谁，他们是从哪里来的。惠女服就可以让他们知道我们这个村的迁移历史，保留下来是很有意义的。我们村每年的正月十八元宵节非常热闹，为了纪念我们是从惠安迁移过来的，我们村参加仪式的姑娘都要穿惠女服，其实姑娘这样打扮还是很漂亮的（见图 3－14）。

图 3－14　浮叶村元宵节上穿着惠女服的浮叶女

（四）惠女服的流行变迁与日渐式微

"红头巾、节约衫、银裤链、宽腿裤"是传统浮叶女服饰的基本元素，造型美观、色彩协调，奇而不俗，艳而有韵，很有特色亦很有视觉冲击力，被称为"现代服饰中的一朵奇葩"。浮叶女的服饰来源于惠女服，沿袭了最精华最基本的文化要素，但也适应浮叶村特有的地理和生态环境，并随着时尚的变迁和文化的融合不断演变和更迭，"称体、入时、从俗"。所以从某种意义上说，服饰其实就是族群文化的载体和表征，是长期历史选择的结果，体现着族群的基本生存价值和道德规范，并作为传统而世代流传下来。尽管从现在的情况看，传统服饰日渐式微，主要由守旧的老年人所穿着，但要看到，现代社会需要的不是趋同，而是要求同存异，保留族群间、文化间分野的标志。服饰恰恰就是这样一个典型的载体，是一个族群区别于其他族群的标志。浮叶女在文化的传承和变迁中，也正努力保留着传统的文化。

但我们也要看到，在现代社会这个特殊历史阶段的场景中，时尚作为一种满足个性需求的社会形式，是作为一种对抗生活风格客观化与去个人化的力量而快速发展，并且也作为消费扩大之下商品继替分化（Consecutive Differentiation）的最佳例证。① 对此，德国文化学家齐美尔指出："时尚是对一种特定范式的模仿，是与社会相符欲望的满足。一般来说，时尚具有这样的特殊功能，它能够诱导每个人都效仿他人所走的路，并可以把多数人的行为归结于单一的典范模式；同时，时尚又是求得分化需要的反映，即要求与他人不同，要富于变化和体现差别性。"齐美尔的界定揭示了时尚的二重性特点：从众性与区分性。时尚一方面把众多不同阶层的个体聚集起来，彼此进行身份认同，实现族群内部的社会融合；另一方面又使不同阶层得以区分开来，彼此进行个人认同，以特定的方式拒绝平等化，族群内部出现表明差异的阶层分化。时尚是一种将社会的从众性和区分性统一起来的生活方式，抑或是消费理念。我们不妨这么认为，从众性代表着传统，是人类内心深处需要他人认可、渴望在社会生活中找到归家的亲和感和依附感的本能，更是出于自我保护的本能。从众性通过大量的机械复制，将不同的个体聚集到一个中心，使不同的个体获得对彼此的认同，不同的社会个体通过对同一种社会行为的效仿，形成团结的凝聚力。而且自我保护本能也给予个体不会孤独地出于他或她自己行为中的保证，使个体得以从社会的各种风险和不确定性中脱离出来，融入族群共同体当中。同时也不会因为穿着从众性的传统服饰而引起心理上的不适，正如浮叶女，如果全村女性都穿着传统惠女服，大家都可以镇定自若地在大街上行走，但如果全村只有为数不多的女性穿着的话，就往往会引来奇怪的目光，心理上也会很不自在。

---

① Simmel, Georg. "Fashion," *American Journal of Sociology*, 62 (1957): 541-558.

一言以蔽之，从众性可以让族群内的同质性个体都带着固定元素的传统文化标签，彼此之间形成高度的认同感，有着"自己人"的归属意识。与此同时，时尚又将同质性的个体、群体区别开来，在不同的潮流层次展现个体的魅力和对于美的追求。在齐美尔看来，时尚最初产生于上流社会，只是少数上层精英的特权，一旦较低阶层开始接近较高阶层的时尚，较高阶层就会抛弃这种时尚转而追求更新的时尚。如格罗瑙所言："生活方式和品味是由不同阶层的社会地位有等级地排列和决定的。某一社会阶层的生活方式或多或少是类似的。品味就是阶级品味。一个社会的正统品位是与其统治阶级的品位相一致的。在如此概念化而形成的社会中，社会阶层在发起一个连续的斗争，在决定高雅或正统品味方面社会威望的作用已岌岌可危。时尚是阶级的时尚，几乎总是来源于社会的较上层。"① 这种阶级性也就是区分性：一方面，时尚总是阶级的时尚，它是一种阶级区分的产物；另一方面，在时尚自身的传播和最终的消失过程中，时尚总是从一个阶级向另一个阶级扩散，而且通常是从上层阶级扩散到下层阶级。由此看来，时尚的区别性将族群内的不同个体划入不同的等级范畴，上层阶级的个体总希望通过其时尚品位来体现阶级优越性，下层阶级向上流动的愿望常使他们愿意追求上层阶级的时尚来附庸风雅。在下层阶级与上层阶级的时尚趋同的时候，上层阶级又追逐差异化的时尚，这样，时尚就处于不断推陈出新、更迭变迁的状态中。凡勃伦的《有闲阶级论》专门对有闲阶级的时尚进行了解读，他认为有闲阶级偏爱于高贵的、新潮的服装。所谓的时尚被中产阶级功利化为获取社会地位的工具。在炫耀财富的方式中，新兴的中产阶级倾向于吸引公众注意力的消费甚至是浪费，以及大把的闲暇时间。时尚成为工具并不在于其实用性，而在于时尚载体可以彰显阶层的优越感，拉大与较低阶层的距离。看似低级趣味的时尚本质上就是阶层的标签，凸显阶层差异，让较低阶层仰视崇拜并接受认同阶层分化的标签，同时也驱使较低阶层追求他们的时尚来把自己纳入其中。可以说，中产阶级就是利用生活用品的消费及闲暇生活方式的炫耀来强化阶层间的差异，吸引较低阶层认同他们的标志物和生活方式并趋之若鹜。于是，规律就形成了，最初的

① 格罗瑙：《趣味社会学——当代学术棱镜译丛》，向建华译，南京大学出版社，2002。

消费作为时尚在精英阶层中广为流行，引起较低阶层的争先模仿和推崇，一旦较低阶层使用大量的精英阶层的时尚标志物，那么精英阶层就会放弃旧的时尚标志物改追求其他的时尚标志物，这样一来，就会引发一轮又一轮的时尚追逐潮流。①

这点在浮叶村的考察可见一斑，在外打工和做生意的女性，开阔了眼界和视野，每到春节还乡之时，就必须通过色彩亮丽的服饰来体现与原生地文化不同的品位，以此带动村落其他女性也认同这样的潮流文化，一起来追赶时髦，这也是现代浮叶村很难再见到传统惠女服的重要原因之一。而相对于莆田语系的其他村落而言，浮叶女又希望通过对于传统元素的保留来体现与其他村落的差异性，由此确认不同族群的分野标志，建构本族群的社会威望，固化业已内化的族群文化认知，但也会随着时代的发展改良传统元素，使传统文化有更多的受众，在族群内部传播开来，这就是不断有改良版惠女服出现的重要原因。

尽管从众性和区别性，即传统与现代有着截然不同的分野，但二者在族群的心理体验中都具有同等重要的地位，就像韩国女性一样，平时都是穿着随意的超短裙，但是在结婚、节日等重要的场合，都要穿着传统的服饰以体现庄重感，来适合特定场合的氛围。这与浮叶村的很多传统有不谋而合之处，很多浮叶女表示，她们在正月十八元宵节那天都会穿惠女服，参加从下午开始的各种仪式，那时村里可热闹了，大家穿着平时不敢穿的惠女服，三三两两到避风港看热闹，港口熙熙攘攘，到处都是红头巾、节约衫和宽腿裤，场面很是壮观。反观浮叶村，我们也不难发现，村里有很多浮叶女，她们是传统与现代传承的中介和载体，正是她们的存在，才让传统文化得以传承，烂熟于心的传统文化促使她们在服饰设计和制造中体现着传统的要素和族群标志，但又不拘于此，在现代化的冲击下也紧跟着时尚的潮流在不断改进，迥异其趣，形成具有地域特色又彰显个性的美。

本研究于2019年元宵节前夕调查的结果与此趋势不谋而合。现在浮叶女的服饰已经发生翻天覆地的变化，以美观轻便为主，在颜色、质地上有很大的改观。体现在斗笠采用的不是竹制的而是带有装饰效果的轻

---

① 凡勃伦：《有闲阶级论》，商务印书馆，2004。

便的塑料斗笠，可以有效防水，还垂下两条以刺绣装饰的带子，以防斗
笠被海风吹走；头巾是红色的，与礼鼓队每次都在重要仪式上表演的氛
围相映衬；衣服的颜色不局限于传统明净的海蓝色，而是抢眼的黄色，
但款式与传统没有太大的变化，还保留着斜襟和衣角襟，绣上美丽的花
纹，尤其是袖子上的花纹格外鲜艳；笨重的银裤链改成了轻便的塑料质
地的腰带，居中留着两粒扣子；宽腿裤与传统样式并无二致，只是颜色
从黑褐色改成了黑色，为了让黑色不至于太凝重，在裤脚处缝了一块刺
绣图案；还斜背着一个红色小包，方便装一些随身用品，省却了放在裤
兜的累赘（见图 3 - 15）。

图 3 - 15　身穿改良版惠女服的周氏礼鼓队

这些改良版的服饰都是她们集体到惠安淘回来的，成为礼鼓队的统
一服装，在村里重要的活动比如元宵节，或者有尊贵的客人到访村里的
时候才会穿上，按照她们平时编排的节奏和步伐，在祖祠里表演热闹非
凡的礼鼓。

二　闽南腔的莆田话

语言是文化传递的主要机制，是人们相互联系、相互交往的重要纽
带。作为一种文化特征，也是族群认同的要素之一。"从一个族群语词的

语源和演变、造词心理、亲属称谓、姓氏等，都可以追溯其文化渊源，语言可称作是维系族群认同的明显成分。"① 反观闽南之地，长期偏僻，虽然泉州曾经创造了一时的辉煌，是海上丝绸之路的起点，但是毕竟时间有限。大部分的时候，福建是与内陆隔绝的，以闽南尤甚。因此，闽南话得以很好地保存，也最接近于古时闽语。这个可以解释莆田话有很多词汇跟闽南话一样。地域的接近使得语言相互间具有一定的亲缘关系，语言亲缘关系增加了不同族群相互融合的可能性。尽管他们因信仰差异分属于不同的文化圈，语言亲缘关系使他们容易交流，沟通方便，进而相互认同。比如在莆田和闽南交界的区域，两地居民各用自己的方言对话大体都能听得懂。语言亲缘关系成为浮叶人的语言与莆田语系融合的基础，很多浮叶人所操持的语言带有很多莆田语调或俚语调等。

对于浮叶人来说，他们始终操持的特定的语言就是闽南话，也称南话或南音，两百多年前浮叶人的祖先从惠安迁徙过来时，也带来了他们特定的闽南话。现在的浮叶人依旧延续着祖先的语言、传统、风俗习惯、宗教祭祀等，尤其在服饰和风俗上还保留着惠安的文化元素，与莆田语系的村落完全不一样。所以浮叶村成为莆田人眼里的"少数民族"。操着闽南口音的浮叶人在南日岛上很容易被认出来，尽管很多浮叶人学会讲莆田话，但很多发音依然还是闽南话。随着时间的流逝，代表着惠安特色的惠安服饰日渐式微，走向穷途末路，倒是语言作为族群区分的重要标志，将浮叶人从南日岛三万多民众中清晰地区别开来。两百多年前迁徙的浮叶先人给南日岛带来了闽南话，纵使时光荏苒也乡音未改。多年来浮叶人还是保持着自己的原生地语言，特别是浮叶人所敬奉的神灵生前也大都讲闽南话，最明显的表现是笔者所访谈的浮叶村灵媒，作为神灵的载体，他们与俗世沟通的语言就是闽南话，深刻地打上了祖先的烙印。

从某种程度上说，族群是民族的集合体，共享着相同的语言、历史谱系、民间风俗和心理特征。作为交往最重要工具的语言，是一个族群区别于其他族群最明显的特征。族群在长期发展过程中创造了特殊的文化并稳定传承下来，族群文化成为族群共同的精神纽带，而语言恰恰是

---

① 乔健等主编《文化、族群与社会的反思》，北京大学出版社，2005，第235页。

族群文化的载体，保存和传递着族群的文化特质，随着社会变迁和族群的迁徙而流传下来。因此，族群识别和认同的两个标志就是共同的语言和族群认同。鉴于不同地方秉持不同的语言，学术界区分不同的族群常借助语言的差异，将族群称为"语群"。由于迁往浮叶村的主要是惠安杜厝的渔民，因此闽南话在村里十分流行，成为村里的通用语言，与周边村落的莆田话相互并存，并且发挥着自己的影响。但在莆田语系的村落里，村民们普遍感到这个"土音"着实难听。一个异域语言刚融入一个新的环境，肯定会给当地人带来强烈的文化震惊。比如《海东札记》说："凡货食物，率土音叫唱，不可晓……《使槎录》云：郡中莺舌鸟语，全不可晓。如刘呼涝，陈呼淡，庄呼曾，张呼丢，吴呼襖，黄无音，更为难省。"[1]《台游笔记》也说："土音啁啾，初莫能辨；呼内地人曰'外江郎'、吃烟曰'脚荤'、茶曰'颠'、饭曰'奔'、走路曰'强'、土娼曰'摘毛官'、玩耍曰'铁拖'。略举数语，其余已可概想。"[2] 这些文献都详细描述了闽南话对于一个异乡人所带来的文化震惊。对于刚迁移到南日岛的浮叶人来说，他们的存在也会在初期让莆田语系的村民无所适从，甚至在一定程度上有着隔离感。但浮叶人在岛上要长期生存下来，是无法简单通过自给自足完成的，也需要跟莆田人交往，跟他们做生意，换取生活必需品，尤其是对移民来说至关重要的土地。浮叶村的老人都说，他们的祖先靠出海捕鱼获得海产品，卖给当地的莆田人，换一点土地，日积月累慢慢扩大，建立自己的家族。或者到很远的海域捕鱼，顺便到附近的岛屿去，比如浮叶渔民经常到台湾岛，跟当地人换取手表、香烟等奢侈品，这些东西带回南日岛，对莆田人来说有着强大的吸引力，能够换取更多的他们急需的土地资源，长此以往，从惠安迁移来南日岛的渔民越来越多，后来那些在惠安宗族斗争中失势的房份干脆都陆续迁移到海岛来，重新开始新的生活，延续他们的渔民生活方式。

在长期与当地莆田语系的族群频繁交流与贸易的过程中，浮叶人逐渐学会说莆田话，尽管还带着浓厚的闽南口音，但现在很多浮叶人都会

---

① 朱景英撰《海东札记》卷4。

② 《台游笔记》，《小方壶斋舆地丛钞》第九帙。

讲莆田话，尤其是与莆田村落最为邻近的上浮村，莆田话可谓说得相当流利，让人难以辨别他们的原生语言居然是闽南话。而中浮村和下浮村在地理位置上离莆田村落相对较远，莆田话学得没那么地道，但在与上浮村以及莆田语系的沟通交流中也逐渐学会了莆田话，但还是不够纯正。正因为浮叶村的三个自然村对莆田话掌握得参差不齐，他们内部沟通还是用原生语言闽南话，但在与莆田人的沟通中则是另一番景象。笔者问过曾经在南日岛中学就读的小杨，他叙述了他的求学经历：

　　我小时候就在我们浮叶村唯一的小学——浮叶中心小学读书，一起上学的都是我们浮叶村的人，很多同学都是从小一起长大的，当然都是讲我们的闽南话，老师也主要是我们村里的，有时上课讲故事、说典故的还用闽南话来讲。小学的时候没有觉得语言对我们来说有什么影响，同村的人都是讲闽南话，只有跟外村交往的时候才会讲莆田话。我们平时也很少到镇上去玩，镇上离我们村太远了，坐三轮摩托都要很久，也很少听其他村的人说莆田话。但是到了初中就不一样了，那时岛上只有一所南日岛中学，虽然只有初中部，但是岛上的孩子小学毕业后没得选择，只能在那里读书。学校里不仅有浮叶村的，也有其他村的，但大部分人是讲莆田话的，我们那时都还小，都不怎么会说莆田话，就只好跟他们讲普通话。可能初中生很多都比较叛逆吧，其他同学只要听到讲普通话的就知道是浮叶村的，就会欺负我们，觉得我们是外地人。男生经常也会拉帮结派，但很少会让浮叶的孩子参加进去，大部分的时候我们都很团结①，在学校互相帮助，讲莆田话的学生欺负我们，我们浮叶村的都会一起出去跟他们打架，后来他们知道我们很团结，就不会随便招惹我们，读书的那几年大家也都相安无事。后来跟讲莆田话的同学相处久了，他们还会教我们讲，经过初中三年，我差不多学会了莆田话的日常对话。

---

① 浮叶人的团结还表现在村民间借债不立字据，凭借彼此口头的约定，依靠村里的舆论予以监督。

浮叶村的退休老师阿林说：

　　我们浮叶村民一般讲闽南话，但有一小部分浮叶人，就是刚进村的那一小部分村民主要讲莆田话，因为那里离邻村比较近，沟通多了自然就被同化了，与邻村交往会讲莆田话或一些普通话。上浮这一小部分村民主要姓王、姓洪、姓江、姓杨，他们的祖先不是惠安人，是从福清迁移过来的，闽南话不会讲，但跟莆田地理上的相近也使得他们很多人会讲莆田话，迁移到了海岛上也很容易跟着岛上其他村讲莆田话，他们的适应比我们惠安人迁移过来要容易一些，至少在语言上就很容易跟本地人打成一片。但现在很多年轻人也不太爱说本地话了，在外打工久了，外地的方言说得比本地话还溜。……在人际交往上，六十几岁这个年龄段跟惠安那边的亲戚还是有比较多的交往，年轻人会少一些。但现在交通方便了，有些年轻人也会到惠安那边去打工，到远洋渔船打工的会多一些。

　　我们住的这个海岛，离大陆很远的。在很早的时候，我们的祖先打鱼经过这里就留下来了，祖祖辈辈在这里生活，而且海路的交通很不方便，游艇是最近几年才有的，小时候都是要坐很小的渔船，在海里迎着风浪前行，颠簸得很厉害，等到大陆早已去了半条命。所以我们很少出岛，稍有点风就会停船靠岸。村里只有男人才经常有到大陆的机会，而女人却都生活在海岛上，难得有机会出岛，过着"不知有汉，无论魏晋"的世外桃源生活。就是因为这样，我们村的女人很少会说普通话的，在路上，随便问一个中年模样的女人，一般不会说普通话，普通话主要是年轻人和男人在说。所以嫁到我们村的外地女人，一开始都很不习惯，到处都是讲闽南话，听不懂也不会说，跟出国一样，要适应很长时间的。不过好笑的是，虽然我们村的中老年女人不会说也不会听普通话，但她们个个爱看韩剧，不仅看得懂，还可以加以评论，所以我小时候很怀疑我们这个海岛是从韩国漂流过来的（阿林捂着嘴笑）。

　　村里很多女人一辈子都没有出过海岛，就连现在很多四十几岁的女人出岛的次数也非常少，两只手都可以算得过来。虽然现在交通方便了，岛上开通了大轮船，但也很少出去。很多年轻人喜欢到外面去找事情做，当妈的也几乎不去探望的。最主要的原因还是外面的普通话听不懂也说不来，出岛就跟哑巴一样，连去菜市场买菜都成问题，在那胡乱比划，卖菜的还以为这个人不正常呢。另外吃住也不习惯，我儿子在福州工作，在家吃饭还好，出去吃饭每次都不知道要怎么点菜，辣的我们不吃，酸甜的也不吃，牛肉①不敢吃，淡水鱼不敢吃，……这样下来，我儿子每次都不知道要吃什么，后来干脆就不吃饭了，路上逛逛就好。现在城里人住的房子都是小区里的单元房，门一关谁也不认识谁，我们两口子去住了一段时间，都不知道要跟谁串门聊天去，天天你看我、我看你，再不爽快也要跟对方说话，要不更没人说话了，当然天天窝在一起也比较爱吵架。所以我们去了一次福州就不会想去第二次。有些年轻人在城里买房子，结婚生孩子了，求着父母要过去帮忙带孩子，其实大家都不愿意去，但现在房价那么贵，工资那么低，孩子要请保姆还真请不起，听说城里的保姆一个月都要五千元，都去了一个人的工资了，家里还怎么还贷款？村里很多老人为了孩子，不得不硬着头皮去带孩子，但真正去城里还是非常不习惯。老人跟外地的媳妇在语言上不好沟通，就拿买菜来说，媳妇想吃什么说了我们又听不懂，后来就想了一个办法，到电脑上去下载图片，让我们按照图片去买菜，哪些图合在一起是做汤，哪些图合在一起是炒菜，就这么沟通，时间久了，慢慢就听懂了。

老人们普通话不会说，又不能教孙子讲闽南话，老人其实很孤独的，不得已只能待在外面，每次回到岛上都舍不得走。有的老人实在学不会普通话的，去了城市不久后就闹着要回家，可是回家后孙子没人带又是个很头疼的问题。老人就只能劝说儿子媳妇，让他们答应把孩子带回岛上养，到了读幼儿园的时候再送回去。在生活压力面前，年轻人不得不做出妥协，把孩子送到岛上来。……你知道的，我们村的人结婚都很早，四十几岁当奶奶、外婆的很多，这些年轻的奶奶、外婆很多都还在赚钱养家，在海上养殖鲍鱼、海带，

---

① 南日岛由于地理环境的局限，沙地很难长草，所以岛上没法养牛，长期封闭的环境束缚岛上与外界的食物交流，长年累月下来，岛民出岛前从没吃过牛肉，以至于出岛后也不敢吃牛肉，包括牛奶和其他奶制品。

或者在海带收成的季节去打短工，一天都会有两百元左右的收入。而且奶奶、外婆还有自己的父母要赡养，曾祖辈无非也就七八十岁的年纪，一旦她们去城里带孩子了，不仅没有人照看家里的养殖，而且自己的父母也没有人照顾。这样一来，照顾孙子的任务就交给曾祖辈，由祖辈去赚钱贴补家用。于是，她们早晨出门前就把早餐和午餐都做好，让父母和孙子饿了就热着吃，她们要到晚上才回家，全家吃一顿像样的晚饭。但是曾祖辈毕竟年纪大了，小孩又喜欢哭闹和乱跑，为了安全起见，这些孩子就只能放在竹编的摇篮里，或者放在装海带的大塑料筐里，让曾祖母看着。

语言上的局限使得浮叶女不得不栖息于她们所坚守的海岛，外面的世界再繁华也没有强大的吸引力让她们流连忘返。她们没有兴趣感受外来世界，却很愿意与家人团聚在家里，通过看电视来感知外面的精彩。说到底，她们还是向往回到日出而作、日落而息的海岛，悠然地过着封闭又简单的生活。然而很多时候出于对亲情和血脉的深情，迫使她们不得不背井离乡，来到一个全然陌生的城市开始新的生活，当然，这也是艰难的适应过程。她们要学普通话，至少懂得基本的日常生活语言，学会到菜市场买菜，学会在家里与外地媳妇的基本交流。

总而言之，浮叶村的语言体现出一体多元和多次融合的特征。不同时期陆续迁移到浮叶村的二房份和三房份的祖先，随着捕鱼的队伍迁移到南日岛来，他们所操持的原生地闽南话成为浮叶语言的核心主体。从乾隆年间到现代所经历的两百多年中，不断有杜厝的渔民迁移到浮叶村，也有浮叶村的渔民随着海上丝绸之路的发展到沿线地区进行产品交换和自由贸易，习得普通话等外来语言，并且与南日岛上其他莆田语系的村落诸多交融。浮叶女身上不仅延续着惠安女的勤劳和贤惠，也深深地为一样勤劳贤惠的莆田女所潜移默化地影响着。同样的性格品质使得二者之间突破语言的屏障，和谐共处，取长补短，浮叶女在与莆田女长期交流互动中，习得她们的莆田语言，也以此为契机吸收了莆田文化的精华。于是，不同族群在交往和迁移的过程中，闽南话、莆田话、普通话等多种语言在浮叶村发生碰撞、交流和融合，促进了浮叶村语言体系的延伸和发展，建构出具有区域特色的语言体系。笔者所调查的浮叶村，她们所使用的闽南话也带有莆田话的腔调和语音元素，她们的语言很容易为莆田人所理解。她们迁移到南日岛所习得的莆田话亦带有闽南话的口音，与土生土长的莆田语有所区别。

三　婚来婚往

（一）早婚而晚育

早婚的现象由来已久，远在春秋战国时期，各诸侯国因战事鼓励生育，而提倡早婚则成为一项重要的国家策略。此后的各朝各代也以人口增长作为太平盛世的标志，历代帝王都鼓励生育和提倡早婚，以保持国家的长治久安。

历朝的文献也有类似的记载，如汉惠帝六年令：

> "女子年十五以上，至三十不嫁，五算。"①

该法令用加重收赋的办法来鼓励早婚。那时帝王的婚配年龄也相当小。汉昭帝继位时，年仅八岁，上官皇后年甫六岁。皇后立十年，而昭帝崩，皇后这时也才刚年满十五。汉平帝继位时，年仅九岁，王莽以女嫁之，当时王莽女儿年亦始九岁。女圣人班昭也是十四岁时就执箕帚于曹世叔家。② 沿至晋代，倡导早婚，较汉更甚。晋武帝九年制：

> "女年十七，父母不嫁者，长吏配之。"③

这时的烈女严宪、龙怜皆是十三而嫁，一则十八嫠居，一则未逾年而寡。④

这种情况在南北朝时更加集中。南朝梁高祖丁贵嫔年十四归高祖；陈文帝沈后于十岁余归文帝。北朝魏献文帝让位时，年十七，而儿子孝文帝已五岁；魏道武帝十三岁生明元帝；景穆太子十三岁生文成帝；北

---

① 《汉书·惠帝纪》
② 古风：《中国婚姻小史》，东方出版社，2010。
③ 《晋书·武帝纪》
④ 《晋书·列女传》

齐亦然，北齐杀王族高俨时，年十四岁，已有遗腹子五人。而后并令曰：

> "女年二十以下，十四以上，未嫁悉集省，隐匿者家长处死刑。"

这比起汉代十五而嫁，又减了一岁。北周建德三年诏：

> "自从以后，男年十五，女年十三以上，……所在军民以时嫁娶。"①

这又减了一岁。到了唐代，政府才稍革早婚之俗。唐贞观元年，诏民男二十，女十五以上，无夫家者，州县以礼聘娶。但是到了开元二十二年继诏：凡男十五以上，女十三以上，于法皆听嫁娶，又恢复了早婚陋俗。太宗文德顺皇后就是十三而嫁的。②

浮叶人继承了惠安的早婚习俗，有着明显的惠安婚俗印记，早婚和晚育成为惠女文化的衍生物。笔者访谈了浮叶女阿姜，57 岁，家庭主妇，有一儿一女，平时主要在家操持家务。阿姜说：

> 我很早就订婚了，跟我同一辈分的都是十三四岁就订婚了，有的甚至八九岁就订婚了，但一般不超过 20 岁，太晚定亲的就找不到条件好的。我小时候没有读书，跟我一起玩的年龄差不多大的孩子都有了未婚妻和未婚夫，但我们那时还小，不知道未婚妻和未婚夫以后是要结婚的。稍微大一些的时候懂事了，就懂得害羞，同村玩耍时遇到了就不好意思在一起，但也不想走开，远远看着他玩。平时大人在谈论家长里短，也会格外关注未婚夫家的情况。结婚前订婚的两个人是不来往的，女方不到男家，男方也不到女家，见面都不敢看，认识也假装不认识。呵呵，有的是两个人小时候看过面，长期不来往，长大给忘了长什么样了。后来会有长辈提醒对方是谁，但知道了也假装不放在心上，心里偷偷关注，但面上不说也不问。

---

① 《周书·武帝传》
② 《唐书·食货志》

　　　　我们浮叶人是从惠安搬过来的，一开始都是跟同村的人定亲，后来学会了莆田话，语言沟通不成问题了，也慢慢地会找岛上的莆田人定亲，但我们这辈几乎不会找海岛以外的人。虽然现在交通方便了，很多人都到岛外去发展，但我们年轻的时候是很少出岛的，到了订婚的时候，都是请媒人或者亲戚朋友打听同村的男孩子，或者岛上的人。按照老家惠安的风俗，我们订婚都很早，只有13岁、14岁，有的人家9岁就定亲了。莆田人却没有这样的风俗，他们很少会那么早定亲。这样，我们能找的一般都是同村的，说话听得懂，生活习惯也相似，以后比较合得来。特别是找岛上讲莆田话的人家，跟公婆就很难沟通，岛上只有我们浮叶村的人会学莆田话，讲莆田话的村是不会学我们说话的，公婆不会讲也不会听闽南话，以后生活在一起就比较麻烦，没办法聊天，不容易合得来。所以，我们这辈都是找同村的男孩子定亲。

　　对此，笔者有个疑惑，既然语言对他们这辈的中年人乃至更早辈分的村民来说存在一定的障碍，那么跟老家惠安的远房亲戚总是有着血脉的联系，不存在语言沟通的问题，那么会找惠安的人定亲吗？

　　阿姜是这么回答的：

　　　　虽然说跟惠安老家也算同宗同祖，但我们当然不会找那边的亲戚。我们岛离大陆很远，在我懂事的时候，岛上只有很小的船划到大陆去，海上风浪很大，只有男人才敢冒着大浪到大陆去，女人很少有出海的。所以也只有男人有跟惠安老家的亲戚走动，近年来也慢慢变少了，特别是现在的年轻人很多都在外地发展，对祖先啊、姓氏啊、寻根啊这些都不在乎的，也就几乎不怎么来往了，只有一部分到惠安捕鱼的还有跟老家亲戚有些来往。……我们岛上很穷，大陆人一般不会嫁到我们岛上来，我们一辈子都没怎么出岛，也很少有嫁到外面的。大陆人一提到南日岛，就会说那里的人怎么怎么穷，就连鼻屎抠下来都舍不得扔，拿来当盐巴吃。家里的大人教训小女孩都会说，你要是不听话，以后就把你嫁到南日岛去。……我们的父母辈还有保持长住娘家的风俗，结婚后几年内都要住在娘家，直到生孩子才回到夫家。住在娘家的时候很少去夫家，有去的话也是早晨去晚上回，如果嫁到外地，没办法当天去当天回的。就是因为这样，我们村里人很少有找外地人的，除非全家都搬到大陆去。但是我父母那一辈，还有更年长的老一辈确实有听说嫁到惠安的，比较少见，可能他们在祖籍地还有房子吧。

笔者很纳闷，为什么惠安文化里会有早婚的习俗，而且是在还未成年就着急订婚的，而不是等到心智相对成熟的十八岁以后呢？对此，阿姜是这么说的：

　　我们村现在50岁以上的中老年人以前都是定娃娃亲的，这在我们那个年代是很普遍的事情。父母都希望早生贵子、多子多福，早点成家立业父母也算完成一件重要的事情。那么早结婚的村子很少，莆田人也没有那么早结婚的，只好找同村的，这样认识的人就很少，年龄适合的更少，父母就怕订婚迟了，选择的余地很小，到时找不到条件好的。所以村里人都争着早点订婚，比别人家多一两年，甚至几个月也好，后来大家都这么想，就互相竞争，把订婚的年龄不断往前推，就是十三四岁的年纪了，有的家庭夸张点，八九岁定亲也不是什么稀罕事。早些年我们村算是比较富裕的，很多家庭都靠捕鱼为生，跑远洋渔业的还可以跑到中国台湾、新加坡、俄罗斯那里去捕鱼，他们能带回很多海产品，或者用海产品跟台湾同胞换手表、香烟什么的，带回岛上加价卖出，赚了不少钱。村里人有钱了，聘金自然就提高了，后来还会互相攀比。一些有钱的人家操心为儿子找个好老婆，担心好人家的女孩被人订走了，就早早张罗儿子定亲的事情。其他还没定亲的人家也着急了，也赶紧要为自家儿子定下亲事来，不早点定下来就怕被别人抢走了。结果大家都是这么想的，定亲的时间越来越早，定亲的孩子年龄也越来越小。还有就是惠安的风俗就是长住娘家，会接受这个习俗的人很少，也就是我们村的人。所以交往的圈子就很小，认识来认识去，年龄适合的也就那么几家，所以也不得不早点定亲。……虽然我们的习俗是早点定亲，但是结婚的时间却是正常的，跟其他村没有太大差别。一般情况下，男的是 18～20 岁结婚，而女的是 16～18 岁结婚。现在的年轻人早就不按照这个年龄了，到了国家规定的年龄男 22 岁，女 20岁以上才结婚。他们都是自由恋爱，两个人自己主张，早就不按照我们老人这套办法了。

笔者继续问阿姜，你们都那么早婚的话，那么会很快要孩子吗？按照你们的风俗，订婚时间很早，就算拖到快二十岁才结婚，从结婚时间上看也是比较早的，那么，你们会像莆田人一样结婚后就早早生养孩子吗？

阿姜连连摆手说不会，她说：

你可能不知道，我们村里 50 岁以上的这辈人都还有长住娘家的习俗，几百年延续下来了，都是这么做的，没人破了这个规矩。我们年纪轻轻就结婚了，但结婚后没有马上住在一起，新嫁娘还是继续住在娘家，等生了第一个孩子后才住到夫家去。夫妻虽然都是同村的，长期两地分居，就算见面也是早晨去晚上回家，一年见面机会很少，何况男人都要出海捕鱼，在家时间很少，夫妻俩都要过个三五年才能怀上孩子，这样算下来，也要二十几岁才当妈妈。尽管很早订婚，但生孩子的年龄不会比别村来得早。我们老祖宗想出长住娘家这样的风俗，估计是因为我们订婚结婚都很早，太早生孩子对年轻夫妻的身体不好，有的人结婚时还没成年，就采用长住娘家的办法，把夫妻两人隔离开，减少在一起的机会，就可以推迟生孩子的年龄，对夫妻身体发育都好。我们这里，新婚夫妻见面都很难为情，互相躲来躲去，不肯见面，老人家就想了一个办法，早点结婚，让你们去躲，再躲也躲不了几年，16 岁结婚，躲 5 年，也 21 岁了，生孩子刚刚好，就可以安心过日子了。所以你们别看我们都那么早订婚，等夫妻俩正儿八经住在一起生活也已经二十几岁了，也不算太早。

有着长住娘家的习俗，夫妻见面机会少，村里女人生孩子的年龄都会晚一些，如果一个女人在结婚第二年就生下孩子，会让人觉得作风不好，在村里被人说长道短的，所以刚结婚的时候夫妻都尽量不要在一起，第二年、第三年慢慢多起来，村里人也就习惯了，新娘也不用躲躲藏藏，害羞不敢去夫家。一般情况下，三五年后就会有孩子，就可以名正言顺地住到夫家去，开始正常的家庭生活。但有些女人比较害羞不敢去夫家，或者丈夫长年在外远洋捕鱼难得回家的，生孩子的时间就会更迟些，假如30岁还没有怀上孩子，村里人都会替他们着急，鼓励女孩子多到夫家去住，或者抱养一个孩子，表示夫妻已经有孩子了，然后女人就可以堂堂正正地住到夫家去。但有些女人顾及颜面，不肯经常去夫家，或者不想抱养一个跟自己没有血缘关系的孩子，这种风俗反而害了女人，要么很迟才怀上孩子，要么错过生孩子的最佳年龄，一辈子都生不出来，也没法与丈夫一起生活，这样反而害了这对夫妻。

早婚而晚育，其实是长住娘家风俗的补偿策略，有着合理的生物学解释。在懵懂且向往异性的青少年时期结婚，满足了异性间互相吸引的本能，但又有长住娘家风俗来予以调和，解决生理本能与社会身份之间的矛盾，为原始的冲动提供了缓冲机会，只开花不结果，使村民们不至于在心智尚未成熟时手忙脚乱地成为父母，有利于日后家庭生活的和谐。何况，刚刚结婚的年轻夫妻，分居两个家庭，偶尔见面，更像是恋爱而非结婚，甚至有夫妻偷偷出去约会的，这样也可以增进彼此间进一步的沟通了解，然后再进入家庭生活，这未必不是一个很好的婚姻尝试。而相对比浮叶文化以外的婚俗，不难发现，这种习俗确实有利于规避早婚早育的负面影响，又减少了封建思想对两性吸引本能的压制。早婚而晚育，自觉或不自觉地与现代婚姻精神殊途同归，充分体现了浮叶人对于婚俗文化塑造的集体智慧。

（二）长住娘家的婚俗

惠安女"长住娘家"的婚俗，看上去有点令人难以理解和接受。惠安女结婚三天以后就要回娘家长住，只有过年过节及农忙时到夫家住一两天，直到怀孕了才可长住夫家。传统的渔民家族，男人长期在外捕鱼打工，家中大大小小的事情都落在了女人身上，因为缺乏劳动力，只得把出嫁的女儿长期留在娘家。俗称长住娘家的媳妇为"不欠债的"，她们住娘家的时间至少有两三年，五六年的非常之多，七八年的也不少，甚至有的长达 20 年。她们每年到夫家不上十次，每次不超过三日。比如，厦门大学林惠祥教授在惠东调查后，通过对大量事实的总结和归纳，推测得出："长住娘家或不落夫家或坐家等名称的风俗都是同样的风俗，起源于原始社会末期由母系制度到父系制度的过渡期，以延缓那种变革，延长母系制度的寿命"。他还举了这样的例子：北坑廖晚生娶妻至 1951 年，已有 5 年，每年来夫家不过十次，每次不上十日；廖厝何耀堂之兄何耀祖自 13 岁娶妻，妻也是 13 岁，是乘祖父丧后娶的，至 1951 年已 23 年，妻极罕来夫家，因母家田多需工，至今未生育，逢年过节方来夫家；廖厝廖珍生娶妻五六年不来夫家，珍生另找外地女子，被其妻家人来问罪，打伤其母的头。其后珍生外出参军，政府使人送离婚书给他妻家，其妻乃悔悟，遂来夫家。在崇武郊区，已婚妇女一年到夫家只三天，在港漧村有一妇女结婚十四年，到夫家只四次。妇女因长住娘家成为惯例，虽有些夫妻感情不坏的也不敢住夫家。而长住娘家的，终身无靠，又不是结局，因此感觉人生痛苦，悲观消极，至于轻生自杀者很多，甚至于互相招引，集体自杀。①

惠安女回夫家还有一个婚俗，就是回夫家时多半要用块布遮着脸，到晚上熄灯后才能去掉，第二天天亮又得跑回娘家。有时去夫家过于短促，常于傍晚才到，次日早晨即速离开夫家，因此怀孕极难，偶然有幸而怀孕生子的，又不得生在娘家，必须连夜赶到夫家，甚至还有人生在路上。如果从娘家直接送到医院，再通知夫家，就会被称为"欠债的"。妻子很少到夫家，到夫家又多于夜间，且多用布遮脸，所以常出现夫妻多年却互不相识的怪事。林惠祥的调查也印证了这样的事实："惠安妇女年节到夫家时，白日只访女伴，天黑方入房，天未明即出。妇女头戴黑巾，下垂至面，男人不能见其面，故有夫妇数年尚未能认识的。"② 曾有某对夫妇结婚多年，有一次到涂寨街做买卖，不能相识，由别人告知，方才知道。还有对夫妇结婚已六年，妻子到夫家却只有九天，有一次，丈夫上街买葡萄，而卖葡萄的正是其妻，然而彼此互不认识。还有一个故事，一个男的去买甘蔗，和卖甘蔗的女子讨价还价，谁知那女子一赌

---

① 林惠祥：《论长住娘家风俗的起源及母系制到父系制的过渡》，《厦门大学学报》1962 年第 4 期。

② 同①。

气说："不要钱，白送给你。"他拿了甘蔗就走，回家说起这件便宜事，他母亲问了情况，说："唉，那是你的媳妇呀。"还有关于丈夫与不认识的妻子在大街上吵架的故事；丈夫去妻子处买首饰给妻子的故事等等。①

长住娘家的婚俗作为母系氏族社会特有的产物，是闽越一带的婚俗延续。笔者诧异于古早时期的婚俗居然能保留到现在，而且随着惠安女的迁移而在南日岛扎根下来，这种情况实在少有。笔者访谈了村里的几位老阿嬷，虽然她们早就没有延续长住娘家的婚俗，但她们的长辈以及原生地惠安的远房亲戚还有实行这种婚俗，只能凭着她们的零星记忆，还原长住娘家的部分细节。

邱阿嬷说：

村里人都是十几岁订婚，有的更早，比如我就是9岁订婚的，那时连找谁都没注意看，在村里玩耍遇到了也不认识，稍微大一些就会问家里人，我到底是准备要嫁给谁？然后私底下有意无意去观察他，每次远远看到就心肝怦怦跳，根本不敢靠近跟他说话。我们到了国家规定的年龄才结婚的，之前都没有来往，到结婚的时候才认真看他长什么样。结婚两家都要准备钱和礼物，女方准备嫁妆，比如两套惠女服，一套结婚那天穿，一套藏在箱底等以后百年的时候穿，还有全银首饰、新衣服什么的。男方家也准备彩礼，主要是钱和黄金这两样东西。我娘家很好，没有赚彩礼钱，都买了嫁妆给我，算是都还给婆家了。按照浮叶的风俗，结婚那天母舅最大，客厅要挂母舅联，娘家舅舅要买个吉利的东西挂在客厅醒目的位置。新人也要跪在竹筛上给母舅磕头，他会给我们发红包。

我这一辈已经没人沿用长住娘家的风俗了，只有我奶奶那辈还有，听老人说她生完孩子才去婆家住。我们村很小，娘家和婆家都是同村的，来来去去很方便，晚上去婆家，第二天一大早回家，等快生了才回婆家长期住。……我这一辈一般找同村的结婚，不会跟其他村结婚，我们莆田话讲得不好，莆田人很多风俗我们不适应，找同村的会好一些，但三代以内同姓同宗不结婚。

---

① 萧春雷：《嫁给大海的女人》，海潮摄影艺术出版社，2003，第110页。

虽然现在浮叶人已经没有了长住娘家的婚俗，年轻人也逐渐淡忘了这样的婚俗，但长住娘家的婚俗却有其他的方式来刷新其存在感，很多新近的婚俗也与长住娘家有着千丝万缕的联系，比如通婚圈小、以相亲为主要联姻方式、三代以内同姓同宗不结婚等。为了更深刻地理解这些由长住娘家所衍生的婚俗，笔者访谈了陈阿嬷。她说：

> 村里人一般都会找同村的结婚，说话说得通，生活习惯也比较一致，也有人找老家惠安的，虽然很少但也是为了生活方便。到了现在年轻一代，那些二三十岁的年轻人，有的到岛外上学或者上班，结婚的选择就更多了，不一定要找都讲闽南话的，他们会找岛上其他村的人结婚，也会想要嫁到岛外去，但40岁以上的一般不会，一般找同村的或者老家惠安的。我们老一辈都是14岁左右就订婚的，更早以前还有八九岁订婚的，然后等到18岁以后才会结婚，比老家惠安十六七岁结婚会稍微晚一些。结婚后也没有直接去婆家住，都住在娘家，等生了孩子，有的家庭还要求生了男孩才可以住到婆家去。① 因为在生孩子之前要经常娘家、婆家两地跑，就最好找同村的，两家距离近，跑来跑去比较方便，晚上去婆家，第二天天还没亮就回娘家了，如果找太远的就很麻烦。尽管现在没有长住娘家的风俗，但古早时候流传下来的传统还是会影响的。

笔者问："同村那么少人，选择余地很小，会不会找同姓的人家？"

> 以前我们村有九个姓，姨表、姑表亲也可以结婚的，村里有好多都是这种情况。但同一个姓三代以内是不敢结婚的，村里人会说同一家族（宗族）同一个姓就是一家人，怎么能结婚？② 结婚也会

---

① 这个风俗也影响莆田语系的村落，现在还是有很多岛上的村民，等女方生了男孩才结婚，或者等生完孩子再领结婚证的。这在岛上是很普遍的现象，笔者设想应该是受到封建传统思想影响的中老年村民才会有这样的做法，但访谈中却惊奇地发现，很多"85后"甚至"90后"的年轻一代也普遍秉持这样的观念，也在婚姻生活中践行了。这虽然有岛民重男轻女的考虑，但也或多或少受到浮叶村长住娘家婚俗的间接影响。

② 浮叶人不允许同姓同宗族通婚主要是避免乱伦的嫌疑，原初目的倒不是出于后代优生的考虑。

被别人看笑话的。现在大家都有文化，国家也不允许近亲结婚，找同村的就越来越少了。以前村里人文化少，很多人没有读书，初中毕业就算是村里的知识分子了。现在人有知识了，选择的范围就大了。村里的年轻人很多都出岛去读书或工作，想找什么人就找什么人，都是自由恋爱，等成了再带回村里给父母看。以前我们都是父母安排跟谁结婚，现在人自由多了。

长住娘家风俗影响村庄几百年，根深蒂固的传统还在左右着村民们的日常生活。在笔者做田野调查的几年时间里，村里人的通婚半径还是相对比较小，年轻人的交流范围大多囿于镇上的学校、集市、庙会等为数不多的公共场所，遇到心仪的对象也不会主动开口，而是打听姑娘家住在哪里，然后打探"门风"，再通过媒人介绍，主要还保留着深厚的相亲仪式，遵循父母之命和媒妁之言仍然是常态化的惯习。但随着市场经济的发展，人口流动频繁，长住娘家风俗对于年轻人的影响已经日益式微，村里的年轻人出门打工，拓宽了眼界，扩大了婚圈的半径，获得更大的选择自由，这突出表现在他们的朋友圈上。在春节调查的几个浮叶村的年轻人中，很多人表示，他们虽然平时交往圈子很小，但几乎人人都有智能手机，空闲的时候他们都会通过微信"附近的人"去刷新网友，遇到合适的对象就聊两句，聊到一定程度就去见面，觉得妥当就正式谈恋爱，这种利用现代科技交往的自由恋爱方式，释放了年轻人的交往空间，他们对于婚姻有更多的自主选择机会，以情投意合为主要的考量标准。更重要的是，双方来自不同地域，有着不同的风俗背景，为了促成婚姻，在订婚时会让双方家庭的谈判更加简单。外地姑娘到了陌生人社会，对于面子的依赖会相对较小，双方彩礼和嫁妆的数额都是男女双方自己宣传出去的，不会有人正儿八经去打听虚实。这样一来，也会大大降低彩礼的价格，省却了很多婚姻成本。况且与外地人联姻由于距离较远，不可能从外地搬运家具、小轿车、家电等等作为婚姻的陪衬，主要还是在夫妻生活所在地购买，这样就可以不用花太多心思去购买物品来充门面。与之相对的是本地的姑娘，为了顾及在村庄这个熟人社会的面子，不惜通过家族的集体动员，在彩礼金额的博弈上不断讨价还价，甚至撕破脸皮，闹得不欢而散。当然，不管联姻的对象是外地人还是本地人，都会有一定的风险存在，外地人虽然程序简单，省却很多繁文缛节，但对其人品和家庭背景的认知有限，而本地人虽然仪式繁琐，考虑更多的是双方家庭的面子，但毕竟知根知底，对人品、家庭背景可以有较多的把控，而且语言沟通的顺畅也会有利于家庭的和谐共处。

关于这种特殊的长住娘家风俗，学者们有着他们的解释。

第一，封建礼制的框约。第一个撰写长文系统介绍惠安妇女长住娘家婚俗的林惠祥教授，用原始社会民俗学对长住娘家婚俗起源给出了科学解释。他指出，长住娘家本意是为了延长妇女自由恋爱的生活，作为结婚前的缓冲时期，可以使双方对彼此更加熟悉。但封建礼制却强调片面的贞操，女人对男人有守贞的义务，长住娘家不再出于自由恋爱的目的，而只能选择独身生活，或者只能与姐妹伴相处，且受到村里舆论的监督。对于嫁到夫家的女人来说，她们担心不适应夫家的封建三纲五常，对日后在夫家生活时夫家直系亲人对她们的态度感到忧虑，特别是了解到业已落户夫家的女人在夫家生活的辛劳，促使她们更愿意选择长住娘家的方式来增加对夫家亲属的了解。在由母系社会向父系社会转变的过程中，长住娘家的女人在娘家的地位日渐式微，前途暗淡，她们对这样的生活方式感到悲观，不仅觉得在娘家生活不易，还觉得在夫家生活亦很辛苦，顿时觉得人生无乐趣可言，容易滋长自杀的情绪。她们会与姐妹伴相约集体自杀，如果没有采取这种极端的方式，她们就要解决经济独立的问题，对娘家和夫家都不要有过多的经济依赖，由此加强姐妹伴的联系，一起参与农业生产和渔业加工，解决生活的问题。

第二，土著闽越人不落夫家婚俗与汉文化推向极致的封建贞操观念的有机结合。蒋炳钊通过实地考察阐述了母系制"从妻居型"向父系制"从夫居型"的转变。他认为惠东的长住娘家是一种由产生于原始社会的古老婚俗与产生于文明社会、在封建社会被推向极致的贞节观念相结合的畸形婚俗。闽越地区的少数民族也有诸如此类的长住娘家传统，追根溯源，可以推断，长住娘家是闽越地区的文化习俗，惠东居民与百越民族在历史上很可能有密切的联系。对惠东住民的考古发现也表明，惠东地区很早就有人居住，在崇武大岞的龙喉山曾发现一处"印纹陶"文化遗址，它的文化内涵与福建其他地区的考古发现均属同一文化系统。由此可见，最迟在秦汉时期，崇武已有闽越人在这里生活。虽然惠安的长住娘家习俗没有直接的记载，但是从南方一些少数民族和汉族中尚保留此俗可知，在他们的祖先百越民族中曾经流行过这种婚俗。尤其是根据百越民族的文献，可以发现有明确记载，曾经普遍流行过"妻方居住婚"。我国南方少数民族如壮、黎、苗、藏、侗、普米、水、布朗、景颇等族，都在不同程度上存在这种习俗。比如清人李心衡在《金川琐记》"婚配条"就记载："吉日率跳锅庄舞，跳毕忽如鸟兽散，而新妇亦飘逝矣。自此往来不常，食宿无安定，迨生育子女，然后依栖夫家。"此记载就形象描述了结婚后新妇飘逝，生育子女始归夫家的习俗，与惠安女不落夫家有异曲同工的意思。这些都充分表明惠安的长住娘家婚俗与百越地区的婚俗有很多的相似性，在历史渊源上有着紧密的联系。不过相对于一些有着性自由的少数民族妇女来说，惠安女长住娘家须严守贞节，受到娘家浓厚的封建伦理道德观念的严格管控，否则为社会舆论所不齿。①

第三，家庭功能维系的性别分工。香港中文大学乔健教授在《惠东地区长住娘家婚俗的解释与再解释》② 一文中指出，惠东地区长住娘家的婚俗实系该地女子在数重矛盾之中的一种折中的解决办法。他从功能论的角度，指出长住娘家婚俗运作的经济与社会的基础，直接相关的因素在于男女分工的问题。按照惠安的风俗，凡是粗重的、技术性低的、费时而获利少的工作都由女人去做，技术性高的、获利高的工作由男人负责。比如犁地等农活，都是女人完成的，男人不但完全不参加而且以参与农业为耻，除了农业生产外，盖房子时打地基、搬运泥土及砖瓦等粗重工作也都由女人承担，男人只当泥水匠、木匠等有技术性的工作。所以，惠安女不仅要全力从事农业生产，而且要做到为丈夫家传宗接代的任务。在惠安文化的价值体系里，传统的妇女成为家庭和社会的重要劳动力。几乎所有的惠安女都会把犁耕田，而且兼作各类粗重的肩挑重活。"③ 惠安地处沿海，多沙地，耕地少且贫瘠，她们虽然在经济上有着

① 蒋炳钊：《惠安地区长住娘家婚俗的历史考察》，《中国社会科学》1989年第3期。
② 乔健：《惠东地区长住娘家婚俗的解释与再解释》，乔健、陈国强、周立芳主编《惠东人研究》，福建教育出版社，1992。
③ 《伟大的改革，光辉的胜利——记惠安县贯彻婚姻法开展社会改革运动》，福建日报，1952年12月18日。

不低的社会地位，但家庭性别分工还是男主外女主内，主要还是传统的"男工（商、渔）女农"的家庭生计方式。绝大多数的男人在外地或者海上讨生活，家庭主要是由女人撑着。① 她们不仅要操持家务，养老扶幼，还要进行农业生产和渔副业的加工。因此她们需要为娘家承担更多的责任，长住娘家的习俗使女儿出嫁后仍然要留在娘家进行劳动生产直到弟妹长大成人才能落在夫家，该风俗也是弥补娘家劳动力短缺的家庭策略。② 面对同样劳动力短缺的夫家，每当农忙时，她们不仅要担负娘家的生产重任，还得按照村规民约回夫家帮忙。粗重的工作需要合作伙伴，她们自发形成姐妹伴。姐妹伴团结性强，彼此感情深厚，心中有事首先诉说的对象就是姐妹伴，对于姐妹伴的情义往往大于对自己的亲戚。

乔健教授的解释说明了长住娘家一方面是对娘家养育之恩的回报和对姐妹伴情义的支持，另一方面是对夫家所承担的责任和义务。还有一个不得不考虑的因素就是社会关系的建构，对于新嫁娘来说，要在夫家独自面对陌生甚至可能有敌意的人群，还不如长住娘家，随着时间推移，日积月累建构起熟悉且牢固的亲情后再落夫家，这未尝不是一个更加权宜的策略。如果我们能为她们设身处地想一想，便会发现长住娘家这一婚俗实在不失为一个能够照顾到多方面利益与需要的办法。但也要看到，长住娘家的习俗也有其负面效应，会在较长的时间里限制惠安女的人身自由，在落夫家之前没有与丈夫建立起亲密的关系。甚至有些惠安女不堪忍受与丈夫的分离这些压抑人性的清规戒律，集体投海自尽，以生命作出反抗。

（三）作为道德耻辱的离婚

浮叶人从惠安发源，再迁移到南日岛，长期的婚姻生活都是实行一夫一妻制，婚后长住娘家，再从夫居。近年来，随着观念的开化，人口大量向外迁移以及经济实力的增强，新婚夫妻越来越多实行新居制，长住娘家越来越少了，婚配也不再局限于海岛，很多外地的姑娘嫁到浮叶村来，浮叶的婚俗发生日新月异的变化。但不管时代如何变迁，浮叶人

---

① 《惠安县制止妇女自杀工作总结》（1956 年），惠安县档案馆藏，32 - 1.1 - 4 - 11。

② 《关于惠安县七个月来非正常死亡情况的报告》（1953 年），惠安县档案馆藏，32 - 1.1 - 4 - 1。

对婚姻的忠贞依然不变，从一而终的婚姻观念依然扎根于心。丧偶再婚是要承受村里舆论的横加干预的，有子女的寡妇往往选择不改嫁，以示对丈夫的忠贞。而对于离婚，浮叶人是断然不愿接受的。笔者访谈几位对村情较为了解的村干部，也都表示很少听说有离婚的，就算有也是凤毛麟角，村里人都不愿意提及，可见村里把离婚当作一件很不光彩的事情，即使婚姻经营得不幸福，也没有过离婚的想法。

在笔者的访谈中深刻感觉到浮叶女的形象就是：贤妻良母，勤劳肯干，从一而终，没有离家和离婚的意识。村里只有个别头脑一时发热的年轻人偶尔有离婚的，但绝大部分都没有出现离婚的情形。离婚会被人看作是比较另类的，大家都会在背后说她不正常，有关私人生活的种种传言常会成为茶余饭后的谈资，但更多都是负面的内容，淳朴的浮叶人一以贯之的婚姻观念让她们坚持这样的道德信仰，如磐石一般稳固。离婚的人也会在村里抬不起头来，大家的观点都是一致的，没有什么大不了的原因需要去离婚，有些事情克服一下就过去了，何至于要通过离婚来解决？在浮叶村，就算家庭暴力也不是非要离婚的。笔者调查的很多浮叶家庭，家庭暴力是浮叶女口中讳莫如深的雷区，遭受家庭暴力的女人不愿意与人分享她们的真实感受，保守内敛的性格让她们总觉得这是家庭丑闻，甚至有些女人，都快被老公打死了也决不会心生离婚的念头。更甚的是，有的女人发现老公是同性恋，也能以宽容的态度接纳对方，只为能维持家庭的完整和婚姻的稳定。

笔者访谈了浮叶村的阿香妈妈，她丈夫是同性恋，这在村里是妇孺皆知的事情，对于极为封闭的海岛来说，是一件羞于启齿的隐私，笔者出于对阿香妈妈隐私的保护，从侧面访谈了阿香，让她谈谈自己父母的婚姻。阿香说：

> 我爸那样（同性恋）做对我们家来说是非常羞辱的事情，如果不是很熟的人，我们家都不愿意跟外人说起的，实在是丢尽了我们家的颜面。我妈跟他结婚了十几年，一直都相安无事，从来没有发现他有什么不正常的地方，况且他还跟我妈生了四个女儿。我是家里的大女儿，除了三妹送人以外，其他三个女儿都留在家里，在1994年我最小的妹妹出生的时候，家里抱养了一个男婴，对外就说

我妈怀了双胞胎，生了一男一女。但家里的亲戚都知道这个男婴是抱养的，据说是私生子。不管怎样，家里也算是有男孩了，全家把他当作亲生的，对他宠爱有加，从不让他干活，好吃的都留给他吃，他现在才二十出头，就已经两百多斤了。

那时家里在镇上开了一家米店，是南日岛大米唯一的代理商，南日岛几乎所有的大米都是从我家售卖出去的。孤门独市，没有竞争对手，还兼卖一些副食品，生意非常好。90年代初的时候，一天营业额都有五六百，遇到赶圩的日子或者节日，一天一千多是很正常的。我们家就在镇上买了三个店面，其中一间留着当米店，另外两间卖给我的两个舅舅，然后我们三户就在三个店面上面盖了三层楼，每层一个套房，作为对我们家的补偿，加盖的四楼也算我们家的。

家里经济好了，就想要个男孩，可我妈一连生了四个都是女孩子。我爸是有强烈重男轻女的思想，我妈生不出男孩让他在家族抬不起头来。农村人生不出男孩都是责怪女人，从来不觉得是男人的问题。于是，他在家里经常唉声叹气。而且我妈那时被神灵找到了，成了灵媒。虽然灵媒在南日岛是很普遍的，但真正摊到我妈身上，我爸还是很难接受，天天伴着她睡觉他开始感到害怕，后来干脆就分床睡，也慢慢地喜欢到外面去玩。那时镇上开始流行KTV，他就经常去唱歌喝酒，一个晚上花掉几百元也不心疼。时间久了，大家都知道他有钱，就被一些心怀叵测的小年轻勾引了，跟他们玩起了同性恋。那时我们家从大陆要载米到岛上来，一来一去很麻烦，就找个固定的司机负责运输，这个司机后来就跟我爸好了，然后就住到我们家来了。我那时还小不知道是怎么回事，只知道有个叔叔经常住在我们家，还帮我们跑运输。岛上听说还有其他几个也是类似的情况，我不明白也看不懂，只有我妈非常淡定，不吵也不闹，有人来我家还安排住下来。

谁曾想，这些年轻人好吃懒做，游手好闲，他们找我爸是为了图他的钱。有一年赶上海带收成的季节，他们就找我爸担保，说要收购海带到大陆去卖，让我爸当担保人。他们找了好几家海带种植户要了几十万元的海带，海带到手后，他们就统统跑没影了。那些人是外地人，根本就不知道他们老家在哪里，找不到人，南日岛的海带种植户就找担保人，要我们家还几十万。我家虽然生意很好，但一时也拿不出几十万，那些种海带的天天到我家催债，逼得我爸没法就跑路了，留下我妈和家里四个孩子。讨债的说："既然你爸跑路了，你家就要把镇上的房子和店面卖掉还债。"我妈哪里肯卖，卖掉了店面全家都没有生活来源了，没有房子一家五口去哪里住，我妈说什么也不肯卖。家里的亲戚都跑来劝她离婚，离婚了就不用还那么多钱了，顶多还一半的钱，我妈也死活不肯答应。她执意认为，保住婚姻就能够保住店面和房子，全家就可以依靠店面继续赚钱，只要全家一起努力，几十万的欠债就有可能还清，就算三年、五年还不完，十年、八年总可以还完。而且不离婚还替跑路的丈夫还债的话，镇上的人都会同情她，出于善良的本性，也更愿意到店里买东西，生意也会继续维持下去的。

当然，这些都是现实的原因，总归有些道理。等我长大懂事了，我可以理解为什么我妈那时不肯离婚，还是有其他的考虑的。在她传统的思想里，离婚是非常丢脸的事情，甚至大于我爸是同性恋的事情。同性恋毕竟是隐私，只要家里人都不承认，谁也抓不到把柄，总不可能跑到我们家卧室来看个究竟，那些爱嚼舌根的人说几年就会慢慢忘记了。但是离婚就不一样了，一个女人带着四个孩子生活，那是全岛所有人都看得见的事情，瞒都瞒不过去。就算过再多年，只要有人看到就会提醒他们的记忆，他们还会以此作为把柄，没完没了被人说一辈子的。……还有，可能就是我妈没有生男孩，她没有多少文化，在她的思想里，一直觉得应该是自己的无能，把责任都归结于自己，对我爸是有愧疚心理的。所以我爸那时同性恋也好，拿家里的钱去外面挥霍也好，甚至后来欠那么一大笔巨款也好，我妈都没有太怪罪于他，她总想着如果能给他生一个男孩子，他就会安心在家待着，就不会出去鬼混。……而且，自从我妈成了灵媒以后，也对我爸关心不够。还有一个原因，我想她也是考虑到离婚后她也不可能再嫁。

我是家里的长女，很小的时候就帮家里打理生意，是我妈的得力帮手。到了谈婚论嫁的时候，我妈执意不把我嫁出去，只愿意招上门女婿，这也是因为她有强烈的重男轻女的想法。她说既然儿子不是亲生的，如果女儿都嫁出去，家里的店面、房子还有财产就要白白送给一个没有血缘关系的男孩，她辛苦了一辈子都是白忙一场。如果我招个上门女婿的话，家里不仅多了一个男人，可以帮忙家里的生意，而且家财不外流，能够保住很大的份额给予家族有血缘关系的人。不过我妈一定要求我招上门女婿，我选择的余地很小，岛上跟我年纪相仿的男孩子很少，当然舍不得送给别人当上门女婿。媒人来介绍的上门女婿人选都是条件不太好，或者家里根本就管不住他，想趁这个机会甩掉包袱的。从招上门女婿这个雷打不变的要求可以看出，我妈思想过于传统，不仅自己受累，也影响我的婚姻。至于我结婚后能不能过得幸福，她压根就不关心，她看重的是人人都看得见的面子，她要保护辛苦奋斗得来的家庭财产，让全家都有吃饭的依靠，维护家庭表面上的完整和睦。

不是有句话叫'性格决定命运'嘛，其实，我妈的命不好是她的性格造成的。就因为她思想太过于保守落后，才会自己过得那么辛苦，那时所有亲戚都劝她离婚，就她自己执迷不悟，情愿自己背上沉重的债务也要保留一个名存实亡的婚姻。只要她不提离婚，我爸肯定也会维持现状，对他来说，不离婚刚好可以掩盖他的行为，何况我爸心里肯定是感激我妈20多年来的付出，帮他还清了债务，还对他不离不弃。他们那一辈的婚姻都是很稳定的，离婚对他们来说是伤风化的大事，很多女人在家里被老公快打死了，也永远都不会想到要去离婚，她们反而认为，老公打人就是自己做得不够好，以后改正就是了。从来没有听说因为家庭暴力去离婚的，所有人都觉得是家务事，两口子自己解决就好了。一旦离婚了，就算再嫁人，男方没有这个缺点也有别的缺点，反正天下乌鸦一般黑，跟谁一起过日子都是一样的，没必要离婚来搞那么大动静，让村里人看笑话。

对于阿香母亲过得如此艰难而不选择离婚，笔者甚为不解，不禁问阿香："既然这么辛苦，为什么不离婚？是不是怕离婚后没有男人愿意娶她？你们村的女人再婚是不是会受到不公平的待遇，才迫使她们不愿意去离婚？"

阿香接着说：

　　我们村的女人没有离婚的意识，在她们的心里压根就没有离婚这个概念，觉得一旦结婚了就是一辈子的事情，过好过坏都是自己的命，这在村里很多女人心里已经形成共识，也成为一种风俗习惯。村里再婚的人非常少，大家都看重初婚，只有初婚才会大办酒席，宴请亲戚朋友过来热闹，而再婚就没那么隆重了，如果还像初婚那么大操大办，会被村里人笑掉大牙的。村里人都觉得原配的好，就像一个抽屉配一把锁一样，再婚的都不是真正的夫妻。我们村有对夫妻就是再婚的，听说他们家的抽屉都是分开各自用，都没有对方的钥匙，赚钱也都是自己用，家庭共同要用钱的时候就一人出一半来交清。这种模式在我们村是很难被接受的，半路夫妻总归名不正言不顺，不是真正过日子的。只有一种情况是不得不再婚的，那就是老婆去世的。我们村的风俗是女人管家，家里的所有家务都是女人来做，男人只管赚钱，女人要管好钱，家里的一切开支都是女人说了算，女人会不会过日子对家庭来说非常重要，娶到贤惠的，家庭就安排得井井有条；娶到败家的，家里就乱成一团。前几年村里很多人到晋江的远洋渔场打工，他们家的女人也都跟着去。很多女人虽然没有读过什么书，但到了晋江可以帮丈夫做家务、织渔网、打零工，家庭也都照顾得很好。正因为女人管家，男人没了老婆如果不再婚，家里的事情就没人做，钱也没人管，孩子也没人带，那只好再婚重组家庭。而重组家庭的男女双方一般也都是选择丧偶的，只有双方都是单身的情况下才会考虑要重组家庭，否则是无法结合在一起的。丧偶后再婚的方式比较顺理成章，不会遭到村里人的非议，大家对这样的再婚更多是同情和理解。村民万万不能接受的再婚是小三上位或者婚外情，等等，违反家庭道德的人会被村里人的唾沫淹死的，在村里也没法立足。

　　在笔者对阿香进行访谈的时候还了解到，早在2010年，阿香的爸爸就回到了镇上，那时她妈妈已经还清了所有的欠债，家里也不再卖米了，而是经营水果店，生意非常红火。她爸爸当年跑路到泉州，在地摊上卖衣服，一卖就是十几年，回到镇上后还是继续经营服装生意，一家人生活开始慢慢好转。

阿香的家庭似乎有点特殊，在岛上并不是普遍的现象，在田野调查中也只听说这么一个个案。而且当事人都是五十几岁的中年人，对于婚姻似乎还比较保守和专一，但访谈的另一个家庭，则有着更普遍的共性。

这个女人叫阿艳，38 岁，在银行工作。丈夫外号"鸭头"，曾经在莆田市区经营电脑店，赚了不少钱，2009 年因为诈骗被捕入狱，2016 年刑满释放。

第一次认识阿艳是在 2006 年，她长得很漂亮，南日岛人长期吹海风，个个都是黑皮肤，可她却是难得的白白嫩嫩。那时她的丈夫正处于事业发展的巅峰，赚得盆满钵满，对待朋友也是非常豪爽，经常宴请宾客，出入高档场所。而笔者再一次见到她则是在 2016 年她丈夫刑满释放以后，十年间，阿艳完全换了一番模样，不再有当年的风韵，憔悴得看不出是 38 岁的女人。但对于"鸭头"的出狱，阿艳却表现出久旱逢甘霖的喜悦，阿艳说：

> 我中专读的是财务管理专业，那时女孩子没几个读书的，中专算是含金量比较高的，工作也很好找。结婚前我在涵江的一家大型电子厂工作，已经当上了运营部经理。我做事比较勤快负责任，老板对我很赏识，那几年工作发展得挺好，工资也很高。我家家境比较好，只有一个弟弟，家里没有什么负担。我爸爸在城里有点关系，还把我调到莆田一个相对比较稳定的银行工作，收入也提高了很多。家里觉得我条件不错，人也长得可以，就想着我能找个金龟婿，他们也放心。
>
> 相比之下，"鸭头"他家倒是比较穷，他是南日岛岩下村的，家里还有两个姐姐和一个哥哥。可能他在家排行最小，又是男孩子，家里人都非常宠他。他小时候不爱读书，经常跟村里的小混混到处瞎逛，有时还打架惹事。每次听到村里有人打架，我婆婆就心跳加快，赶快跑去看，总觉得每次打架都跟他有关。家里人怕他打人惹事，也怕他被打吃亏，从小就没让家人省心。我公婆也觉得奇怪，他的哥哥姐姐没有一个是坏品性的，只有他这样。同一个屋檐，同

样的父母，同一口锅里，怎么会养出这么不一样的人？……他年轻的时候在外头喝酒到半夜是常有的事情，甚至除夕都不回家，在朋友家打牌到天亮。当年他追我的时候，我爸妈坚决不同意，他们已经打听到他不是什么好人，也一直劝我不要跟他来往。可我觉得他只是贪玩而已，有着江湖的痞气，但心地还是善良的。他那时在莆田创业，开了一家电脑公司，他能说会道，为人慷慨大方，喜欢请客吃饭，身边常有些酒肉朋友。他有江湖义气，在莆田很混得开，朋友有事情他都是尽力帮忙，黑白道多多少少都会认识一些人。特别是莆田有个中学当初建校舍的时候急需电脑，他无偿捐赠了30台，还上了电视。电脑在早几年的时候是奢侈品，他赚钱了也不忘回馈社会，我觉得他虽然有痞气，但人品是很好的。

　　女人都喜欢有点坏的男人，我也是这么想的，年轻时跟了他就没有后悔过。我们是2003年结婚的，已经有13年了，这么多年我一直照顾儿子，孝敬公婆，即使他在监狱的这几年也是我在帮他照顾父母，他家有红白喜事我都是随叫随到的。我对他家算是仁至义尽了，全看在我公婆都很疼我的份上。其实结婚没几年，他那时生意做得很好，经常出入娱乐场所。我也听说他在外头有女人，有一次他喝醉了还跟我承认在泉州包养了一个，在厦门还有一个，不知他是酒后胡说还是真有其事，真真假假我也弄不清楚，反正我从来都不肯让他去泉州和厦门这两个地方。……我知道他有赌博的习惯，在南日岛的时候就经常去打牌赌博。南日岛人打牌多少都带有赌博性质的，但赌得很少，一轮十元左右，拿些小钱出来玩玩刺激而已，没人会当回事。可他到了莆田就不一样了，那些来路不明的朋友会带他去赌博，押注都很大，一轮几百元，钱不够可以现场借高利贷。我从来就没管过他的钱，他也不肯让我管，总说做生意随时都要用钱，给我管还要转账很麻烦。他那时手头有钱，就拿去赌博，经常几天几夜不回家，生意也没空去打理，我家就是从那时候走下坡路的。我跟他闹了好几场，可他依然我行我素。2008年底，不知是生意做不好需要借钱还是赌博欠钱，他借了五分的高利贷，还不起钱就跑路到福州，躲在一个同学家里，经常跟那同学讨钱买酒喝，那同学也是普通工薪阶层，熬不住他经常要钱，就赶他回家。他要还高利贷还有利滚利的利息，拿不出钱来，就去找一个客户，以做生意为借口跟他借了30万元，又跑路了，谁也不知道他跑哪去了。那个客户后来就去法院告状，他因为诈骗罪被判了五年，关在福州仓山的监狱。

他被关进监狱的那几年是我最难熬的一段时间。我一个人的工资要养儿子，家里的事情都要我自己想办法拿主意，遇到事情也没有倾诉的人。那时好多亲戚朋友都劝我离婚算了，尤其是我家的亲戚，他们认为他从外头包养女人的时候就应该离婚了，既然没有被抓现行就再考察一段时间看看，没想到现在还闯了更大的祸，人都被抓进去了，更没有什么好留恋的。我的工作不错，就应该趁着年轻再去嫁人，要不老了就更难找了。我那时天天哭，谁的话都听不进去，只有离婚这一条，我断然不肯接受。我对他是有感情的，他现在患难中，我不能落井下石，抛弃他不管不顾。

他被关在监狱的这五年，我无时无刻不在想念他。刚开始几个月家属见不到他，我不知道他在监狱里过得好不好，就找了他在福州的发小。"鸭头"做人很好，他的发小没有因为他被判刑而嫌弃我，还是很热情地帮我联系了狱警，还自掏腰包打点那个狱警，托他照顾"鸭头"。他的发小去仓山监狱看他，但不能见面，只能在二楼透过玻璃看他在监狱工厂做工。那个监狱专门生产塑料拖鞋，"鸭头"被剃了光头，穿着号衣，跟狱友一起紧张地赶做拖鞋。他在家都不干家务的，在监狱里听说表现还不错，我就放心了。……这五年对别人来说转瞬即逝，对我来说是漫长而难熬的，所幸苦难终于结束，2016年7月17日那天他出狱了。家里的亲戚开着车专门到福州接他回家，在福州的朋友也摆酒请他吃饭，庆祝他重获自由。他很感慨地说，我"鸭头"再怎么落魄也不会骗你们这群好朋友。回莆田的路上大雨倾盆，我跟他说，这是老天在告诉你，从此要洗心革面，重新做人。我相信他能做到！

"鸭头"的例子似乎代表着很多浮叶女对待丈夫的深情，丈夫就算犯事了在她们眼里也只是很小的瑕疵，她们对于丈夫总有着根深蒂固的信任，发自内心地认可他们的人品，容不得他人玷污。从一而终的婚姻惯习维持着看似脆弱的婚姻关系，村情舆论广泛的监督和善意的建议，也抹杀不了她们对于爱情的坚持，以及维持婚姻的努力。她们对于丈夫的深情延续给他们共同血脉关系的子代，也衍生出对于夫家家庭的博爱。她们在丈夫离开家的短暂分离中，也能独立肩负起家庭的责任，守望丈夫的归来。单纯而善良的浮叶女用自己的行动捍卫着世间难得的婚姻关系，也诠释着平凡中见伟大的爱情神话。

（四）婚姻观念的日常呈现

第一，乡规民约对于传统婚姻观念的潜移默化与自觉内化。 虽然我国在1950年颁布了第一部《婚姻法》[①] 来保护女性的合法权益，但这样一个法律层面的制度却对乡土社会没有起着太大的作用，更多的村民还是延续乡规民约的安排，将传统的思想观念内化于心。村民到了合适的婚配年龄，就是由男方父母安排，托媒人到女方家正式上门提亲，遵从惠安本土的婚嫁流程。虽然法律规定的"结婚登记"是夫妻建立契约关系的有力保障，但传统村庄还是认可世俗婚礼，大摆酒席宴请亲戚朋友和左邻右舍，才算村规民俗所认可的夫妻。按照浮叶村的传统，很少有人喝完喜酒会让新人拿出结婚证来证明两人的合法关系。这也造成村里很多青年男女摆喜酒了却没有登记结婚，甚至有人以此为筹码，要等到女方生育男孩后才能有结婚的资格，这在当前的浮叶村仍然屡见不鲜，很多浮叶女似乎也安之若素，完全没有觉得这是对自身权益的侵犯，有时还会监督和指责不遵循规矩的其他女性。

第二，两个家庭共同体在财婚交换中的成本考量。 浮叶人遵循传统的婚礼和婚俗，持守旧的婚姻观念，婚姻被上升到家族整体利益的层面而不仅仅只是两口子搭伙过日子。因此，结婚的当事人不能自己私下协商，要委托父母全权负责，父母有责任和义务为儿女完婚辛苦操持。儿女联姻代表两个家庭融合成为共同体，附着于婚姻之上的是大量的经济投入，比如彩礼和嫁妆。有些学者还把"财婚"当作农村婚姻关系牢固、离婚率低的一个重要原因。对此，袁亚愚认为，"无论解放前后，乡村人民的婚姻缔结一般都是遵循着各地古老的礼仪办事的，未结婚前男

---

① 1950年4月30日，中华人民共和国中央人民政府公布了《中华人民共和国婚姻法》，这是新中国颁布的第一部婚姻法，自1950年5月1日起施行，下文简称《婚姻法》。

方对女方下了不少彩礼，女方也为此花了不少钱财。这种经济上的投入，使人们更加不愿轻易改变婚约。"① 《婚姻法》的颁布部分解构了传统婚姻家庭制度，常常受到固守传统观念的乡民们的反抗和抵制。尽管《婚姻法》规定了对妇女提供法律援助的途径和具体细则，但离婚行为无论在观念上还是现实上都难以被乡民理解和接受。他们将《婚姻法》误读为"离婚法"，是"要来一次大扫除，大整理，大离婚……"② 离婚或欲离婚的妇女被村民讥为"歹查某"③，甚至遭到丈夫严刑毒打。一些人不满地指出，媳妇"娶进来呀，花了很多钱，现在离婚了，人没有了，土地还给她，'人财两空'。"妇女自身则"怕父母反对，群众讥笑"，"怕离婚后找不到对象""怕出头露面离不掉又丢人"。④ 除此之外，笔者认为，浮叶女没有离婚的意识，不仅有传统观念的影响，婚姻花费成本的考虑，还与通婚圈较小，局限于浮叶村乃至南日岛有关。

　　第三，同质婚姻对于婚姻稳定性的维系。浮叶人因为其独有的长住娘家习俗等带有区域特质的婚俗，以及初驻南日岛语言沟通的不便，在几百年的迁移史中，他们通婚半径是很小的，婚圈小且局限于同村通婚。随着长住娘家婚俗逐渐被年轻人所弃用，村民慢慢学会莆田话并在日常生活中能够熟练地沟通交流，婚圈开始扩大到莆田语系的南日岛。尽管婚圈的扩大带来多元化的相亲选择，但封闭的海岛语境下，岛民具有较强的同质性。夫妻双方在结婚前都要"探门风"，问来问去都会打听到一些，婚前对双方的秉性、条件都可以了解较深，且大多是自主或半自主婚姻，双方家庭有共同的思想观念、生活习惯，婚后适应较快，婚姻基础较好。夫妻双方原生家庭及其外围直系亲属圈，构成维系婚姻稳定的外部支持力量，客观上巩固婚姻的稳定性。就婚姻质量而言，浮叶人的婚姻关系主要建立在夫妻双方满足于共同治家过日子、抚育子女的基础上，夫妻间精神生活比较单调，婚姻如一潭静水般波澜不惊。随着物质生活水平的提高，越来越多的年轻村民到大陆讨生活，他们的思想观

① 袁亚愚：《乡村社会学》，四川大学出版社，1990，第203页。
② 《惠安县宣传贯彻婚姻法运动基本总结》（1953年），惠安县档案馆藏，32-1.1-5-5。
③ 闽南话，坏女人。
④ 《惠安县第十区涂岭乡贯彻婚姻法重点试验第一阶段乡干部学习小结》（1953年），惠安县档案馆藏，32-1.1-5-3。

念日益现代化，朋友圈的异质性不断强化，多维理念冲击着传统的婚姻观念，对于婚姻质量的精神要求越来越高，从一而终、低质量高稳定性的婚姻模式受到极大的挑战。

第四，个人权威普遍化为对于父权制的维护

在人际关系网络的表现性行为中，个人权威和道德品质之间存在重要的关联。从儒家的伦理结构而言，个人权威和道德品质之间本应是并行不悖的同质性关系，但这样的关系似乎过于理想化，现实生活中，二者之间的理想结合缺乏必然的基础，在现实运作中难免出现分离和异化。一方面，儒家伦理中的孝亲观念使得辈分和亲情等先赋性要素可以让社会中的每一个人都有机会和场合获得他们的家庭地位和个人地位，此制度安排在无形中使得个人无须努力也可以得到个人权威，即权威的普遍化，人人有之。在浮叶村，就核心家庭内部而言，妇女在家中掌握绝大部分日常事务，家庭经济开支、人际交往、孩子培育，乃至建造房屋、大额投资等大事的决定权常交给女人，家庭事务常由女人全权负责，女人把持着家庭的财权；而男人主要负责在外打工或者远洋捕捞，身上很少有带钱。但男人一旦回到家庭，女人就要承担他的一切开支，包括赌博、喝酒、抽烟等的花销，男人虽然不管钱，在家庭中却时刻需要女人的陪护，安排他的日常生活乃至开销。这样的家庭性别分工，还有家庭财务安排，使女性成为家庭的贤内助，通过对家庭事务的合理安排体现男性的权威，客观上维护了父权制，也巩固了传统婚姻的稳定性。在笔者调查的家庭里，很多被调查对象都表示，父权制和男性的家庭权威有利于婚姻的巩固，男方强势而女方弱势，看似不公平的家庭地位和性别分工其实将双方牢牢束缚于家庭之上，相比较女权主义兴起后女方过于强势对男性权威的挑衅，反而不利于家庭的稳定。浮叶人更倾向于高稳定低质量的婚姻模式，居家过日子对他们来说更是生活中安全感的来源。

四　类聚本能与姐妹伴

马林诺夫斯基认为，"人类一切有组织的行为，永远都是受任何天赋以外的素质的制裁的。"类聚本能代表着延续文化基础而形成的惯习，形成适应于文化并受到文化制裁的行为范式。在类聚本能辐射扩散的过程中，类聚本能成为文化行为的变迁过程。这在浮叶女身上也可见一斑，浮叶村特有的地理位置和海岛文化，使浮叶女有着高度团结的趋向。虽然这种团结以成员间在情感、意愿和信仰上的高度同质性为表征，但从本质上看却代表着现代工业社会高度分化、社会成员充分分工下的有机社会团结。[①] 浮叶女在生活中乃至外出讨生活中表现出强烈的功能依赖性，个体间被高度整合为一个有机整体，这突出表现在浮叶女在生活中喜欢群居，她们对于姐妹伴有着更迫切的需求，她们有着同质性生活惯习和情感体验，并且会在居住空间和社会分隔中趋于一致。这种生存方式就是类聚本能在现实生活中的生动体现，受制于特殊的文化体系，又可以充分发挥个体基本生存乃至自我实现的需要，体现女性随夫而居、异地迁移、家庭角色扮演、自我价值实现的生活模式。正如 Margery Wolf 所指出的，在一个陌生的地方，女性往往会发展出自我保护的策略。就业流动的同期群和同步性，以及建构女性相互支援的社会网络是南日女常用的两种应对策略。[②]

　　惠安风俗也有浓厚的重男轻女倾向，女孩子从出生到成年，一群姐妹常在一起劳作、生活，形成了独特的女性群体，她们成年后大多疏父母而亲伙伴。她们常常有自己所属的姐妹伴，并形成普遍化的组织形式。由此，笔者随机采访了阿芳。对于姐妹伴，阿芳颇感意外，觉得这是村里女性非常普遍的交往方式，似乎成为妇孺皆知、心照不宣的常态，没有太特殊化的解释。不过，她还是愿意跟我探讨一下她所理解的姐妹伴，她说：

　　　　我们村里的女孩子都是找姐妹伴玩的，男孩子有少年伴，女孩子有姐妹伴，这在我们村是非常普遍的。其实也没有特意去组织的，就是脾气性格比较相似的几个人，经常玩在一起，互相帮忙，也比较固定的一群朋友。很少有女孩子没有姐妹伴的，只有姐妹伴的人数多少而已。按照老家惠安的风俗，女孩子结婚后还要住在娘家，而且要住好多年，直到生孩子后才到夫家住。这样一来，天天跟你见面、说话、聊天的就是姐妹伴了。我们管姐妹伴在一起叫'做

① 涂尔干：《社会分工论》，渠东译，生活·读书·新知三联书店，2013。
② Wolf，Margery. *Women and the Family in Rural Taiwan*. Stanford：Stanford University Press，1972.

堆'，十几二十个人这样子，感情很好，同吃同睡，东西互相用，衣服一起穿，劳动互相帮忙，有心事互相商量。特别是以前，房子都很小，自己家里住不下就去姐妹伴家住，住在一起自然就有很多话说，关系也会比较好。反而是现在大家都盖大房子住了，或者到外地打工、嫁人去了，姐妹伴就慢慢变少了。

姐妹伴订婚时，我们要去帮忙打听男方的来历，看看他的品行好不好，做什么工作，家里经济情况怎样，兄弟姐妹有几个，……就跟男方到女方邻居那里'探门风'是一样的。姐妹伴要嫁人的时候，我们也要跟着去当伴娘，到结婚那天帮新娘穿衣服、化妆、酒桌上喝酒什么的。看新娘为人好不好，性格是不是随和好相处，就是看她姐妹伴多少，跟她关系铁不铁。姐妹伴的父母也是我们的父母，她们的父母生病，或者生活不能自理的，我们也有道德义务去帮忙，平时买点东西去看望老人，过年过节跟老人聚一下，大家一起热闹热闹，甚至父母过世都要跟着姐妹伴穿孝服的。我们老家惠安也有姐妹伴的风俗，有时还会出现姐妹伴相约去集体自杀的事情，虽然偶尔才有，但也是确实存在的事情。

我们村有几个女的跟我关系比较好，我们从小一起长大，到现在都有几十年了，平时我们经常串门聊天，谈家庭生活、小孩教育、投资海带还是鲍鱼，等等。反正我们在家做完家务就是去找姐妹伴聊天，特别是家庭矛盾，不好跟老公讲，只好找姐妹伴来商量，讨主意，释放一下压力。我们长年累月在村里生活，没有知心朋友是不可能的，人嘛，总要有人说说话，生活才会好过的。

我们村里很多男人会到老家晋江、惠安一带去做远洋捕捞的工作，女人作为家属都要跟着男人一起去，到了晋江以后，就会在远洋公司旁边租房子，这些女人就又聚在一起成为新的姐妹伴了。平时老公出海捕鱼，经常要去半年或者大几个月，这些女性就相约在晋江租住地附近的工厂里打零工，互相介绍工作，下班后就在家做做家务、互相串门聊天，这样来打发独身在家的孤独生活，而且遇到要紧的事情还可以互相照应。姐妹伴的孩子也可以借此机会经常聚在一起写作业、玩耍的。

　　阿芳谈到的姐妹伴主要是从小到大玩耍所自愿建构的朋友圈，她们彼此之间没有严密的组织，但是成员相对比较固定，人数少的三五个，多的二十多个，平时一起玩耍，遇到事情互相帮助。几乎每个惠安女都有自己的姐妹伴，她们的感情愈笃弥坚，有衣同穿，有饭同食，闲暇聊天，遇事互助。以前很多惠安人的住房都很狭小，女孩子在还没出嫁前经常会跑到房屋比较宽裕的姐妹家里睡觉，建立起深厚的感情，她们对彼此的家庭都很熟悉，出入自如，姐妹伴的父母亦常视之为己出。等她们出嫁后，因为长住娘家的习俗，她们不落夫家，依然住在娘家，交流对婚姻的失望与痛苦，同龄人相似的思想观念也拉近她们之间的心理距离，在很多事情的看法上还能产生共鸣。姐妹伴出嫁时互相当伴娘，办丧事时同穿白孝服。她们平时的衣着服饰统一，还共享一套相同或相近的价值观念，尤其是生死观念。有的姐妹伴甚至在寺庙焚香发誓："生不同时，死要同时；你勿误我，我勿误你。"[①]

　　惠安文化中对于姐妹伴缔结的重要性在于女性的自我保护意识，她们从青春期转型到居家妇女这个生命周期，婚姻成为她们人生中重要的生命事件，亦是关系网络重塑的转折点。她们要在婆家新的场域中生存下来并获得家庭地位，就要有娘家关系网络的支持，这是她们长期固化的有限的交往半径决定的。尽管现代社会女性流动性较大，打工成为她们接触原生家庭以外世界的重要途径，年少时对于外面世界的向往，到了谈婚论嫁时，其目标和期望就要回归本原，成为孝顺和听话的媳妇。

五　天赋生死观的内化

　　在特殊的地理环境和区域文化的双重框约下，惠安女的生死观念异于其他族群。尤其是民国时期，惠安女集体自杀现象频繁，甚至蔚然成风，自杀者的行为刺激其他人脆弱的神经，在一定程度上有着暗示和同化的作用，促使很多惠安女看淡生死，在姐妹伴的带领下不惜赴死。在惠安女的思维理念里，自杀是解决现实所面临困境的绝好方式，并固化为与主流价值观相异的区域亚文化。她们看淡死亡，将死后的世界看作享福的地方。这种生死观想象亡灵世界的模样，将其视为美妙悠闲的境

---

① 萧春雷：《嫁给大海的女人》，海潮摄影艺术出版社，2003，第128～129页。

界而非阴森恐怖的地狱。在 18 世纪中叶的广东丰顺集体自杀妇女看来，死亡世界是"华屋楼台""楼船画舫"的美境。心存"化鹤之心"的人们为此投水自溺，不及往者尤"昏迷若狂"叹恨不已。[①] 她们观念保守传统，将阴间看成绝妙的地方，在那里亲人可以团聚，贫者可以享福。生者有时亦可通过念诀神游其中，与亡灵对话，陈说世间"苦情"，一泄心中积郁。[②]

对于惠安女集体自杀的行为，很多文献已有相关的记载。早在 19 世纪 90 年代，惠东一带就已经出现妇女集体自杀的事件。[③] 比如 1944 年谢怀丹在《闽南农村漫谈》就指出在闽南惠安县"有一种风气，就是每逢夏秋之交，洛阳河畔（惠安的一条小河），往往发现三五成群的髻发妇女，结伴投水自杀。这种事件几乎年年都有发生。"[④] 每次妇女集体自杀，"少则二三人，多至五六人。或同姓，或异姓。非姊妹则姑侄。"[⑤] 惠安小岞半岛是妇女集体自杀最严重的地方，1945 年前内乡出现 27 个妇女集体自杀，[⑥] 南赛村则发生 14 名妇女集体自杀事件，[⑦] 1947 年小岞半岛妇女自杀达 135 人。[⑧] 民国时期惠安净峰西村一池塘，投塘自杀的妇女竟达 800 多人。尽管惠安女集体自杀现象主要发生在民国，但 20 世纪 50 年代惠女水库建成后依然出现好几起惠安女集体自杀的现象。

对于惠安女集体自杀的行为，很多文献也给出了如下的解释。

（一）长住娘家婚俗带来的痛苦

惠安籍作家陆昭环在小说《双镯》里描述了长住娘家婚俗给女人带来的痛苦，她提到："我以为，惠东女个体或集体的自杀，症结很明显，就在婚姻和性的问题上，应该面对现实。惠东地区的封建陋习在婚姻上

① 刘禹轮、李唐编纂《民国新修丰顺县志·杂录》，汕头铸字局梅县分局，1943。
② 陈朝卿：《忆述惠安小岞妇女的际遇》，《泉州文史资料》（第 4 辑）1988 年第 6 期。
③ 《伟大的改革，光辉的胜利——记惠安县贯彻婚姻法廾展社会改革运动》，《福建日报》，1952 年 12 月 18 日，第 3 版。
④ 谢怀丹：《闽南农村漫谈·新福建》，福建省政府秘书处编译室编印，1944 年第 1 期。
⑤ 挽鹅：《民俗志怪·跳墼》，《华报》，1932 年 6 月 21 日，第 3 版。注："跳墼"即跳入潭涧溺亡。
⑥ 《婚姻法的光辉普照到渔庄》，《福建日报》，1952 年 12 月 18 日，第 3 版。
⑦ 陈国华：《惠安女的奥秘》，中国文联出版社，1993，第 80 页。
⑧ 惠安县地方志编纂委员会编《惠安县志》，方言出版社，1998，第 185 页。

表现得特别突出，而且已蔚然成风，积习难改，造成婚恋问题上一系列变态，促使了惠东女，尤其是年轻女人的轻生自杀。青年女子的集体自杀，更是同婚嫁问题直接关联的。"崇武作家陈国华的《长住娘家的悲剧》，就引用了相关的资料，"解放前，小岞的南赛村曾发生过一起 14 人集体投水自杀的悲剧。二区芹峰乡后堡村一个有 70 多户的人家，由于集体自杀严重，到解放初连一个成年妇女都难找到。解放后此事还有发生。净峰乡自 1982 年到 1984 年的 3 年间，接连出现每年有 3 人集体跳水、上吊或服毒自杀的事，几乎各地年年都有发生。据东岭医院的不完全统计，自 1981 年至 1984 年的 4 年中，服毒自杀 772 人，其中百分之八十以上是 20 岁到 40 岁的妇女。"

（二）姐妹伴的暗示和同化

在惠安地区，人们的观念比较保守，男女很少往来，无论婚否。女孩主要跟同性交往，自愿结成姐妹伴，如前文所述，但姐妹伴在一定程度上助长了惠女集体自杀的趋势。很多已婚的惠安女在娘家孤独寂寞的日子里，唯有姐妹伴可以畅谈心事，互相扶助，姐妹伴的心理结构和性格特质彼此互相影响，形成广泛的共识。她们在遇到困难的情况下，心事无法排解，姐妹伴的言行会对她们产生暗示的作用。尤其是婚后的姐妹伴，常将苦衷与姐妹伴倾诉，小的压抑得到了释放和排解，大的矛盾则引起共鸣，如果姐妹伴的成员间能有较好的心理疏通，则能将矛盾有效化解，否则，就会把不良情绪在姐妹伴之间传递、渲染，异化为成员间相约的集体自杀行为。

当然，作为姐妹伴，在互相提携、共度生活的过程中，难免因为女人之间的嫉妒、心胸狭窄、口舌是非等影响女性的个体感受，甚至有可能产生女性集体自杀①的现象。比如惠安女的长住娘家婚俗，夫妻一年到头见面的次数非常有限，有些地方妇女偶然到夫家时也不得和丈夫同睡。如有和丈夫同睡的，便会引起娘家的女伴讥笑，这种风俗在惠东的古山和父凰二村最盛。以前曾有一妇女与丈夫亲热，回娘家后在山上割

---

① 受到惠东地区地理环境、文化制度和社会秩序等的影响，惠东女不仅要承受繁重的劳务，还要承受因长住娘家习俗造成的两性关系的失衡引起的心理抑郁，同时在姐妹伴中受姐妹的鼓励和怂恿等，出现集体结伴跳海、上吊等自杀轻生的现象。

草时，被女伴编了一支歌讥笑她，她便自杀。这支歌如下："头壳（头）倚遮风（床边木板），烂头鬏（髻）。巴脊（背）倚铺板（床板），烂三空（孔）。脚川（屁股）坐床墩（床沿），烂三年"。姐妹伴们又有编成保甲①来互相监督，不准和丈夫亲热的。②甚至有的妇女回夫家时与其他女子睡，不愿与丈夫同床，天稍亮即赶回娘家，向同伴朋友诉苦。有的妇女结婚12年，尚未与其夫同睡过。因此相沿成俗，变为一种恶习，如果谁与丈夫同床，其女伴就孤立她，称她"臭人"，致使有个别夫妻感情并不坏，也受其影响，而不敢常住夫家，怕人笑，更甚者是1944年前，惠安大坑黄村有一个妇女追姑与丈夫感情不好，而回娘家组织"长住娘家妇女会"，每人入会须交白银五元及鳗十斤作为会费，晚上集中睡，谁回夫家须经批准，同时回去要保证不与丈夫同床，回来时尚须回报。因此，许多妇女结婚数年尚是处女，生活苦闷而宣誓去自杀。就有妇女张妹、林镜、张梅等三人，因为婚姻不满而加入该会，结果集体跳谭而死（该会解放前因追姑死而解散）。由此可见，姐妹伴风俗的存在，反而增加了妇女厌世的可能性，在饱受长住娘家婚俗折磨的时候，又要忍受姐妹伴的监督和言语讥笑，在多重因素的影响下产生自杀的想法。

（三）惠安女勤劳的性格特质担负着太重的生活压力

惠安女勤劳善良，为人处世有着女性特有的柔美与贤惠，在特定情境中，却有着刚烈的一面，清末民初至惠女水库建成以后屡屡发生的集体自杀现象可见一斑。众所周知，惠安土地贫瘠，难以发展农业，多数男性不得不背井离乡外出谋生。常年的夫妻分离，必然对年轻女性的心理健康造成严重损害。加上丈夫外出期间，妇女不得不独立支撑家庭，承担起超负荷的体力劳动。身心承受着极大的压力，很容易将惠安女逼到崩溃的边缘。若家庭中再有些婆媳、姑嫂不和顺的触因，轻而易举就能将年轻女性推到绝路上去。当然，彼时惠安男子夫权意识下催生的家庭暴力，也是逼死年轻女性的帮凶。新中国成立前，惠安当地流传着一句俗语，谓之"打某（妻子）是大丈夫，怕某是坐鹿橱（没出息）"，可

---

① 旧时代统治者通过户籍编制来统治人民的制度。若干家编作一甲，若干甲编作一保。保设保长，甲设甲长。以便统治者对人民实行层层管制。

② 林惠祥：《论长住娘家风俗的起源及母系制到父系制的过渡》，《厦门大学学报》1962年第4期。

见社会风气以殴妻为荣，以疼妻为耻。面对暴力，走投无路的年轻女性只好求其下策，以死求得身体上的解脱。

在历史上较长的时期，惠安女集体自杀的频繁出现并形成常态和惯习。自杀行为衍生了惠安女独特的生死观念并内化于心，她们对神灵和鬼魂有着独到的理解，将死看成是生的过渡，无论生死，都是自然的存在方式，生命不息，轮回不止，这辈子的痛苦可以用死亡来化解，还会有改变轮回命运的机遇。特别是佛教思想的渗透，与民间信仰相互交融，使她们崇信宿命论，相信死后即可转世，与其赖活，不如好死。她们对死亡世界以及转世托生有无限的幻想，在现世的困境无法克服时，就选择时机和对象来自杀，以求转世后能托生到不用受苦的地方，弥补现世生活的缺憾。由此，她们不畏死亡，勇于赴死来解脱痛苦，并结伴而行。[①] 质言之，这是生存策略的异化，解决现实困难的迷失，是偏安一隅形成的畸形的人生价值。

她们对看不见摸不着的魂魄有着超乎寻常的想象力，认为变成鬼魂可以有超自然的能力来改变现状。理解她们的这种鬼神观念，从传统中国社会民众的生活和价值观念可见一斑。"数千年来中国民众的社会生活从未离开过神的干预。天地鬼神信仰，构成了古代民众世界观、人生观的主要内容。古代许多民众对神鬼似乎有一种天然的依赖心理……他们认为许多自然现象、社会现象都是神鬼意志的体现，非人力所能改变。"[②] 对此，民间常常借助于宗教行为来消弭危机以求心理安慰。浮叶女的魂魄观认为，"尚巫鬼，信灾祥"。惠安女集体自杀以后，民间对于屡禁不止的惯习常归因于自然神力，希冀自然神秘的力量来解决问题。比如惠安女跳壑以后，当地人"就壑之左近，山之麓，道之傍，筑坛塑

---

① 很多惠安女执着地固守"轮回因果报应"的观念，可以从她们的日常生活中可见。比如家庭主妇们在宰割家禽时，口中必喃喃叨念祷告："做鸡做鸟无了时，孵化轮回无尽期！寒光一闪护送汝，投胎良家好囝儿"。民间大凡遇到椎牛、宰马、屠狗之事，作为父母、兄弟姐妹必先谆谆嘱咐子女远离现场，不看为妙。若一时来不及离开，亦教其将自己的双手反背在身后，示意本人同样与牲畜一起被绑在场"罹难"，无能为力搭救，是求自我赦免"视死不救"之愆，以对辛勤劳作的牲口杀之不仁的心理安慰。参见：张汉辉、张荣辉编著《惠安旧风俗琐谈》，惠安县地方志办公室，1991，第120页。

② 阴法鲁、许树安：《中国古代文化史3》，北京大学出版社，1991，第455页。

像祀之。像不以泥,不以木,而以纸糊之。名其神曰几姑几姊。依其死之人数而呼,四时伏腊,亲属亲友,供以粢盛。坛不设门,高不及肩。乡人以事祷者轧应,酬以牲礼,献以花粉。"① 人们还"在死过人的池塘里引魂超度,建立庙宇,有的偷偷地把死过人的池塘填浅,把吊死过人的大树连根砍掉",甚至还有村落为"集体自杀死去的妇女们在村子周围建立了十多间夫人庙"。② 宗教意义上的建庙设祠是对死者善后的稳妥的处置方式,也体现了惠安人对于鬼魂的敬畏,为民众赈灾祛邪的心理提供情感上的安慰。但这也诱导惠安女的集体认知,她们误以为,年轻时自杀比年老后寿终正寝有价值,如有名谚曰"吃黄鱼要趁生,妇女要死趁年轻"③。

惠安人对于鬼魂的崇拜,尤其是对女神的敬仰,也会误导她们的行为选择。众所周知,南方诸省盛产各种女神,这些女神生前基本上来自草根阶层,又多因非正常死亡而被神话。她们备受礼祀,香火不绝,这给普通乡妇一定的误导,造成她们的升仙迷幻。值得注意的是,这些女神多结成"姐妹"受祭,这又为妇女期求羽化提供了典范。④ 笔者在南日岛调查时就发现有几处天后宫,这在前文的民间信仰的描述中有提及,还有一处女神庙就在海会古墓⑤附近,供奉着八位女神,其中一位是陈氏夫人,即笔者访谈的一位女性阿番的婆婆去世后显灵得以供奉于此。每年初三南日码头渡船开航前,渔民们必定要来海会烧香,也会借此到女神庙里烧香,因此,一年四季,海会女神庙里人山人海,香火不断。

---

① 挽鹅:《民俗志怪·跳壑》,《华报》,1932年6月21日,第3版。注:"跳壑"即跳入潭涧溺亡。

② 《伟大的改革,光辉的胜利——记惠安县贯彻婚姻法开展社会改革运动》,《福建日报》1952年12月18日,第3版。

③ 《惠安妇女自杀情况的报告》(1953年),惠安县档案馆藏,档案号:32-1.1-5-7。

④ 汪炜伟、吴宏洛:《清初至20世纪90年代南方乡村妇女集体自杀风习探因》,《东南学术》2017年第3期。

⑤ 海会古墓位于南日岛石盘以西,皇帝山以北,是目前南日岛上最大的一座古墓,古墓里供奉着五个人,据说是一家五口,北宋年间一家名宦,经过南日海域时遇到风浪,全家丧生大海,尸体被本岛人捞起,葬于此。后来据说名宦一家常常"显灵",搭救南日渔民,于是,名声传遍南日各村。民国丁卯年,石盘人陈宗卫集资重建,并名为"万安府",风格十分奇特,上面有对联:"背坐牛山起祥云,面观龙目常捲水",墓碑上刻着:"神镇海邦威自赫,府临湄岛福来崇"。参见许涓《南日岛往事》,海峡文艺出版社,2018,第225~226页。

南日岛上女神庙的存在和被推崇对惠安女来说有着典型的示范效应。她们渴望死后得道升仙，集体自杀也减轻了她们对于死亡的恐惧。例如，惠安女会因"可做姑娘而招群自杀"[①]，这里的姑娘即女神。

在传统的农村社会，社会性别制度是"一整套确定两性社会地位和社会角色的社会制度，它通过文化、政治和经济的作用，使女性处于社会中的从属地位。"[②] 社会性别制度又通过父权制机器得以强化，内化于民众的心理中。这些因素框约了农村女性的行为方式，建构于社会性别制度基础上的性别分化造成她们对于自身命运的无力感，从而演化为行为的失范，在某些契机（有可能只是很小的家庭琐事）的激发下，导致宿命论式的自杀。这些集体自杀的女性与惠安人魂魄观里"生命轮回、生生不息"的观念相匹配，希望通过自杀改变自身处境并获得新的生命轮回。

如果说惠安女集体自杀的行为更多是特定的地域环境、社会文化等多元因素造成的宿命论式的自杀，那么，为了民众的利益以及维护村规民约而采取的自杀行为则属于利他型自杀[③]。民众对待这类自杀行为非但不是畏惧和驱邪，反而广泛地传颂，甚至建立祠堂来歌功颂德，让民间对其顶礼膜拜。比如，笔者调查的南日岛龙头山，就有一座"烈女祠"，经过千百年来岛民的代代相传，言犹在耳，早已传为佳话。每年的正月初一，山初人都要到烈女祠祭拜林俊妹。据说，南日岛上有个女子名林俊，西户乡出生，与白沙洋乡杨氏成了亲。杨氏捕鱼为生，林俊则在家中织布收拾家务。有一天，林俊在家里像往常一样织布，突然觉得很困，趴在织布机上睡着了。在梦里她发现自己的丈夫杨氏，掉进海里溺水了，林俊赶紧过去奋力救援，用嘴叼着杨氏的衣服向岸边游去，然而就要到岸边的时候，林俊一下子惊醒过来。原来母亲发现林俊趴在织布机上睡觉，就把她摇醒了。果然噩耗传来，有人在外面喊道，杨氏溺水身亡了。林俊痛苦万分，发誓为其守寡。林俊公婆想到自己家中贫困，觉得林俊守寡会耽误她一生，不想她为杨氏终生守寡。然而林俊去意已

---

① 杜唐：《惠安乡土志》，惠安民众教育馆铅印本，1934。

② 佟新：《社会性别研究导论：两性不平等的社会机制分析》，北京大学出版社，2005。

③ 法国社会学家迪尔凯姆在《自杀论》里将自杀分为利己型自杀、利他型自杀、反常的自杀和宿命论的自杀。参见埃米尔·迪尔凯姆《自杀论》，冯韵文译，商务印书馆，1996。

决，固然坚守自己的想法。看到林俊如此坚决，两家父母便随她去了。于是林俊回到杨家，把自己关在房间里，用盐来洗自己的眼睛，来表示自己的决心。后来有一年大旱，民不聊生，百姓希望上天降雨，于是请求林俊协助一起向神灵祈祷。林俊便神灵附身，在烈日下进行祭祀活动，然而夜幕降临了还是没有下雨，林俊惭愧不已，觉得自己并不能感动神灵，便回到家中关上门窗上吊而亡。这天晚上终于下了一场大雨。后来百姓为了感谢她的恩德，在九龙山上建了一座烈女祠来供奉林俊。这座烈女祠直到今天依然香火旺盛。①

在南京图书馆古籍部收藏的民国版《中央政治学校研究部》编印的《福建乡土历史教材资料》就有相关的记载：

> 南日岛地居穷荒僻壤，向视同化外，然男女至性，发而为贞烈。共古德幽光有赞述者，厥为林俊妹烈女。
>
> 林俊妹烈女，生于西户乡，幼字白沙洋乡杨姓子。杨子业渔，一日，女方勤织，倦极凭机而睡，梦夫溺海，妹奋身赴援，以口衔夫衣袂，将及岸，母至，见其酣卧，急摇喊之，女遽然醒，不旋踵噩耗传来，杨子以溺毙闻。
>
> 女哀毁之余，誓以必守，而翁姑以家贫，又虑其难终守，固却之。然女志既坚，两家父母不能重违其意。女既入杨门，自闭一室，以盐盲两目，示决心。
>
> 某年剧旱，人民渴雨，祷于神，□示求女。女出禳于烈日下，既暮不雨，女愧愤不足以感天地，闭户自经，夜乃大雨，乡人德之，建祠于龙头山以祀之，至今香火犹盛。

六　与石头的神秘情怀

惠安雕艺源远流长，起源于古代黄河流域，至今已有 1600 多年的历史（见表 3 - 1）。千百年来，惠安先民融中原文化、闽越文化、海洋文

---

① 《南日岛龙头山烈女祠》，2018 年 2 月 25 日，https://baijiahao.baidu.com/s? id = 156151 6522989443&wfr = spider&for = pc，最后访问日期：2021 年 8 月 26 日。

化为一体，秉承晋唐之遗风、宋元之神韵、明清之风范，使源于黄河流域的北派雕刻艺术，逐渐融会为细腻精致、纤巧灵动的南派艺术风格，并伴随着建筑艺术的发展日渐繁荣，成为中华优秀传统文化的一朵奇葩。惠安的石雕不但具有高度的艺术观赏价值，更有重要的实用价值。在长期融合和兼收并蓄的过程中，汇集了惠安人的民间智慧，具有个性的非凡魅力。

（一）融合中原传统与闽南文化的惠安石雕

早在宋元两代，源自中原文化的石雕技术在闽南地区已然发展起来，崇武现存的宋建诚应庙还保留着造型极简朴的一对小石狮和一片台阶云龙图。明初崇武城筑造，随后又有两次大扩建及十多次的增建重建，大量兴建官邸、军营、庙宇、民居及各种生活设施，石雕业开始发展。

明嘉靖至万历年间（1522～1620年）崇武出现了众多具有代表性的石雕作品，包括：第一，北城门上楣的"锁镇海邦"4字，南城门外岩壁的"海门深处"4字；大岞山石岩上的"龙喉"及对联"嘘吸沧溟涵地脉，吐吞日月镇天池"；"狮石台"，"人间蓬岛"及对联"潮打海门晴亦雨，浪飞沙谷夏仍寒"；"石钟"及"韵同浮馨"；还有几大片诗刻等摩崖石刻；第二，《建崇武城楼记》《崇武所朱侯爱民御寇碑记》《克复崇武城记》《重建捍寨记》《崇武所靖江钱侯庙祀记》《崇武所烈女林氏碑记》《观察卓峰戴先生思德碑记》《惠安仁侯靖予陈公禁垦护城碑记》等碑刻；第三，明弘治十三年（1500年）兴建的三官宫里设计新奇的一对大石狮及脚踩四宝麋身牛尾狼蹄独角麒麟石浮雕。

惠安石雕业全面蓬勃发展是在清代。清初，崇武处于社会动荡中，尤其康熙继位（1662年）后下迁海令，迫使人们外流谋生。彼时省城福州已开始繁荣，吸引崇武人到福州定居。据五峰村蒋氏家谱记载，该族在这个历史时期已经有人定居在福州附近的福清。又有史料记载，此时崇武开始有人在福州开石店。

清代的崇武石雕，颠覆了早年传承的中原地区的粗犷、古拙、淳厚的北派风格，在长期的学习、借鉴、融合中形成以玲珑、纤巧繁缛为特点的南派艺术风格。闽南地区独特的地理特征和细腻柔美的性格，深刻地影响着石雕技术的改进。于是，在清代中期，崇武镇已经形成一支包括采石、晟石、雕石、大木、小木、泥水、泥塑、彩绘等工种的庞大建筑工匠队伍，并呈现一村一业的分工格局。彼时的石雕虽然尚从属于以大木匠师主持的建筑业，但也出现一些单独的石雕艺术工厂，而且在建筑工程中石雕也具有独立性。清代中期的崇武石雕匠师主要活跃在闽南一带。鸦片战争厦门开放为对外通商港口后，崇武石匠纷纷转向厦门经营，开设的石店有30多家，共有工匠200多人，有的还到南洋开设分店。道光年间崇武石匠开始进入台湾，光绪年间大批入台并陆续有人落户定居，开设石店或组建临时加工场。至此，崇武石雕已然成为产业。

被业界广泛认可的崇武石雕的师祖是清初的李周，他可谓是福建青石雕刻技艺发展史上承前启后的人物。他兼收并蓄石雕工匠的智慧，创造性地对石雕技术进行革新，从此石雕技术呈现繁荣景象，标新立异的技术不断涌现出来并推陈出新，形成蔚为壮观的潮流，有力地推动石雕技术的发展。清光绪末年，蒋仁文雕刻的镂花石鼓椅及石圆桌在全国竞赛夺冠。民国九年（1920年），崇武名匠在台湾台北市万华龙山寺雕作石雕精品群。民国十四年（1925年），30多名石匠负责高质量要求的南京中山陵石料加工和安装。名匠们不断推陈出新，百家争鸣，崇武石雕俨然成为石雕业的金字招牌，崇武的石雕技术因为名匠们的技术革新和不懈努力，从此一鸣惊人，石雕之乡由此得名，尤以石雕匠师云集的五峰峰前村为最。

表 3-1　惠安石雕文化传承

时　期	特　点
汉代	惠安石雕工艺起源于汉代黄河流域
晋朝	石雕作为永久性的艺术已被应用
唐宋时期	惠安石雕以石人、石兽为主，多为圆雕。这些作品粗犷、古朴、淳厚，线条刚直简洁，人物造型凝重、端庄，带有明显的中原痕迹。此外，也可见到一些精细传神的浮雕作品
明清时期	惠安石雕发展成熟，南派石雕艺术脱离北派传统自立门户与其并驾齐驱。石雕作品与以前的最大区别在于重视立意，改变了过去雕刻的"形似"而达到"神似"的艺术境界，通过作品表达了一种精神实质和象征意义。从艺术风格来讲，讲究形神兼备，富有动感和气势，具有一种震撼人心的动态美和神态美；从艺术特征来讲，突出纤巧、精细、神奇，含有细节语言，富有赏心悦目的艺术效果

资料来源：惠安文化局、旅游局。

惠安石雕在千百年的传承中，辐射面不断扩大，从惠安到全国到日韩及东南亚国家，再到欧美国家，世界上很多地方都有惠安石雕的痕迹（见表3-2）。惠安石雕不仅是对传统文化的传承，也映照了中国革命与建设的历史与丰功伟绩，既是中华民族振兴和富强的见证，也是海峡两岸同根同源的证明，更是南派石雕艺术的传播史，有力地推动着石雕技术的传播与扎根。而石雕背后所凝聚的惠安人的智慧，象征着惠安族群的韧性与细腻，石雕里体现着他们特殊的人文精神。

表3-2　惠安主要石雕所在地（作品）

年代	作品
1920 年	台北龙山寺（龙柱）
1925 年	中山陵
	黄花岗烈士陵园前的龙柱
1931~1934	八角形光华亭
20 世纪 50 年代	厦门集美鳌园
	人民大会堂、中国革命历史博物馆、军事博物馆、农业展览馆
20 世纪 70 年代	毛主席纪念堂和八一南昌起义纪念碑；厦门鼓浪屿全国最高的人物雕像——15.7 米高的郑成功塑像；莆田湄洲岛海峡和平女神天上圣母妈祖雕像；福州西禅寺全国最高的石塔；江苏淮安周总理纪念馆；盐城新四军纪念馆；南京雨花台纪念馆；锦州解放纪念碑；辽沈战役纪念碑；湖南韶山毛泽东诗词碑林；西安兵马俑陈列馆；陕西历史博物馆；黄帝陵；西藏宾馆、青藏川藏公路纪念碑；井冈山会师纪念碑；广州玄武湖和台湾凤山的 500 罗汉；台湾嘉义先天玉虚宫 200 多平方米九龙壁及九龙池（堪称世界之最）；日本鉴真和尚园和那霸市"福州园"等
20 世纪 90 年代	中华世纪坛
其他	台湾日本总督府、鼓山涌泉寺、厦门南普陀、深圳解放纪念碑、北京人民英雄纪念碑等

资料来源：惠安文化局、旅游局。

回顾浮叶石雕技术的迁移史，不难发现，浮叶村的祖先正是在康熙下迁海令的特殊历史时期到远海捕鱼，发现南日岛浮叶村有个优良的避风港，才慢慢迁移并定居下来的。幸运的是，这个避风港有丰富的石头资源，尤其是在退潮的时候，硕大的港湾内会露出一块巨大的石头，形似乌龟。这块巨石被浮叶人视为珍宝，早些时候还有日本人愿意出高价收购，浮叶村民坚决不同意出售。这块巨石就跟浮叶村的根一样，演变为浮叶人的图腾崇拜。浮叶村每年正月十八元宵节，村民们用大轿抬着各路神仙聚集于此，举行重要的游神仪式。浮叶人对于石头的神秘情怀可见一斑。而濒临海域的浮叶村，凭借其丰富的石头资源，成为浮叶人盖房子的重要来源。这些外流并客居他乡的惠安人还给迁移地带去了石雕的技术，不少浮叶人在海岛上开石材店，有自己的石材加工作坊，并一代代传承下来。岛上的建筑队很多都是浮叶村民组成的，且已经在业界形成一定的口碑。

浮叶村丰富的石头资源、云集的石雕工匠、精湛的石雕技艺，对酷爱石头建筑的南日岛人具有极大的吸引力。传统的南日岛人盖房子可谓"无石不欢"，石头成为岛民主要的盖房材料，两层楼的石头房子在岛上比比皆是，要是谁家盖个三层楼的石头房子，在村里算是空前，自然会吸引众多慕名而来的参观者。然而，在海岛上走一圈不难发现，这些石头建筑的造型几乎雷同，只是面积大小差异而已。为了彰显自家房屋样式的与众不同，很多南日岛人就在门楣处的石板上雕龙画凤，雕刻出"清河流芳""源远流长"等字样，或者在大门口的两根大石柱上刻出哥特式线条，诸如此类。浮叶村的能工巧匠们以石雕技术见长，聘请石雕师傅来建造房子的人家比比皆是，由此，石雕工匠们的档期都安排得很满，几乎是供不应求。尤其是那些在鲍鱼养殖鼎盛时期赚到第一桶金的养殖户，更是竞相攀比，不惜花重金来建造房屋。在供不应求的情况下，浮叶村的石雕工匠的要价也跟着水涨船高，技术给他们带来滚滚财源。

南日岛民对石头执着的偏爱，似乎潜移默化地融入他们的审美世界里，只有石头造的房屋才能带给他们永恒的安全感。南日岛海风吹得紧，特别是遇到台风天，全岛海沙漫天飞扬，风呼啸而过，很多船只都得停在避风港躲避，石头房子成为岛民避风的最佳选择，因此，南日岛的房子选用的材料主要是石头。四周环抱着石头，只有狭小的窗户和门是木头，在这样密不透风的建筑里，温暖而安全，应对肆虐的海风和随时扬起的海沙。尽管时代变迁，钢筋混凝土造的框架结构房屋取代了传统的纯石头房屋，但对于窗户、门楣、门柱、围墙等的显眼之处，岛民依然对石头情有独钟。南日岛的石头以青石为主，颜色深重而粗糙，加工后的视觉效果没有外地的石头美观，越来越多的南日岛民建造房屋更多是出于面子的考虑，希冀高大美观的房屋能成为彰显颜面的载体，在村庄的熟人社会里暗示和传递家庭经济资本的信息。尤其是一些在外赚到第一桶金的岛民，衣锦还乡之际不忘在村里盖一栋高大气派的房子来光耀门楣，让村民们对其青眼有加。为了这个浩大的工程，岛民要花费至少3年的时间来修建房屋，在岛上的家族成员几乎举家动员参与其中。即使现在有很多岛民不再长期生活在村里，但为了家族颜面他们依然不惜花费重金在岛上盖房子，很多同宗的族亲都被邀请来参与工程，屋主也会给予族亲们丰厚的辛苦费作为回报。修建房屋的过程更像是家族的一场集体狂欢，家族成员乐于贡献智慧、劳力和时间，为光宗耀祖的大事忙活上几年的光阴。

除此之外，还有一个需要大量石材的地方，那就是坟墓。在长期的历史过程中，南日岛人都是以土葬为主要的丧葬方式，这一惯例在2015年元旦起才被打破。土葬作为长期存在的主要丧葬方式，历来为岛民所看重。在他们的精神世界里，人的肉体会消失，但是灵魂永恒，是可以实现永生的；个体可能会消失，但族群的根一直都在，不会消亡，随着族群延续的是集体的生命力，绵延不绝。灵魂不灭，只是所处的地点可能发生位移。死亡不是生命的终点，而是新的循环的开始。对于逝者，不仅要安顿，还要礼葬。安顿逝者是天经地义的，基于灵魂不死的理念，安顿是对逝者的留恋和尊重，而轰轰烈烈、热热闹闹的葬礼则是对逝者的礼葬，石头则承载着生者的情感，使葬礼更有一层厚重的仪式感。用精美的石雕打造出来的坟墓是灵魂安息的地方，是对死者一生付出的报答。只要家庭经济条件许可，岛民都愿意花巨资在岛上办一场隆重的葬礼。随着岛上对石头的需求越来越白热化，海边越来越多的石头被采挖，政府不得不出面调控，以环保的名义禁止石头的采挖，同时被调控的还有会造成空气污染的烧砖，以及会污染海水的养猪等行业。时不时的环保检查严重影响岛上的污染行业的正常生产运营，不少工场被迫停工或关门。但是，对于石头的需求是常态化的，岛民的思维惯习并不因环保的调控而改变。于是，岛上所需要的石材只能从外地运过来，而外地的石头相较于南日岛本地的暗青色的石头而言，颜色更加白皙光滑，但价格远远高于海岛，长此以往，用石头盖房子的热情受到一定的遏制，但修建坟墓已然成为风气，尽管造价高昂却依然吸引岛民对其趋之若鹜，并在互相攀比中不断被推崇。

基于生者和逝者都有着强大的需求，会盖房修坟且以打石见长的浮叶人，找到了一个生意火爆的营生，越来越多的浮叶人参与到石雕的行当中来，石雕技术在参与的村民中不断被传授。懂石雕技术的浮叶人成为你争我夺的香饽饽，很多人被引进到岛上莆田村落的石头加工厂，成为采石场的台柱。与此相伴随的是，岛上的石匠们可谓英雄辈出，不断推陈出新。而相比之下，浮叶村的石匠们秉承原生地惠安的石雕技术，与原生地宗亲的千丝万缕的联系，他们比本土莆田语系的岛民有着更为娴熟的技术。很多工匠们有着祖传的石雕技艺，还频繁地往来和参与原生地惠安的石雕工程，积累了丰富的经验，岛民争先恐后地愿意花重金来装饰自家的房屋。石匠们的档期被排得满满的，为了应付众多客户，石匠们不得不同时周旋于几个家庭，疲于应付各种订单。

从日出到日落，年复一年，时间在石匠们细密的捶打石头声里慢慢消逝，取而代之的是一座座拔地而起的别墅，南日岛的景观在石匠们精湛的石雕技艺中发生日新月异的改变。

（二）惠安女与石雕艺术

惠安雕刻艺术有石雕、木雕、砖雕、泥雕、瓷雕等，其中尤以石雕品种最为繁多，技术也更加精湛。惠安人使用的石材有花岗岩、大理石、砂岩、玉石等。惠安传统雕刻从工艺上主要分为沉雕、浮雕、圆雕、影雕、线雕五大类。惠安石雕工艺内容丰富、形式多样，雕镂精细，艺术价值很高，是惠安传统文化具有代表性的表现形式和民间艺术精华。惠安的石雕闻名中外，而惠安女最擅长的手艺是"影雕"。这是一门传女不传男的技术，惠安女要经过3年学绘画、3年学"影雕"的苦学历程才能胜任该手艺。在闽南各大旅游景点，都有精美的影雕出售，这也是惠安女的独特工艺品。同时，对石雕进行工艺制作，还要上山开采各种石材，但石材从采石场到作坊的运送，大多数却是惠安女用肩膀抬出来的。因此，在惠安经常可以看到勤劳的惠安女抬石头走在山崖水湄间。她们两人搭伙，用一根粗而短的竹杠，下面用绳子捆着重达数百斤的硕大的花岗岩石料，压在双肩上，一路微喘轻叹，汗水淋漓，成为惠安一道具有本土文化特色的风景线。

浮叶村的不少工匠承接工程往往是夫妻搭档，或者是族亲联合，或者是师傅带徒弟。不同的组合方式取决于工程的大小、石材的多寡和对石雕技艺的要求。这些工匠的女眷们，也常常加入石头的建筑工程来，浮叶女从事建筑业日益普遍化。但是，不管是哪种组合方式，都存在着性别分工，即男人做石雕工序，而女人负责搬运石头。在浮叶人的精神世界里，需要付出精湛的手艺的技术活才是男人做的，而抬石头、搬砖块这些没有技术含量的重体力活，则由女人来承担。女人跟男人一样抬石头，石材常选用两米左右的，两个人来扛，女人跟男人一样有劲，扛起石头来都不在话下。这颠覆了很多人对于男主外女主内的传统分工格局的认知。在传统惯常的性别思维里，男人主要从事重体力活，而家里与柴米油盐、养老扶幼相关联的家务劳动则交给女人。浮叶人则不然，建筑设计和建筑过程主要还是男人主导，女性还处于依附的地位，只是帮忙做一些没有技术含量的小工而已。

七　性别分工和家庭地位

毋庸置疑，家庭是最广泛的经济共同体，实现劳动力的生产和人口再生产的基本单位，家庭内部遵循特定的文化框约而形成差异化的劳动性别分工和相应的权威关系。两性的性别分工、家庭资源的合理配置和家庭地位格局，深刻地影响着家庭运作的效率，成为家庭生存和发展的重要基石。

在西方社会学家的视野里，他们描述性别分工常采用公领域和私领域的概念，但放置于中国的国情下不难发现，中国人的日常生活并没有明显的公私领域的分割界限，中国人往往以"家庭"为核心建构日常生活。妇女不仅要贡献自己的经济收入，成为家庭可供支配的经济资源，而且她们还要承担无报酬的家务劳动，并作为传统女性所必须要有的义务和美德。在此，性别分工深深地嵌入于传统的性别分工和社会角色的互动中，两性依照特定的行为逻辑承担起不同的家庭责任。

家庭是社会的最基本单位，中国传统的社会结构是基于家庭制度建立起来的，家庭正常职能的运转需要合理的性别分工。工业化的日益发展给传统家庭制度和性别分工格局带来颠覆性的影响，中国家庭制度日渐式微，家庭性别分工随之发生变化。对此，蒂利和斯科特的《妇女、工作和家庭》就从家庭经济的角度探讨女性角色和分工的变化。① 他们认为，在历史的不同阶段，存在三种家庭经济类型，孩子、未婚女儿、已婚女性和寡妇的社会角色和经济角色是不同的，家庭利益贯穿其中并不断演变，个人的分工配置服从于家庭利益的整体权衡。

从家庭利益的变迁轨迹来看。

首先是"家庭经济"阶段。妇女是家庭经济的重要组成部分，妇女居家操持家务，家务劳动成为其专职工作，生活和工作都在家庭内部完成，家庭成员被视为"经济伙伴关系"，确切说是经济合作关系，男性和女性都要在结婚时给新家庭带去一些基本的生活物资。如男人的土地和女人的嫁妆，以此构建家庭原始积累。夫妻通过掌握家庭资产对子女的生活拥有了绝对的权力。对于女人而言，婚姻是其赖以生存的绝佳方式。妻子掌管家庭的经济，子女配合家庭的其他事务，男孩更多协助父亲的外部事务，而女孩更多协助母亲的内部事务，所有的家庭成员都愿意为了家庭的经济利益而承担起责任来。在笔者的田野调查中，很多浮叶家庭似乎更多延续"家庭经济阶段"的传统，还保留着"男主外女主内"的性别分工惯习，以及女性掌管家庭财权，男性出外赚钱的模式。

其次是"家庭工资经济"阶段。随着工业化的开始，有酬劳动逐渐成为常态，"家庭工资经济"开始形成，工资成为人们赖以生存和体现个人价值的重要工具。工作从家庭中分离出来，妇女从事的工作类型有很大的延续性，但以结婚作为分界点，妇女经历了工作的循环周期，年轻和未婚的女性出外打工，工资收入用于食品消费和积累嫁妆，结婚后尤其是有了孩子以后，女性留在家里照顾孩子，从事无酬的劳动，只有当丈夫失业或者孩子成人，女性才会从繁重的家务劳动中解脱出来，重返劳动力市场获得工资收入。这个阶段似乎是现代社会的共性，稍有不同的是，很多浮叶夫妻在衡量机会成本之后，多作出"保丈夫"的发展策略选择，即全力保障丈夫事业的发展，夫妻双方在有酬劳动中丈夫凭借相对更高的受教育水平和丰富的工作经验，占据资源、时间和发展机会上的优势，让妻子出于家庭利益的整体考虑而作出自我牺牲，巩固和

---

① Tilly, Louise, and John Scott. *Women, Work and Family.* New York: Holt, Rinehart and Winston. 1978.

维护丈夫在社会中的优势地位和在家庭中的权威地位。至此，家庭实现基于社会性别的等级化分工。为家庭利益作出重大牺牲的女性，因为结婚离开劳动力市场后，安心在家相夫教子，在孩子成年后也不会重新就业，长期与现代社会的脱节使她们失去谋生的技能，无法得到用人单位过多的青睐，她们更多选择继续留守家庭，待到孙辈出生后继续承担抚养的责任。这种性别分工和生活方式至今仍在相当大的程度上影响浮叶人的家庭模式，并传承和延续下来。

再次是"家庭消费经济"阶段。家庭的经济收入有了较大的提升，完成家庭的原始积累后，家庭会把积蓄花在子女和家庭装修上，实现家务劳动社会化，女性从繁琐沉重的家务劳动和枯燥单调的家庭生活中解脱出来，有更多的闲暇时间逛街购物。家庭经济资源更多用于子女身上，也能摒弃对于女孩教育投资的性别歧视。家庭在现代经济严重冲击传统家庭模式的历史语境中，有着行动的一致性和凝聚力，个体成员能为家庭分担责任，尽管有矛盾和冲突，也会在协商和博弈的框架内有序进行，维护公平的家庭权威关系。这也是传统和现代在新经济浪潮变革中的互动、交织与适应。现代化元素赋予家庭以新的生活方式，家庭成员可以有足够的空间自由发展，但总是要回归家庭，维护家庭的完整和谐，保持家庭的传统功能运作。这也是很多浮叶家庭面对工业化变迁的冲击，社会从"身份取向性"向"契约趋向性"转变，更加强调个性解放和自由。虽然传统家庭功能日渐式微或者发生资源重组，性别分工有了更加复杂多元的社会意义，但村民们在内心深处仍会固守家庭本位，对家庭成员有着强烈的责任感，维护婚姻和谐稳定成为一以贯之的行为策略。

（一）财权掌控的家庭配置

长期形成的家庭分工塑造了浮叶女善于理财的经济惯习，亦在家庭间传承并延续下来，她们深知经济基础对于家庭关系重塑和家庭地位排序的重要性，在存私房钱上有着强烈的积极性。虽然在婚配模式上新生代的浮叶女有着比上一代更多的自由裁量权，但婚前打工的过程中仍然要存些私房钱来保护自己，这也是泉州一带的女孩子结婚嫁妆空前奢华的重要原因。很多女孩完成九年义务教育后就直接出去打工，赚的钱就是给自己筹嫁妆。嫁妆成为她们进入婆家的面子，在初始阶段就奠定着她们在婆家的地位。由此可见，存私房钱成为浮叶女应对日后婆家生活风险的惯常方式。正如 Margery Wolf 所指出的，在一个陌生的地方，女性往往会发展出自我保护策略。存私房钱和形成女性相互支援的社会网络是最常见的两种策略。①

浮叶人常流传一句话，那就是"妻子随夫，外家②不能干涉内家"。妇女比较勤劳，家庭主要是妇女在撑着，女性对于家庭有着强烈的责任感，甘于为家庭作出牺牲，家务也都是女人在做，女人每天要做好多事情，比如做家务、带孩子，到了海带收成的季节就要去外面赚点外快，日复一日的劳动也不觉得辛苦，反而觉得是自己应尽的责任和义务。浮叶村的女人在平时都有从事渔业生产，或者加工海产品，丰富的海洋资源带来唾手可得的就业机会，浮叶女靠着勤劳，常年都可以找到适合自己的事情做，比如海带收成的季节，到海里去收海带，拖到海滩上，晒干，翻晒，回收。如果天气好的话，这个程序只要十天就可以完成，但很多时候都会下雨，得时刻在那里盯着，否则海带就容易腐烂，影响一年的收成。她们收海带的行情价是一天 150 元钱，收入在当地算是还不错的。此外，还有很多浮叶女在家帮忙做些跟渔业有关的事情，比如养殖鲍鱼，就要每天跟着丈夫到近海的鲍鱼排上，拿海带喂鲍鱼，据说南日岛的鲍鱼之所以味道鲜美，不仅源于独特的海洋环境，而且还在于海带喂养。养殖鲍鱼是个力气活，要把鲍鱼筐从海水里提起来，解开鲍鱼筐上的绳子，把海带放进去，再重新绑好绳子。鲍鱼筐里满当当的海水，刚提起来的时候非常重，练就了浮叶女粗壮的臂力。由此可见，在浮叶村这样的环境下，只要肯努力，都会有很多赚钱的门路，浮叶女的年收入一般在两万元以上，虽不能与男人媲美，但总归是有自己的私房钱，经济的独立造就了浮叶女较高的家庭地位。传统上，作为一家之主的男人常年在外打拼，将家里的财权交给女人，由女人来持家。村里变成女人的世界，女人在家庭和村庄事务中起着重要的作用。

尽管在传统社会里，女性的家庭地位是比较低的，但随着女人走出家门，有了自己的经济收入，获得经济独立并且牢牢掌握家庭财权后，家庭地位也随之上升。

---

① Wolf, Margery. *Women and Family in Rural Taiwan*. Stanford：Stanford University Press, 1972.
② 外家在闽南话中表示娘家。

对此，阿芳说：

村里的女人生了孩子住进夫家后，收入大都作为自己的私房钱，公公婆婆和丈夫都不会随意征用媳妇的劳动收入，有时还要给她们零花钱。只有当两口子单独过日子，或者婆婆老了管不了钱让媳妇管钱时，私房钱才会用作家庭的开支。否则，女人赚的钱归自己管，男人赚的钱也归女人管。男人大部分时间都在海上捕鱼，没办法带着一堆钱在身上，所以既不管家，也不当家，收入都交给女人来管，女人才是家庭真正的户主。我们浮叶村的女人，不管是年轻的媳妇，还是半老徐娘，都要管钱，在家庭的地位还是比较高的。

男人管钱这种情况在我们村是比较少的，我们村至少80%的家庭都是女人管钱。但我们家是个特例，我老公是小学校长，天天都在村里，不用像其他人家的男人一样要出海打鱼或到岛外打工，他为人很精明，会懂得理财，我还是愿意把钱给他管，我只负责做家务带孩子就好了。管钱有时也很麻烦，我不认得什么字，还是把钱交给男人管更好一些。我老公家有三个兄弟，以前家里也比较困难，如果让我来管，老公家的兄弟来借钱就没那么容易，我总得先管好自己家再去帮别人吧，况且那又不是我自己的兄弟，自然不会愿意随便把钱借给他们，老公总觉得我自私、爱计较，可他没有想到，我这也是为了自己家庭好啊。后来我老公就坚持要自己管钱，这样他偷偷把钱借给兄弟我就不知道了。后来我也闹过，我老公就说，好呀，钱都给你管，如果你能像我一样能把家庭理顺，我就给你管。后来我想想也是，管钱也要花脑筋，有了钱就想着怎么安排才不浪费，没有钱还要想着去哪里借钱。我老公有知识，有门路，知道哪里可以生利息，哪里可以投资，钱到他手里可以生钱，我没有这个本事，就不插手了。年轻的女人肯定要管家的，如果经济上管不来，就会养成习惯，老了更不愿意去管钱了。相比之下，我们邻村那些讲莆田话的人都是男人管钱，他们觉得让女人管钱是无能的表现，说明在家里没地位。其他人家都是女人管钱，有些是因为男人会乱花钱，每个月在烟酒上的花销很大。有些人是捕鱼的，经常跟着远洋船到很远的外海打鱼，一去就是几个月，一年难得在家里待上几个月，当然不方便把钱带在身上，就只能让女人管钱啦。

其实管钱的人倒是不舍得花钱，一个家庭如果没有饭吃怎么办？他们管钱的就会有心理压力，恨不得一个钱掰成两半花。如果不管钱，给零花钱的话，倒是更自由些。我老公一个月退休金四千元，每个月给我八百元的零花钱，剩下的钱他决定要怎么安排。我这样很轻松，这八百元爱买什么买什么。我们村也有个人家，老公每个月给老婆零花钱，老婆又是花钱大手大脚的，于是时不时在老公裤兜里偷钱花，她老公爱喝酒，经常喝醉回家，每次老婆偷钱他都不知道，还以为前一天喝酒花掉了。有时候我老公的小学会额外发奖金，我也会打听到，呵呵，都是同村的，随便都可以问得到。每次跟他求证的时候，他都说已经收起来了，留着给儿子买房子用。我想，如果他没有乱花也好，反正儿子马上就要结婚了，他肯定有买房子的压力，让他收着也好，只要没乱花就可以了。今年年初在涵江买房子，他还真拿出十几万来按揭一套小面积的房子，这下，我还是相信他了。他平时不抽烟也不喝酒，村里的亲戚或者学生家长也会送点东西给我们，我们在村里其实没有什么需要花钱的地方，花销比较小。我公公在世的时候遇上土改，家里被定为地主，房子都被充公了，就经常跟父亲说，买房子没用的，指不定什么时候又被充公了。那时我老公有四个兄弟，家里很穷，公公是个闷葫芦，不懂得搞外交，想找人借钱都没地方借，因为这些家庭琐事，公公经常喝酒，然后发脾气、耍酒疯。这样的家庭背景使得我老公是"穷人孩子早当家"，作为长子的他，从小就会理财，还经常照顾几个兄弟，经过几十年的打拼，我家也算是家族中比较发达的，儿子也很优秀，大学毕业后在市检察院工作。我们这代算是比较好的，我儿子现在也算撑得起家庭的门面，我也很满足了。我有时也很相信命，好多次家里缺钱了，钱就会自己来，家里很少有揭不开锅的时候。我老公那时一毕业就在外村教书，教得还不错，家长学生都很喜欢他，也培养了很多优秀的学生，然后是教导主任，后来还当上了校长。但我老公有个原则，就是除了学校的事情外，都不去赚外快，他觉得这样会被人看矮了，有不务正业之嫌。迫于村里人背后可能会有的议论，觉得你书教好了，但又去外面赚钱是不务正业，所以我老公一直坚持这个原则。

总体而言，浮叶女的家庭地位还是比较高的，因为家庭一日三餐、各种琐事都离不开女人；男人在外面捕鱼比较辛苦，回到家就喝酒打牌赌博，自由自在，有很多陋习，已经成为一种习惯，女人很少去说男人。但考虑到男人会把钱花在这些不良癖好上，很多时候还会出于兄弟情谊或一时斗气而大手大脚，肆意挥霍，很多浮叶家庭都是女人管钱，女人一般都比较节俭，不会乱花钱，家里的开支也会安排得井井有条。

> 如果我们这边的男人不把钱都花在烟酒上的话，家里的经济会更好些。但男人的这种劣习只是浮叶村才有的，岛上其他村都没有这样的习惯。很多浮叶男人十几岁就开始抽烟喝酒，学会花钱了，对于赌博，也是从小在旁边看，看会了也会尝试着去赌。这也是因为我们村的娱乐太少了，男人不愿意像女人一样看电视、闲聊，就找点适合男人的娱乐活动，喝酒抽烟赌博似乎成了一种大家都乐意接受的娱乐方式，日积月累，这样的习俗影响着子代，很多年轻男性没有念书，很多人在初中或者高中就辍学出去打工了，都沿袭着父辈的劣习并已然形成一种风俗。

（二）家庭性别分工

浮叶村就是惠安渔民迁移过来的，在两百多年的变迁中，一直延续着渔业生产的经济惯习，男女之间形成鲜明的劳动分工——男性专门从事海上捕捞，农副业和家务劳动则全部由妇女承担，男性不仅从不过问农业，甚至以从事农业劳动为耻。但浮叶村的土地数量有限，很多房子已经盖得挤挤挨挨，根本腾不出太多的土地来种庄稼，女人每天要做的事情更多是跟海洋渔业有关的织渔网、晒海带、养鲍鱼以及琐碎的家务劳动。而且正如前文所述，惠安女与石头有着天然的独特情怀，很多浮叶女也会从事建筑业，在建筑工地上扛石、挑砂、运土。浮叶女的负重能力特别强，几百斤、上千斤的长条石，4个妇女就可以肩靠肩扛走，甚至顺着木板梯扛到二三层楼去。浮叶女沿袭着惠安女的扛石能力，在长期的劳动实践中练就了强大的肩力。除了建筑业有很多浮叶女外，海洋渔业中也常见到浮叶女的身影。在夕阳的辉映下等候丈夫归来的女人，是浮叶村一道美丽的风景线。女人也会帮忙做些渔业的辅助工作，比如织网、渔船出海前挑淡水上船、船靠岸时到海边挑运海鲜和加工、售卖等。

不仅如此，浮叶女还担负着繁重的家务劳动，比如挑水、煮饭、洗衣、带孩子、喂家禽家畜、打扫卫生等。女人担负的劳动量很大，沿袭着惠安女勤劳贤惠的优良品质。出海捕捞的男人，特别是远洋捕捞的船员，大半年要生活在海上，以船为家，带回带鱼、巴浪、鱿、鲳等经济鱼类，他们在家的时间很少，即使在家，也从不干家务或者农活，他们认为这是女人的事情，天经地义就应该让女人来做。就算有时女人生病或外出了，他们不得已非得要自己做的话，也要趁着天还没亮去做，生怕被左邻右舍看见会颜面扫地。

在做家务这个问题上，笔者深有感触，这在生存环境恶劣的村落表现得尤其明显。生存环境的险恶需要男人去外面讨生活，养家糊口，无法照顾到家里的事务和琐碎的家务，需要有个贤惠的女人来操持日常生活，长年累月下来就衍生了男主外女主内的性别分工格局。在男人出海捕鱼的时候，村里就是女人村，女人们彼此串门聊天，操持家务，养育子女，村庄俨然成为"女儿国"。笔者访谈了中年女人阿妹，她说：

　　在我们村，家里的大小事情都是女人来做的，男人常年在海上捕鱼，根本没时间照顾家庭。家里的很多事情都是女人自己打主意的，家务也是女人做的，这在村里是再正常不过的事情了。比如洗衣服、倒马桶这些事情，很少听说有男人会做的，就算他想做也会被别人笑掉大牙的。听人说，在我们村以前有个男的就干过这事，他是中浮人，年轻时喜欢同村的一个姑娘，叫阿芳，这个阿芳奇丑无比，又好吃懒做，做事大大咧咧。夏天的时候女孩子都会穿裙子，不过她穿着裙子就喜欢开着腿坐着，老远都可以看到她的内裤是什么颜色，哎呀，村里的老人跟她说过好多次了，她就是不肯改。大家在背地里都说，这样的姑娘哪里会有人敢娶她。可人家就是命好，同村的阿强就很喜欢她，天天在她家门口给她敲门，不料阿芳还不领情，经常关着门不给他开门。阿强就是一根筋的，也不出去干活了，天天早晨就是到阿芳家敲门，一敲就是几个小时，却又进不去。村里人经常看到阿强捧着鲜花在阿芳家门口等着进门。有时阿芳娘家人不好意思，就让他进去，他一进去当即就挽着袖子干活了，拖地板啊，烧柴火啊，什么都干，连他们家要在后院加盖一个单间，也是阿强来帮忙的。更为夸张的是，阿芳太懒了，放在卧室的马桶经常不去倒，日复一日，房间里气味可难闻了，可她就是住得很习惯。后来，我们听说倒马桶这事居然让阿强做了。这男人呀，就是犯贱，提着女人的马桶，走了老远去茅坑里倒，路上好多人都看着呢，他也不会觉得不好意思。因为马桶太重了，满满当当的，每次走两步都会洒出来一些，阿芳家的邻居，每次看到他过来，都会拿着扫把在旁边等着，一洒出来就扫沙子来遮盖，边扫边骂："你这男人也太没用了，还没结婚就要帮女人倒马桶，那种女人娶来干什么呀。"这件事在我们村至今都是当作笑话的。后来这两人还真的就结婚了，现在到外地打工去了，每次见到阿强，村里人都会问，"你现在外面还要倒马桶吗？"，羞得阿强捂着脸撒腿就跑。（阿妹又好气又好笑地说）

在男女的性别分工上，之所以会有这样的分工格局，首先源于男女体质的差异，女人体力比较差，力气小，会晕船，不适合拖网；体质上的差异还与文化背景密切相关，长久的文化禁忌使得女人世世代代缺少在渔业劳动中拼搏磨砺的机会，体质上也逐渐适应陆地上的劳作，以至失去对海洋渔业的适应性。其次与文化背景有关的因素还在于，女人如果跟随男人到远洋渔船上打鱼，会带来诸多不便，最起码的日常生活都不方便，比如更衣之类，且船上供奉妈祖神龛之处，不允许女性行走，认为这样会污秽神明。这样就断绝了女人跟随男人去捕鱼的念想，安心在家当个贤惠的家庭主妇。于是，造就了传统的男主外女主内的性别分工格局。笔者采访的阿丽就是这么说的：

我男人就是在远洋轮船上工作的，我们女人没办法跟着他们去打鱼。远洋轮船只要出海就要三五个月才能回来，要经过很多国家，把孩子放在岛上我们不放心，总觉得老人带孩子很辛苦，我们在外面也会记挂着孩子还有家里的事情。而且船遇到风浪会很晃，没有长期在船上工作过的人很难适应船上的颠簸，我第一次到船上就晃得头晕呕吐，再也不敢上去了。虽然船很大，但遇到大风浪还是招架不住，晃起来谁也没办法。我们女人家的胆子小，做不了这样的工作，就算渔网捕到鱼也拉不上来，男人还嫌我们碍手碍脚的。……不过以前也有男人把自己的老婆带去出海的，但会遭到其他船员的嫉妒。大家白天都很辛苦，晚上又寂寞难耐，靠打牌或看电视消磨时间，带女人的船员自然不跟大家凑热闹，关起门来自己过，让人心里很不爽快，也会渐渐孤立他。况且船舱本来就小，还要专门挪一间给这对夫妻住，空间是不够的。这样一来，以后再也没人敢带老婆上船了，女人就安心在家做家务带孩子了。……还有一个很不方便的地方就是晾晒衣服，船上的空间是有限的，衣服都是晾在船舱外的过道上，平时大家都在过道上走来走去，自然也要从晾着的衣服下面走过，如果都是男人的衣服大家也不会觉得不舒服，我们村里人最忌讳的就是从女人的内裤下走过，觉得会倒霉的。如果有哪个女人敢把内衣裤挂到过道上，会被人骂死的。就是有这么多不方便的地方，后来船上逐渐定了一个规矩，就是不能带女人上船，违反规定是要罚款的。后来也有去近海捕鱼偶尔会有船员带小孩去的，但女人是绝对不允许的。

既然女人迫于种种因素只能选择留在海岛上，那么在长年累月的性别分工中，女人掌控家庭的财权，男人不在家的日子里，女人成为家庭名副其实的一家之主。在过去通讯不甚便利的情况下，家庭中小到家务劳动，大到子女教育、乔迁等重大事务，都要由女人来做决断，连商量的人都没有，这样就形成了女人管家的村庄惯习。女人不仅有着较高的社会地位，还对村庄治理起着不可忽视的作用。她们不仅拥有家庭的财政掌控权力，还有相当的家庭地位和社会地位。村庄的政治、经济、文化生活乃至各种社会活动，女性成为实际上的行动主体。与现实相适应的是，在村委会及各种社会团体的管理人员中，女性占了很大的比重。女性特有的优势使得她们将关系网络植根于村庄的每个角落。村庄里小到私领域的家长里短、闲言碎语，大到公领域的村庙活动、基础设施建设等事务，都在她们的生产劳动、闲暇串门中了然于心。她们对于农副业生产、文教卫生、计划生育甚至于纠纷调解都发挥作用。

作为迁移到南日岛的移民村落，浮叶女生存在莆田文化的边缘地带，在长期磨合中构成一个相对封闭的生活空间，造就了她们强烈的集体凝聚力，对村庄事务有着共同的热情，维护脆弱的文化体系。但南日岛毕竟是个传统封闭的海岛，长期以来出岛到大陆是男人的权利，女人的受教育程度也极其有限。调查中笔者就发现很多浮叶女不会说普通话，40岁以上的女性群体尤甚，也给调查带来不小的障碍。① 文化知识的贫瘠使得很多浮叶女在村庄治理中无法像男性一样制定清晰的乡规民约，或者保留条理分明的文字记载，或者举行民主选举和举手表决等表象仪式。她们对于村庄的理解更多是家长里短，以协调村民间的和谐关系作为准绳，故此，她们采取更为接地气也更具有海岛特色的巫术，在下文中，笔者也将谈到灵媒在村庄治理中所起的更加重要的地位形态。迫于对看不见摸不着的神灵的隐性震慑，村民长期迷信于种种与巫术有关的活动，家庭的一切重大事务的决断常要求助于灵媒的帮助。可以说，在女人世界里，女人采取与男人橘枳有别的方式进行村庄治理，女人单纯凭借自己的力量难以定夺的重要事务，往往采用民间的惯常手段，她们认为这样的方式更为妥帖，创造了她们自认为疏而不漏且简单高效的方式，一直延续至今。

（三）家庭地位分化

在众多对于女性和家庭的文献研究中，不难发现，中国的家庭是制约女性主体性自由发展的僵化制度，女性个体受到父权制家庭的牵掣，默认她们在家庭中乃至婚姻生活中的角色定位。在这个固化的单一模式中，传统女性宿命式地接受她们在家庭结构底层的地位。父权制家庭是按照男性的血缘关系组织起来的，其本质是父系和随夫居。因此，传统女性被剥夺了带有男性霸权色彩的生产资料，如土地，她们单身未嫁时没有被分配土地的权利，这与浮叶村的调查结果吻合。只有当她们嫁到夫家，随着丈夫成为家庭单位成员的时候，才有被分配土地的权利，但

---

① 虽然笔者会讲闽南话，但漳州腔调的闽南话还是与惠安有着较大的区别，给调查带来一定的难度。

有且只有她丈夫能够享受的份额，对她来说，只是跟着沾光的利益共享而已，她们的权利淹没于父权制的权威里。Kay Ann Johnson 曾经指出，"与其他地方一样，中国的父权—父系—父居家庭制度也使妇女在整个家庭结构中的地位被边缘化。她们是自己出生家庭中的过客，而她们最后的归宿——丈夫的家庭，却又将其视为一个陌生的入侵者。"① 女性身处的系统从结构上将她们置于易受欺凌的危险位置上，使女性从本质上属于无权者。②③ 女性长期浸淫于父权制系统下，内化了传统的家庭制度和意识形态，并不断发酵而形成广泛的受众，这样的秩序得以延续和强化。

尽管女性解放的革命策略与经济发展齐头并进，但现实中的改革却趋于渺茫，无法触及最根本的制度，传统的父权—父系—父居家庭制度在改革中反而得以强化和维持，在现代化社会里依然故我地存在，并有滋生的土壤。在浮叶村的调查中也发现，公权力将土地分配给家庭，男性作为一家之主堂而皇之地代表家庭控制所有分配的资源和生产资料，所有女性的利益被男权所压制，再通过村规民约得以高度认同，没有人觉得这样的资源分配有何不妥当，相反，女性代表家庭享受生产资料是比较罕见的，反而会遭到广泛的质疑。村庄利益共同体约定俗成的惯习恶化了女性所处的环境和应有的权利。④⑤⑥

作为村庄重要的权力主体，浮叶女在多年的劳动磨砺中，凭借着勤劳、能干、聪明、贤惠，担负着村庄渔业、农业、建筑业、家务等繁重的劳动，在创造物质生活和家庭生活的同时，得到男人的尊重，浮叶女的家庭地位、经济地位、社会地位有了很大的提高。她们肩负着家庭的责任，生儿育女、养老抚幼，让自己的男人安心从事渔业生产，以船为家，担当其养家糊口的责任。浮叶女作为浮叶村的主人，不仅依靠稀少

① Johnson, Kay Ann. *Women, the Family and Peasant Revolution in China*. Chicago: the University of Chicago Press, 1983.
② 同上。
③ Kung, Lydia. *Factory Women in Taiwan*. Ann Arbor: University of Michigan Press, 1983.
④ Croll, Elisabeth. *Women and Development in China: Production and Reproduction*. Geneva: International Labor Office, 1985.
⑤ Croll, Elisabeth. *From Heaven to Earth: Images and Experiences of Development in China*. London and New York: Routledge, 1994.
⑥ Davis, Deborah, and Stevan Harrell. *Chinese Families in the Post - Mao Era*. Berkeley: University of California Press, 1993.

的耕地种植适合海岛环境的花生、地瓜等作物，而且沿袭传统惠安女擅长的建筑业，成为海岛上盖石头房子的金字招牌，同时还跟男人一样将捕捞上来的海产品运到大陆去售卖。

随着鲍鱼产业的发展，已然成为南日岛的支柱产业，很多村民都留在村里养殖鲍鱼，不愿意出去打工。甚至有些嫁给鲍鱼养殖户的浮叶女都不愿意工作了，就安心在家相夫教子，这样的例子数不胜数。于是，笔者采访了原来在浮叶小学当过老师的阿英，她今年只有 38 岁，却已经赋闲在家有 3 年多了。对于不愿意去工作的原因，阿英是这么解释的：

　　我中专毕业后就在村里的小学当老师，也算是我们村为数不多的拿铁饭碗的人，这对于女人来说，也该知足了。年轻时读书那会，我读书是比较好的，在班级也能排个前三。那时村里流行读师范，能去师范学校读书的都是班里成绩比较好的。我爸那时候就想着女孩子嘛，差不多就可以了，一直鼓励我去考中专师范而不要去读高中。我那年还是比较争气，考上了仙游师范学校，这个学校现在看起来不是很好，但在 20 年前可是成绩比较好的学生才能考得进去的。

　　毕业后我留在浮叶小学当老师，离我家很近，家里对这份工作非常满意。结婚后没几年，我老公跟着其他人合伙办起了鲍鱼场。刚开始养殖鲍鱼的人很少，鲍鱼的价格比较高，我家也是赶在鲍鱼的旺季赚了一些钱，早在十年前，年收入就已经在 50 万元以上。家里有钱了以后，我婆婆就开始念叨了，"你在事业单位工作，只能生一个孩子，虽说是个男孩，但我们家在村里也算还不错的，这些家财还是要多些儿孙来继承比较好。"长久以来，我们村一直都有很浓厚的家庭观念，长辈在家庭中的地位是比较高的，婆婆的话对我们夫妻来说还是很有道理的。但想到要放弃工作，我还是很舍不得。几年前全省教师工资统一发放以后，城里和农村老师的收入都是"一刀切"，原来我们村很穷，小学老师的工资很低，改革以后全省都要"一碗水端平"，这对农村老师来说是个大好事，跟城里老师收入平摊一下，很多老师的收入比原来高出了许多，而且是国家财政拨款，收入也比较稳定。做决定的那段时间，我确实非常犹豫，舍不得辛苦读书十几年换来的好工作，也舍不得朝夕相处的学生。

但是我老公可不这么想，他说，"你的工资再怎么提也不超过4000元，我一年就有几十万的收入，够你赚十几年了。再过20年你退休了，如果儿子在外地工作，那我们就是空巢老人了，谁来陪我们说话、端水，家里还是人多好些，走来走去就算不说话也觉得很热闹，而且再生说不定还能再生个儿子来。"

跟我关系比较好的姐妹也会劝我，"你老公现在有钱了，你生多少个他都养得起，大不了请人来带孩子，又不用你操心。如果现在没再去生孩子，万一他在外头找别人去生，那就亏大了，现在这个社会啊，什么都是不确定的。对女人来说，家庭还是要比工作重要。你在家看看孩子，做做家务，聊聊天，其实时间也过得很快，不会觉得无聊的。"

后来我想啊，老公太有钱对我来说也是个很大的压力，我总担心睡一觉起来他就不是我老公了，所以还是多花时间在家庭比较好，既然他们家都那么喜欢孩子，那就在家多生一个，到时有了两个孩子，都是他家的亲骨肉，俗话说"爱屋及乌"，把我婆婆和老公哄开心了，我在家里也有地位。

阿英的例子形象说明了女性对于男性家庭主体的认可，为了支持丈夫的事业，让他能安心为家庭创造经济价值，阿英情愿放弃多年来勤学苦读而获得的令众人艳羡的稳定工作，而选择承担起家庭的责任来，当丈夫背后的默默付出者。但她这种"at home"① 的存在模式并没有让她心情愉悦地接受事实，反而有深深的危机感。这里，"at home"不只是一个代表空间的概念，还是一种存在模式，使男性或女性意识到自己在这个世界上的存在，并寻找到适合自己的存在方式。正如前文所述，女性长期在父权制文化的熏陶下，已经适应了回归家庭的"at home"状态，就算她们就业流动到外地打工，在婚嫁年龄都会选择回到家乡承担起社会赋予的妻子和母亲的角色，在面临多元角色冲突的时候，家庭舆

---

① 马克思认为，当工人自在（at home）的时候，他（她）在劳动之外，而当工人在劳动之中的时候，他（她）便不自在。

论都会倾向于让女性作出牺牲，以保护男性这个家庭主体的利益。因此，女性只有在家庭中才感到自在，离开家庭环境反而有深深的自责。与此同时，绝缘于生产资料和经济基础的女性，在家庭场域里由于生存基础的缺失而往往容易产生压抑情绪，对家庭所作出的牺牲更觉得是自我本分的事情，愿意任劳任怨地为家庭付出。

第四章　浮叶女对于本土文化的吸纳

文化论认为，文化是具有整合力的、独立的实体，但文化在流动过程中又会发生断裂，使得迁移者从族群利益，比如经济利益、政治利益出发作出利益最大化的理性选择。在变幻的情境中，文化就与原生地文化发生断裂，整合到一个新的文化体系，尽管族群还保留着或多或少的原生地文化，但原生纽带只有在个体面临危机时才会有感召力。在政治、经济活动中，地域空间促进了"利益连带共同体"的形成，原生地文化与迁移地文化彼此交融、互动、整合，原生地文化逐渐吸收迁移地文化的诸多元素，建构起兼具两种文化特质的文化形态。

第一节　日常生活的本土化

一　生活在别处

作为台湾海峡上的渔村，独特的地理位置造就了岛民对于孤立海岛的适应，很多浮叶人很少出岛到大陆去，坐船去大陆更多时候是男人的特权。笔者访谈过的很多中老年女性表示，她们这辈子几乎没出过岛。海上风浪的险恶、外面世界的困惑，对于循规蹈矩、老实本分的浮叶女来说，是不可逾越的心理障碍，她们对于大陆的生活世界没有太多的好奇，也不像年轻人一样渴望出海去看看另一头的世界是怎样一种精彩。更多时候，她们情愿窝在海岛上过着日出而作、日落而息的简单重复的生活。她们也不会觉得这样"井底蛙式"的生活有什么不妥，正所谓"当局者迷，旁观者清"，于是，笔者访谈了浮叶村的女人阿全，她是福州南平人，嫁到浮叶村已经有三十几年了。她说：

> 我跟我老公是20世纪80年代认识的，那时刚刚改革开放，很
> 多南日岛人去大陆打工，我老公那时才十七八岁，在岛上没啥事做，

就跟着他同村的叔公去连江打石头。我父亲是采石场的包工头，看到这年轻人长得帅气，做事勤快，心地也很好，就经常叫他来我家里吃饭。时间久了，跟我也慢慢熟悉起来，我们在一起也很聊得来，我爸知道了很高兴，心理上一直都是把他当作女婿来对待的。后来我们结婚了，我就跟着他来到浮叶村生活。还没结婚的时候，他跟我说，他们南日岛是个很神奇的地方，海水非常干净，都是清澈的蓝色，傍晚的时候，还可以在海边见到小海龟。以前大夏天的，村里人都跑到海边睡觉，铺上草席，躺着看天上密密麻麻的星星，跟灯笼一样，海风一吹就可以打呼噜了。

结婚那天是我第一次坐船，那时一天只有一班船，还是那种很小的铁皮船，尽管这样，为了等这艘小船，我在码头等得头发都快白了。台湾海峡的风浪很大，大陆的小风在海上就是大浪，所以开船的稍微有点风就不肯开，要等到风浪很小才敢开。结婚那天我们从早晨等到下午才坐上船。一上船就晃得厉害，我也跟着紧张起来，还有人比较夸张，刚坐下来就吐了，反正呀，船舱里到处都是呕吐的味道，飘着空气里，混着汽油味，非常难闻，还有人不小心踩到呕吐物的，就会停下来用莆田话骂个不停。我只好爬到船舱上面的露台去，虽然风很大，船也晃得很厉害，但空气会好一些。我就紧紧地抓着老公，幸亏他胖，要不我就担心会被风刮到海里去。快到南日岛的时候风会突然变得很大，那是一个风口，船会颠得很厉害，站都站不稳，他们当地人说，到了这个大风口就是快到了，以前他们都是靠这个风口来认路的。还没来南日岛的时候，以为就跟厦门鼓浪屿一样，离大陆很近，坐一下游艇很快就到了，没想到开船将近40分钟才到，我就想着，难怪南日岛人不喜欢出岛，坐这么晃的船，刮这么大的风，每次出海就跟在鬼门关前走一趟似的，换作是我，我也不愿意出去。

还没来浮叶村之前，我老公跟我吹牛，说他们家住的是海边别墅，站在阳台上可以直接看到大海。娘家的亲戚都很羡慕我，都说我是嫁给有钱人了，可以天天龙虾、鲍鱼当饭吃。我也觉得很有面子，我们南平到处都是山，一年到头没吃过几次海鲜，听说嫁人后天天吃海鲜，家里人都非常高兴。谁知道，来了浮叶村才明白我是多么傻，什么海边别墅啊，就是靠近海边的石头房子嘛，家家户户都是，也没有什么稀奇的。房子像四合院一样的格局，有好多门和窗。每年春节贴对联就要忙一天，给二十几个门窗贴红，春联是我老公写的，他的字不好看，但也算工整，很多浮叶人贴春联是不需要写得像书法那么漂亮的，要不全村那么多家，每家都有那么多门窗，让卖春联的写一年也写不完啊。浮叶人盖房子跟南日岛人一样，喜欢在卧室里装一扇门，就是你进了卧室的门后，另外还开了一个门。我开始以为这个门是通向阳台的，或者连着楼梯什么的，结果不是，一打开就直接通一楼，也就是说，不知道的人开了这个门就直接踩到一楼去了，我到现在也不明白这个门到底是做什么用的。这个门是两个木板组成的，中间横着一根长竹竿。一到晚上的时候，海风吹得紧，从门缝不断地渗进风来，呼呼作响，好像有人时不时在推门，半夜经常被吓出一身冷汗，幸好现在早就习惯了。

我当年结婚的房间在二楼，是结婚前临时装修好的，还盖了灶台，还有洗手间。以前的浮叶人都没有洗手间，都在卧室里放一个大桶，然后在卧室里解决问题，早晨起床第一件事就是倒马桶，而倒马桶的都是女人，从来不会有男人去倒的，要不会被全村人笑掉大牙。

刚到浮叶村的时候，南日岛还没通电，用上电还是我大儿子读小学的时候，差不多是1993年吧。还没通电之前，我们村的人都是用煤油灯，连蜡烛都舍不得用，我大儿子刚读小学那会，放学后就不做作业了，煤油灯太暗了，他老抱怨看书写字眼睛很难受，其实也是为了偷懒啦。通电了以后生活还是改善了不少，可以使用电冰箱、电风扇什么的，但电压很不稳定，就拿电风扇来说，经常转得很慢，或者不容易启动，前几年我儿子买了电磁炉回来，平时用着挺方便的。但一到春节的时候，回岛上过午的人多了，电压就上不来，电磁炉经常打开了没法用。不仅如此，春节时候家里的电经常跳闸，特别是除夕的时候，跳闸几乎是年年都会有的，我们家除夕想吃个火锅也没法用电磁炉，只好把火锅料拿到炉子上煮熟了再端上桌吃。我二儿子结婚那天村里还停电了，去跟供电所的人说，他居然说要下班了，后来好说歹说才又给通电了。

现在好了，南日岛使用风电，岛上到处都有风车（阿全指着不远处海边的风车说）。海边的风车非常多，连成一排，不停地转动，刚开始村里人还不习惯，觉得那么大的风车，在海边到处都是，不管走到哪都会看到它老在眼前转啊转，头都转晕了，不过后来慢慢也就适应了。这风车啊，确实给我们生活带来了方便，现在电便宜了，原来一度电七毛五，现在只要四毛八，一个月可以省个几十元，这对于没有稳定收入的很多农村家庭来说是个好消息，这样一来，大家都放心大胆地用电了，再也不用像过去要掰着手指头算电价了。……不过刚开始使用风电的时候，也不好用，家里的电灯经常一会亮一会暗的，问了村里懂技术的人才知道，用风力发电的风车太大了，靠着强大的风力推动风车来转动，风车从高处转下来的时候，速度会快一些，灯就亮一点；从低处转到高处时，速度就慢一些，灯就暗一点，所以有几年的时间，我们就在忽明忽暗的灯光下打发晚上的生活。……以前村里的电价高，路灯都舍不得用，晚上出门都要摸黑，只能凭着感觉走，一到晚上很多人就在家待着，很少出去。现在电价便宜了，有些村民就自己筹钱搭路灯，我们村就有个在涵江做包装纸生意的人，这几年赚了好多钱，就拿出 3 万元给我们村安装路灯，每次晚上路灯一开，全村都会说起他，嗯，这 3 万元花得挺值的，落下了一个好口碑。

笔者又访谈了浮叶村的女人阿默，她今年已经 56 岁了，不会说普通话，会说闽南话和一点莆田话，在家带孙子做家务，对于这样的生活，她是乐此不疲，每天都觉得非常充实。访谈中，她用带着惠安腔的闽南语说话，跟她交流有点费劲，但也差不多能听懂。她说：

我从小就在浮叶村长大，我都这把年纪了也很少出岛去玩，总共加起来只有两次，一次是儿子在厦门找到工作，在家放心不下，就想着去看看他住得好不好，吃饭什么的方便不方便。那是我第一次出岛，这么大岁数才第一次出去，说出来还真是不好意思。第一次去厦门，到处都是车，空气也不好，更不认识路，跟着儿子坐公交车，一会坐这辆，一会坐那辆，都坐傻了。要是我一个人去，肯定走丢了。第二次出岛是为了我孙子，2012 年我孙子出生了，我要去帮媳妇坐月子带孩子，就又去了一趟厦门，在那里住了几个月，真是不习惯，天天想着要回家，家里还有那么多海带没人帮忙收，请来的工人也没人给他们做饭，在厦门就是待不住。厦门租的房子门口有条路，我儿子告诉我怎么走可以到菜市场，可我走了好几遍了就还是会忘记。家里人不放心，干脆就不叫我买菜了，在家带孩子，省得走丢了。平时儿子上班，我跟媳妇和她妈妈住在一起，我不会说普通话，干什么都是靠比划。唉，那段时间真的跟哑巴一样，没办法跟别人说话。只好看电视，电视也是讲普通话，我虽然听不懂，但多多少少会看懂一些，也不会太无聊。每天只有儿子回家我才有办法说话，都是为了孙子，要不我一天都待不下去。过了四个月，正好五月份要收海带，我一直说要回家，儿子和媳妇怎么说都没用，我就是想回家，后来媳妇只好用一个礼拜时间去断奶，把孙子给我带回南日岛，断奶那几天媳妇天天都哭，可也没办法，我也不可能天天住在厦门啊，生活不习惯，家里的海带也没人收。……回家后，我就直接去收海带了，今年的海带价格很不好，比去年少收了十几万。以前南日岛的鲍鱼养殖很好，这个鲍鱼呀，就是吃海带长大的，我们这里的海水又好，养出来的鲍鱼比别的地方好吃多了。从前年开始出现赤潮，很多鲍鱼都死了，也不需要那么多海带了，所以这几年海带也不好卖。……我们这里的海带都是十二月份或来年的一月份挂苗，四五月份收成，忙海带的时候，孙子就给我八十几岁的妈看着，其他时间我都可以带孩子。我们这边的孩子很多都是在外面生的，上外地的城市户口，读小学前就放在村里长大，我们爷爷奶奶养着。现在交通方便了，南日岛的小船换成可以载 30 辆小车的大船，每天有好几趟。我儿子回来也比较方便，一般两周回来一次。孙子经常可以看到爸爸妈妈，跟他们也很好，不会认生的。

二　舌尖上的习惯

女人对饮食和烹饪似乎有着天然的能力，特别是在闽南文化和莆田文化双重交织的地区，父权制框约着性别间的行为模式和价值理念，男主外女主内成为传统的性别分工格局。家庭的事务似乎天经地义就应该交给女人来料理，故此，买菜做饭就是女人的专利，是衡量女人贤惠的重要指征。笔者采访了中年女性阿禾，53 岁，家庭主妇，有两儿一女，平时在家操持家务，兼种花生、地瓜、蔬菜等作物。

她说：

> 听老人们说，刚迁来南日岛的时候，很多浮叶人还是以吃米饭为主，这也是延续闽南一带的习惯，但随着与本地莆田语系村民交流的增多，越来越多的浮叶人开始吃地瓜、海鱼，因为南日岛都是沙地，没法种植水稻，只能种植不需要太多雨水灌溉的地瓜和花生，按照浮叶人的说法，种地瓜和花生很容易，平时不需要太多的打理，只要春天种下去，过几个月去收就可以了，平时的雨水就足够满足花生对水的需求。种地瓜需要多费点工夫，但也只是一周去看看，浇浇水即可，也不需要花太多心思。这两样主食解决了，更多的时间，浮叶人就去捕鱼，运气好的时候可以捕到石斑鱼、螃蟹、龙虾等。我小的时候家里穷，经常没东西吃，我的父母和兄弟姐妹们经常饿肚子，于是我的父亲就去海里捕鱼，每天傍晚的时候我们几个孩子都会在海边等他的船靠岸，那是快乐而期待的过程，运气好的时候可以捕到龙虾、石斑鱼、螃蟹，就算运气不好也会有普通的海鱼，长期以来靠海吃海的生活方式带给我们家重要的口粮。所以当时大陆发生三年自然灾害，但对我们村没有太大的影响，我们自己种的地瓜和花生不需要太多雨水，照样可以长出来。但是家里的孩子确实是多，实在没得吃的时候，我们就吃土，那是一种在池塘里的土，黏糊糊的，有点像现在孩子玩的橡皮泥，据说这种土营养丰富，我们小时候没得吃就只好吃土。有时我父亲捕鱼归来，我们就可以吃到海鱼，甚至是龙虾，所以，当时我们经常说，"我们饿得很啊，要么吃土，要么吃龙虾"。这句话虽然很夸张，但却是我们当时真实的生活。
>
> 我们村里人都很节俭，一般都会在家吃饭，很少去外面吃，总觉得买东西回家煮着吃比外面便宜很多，我们不愿意花几百元去外

面下馆子吃饭。家里要请客人也是在家吃饭。我们小时候家里请客都是用很大的铁锅做饭，专门有个人负责在下面烧柴火，拉鼓风板，火旺起来后做饭要很快，事先切菜备菜，然后很快地往里加菜，起锅，没经验的人往往搞得手忙脚乱的。但柴火做出来的菜非常美味，有着木头的香味。……用大铁锅做饭还有一个好处，就是洗碗的时候，可以把碗筷都放在油腻腻的锅里洗，然后用水瓢把脏水捞出来，再加入干净的水，再捞出脏水，几次下来，铁锅也干净，碗筷也干净。

我家后山上有很多适合在海边生长的红树、柏树等，落下好多枝叶，我们就捡回家当柴火烧，每天都要捡好多回家储藏起来。很多人家里都有一个土坯房专门放柴火、木炭，捕鱼的家庭还会多出一间放捕鱼的工具，比如渔网、叉子、竹竿、棕绳等，或者放在院子里晾干，但不管放在哪里，柴火、木炭都要跟这些湿漉漉的工具分开放，避免受潮。

我们没有去外面吃饭的习惯，总觉得请客吃饭、红白喜事都要在家里热闹才行，去外面下馆子是在外面热闹，家里什么都没有，静悄悄的，左邻右舍什么都不知道，就觉得很没有面子。农村办喜事、请客吃饭的，就是要招呼村里人到家里热闹，一来增添家里的喜气，二来显示自己家里的女人比较贤惠，所以村里很少有饭店。长年累月下来，开饭店的人脾气也不好，很少有脸上带着笑容的。也不懂得如何经营，村里的饭店少之又少。……村里的饭店主要是做外卖的，就是做好菜后打包送到家里去，让客人在家吃饭。这种点菜的方式让主人很有面子（点菜比自己做菜贵），饭菜的味道也比自家做的好吃，酸甜苦辣，你想吃什么饭店都能做得出来，方便又省事。但有人到饭店订外卖也不代表饭店的生意就会有多红火，我们浮叶人长期以来生活在恶劣的海岛环境下，能吃的东西非常少，这也养成了我们浮叶人勤俭持家的好习惯，家里的剩菜剩饭都舍不得倒掉，更何况是花更贵的钱去外面吃。这样下来，饭店生意不好也提高了价格。特别是春节的时候，很多在外地打工的人都回到村里来，为了显摆就要请人去外面吃，所以赶上春节饭店的价格都是水涨船高，甚至高得令人咋舌，平时五六百元的菜到春节就是两千以上。我们轻易不会到饭店吃饭，确实为了面子要办喜酒的话，干脆就请厨师到家里来做饭，厨师开单主人买菜，省去零零碎碎的花销。厨师到家后会带一堆的做饭工具，大铁锅啊，液化气啊，菜刀啊，……碗筷都是用一次性的，方便又省力，厨师一来，亲戚朋友，左邻右舍都主动跑过来帮忙，大家都愿意沾点喜气，村里的民风还是比较淳朴的，有事大家一齐来帮忙，这么多年下来，村里人都处得不错，很少听说有吵嘴打架的。我们经常听说在农村，没有什么娱乐活动，大家平常都是串门聊天的，一遇到打架，村里人都会跑去看，跟聚会一样热闹，呵呵，这个情况在我们村很少会出现。

还有一个习惯就是正月初一吃长寿面，也就是闽南常见的线面，细细长长的代表长寿，这个风俗就跟北方人过年吃饺子一样。但闽南人正月初一吃长寿面就是用白水将面煮熟，起锅时放入红糖，象征甜甜蜜蜜。正月初一村里人都是吃长寿面，如果谁家吃稀饭，那天就要下雨，稀饭淅沥沥的，闽南话叫'草草滴'，而闽南话里形容一个家过得很惨，经济很不好也是叫'草草滴'。大过年的，谁也不愿意被人这么说，都会很自觉地吃线面而不吃稀饭。这个风俗跟闽南地区是一样的，唯一不同的是，我们浮叶村吃长寿面都没有放红糖，其实也不是我们不想放，而是没地方买。莆田人觉得红糖是没有营养的东西，很少吃所以在市面上很少有卖的。但闽南人觉得红糖是很补身体的，特别是坐月子的女人炖鸡炖鸭的都要放红糖和龙眼干。老人们常说，猫快死的时候，给它吃红糖就会立马活过来，说明红糖这东西是有大作用的。但是莆田人不这么认为，正因为这样，我们岛上很难买到红糖，久而久之，长寿面放红糖的习俗就发生变化了，改放花生油，这个风俗就是被莆田人同化掉了。莆田人正月初一也是吃长寿面，但是干捞的，拌上花生油，全家就可以吃了，没什么特别的味道，就跟米饭一样配各种菜吃。这跟闽南人吃红糖长寿面都是汤汤水水的，而且不用配菜完全不一样。我们虽然风俗是从闽南带过来的，但是岛上运输不方便，很多东西买不到，就渐渐被莆田人同化了，现在的很多风俗都跟他们没太大区别了。

三　对淡水的渴求

南日岛上常年降水量较少，无较大的常年性河流，仅有季节性水沟，淡水资源紧缺，且水质污染严重，人均水资源量不足 350 立方米，属极度贫水区。受自然地理条件制约，岛上不具备建设大中型蓄水工程的条件。岛上仅有 4 座小型水库，蓄水能力不足 50 万立方米；集镇上原来只有一个简易取水设施，日供水能力仅 20 吨，只供镇政府及部分企事业单位的生活用水。过去，南日岛曾经流传着一句民谣——"起床脸发愁，吃水贵如油；喝粥底见天，地瓜加麦糊"，道出了当地群众言之不尽的艰辛。对此，笔者访谈了南日岛的乡老老陈，他说：

> 好多年了，南日岛上都是缺水，村里人只好打井取水（见图 4-1），但海岛上的井，打上来的水都会比较咸，远远达不到安全用水的标准。有一次福建省军区防疫专家还专门对水质做了检测，发现我们岛上饮用的地下水，大肠杆菌、绿脓菌和亚硝酸盐氮超标。特别是 2003 年，莆田市有很长一段时间都干旱，南日岛的地下水位也下降了很多，原来打的那些水井有很多都枯竭了，村民用水非常困难。还有一些小岛，比如小日、鳌屿、罗盘、赤山，那里的人更可怜。小岛离大岛挺远的，一天只有一班船，交通非常不方便，而且岛上没有平坦的路，都是一会上坡一会下坡的山路，自行车都没法用，更何况摩托车或汽车。他们平时都是抬水喝，到了干旱的时候就不得不排队接水。那会儿的水都是限量分配的，一盆水早晨洗脸，中午洗手，晚上洗脚。

在访谈中，笔者专门找到了浮叶村的女人春花，她的老公是鳌屿村的村民，现在广东承包医院，夫家家里的父母兄弟都还在小岛上。她说：

> 小岛上的水质更差，打上来的水都是黄黄涩涩的咸水，患结石病的人会更多些。小岛缺水更厉害，经常要从大岛运水过去，要耗费很多时间，人也很累，为了省水做饭，小岛上的村民经常一周就洗一次澡，但也只是简单地搓洗而已，他们一到大岛上，最高兴的

图 4 - 1　南日岛用来从井里提水的塑料桶

事情就是洗个痛痛快快的热水澡。后来为了解决小岛居民的饮水问题，南日镇还在距离镇政府 3 公里远的地方安排了一块空地，用来安置小岛上的居民，让他们都搬迁到这里来。政府补贴一些，村民自己出一些，建起了三十几栋别墅楼，别墅楼里的楼层如何安排，愿意跟谁一起居住，楼梯怎么打，都是楼里的村民自己商量的。一般来说，镇政府也会尽量安排家里的亲戚住在同一个楼栋，这样方便照顾老人和孩子。我老公和小叔子就抽签选中了其中一栋楼，我们家平常住得少，就选三四楼，他要照顾我公公婆婆，老人家腿脚不方便，就选一二楼，买下来没多少钱，一平方米只要 1700 元，我们两家都可以负担得起。听说 2015 年就可以交房了，我们就想着早点装修好搬进来住，要不小岛交通太不方便了，去一趟很麻烦，要先从大陆到大岛，再从大岛坐船去，时间没控制好就赶不上船，就只能在大岛住一晚，第二天再去。关键是喝水太不方便了。这几年大岛通了自来水，但是小岛没有装，那里的人都还是喝那种不好的地下水，很多人都有结石病，还是搬到大岛住比较好，家里有老人，住在大岛可以方便看病。但老人总是舍不得小岛，毕竟他们这辈子一直都在小岛住着，虽然环境不好，但早就习惯了。我们也正在做他们的思想工作，让他们搬过来，到时动员村里的老人也都搬过来，大家一起住着比较热闹，慢慢也就习惯了。

　　从小到大喝这浑水，才知道这自来水可真是太重要了。我们海岛鲍鱼很有名，可以发展旅游业和养殖业，如果没有自来水，就没法开发海产品深加工、海岛旅游，以前有台湾商人要来海岛开发，就因为没有自来水后来都没办成。你想啊，如果开发旅游业，就要盖高档酒店、饭店、休闲场所，要是没自来水，就没法洗澡，没法吃饭，生活都不方便，到时谁愿意来呀。你看最近马尔代夫的海水淡化设备受损很厉害，全城有十来天没有水，只好向周边国家求助，连总统都跑回国应付水荒了。这样一闹腾，很多游客都改变计划不去了。要发展旅游业，不通自来水是不行的。我们村的人经常说，"我们不怕没鱼没肉，就怕没水做饭"。说明村里人很想跟城里人一样喝上干净的水。

　　浮叶人身处孤立的海岛上，长期受缺水的困扰，后来鲍鱼养殖在村里如火如荼地开展起来，村民们在养殖中尝到了甜头，赚了满满的第一桶金，村里很多豪华的小洋楼都是承包鲍鱼场的老板盖起来的。随着生活水平的提高，致富后的浮叶人对于水的盼望与日俱增。水成为村民最迫切需要的资源，村民们对此满怀希望，梦想着可以在家开水龙头做饭，用热水器洗热水澡。浮叶村的金森说：

　　我家水井打上来的水太涩了，已经不能拿来做饭了，生活中要用的水都要跑到一里外的地方去挑，我家挑水的扁担都用坏了好几根。家里老人年纪大了，没法挑水，每次出海前我都要把家里的水缸灌满我才能放心出去。20世纪70年代的时候，有一次全岛大旱，每天天还没亮，大家就开始跑到村里的那口"革命井"边排队挑水，人太多了水又少，生产队长安排我们每家只能挑一桶水。俗话说，"狗急跳墙"，排队等水的时候常有村民吵架，甚至动手打架。为了这水，多年的老邻居有可能从此老死不相往来。这一桶水就算带回家也只够家里吃饭喝水，洗澡洗衣服那简直就是做梦才有的事情。所以那时我们村要是有女孩子嫁到外地去，每次回娘家，都要给娘家人带一桶外面的干净水。我们喝惯了从井里打上来的又苦又涩的咸水，喝外面的水就跟改善生活一样。有次去莆田走亲戚，他们问我要喝可乐还是喝矿泉水，我不假思索就要了矿泉水，呵呵。

后来莆田市委书记袁锦贵专门到南日岛考察并落实了通自来水的事情，建了平海湾跨海供水工程，用管道从大陆的东圳水库接管引水到岛上来，还在南日岛建了净水厂①。直到 2007 年我们村才通了自来水，这对我们村，我们海岛来说可是件大好事，通自来水那天，很多老人家说，做梦都没想到可以在家用自来水，很多人捧起水来就直接喝了。虽然每个家庭安装自来水管道的费用很高，也经常遇到停水，但这怎么说总是件有利于老百姓的好事，有了自来水，我们海岛才能发展起来。

四　靠海吃海

南日岛风光独特、滩平沙净，拥有众多奇特的山势地貌、名胜古迹和渔民风情，属于原生态海岛，有着海洋、海风、海景三大海岛资源优势，住在海岛上的村民在长期的繁衍生息中，形成了靠海吃海的生活惯习。

（一）鲍鱼养殖

1996 年 9 月，南日岛水技站干部曾雪峰在西罗盘小岛上调查水产资源的时候，无意中发现长在岩礁上的九孔鲍。这种鲍鱼个头很大（见图 4-2），有三两左右，在南日岛优良水质的养育下，以海带和海藻为食，

---

① 平海湾跨海供水应急工程水源取自大型东圳水库，从已建的湄洲湾北岸供水工程新厝店阀门接管引水，供原水至平海半岛和南日海岛，沿途配置东峤、南日两座净水厂，铺设配水管网供水到户；设计日供水能力 6.5 万吨（其中南日岛 1.5 万吨），受益南日、平海、东峤和埭头 4 个乡镇 85 个行政村和 1 支海防部队共 37.6 万人。供水主管道总长 44.46 公里，其中陆上钢管长 34.6 公里，采用玻璃钢管，沿线有笏石—东峤—埭头—石城公路铺设，管径 500～800 毫米；跨海段 9.86 公里，在埭头镇石城村红山入海，在南日镇山初村南浦头海岸登陆，采用新型管材钢丝网骨架聚乙烯复合管（SPE 管），沿南日水道铺设，管径 500 毫米，每节管长 48 米。工程概算总投资 1.85 亿元，其中中央补助 2300 万元、省级补助 800 万元、市财政投入 5000 万元，其余为银行贷款和秀屿区自筹。工程公益性突出，经济效益较差，根据规范要求进行经济评价，岛上水费将高达 6.6 元/立方米；而且时间紧，建设难度大，特别是在水深 36 米的海底建设跨海供水工程在全国尚属首例。引自：《南日岛 6 万军民喜饮东圳水，莆田沿海 38 万群众得实惠》，2007 年 11 月 28 日，http://www.mwr.gov.cn/slzx/dfss/200711/t20071128_130045.html，最后访问日期：2021 年 8 月 26 日。

有着天然的美味。从此，南日岛的很多村民开始养殖鲍鱼，规模越来越大，鲍鱼逐渐成为海岛的标签，很多人到南日岛最大的兴趣就是吃鲍鱼。到了2007年，南日岛全镇17个村都养殖鲍鱼，鲍鱼养殖数量达到1万多箱共计1000多万粒，养殖面积超过80万平方米，产量达360吨，年产值3.7亿元。很多养殖鲍鱼的家庭赚得盆满钵满，盖起了小洋楼，过上了富足的生活。

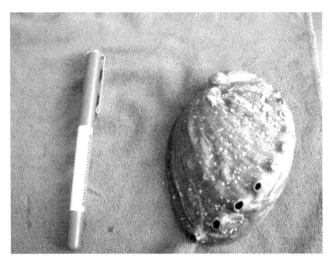

图4-2　南日岛的大鲍鱼

笔者到浮叶村一户家庭做个案访谈时，特意找到阿娟，她是村里养殖鲍鱼的"能人"，她说：

我是农林大学本科毕业的，本科学的专业就是水产养殖，所以对鲍鱼养殖也算是专业对口，熟门熟路。刚毕业那会，我在福州的马尾海产饲料厂当业务员，就是专门做海产饲料的推销。我们是靠业绩提成的，天天要出去跑业务、拉单子、陪客户，整天都忙得不可开交。那几年业绩做得很好，厂里也给我特别的优待，让我当上了部门经理，我自己还在马尾买了一套房子，也算是在福州站稳了脚跟。前几年，我春节回家的时候听说村里的鲍鱼养殖很火，一斤150元以上的鲍鱼让村里的鲍鱼养殖户都发财了，我就开始嘀咕了，在马尾业务做得再好也总归是业务员，没有自己当老板的感觉。提成的收入虽然可观但也只能占利润的一小部分，况且我有一批长期交往的客户群，他们也可以在生意上给我提供帮助。于是，从2006年开始，我就开始筹划鲍鱼场。筹办初期最大的困难就是资金，我打听了以后知道，一个像样的鲍鱼场至少需要七八十万才能建得下来，这还是前期的投资费用，后期鲍鱼还要吃海带，收集、运输，每个过程都要有很大的资金投入。不管怎样，我还是硬着头皮，找村里的亲戚朋友借钱，承诺给一分的利息，再加上房产抵押借来的银行贷款，总共接近一百万，这个数目在当时的我看来是接近于天文数字的，但"舍不得孩子套不着狼"，要赚大钱就必须舍得下血本，我当时还真是豁出去了。

可鲍鱼是长在水里的，没有海域是无法养殖的。为了找到养殖鲍鱼的海域，我联系了万峰村的朋友阿糕，他家倒是有几亩海域闲置着，以前养一些海带，顺便放养一些海产品，比如福螺等。现在鲍鱼行情一直看涨，就想着出租给别人养鲍鱼，这样自己既不用操心，又可以有稳定的收入。所以我一跟他商量，他当场就答应了，我以一亩1000元的价格承包了下来，不够的海域阿糕再帮我联系同村的其他人家出租给我，还为我争取到600元一亩的租金。我对他真是非常感激，说好等鲍鱼以后拿去卖了就给他提高租金。

刚盖鲍鱼场那会可苦了，我和家人要去买木板、浮球、棕绳、鲍鱼筐等等，然后在海面上搭建鲍鱼场（见图4-3），为了赶在9月份放鲍鱼苗，我和家人6月份就开始天天在海上忙。大夏天的海上非常热，太阳晒得眼睛都睁不开了，为了赶时间，我们经常天刚亮就去了，中午休息一下，晚上等月亮上来了才回家，一个夏天下来，全家都晒得跟黑炭一样。为了这个鲍鱼场，我的家里人真是跟着我受苦了。

到了9月份鲍鱼苗放养的旺季，我就开始到处找好的鱼苗。以前在学校学到更多的是理论知识，工作后也是对海产饲料的销售较为熟悉。现在具体要怎么做，还真摸不着北。我们当地的鲍鱼苗，质量好，但要三毛多一只，还要根据大小来判断，小的只要一毛多，中的也要两毛多。不同质量的鲍鱼苗有不同的价格，质量的好坏我也看不懂，只好请村里有经验的师傅带我去看，让他看鲍鱼苗的成长状况、贝壳上有几个孔、孔距多大。师傅说孔距大长得快，孔距

图4-3　接着过滤过的海水和氧气的鲍鱼池

小的就不怎么长了。因为鲍鱼苗的好坏关系到三年后的收成，因此每次选鲍鱼苗一般都是几家承包户一起去进货，统一买下后再来分摊。而且放养的时间也有讲究，2月份放养的鲍鱼苗价格便宜，但成活率低，因为即将到来的夏天会损耗掉很多幼苗。9月份放养的鲍鱼苗价格高，成活率高，冬天对幼苗没有太大的影响。放养后要每天去看鲍鱼苗，及时去掉鲍鱼壳上的海蛎壳。另外，投入的海带也是夏少冬多，撒入海带后还要经常检查，以免碎屑太多堵塞了鲍鱼壳上的孔。我们还在鲍鱼场里养黑鲷鱼、石斑鱼、福螺、大闸蟹……我们几家承包鲍鱼场的，平时都会互相学习，虽然没有正规地培训过，但也积累了不少的经验。就连岛上很多在外读大学的，毕业后都回来养鲍鱼了，鲍鱼这几年的回报还是比较高的。

　　现在我们全家都在养鲍鱼，说实在话，养殖鲍鱼也是体力活。培植鲍鱼的幼苗池都是建在海边，搭起的大棚子里有好多水泥做的鲍鱼池，在鲍鱼池里有很多方形的板砖，上面贴着很多星星点点的小鲍鱼，小得只有指甲盖那么大，呵呵，这些算是大的了，鲍鱼刚出生的时候非常小，小得要用毛笔刮到板砖上（见图4-4）。鲍鱼池里接着氧气管，不断地往池子里释放氧气。而且每个鲍鱼池里还要另外接水管来过滤海水，所以平时都要注意观察，看到池水有些脏了就要过滤一下海水，否则鲍鱼就会缺氧，或者脏东西会堵住鲍鱼壳上的孔。鲍鱼这种生物很娇贵，热不得，冷不得，随时都要补充氧气，要像照顾婴儿一样时刻观察鲍鱼幼苗。工人每天都要三班倒地看着，很辛苦，我们在鲍鱼池旁边还建了一栋楼，专门给工人休息和存放工具。这样下来，你也看到了，培养鲍鱼幼苗的鲍鱼池每个月都要花费非常多的电，用来供应氧气和过滤海水，还要请很多工人来给鲍鱼苗喂饲料①，不时地观察鲍鱼苗的生长状况，要花费相当大的人力物力财力，前期和后期投资都非常大。所以我们赚的钱很多都再投资到鲍鱼场去，这样的风险也会更大些。

图4-4　鲍鱼池里星星点点的小鲍鱼

等鲍鱼幼苗长到一定程度的时候，生命力增强了许多，就可以放到鲍鱼筐里养了，这时候就要把它们放到远海的鲍鱼场里，那里有优良的水质，有规律的潮汐，这些对鲍鱼的生长非常有利。南日岛的鲍鱼之所以这么有名，都是靠这纯天然无污染的海水。还有，我们的鲍鱼之所以甜美，还有一个重要的原因就是吃海带（见图4-5）。南日岛的海带又厚又好吃，不仅人喜欢吃，鲍鱼也喜欢吃。其他地方养的鲍鱼都是喂饲料，味道和口感肯定跟南日鲍不一样。……鲍鱼场建在远海的地方，我们每天一大早就要坐船去鲍鱼

———————————

① 鲍鱼苗吃的饲料是海带做的，海带晒干后磨成粉，有利于鲍鱼苗的吞食，也很天然环保。

图 4 - 5　吃海带的大母鲍

场，载很多的海带去喂鲍鱼。一到鲍鱼场，我们就要把鲍鱼筐提起来，放进海带。鲍鱼筐灌满了水，刚提起来的时候非常重，有一百多斤吧，我们女人要提起来可是要花大力气的。我长年累月这么提着，锻炼了手臂的力量，也就没觉得有那么重了。

　　养了这么多年鲍鱼，我也确实赚了不少钱，有钱了我就给家里盖别墅，在莆田市区买大房子给孩子以后读书用。我的爸妈、哥哥和妹妹都跟着我养鲍鱼，他们也都赚了不少钱，我们家的生活在村里还算是不错的。现在村里越来越多的人看到鲍鱼这么赚钱，也去借钱投资鲍鱼场（见图 4 - 6）。但现在行情没有以前那么好了。鲍鱼的生长过程一般是三年，这三年期间我们要不断地投钱进去，但都没有回报，所有的辛苦和希望都寄托在三年后鲍鱼能长大，能卖个好价钱。养鲍鱼算是靠天吃饭，跟以前种地一样，也是有很大的风险。三年内如果遇上赤潮①，或者照顾不周，鲍鱼就会死掉，三年的付出就会全部泡汤。这几年南日岛周边海域养了很多龙须菜，种植太多了，海水缺氧严重，就会影响鲍鱼的生长。2012 年还遇到过赤潮，那时村里很多养鲍鱼的一夜间都倾家荡产了。我们村有一

---

①　赤潮是在特定的环境条件下，海水中某些浮游植物、原生动物或细菌爆发性增殖或高度聚集而引起水体变色的一种有害生态现象。赤潮是一个历史沿用名，它并不一定都是红色。

对养鲍鱼的夫妻，眼看着鲍鱼就要收成了，就想着鲍鱼后期长得快，反正也不差这么几天，多养两天等鲍鱼再大些再去卖。结果赤潮一来，可以卖几十万的鲍鱼全都死光了。这对夫妻在鲍鱼场眼泪一把鼻涕一把地哭呀，一时想不开就直接跳海了，幸亏被旁边的养殖户救上来。所以这鲍鱼呀，是投资大、风险大的买卖，虽然回报会很丰厚，但要是倒霉的时候，一个晚上就可以把三年的投入都败光了。我们是靠天吃饭的，远远不如那些坐办公室的人收入稳定。我们养鲍鱼的，天天要像照顾婴儿一样照顾鲍鱼。南日岛的天气很不稳定，夏天经常有台风，我们在家待着，心里却想着鲍鱼筐会不会被台风吹走，绑浮球的棕绳会不会断掉，只要一来台风，那几天我们都没法安心睡觉。长期担惊受怕的，久了也麻木了，我们现在的心理素质都很好，呵呵。……我也希望镇政府对南日岛海域能统一规划，种植龙须菜的海域和养殖鲍鱼的海域要分开，不能因为两种养殖都很赚钱，就任由大家都来投资，应该有个总体的规划，要不龙须菜太多了影响海水质量，鲍鱼养不起来，对岛上的经济影响比较大。不管怎么说，鲍鱼是南日岛好不容易建立起来的品牌，应该要好好保护。现在不是在倡导非物质文化遗产嘛，这应该也算其中一个吧？

图 4-6　浮叶村从事海产养殖的家庭作坊

鲍鱼是靠天吃饭的养殖行业，近几年天气的变化，海域水质也在悄然发生质变，很多鲍鱼养殖户遭受重大的挫折，对此，笔者也访谈了浮叶村的阿菊，29岁，有一个8岁的女儿和6岁的儿子，她和丈夫共同经营鲍鱼养殖的家庭作坊。她说：

> 我和老公原来没什么事情做，刚结婚那会，我们家住在镇上，楼上是套房，楼下是店面。我公公在楼下的店面卖生活用品和食杂，我那时正好也闲着，就帮着看店。我老公就比较悠闲了，他也没事情做，就用手头上仅有的两万元积蓄买了一辆进口摩托车，天天开着那辆摩托车到处找人玩。那辆车上装着一个很大的音响，音质很好，每次一发动，好远都可以听到车上放出来的音乐。谈恋爱那会载着我出去玩，大家都以为我找了个有钱人，其实他最值钱的就只有那辆摩托车了。
>
> 后来发生了一件事，让我非常生气，以后也就不在店里帮忙了。那是结婚后没多久的一天中午，我嫂子来镇上找我，说我妈被狗咬了，到镇上来看医生，本来以为打针就可以了，医生说还要挂瓶，而且要挂好几天，我嫂子来了才发现钱不够，就想着我就在镇上，离那家诊所也很近，就跑到我店里跟我要了五百元。我那时也着急，手头也没钱，我老公又跑出去玩了，于是就自作主张从店里放钱的抽屉里拿了五百元给我嫂子。哎呀，我不就是着急嘛，就想着让我妈赶快去打针挂瓶，万一晚了病毒感染了可怎么办。谁知道晚上关门的时候，我公公突然嚷嚷起来了，说抽屉里的钱怎么少了五百元啊，明明记得该有多少钱的。我就马上跟他解释，说是我娘家着急要钱，先拿走了。这下，我公公很生气，说这抽屉里的钱是全家人的，大家都有份，拿走了钱就要事先跟他说，也要记账的。我一听也不高兴了，都是一家人干吗要算那么清楚啊，而且是着急看病花的钱，又不是去买衣服去了，凭什么这么说我。本来以为我老公会帮我说话，没想到他一句话都不说，当作没听见，在那盯着电视看。我想呀，他自己不赚钱，要靠家里吃饭，要伸手跟他爸要零花钱，当然不敢吭声啦。我都嫁出来了，我娘家人是死是活跟他家又没关系，他们总觉得给我家彩礼了就像为我赎身一样，我是他们家的人，以后我赚的钱也天经地义就要给他家花。想到这些，我还是很生气！

后来一连好多天，我都不到店里帮忙了。但这么待着总不是办法呀，每天公公看着我们不干活光吃饭，更加来气了。于是，我就找到我小学的同学阿妹，她头脑灵活，见多识广，在村里比较有门路。她当时就提议我去养鲍鱼。可我一想，盖个小规模的鲍鱼场要30万呀，如果鲍鱼3年后可以卖的话，还要加上3年的鲍鱼饲料、喂鲍鱼的海带、请工人的工钱、工人吃饭的钱，算下来也得要七十万，我上哪找那么多钱。这个主意一出来就被我给否定了。我想，真要借这么多钱，天天睡觉都不安稳，吃饭也吃不香。但是阿妹总是有办法，帮我找了60万的贷款，只要一分利息。那时鲍鱼养殖非常赚钱，可以算是一本万利，很多养殖户都是第三年鲍鱼第一次卖出后就连本带利还清了，我动心了。

就这样，我和老公不管刮风下雨都要去鲍鱼场喂鲍鱼，把鲍鱼当作自己的孩子一样，就想着快些长大好卖钱。我们每天7点出发，到晚上天黑了才回家，很少有时间休息，在家里待着就会想着鲍鱼场现在是什么情况，反正就是待得很不安心。夏天海上太阳很大，我们穿长袖，外面套上黑色的很厚的塑料衣裤，跟鞋子都是连在一起的。这种塑料衣服不透气，夏天海上非常闷热，在外面走一圈都会装满一身汗。我一个女人家，天天都要提一百多斤重的鲍鱼筐，真的非常累。我老公以前不爱说话，现在养鲍鱼借了好多钱，他也慢慢会说话了。每次见到借给我们钱的人都会主动打招呼，过年的时候也会请他们来家里吃鲍鱼火锅，跟他们聊天打牌喝酒。这几年来，他也变化很大，以前在家只会看电视，问他也懒得答一句。现在头脑会灵活一些，话也多了，精神气色也比以前好多了。

第一年鲍鱼就卖得不错，我们年后才拿到福州马尾的集贸市场去卖，单单一天就卖出了三十几万，第二天回家的时候，用报纸包着那么一大捆钱，我非常激动，长这么大第一次看到这么多钞票，我兴奋得整晚都睡不着觉，把钱拿来当枕头睡。我当时想啊，第一年三十几万，明年的鲍鱼会比今年多，卖个50万是不成问题的，就算没有50万，应该也还有三十几万，算下来，我借的60万不是马上就可以还清了吗？想到这，我整晚都在做梦，脑袋里飞快地数钱，心情久久都平静不下来。

第二年的冬天，鲍鱼快要收成了，却遇上了赤潮。海水缺氧严重，鲍鱼几乎是在一夜间全死了。那天一大早去鲍鱼场，刚到海上就看到临近的养殖户有人在哭，我心里一咯噔，来不及穿上塑料衣，就举起一个鲍鱼筐，发现鲍鱼都不动了，这下我也着急了，接连拿了几个鲍鱼筐出来看，都是一样的，鲍鱼都露出白色的肉了。那一刻，我所有赚钱的美梦瞬间破灭了。当然，也非常心疼啊，心疼这一年多的投入，更因为临近春节即将卖个好价钱而懊恼不已。养鲍鱼真的要有很好的心理素质，要不一年投入血本无归，想不通的都有可能去自杀了。

今年继续养鲍鱼，唉，没有办法呀，都投入那么多，总不能收起来不干啊。继续养着还有赚钱的可能，如果收起来不干那就亏了几十万，猴年马月可以赚得回来？现在只希望今年天气好一些，千万不要再有赤潮了。如果今年有收成，我的债就可以全部还清了。养殖鲍鱼还是高回报的，收成好的话，两三年就回本了，收成不好那就会负债累累，跟赌博一样，谁也说不准。但人就有这样的赌博心理，总觉得我下一次一定能赚钱，就会源源不断地去投入。我们老家人有句话叫"爱拼才会赢"，年轻时只要肯打拼，总是会有收获的。这赤潮总不可能每年都有，总会有发财的时候吧？呵呵。

尽管阿菊对于鲍鱼养殖的前景还是持乐观的态度，但不少浮叶村的村民还是持谨慎的乐观，近两三年来的惨败给他们留下深刻的阴影，但高额投资又迫使他们无法收手，陷入"骑虎难下、进退两难"的状态。就此问题，笔者又访谈了另一个浮叶女阿娟，她家是鲍鱼养殖大户，鲍鱼场就建在南日岛鲍鱼养殖规模最大的浮屿岛，离东岱码头颇近。从码头上眺望鲍鱼场，海面上有一个个白色的小房屋。海上的渔排很整齐地排列着，如街巷一般四通八达。坐汽船到了她家的鲍鱼场，她说：

你刚才上船的码头是东岱码头，去年这个时候，码头上会叠满很多一人高的鲍鱼网箱，前来运鲍鱼的货车是一辆接一辆，到处都是收购鲍鱼的人，非常热闹，到处都是发财的喜庆。但今年很多鲍鱼都卖不出去了，码头上现在都是收海参，远远没有往年鲍鱼收购那么热闹。

　　我们家是 2004 年开始养鲍鱼的，刚开始鲍鱼的行情非常好，我们也投资很多到鲍鱼场来，在这个浮屿岛养殖区内就已经有 13 个渔排，每年的鲍鱼能收个 60 万公斤。如果鲍鱼行情好的话，每年赚个上百万是不成问题的。我们请的工人每天都要用新鲜的海带喂鲍鱼，还有紫菜、龙须菜也可以用来喂鲍鱼，但是鲍鱼还是比较喜欢海带，所以我们岛上产的鲍鱼肉质比其他地方都要更鲜更甜，也更有嚼劲。每天单单喂鲍鱼就要用 8000 多公斤的海带，差不多要花 1200 元，一个月 3 万多元。现在鲍鱼的价格这么低，鲍鱼还要"富养"，喂紫菜只能加大成本，加上赤潮的季节马上要到了，就不敢喂龙须菜了。从去年 12 月底开始一直到现在，我的鲍鱼就一直没卖出去，光投资没回报，再这样下去我的日子可就难过呀！

　　这鲍鱼价格一年不如一年了，我给你算一笔账：2012 年 11 月份的时候，16 粒/公斤的价格是 180 元，12 粒/公斤的价格是 270 元，10 粒/公斤的价格是 300 元，8 粒/公斤的价格是 330 元，6 粒/公斤的价格是 360 元。到了 2013 年，16 粒/公斤的价格只有 100 元，12 粒/公斤的价格是 120 元，10 粒/公斤的价格是 170 元，8 粒/公斤的价格是 190 元，6 粒/公斤的价格为是 230 元。算下来，每公斤价格少了 1/3，往年可以赚一百万，现在就要少赚个 30 多万。我们家从 2004 年开始养殖鲍鱼，鲍鱼的行情一直都很好，价格也是只涨不降。每年来收购鲍鱼的商家非常多，鲍鱼都不够卖。去年开始就不行了，要找关系才能卖得了鲍鱼，现在我家鲍鱼场喂鲍鱼的海带，真是喂多少就亏多少。今年开始我们家都不敢再进鲍鱼苗了，先把往年投的鲍鱼卖完了再说，要不到时投入越多亏本越大。你看鲍鱼场里有很多渔排上都放着很多空的鲍鱼筐，就是因为鲍鱼行情不好，大家都不敢随便进鲍鱼苗，只好剩下来放在这里。

　　我们养鲍鱼的不敢进鲍鱼苗，培育鲍鱼苗的养殖场也不敢投入太多。我们南日岛的鲍鱼苗主要从东禹水产科技开发有限公司①进货，连他们公司的总经理都说，"从 2003 年建场以来，南日鲍种苗

---

① 福建东禹水产科技开发有限公司育苗场占地面积 2.8 万平方米，是目前莆田市最大的南日鲍种苗培育场，每年可培育 6000 万粒种苗，2012 年该场的年产值为 2000 万元。

的销售情况一直都很稳定，价钱也不错，从未遇到过像今年这么低的价格。"往年规格在1厘米左右的南日鲍种苗每只的价格在0.3～0.4元，到了去年，种苗的价格只有前年的1/3，相差太大了。听说如果到9月份售苗期价格还是上不去的话，他们就要把那些规格不到1厘米的小鲍鱼苗处理掉，要不到时亏得越多。

我们南日岛的鲍鱼是仿野生养殖，吃的是新鲜的海带、龙须菜和紫菜，是真正的纯天然绿色食品，价格会比其他地方产的鲍鱼要高一些。但很多老百姓买东西都是贪便宜，哪个便宜就买哪个，他们不懂得一分钱一分货的道理。还有一些商家为了多赚钱，把其他地方产的品质比较差的鲍鱼冒充南日鲍来卖，影响了南日鲍的形象，也会影响鲍鱼的销量。但鲍鱼价格总这么降也不是办法呀，做成鲍鱼干、鲍鱼罐头是个不错的选择，但我们也担心成本会太高，到时忙活一场又赚不到钱。我们村里有人把鲍鱼运到北方去卖，听说价格还不错，有200元/公斤，但运输途中风险很大，要随时测量船舱的水温，观察水质的情况，还要防止遇到台风、暴雨、赤潮等自然灾害，路上的颠簸也很容易伤到鲍鱼，北上虽然价格高，但不是万不得已我们还是不敢轻易去尝试。

（二）海带种植和加工

浮叶人在传统上就是以捕鱼和种植海带为生的，由于没有多种经营，在20世纪八九十年代，村里的经济状况一直很低迷，很多村民出岛打工，散布在晋江、福州、厦门，或者到中西部地区承包医院，到东北做木材生意，到云南从事珠宝生意，等等。直到2000年以后，很多村民发现养殖鲍鱼很能赚钱，才开始陆陆续续有人投入这一行业，尝试着养殖鲍鱼。按照鲍鱼一般的生长规律，以三年为一个周期，第一年投入的资金在第二年末可以数倍地回报。南日岛海域优良的水质也有利于鲍鱼的生长。如此这般，鲍鱼的高额利润刺激着村民争相养殖，大凡有些许积蓄的村民都会选择投资鲍鱼产业，建鲍鱼池，贩卖鲍鱼到福州等地。到2013年，南日岛鲍鱼已经成为南日岛的标签，入选为中国驰名商标。而养殖鲍鱼最主要的食物就是海带，这也是南日鲍味道鲜美的重要原因。因此，拥有较多海域的家庭往往放弃出岛打工，选择留在村里养殖鲍鱼或者种植海带，以获得高额利润。但是，随着养殖鲍鱼的增多、特别是2012年海洋赤潮的出现，鲍鱼大面积死亡，鲍鱼户损失惨重。有些人不得不放弃鲍鱼养殖，转而种植海带、龙须菜，气候的变化和市场的需求影响着村民的养殖种类，并因应需求作出相应的调整。

对此，笔者访谈了阿兰，她家是种植海带的，租借了几亩海域用来种植海带，她和老公是主要的劳动力，平时会请一些工人来帮忙。她说：

> 我们都是每年12月份播种海带幼苗，次年四五月份收成，平常都要随时照看海带苗，以防被台风刮走，或者海带头脱线，或者捆绑海带的棕绳不牢固（见图4-7）。养海带有很多事情需要每天去照看，我的三个孩子都到外地读书和打工去了，家里只有我和老公两人在种海带，每天都从天亮忙到天黑，在开种和收成的时候还要雇工人来帮忙，一天要300元钱，还要管吃三顿饭，我就负责做饭，空余时间也要帮忙收海带和晒海带。收海带是个力气活，都是男人们做的事情，要从海里将已经长得很长的海带整排地拉到岸上来，还会带着海水和沙子，非常重，我们女人家是做不来的。我主要是去晒海带，每年四五月份是海带收成的时候，那时去海边就可以看到漫山遍野都是海带，而这时偏偏又是梅雨季节，我们要在旁边看着，天气一变化就要赶快收起来，要不就白晒了。晒海带的时候还要随时给海带翻面，这样可以快点晒干。反正那两个月是我们种海带的人最忙的时候，天天都要在海边晒太阳，个个都跟黑炭一样。但一想到海带晒干后卖掉就可以马上变成钱了，我就浑身都有力气，呵呵。我们家的海带算是规模比较小的，一年只能赚个20多万元。这些钱要供三个孩子读书和生活开销，也没剩下多少钱。我只有一个儿子，在厦门工作，都结婚了还没有自己的房子，每月要花一千多在岛外租房子住。厦门的房子非常贵啊，岛外的新房子一平方米都要接近2万元，就算买个小面积的套房都要一百多万元，这对我们农村人来说真是天文数字。我都在想，这要种多少年的海带才能供一套小房子，还不如回岛上种海带。可现在的年轻人啊，吃不了苦的，他们才不愿意像我们一样风里来雨里去的，他们更愿意在大城市里生活，过不惯我们农村的生活了。过几年有孙子了，我要带

孙子，可怎么种海带呀？想到这些我就头痛……

图4-7 海带挂苗的棕绳

我们家就靠我和老公种海带，平时我还要负责十几个工人的吃饭，如果去吃快餐，一个人十元钱的话，十几个人就是一百多元，工人来干活一天要管两顿饭，还有一顿点心，所以平时都是我自己做饭给工人吃，这样比较省钱，请人来做饭一个月还要花两千多元，饭钱还要多花很多，不值得。我们这种规模小的海带场，都是要勤俭节约的，能省一点是一点。

这几年的海带也不好做了，很多都卖不出去了。你来调查应该知道我们岛上的鲍鱼这几年死了很多，就是因为赤潮。好不容易养大的鲍鱼遇到现在这样不景气的行情，也非常不好卖。以前都是运到莆田或福州马尾去卖，两天都可以卖出好多，码头边也经常是来收鲍鱼的船。这两三年鲍鱼的行情跟以前相比差了很多，而鲍鱼又主要是吃海带的，鲍鱼减产了，我们海带也会受影响，收上来的海带除了送到鲍鱼场以外，还会剩下很多，人也吃不了那么多。不过好在海带可以晒干储藏起来，放个两三年是没问题的。我们就想着卖到远一点的外地去，价格会高一些，要不我们本地的海带就跟草一样，烂在海边也没人会去问的。

（三）远洋轮船上的讨海者

浮叶人的祖先长久以来生活在惠东一带，濒海的特殊地理位置造就了他们靠海吃海的天性，人人都是狂热的讨海者，也在长期的渔业生产中积累了丰富的经验。惠东地区的渔业生产，与惠东的历史一样悠久，可以说，有惠东人的地方就有渔民。早在三四千年前，聚居这里的先民就是以渔猎为生的。五代闽地已设有渔课征收渔产税，说明渔业生产已颇具规模。到了明代初期，这一带居民仍比较集中居住在海边以捕鱼为生。此时，捕捞水平已大大提高，不但摆脱了原始古老的生产方式，懂得使用多种网具，而且已善于掌握技术较复杂的延绳钓作业，懂得在不同季节使用不同工具捕捞不同的鱼类；还发展了较大型的渔船，开发外海生产。正如1634年增补的《崇武所城志·生业》云：

> 崇武滨海，军民人等，以渔为生。冬春则纶带鱼，至夏初则浮大濂取马鲛、鲨、鲳、竹鱼之类，夏中则撒鲨（丝廉）、鲻（丝廉），秋中则旋网取金鳞、巴录、毒等。凡鱼依四时之气而生，其至亦乘四时之气而至。渔者随时设网以待之。诚哉，近水知鱼性！然船有大小（舟华）（舟答）、（舟监）（舟答）。（舟监）近纶带鱼，人纯用之，以船轻便而易动，且坚致可驾远而耐风波。其山前、吴产二宗居民，则另设密网于春秋之季专取白虾。

清代初期虽经历战乱的严重破坏，但承平之后，惠东地区的渔业生产又迅速恢复而且有新的发展。此时，一方面内近海的定置网、地拉网以及小型的牵流、钓鳜、扫（虫戈）、拖虾、围罾、放（丝昆）、打墨鱼、诱王螺等多种作业仍十分盛行，另一方面渔业劳动力的主要精力都转向大中型的外海捕捞作业。这种趋向到了清代末年更加明显，据1902年刊印的朱正元《福建沿海图说》记载，单崇武澳就有大渔船六七十号。

众多历史文献记载可以清晰地看出，浮叶人的祖先一直以来保持着渔业捕捞的劳动生产惯习，并延续至今。尽管浮叶人迁移到南日岛，但南日岛人也是相似的生产生活模式，对他们的文化适应没有太大的障碍，他们很容易融入海岛的文化语境中。日积月累的生产生活模式使得浮叶人对于南日岛和原生地有着种种情结和情感联系。调查中，笔者也发现，很多浮叶人在南日岛上从事海产养殖，与南日岛本土岛民的生产习惯趋同，但还有更多的浮叶人到原生地的惠安、晋江一带从事海产捕捞工作，这种回归原生地讨生活的方式一直延续至今。对于原生地来说，他们也乐于接受浮叶人参与海产捕捞的工作，语言上沟通的无障碍以及生活习性的相似有利于群体认同的形成。笔者特意找到阿燕，她的丈夫曾经在马尾远洋轮船上工作过 20 多年，是一名地地道道的讨海人，家里有两个孩子都已长大成人。她说：

　　我们浮叶村很多男人在福州、惠安和晋江那里的远洋轮船上捕鱼，晋江会相对多一些，因为那里的船老大都比较有钱，舍得出大钱去买装备比较高级的轮船。比如船上会配备冷冻室，刚捕捞上来的鱼虾直接倒进冷冻室里冷冻，等上岸回家的时候还可以保持新鲜，卖相也很好。以前比较传统的渔船没有冷冻室，等靠岸了很多鱼都有味道，口感也不好，自然也就不好卖，特别是夏天，鱼坏得快，如果没有马上靠岸去卖的话，很多海产都会臭掉。这样的渔船就只能在近海捕鱼，抓到一些就赶快上岸来卖。近海的鱼数量和品种都比较少，每次就像小本生意一样属于小打小闹，没法展开大规模的捕捞。现在很多船老大有钱了，就去买大型的渔船，船上什么都有，冷冻室啊，储藏室啊，卫生间，卧室什么的，样样都有，在上面住着跟宾馆一样，生活也比较方便。条件好了，他们就可以放心大胆地去远海捕鱼，直接放冷冻室里运回来，每次船还没靠岸，码头上就有很多买家来收购海鲜。我老公就在远洋轮船上工作，他是厨师，专门给船员做饭的。他的手艺可好了，会做各种各样的大锅饭、蒸饭、炖汤、炒菜样样拿手。他有两个长勺子和铲子，木头柄的，每次炒菜都是双管齐下，跟搅和水泥砂浆一样，呵呵。炒好的菜放在专门盛菜的脸盆里，盖上盖子。海上没有青菜吃，每次从岸上带来的青菜都要放在专门的储藏间里保存，每天拿一些出来，省着吃。最常吃的就是鱼了，对鱼的做法也很讲究，有糖醋的，有清蒸的，有炖汤再加点蘑菇的，变着法子给大家改善伙食。但打上来的鱼船员还是舍不得吃，大部分的时间，他们都是把鱼用盐腌了再晒干，这样每顿饭只要吃一点鱼就可以吃好大碗饭，节省了很多食物。他还会做肉松，大块的瘦肉放在酱油水里煮烂了，再撕成一缕一缕的，在锅里炒干，这样的肉松容易保存，可以在船上吃很长时间都不会坏。虽然在渔船上的生活很艰苦，但一旦靠岸，船员就上岸去大吃一顿改善伙食，或者找个地方玩个痛快。

阿燕指着家里客厅中央的贝壳吊灯，接着说：

　　这个灯是我老公年轻的时候，大概是40岁时在印尼买的，当时花了100多元，这个价格在当时算是比较贵的。买回来挂在客厅非常气派，大家都知道这是国外带回来的好东西，只要来我家就都要开灯看看这个灯亮起来是什么样子的，上面的贝壳都有哪些形状，用什么线能把这么多贝壳串起来，嗯，反正客厅有这个灯，家里就觉得高档了许多。远洋轮船经常要开到很远的海域去捕鱼，我老公去过周边好几个国家，日本啊，俄罗斯啊，印度尼西亚啊，等等，还有国内沿海的几个城市都去过。我儿子3岁的时候，我们全家就去过杭州，还在杭州西湖边上拍了一张全家福，就挂在客厅的相框里。（阿燕指着墙壁显眼处的相框说）那时我儿子3岁，女儿5岁，衣服穿得虽然土，但也算是家里人难得的相聚。你知道这远洋轮船啊，每次都尽量去很远的边境捕鱼，这样可以捕到更多更好的鱼。他们一去就是20多天，这都是正常的，快的是十几天，有些船不是捕鱼的，是运货到国外的，那就要去更长的时间，出去个半年多甚至一年都很正常。我跟孩子就留守在村里，我一个人带两个孩子，有时会想老公了，就把孩子交给我妈来带，我自己跟着村里其他船员的家属到福州马尾的船厂去探亲。后来还是舍不得孩子，就把比较小的儿子带去福州，女儿大一些就放在岛上。孩子他爸常年在海上走船，一年难得跟孩子见面，按照现在的话说，孩子就是留守儿童。那时的生活很辛苦啊，孩子还小我就要到地里种地瓜和花生，出门前把儿子放摇篮里，女儿在旁边玩，我出去干活，等回来后再做饭吃。幸好以前村里的治安很好，小孩单独放在家里也不怕丢掉，邻居经常走来走去也比较热闹，放在现在肯定不敢。虽然不在一起但孩子跟我老公还是很亲，我老公每次出海到国外都会带很多好吃好玩的东西给小孩，每次他一回家就跟过节一样，有得吃有得玩，村里的其他孩子都很羡慕他们。

我跟老公是相亲认识的，我们村里一般都是靠相亲，见面那天，他看了我一眼就答应了，后来我问他，怎么会答应得那么爽快，他说，当时就看中我个头高，以后生下来的孩子不会矮，哎呀，是为了生孩子而不是看人好不好，我当时还生气着呢！我们结婚那会是在下面的旧房子安家的，一座石头房子，三个开间，左边一半是我家的，右边一半是他哥哥家的，各用各的灶，各做各的饭。家里都没有像样的家具，只有一张床和一个衣柜，在20世纪70年代的时候也算还过得去。我老公原来在我们村里当邮递员，是临时工，每天骑着自行车在岛上送信，没有休息天，刮风下雨也要出门，工资也很低，家里当时是比较穷的。结婚第二年，村干部说福州远洋渔业有限公司有招人，在马尾，叫他去应聘看看。在村干部的推荐下，我老公当时就去面试了，公司的人看了很满意，当即就要了。刚好他哥哥也在那个公司工作，我想兄弟两个人出去打工也有伴，我跟嫂子住在一起也有人照应，都是一家人，平时可以互相帮忙。从那次去福州到2001年退休，20多年了，我们都这么两地分居地生活。村里都是邻居和亲戚，大家都很熟，也就没那么孤独了。90年代我家买了地盖了新房子，我觉得家里太空了没有什么人住，还让我一个邻居一家住在另一半开间，他家的两个儿子还都是在我家结婚生子的哩！

远洋轮船经常要到非常远的外海捕鱼，那里水质好，没有受污染，捕上来的鱼又大又鲜美，运气好的话，还可以捕到很多珍稀品种，所以每次回来都是满载而归。那时候国营的远洋公司很少，能到外海捕鱼的毕竟是少数，所以不存在争抢海域的问题，收成也很丰厚。而且当海员要经常在外地跑船，一年到头难得回家，国营远洋公司为了留住船员，都会给很高的工资。90年代初那会，我老公的工资就有一千多元，这跟村里的收入相比算是比较高的了。年轻的女孩子要是能嫁给船员算是好福气的，工资高，工作稳定，算是大家争抢的"香饽饽"。所以那些船员都很容易相亲到年轻漂亮的女孩子，长得再矮再丑都有人要。这几年他退休了，一个月还有两千多的收入，加上医保，反正对我们农村人来说真的挺满足的。听说现在的船员待遇比以前更好了，普通的船员一个月都有一万多元，当个小领导的会更高一些，有两万多。虽然船员长年累月在外海跑船，跟家里人难得团聚，但考虑到这么高的收入，很多人还是很愿意当船员的。离我们村很近的厝娘仔，就有很多男人去当船员，他们尝到甜头了也会一个带一个地介绍去当船员，渔业公司也喜欢招这样的男人，都是同村的，彼此都认识，甚至很多都是亲戚，遇到事情也比较好沟通。在海上跑船很辛苦的，很多时候要靠大家齐心协力。渔业公司的船主要是捕鱼，不需要太多的船员，一艘船上一般只有十几个人，只有远洋的运货船才会更大些，也需要更多的人。有时人手不够用，他们村也会来我们村要人。村里有些找不到事做又整天闲荡晃悠的男青年，就会去应聘当船员。他们经常一走就是几个月甚至一年，村里留下很多留守的女人和小孩。她们一般都不用去工作，靠船员丈夫的收入维持生活，那么高的收入在我们村是可以生活得很不错的。

随着时代的变迁，交通变得快捷便利了，很多船员家属不再像父辈一样两地分居想断肠，而是跟随丈夫到工作的地方去生活，作为船员家属的阿蕾，她的丈夫在晋江渔业公司当船员，她在几年前就跟着丈夫来到了晋江，在附近的工厂打工。而跟她一样境遇的还有很多人，这些女人更多选择"抱团取暖"，集体应聘到附近的工厂，从事简单繁琐的体力劳动。她说：

> 我们这些船员的家属都住着一起，在岸边租房子住，平时没什么事情做就去附近的工厂打工。晋江有很多制衣厂，对技术要求不高，我们这些家属就相约去那里打工，每个人负责一道程序，有的缝衣领，有的做口袋，有的车边，有的钉纽扣……像流水线一样每天赶任务，做得慢了后面就闲着，就会不停地催你，如果你老是做得慢，以后就没有人愿意跟你一组了。我们都是计件发工资，每天一上班就跟打仗一样，忙到下班才会抬头走路。等老公远海捕鱼回

来，我们就更忙了，每天要在家做饭给全家人吃，还有一堆家务。往往是这个时候，我们很多人就从制衣厂辞职，专门在家做家务。我们的老公等船靠岸了以后经常要在岸上住一两个月再出海。休息时间长的话，我们就回南日岛住上一段，休息时间短的话，我们就还在晋江租房里住着。老公一回家，家里的事情就很多，我也没法上班了，反正制衣厂是计件发工资，我辞职不干了一样会有人顶替我的位置，等老公出海捕鱼了我再去上班。这样的工作虽然辛苦但是很自由，爱来就来，爱走就走，谁也不会管你。

五　子规勤勉报春晖

莆田人文荟萃，有重视教育的传统，在科举时代，莆田还是中国所有州县当中进士人数最多的县之一，文化精英人才辈出。自从科举制度实行以来，莆田县产生的状元有21人，榜眼7人，探花5人，莆田籍（含仙游籍）进士多达2482人，当上宰辅的莆田籍读书人有17人。在宋代，朝廷所取进士当中，每42人就有一名是莆仙人，而且莆仙人中状元、榜眼、探花以及中赋魁、别试第一名的人数，也位居福建之首。宋朝时期莆田叫兴化县，无独有偶，江苏曾经有个县也叫兴化县，虽然江苏的兴化县也是文化名邑，据称自南宋至清末，诞生过260多名举人、93名进士、1名状元，在当时算是全国罕见，但相对于莆田来说，不得不望其项背。随着书香传承，士人辈出，莆田历史上出现的士林佳话在坊间口耳相传，如"一家九刺史"（唐朝时期莆田人林披的后裔，有九人官至刺史），"一门五学士"（唐代黄璞考中进士，其四子也同列馆职），"一科两状元"（北宋熙宁九年的文武状元，均为莆仙人），"魁亚同榜"（南宋绍兴八年，莆田人黄公度、陈俊卿同时考中状元和榜眼），"龙虎榜头孙嗣祖"（宋代徐铎与其祖唐代的徐寅均为状元）。莆田的许多世族都科名卓著，如宋代的方氏进士多达132人，白杜方氏"万卷楼"藏书达5万卷。今中国汕、琼雷的许多家族，都自称始祖宋代自莆田迁出，其中或有攀附成分，这也是因为宋代莆田的文化地位很高，值得借来光耀自身。明朝晚期的何乔远在《闽书》中记莆田风俗，好话也是说了不少，比如"其人好礼而修文，士相矜以名节"，"气韵之所歔吹，布韦蓬藋莫不顾化。老生宿儒出而授经近县，步趋坐立，造次不失。下至洒削卖浆之伦，未尝敢岸帻科头行衢道。贫家觞豆数行，秩秩有次。吾伊之声，比屋而闻，通有韵之文，十人以三四"。在他的观察中，莆田仍然是文风炽盛、知礼义荣辱的地方。由此，王安石称赞"兴化多进士"，朱熹称赞"莆田人物之盛"，莆田也获得"海滨邹鲁"的美誉。不过，经历宋明两朝的兴盛之后，清代时莆田的科举考试由盛转衰。①

莆田有着深厚的文化传统，也深深地影响着莆田人勤奋拼搏的学习热情。莆田人长期以来耳濡目染，对于教育有着强烈的认同。不管是繁华的城镇还是偏远的乡村，家长对于子女的教育都很舍得投资，希冀以读书作为向上流动的阶梯。在笔者的调查中，生活在浮叶村的人，稍有点经济头脑和经济基础的，都会选择利润较高的海产养殖的工作，而经济条件相对较低的人则选择外出打工，也有一部分年轻有为的青年，通过自己的努力实现"鲤鱼跳龙门"式的向上流动，在城里找到稳定体面的工作。在村里，只有一所浮叶中心小学，创建于 1987 年，共开设 6 个教学班，在校学生 58 人，专任教师 13 人。2007 年学校翻新了教学楼，改善了教学环境。这个村里唯一的学校，成为浮叶人成长的第一个启蒙场所，是浮叶人梦想腾飞的第一个承载地。笔者来到浮叶小学，正是暮秋时节，学校经过整修，倒也崭新且干净。学生安静地在教室读书。还有几人合抱的大树，遮蔽着校园，偶尔落下厚大的叶子。操场上有几个孩子在玩耍，踢毽子、捉迷藏、玩游戏，很是开心惬意。笔者在附近的空地里找到几个闲聊的女人，她们对我的研究似乎挺有兴趣，于是我跟她们攀谈起来。

正如每个家庭的子女教育都有不同的故事，笔者访谈的阿丹，她的儿子注定就是一个传奇，从一个懵懂贪玩的孩童到栋梁之材的博士，这个青年的求学经历可谓大起大落，充满破茧成蝶的勇气。她说：

> 说到我这儿子，也算是个奇才。他一年级的时候没有好好读，经常跟着我跑福州，后来想想还是让他再读一次一年级，这样基础会扎实一些。他在初二之前读书很差的，单一年级就念了两年，五

---

① 莆田市莆仙文化研究院编《莆田市名人志》，福建人民出版社，2014。

年级要考我们岛上唯一的一所中学，就是离镇政府很近的南日岛中学，居然还没考上，语文数学加起来才80多分，实在太差了，连中学都考不上。第二年又去考，也是刚刚好过及格线，很玄乎地考上了。他小学读书不好是因为他们班的班主任，那个班主任是我们村的农民，平时在地里种地瓜和花生，干活累了就锄头一扔，赤脚跑到学校去上课，这样来劳逸结合的人。有次我儿子不知道是什么事情犯上他了，他也不懂事，要跟老师单挑。可那老师毕竟是在地里干过活的，一巴掌盖过来，我儿子一看不对，赶快从二楼跳窗逃跑，直接掉到一楼，然后跑回家，结果回家还是被我打了一顿，用的是拖把，还打断了，我就是生气他老是在外面惹事。后来这个老师还告到校长那里，气得校长要开除他，他觉得怎么会有这么大逆不道的学生敢跟老师打架。后来还是我带儿子去给老师登门道歉，还送了好多地瓜才摆平的。直到好多年以后，我儿子考上博士回到村里，那个老师远远看到他就跑，他可能也很愧疚，差点毁了一个博士。

初中在远一点的地方，离镇政府很近，但离我们村就非常远了。那时候没有自行车，更别提摩托车，大家都是走路去上学的。村里的孩子都是光着脚走路，只有到冬天很冷的时候才会穿鞋子。我们村里穷，一年到头穿一双鞋会穿破掉，平时都不舍得穿，只有到了冬天才会拿出来穿几个月再收起来。第一次走路到学校是我带他过去的，那走起来非常远啊，就像从太阳刚出来走到太阳下山一样。刚开始很不习惯，觉得怎么那么远，每天要花很多时间在路上，后来习惯了也就好了。儿子小时候就是走这么远的山路去上学的。为了能赶上7点半到学校，他6点就出发了，为了能让他6点就出发，我5点就起来做饭了，为了能让我5点可以起来做饭，我婆婆4点就起床生柴火了，反正我们一家人为了能让家里唯一的男孩子读书，都没完整地睡过一晚。

我儿子初中刚开始也是读得很差，我那时非常烦恼啊，又要经常去福州照顾老公，又要管孩子的读书，我也是两头跑，很辛苦的。后来我听说有个算命先生很灵验，我就托人带我去找那个算命先生，让他给我儿子算上一卦。那算命先生掐指一算，说我儿子在初二的时候会聪明花开，以后大有前途。可我当时一直摇头，怎么也不相信就凭儿子当时的表现还会有聪明花开，回家后我就一直没再提起。谁会想到我儿子在初二开始真的聪明花开了，一下子从班级倒数跳到班级前三，毕业那年运气很好，莆田一中投档线是187，他考得刚刚好，一分也不浪费，踩着录取线考入了莆田一中。我老公是远洋的船员，出海一年多才回来，他出海前，儿子还是很让他头疼的坏孩子，等他一年多回来后，儿子已经考上了莆田一中。听到这个消息的时候，我老公怎么也不相信，有连续一周的时间，他一直处于失眠状态。那几天他反复在思考这到底是怎么回事，这怎么可能呢，我不是在做梦吧，呵呵。后来我儿子在莆田一中倒是读得不错，还当上了班长。我想他应该是很聪明的，只是小时候贪玩不读书，一旦他开窍了，自然成绩也就上去了，我从那以后就再也不用担心他的学习了。

在场的阿巧也有话说：

我们村的小学就在村里，以前村里的孩子都是就近入学的，村里的小学满满当当的都是我们村的孩子。那时孩子多，教室不够用，学校只有一到三年级，四年级开始就要到隔壁村就读。虽然教学设施都很破很旧，却打扫得很干净，乍一看一点也不像是个学校，跟普通的农家房子没什么两样，只有见到门口的红旗，才感觉到这是一所学校。后来村里的孩子很多都跟着父母外出打工了，有的是为了给他们创造一个更好的学习环境，专门到莆田买学区房给孩子读书的，一平方米一万多的套房，他们的父母买起来一点也不心疼，都是为了孩子好，花多少钱都是值得的。这样一来，在村里的小学读书的孩子就少了很多，以前是教室太少只能办三个年级，现在学生少了，每个年级的班级就跟着少了，学校慢慢扩充成六个年级，村里的孩子就不用到隔壁村去读书了，在自己村里就可以一口气读到小学毕业。

另一个中年女人阿凤说：

我的三个孩子都在村里读书，我们也没想到要带他们到城里读所谓的重点学校。虽然村里的学校没有城里的好，但也出了好几个会读书的，他们长大后也有考重点大学的。发展一点也不比城里的孩子差。我就在想，小时候的环境差一点其实对孩子的成长是有好处的，他会懂得去拼搏，我们老家有句话叫"爱拼才会赢"，就是这个道理。我就记得上浮有个姓林的人家，他家的儿子就考上了北大，小学那会也是在我们村里的小学读书，初中考到城里的莆田一中，然后就从那里考上了名牌大学。他在村里读书的时候，他家可穷了，他父亲还是上门女婿，也没做什么赚钱的事情，平时就是去捕鱼，家里种点花生地瓜的。虽然家里穷，但这孩子读书可认真了，他妈妈说他从来不出去玩，都窝在房间里读书，他坐得住，一坐就是一天，真是很有定力。哪像我儿子跟猴子屁股一样根本就坐不住。这种孩子会吃苦，自然也就会读书，后来考上北京大学，在我们村里是很有名的，村里人很早就预言他以后肯定能考个好大学。到了春节，家家户户的孩子都在串门聊天，一起出去玩，只有他还在家里读书，每次村里的同学去找他，他妈妈连门都不开，在窗户对同学说，他在读书呢，没空出去玩。嗯，这一家子都是这个德行，后来大家也都渐渐不跟他玩了。年纪轻轻的孩子，二十几岁就白头发了，我跟我老公说，读书读成这样还不如不读。呵呵，不过人家觉得这样挺好的。

我们常说，"儿孙自有儿孙福"，孩子长大了该怎样就怎样，只要不变坏就可以了，我们大人不要管那么多。不是每个人都适合去读书的，不读书的孩子也可以有出息。你看我儿子有个小学同学，小学没毕业就不读了，没事就在村里闲逛，有时还会赌博、打架。他爸看他这样也不是个办法，就花了一万多元买了一辆'红猴子'①（见图4-8）给他载客赚钱。可明眼人一看就受不了他的长相，黑黑瘦瘦的，还很矮，坐在摩托车上踩踏板都要踮着脚尖，说话还会流口水，哎呀，不熟悉的人一看他那德行就不敢坐他的车，总觉得没有安全感。几个月下来，他的生意一点也不好，没赚到多少钱，

---

① 南日岛上一种普遍的交通工具，三个轮子的摩托车，有斗篷，车里有两排向对面的垫子当座椅。因为车身和斗篷都是红色的，开动后速度很快，当地人俗称"红猴子"。

还亏了很多油钱。他家里的老婆可不乐意了，天天唠唠叨叨，说得人耳朵都要起茧子了。说起他老婆，从小就被抱养到他们家给他当童养媳，他们家穷，总担心儿子长大后娶不到老婆，还不如找个童养媳稳妥些。这两人从小一起长大，跟兄妹一样，刚结婚那会儿还很别扭呢，兄妹要变成夫妻，总是要有时间来过渡一下。都过了很长时间了，两口子还是分房睡，还在村里到处跟人说来着。呵呵，没过一年，他的儿子就出生了，每次他老婆抱着孩子出来晒太阳，村里人都会开玩笑地问，这孩子是他的吗？你们分开睡还能有孩子，你是圣母玛利亚吗？

图4-8　南日岛的"红猴子"

这人整天在岛上绕圈子拉客总不是办法，又赚不了什么钱。有一年春节，他在路上碰到一个南下广州打工的同学，送给他一堆香港来的二手音响，叫他帮忙处理。于是他找了村里一个懂电器维修的人来重新组装，发现组装后的音响效果还很不错，在广州很抢手哩。就这样，他又找那同学去香港买二手音响，然后再组装，再售卖，居然还收入不菲。从此，这人专门经营这个买卖，倒腾起二手音响来。他低价买进音响再高价卖出，很多普通人看不懂这是组装货，还以为是香港进口的高档音响，价格虽然高但也比市面上的正牌便宜许多。很多人贪小便宜以为赚到了，就争着去买他的组装音响。一来二去，他的买卖越做越大，在道上都混出名气来了。大家一说到买音响，就会自觉地去他店里买。就这样，他真真实实地发财了，在广州最繁华的步行街开了门面很大的音响店，狠赚了一大笔。你瞧今年春节他早一周就回到村里来了，开着宝马的越野车，非常得意啊，到处转悠转悠的。原来都瞧不起他的那些人开始对他热情了起来，远远看到都要赶过来敬烟，顺便聊一会天，还有人带着孩子到他家去，就想着让自己的孩子也跟着他干。反正啊，这人在村里算是抖起来了，一出门风风火火的，鸡鸭都快被他踩死了（闽南的俚语）。

第二节　浮叶女的民间信仰

中国古代有安土重迁的传统，不到万不得已，百姓不愿意背井离乡。浮叶女的迁移源于原生地惠安的房份争斗，弱小房份无法继续生存而不得不另谋他处。古代交通工具落后，浮叶渔民到南日岛捕鱼是很艰险的生存方式，而要举家外迁并将家眷安顿好，是个漫长而浩大的过程，也充满着危险和不定因素，沿途风浪的险恶和重建家园遇到的困难可想而知。南日岛是台湾海峡上的一个海岛，周围还有若干列岛，从大陆到南日岛都要经过台湾海峡，按照古代的航海技术，要举家经过台湾海峡到达南日岛，路途的险恶可想而知。史书记载：台湾海峡的海道复杂，稍微偏离航向或遇到风暴，万幸者漂流异国他乡，一去不复返，不幸者船只沉没，葬身鱼腹。[①] 为了祈求一帆风顺，大多数都随身携带崇奉的小神像或香灰之类的圣物。《重纂福建通志》记载的永定李崤唐等人东渡台湾遇到的险情以及与民间信仰的关系具有代表性：

> 永定湖坑李崤唐偕邑人某往台湾，船坏，同舟惟余李某二人。葡匐登小岛，上有鸟如番鸭，黑色，见人至，竞附人身，因有携带小斧，杀鸟而吮其血，得不死。岛上有瓷碗片，类曾有人至者，环岛五六里，产松树不甚高，每有大龟于草际伏卵，取而食，而精神顿健。于沙际掘得淡水，惟苦无火，烈日烁石，破龟卵暴干，并脯鸟以果腹。二人素能为竹器，遂编竹作篷，以避风雨，见有木棉，因取花捻线织为毯。不知时日，唯见月圆已二十七回矣。忽一日，

---

① 高拱乾纂修《台湾府志》卷一《封越志》。

有小舟漂至，无人，惟载黄蜡甚多。计居此终无了期，去则或冀一生。乃修补小舟，伐木为桨橹，以蜡作缸载淡水，取平日所储鸟脯卵脯为粮，登舟任风所之。已而漂至安南地界，安南巡海人执以见王，语不能达，取纸笔命写来历。王问："尔同舟皆死，二人何独得生？"李献上天后小神像一颗曰："此出海时所奉香火也。"王留神像及所织棉毯，资之路费，命附船从广东回抵家。家中人向闻坏舟之信，已招魂祀之矣。及是见之，群骇为鬼也。其人居岛生食日久，回家亦喜食生物。南溪江君孚蔚为予言，江与李某至戚也，亲见其人，故详悉如此。①

由此可见，当年浮叶先人从惠安迁移到南日岛的过程中，往往要把平常供奉的小神像或其他在他们看来有灵异的圣物带上，祈求一路平安。到了迁移地后，就把家乡带来的公认为最灵验的小神像挂在田寮或供于居屋、公厝等处，朝夕膜拜，祈求神贶，并作为共同信仰的偶像。由于初来乍到，大多数人尚处于变化不定、糊口维艰的境地，根本无暇也无力建造寺庙宫观，所以刚迁移过来的时候还没有建大规模的寺庙，村民主要还是膜拜放置在家里的小神像。等到安顿下来以后，慢慢形成村社，即归功于神明庇佑，便集资建造粗陋庙宇，以答谢神恩，神灵信仰逐渐由私家奉祀发展为村社守护神。或者逢天灾人祸时，祈求于私家所崇奉某神灵，偶尔有验，为邻里相传，麇集祈祷，逐建小祠或迁祀于公厅，以便村社共同祭祀。随着村社的拓展和人口的增加以及经济实力的增强，村社寺庙也逐渐宽敞，新祀的神灵亦见增加。

表 4 - 1　浮叶村主要信奉神灵

1. 金爷	2. 邱爷	3. 江大人（陈姓）
4. 吕王爷（陈姓）	5. 五王爷（三房）	6. 青兰公（后角）
7. 陈大人（大阊）	8. 杨王爷（后角）	9. 苏大人（财主房）
10. 三王府（后角）	11. 蔡大人（陈姓）	12. 邱爷（新厝）
13. 温大人（财主房）	14. 邱府大人（周二房）	15. 孔子爷（顶房）

---

① 道光《重纂福建通志》卷二七六《丛谈》。

16. 三太子（新厝）	17. 蔡大人（大阄）	18. 苏大人（后宫园）
19. 苏大人（二房）	20. 林大人（二房）	21. 帝爷（二房）
22. 妈祖娘（周仔）	23. 王府大人（三房）	24. 太子（财主房）
25. 帝爷（杂姓）		

惠安女迁移到浮叶村的移民行为属于自发式的迁移，在两百多年的移民中不仅给迁移地带去劳动力、生产技术、文化等，而且也带去了宗教信仰，移民对民间信仰的影响主要表现在把特有的原生地信仰向迁移地传播，但同时也被迁移地影响和规训，形成新兴的民间信仰形态。

福建女性敬神习俗自古有之，且比男性更为专注。[①] 明代谢肇淛说："大凡吾郡人尚鬼而好巫，章醮无虚日，至于妇女祈嗣保胎，及子长成，祈赛以百数"；"妇女之钱财，不用之结亲友，而用之媚鬼神者，多矣"；"闽中富贵之家，妇人女子，其敬信崇奉（巫觋），无异天神"。[②] 陈盛韶说："妇人年近五十，比谒庙烧香念经，以祈来生之福。有一不往者，众皆笑之。"[③] 晚清刘世英的"妇人经堂"诗曰："庵观寺院闹喧哗，不理蚕桑不织麻，黄纸捻来佛在口，替僧供养献鲜花。"民国《永定县志》亦载："妇女惑信僧佛，每于三元朔望、四时佳节，多有入寺庙烧香结缘，百十为群，云龙华会、子女缘、米谷缘等名，习以为常。"[④]

相对于男性来说，女性往往倾向于将自身的精神诉求投射到神灵世界，男性则更多依靠朋友圈或强大的内心来解决问题，女性对于神灵的崇拜和信仰也说明了她们的弱势地位，在遇到事情无法寻求帮助的情况下，更加笃信神灵。

一　有形的信仰与无果的传承

浮叶女的原生地惠安，有相当多的女性信奉七娘夫人，她是天后宫的辅神，主管育子司，专门负责少年儿童的成长。据《惠安习俗》一书

---

① 刘大可：《闽台地域人群与民间信仰研究》，海风出版社，2008。
② 谢肇制撰《五杂组：卷6》，上海书店出版社，2015。
③ 陈盛诏：《问俗录：卷一》，书目文献出版社，1983，第60~61页。
④ 民国《永定县志》卷十五《礼俗志》，载《中国地方志集成·福建府县志辑》第36册，上海书店出版社，2012，第627页。

介绍，惠安民间过七夕节，其节日活动内容重点不在于乞巧，而在于为
"七娘妈"①过生日，俗称做"七娘妈生"。七夕节的来源，在泉州民间
广泛流传着两个传说，一是牛郎织女的故事，一是董永与天帝女儿"百
日缘"的故事，但是后来人们把这两个传说混为一谈，说织女是天帝的
第七个女儿，并尊称为"七娘妈"，后又把七娘妈演变为七位"娘妈"。
这大概与人们把七夕的"七"字加以附会有关。清朝末年陈德商《温陵
岁时记》记载，七夕时家家户户各挂一盏纱灯。"七娘妈灯"是一种长
圆形的灯笼，上面画着七仙女的图，一般在下面还挂上一串有各种颜色
的花串。如果当年哪家有小孩出生，或者有刚结婚的新媳妇，在农历的
七月初就开始悬挂灯笼，甚至是挂在刚结婚的夫妻的新房门口，有早生
贵子的愿望。对于这个古老的女性神灵的信仰，当今的浮叶女却没有很
好地加以传承，她们所信仰的女性神灵，被具有浓厚莆田地方色彩的妈
祖所取代。笔者访谈的很多中年女性，对于七娘妈的崇拜都没有太多的
了解，只有一些年纪更大的老人才有零星的记忆。而这部分老人，与原
生地有着紧密的联系，或联姻，或工作，保持着较强的血脉沟通。笔者
访谈的阿梅就是个典型的惠安女，她说：

> 我们杜厝那边的亲戚很多人都还有信（奉）七娘妈，前几年我
> 走得动，比较有来往，现在联系比较少了。我去杜厝的时候，有看
> 过她们拜七娘妈。就是在七夕那天早上，把胭脂、花粉、假花，扔
> 到屋顶上去，意思是让喜鹊咬去天河边给织女化妆用。到了中午，
> 就在门口搭桌子，放水果、胭脂花粉、煮熟的甜糯米丸、剪刀、香、
> 酒杯、筷子、甘味②，每种都要七个。拜七娘妈的时候，要准备七
> 娘妈轿、七娘妈亭和七娘妈灯，七娘妈轿是七顶纸做的小轿，把它
> 们穿成一串的，每顶轿都用黑色的有光纸糊轿顶，顶上还有红纸剪
> 的葫芦顶（见图4-9）；七娘妈亭是用竹、纸糊起来的，有的大，
> 有的小，大的有一米多高，亭上贴有彩纸，印七娘夫人像，还有七
> 个纸人，可能代表七娘夫人，有的骑马，有的跨凤；七娘妈灯是长

---

① 七娘妈就是斗母、送子、催生、奶母、痘疹、眼光、引蒙七位娘娘。
② 老人记不住甘味具体是哪几种，其实应为香菇、木耳、金针菜、松菰、腐皮、山东粉、
　花生。

圆形的红灯笼，上面写"七娘神灯"四个字。

　　惠安人16岁过七月七，除了这纸亭外，还有"花盆"和"花斗"，花斗底部是半圆形，花盆底部是圆形的，女孩子用花盆，男孩子用花斗。花盆和花斗中的花，都是纸做的，上面还有一男一女两个泥偶，好像是表示男耕女织的意思；花盆中和花斗中还"挖"有一口井，打水用的"水桶"也是用纸做的。大家在请"花斗"或"花盆"时，要用准备好的红布蒙住"花斗"或"花盆"，这样才可带回家。这些东西一般都是在七月七之前就买来放在家里，点上香炉，早晚点香。到七月七这天，就在客厅门口摆祭桌。然后烧纸亭，这个纸亭每年烧一次，直到16岁孩子成年。

图4-9　七娘轿

　　我看过几个人家拜七娘妈，我记得有个16岁的人家，摆了两桌的供品，东西放得满满的，桌子上放着两个彩亭，前面放煎饼、粽子（上有红色的剪纸）、鱼签、炒粉、煎豆腐、雄鸡、鱿鱼、鱼鲞、虾、索面[①]、蛋糕、菜花、果冻、鱼丸、芋头、鸡蛋、饮料等，听说做16岁，至少要准备16盘东西。彩亭上还要挂纸折的金元宝，

---

①　按闽南的风俗，上面要点缀四朵芙蓉菊，据说，它是一种可以辟邪的花草，即蕲艾，新娘结婚时头上也佩戴。

图4-10　祭祀的桌子和供品

前面放两盏七娘妈灯，右边的七娘妈亭前，还有一个花斗，花斗表示这个16岁的孩子是男孩子。还有纸糊的"平安关"，就是用红纸做了一扇门，祈求孩子平安过关。旁边还要放一些敬献给七娘妈的化妆粉这些东西。

家里的女人将满桌的祭品摆放好了以后，就要开始上香了，上香前，她们拿出一条黑绢，将16根红线穿在针上，再将穿好红线的针扎在黑绢上，将黑绢蒙挂在花斗上。[①] 然后，这一家的儿媳妇在门外分别向外和向内跪拜，再用放在桌上的杯筊打卦。我们现在也都是采用这种方式跟神灵对话。我见到的那家也是这样，用杯筊与七娘妈说话，询问可不可以烧掉七娘妈亭。根据杯筊正反面来决定，如果杯筊都是正面，表示神明主意未定，需要再请示，如果杯筊一正一反，也叫'圣筊'表示所请示祈求之事神明应允，如果杯筊都是反的，表示神明不应许所求之事拜完以后，这家的儿媳妇拿来了一个红色的铁桶，将两个纸亭和花斗都放在铁桶里面烧，烧的时候还要另外再烧金纸，烧好后，用火钳夹出几个泥偶头，放在红纸包着的化妆粉等东西的包中，扔到屋顶上，没扔上去的就一直扔，直

①　此寓意穿针乞巧。

到扔到屋顶上。全部拜拜①都做完以后，儿媳妇到大门口放鞭炮，表示拜拜结束了，就可以收拾供品了。按照我们惠安老家的风俗，孩子到 16 岁就是长大成人了。16 岁那年的三四月份，就要请阿公阿嬷、父母、同姓的同宗亲戚，还有一些朋友来家里吃饭。除了摆酒席请客外，还要给来喝酒的亲戚朋友送蛋糕、饮料等。做一次 16 岁的成人酒，花个四五万是很正常的，有的还要花五六万呢！

如果小孩子年纪比较小，就不用像 16 岁那么复杂，比如不用花斗，没有穿针，供品也不要那么多，一桌就可以了。具体多少盘，也不一定，有时 12 盘就够了。拜拜是孩子的奶奶来主持的，由她来安排要不要跟 16 岁的仪式一样，要用杯筊来问七娘妈要不要烧亭，烧几个，最后也一样要把烧后的泥偶头与花粉这些东西都扔到屋顶上。只是按照习惯，1 岁和 16 岁都要有红粿和红馒头，有时还要准备公鸡头。

虽然这些习俗在我们老家杜厝就有，现在都还有，我年轻的时候回去也经常有看到，搞得很热闹的，家里人是比较重视的，当作家里一件重要的事情来做。但主要是对男孩子，女孩子一般是不需要做的，惠安人还是比较重男轻女。但是我们浮叶村现在已经没有这种风俗了，很早以前我有时候也会看到，但现在慢慢大家都不会去做了，因为大家都嫌麻烦，觉得要准备这么多东西要花钱花时间，而且很多小孩被父母带到外地去了，留在村里的小孩比较少，所以很多人也不会跑那么远回来办成人酒。其实主要是被岛上的莆田人影响了，莆田人比较看重办满月酒，家里当年生了男孩是很让人高兴的，大年初一，村里就有很多人，其实主要是小孩子啦，敲锣打鼓到你家门口讨糖果、香烟，家里事先就要准备好。现在年轻人很多在外面赚钱，平时工作都很忙，小孩满月了经常来不及回村里办酒，就等着春节来补办，一般是选择在正月初三，所以到那天，村里很多人家都在办满月酒，村里人一大吃好几顿满月酒是常有的事情。有的人家还没结婚就生孩子了，就等到春节的时候，今天办结婚的喜酒，明天办小孩的满月酒，连吃两天，家里天天跟过节一样。

---

① 拜拜是当地人表述祭祀的用语。

二　"自我"与"他者"交融下的独特信仰

（一）纳入日常生活惯习的民间信仰

长期的生活和沟通加深了浮叶女与莆田语系村民的感情，也影响了本土的文化习俗。民间信仰作为最具本土特色的习俗，是南日岛人的文化载体和精神依托。民间信仰的传播和内化，是文化融合的重要例证。浮叶女在人生的每一个阶段，都需要向神灵寻求指点和慰藉，不同的神灵主掌不同的民间事务，被赋予不同的神权功能，若要有针对性地点悟，就要吸纳多样化的民间信仰，来解决生活中各种各样的问题。

阿萍是浮叶小学的老师，前几年刚刚退休，她是土生土长的浮叶人，当年从中专毕业后就长期在村里从教，对于浮叶村非常熟悉，也有很深的情感。作为长老级人物，笔者对她非常敬重，特地到她家了解原生态文化。而她家正好就在坳口边上，从屋外的一条小路出去，不出20米就可以看到坳口，方圆几百米尽收眼底，豁然开朗，犹如陶渊明笔下的桃花源。她家是典型的浮叶村建筑格式，步入大门后是三面环抱的石头房子，有两层楼，中间是三开间的两房一厅的格局，厨房和卫生间分列左右（见图4-11）。我们就在厅堂门口的走廊上摆个桌子聊开了。

图4-11　南日岛普遍的建筑格式

　　毕竟是老师，阿萍很健谈，长期以来从事教育工作，练就了不错的口才，一到她家就跟我娓娓道来，以至于整个下午我都在听她讲各种各样稀奇古怪的风俗和故事，她说：

　　很多浮叶女的丈夫常年在外捕鱼，家里只有老人和孩子，平时养老抚幼非常辛苦，遇到家庭的重大事务也找不到可以商量的人，她们很少找左邻右舍来出主意，而是把希望寄托于本族有威望的人身上，但这样的人一般都是男人，很多事情是无法跟男人开口说的。比如一连生了好几个女孩子，就想着什么时候可以生男孩；结婚好多年肚子都没有动静，在当时的医疗条件下也弄不明白是谁的问题，老公常年在外也很难有夫妻团聚的日子，如果没有孩子那可是会出乱子的，就算被老公休了也没人敢娶；还有些女的在家被老公打，打得死去活来的就是没想到要去离婚，她们头脑里根本就没有离婚离家的意识。这个问题在有着大男子主义的闽南人身上尤其明显，何况他们所迁移到的南日岛也是被冠以"好女不嫁莆田男"俗名的，打老婆在当地也算不上什么新鲜事，可挨揍的女人从来不会在邻居面前吭一声，只会找自己娘家人诉苦，由娘家人出面解决。……反正在农村啊，消息比较闭塞，人也很古板，遇到事情就不知道如何处理，况且这些苦恼是不好随便跟人说的，有时会跟姐妹伴说，但毕竟是家里的私事，有些女人顾着脸面也只好压在心里不肯说。所以我们村的女人就很相信神灵，心里有点事情就会去庙里或找灵媒抽签占卜，让神灵来帮她们想办法、出主意。有时在神灵面前坐一坐心里也会舒服一些，回到家啥烦恼都忘了。为了表示自己很虔诚，她们也经常隔三岔五地到庙里去上香，或带一些油、米、线面、水果之类的来进供神灵。遇上庙里要整修都会慷慨捐钱，平时再怎么节俭的女人，到了庙里要捐钱的时候都会非常大方，比如我们村当时建东兴社的时候，我就拿钱给我老公，捐了5100元，我看很多人捐了5000元，我们太多是拿不出来，但是太少也在面子上过不去，就也跟着捐了这个数，另外再加100元，1代表出头、出彩的意思。等寺庙建好以后还会刻功德榜，这对个人和家庭来说是很荣耀的事情，大家整天都在村里走来走去，功德榜上刻有自己家人的名字在村里是很风光的。所以我们村要做一些跟神灵有关的事情都很好办，大家都争着要出钱出力，就怕神灵觉得自己不够虔诚。

我们村要是有考上大学的，或者在外面当官的，或者生男孩办满月酒的，遇到这样的喜事就要到庙里去还愿，放鞭炮、放电影、演木偶剧、请邻居到家里吃饭什么的，以表示对神灵庇护的感激。比较普遍的是木偶剧表演，道具比较简单，村里也有专门的木偶表演老人，有的负责木偶的动作，有的负责吹拉弹唱，有的负责音响播放，虽然很小很简陋，但也很喜庆（见图4-12）。现在很多人看惯了电视，偶尔看看木偶表演也觉得很新奇，有些在外面工作的年轻人，回到村里也喜欢看，有时还可以碰到儿时玩耍的"兄弟群"（闽南话）。但看木偶剧的大多是老人，因为那些吹拉弹唱的也是老人，大家都用本地话来唱歌，调子拉得很长，咬字也比较模糊，老人听久了也比较听得懂，也爱去听。

图4-12　浮叶村的木偶剧表演

这些事情一般都交给家里的女人来张罗，女人倒是很积极，虽然在做仪式的时候还是男人坐主位，但这对女人来说是很有脸面的事情，至少在左邻右舍面前也算摆了一回阔。平时女人做完家务都会互相串门，拜拜成为她们交往的机会，很多时候她们相约出门都是因为庙里有事，或者做仪式需要人手来帮忙。过年的时候都要拜天地，烧供银，我们村使用的供银跟南日岛本地用的一样，就是一堆黄裱纸，上面盖着各种印章，还有神灵的图像，按照一定顺序排列起来，叠得高高的，用绳子扎成捆，做仪式的时候烧给神灵当钱用。这种供银已经被南日岛同化了，跟我们惠安一带的供银完全不一样了

图 4 - 13　惠安一带常使用的供银和图案

（见图 4 - 13）。听老人们说，以前还是采用惠安的供银，但后来没地方买，就只好采用南日岛当地的，惠安的供银采用盖着图章的黄色和银色裱纸，折成元宝的形状。老人们都说，折成元宝神灵比较容易收得到。所以快到拜拜的时候，家家户户、老老少少都在折纸元宝，家里一下子就热闹起来。不过后来大家都觉得这样折元宝很麻烦，而且过年过节本身就有很多事情要忙，实在抽不出时间来，还不如采用南日岛的那种供银来得简单，现在已经没有这样的风俗了。

（二）浮叶女独特的神灵信仰

对于绝大部分浮叶人来说，金、邱大人的信仰是他们执着的精神追求。金、邱二神的起源和流传的故事都没有完整的文献记载，都是村民们口耳相传的故事。为了探求浮叶人这种独特的信仰对象，还原真实生动的历史典故，笔者特意寻找到上浮村的阿春，60 多岁，对浮叶村的情况很了解，他带笔者来到公社，就是供奉金、邱大人神像的地方。他说：

> 我们浮叶村最信金、邱大人，但金、邱大人一开始并不在一起，而是不同村的神灵。金大人是我们浮叶人，邱大人本来是西高村人，跟金大人一样是五月初四生日。很早以前，说莆田话的村民和说闽

南话的村民打架，村民们为了壮胆，就祈求两位大人跟过去打架，保佑他们能战无不胜、所向披靡，后来金大人保佑的闽南村民打赢了，于是保佑莆田村民的邱大人就跟着金大人来到了浮叶村。从此互相斗殴的两派村民相安无事，和谐共处。

浮叶人虽说最信金、邱大人，但是两位神仙的来历并没有相关的文献记载，都是通过口耳相传的。但大家都一致认为，金、邱大人的信仰是从300多年前的明朝就开始的，安乐社门口的碑文也有相关记载。据传，金、邱大人是抗倭将士，一直在岛上生活，平时乐善好施，扶危济困，村民对他们都非常感激和爱戴。在他们去世后村民为了纪念他们，在村子的南面近海处修建了安乐社，把他们当作神灵供奉起来，约定每年农历正月十八元宵节举行全体村民祭祀金、邱大人的活动，并一代代传承下来，可见金、邱大人在我们村里的威望。到了元宵节这一天，村里信奉的各宫神灵到供奉金、邱大人的安乐社主宫觐见后，由金、邱大人率领众神出巡全村，以祈求村民平安幸福。

村民在安乐社里举行过仪式后，18顶神轿，还有神轿后跟着的神灵附体的灵媒，加上彩旗队、锣鼓队等浩浩荡荡地出游，先是在村子里绕一圈，最后到安乐社旁边那个宽广的海滩上表演非常震撼的冲海闹元宵的活动。村中的年轻人，抬着供奉神灵的轿子在海中颠簸搏击，据说溅起的水花越大越好，意味着今年出海平安，打的鱼也越多。有的灵媒被神灵附身后，还会兴致勃勃地冲到海里去踏浪。尽管南日岛到冬天非常寒冷，海风吹得紧，穿着单薄的灵媒却不觉得冷，他们不吃不喝在海里踏浪，气氛很好。所以每次元宵节都会办得非常热闹，吸引成千上万的客人来围观，甚至各路电视台也争相报道。

按照村里的习惯，姓周的村民信奉邱大人，姓杨和姓陈的村民倾向于金大人。供奉两位神灵的神庙，我们当地人叫作公社，上面的牌匾有300多年的历史了，跟我们浮叶人迁移到南日岛的时间差不多，说明金、邱大人的由来至少要追溯到300年前。我们浮叶村最热闹的元宵节就首先要请金、邱大人坐轿到海边去，沿着海岸线绕一圈，做完仪式后再回来，游街的顺序都是固定的，金、邱大人肯定排第一位。说明我们浮叶人对两位大人还是比较尊敬的。

（三）本土化的神灵及溯源

浮叶人在神灵崇拜的过程中，精神境界得以升华，建构起本土化的神灵崇拜。他们所信奉的神灵都会在村庄各个角落为神灵设置供奉的地方，如果神灵是村里人广泛认可和信仰的话，就会有很多人愿意慷慨解囊，建成规模大一些的村庙，如果只是家族成员崇拜的话，就在住家的顶楼设个牌位，供奉塑像，作为家族成员信仰的寄托（见图4－14）。各路神灵，都会在正月十八元宵节的时候按顺序出来游神。追根溯源，这些神灵或者是从原生地惠安流传过来的，或者是南日岛本土的神灵，又或者是家族已经故去的长辈，家族成员按照他的样貌做成塑像，原本供奉于家族的祠堂里，后来祭拜的子孙繁盛，家族成员希望通过游神彰显家族的兴旺，也会在元宵节的时候作为神灵出来游村。这些神灵有的追溯的年代比较久远，是惠安那里的祖先，有的追溯的年代比较近，只有两三代的时间间隔，家族成员对神灵在世时的事迹都还会有印象。质言之，神灵的信仰在"自我"与"他者"的互动中，逐渐融合并实现了本土化，衍生出各路神灵，成为浮叶人繁盛的民间信仰。

图4－14　住家顶楼的祖庙里供奉的神灵

村里的神灵崇拜根据自然村的分布以及姓氏的不同，而呈现不同的分化。作为主要姓氏的杨姓、陈姓和周姓，信奉的神灵比较多样，占据绝大多数。除了村庄广泛认可且普遍信仰的金、邱大人外，杨姓主要信奉的是五王爷、青兰公、苏大人、温大人等，而陈姓主要信奉的是江大人、蔡大人、游将军等，周姓信奉李府大神、三太子……主要有如下神灵：

至于这些本土化神灵的具体情况如何，他们都供奉在村里的哪些角落？村里的各个姓氏，都主要信奉哪些神灵？这是笔者很想了解的。村里最大的姓氏之一陈氏，对于自己宗族的事务还是颇为细致认真，不仅成立了陈氏董事会，根据口耳相传的故事，对宗族内所信奉的神灵及其起源有详细的记载，而且还对宗族成员捐款的基金进行统一的管理，每年公布钱款使用的去向。

根据陈氏后人整理的资料显示，陈氏主要信奉江大人，而江大人的来历也有相关的记载：

南日岛浮叶陈氏江府大人爷公苏夫人姑简历[①]

清德宗光绪四年（公元1878年）二月初三，族人有只拖绫船六人渔民在南日浮叶东二十余海里的海面上拖绫作业，刚开始作业进去首枝浮筒花，发现一桃枝系有红布，围靠在浮筒花边。一族人名曰陈承水将其桃枝捡起扔掉，继续作业撒绫，等撒完绫又回到首浮筒花时，桃枝在大海潮流的冲击下，还围靠在浮筒花边。族人陈承水觉得奇怪，将桃枝捡起，带回家中敬奉。

时过九年，族人船往浙江洞头县三盘腌制海蜇皮。船抛在海面上，发现一块柴头流至船边，族人名曰陈陆啊将柴头捡起扔掉，此木又流至船边。连续捡起三次，第三次又要扔掉时，苏夫人姑神驾降临族人名曰陈三伯，呼曰：此木是江大人爷公塑造神像所用。后将此木放在船中带回家，塑造为江大人爷公神像，又将桃枝归一，安放在陈三伯家敬奉。

每逢海上船只遇有大风大浪等险情，请来江大人爷公神驾，竖起桃枝，化去符咒，便能化险为夷。遇有人灾病情等有求必应。江大人爷公苏夫人姑神灵深得人心。由神驾降临陈三伯直至陈三姑，

① 此文为南日岛浮叶村陈氏江府董事会邀请乡老手写，在村里传播的复印件。村民文化水平有限，不通顺之处在所难免。

至今敬奉已有一百三十五年历史。

南日岛浮叶陈氏江府董事会

公元二零一二年农历六月初七日

对于其他姓氏所信奉的神灵，前文提到的女教师阿萍是这么说的：

　　我们浮叶村是行政村，信奉的神灵各个自然村都不一样，上浮主要信奉关羽，就是关帝，或叫关公。比如我家门口那个东兴社就是供奉关公（见图4-15），旁边还有个小庙是供奉苏大人的（见图4-16）。原来是村里的办公场所，后来村委会另找了其他地方盖了新楼房，这间旧屋就一直闲置。后来村里的老人出面跟村长说，这房子反正闲着也是闲着，还不如拿来供奉苏大人。我们村里人对于神灵都是很崇拜的，既然有人开了口，必然是有神灵的旨意和授权，村长想着这也是为村里做了件好事，就很爽快地答应了。现在我们看这个小庙，虽然很破旧，但是平时都会有善男信女过来打扫，烧香点灯，放一些新鲜的贡品。但毕竟庙太小了，浮叶人更加崇拜传统的金、邱大人，捐给苏大人的香火钱不够装修房子，村里的财政更拿不出足够的钱来推倒重盖，于是就一直搁置着。

图4-15　下浮东兴社供奉关公

图 4 - 16　供奉苏大人的小庙和内景

　　每年的正月十八元宵节是祭拜苏大人的日子，这是村里很多人家的重要节日。我们上浮村财主房的杨氏主要信奉苏大人，我就是财主房的后代，我们家族都是信奉苏大人。虽说党员不能迷信，但家族里要拜拜的时候也要配合的，要不会觉得似乎对祖先不敬，怎么说这也是家族的荣耀。元宵节这一天财主房的子孙就会像凑份子钱一样，你一百，我两百，凑几千元钱，用来安排来年的

图 4 - 17　苏大人元宵题缘

香火和庙里的一切开支（见图 4 - 17）。比较多的捐 500 元，最少的也会捐 100 元，合计也有 3550 元，除去日常开支 330 元，一年可以剩个 3220 元。当然，小庙一年的开支也不可能就只有 330 元那么少，做仪式用的拱门、鞭炮、大红烛、香火、香炉也都有虔诚的村民来负责，反正一年就这么一次，花不了多少钱，大家也都很乐意来做这些事情，也算是村民与神灵间的一种缘分，也就是我们常说的"结缘"。到了祭拜的那天，村里这些现场安排任务的人可忙了，但大家都高兴得跟过节一样。

阿萍接着说：

我们上浮村还有一小部分姓周的村民信奉妈祖，主要是受到南日岛本地人的影响，你也知道莆田人主要是信奉妈祖的，还有顶房信奉孔子爷，新厝信奉三太子，财主房信奉太子，俗称哑巴太子，二房和部分杂姓信奉关帝爷；其他自然村或村里的不同角落就根据当地的习俗信奉不同的神灵，中浮村和下浮村就信奉王爷，比如林姓的村民就是信奉四王府，陈姓信奉江大人、吕王爷、蔡大人，后角信奉青兰公、杨王爷、三王府……还有很多，但更多的浮叶人是信奉金、邱大人，有3600多的信众，算是信众人数最多的。你想想，我们浮叶村也才4千多人，说明绝大部分的村民是信奉金、邱大人的。农历五月初四是金、邱大人生日，正月十八元宵节则是浮叶村的春节，以祭拜金、邱大人为主，那天是我们浮叶村的大喜事，比传统正月初一的春节还要热闹。

为了获得浮叶人民间信仰的第一手资料，笔者还到各个有建庙的神祇记录相应的资料和碑文。比如燕头的四王府，其碑文如下（图4-18）：

燕头四王府始创于何朝年①代，（由于）府第经历沧桑已查不清。王府尊奉雷、苏、温、章、金等列位大人，神灵显赫，护国佑民。府宇始建年多月久，发生崩坏，破漏不堪。于共和乙丑岁，弟子林亚南、林添丁、林金发、杨坎同、林文荣、林大头、林水生等诸君同心协力、发动群众捐禄献款，将旧王府重建，同年季春竣工。府貌重修难成为规模，府址范围局限，外观不美。感神庥广被福佑，斯民荷蒙，三生难报。故共和戊寅年花月，乡老林亚南、林金发、社长林文金、杨坎，同董事林王与林晏金、林文荣、林文才、林春林、林大昂、林文祥、梁扣兀、周忠发、陈春金、林水生等弟子倡议扩建王府。众人一致同意，动员本境善男信女捐资出力。原府第扩宽一半，府貌焕然巍峨，后成为虔诚苍生春秋敬祀，供奉尊崇之

_____

① 碑刻原文，错别字未改。

图 4 – 18　燕头四王府前的碑文

胜地。更祈河清海晏，天下升平。特立碑为记。

燕头境四王府扩建董事会

共和岁戊寅年季春襖月吉旦立

三　兼收并蓄的妈祖信仰

妈祖出生于仕宦之家，是晋代晋安郡王林禄的二十二世孙女，莆田
九牧林六房之后，是当地的望族。[①] 她原名林默，又称林默娘，妈祖父
亲林惟悫，母亲王氏，二人多行善积德。一天晚上，王氏梦见观音大士
慈祥地对她说："你家行善积德，今赐你一丸，服下当得慈济之赐。"于

---

① 此种说法在妈祖信徒间流传甚广，但在宋代的文献中不见记载。可能的原因在于妈祖
获得官方承认与敕封后，信徒们为了抬高她的形象，对妈祖生前的形象加以美化和粉
饰。尽管该说法没得到史实的印证，但影响却是显而易见的。

是便怀了孕。到北宋建隆元年（960年）三月二十三日傍晚，王氏将近分娩，见一道红光，从西北射入室中，光辉夺目，香气飘荡，久久不散。又听得四周隆隆作响，好似春雷轰鸣，地变紫色。王氏感到腹中震动，妈祖于是降生。因生得奇，甚为疼爱。她出生至满月，一声不哭，因此，父亲给她取名"默"，小名默娘。[①]

林默幼年时就比其他姐妹聪明，8岁从塾师启蒙读书，不但能过目成诵，而且能理解文字的义旨。长大后，她立志终生行善济人，矢志不嫁，父母顺从她的意愿。她专心致志地做慈善公益的事业，平素精研医理，为人治病，教人防疫消灾，大家都感颂她。她性情和顺，热心助人。不断为乡亲排难解纷，还经常引导人们避凶趋吉。世人遇到困难，也都愿意跟她商量，请她帮助。生长在大海之滨的林默，还通晓天文气象，熟习水性。湄洲岛与大陆之间的海峡有不少礁石，在这海域里遇难的渔舟、商船，常得到林默的救助，因而人们传说她能乘席渡海。她还会测吉凶，必会事前告知船户可否出航，所以又说她能"预知休咎事"，称她为"神女""龙女"。

迄今为止，妈祖信仰源远流长，在全国沿海地区广泛传播，有着不少的信众，当然，各地信众对于妈祖的生平也有不少的记载。笔者在福州嵩口古镇的天后宫就找到一份详尽的关于妈祖生平的记载（图4–19）：

妈祖家世生平

妈祖原名林默，诞生于宋建隆元年（公元960年农历三月二十三日）。

林默是闽林望族的后裔，其父林愿，宋初官至闽都巡检，其母王氏，生一男六女，林默是最小的女儿。林默幼年时就比姐妹聪颖，八岁时从塾师启蒙读书，不但能过目成诵，而且能理解文字的义旨。长大后，她决心终身以行善济人为乐，矢志不嫁，父母顺从她的意愿。林默平素精研医理，为人治病，教人防疫消灾，受到人们称颂。林默生长在海滨，熟习水性，还洞晓天文地理。在湄湾海域遇难的

---

① 《妈祖出生》2004年4月29日，http://www.huaxia.com/20040429/00199362.html，最后访问日期：2021年8月27日。

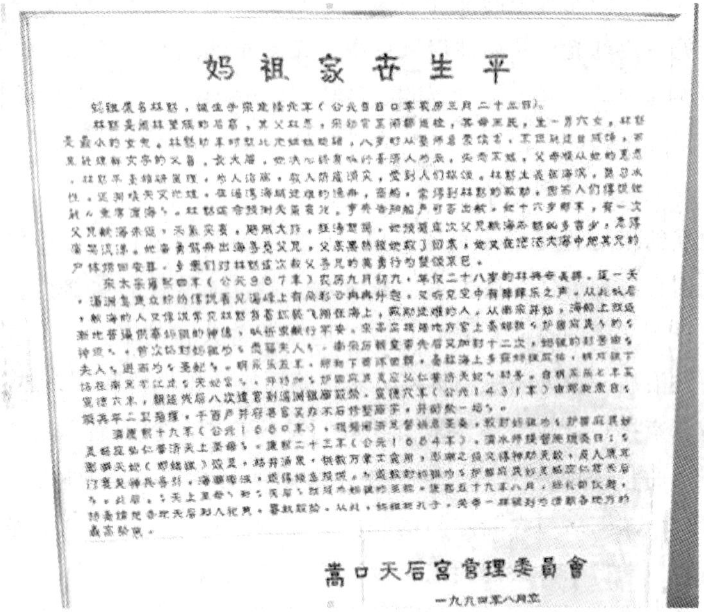

图4-19   福州蒿口古镇天后宫妈祖生平的记载

渔舟，商船，常得到林默的救助，因而人们传说她能"乘席渡海"。林默还会预测天气变化，事先告知船户可否出航，她16岁那年，有一次父兄航海未返，天气突变，飓风大作，狂涛怒撼。她预感这次父兄航海必然凶多吉少，急得痛哭流涕。她奋勇驾舟出海寻觅父兄，父亲果然被她救了回来，她又在茫茫大海中把其兄的尸体捞回安葬。乡亲们对林默这次救父寻兄的英勇行为赞颂不已。

宋太宗雍熙四年（公元987年）农历九月初九，年仅28岁的林默与世长辞。这一天，湄洲岛民众纷纷传说看见湄峰上有朵彩云舟冉冉升起，又听见空中有阵阵乐之声。从此以后，航海的人又传说常见林默身着红装飞翔在海上，救助遇难的人。从南宋开始，海船上就渐渐地普遍供奉妈祖的神像，以祈求航行平安。宋高宗根据地方官上奏妈祖"护国庇民"的"神迹"，首次诏封妈祖为"崇福夫人"。南宋历朝皇帝先后又加封十二次，妈祖的封号由"夫人"进而为"圣妃"。明永乐五年，郑和下西洋回朝，奏称海上多获妈祖庇佑，明成祖下诏在南京龙江建"天妃宫"，并特加"护国庇民灵应弘仁普济天妃"封号。自明永乐七年至宣德六年，朝廷先后八次遣官到湄洲祖庙致祭。宣德六年（公元 1431 年）由郑和亲自"领兵平二卫指挥，千百户并府县官买办木石修整庙宇，并街祭一坛"。

　　清康熙十九年（公元 1680 年），根据闽浙总督姚启圣奏，敕封妈祖为"护国庇民妙灵昭应弘仁普济天上圣母"。康熙二十三年（公元 1684 年），清水师提督施琅奏曰："澎湖天妃（即妈祖）效灵，枯井涌泉，供数万军士食用，澎湖之役又得神助克敌，及入鹿耳门，复见神兵导引，海潮骤涨，遂得倾岛投诚。"遂敕封妈祖为"护国庇民妙灵昭应仁慈天后"。此后，"天上圣母"和"天后"就成为妈祖的圣称。康熙五十九年八月，经礼部仪题，持奏请把各地天后列入祀典，春秋致祭。从此，妈祖和孔子、关帝一样被列为清朝各地方最高祭奠。

　　妈祖是从中国闽越地区的巫觋信仰演化而来，在发展过程中吸收了其他民间信仰，如千里眼、顺风耳。随着影响力的扩大，又纳入儒家、佛教和道教的因素，最后逐渐从诸多海神中脱颖而出，成为闽台海洋文化及东亚海洋文化的重要元素。妈祖特定的"里中巫"身份，是妈祖信仰的原始形态。徐晓望的闾山教巫女说就认为，闾山教带有佛教的色彩，教主临水夫人被信徒视为观音化身，妈祖亦佛亦道、非佛非道的倾向与闾山教颇为相似。此外，莆田圣墩祠初始时同祀妈祖、王、郎，而王、郎均是闾山教崇拜的神，因此，妈祖生前很可能是闾山教巫女。[①] 而学界最为普遍的观点则认为，妈祖生前只是湄洲岛上的一名女巫，因其能预言休咎，表现出一些灵异，死后受到了当地民众的崇拜。南宋廖鹏飞《圣墩祖庙重建顺济庙记》是目前发现的最早记载妈祖事迹的资料，庙记里，廖鹏飞认为妈祖"姓林氏，湄州屿人。初，以巫祝为事，能预知人祸福；既殁，众为立庙于本屿"。[②] 尔后的黄公度为圣墩顺济庙题诗时，也指出妈祖生前是一名女巫："平生不厌混巫媪"。[③] 诸多的早期文献记载力证了妈祖的女巫身份。

---

① 徐晓望：《宋代闾山派巫法与早期妈祖信仰》，赵麟斌主编《闽台民俗散论》，海洋出版社，2006，第 152~154 页。

② 《福建宗教碑铭汇编·兴化府分册》第 16 号。

③ 蒋维锬编校《妈祖文献资料》，福建人民出版社，1990，第 3 页。

妈祖信仰产生在特殊的生态环境之下，与海洋渔业生产及其海事活动密切相关。渔民和商人从海中谋食，而大海汪洋恣肆，瞬息万变，非人力所能控制。渔民因海难生还者不可计数，渔民和商人希望有海上守护神庇佑安全，以妈祖作为精神寄托，相信在妈祖的庇护下能够避开海难，谋生顺利，建构他们与海洋斗争、征服海洋的历史。妈祖的巫女身份，正好适应了人们的希求。她的能言人间祸福、济困扶危、治病消灾顺应了人们的愿望，所以在她死后立庙祭祀。此后，她的一个个神迹才接踵而至，并将她塑造成一位完美的女神。所以民间对巫术的信仰是妈祖文化得以形成的思想基础。①

公元 987 年农历九月初九，是年仅 28 岁的林默羽化飞升之日，实际上她是在海上救难时去世。

> 大海深不可测，风浪又无情，渔民出海频频遇险。年轻的林默练就一身好水性，又能驾船如飞，自愿担起海上救援任务，哪里有呼救，那里就出现海上女侠的身影，经她救起的渔民无数。传说有一次，天黑了，狂风大作，黑浪滔天，海上的船只无法进港，得讯后的林姑娘情急中将自己家的房屋点燃了，让熊熊大火为船只引航……
>
> 在一次海上救援中，女侠不幸遇难……消息传来，乡亲们悲痛欲绝，谁都不信她真的没了，更愿意相信 28 岁的林默羽化升天，成了海神，永远护佑他们平安顺利。

因此，民间传说更多传颂的是妈祖乘长风驾祥云，翱翔于苍天皎日间。航海的人又言常见林默身着红装飞翔在海上，救助遇难呼救的人。妈祖作为海上保护神，是一种超阶级的信仰对象，不论是船主、货主、船工、渔民或何身份的乘客，都可以祈求她保佑平安行船。因此，海船上就逐渐地普遍供奉妈祖神像（见图 4 - 20），以祈求航行平安顺利，从莆田到福建，到中国沿海，再到海外，至今已有 28 个国家和地区的 6000

---

① 陶立璠：《妈祖信仰的民俗学思考》，2007 年 4 月 27 日，http://www.iqh.net.cn/info.asp? column_id = 2298，最后访问日期：2021 年 8 月 27 日。

多座庙宇供奉着她。

图 4 – 20　妈祖画像

　　妈祖信仰在世界范围内有着广泛的信众，妈祖的神性在长期的发展过程中受到统治阶级的影响。统治阶级出于政治目的将意识形态，特别是伦理和政治观念，对妈祖信仰加以包装，并影响祈求者的精神世界，在信众与神灵之间建立带有政治色彩的社会关系。因此，自从宋朝以来关于妈祖灵应的传说似乎都在官民之间寻求平衡，更多地倾向于庇佑统治阶级，妈祖惩罚的反抗的民众都被称为"海寇"、"盗贼"和"谋乱者"。妈祖神性中体现着明显的阶级性，因此为历代皇帝所尊崇和褒封，由汉族的民间神提升为官方的航海保护神，带着深刻的阶级色彩和官方印记。

（一）原生地的妈祖信仰

　　浮叶人的原生地是惠安，在惠安的很多地区都是以海神妈祖作为民间信仰，位于崇武半岛最东端的大岞就是一个典型的例证。据记载，大岞这个地方最迟在宋代就已建有村落，明代大岞"食指千余，俱以出海为业"。但是，据说妈祖并非大岞人最早崇拜的神祇，早期的主神据说是东宫王公，大约到明代晚期妈祖信仰才传至大岞，并成为大岞的主神，这种变化大致是与大岞人渔业生产内容的变化相关联的。大岞人从事渔业有很长的历史，但根据考古调查所获的资料及从一些文献资料看，大岞人在明代中晚期以前主要都是从事近海作业，而此后才开始有外海作业。

始撰于明代嘉靖二十一年（1542年）的《崇武所城志》讲得很明白："昔也，海利在浮连；今也，利在纶带。"所谓浮连即今所说的流刺网，主要捕鲳、梭子蟹、牛头鱼等，纶带即今所说的延绳钓带鱼作业。可见在明代中晚期，大岞地区有一种渔业生产工具的变革。明代崇武名士黄吾野（1524～1590年）《风土》诗中吟道："击楫日通彰化米，敲针冬钓坎门鱼。"诗中"彰化"在台湾中部，"坎门"则为浙江省玉门县，说明了当时崇武大岞人已到台湾鹿港搞运输，到舟山渔场钓带鱼了。这种变革必然影响到其他方面的变化，如心理压力的增大就是这些变化之一。众所周知，在海洋中从事渔捞要比在陆地上从事农业所担的风险大，俗语说"行船讨海三分性命"，就是这种事实的心理表露，而外海捕鱼和运输又要比近海作业的风险更大，因为近海捕鱼尽管都用小船，但通常都在离海岸不远之处作业，如大岞人近海捕鱼大都在离岸30海里以内的崇武以东海域，可以早出晚归，每天都能够有一个安全的落脚处，睡在陆上，感到安稳，而由于长期的经验积累，渔民们对其附近的海域与气候情况都比较熟悉，有许多谚语就是这种认识的表现，如"冬节在月头，春寒雨落在年兜；冬节在月尾，春寒雨落正、二月""六月初三雨，七十二云头""海水在分路，无风便是雨""正月十八暴，摇橹出，下帆返""谷雨是北风，山空海也空"①，等等。在这种环境中作业，渔民们比较有信心应付所面临的环境。但是，到外海捕鱼，运输环境就完全不同了。首先他们远离了自己熟悉的海域，对前途的未知感及面临的风险陡然加剧；其次，一到外海就难以每日踏上陆地，往往需漂泊数日乃至数月，那种脚踏实地的安全感也骤然减少，从而心理压力骤增。在这种情况下，渔民们靠神灵保佑的需求也相应地增加了。

靠近湄洲岛的天然地理优势和出海捕鱼的相似生活习惯，使得大岞村人占尽天时地利人和，越来越多的大岞村人需要从妈祖信仰中寻求心理平衡，在心理压力下选择了妈祖信仰，建立起天妃宫（见图4-21）。由此，在大岞的渔业生产中，外海捕鱼有繁缛的妈祖拜拜仪式，而近海

① 林文豪主编《海内外学人论妈祖》，中国社会科学出版社，1992。

捕鱼则没有。毕竟在远洋捕鱼中，有两方面的未知感是特别强烈的，这就是生命的安全和收获的多寡。这种未知感导致心理压抑、焦虑的增加，因而渔民们只能求助于妈祖，通过各种仪式取悦于神，希望得到神的庇佑，或通过卜筊方式求得神的应允首肯，从而建立起心理上的平衡，减轻了心理的压力，树立了人们战胜未来困难的勇气和信心。由此看来，妈祖信仰在渔业生产中，主要起到了稳定情绪，增强人们战胜未知困难的信心与勇气的作用。同时，随着妈祖成为大岞的主神，这种功能也就扩大到了其他方面，尤其表现在人类自身的生产过程中。

从此，妈祖取代了东宫王公而成为大岞的主神。人们以此祈求平安顺利，并把妈祖信仰通过浮叶人的迁移带到了南日岛，与南日岛本土的妈祖信仰融为一体。

图 4 - 21 惠安大岞妈祖宫

（二）迁移地的妈祖信仰

莆田人多信奉妈祖，妈祖发端于莆田湄洲岛，这与莆田当地的地理交通环境息息相关。莆田很多地区靠海，沿海海域经常受到台风的影响，给过往船只带来风险和灾害。每当天气变化的时候，妈祖便乘船出海，为过往船只引航，指导他们从外海驶向风平浪静的内港以躲避风浪。莆谚云："风大找妈祖"，意义相当于"临时抱佛脚"。渔民常信奉妈祖，妈祖护海的故事逐渐形成且传播开来，被很多渔民内化于心，并由民间进入官方，得到认可和敕封，正可谓"神女生于湄洲，至显灵迹，实自此墩始；其后赐额，载诸祀典，亦自此墩始"。①

第一，南日岛的妈祖传说

南日岛有古码头，皇帝山、九龙山和金沙滩等自然景观，很多宫、庙、寺等宗教活动场所也坐落于此。身处台湾海峡上的南日岛人世代以捕鱼为生，崇拜妈祖成为南日岛的一大特色。岛上最早的妈祖行宫是明朝时建的"镜仔宫"，对于"镜仔宫"的兴建，还流传着一个妈祖海神显灵的神奇故事，在岛上广为传颂：

　　明代，岛上有位年过八旬的老渔翁，姓陈名德盛。他有一子二孙，世代以渔业为生。其孙三代多次在海上遇险，都得到妈祖海神的救护。有一年秋季，正是台湾海峡渔产大发时节，渔民们日夜出海捕捞，陈德盛老人也不例外。有天晚上，天气特别好，明月高照，星布满天。德盛父子驾驶渔船，当船快到渔区时，突然老天爷翻了脸，空中乌云翻滚，海面风暴聚起。紧接着，大雨倾盆，浊浪排空，冲打得渔船剧烈颠簸。可谓是天变一时呀！德盛父子心惊胆战。据说，每当渔民遇到这样的坏天气时，十有九回命丧大海。这次他们父子俩也是凶多吉少。德盛老人心中有数，便做好出事前的准备。他吩咐儿子说："万一有莫测风云，要紧抓桅杆不放"。儿子也暗地里下决心，如果不幸的事情出现，要凭借自己熟练的水性，用身子把老父撑住。此时此刻，他们父子俩都抱着侥幸的心理与风浪搏斗着。德盛老人是十分虔诚的信徒，对妈祖海神极为敬仰。在这危急时刻，老人按照惯例，点起三支香，爬到船头，跃跪在甲板上，祈求海神保佑他们父子平安无事。他儿子也合拢双手，面对老天，恳求妈祖圣母"施善心、排险情"。大概是命运所致吧，德盛父子俩咒语刚落，一个七八米高的巨浪扑过来，德盛手里的船桨也被折断了。渔船失去了方向，就像断了线的风筝在茫茫的海浪中随波逐流。德盛老人再也无法抗争了，父子俩软绵绵地蹲在船舱里，一言不发地等待着海龙王的"安排"。不知过了多长时间，就在德盛父子绝望之时，渔船突然猛力地颠动了一下，发出了一声咔嚓的

① 《福建宗教碑铭汇编·兴化府分册》第16号。

巨响。船身一晃，把德盛父子从舱里给颠了出来。他们透过漆黑的午夜，仔细一看，出现在他们眼前的是一片黑乎乎的沙滩，原来，渔船正好被风浪安全地刮进了乌丘岛海沃。德盛老人高兴地喊出了一声"妈祖有灵呀！"第二天，风浪平静了，他们父子俩赶紧整修渔船和渔具后，在乌丘岛渔区就地捕捞。因逢水时，遇到鱼群，结果网网得张，满载而归。从此，德盛全家对妈祖更加敬仰，每天香火不断，代代相传。

转眼到了德盛的孙子德发时，其家庭经济大有发展。由原来的捕捞为生，改为海上航运。家里买了一只大船，一年四季往返于广东、台湾、浙江、福州等地。生意是红火了许多，但也深受海盗之苦。多次遇到海险都是妈祖保佑他们转危为安。有一次，德发从广东载满一船布匹往台湾基隆交易，船经澎湖海域时，遭到林凤、李忠海盗集团的3艘贼船的围追。德发凭借自己海路熟、水性强和多次与海盗搏斗的经验，同林凤、李忠海贼在澎湖列岛海面整整周旋了4个多小时。最后，终于把贼船远远地甩在后面。可是到了深夜时分，德发船进入台湾"深沟底"时，由于误了水时，正遇上退潮，被一股大逆流给顶住了，导致船速变慢。而林凤、李忠贼船很快就要追上来。德发心想：这次可能脱险不了。"要不束手就擒，要不拼死了之"。于是，他选择了后者。他把船上的弟兄动员起来，做好与海盗死拼的准备。这时，海面上风越来越小，潮流却越来越急，船速倒越来越慢。天空不断出现一道道闪电，划破了寂静的夜空。德发清楚地看到林凤、李忠的3艘贼船急速地向自己的船逼近，其中最前面的一艘已距离德发船不过百余米。就在德发和四个弟兄大难临头之时，天突然变了，海面上刮起了一阵凉飕飕的东南风，紧接着四周大雾漫起，转眼就伸手不见五指，就连已快接近德发的第一艘贼船也在大雾中消逝不见了。德发趁机马上调转船头，冲出雾海，向西北返航。到了天亮雾散时，林凤、李忠的三艘贼船早已不见踪影，而德发满载布匹的货船安然地驶入福州马尾港。德发回家后，方知此次海运转危为安，原来是其妻林氏举香于九龙山祈求妈祖护航的结果。对此，全家子孙三代人，为感谢妈祖救死救难的大恩大德，特在面向东海的九龙山南侧立下一块"恩德碑"。万历年间，明军总兵胡守仁①据寨九龙山，出师全歼林凤、李忠海盗集团后，为谢恩妈祖助战有功，就在这块"恩德碑"位置上建起了一座"镜仔宫"奉伺妈祖海神，并把上述那块"恩德碑"基于"镜仔宫"地下。清道光二十一年（1841 年），南日县丞张德静在《重修镜仔宫记》中叙："明万历间，钦依胡公因捕盗而建也"。②

此处胡公即胡守仁。后来，明代南日民众为纪念胡守仁，在镜仔宫前立一块"德政碑"，刻"钦依都司胡公"。《闽台渊源丛书》载：胡守仁战功卓著，于嘉靖四十二年起任莆禧"千户所"守备，后来又升任福建行都中路参将。明万历间，胡守仁率水师据寨于九龙山抗击林凤、李忠等海盗集团，海神妈祖显神灵，从海面刮起一阵西北风，使胡军战船乘风破浪、劈波斩敌，获得全胜。胡守仁认为，戚家军能胜利，除军民勇敢杀敌外，与妈祖海神助战分不开，特地建造镜仔宫。

第二，南日岛民对于妈祖崇拜的实体仪式

妈祖对南日岛民来说，是迁移地民众的精神信仰，妈祖的人格精神深刻影响着本土民众的思想世界。南日岛靠海讨海的生活惯习，使他们对于妈祖有着天然的亲近和崇拜，在不断与海洋斗争的过程中，妈祖成为他们的精神依托，他们相信在妈祖的庇护下能够避开海难，谋生顺利。岛民耳濡目染这样的文化信仰，也产生对于妈祖的迷信，很多岛民也以妈祖作为信仰的神灵。

很多岛民将妈祖神像和行宫作为重要的精神寄托，对妈祖神像有着独特的崇拜。比如岛上就流传这样一个故事：

> 20 世纪 90 年代末期，南日岛石盘村有位年过八旬的老人，姓陈名亚华。在一个风雨交加的清晨，他起床后，头脑昏昏沉沉地独自一人跑到海边寻找海废什物。当他走到"海会府"附近的沙滩时，突然发现滩边有一尊身高仅有 30 公分左右的妈祖神像。老人本

---

① 胡守仁是明代抗倭将领，浙江观海县人。
② 《九龙山妈祖故事》，《莆田侨乡时报》2004 年 11 月 15 日，第 2 版。

来就是一个妈祖虔诚者，发现这尊神像后，心里有说不出的高兴。他很快就悟出了这是神明引导的结果，要不风雨这么大，我能独自一人跑到海边来发现这尊妈祖神像吗？老人马上用双手捧起了这尊妈祖神像，轻轻地抹去了妈祖身上的沙尘，紧紧地贴在怀里。尔后，快步跑进"海会府"，暂时安放在"海会府"中奉祀。消息很快传开后，所有民众纷纷跑来叩拜。据有经验的乡老推测，这尊妈祖神像是从台海方向漂流到"海会"滩上来的。

"海会"是一处专供"礼葬"海难者的地方。自古以来就是一所很圣灵的禁区。由于地理的缘故，在这"海会"处形成了一个自然的海沃。历史上也有从台海漂流过来的海难者的遗物、遗体，还有废什物等被潮水冲进这个海沃滩上来。例如，嘉靖年间，日本海寇任意在我台海抢、杀中国渔民，此海沃滩上就常有被日寇惨杀的台湾渔民死难者遗体出现。当地民众主动将其安葬在这"海会"中。还有，据传有年秋季，浙江有艘官司船奉命前往福建南安操办政事，船至平海湾海域时，遭到日本海寇的围歼。官船上全体将士奋起反击，但终因敌我悬殊，而被迫返航。后经南日岛海面时，遇到一阵飓风而触礁沉没。船上几十名官兵全部落海殉难。他们的遗体漂流到"海会"滩上，官府得知后，即速派官军和海难者的亲属、乡人前往此地，把其遗体安葬在"海会"里，当地民众依照古代沿海的习俗礼仪，建功立德，在"海会"修筑一个大公墓，建造一座"海会府"，作为民众祭奠、纪念海难者的活动场所。府中雕塑的各尊菩萨神祇，均为海难者的贴身，并刻有名字。历代以来，这座"海会府"的香火一直很旺。

而石盘村老伯拾到的这尊妈祖神像，也正是漂流在这"海会府"滩上的。民间有"神同圣合"的因缘关系，因此，当老伯把妈祖神像安放在"海会府"时，外面暴雨即停，天空乌云即散，一轮红日东升，海空光芒万丈，明示了妈祖的神力。开始很多信众不知原委，好心地要求把这尊妈祖神像请到专门祭祀圣母的"天妃宫"或"妈祖庙"敬奉比放在"海会府"里更加尊崇。当时海岛有两处妈祖宫，一处位于港嘴口，一处位于九龙山下的镜仔村。到底要放在哪个宫庙，众人谁都不敢自作主张。于是大家就卜杯①问路，由妈祖亲自选择。但谁也没有料到，连卜三杯，全部落空，说明妈祖不同意去上述二宫。大家都感到很惊讶！怎么办呢？后来全体乡老再次举杯跪下，问妈祖，如果愿意留在"海会府"就地奉祀，请显出"三圣杯"。此言一出，结果杯杯得"圣"，表示妈祖愿意留在"海会府"就地奉祀。在场的所有信众一片沸腾，妈祖威灵圣迹迅速传遍南日岛的每个角落。村村户户善信者，络绎不绝地涌进"海会府"举香叩拜妈祖海神。此时，鼓乐喧天，鸣炮震耳，戏剧连台。每逢节日，缘金满载。渔民出海往返经过"海会府"前的海域时，都以炮为礼，示敬妈祖。

那么，这尊妈祖神像，来源于何处呢？因无据可查，乡人只能主观推理判断。当时有两种推断：一种认为，这尊妈祖神像可能是因为台湾地震或山洪暴发，宫庙倒塌而被洪水冲进大海漂流到南日岛；另一种则认为，这尊妈祖体积很小，明显是船上奉祀的神像。很可能是台湾渔民遇难时，船上这尊妈祖神像成为漂浮物，被潮水冲进南日岛海沃的。因为台湾民众自古以来最信仰的就是妈祖海神，不但在台湾岛上建有妈祖庙、妈祖宫，奉祀妈祖，而且在海上的渔船中也都安奉妈祖。所不同的是，在宫庙里所奉祀的妈祖神像要比在渔船、商船上奉祀的妈祖神像规格要大得多。对石盘村老伯拾到的妈祖神像，身高仅有 30 厘米左右，证实是在船上奉祀的妈祖，且这尊神像是台湾渔船遇到不可抗拒的自然灾害时，海难船上的漂流物。因此，神像身上带有海难者的灵魂神迹，这是这尊妈祖不愿进宫庙，而要求留在"海会府"就地祭祀的主要原因，

---

① 卜杯又称"跌筶"，是祈求神明最常见的方式之一。信杯（筶）是用两块木头或竹片、老笋头制成椭圆体，突面是阳，平面是阴。卜杯时，卜杯者先跪在神明面前，虔诚地磕几个头，陈述自己的情况和疑难的问题，祈求神明给予指点；然后点香，拿着信杯将平面对平面合在一起，在神明前袅袅的香烟上一边环绕几下，一边祷告，最后虔诚地向上轻轻抛起，卜杯将落在人和神像之间的地上。若是一阳一阴，在闽南叫作"一杯"，在闽西称作"圣筶"，表示神明同意所求。若是两阳，说明神明不准所求。若是两阴，叫作"笑筶"，表示神明讥笑祈求者心不诚或啰嗦，对所求之事不置可否，或表示所问之事的结果不好也不坏。卜杯一般只能卜一次，然而卜杯的结果往往并非卜者所愿，卜者心有不甘，所以总还会再卜一两次，但最多不超过三次。参见刘大可《传统与变迁：福建民众的信仰世界》，社会科学文献出版社，2011。

符合封建社会一直延续下来的"海难者均在海会礼葬"的习俗惯例。由此，也是妈祖海神为海难者建功立德的又一例证。

随着原生地和迁移地对妈祖信仰的日益崇拜，岛上妈祖信众与日俱增，南日岛还建立妈祖行宫作为信众的精神依托（见图4-22），对此，南日岛副镇长陈女士是这么说的：

> 南日岛的妈祖行宫①是从2011年农历十二月初七开始建的，一直到2013年才建成，有两年的时间。建成后的整体庙宇建筑主要依照莆田地区的传统风格，雕梁画栋，造工非常精致。在庙宇内有二根蟠龙柱，大门前也有四根蟠龙廊柱，都是采用全石通雕的工艺，很有气势。在屋脊和飞檐上还装饰石雕鸟兽的图案，兼具妈祖传统文化和南日岛的特色。在落成典礼上，多位社会重要人员作为嘉宾出席当天活动并为南日岛天后行宫落成揭幕。除此以外，还有来自贤良港天后祖祠、文峰天后宫、秀屿区妈祖文化交流中心、平海天后宫、长岛显应宫、白湖顺济庙和晋江、惠安等地的宫庙代表与支持天后行宫建设的各位功德主、企业家及当地信众们近万人参加了庆典。浮叶村现在也有相当数量的女性信奉妈祖，所以浮叶村原生地的惠安、晋江的宫庙代表还专门赶来参加仪式，对于浮叶村的民间信仰来说有着重要的助推作用。……在那天的仪式上，台湾北港朝天宫副董事长蔡辅雄强调了"中华妈祖情，两岸一家亲"，我们南日岛就是通过这样一个行宫的落成作为契机，沟通两岸妈祖信仰的文化交流，也为南日岛做个品牌宣传。那天参加仪式的人很多都是第一次来南日岛。还没来南日岛之前，他们想象南日岛就是一个荒凉落后的渔村，来了以后发现这个地方环境非常好，人也很淳朴热情，还有各种各样的海鲜，还特别称赞了我们的南日鲍……现场还有祭典表演，有千余名信众在行宫三拜九叩、迎神上香、诵读祝文，祈求妈祖福佑众生，恩泽四海。我们岛上由各村组织的锣鼓腰鼓、西鼓等也在那天上场进行民俗表演，非常热闹，也算是我们

---

① 南日岛妈祖宫始建于公元1060年，清末民初宫毁于战乱。在澳门莆仙同乡会会长刘国栋的带领下重建，行宫耗资460万元，占地面积1048平方米，建筑面积780平方米，成为南日岛妈祖信众开展妈祖文化交流的一大圣地。

南日岛上难得的盛事。

图 4-22　南日岛妈祖行宫

除此以外，岛上的其他村落也有妈祖行宫，比如位于南日岛西高村卒仔兜的重兴社妈祖宫，又名卒仔兜社妈祖宫（见图 4-23）。宫庙始建于清雍正年间，1948 年、2008 年重修后逐步形成了现在的规模。主体建筑为砖木结构，坐南朝北，面宽三开间，进深双进，宫庙长 21 米，宽 11 米，面积为 231 平方米，占地总面积为 700 平方米。附属建筑山门高 4.8 米、宽 4.5 米。主祭神妈祖，清雍正年间分灵自湄洲岛祖庙。每年例行三大活动：春节至元宵妈祖巡安，绕境祈福，驻夜信众家，举行跳火堆、演木偶戏活动，整夜鞭炮不停、灯火常明；三月廿三庆妈祖生日，信众进行祭祀、献贡品果等活动；九月初九纪念妈祖升天，进行祭祀、法师做道场、演木偶戏、排设贡品等活动。

（三）浑然一体的浮叶妈祖信仰

无论是讨海生活抑或是日常生活，相当数量的浮叶人保留着妈祖信仰，田野调查中，很多上浮村民表示，有部分姓周的村民信奉妈祖，而且绝大部分信众为女性，甚至有部分浮叶老太太会穿红色衣服、黑或蓝色外裤，以此仿效妈祖生前的服饰，还会把头发梳成半弧形竖起的形似帆船的"妈祖髻"。浮叶村信奉妈祖的阿婆说：

　　我们村有很多人信奉妈祖，特别是那些出海捕鱼的，外面风浪

图 4 – 23　重兴社妈祖宫

大，为了保平安，很多人都很信妈祖。我们造渔船的时候也会请妈祖，比如"龙首开斧""竖龙骨""安头巾""安龙目""渔船下水"等，都要请示妈祖，就算请了卜日师选了吉日，也要到天妃宫请妈祖来决定，然后才开始行动。甚至还有人在"龙骨开斧"，也就是开工造船的时候，除了请妈祖定吉日外，还要把天妃宫里的妈祖请到工场供奉数天，"监造"渔船，有的较虔诚的人甚至一直供奉到渔船完工下水。……渔船如果要到外海捕鱼，大家就会按照惯例去拜妈祖，差不多每条船都要请妈祖上船做"消度"仪式。这种仪式之前就要通过占卜驳卦来知道妈祖的意思，由妈祖来定时辰，还有谁来主持仪式。我们村做仪式很复杂的，要有扛油锅的人、撒盐米的人、倾倒仪式用油的人，甚至连油中的黄裱纸球的数目等，都要事先跟妈祖问清楚，省得到时手忙脚乱。另外，出海捕鱼的很多琐事也要问妈祖，比如出海时谁"开头只"，因为"开头只"比较累，也比较危险，也要求"开头只"的人要有丰富的经验，一般情况下大家都不愿意"开头只"，经常吵来吵去定不下来，这时候就只好请妈祖来决定，她决定的事情大家都不会有意见；还有就是出海的时间，哪一天、哪一时刻，也是很重要的，经常要选个吉日吉时，也要妈祖来安排。所以我们村只要有捕鱼的人家，都会信奉妈祖，每条渔船上都会供妈祖，每天烧香供奉，每个讨海的人身上都会戴着从天妃宫妈祖那里求来的护身符，这样就觉得妈祖时时刻刻都在身边保佑他，很有安全感。当然，我们得到妈祖的保佑也会感谢她，每次捕鱼回来，就要到天妃宫妈祖面前还愿，感谢她带给我们平安和好收成，就算没有捕到太多鱼的人家，也会觉得是自己对妈祖拜拜不够虔诚，回来后也要更加虔诚地供奉妈祖，请妈祖到他们的船上去消灾，以保佑他们在下一次讨海中能获得好收成。

　　不仅我们讨海的时候要信妈祖，在平常的柴米油盐中也有很多事情需要求她，在一些重要的节日和日子里我们都要请她来安排。反正我们村很多大大小小的事情都会请她出面解决，比我们的村主任、村书记都要管用。比如我们信奉妈祖的人家，到了儿女结婚的时候，都要挑好日子，经常要让灵媒算过后再由妈祖决定，特别是子女相亲的时候，我们村的年轻人，很多都在外面打工，到了五一、国庆、春节等节日会比较有空，就得跑回来相亲，我们一般偏爱同一个地方的人，可以省掉很多麻烦。你想啊，如果找南日岛本地的人，到时生孩子可以放在岛上养，亲家可以方便走动去看孩子，而且岛上虽然人多，但真要打听还是可以打听到的，经济收入啊，婚姻状况啊，家庭成员啊，都是可以了解得到的，彼此知根知底比较稳妥些。我们村的女孩子小时候，父母都会反复强调"探门风"的重要性，要在左邻右舍树立一个好形象，要不夫家来"探门风"的时候被知道一些不良品质是很丢脸的事情。外地人就不方便去"探门风"，去了也是双方一脸和气，左邻右舍又不认识，啥都问不到，只能通过年轻人自己平常的接触去了解，我们做长辈的，一年也见不了几次面，很难知道人品怎样。况且我们村结婚都很早，带回来的女孩子只要双方都满意，很快就要选个好日子结婚，这样匆匆忙忙办婚礼，如果是外地人很多时候是不知道底细的，会存在一些风险，比如结婚了才发现对方以前离婚过，或者有什么不光彩的过去，我们农村人很重视脸面，就担心这些事情发生在自己或家里人身上，所以我们还是喜欢本地的女孩子。相亲看对眼后就会去找灵媒对八字，有时没对上眼，但是八字很合的，我们也会鼓励年轻人在一起，只要不是太讨厌，时间长了都会有感情的。但灵媒对上了还不能算数，还要去天妃宫在妈祖神像面前卜笠看是否如此，如果妈祖不答应，这个亲是万万不能结的，就算灵媒觉得以后可以子孙满堂，就算双方再对上眼，再互相喜欢都不可以。所以我们当地有时也会出现有些女孩子跟男方谈婚论嫁了才因为八字不合被拆散的，但我们一般都会尽量尊重年轻人的意见，不会太多去干涉，更多是给建议让他们再考虑一下。……到了结婚那天早晨，新人除了要拜祖先以外，还要到天妃宫祭拜，让妈祖认可两口子，还要登记在红本子上，这比到民政局结婚登记更重要（阿婆捂着嘴笑开了）。等到新娘子怀孕了，也会到天妃宫妈祖面前占卜是男孩还是女孩，平安健康顺利，等等。孩子要是生病了，依然会到妈祖那里求她保佑快点好起来，有时还要过继给妈祖当"契子"来保佑孩子平安健康成长。很多信奉妈祖的家庭，他们的孩子都会认妈祖作"干娘"。……很多在外地工作的年轻人，不管多远，春节都要回家团聚。他们受到老家人的影响，对妈祖也很尊重，很多人除夕晚上都会跑到天妃宫门口排队，或者住上一夜，就为了在新年第一天去上第一炷香，但能上得了第一炷香的只有一个，很多人排队仅仅是为了让妈祖知道他们很虔诚而已，毕竟妈祖是他们的"干娘"啊，他们都认为"干娘"会保佑他们。……我们村遇上土地纠纷、盖房子时的土地到底归谁等问题，也会找妈祖评判，让她来决定到底属于谁，只要是妈祖的意思，大家都没有意见。

浮叶女对妈祖的信仰是典型的对于本土文化的吸纳。妈祖的功能对于浮叶女来说，也不仅仅是祈求航海安全，还包括扞患御灾，保境安民，消灾解厄，保佑妇女、儿童平安健康等，对浮叶的宗族和村落事务发挥着重要作用。

四 重阳节习俗的本土适应

"重阳"源出《易经》，该书称九为阳数，农历九月九日两阳相重，故名"重阳"，又称"重九"。屈原《远游》中就有"集重阳入帝宫兮"的诗句，这表明重阳节在战国时期就已经有了。重阳节有登高避灾的习俗。此习俗出自南朝梁人吴均所著的《续齐谐记》。李白在《九日登巴陵望洞庭水军诗》中有："九日天气晴，登高无秋云。造化辟山岳，了然楚汉分。"杜甫有《九日》诗云："重阳独酌杯中酒，抱病起登江上台。"白居易也有《九日寄微之》诗："去秋共数登高台，又被今年减一场"。王维在《九月九日忆山东兄弟》的诗中写道："独在异乡为异客，每逢佳节倍思亲。遥知兄弟登高处，遍插茱萸少一人"。

边塞诗人岑参在行军途中，适逢重阳节，诗人仍想到要去登高，怀念那故园的菊花："强欲登高处，无人送酒来。遥怜故园菊，应傍战场开。"到了唐宋年间，重阳节还盛行插茱萸、赏菊、饮菊花酒、吃重阳糕等习俗。

按照南日岛当地的风俗，重阳节这天，民间有登高和祭墓的风俗，"重阳士人登高燕赏，亦展谒坟墓如清明"①，"重阳祭先坟如清明礼，而士人间亦有登高燕赏，畅饮赋诗，往往寻山水岩阁之佳者，招携竟日"。② 南日岛当地的风俗是，一年中主要有三次主要的祭墓时间，分别是清明、重阳、冬至。按照较为传统的习俗，重阳节祭祀祖坟的开支来自"介田"，即兄弟分家独立生活时分家所剩的田产。平常的时候，"介田"由兄弟轮流耕种，祭祀祖先后如果还有盈余，再按丁平分。③

南日岛民将重阳节称为"九重阳"，在这一天有独特的习俗，比如扫墓祭祖、吃重阳糕、"送顺风""补重阳"、放风筝和放孔明灯。岛民虽然没有登高的习俗，但浮叶人在重阳节要到祖坟扫墓。④

在浮叶村生活了一辈子的林阿嬷说：

> 清明节南日岛经常要下雨，去野外扫墓很不方便。九月九日这天一大早，村里很多人都会去扫墓，全家人带上锄头，去给祖先扫墓，还要带上番薯、芋头、花生果、红柿、柚子、甘蔗、重阳糕。祭祖后再把这些祭品全家一起吃了，还要剩一些来送给亲戚朋友，我们村里人都相信祭品吃了可以辟邪。

> 重阳节这天，我们村里的老人还要吃重阳糕，这个习俗听说是

---

① 乾隆《莆田县志》卷2《舆地·风俗》，第107页。
② 乾隆《莆田县志》卷8《邑肇志·风俗》，第139页。
③ 《福建省志·民俗志》，第271页。
④ 南日岛民间有句谚语："三月小清明，重阳大清明。"

从唐朝武则天就开始了，她在重阳节这天都要叫宫女摘花，把花和米捣碎后做成花糕，赏给大臣，后来我们都是这么做的，包括老家惠安那边的亲戚也很多会做重阳糕。①

　　我们村从祖辈开始就是出海捕鱼讨生活，经常好几天才能回家一次，每次丈夫出门的时候，女人家就要给他们准备吃的，很多人喜欢把南日岛当地的九重粿改做成重阳糕。就是把上好的大米用清水洗，浸泡两个小时左右，捞出来沥干，磨成粉，加上红糖、芝麻、花生②，搅拌均匀，然后放在蒸笼上，在大锅里加热，铺上很薄的糯米纸，舀入米粉，差不多十厘米厚，抹平，压实，用刀切成菱角形，蒸熟了出笼。这种糕吃起来甜软适口，又不粘牙，我们经常做来给丈夫出海吃，或者留着给家里的老人吃。因为"糕"跟"高"的音一样，吃了重阳糕，就代表"年久寿高"，祝福老人家高寿的意思。

　　我们岛上四面都是海，从祖先开始就一直以海上捕鱼来讨生活，我们都是靠着打鱼的收成过日子，收成好的时候，全家就吃龙虾、螃蟹、海虾，收成不好的时候，就只能吃地瓜，有时地瓜不够吃，就只好吃池塘里的黏土，没有半点营养，就是填饱肚子而已。所以我们村里只要有人出海捕鱼，亲朋好友就会准备好公鸡、线面、中药材、土特产，送上门来，或者摆酒席饯行，祝出海捕鱼的人一路平安，这个习俗叫作"送顺风"。这家人收下礼物后就要煮"甜果四汤"③ 来感谢亲朋好友。

　　在古早的时候，南日岛的帆船要开动全靠风力，我们村就有"祈风"的风俗，一般9月份刮东北风，就是"九月展秋风"。出海捕鱼和到海上做贸易的帆船都准备出发了。"骑马行船三分命"，这一去不知风浪凶险，也不知道什么时候可以回来。家人都会在帆船出发的时候，爬到南日岛东南边的九重山上望远，目送帆船慢慢远去。

　　我们村里人还按照南日岛的习惯在重阳节这天进补，叫作"补重阳"。到了重阳节这天，很多家庭都杀鸡宰鸭炖当归、川芎、党参

---

① 清初莆田诗人宋祖谦《闽酒曲》曰："惊闻佳节近重阳，纤手携篮拾野香。玉杵捣成绿粉湿，明珠颗颗唤郎尝。"
② 花生要事先炒好、去皮、碾碎。
③ "甜果四汤"的主要材料是柿饼、桂圆、莲子、红枣。

等中药吃，当然也会吃其他东西，我们认为重阳节这天不管吃什么都可以进补。当地人都这么说的：吃猪脚补脚，吃猪肝补肝，吃柚子补脑，吃面条补肠，吃香蕉补腰，吃甘蔗补四肢，吃红柿补心血，吃花生补手指，吃地瓜、芋头补筋骨……有钱人家就吃肉来补，没钱人就吃地瓜、芋头进补。

我们浮叶村是从惠安搬过来的，重阳节这天还保留惠安的风俗，比如放风筝和放孔明灯。浮叶村现在还流传一首重阳节民谣："菊酒茱萸典不传，重阳只乐眼前天，番薯芋柿力子果，吃罢芝山看纸鸢。"我们海岛上山都不是很高，重阳节很少有插茱萸、喝菊花酒，倒是吃地瓜、芋头、红柿、板栗的比较多。吃饱后，大人和小孩再爬上山顶放风筝。南日岛从九月九开始刮起"九降"的秋风，吹的是无雨的北风，这个时候最适合放风筝，村里人都说放风筝可以躲避灾殃。所以在放风筝的时候，我们还故意把线弄断，任它漂到大海中，据说这样可以让灾祸远离自己。除了白天放风筝，晚上还可以放孔明灯。放孔明灯的人多了，天空都是一盏盏明亮的孔明灯，摇摇摆摆地飘，越飞越高，越飞越远，把我们的愿望带给天上的神仙知道，让他们保佑我们。

九月初九也是妈祖羽化升天的忌日。我们村里的人世世代代以捕鱼来讨生活，妈祖对我们来说非常重要，几乎家家户户都拜妈祖。大部分的时候，村里的渔民会开船到湄洲岛的妈祖庙里去拜，如果遇到大风大雨没法走船，就到港南村镜仔的妈祖宫去拜，求妈祖保佑全家平安，出海有个好收成。现在好了，南日岛还有一个妈祖宫在东面，方便我们去拜。这可是我们岛上的一个有钱的生意人花了400多万元建起来的，非常气派，我们村里很多人都去过。

第三节　相亲仪式与婚配模式

婚姻是重要的人生事件，标志着一种经由社会认可的两性结合，以及此结合所衍生的实践亲属关系网络。婚姻因为其重要性而附带隆重的仪式予以体现，不同的文化、不同的时代中，婚姻仪式有着不同的内容和表现形式，但也沉淀了几千年来大体相似的程序和禁忌，延续着各自的习俗。

一　婚配仪式的程序化

婚礼，"将合二姓之好，上以事宗庙，下以继后世也，故君子重之"。[①] 婚姻的礼俗在浮叶村素来备受关注，繁文缛节，考究非常。村里的婚姻礼俗，虽与传统"六礼"大体一致，但仍带有浓郁的地方文化特质。

（一）议婚

在议婚阶段，男女婚姻的缔结，除了必须遵从"父母之命"之外，还要听从"媒妁之言"。其中，媒是指男方的媒人，妁是指女方的媒人，一般情况下，我们都称为媒人，即婚姻的介绍者。儿女的婚姻必须由父母做主，并经媒人介绍才可以，缺失其中一个程序都不容于乡规民约。故此，媒人是个很重要的角色，特别是在封闭落后的地区，人们交往圈子很小，没有足够的人脉来认识更多的异性，况且，古代女性长期"大门不出、二门不迈"，她们的交往对象仅限于家庭成员和亲戚朋友这些强关系群体，传统文化对于"男女授受不亲"的行为规范也框约了性别间接触的可能性。由此，媒人作为男女之间牵线搭桥的工具，应运而生。

追根溯源，在中国婚姻制度的历史发展中，媒人占有相当重要的地位，孟子把"父母之命"和"媒妁之言"放在同等重要的位置，二者的作用难分伯仲。最早在《诗经》中就有"伐柯如之何，匪斧不克；娶妻如之何，匪媒不得"的记载，由此可见，早在西周时期就已出现媒人。而且《仪礼·士昏礼》中规定的成婚程序六礼，即采纳、问名、纳吉、纳征、请期、婚礼，每个环节都离不开媒人。《战国策》更有"处女无媒，老且不嫁；舍媒自衒，弊而不售"的表述，也就是说，姑娘如果没有媒人来提亲，老了也不能嫁；如果舍弃媒人而自己找婆家，就像破烂货一样卖不出去。关于媒妁的官方记载，早在周代就已经出现。当时的"媒官"被称为"媒氏"，从国家领取一定的俸禄，执行公务。《周礼·地官·媒氏》记载："媒氏，掌万民之判凡男女自成名以上，皆书年、

---

① 民国《莆田县志》卷7《风俗志上·礼制》，第一册，第248页。

月、日、名焉。令男三十而娶，女二十而嫁，凡娶判妻入子者皆书之。仲春之月，令会男女。于是时也，奔者不禁。若无敌而不用令者，罚之。司男女之无夫家者而会之。"其中，"判"即婚姻，媒官的职责就是"掌万民之判"，即掌管老百姓的婚姻大事，地位不容小觑。此后，历朝各代都有对媒人的记载，唐、元等朝代还专门为媒妁立法："为婚之法，必有行媒。"即不经过媒妁而自由结合就是违法犯罪。另外，除了上述官媒外，还有私媒。一般而言，在婚姻介绍方面，官媒主要服务于上层社会，私媒主要服务于底层社会。而且私媒一旦做得长久，其目的不单单是撮合亲戚乡邻的子女缔结姻缘，还带有谋取财物的意图。

传统中国的女子，婚姻上的父母之命、媒妁之言，是一道绝对的坎儿，很难逾越，女性没有选择自己命运的权利。说媒的作用很重要，成为婚姻缔结的一道必不可少的程序，一旦缺失就是名不正言不顺的越轨行为。比如，《史记》就记载了这样一个故事：

　　战国时期，燕国侵吞了齐国的土地，杀了齐愍王田地。田地的儿子田法章侥幸脱逃，更名换姓，隐身到莒城富户太史敫家里，给人家当奴仆。田法章人长得高大魁伟，相貌堂堂，太史敫的女儿自打见着他第一面，就觉得这个小伙很特别，暗自断定这个男仆不一般，渐渐产生了爱慕之心。此后，不时有意无意地亲近法章，还经常偷着给他送去衣服和好吃的。

　　一对青年男女，虽身份有主仆之别，可青春的情愫难抑，相爱了，直至偷尝禁果。起初，田法章还处处留意，生怕暴露自己的真实身份，待情到深处，发现人家女孩是真心待己，便什么也不管不顾了，直言相告说：我是逃亡的齐国王子。

　　本已生米煮成熟饭，再一听心上人竟然是王子，太史女当即决定，要嫁给法章为妻。父亲太史敫听说此事，气了个半死，对女儿怒吼道："女不取媒因自嫁，非吾种也，污吾世！"一个女孩子，不经过媒人介绍就要私自嫁人，你不是我太史氏的后代，真是家门不幸啊！

　　父亲至死都不愿与这个离经叛道的闺女再见面。

反观南日岛，青年男女到了适婚年龄，父母就会依照传统的习俗，找各种各样的门路考虑其婚配事宜，往往会选择求助于媒婆。父母事先会把儿子或女儿的出生年月日，即"开庚帖"（见图4-24）交给媒婆，让她安排合适的人选来相亲。媒婆拿到生辰八字后就开始张罗相亲事宜。她们会根据男方或女方的要求进行筛选，媒婆平时与村里的姑嫂婆娘间保持紧密的联系，其关系网络还涵盖整个南日岛，这些适龄男女的长相条件都深刻地印在她们的脑海里，只要有人提出要求，她们就会在脑海里飞快地搜索合适的人选，然后逐个安排相亲。因此，每逢节假日，都是村里青年男女相亲的旺季，她们不管在多远的地方工作，到了节假日都要赶回来相亲。村民们还是更愿意跟本岛上的人相亲，可以避免语言交流、生活习惯等方面的问题。平时，媒婆都会准备一本笔记本，上面详细记录待相亲男女的基本情况，包括长相、家境、工作等，以及婚配的诉求，对配偶的要求等。遇到合适的相亲对象，媒婆都会事先电话联系，约定好具体的时间地点，然后安排见面。

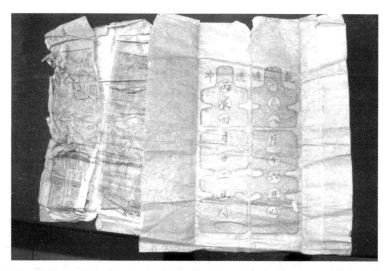

图4-24　150年前的开庚帖——保康县档案馆

浮叶村的阿欣说：

> 媒人是我们村里很重要的人物，我们村里人结婚都要请媒人来相亲，她手头有很多男女的资料，可以帮我们找到相貌条件都比较

好的对象，我们都很信任她们，她们在村里的口碑很好，地位也比较高。平时媒人都会穿得红艳艳的，在人群里都会一眼看出来。她们的口才都很好，不管什么样的人都会被她们说得天花乱坠。不仅如此，她们还知道很多配对的习俗，比如 31 岁不能配 25 岁，差 6 岁不好，我们当地人有"6 岁一大结，3 岁一小结"的说法，而相差 4 岁、8 岁是最吉利的，此外也不要相差 7 岁，"6 岁没用，7 岁没效"。

相亲对她们来说就跟做中介生意一样，按照现在岛上的行情，介绍成功就能赚到 6000 元，男方家给 3200 元，女方家给 2800 元，下聘那天付清。所以当媒人是个赚钱快的行业，快的话几个电话，或者一个月就结婚了，媒人很快就可以赚到 6000 元，而且是一次性付清的。不过我们比不得晋江、石狮那些地方，虽然是小城市，但彩礼的数额往往大得惊人，媒人从聘金或嫁妆中提成，收入很高，运气好的话，一年做四五单大买卖，赚个几十万是没有问题的。我们岛上的媒人虽然没有提成，但一年赚个十几万也是很轻松的。

很多媒人都是家庭主妇，或者是灵媒，群众基础较好，平时跟大家关系都不错，特别是灵媒，村里人都比较尊重她们，她们介绍的对象大家都会比较看重，总觉得是神灵的意思，以后会有神灵保佑的。媒人大都识字不多，常挎着一个大包，包里装着各种名片、笔记本，记录下待相亲男女的联系方式，男的一本，女的一本，上面简单记录年龄、住址、父母或男女双方的电话，不会把情况写得太具体，这样方便查找，有需要的话，就看笔记本里记录的条件，一目了然。很多媒人做这行都好多年了，每天都在研究人，什么样的人喜欢找什么条件的，谁家想找有钱的，谁家想找有稳定工作的，谁家想找漂亮的，她们都会分类记录。她们也不会限定在浮叶村，会拓展到全岛，岛上谁家有女孩还没出嫁、谁家有男孩还没娶妻、谁家有钱、谁家没钱，谁家孩子考上大学或者找到好工作，她们都能烂熟于心，脱口而出。她们对于海岛未婚男女都很熟悉，路上或者码头碰到了，只要报上名字或者谁家的孩子，她就能说出是做什么工作、父母情况还有家庭经济条件。

居住在镇上的阿红，当职业媒人已经有很长一段时间了，笔者见到她是在镇上的菜市场，菜市场人来人往，熙熙攘攘，好不热闹。阿红天天都在镇上的商铺里走来走去，对岛上的情况了如指掌，她介绍成功了好多对，都是高富帅和白富美，对于某些急功近利的岛民来说有着强烈的诱惑力，如此一来，她在岛上有着不错的口碑。

阿红跟我说起她最值得炫耀的一桩婚事：

前年做过一桩婚事，男的是大集团的公子哥，长着一米八的好身材，相貌也很不错。他的父亲在莆田经营着一家小有名气的家族产业，专门做纸箱生意，产业做得很大，在当地也是赫赫有名。父亲和母亲天天都在集团，母亲还兼下面几家分公司的总经理，长年累月下来，父母没空关心他的个人问题，看他经常跟同学、朋友一块出去玩，总觉得他是有女朋友的，何况他家经济条件非常好，总想着女孩子都愿意跟他家攀亲。他的父母就他一个儿子，自从儿子2010年从福州一所高校毕业后，就一直在家里待着，父母也会教他做生意，让他帮忙打理公司的事情。结果一忙起来，时间过得真是快，眼看着儿子已经26岁了还没对象，家里人开始着急了起来，四处打听有没有合适的女孩子。可儿子不喜欢找我们岛上的，想找岛外的女孩子。很多女孩子都过来相亲，有的是家境一般但有文凭有固定工作，相亲的时候一听说他家那么有钱，就开始自卑了起来，不敢再继续联系，她们会说，有钱人家的公子哥都不会过日子，也不会关心别人；有的是客户的女儿，考虑到经济利益的瓜葛，也都不了了之；至于那些没有文凭没有固定工作的，他家也看不上。这样挑挑拣拣了好几回，婚事都给耽搁了，家里人急得开始发动亲朋好友来帮忙找对象。

男孩的奶奶一直住在涵江，几经打听找到了我，我在岛上帮忙做成了几对，大家都说我人不错，介绍的对象都很靠谱。他奶奶再三要求我一定要帮她这个忙，说好如果成功了就给我一大笔介绍费，听得我也很心动。做媒人这行，不仅要介绍成功，还要有业绩，就跟公司里的老板一样，也要做得像样人家才会认可你，以后才会有源源不断的客人找上门来。既然他的奶奶这么信任我，我总也不能亏待人家。于是我就在笔记本里搜罗，淘汰掉年纪比他大的、年龄差 3 岁和 6 岁的、相貌不够好的。果然找到三四个给他奶奶看，他奶奶说，八字要能合得上，最好是莆田人，闽南人也可以，因为浮叶村的人会讲闽南话和莆田话，找外地人以后很难沟通，我说她听不懂，她说我也听不懂，不像是一家人。

后来相亲的这些女孩子，他们家单单看中了涵江的小芳，一米七的身高，娃娃一样的脸蛋，跟他们家儿子相差 8 岁，关键是小芳家境很好，父母在涵江经营品牌服装，代理了好几个国际品牌，生意做得很红火，特别是小芳的母亲，就是典型的女强人，生意场上的好手。他家看了非常满意，觉得有这样的丈母娘，也算强强联合，以后会有很多共同语言，还可以帮忙打理他们家的产业，况且这样的丈母娘也会教出厉害的女儿来，以后家族产业也会后继有人。我也在旁边鼓励两个年轻人，既然门当户对就要多接触，互相了解一下，既然有心就要努力去追求姻缘，平时我也会时不时问他们，打电话了没有，相处得怎么样。在我和双方父母的努力下，两个人倒是进展得很快，相亲—定亲—结婚安排得很顺利，不出一个月，就开始筹备婚礼了。定亲那天，男方家给了女方 10 斤的金条作为聘礼，折算成人民币也有 100 多万，除了这些，还有宝马 740 送给女孩子作为专车。

最开心的应该是我，按照岛上的风俗，定亲这天要给媒人介绍费的，我拿到了 8 万元红包，相当于我半年的收入，乐得我见到人都要说，也给我自己积攒了好口碑，以后有更好的人家找我说媒。定亲那天，他们全家都很感激我帮他们找到好姻缘，女孩子家也很感激我，能攀上有相同经济背景的有钱人家也是值得庆贺的。后来的婚礼安排在元旦进行，大办了三天，第一天在岛上宴请亲戚和老乡，第二天到莆田宴请公司员工，第三天还是在莆田宴请朋友。每桌酒席都在 5000 元以上，排场很大，到处都有拱门和条幅，在岛上算是比较轰动的。这场婚姻不仅给我带来很不错的经济收入，还给我带来了好名声。做媒人这行，都喜欢做大户，一年只要做一两单也会有不少的收入，长期积累下来，相亲满意的人家也会一传十、十传百，名声就打出去了，这样一来，大户人家也愿意找我帮忙。

现在我的收入很好，家里的房子都是我赚钱盖的，我儿子结婚也都是我操持的，当然，儿媳妇也是我亲自挑选的。（阿红捂着嘴笑起来）

按照阿红的说法，媒人在浮叶村乃至整个南日岛的婚配中起着重要的牵线搭桥的作用，那么，作为父母，自然希望自己的子女找到门当户对、条件相对较好的对象。如此一来，媒人手头就要有较大的库存量，物色的对象就要各方面条件都不错。如此，媒人对于相亲对象的选择是否具有地域性呢？

对此，阿红是这么说的：

除了自由恋爱是先看感情再谈条件的，相亲跟自由恋爱可不一样，都是看条件见面的，作为媒人我们自然希望找经济条件好，家里最好有房有车的，这样双方也比较有意向见面。我们岛上经济条件比较好的主要是鲍鱼养殖户，家产 500 万以上的家庭很多，岛上盖的那些豪华别墅大部分都是鲍鱼养殖户盖的，还有就是在外地承包医院的，一年也有上百万的收入，这两类人是我们岛上比较有钱的家庭，他们家里的子女只要有相亲一般都能成。除了岛上的，现在年轻人也会找莆田沿海的，离南日岛比较近的地方。最有钱的当属忠门镇，他们给的彩礼都是 50 万元①打底的，近十年来每年基本按照 10% 的速度增长。忠门镇的传统产业是木材，占全国 80% 的市场份额。木材产业的原材料主要来自东北三省、云南一带，从原木砍伐到家具的加工制作，形成产业链，这已经有 30 多年的历史。相对比近十年才发展起来的仙游红木家具加工还要更早，只可惜没有仙游那么集中。现在忠门镇不仅有木材，还有钢材、建材、医疗、模具、房地产、金融租赁等，朝着多元化方向发展。

忠门镇产业发展起来了，村民的家庭生活水平也跟着提高。比如我认识的忠门镇东潘村，有 17 个生产队，每个生产队大约 80 户，

① 莆田婚嫁聘金的额度以秀屿区的笏石镇为界线，笏石镇以西以北的平原和山区，聘金较便宜，少则几万元，多则也不过一二十万元；而笏石镇以东以南的沿海地区，聘金则高出不少，基本上都是在十几万元、二十几万元，而在忠门、东埔、东庄等乡镇，聘金甚至超过百万元。

6000人左右。三年前家庭资产超过亿元的家庭至少有15家，这几年实体经济不好做，亿元家庭缩水了一半，但千万资产的家庭还是有很大比例的。东潘村民有钱了，彩礼就水涨船高。我们普通人来看几十万、上百万可能是一大笔钱，在这些有钱人眼里根本就不当回事。在2015年春节的时候，第一家订婚男方准备的彩礼①是80万元，接下来同村的彩礼一般都是在80万元上下浮动，聘金有首家示范作用，也存在邻里之间的攀比，谁也不想低于平均数，但具体的彩礼数要根据女方的条件决定。我朋友的堂妹，长相中等，大专学历，2015年春节订婚的彩礼达到85万元。而她的两个堂弟，找的女孩子只是高中学历，长相中等，就略少一些，65万元。当然，同村也有100万元的，甚至200万元的，要看男方家的经济实力，也要看女方的条件，出现百万新娘也不是没有可能的。比如在2016年9月，忠门镇一名外出开医院的成功人士迎娶了一名貌美的本科女生，男方爽快地给了998万彩礼，这是目前我听到的"天价聘金"的最高纪录。

　　男方对女方的选择标准就多了，如果男方是暴发户，那当然首选漂亮②；如果男方家庭底蕴较深，会比较注重女方的学历；如果男方家庭是当官的或者公职人员，就比较看重女方的工作单位；如果男方家庭有家族产业，就希望女方家庭也有家族产业，实现强强联合。这几年忠门镇的彩礼高，我们媒人也愿意找南日岛的女孩子跟忠门镇的男孩子攀亲，成功的话女孩家会感激我一辈子的。忠门人跟南日岛人一样，很多人平时都在外地工作，到了结婚年龄的年轻人就会被父母催着回家相亲，春节是放假比较长的一个较完整的时间，他们会集中在春节那一个月安排相亲，有时候一天能相亲十几个对象。由于时间较短，男女双方都没办法深入了解，在短短的时间内能确定下来主要还是看外表和家庭条件，所以年轻漂亮的女孩就很抢手。如果定不下来就马上换人相亲了，两个地方的人都更愿意找本地人，春节那一个月就要提高效率，因此忠门人常常以高

---

①　东潘村的彩礼包括男方给的金银首饰，折算成人民币。
②　这里的漂亮包括相貌、年龄和身高。

彩礼来讨女孩父母的欢心，以便快速结婚，然后春节后就可以放心忙自己的事业，他们当地人叫"娶个媳妇看家门"，跟南日岛人所说的"娶个媳妇好过年"差不多一个意思。当然，忠门人还是首选忠门人相亲，一是生活习惯相似，婚俗比较接近，二是两家离得较近方便来往，三是家族势力想要找忠门人实现强强联合。相比之下，南日岛人去相亲更多是想攀有钱人家。

现在浮叶村的年轻人早就没有长住娘家的习俗了，她们找对象范围更广。但自由恋爱的彩礼一般都不高，如果是相亲的倒是可以谈条件，反而可以找到各方面条件都符合女孩意愿的家庭。女孩父母都希望我们媒人能帮她们找个条件好的婆家，当然有钱人家是首选。她们的父母读书不多，婚姻观念还比较落后，认为有钱就可以高枕无忧。因此，频繁相亲、快速结婚在相亲的男女之间是很普遍的现象，从相亲到结婚都只有 3 个月的时间，快的话就是一个月。很多女孩家庭以找个有钱女婿为荣，彩礼的多少会让她们家在村里很有面子，而且也说明婆家确实对女孩非常重视，以后在婆家的生活也会更好些。

虽然媒人所描述的彩礼是如此之高，尤其是嫁到忠门镇的新娘，少则 50 万，多则上百万，但这样的彩礼数额对于新生家庭来说，如果不考虑在城里买房子，确实绰绰有余。但现实情况是，现在的年轻一代流动频繁，很多浮叶人到莆田乃至更远的省份求学或打工，外面世界总是精彩万分，新生代逐渐适应城市生活，难以回归以海产养殖业为主的农业劳动模式，他们迫切需要购买不动产来获得城市的居留权，四角的屋顶对他们来说是在城市立足获得安全感的重要载体，于是，在城市购买房子成为男方家庭重要的经济开支，甚至要动员女方家庭的经济力量，采用"啃老"的方式来应对城市高房价的压力。但在浮叶村的风俗里，彩礼是不包括房子的，这种情况在中国广大农村普遍存在，对于普通家庭来说，彩礼更多意味着现金和实物性的家庭生活用品。在婚姻交换中，房子很少被列入彩礼考虑的范畴。夫家能提供的房子往往是村落里的老宅，在儿子结婚时装修一新作为洞房，至于城里是否有房子，房子所处的地段和归属权等，则很少作为定亲确定彩礼数额时的一个项目，当然，如果男方家能提供城里的房子，会在相亲环节有更多的胜券，只是在传统视角里并不是商谈彩礼的必要环节。反观浮叶人常常选择的迁移地，一般是福州、厦门、莆田、泉州这些福建省内经济较为发达的地区。根据 2021 年 11 月福建省的最新房价信息可以看出，厦门思明区的新房均价为 65300 元/平方米，二手房均价也达到 69707 元/平方米，就连海沧、集美、同安、翔安这样的岛外地段，新房均价也在每平方米 3 万元左右；① 而福州的房价虽然没有厦门那么高，但均价也超过 2 万元，达到 27336 元/平方米，② 而鼓楼区等中心地带的房价也在 3 万元左右；就连三线城市的莆田市区，截至 2021 年 12 月，二手房均价也达到 13023 元/平方米，中心地段和规范小区的房价更高，达到 2 万元，甚至是 3 万元以上。③ 莆田房价的高企主要在于莆田人对房子的刚性需求，房子的面积和地段代表着家庭的颜面，在他们的观念里，宁愿省吃俭用也要买大面积的房子来充门面，尤其是在城里购房，这也无形中抬高了莆田市区的房价。以上这些数据恰恰说明了一个问题，即使彩礼高达上百万元，甚至两百万元，但要在福州、厦门等城市买房置业，也是相当艰辛的过程。在浮叶村堪称天价的一百万元彩礼，放置于城市中购房无异于杯水车薪，没有起到太大的作用。中国人传统观念里没有把房子纳入彩礼的清单，也对彩礼在现代社会的含金量预期过高，终究还是家庭炫富的符号标签而已。

（二）相亲

相亲地点往往选择在女方家，男方上门相见以表示诚意，有时相亲的对象多了，男方家经常要一天赶好几场，特别是对于在外地打工的适龄男女来说，逢年过节难得回家一次，休假的几天几乎都会安排相亲，档期排得满满当当的。于是，每到逢年过节，适龄青年谈论最多的话题就是相亲，许多在外工作的年轻人，平时很少在村里待着，到了节假日都要被长辈督促回岛上相亲。毕竟，村里很多女性不会讲普通话，如果

---

① 《厦门的房子多少钱一平方米？》，https：//baijiahao. baidu. com/s？ id，最后访问日期：2021 年 8 月 27 日。

② 《福建省各地市 2021 年 11 月房价出炉：7 座城市下跌了》，https：//xw. qq. com/cmsid/ 20211205A0334100，最后访问日期：2021 年 12 月 5 日。

③ 《莆田房价》，http：//fang. baidu. com/pc/trend？ City，最后访问日期：2021 年 12 月 7 日。

儿子（女儿）找的对象是莆田或闽南语系之外的异乡人，今后在生活中很难沟通，让年轻人学闽南话或莆田话，或者让中年妇女学普通话都是不现实的，而且浮叶村迁移到南日岛已经有两百多年的历史了，与原生地的情感联系和文化认同渐渐淡薄，很多生活习俗、文化信仰逐渐被南日岛民所同化。何况几十年计划生育对人口的严格控制，独生子女占了相当大的比例，绝大部分的家庭只有一个儿子或一个女儿，特别是生育儿子的家庭，谁也不愿意过年时儿子去岳母家过，而独生女家庭也希望女儿在家陪老人过年，这样一来，春节时争夺子女回家过年的矛盾屡见不鲜，但如果夫妻二人都是本岛人的话，就可以省却很多后顾之忧。基于种种考虑，为了更快地融入彼此的生活以利于日后和睦相处，浮叶村民更愿意找本岛上的人结为亲家。

相亲这天，男方及其父母都会到女方家"看厝"，观察女孩子的相貌、身材、体态、举止等，女方也会借此了解男方的身材容貌、工作单位、家庭背景等。这个时候，媒婆起着很大的作用，毕竟身材容貌是外在显而易见的，但工作单位和家庭背景却可以有很大的解释空间。男女双方能否相亲成功，有时还要靠媒婆巧舌如簧。媒婆为了做成这次相亲，也会极尽渲染之能事，最大程度地美化男女方，力促双方满意。质言之，媒人在相亲的过程中起着推波助澜的作用，成为男女婚恋流程中重要的一个环节，并逐渐职业化。从业者以中老年妇女为主，主要是女性灵媒，囿于岛上特殊的文化语境，女性灵媒有着广泛的信任基础，社会认可度也较高。

对此，媒人阿欣跟笔者聊起来：

在农村，很多人还是比较遵守"媒妁之言"的乡约，结婚这样的大事都要找媒人说媒，甚至有些自由恋爱的男女结婚也要象征性地请人来当媒人，否则就是名不正言不顺。结果，媒人的档期很满，尤其是在节假日，几乎都在外面牵姻缘，男方会开车过来接，媒人事先也要联系好女方，确定时间地点后就出发了，一天下来会走很多家。

村里人结婚时间都很早，一般23岁左右就开始相亲，25岁以前是结婚的黄金时间，超过25岁就是大龄青年，会被家人磨破嘴皮子催着相亲。有些年轻人到了28岁、29岁还没结婚的，就会被当作怪物，经常会被亲戚、邻居作为反面典型来教育自家孩子。年轻人在这样的环境下，到了合适的年龄自己也会主动要求去相亲，到外地工作见过外面世界的人则没有太强的紧迫感，但会被家里人成天催着相亲。

年轻人工作都很忙，尤其对未婚的年轻人来说，好不容易等到放假的时候，他们都会被父母催着回岛上相亲，至于跟谁相亲也是随便找的龙凤配，乱点鸳鸯谱。媒人的花名册里有许多待相亲的大姑娘、小伙子，只要有人回来就直接安排相亲，暂且不论条件，看满意了再来看条件，没有满意的就赶快换下一家。放假的时间毕竟有限，扣掉路上坐车坐船的时间，就只剩下寥寥几天了。这样，就要抓紧有限的时间跟更多的人相亲。一般来说，一个年轻人一天要相三五个对象，早晨、下午、晚上，马不停蹄地奔跑在海岛的路上。对男孩来说，一般会带上自己的妈妈或家族里的中年女人一起去相亲；对女孩来说，就在家里等着媒人带人来相亲，见面的时候女方全家或者左邻右舍都会过来围观，帮自家人讲各种好话，夸张吹牛，七嘴八舌，非常热闹。相亲的两个人都不大说话，低着头听就好了，彼此不熟悉，难免腼腆和扭捏，但会时不时瞄一眼对方，快速记住相貌身高。有些懂事的男孩或者大龄的男人则会敬烟，或者主动介绍自己，巴不得马上就把自己推销出去。如果遇到长相或者工作较好的（女孩），相亲后会被男方踏破门槛的。

等把男孩子送出门了，全家就会聚起来评头论足，身高、长相、工作待遇、家庭背景等，然后集体作出决定，哪个该交往，哪个可以淘汰，哪个再观察看看，都会得出一致的结论。不管满意不满意，媒人安排好的几个对象都会看过一遍再来挑选。看的人多了，可以选择的对象就多，遇到优秀男孩的机会也多，这样相亲有效率，也比较有主动性。所以算下来，正常都要相亲20个左右，有些挑剔的女孩子还可能更多。放假的时候，村里人见到未婚的年轻人不是问'你吃饭了吗'，而是问'你有没有相到中意的'。相到中意并开始交往的就可以理直气壮地回答，没有相亲到合适的在村里都抬不起头来，见到人很快地沿着墙根溜走了。我家隔壁那个邻居，儿子到

29岁还没结婚，村里人见面都会问他妈妈，你儿子年纪这么大了怎么还在打光棍？背地里也会议论纷纷，怀疑这怀疑那的。他妈妈在他结婚前一直都不敢跟人谈太多这类的话题，都躲着人走路。

相亲结束，男方就会向女方索要手机号码以便日后联系。女方如果对男方有意思，也会请家里的亲戚朋友，通过各种途径去打听虚实，即"探门风"。如果男女双方看满意了，有意向要缔结姻缘，就要找人对八字，看是否合适定亲。男方的母亲通常会把男女双方的生辰八字及其父母的生肖告诉庙里的主持，让他根据五行相生相克的原理来推论是否合适。如果有相生相克的，主持就会根据轻重程度予以解释以澄清事实，并对男女双方日后定亲与否提出自己的建议。

阿欣很认真地说：

> 对八字在结婚时非常重要，很大程度上影响男女双方相亲能否成功。如果双方都有意思的话，就要到寺庙请主持卜卦。他会拿出一个装满签的木头罐子，点上四支香，敲一下佛祖面前的缸，在神灵面前祷告，告诉神灵今天所要帮忙事宜，然后把木头罐子递到求八字的长辈（一般是母亲）面前，让她抽取其中一根，主持就根据签上的文字和卦象来帮忙解说神灵的意旨，看两人是否合适，并写好开庚帖。接下来再卜杯，根据卜杯的结果来判断解说是否正确。完成了这些程序后就再次感谢神灵，敲一下缸表示结束。

有些比较迷信的家庭还要求把女方的"开庚帖"由媒婆带到男方家，进行"合婚"，即"六礼"中的"问名"。[1]"合婚"包括"问神祖"和"合八字"两部分。男方把女方的"开庚帖"[2] 放在灶公香炉下，经过三天三夜，如果家里没发生什么事故，比如打破碗、家人生病等意外情况，就认为此女能够服家，神灵同意这桩婚事，这叫压圆。随后请算命先生对男女双方的生辰八字进行"合算"，看是否相合，有无相冲。

---

[1]　民国《莆田县志》卷7《风俗志上·礼制》，第一册，第248~249页。
[2]　有时是相亲时互相交换的手帕。

八字相合则算男女般配，婚姻初现眉目，如相冲相克，则该门亲事只好作罢。也有人会简化一下，如果媒婆提亲三天内两家都安然无恙，便是符合神祖之意。随后，男女双方交换"开庚帖"，合对八字，合婚仪式多由男家进行。[①]

如果八字对上且相生相宜，则选择合适的日子定亲，庙里的主持会在一张红纸上整齐地写下各个重要程序的时间表，例如何时裁衣，何时安床，何时铺陈婚床，何时绣婚枕，何时接亲。对于寺庙主持所确定的良辰吉日，村民们都表示高度的认可，也会严格按照红纸上的要求遵照执行，这样可以确保男女及其父母的健康与安全。除此，庙里的主持还会特别提醒哪些生肖属相的人不宜出现在某些场合，这些人的生肖名称会写在一张纸条上，贴在厅堂或靠近供奉祖宗牌位的某个显眼的位置，提醒这些人自觉回避。

（三）定亲

也叫"定聘""订婚""贺定""放定"。定亲作为重要的礼俗，内容包括六礼，即六种礼节：纳彩、问名、纳吉、纳征、请期、迎亲。纳彩，指男方家向女方家提亲；问名，指男方家问女方名字、生辰；纳吉，指男方将女方的名字、八字取回后，按五行、生肖推论是否合配；纳征，是男方核定聘礼送给女方家；请期，是男方择定吉日为结婚佳期，备礼告知女方家，俗称"定日"；迎亲是指男方到女方家迎娶新娘。

男女双方彼此认可后，就会请媒人出面商议聘金和聘礼等事宜。彩礼从人类学的角度来看，也可以理解为"婚姻礼物"，一方面，彩礼是夫家对女方家庭提供的经济补偿。在古希腊的英雄时代，男子必须为娶妻付出高额的聘礼，那时称少女为"阿尔菲希伯亚"，意为从求婚者手中为父母赚得许多头牛的人。另一方面，彩礼和嫁妆是对新家庭的经济资助，是财富的代际转移。在中国，由于重男轻女文化的存在，男女性别比失衡，农村男性受到婚姻挤压比较严重，农村彩礼成为很多男方家庭的经济负担，而在嫁妆竞争文化框约下的很多地区，女方家庭则为高额的嫁妆烦恼。无论是彩礼还是嫁妆，已经不再是简单的新生家庭资助，而异化为家庭间面子的博弈，给很多普通家庭带来不小的经济压力。

---

① 周雪香：《莆仙文化述论》，中国社会科学出版社，2008，第 325～331 页。

　　彩礼主要由现金和物品组成。现金往往是在订婚仪式上由男方交给新娘的父母，聘礼多寡由男女双方自行商议，有时也免不了讨价还价。女方父母将彩礼看成新郎家对自己养育多年女儿的成本补偿，必须遵循等价交换的原则，依女方的年龄、长相、学历等作为权衡的因素。因此，彩礼通常是指由新郎家向新娘家转移的财富，使婚姻契约以及从一个家庭转移到另一个家庭。有时彩礼不仅仅是补偿养育成本，还用来支持新娘兄弟日后的婚事。在彩礼的交付清单里，现金是主要的内容，物品更多是辅助和衬托的作用，彰显热闹的喜庆。传统的实物类彩礼无非就是家具、床上用品，还有凸显男方家庭经济实力的老三样，比如电视机、自行车、缝纫机。这些物品在婚期来临前用来装饰婚房，是对新婚夫妻的直接资助，不需要在订婚的时候立即兑现，只要大概交换一下意见即可。现在人的流动性很强，过去结婚亲戚挑着几个扁担物品作为彩礼的方式成为历史，空间距离的增大使年轻人倾向于将物品转化为现金或金器，俗称"折合彩礼"，数额巨大的现金彩礼则放大裱框，在迎亲那天放在显眼的位置接受众人围观。

　　聘礼商议妥当后，男方择吉日（一般为双日）到女方家定亲下聘。届时，媒人加上男方亲戚有10多人，但要取双数或吉数，比如12或16等。这些人携带聘金及金银首饰，连同开庚帖、香烛、花炮、红色喜字，以及烟、酒、糖果、喜饼共八样东西送到女方家，有时还要送两套衣服，或者首饰、银裤链。男方家要安排一个长嫂出面，这个长嫂往往会选择家族中经济和社会地位较高的男子的母亲。定亲队伍出发前都要穿红色长袖的衣服，长袖代表长长久久。正式定亲的时候，男方要把金戒指、金手镯给准媳妇戴上，并把聘金交给女方父母。

　　按照传统习俗，男方家赠送的彩礼，除聘金外，女方一般不能全部收下，而是取出其中的一半或大部分，另外再加上一些礼物，送还男方作为答礼，比如把男方家送来的酒倒出半瓶，剩下半瓶让男方带回去，或者收下酒，再另外买酒让男方带回；还有回赠鸡蛋（代表吉利和能生育）、线面（代表长寿），或者是一对根叶俱全的甘蔗（甘蔗节节甜，取意夫妻恩爱、甜甜蜜蜜），现在大部分女孩家庭的回礼是花生、豆腐、红枣、龙眼干、莲子等。而其他东西一般都是原封不动带回去的。女方家还要设宴款待定亲队伍，有时还要送礼物给男方作为答礼，具体送什么礼物依女方家经济情况决定。摆定亲酒的时候，女方家的亲戚朋友和左邻右舍都会过来帮忙。

村里的"老人妈"① 说：

> 订婚那天女方家是要摆酒席招待未来的女婿和定亲的客人。我们不会选择去酒店，而是在家里摆酒，一桌的标准是两千元菜金，再加上高档香烟，比如软壳中华，女方家会买一麻袋香烟，一桌分两包。大家过来吃饭的时候，订婚的新人要站在大门口，见到男的就递根烟，点个火，说几句话。吃饭的时候，新人也要一个个桌子去敬烟，每个男的给两根烟。如果女方家境比较好的，不管男女都会给一包。订婚和结婚的时候，要买很多香烟，跟鲍鱼一样，是酒桌上必备的东西，没有的话就不够派头。

定亲后，这个女孩就算是被预订了，一直到结婚之前，男女两家没有任何往来，就算男女双方在路上遇到了，也会装着不认识，更不会融入对方的朋友圈，但心里会有意无意地默默关注对方的近况。这种腼腆、矜持、低调的交往过程，要持续到结婚的时候。诚然，随着现代人思想意识的日益开放，订婚后仍如此低调的交往已属凤毛麟角，甚至连长住娘家的风俗也不断被现代元素所吞噬，逐渐淡化和湮灭。

（四）送日子

良辰吉日对国人办喜事来说是非常重要的。男方家会把之前到庙里或找灵媒择定迎娶的良辰吉日，用红帖写好送到女方家，征求女方家的意见，送日子往往会选择良辰吉日，这对男女双方来说一般没有太多异议，之所以还要征求女方家意见，是想隐晦地知道这天是不是准新娘的例假时间，在很多文化禁忌中，来例假是普遍的禁忌，总有着不洁的含义，按照惯例是要尽量避开的。如果刚好遇到新娘不合适的日子，就要另外选择日子，直到双方都认可为止，这也充分说明婚姻仪式对于新人的重要意义。随着现代社会人口流动的增强，很多年轻的浮叶人出岛讨

---

① 喜娘，一般是世袭媒婆，传统结婚仪式繁琐至极，常由"老人妈"站在新郎新娘边上教导他们。

生活，他们只有逢年过节才有时间回岛上完成婚礼，由此，婚礼的日子一般会选择在节假日，也方便亲戚朋友前来捧场。这样一来，国庆和春节常常是扎堆结婚的黄金时间，尤其是春节前①，几乎天天都有亲戚办酒席，有时一天会有好几场，浮叶人在春节前几乎是从村头吃到村尾的，与此相伴生的是事先准备好的厚厚的红包。

红帖由媒人转交给女方，要附带担盘礼物（见图 4 - 25）。盘是用细竹篾编成有墙边的圆形盘，漆红，叫红盘，其口径为 50 厘米左右。每担共有 10 个大小不一的红盘，每边 5 个，下大上小叠层而上。也有富贵人家备礼丰厚的可以达到 10 担盘。送担盘的礼物中，按照惠安的风俗要准备一把米粉（10 斤）、一个猪肺、一斤猪油。但有时出于岛上购物的不便，则会按照岛民的习俗准备猪肉、线面、红团、包着红色塑料袋的面包、菜丸（用豆腐包菜做馅，外以红薯粉染成大红包），分别依层装入盘中。若女家的祖母健在，则须另备猪肉、线面各一盘敬奉，俗称"妈盘"。盘中备全贴 1 对，即前文所述的各个重要程序的时间表。女方收到红盘后，即行祭告祖先，并把猪油分出一半作为回礼，表示有（油）来有（油）去，猪肺里面的猪心也要切两半，分一半作为回礼，另外还要送麦、豆、高粱和花生 4 种种子给男方，将肉面、糕粿分给亲友和左邻右舍，以此让大家周知女儿结婚佳期。男方收下种子后，种下地，若它发芽发得好，说明女方嫁到男家后会发（家）。

（五）上头

男方于迎娶前一日或前两日，"具牲牢礼物遣使奉主婚人名帖遍谒女家"，② 催促新娘出阁，曰"催妆"，亦称"起轿脚"。婚期前一天晚上，即"上头暝"，新郎新娘分别在家③举行冠、笄礼，俗称"上头"。用红枣、桂圆干等煎汤沐浴后，新郎新娘穿上"上头衣裤"，新郎是白色大领衫和白色本地裤，新娘是蓝色惠女服和黑色裤子。这套"上头衣裤"婚后即收起，压在箱底，等到本人临终时再穿上。另外，新娘还要为发型做准备，编辫子，小股小股的，像新疆人一样编成许多小辫子。吉时

---

① 浮叶人笃信"娶个媳妇好过年"的古话，婚礼往往选择在春节前。

② 民国《莆田县志》卷 7《风俗志上·礼制》第一册，第 250 页。

③ 如果女方是外地人，从娘家接亲不方便，则会在结婚前一天晚上入住男方舅舅家，再从舅舅家接亲。

图 4 - 25   男方送给女方的聘礼

一到，女方家人用一个米筛，把新娘的婚礼
服筛出三下，再筛入三下。然后，新娘开始
准备化妆，解开满头的小辫子。化妆前还得
履行一个仪式，就是让小弟弟用梳子梳三下
头发（见图 4 - 26），再用篦子（密齿的梳
子）梳三下头发。如果新娘没有小弟，就请
一个生日时辰相符的小男孩来代替。男方家

图 4 - 26   篦子

也要请男人来给新郎梳头。可以说，这是成年礼的一种重要方式。梳头后
新娘就开始"装头"，一定要在母亲房里进行，请一位福寿双全的长辈妇
女来帮忙。"装头"很费工夫，通常要花个把钟头。新娘头上，前面插五
六把小梳子，后面插六七把小梳子，加起来十几把用来固定和装饰发髻。

头上装饰完成后，还要把一条长长的红绸仔巾在头顶结花，分两边
贴脸颊垂下来。然后就是"刮脸"（俗例未婚女子不到婚期不可刮脸，
不施脂粉），并在其发髻两边各插上纸质或红绸制成的五蕊花，还从她头
上拔下七根或十根头发，与男家送来的七根或十根新郎头发混合在一起
搓成"发线"，交由新娘妥善珍藏，作为"结发夫妻"的物证。①

---

① 周雪香：《莆仙文化述论》，中国社会科学出版社，2008，第 325 ~ 331 页。

新娘要穿花花绿绿的衣服，绝对不可穿白衣服，或者露出点白色的布料来。一般里面会穿绿色花衣服，外面穿红色羊毛贴背，蓝布裤，红袜子，水鞋。结婚喜庆，颜色要亮丽一些，这样显得热闹。还要找些银亮的锡箔来，剪成一个个小圆，放在口袋里，浮叶人称为缘钱，表示有缘的意思。

凌晨，悬挂表轴于厅堂壁上。表轴俗称"表德"，四尺长两尺宽，分左、中、右三行书写新郎的名字和排行序数。挂表轴时，放鞭炮，送房兄①赞："挂起表轴真及时，金鸡报喜迎佳期，亲戚朋友来贺喜，一举成名天下知。"随后，男家用铜钱垫洞房里婚床的四个脚，俗称"安床"，取夫妻恩爱平安吉利、共同劳动、发财致富之意。安床时赞："眠床垫上太平钱，岁岁平安福来临。一对鸳鸯交颈睡，夫妻恩爱百年亲。"与此同时，新娘也在娘家行加笄礼。

（六）迎亲

结婚是人生礼仪中的大礼，浮叶村的传统婚礼沿袭惠安的婚俗，又因地制宜融入莆田文化的元素。新郎家迎娶新娘要用红轿②、彩旗、八乐和男女傧相8人以上，最好是偶数，已婚者要夫妻健在的，一起前往迎娶。

迎亲在古代"六礼"中称"亲迎"，而浮叶村人结婚时新郎不亲迎。一说，"亲迎，婿必执雁，雁非常有之物，又不可以他物代之，亲迎礼不幸，殆由于不备物欤"；或说，"因婿既冠之后，信星家之说，忌出门也，仪不及物，故曰不亲迎"。

对于浮叶村妇女阿欣的访谈也印证了这一习俗。她说：

> 我们村里人结婚接新娘的时候，不仅新郎不亲迎，家里的祖父母、父母和兄弟姐妹都不能亲迎，尤其是母亲，不能在大厅出现，都要躲在房间的各个角落里，这样叫作'避冲'。新娘一进门见不着人，就要去找，然后大家才慢慢走出来。据说，新娘一进门就看

---

① 莆仙民间婚嫁请"送房兄"，是古代掠婚制的遗俗。古代婚姻，男方常用暴力把女的掠夺过来，怕妻族率人抢回，遂请多名壮健的亲友来防御或助威，年代久远，这批人就演变为给结婚之家帮忙的"送房兄"。

② 红轿也叫"新妇轿"，用木头制成，雕花镂空，施以彩色，轿顶四周插上四条纸质金色滚龙，故又叫"龙轿"。传说是唐代莆田出了个江梅妃，从此家乡女子出嫁均可用龙轿。官宦人家还在轿门两边，贴上红纸封条一对，大书女子长辈的官衔，以示体面。现代人用礼车，往往选择保时捷、玛萨拉蒂等名牌小车以彰显家庭经济殷实。

到人，以后就会跟他合不来，尤其是婆婆，出于日后婆媳友好相处的考虑，婆婆要躲在更难找到的地方，尤其忌讳一进门就见到婆婆的。

结婚那天下午两三点后，新娘就要出门了，出门前要先上香祭祖、叩拜父母，由父亲盖上头纱，然后跨过火炉，我们这边叫跨风炉仔火。把一个小火炉放在大门内，新娘跨过火炉，不准回头看。这一去，要三天后才能回来。新娘一走出家门，娘家人就赶快关上大门，速度快得有时会夹到新娘的后脚跟，再用铁耙挡在大门后，这样娘家的钱财才不会被女儿带走。

陪同新娘出嫁还有两个伴娘，一个伴娘拿红雨伞，要时刻遮住新娘，不能见到天，另一个伴娘帮忙拿包。出门之前，要由父母搀扶着上车，新娘上车后，她的父亲①用漆盘端出草束的"姌娘妈"一尊、酒一杯、"井连银"一把，走到车前面，鞠躬一下，把"井连银"烧化了，把酒洒在地上，喜娘把"姌娘妈"送到车内交给新娘放在膝盖上，关上车门，把红绳扎在车的把手上，再挂一块染成红色的猪肉，到了新郎家要把猪肉扔掉。我们把这叫作禳白虎，除灾避邪的。新娘母亲要准备一碗清水，一碗白米撒在车轮上或车后面，代表"嫁出去的女儿泼出去的水"（见图4-27），洒白米是希望女儿日后衣食无忧。而且边洒还要边念，"洒轿夫，好丈夫，洒轿脚，好翁婆"，要念好几遍直到车开动。车开动后，新娘要在车里大声地哭，哭得越惨，以后的婚姻生活就越幸福。如果新娘的父母有不在的，就要叫父母的名字，放声大哭，要是不这样就是不孝顺。②还要把平时用的扇子等一些经常用的小东西扔掉，表示把坏脾气扔掉，不带到婆家去。特别是扇子，是"散"的意思，代表分散，新娘家人捡起扇子就头也不回地跑回家，放进房间里。

就这样，新娘带上父母和亲戚为她准备的丰厚的嫁妆，比如被子、床单、衣服、布料、篦子、红花、香粉、镜子、缘钱、香皂、毛巾等日常生活用品到夫家去，意思是"送嫁"，村里人叫"捧花

---

① 父亲不在则是大伯或叔叔。

② 哭嫁的习俗来源于原始社会的掠夺婚，《说文解字》记载："礼，娶妇以昏时，故曰婚。"昏夜掠夺也能得手，可见婚姻源于掠夺。《易经·归妹》也有相似的表述："匪寇婚媾"。寇与婚并提，亦是掠夺婚的表现。

粉"。送嫁的路上，一路都要燃放鞭炮。新娘到了夫家后要跨门槛进去，不能踩到门槛。新郎家安排一位有福气的长辈人，拿着一个簸箕盖在新娘头上，新娘要把家里准备好的缘钱扔到井里，一边扔一边说"缘分到了"，这样就算是在夫家扎根下来。做完这些，其他女伴扶着新娘进入洞房后就不能再出来了。……新娘娘家带来的香皂和毛巾要分送给左邻右舍，让大家都来沾点喜气。

新娘去男方家的路上，一路要燃放鞭炮，而且全程不得下地。如果路途遥远确实要下地的话，就要用红雨伞遮着，新娘走到哪红雨伞就要遮到哪，避免在路途中沾染鬼魅等不洁净的东西。

图 4 - 27　女儿出嫁母亲撒水于礼车上

车开到半路就要停下来歇脚，等新郎家的人过来接。新郎不自己来接，派了家里的姐妹过来接，还要带上一套茶具、热水瓶、糖果，新郎家的人泡甜水、分糖果给新娘家的人。然后就不再坐车了，一起走路去新郎家。

到了新郎家，很多人早就等候很久了，开始大放鞭炮。"送房兄"把嫁妆搬进洞房，取出蚊帐，挂在新房中的眠床上，然后把红枣、花生、瓜子、桂圆干、糖果和缘钱等向蚊帐的四角撒去，取早生贵子的意思。

新娘到婆家后，就要先跨过放置在大门口的火炉，新郎家会安排一个丈夫健在的有福气的女人来牵新娘进门。新娘进了大门后，就被新郎家安排的女人牵到洞房里，但是跟其他地区的婚礼不同，新娘进门后不拜天地也不夫妻对拜，躲在洞房里不出来。有趣的是，新娘是不能吃东西的，也就是要饿一天。以前房间里没有洗手间，新娘吃了东西喝了水就要上洗手间，披金戴银地走来走去不方便，干脆就躲在洞房里不吃不喝。如果摆酒的时间长了，新娘不得不吃饭的话，就让人送东西到洞房里给她吃。新娘进了洞房后，新郎家端上两碗甜汤圆，各两三粒，然后把两碗汤圆合成一碗，让新郎吃掉。就这样，新娘在洞房里待三天，外面大摆筵席，新娘不需要出去敬酒。直到第三天一大早，天刚蒙蒙亮，新娘就赶回家了，但是晚上就要回婆家，小姑子带着她去探井，熟悉一下她即将生活的环境，然后第二天一早她又可以回娘家了。

结婚这天，尊位除了给男方父母外，还要给女方家的舅舅留着，娘家的舅舅要给新人红包，还要赠送母舅联，挂在客厅的醒目位置。还要把介绍成功的媒人请到家里来，设宴款待，另外加送一个贴有红纸的猪脚。但也有一些青年男女是在外地认识自由恋爱的，他们没有经过媒人介绍而认识。在结婚前后，也都要按照村里的规矩请媒人来做做样子，给几百元红包意思一下，一切都要按照老规矩来，少了一样都不行，要不就会给人感觉名不正言不顺。

按照浮叶村的惯例，结婚时，男方的姐姐至少要给三千元，家里的其他亲戚给五百元，多的话就一千元。现在村里人生活都变好了，亲戚结婚红包的底数至少是五百元，但都是凑整数，不会留下零头。① 堂兄弟会给多一些，给一千元，其他三百元、四百元、五百元……都有，现在两百就太少了，拿不出手。亲戚朋友给红包后会私底下偷偷问给多少钱，给少了自己也不好意思说，也会有人因为红包给少了心里结下疙瘩的。比如你结婚我给你三百元，轮到我结婚时你给我两百元，先不说物价上涨了，给少了有占人家便宜之嫌。结婚给红包就跟集资一样，轮流坐庄收钱，互相帮扶，事先会准备一个本子，把亲戚朋友给的红包数详细记录下来，这样以后轮

---

① 笔者的家乡漳州，结婚时亲戚朋友所送红包都是 4 的倍数，比如 400、800、1200……拜拜所准备的供品也是准备 4 个，比如 4 个橘子、4 个苹果、4 杯白酒，如此等等。

到别人结婚就照着给。人家原来给多少现在就还多少，经济好的话就多给一些，没给或者少给是会被人戳脊梁骨的。现在年轻人结婚互相都默认给三百元，不管过多少年都是这个数，如果早结婚还更合算，等物价上涨了三百元就贬值了。这也间接催着年轻人早点结婚，不仅是出于红包的考虑，父母还是希望孩子早点结婚抱孙子。

婚宴上的食材也很重要，既然收了红包，那么请客的档次就不能太低。首先，鲍鱼、螃蟹、上档次的鱼等高档海鲜是必不可少的，而且要上十八道菜，中间上水果，这样算下来一桌成本至少要两千元。酒桌上的鲍鱼是肯定要有的，南日鲍鱼是驰名商标，很多都是卖给岛上的人，特别是春节时结婚请客的人多，会炒到很高的价格，也比岛外其他地方的鲍鱼贵多了。南日鲍是天然绿色海鲜，在南日岛纯净的海水里养殖，水质很好，卖得贵也正常。但这几年遇到赤潮，海水里有很多水藻，里面有很多菌类，加上台风，鲍鱼养殖户损失惨重，岛上的鲍鱼少了很多，等下一个周期要等三年左右。但是，不管鲍鱼怎么贵，酒桌上也一定要有，没有鲍鱼就没法办酒席了，会被客人说的。

从送嫁的程序可以看出，新娘家的父母和亲戚要为新娘准备丰厚的嫁妆。从本质上说，不论是彩礼还是嫁妆，都是婚姻交换关系的表征，将其置于历时性的乡村情境中，就能对礼物的交换有个地方性的认知，而且随着经济、社会、文化的变迁而有持续深入的了解。这里的嫁妆，是从娘家随身带到新娘婚姻中的现金或物品，被视为是新娘的财产，是提高家庭地位或培育声誉的一项重要策略，通常是对订婚时新郎家送来的彩礼予以补偿，也可理解为"间接嫁妆"[1]，是男女双方家庭的财富转移，体现婚姻中的交换关系。与彩礼不同的是，嫁妆主要是实物性礼物，比如金器、梳妆用品和卧室家具，当然，随着家庭经济水平的提高和人口流动空间距离的加大，很多女方家庭选择方便携带且简单直观的现金

---

[1]　值得注意的是，一些从事中国研究的学者（Watson and Ebrey, 1991）已经指出了间接嫁妆涉及家产的代际转移：当年轻夫妇组织他们自己的家庭时，现金类和实物类礼物就从新郎家（以彩礼的形式）和新娘家（以间接嫁妆的形式）流向新婚夫妇，并最终成为新婚夫妇的财产。然而，很少有人注意到新郎家内部的财产转移，它是直接用于装饰新房，而不是在家庭间交换的。参见阎云翔：《礼物的流动：一个中国村庄中的互惠原则与社会网络》，李放春、刘瑜译，上海人民出版社，2000，第200页。

或金器作为嫁妆，巨额彩礼也同样裱糊在镜框里在出嫁那天放在卧室的婚床上。一般来说，男方家对嫁妆的多寡没有太多的要求，视女方家财力决定，女方家为了让新娘子日后在新郎家少受苦，也会从自己的积蓄中掏出额外嫁资，准备厚重的嫁妆来显摆娘家的经济实力，制造舆论以便提高新娘在婆家的家庭地位。如果新娘家的嫁妆价值与彩礼大致相抵，把所有收到的彩礼转换为嫁妆，也就是"羊毛出在羊身上"，那么女方家就是"嫁女儿"，算是比较明理是非的；如果嫁妆远远超出彩礼的价值，那超出的部分就是"陪送"（用自己的花费陪嫁），也就是"陪送女儿"；如果嫁妆绝大部分被女方父母扣留，或者用来当作女方兄弟的彩礼，那女方父母则有"卖女儿"的嫌疑，他们索要高额彩礼却返还低廉的嫁妆，难免给婆家留下口实和话柄，在一定程度上会影响女方在婆家的认可度。

对于嫁妆的社会认可度，略逊于彩礼的社会价值，但在福建沿海却有根深蒂固的传统，嫁妆的数额攀比以晋江为典型。追根溯源，晋江女方陪嫁的东西甚多，在古代还有陪嫁丫环的风俗。现在更多是男女双方事先商量好，根据彼此的经济承受能力来置办物品，比如男方负责购买房产、装修房子、配备家具、小轿车，女方负责家电、被褥等。女方家非但彩礼不收，还要倒贴更多嫁妆，或者象征性收彩礼，到结婚时再数倍返还。笔者在田野调查中就了解到这样的现象。

据村里的老人妈说：

> 听说在晋江很多地方，嫁妆 30 万元、50 万元和 100 万元以上分别是低、中、高档婚礼的"行情"。这个行情在现在还不断被晋江有钱的企业老板刷新。① 首饰不以"克"为单位，而以"斤"来计算，一般一场婚礼需花费黄金 2 斤到 3 斤。客人送上的礼金，"行

① 比如晋江恒安集团首席执行官许连捷嫁侄女，嫁妆清单被称为史上嫁妆最高纪录，礼金总额差不多 1.4 亿元，其中包括聘金奉还 1008 万元、嫁妆 500 万港币、新娘伯父许连捷夫妇礼金 100 万元、新娘叔父许连升夫妇礼金 100 万元、恒安国际集团股票 200 万股、厦门 220 平方米豪宅一套、宝马 740 和保时捷豪车各一部。还有晋江百宏集团老板嫁女儿的返亲宴，摆了 400 多桌，会场大到一眼望不到边，听说一桌就要 8000 元，还不算上烟酒。嫁妆有 2 亿多元，包括 1 亿股票、两辆车、石狮的一栋 4000 多万元的房子。参见：《论福建嫁妆豪礼事件》，2016 年 9 月 28 日，http://www.xzyuhui.com/b/n/0dfcc8.html，最后访问日期：2021 年 8 月 27 日。

情"底价是200元，上不封顶，500元或1000元甚至几千元都有。男方家给的聘礼主要是首饰、现金和食品三种。首饰包括戒指、项链、耳环、手镯、手链、脚链等，以黄金为主，但也有新潮的人偏爱打造精美的珠宝、钻石和白金。现金包括聘金、礼金和布钱，聘金是给女方当事人的，根据男方家的经济条件，几万元到几百万元都有，在订婚的时候交给女方家，结婚时女方家再作为嫁妆全额返还；布钱相当于古时的绸缎，现在人就是拿来买新衣服，一般花费万把块钱。送的食物可以简单也可以复杂，根据自身经济条件决定，小到一盒巧克力，大到烟酒茶，只要能凑成八样。香烟和糖果、面包的花费也不菲，从订婚到结婚办喜酒，这部分的花费差不多在八九万。

　　但不是每个男方家庭都是有钱人，普通经济条件的家庭，聘礼的最低数额大约在15万元，专门用于女方家购买嫁妆，但女方并不会把所有的聘礼都据为己有，在出嫁时，她的嫁妆比男方聘礼多了一倍以上甚至会更多。也就是说，差不多是双倍返还，如果男方给你30万的聘礼，那你需要带60万的嫁妆，这样的交换算是行情价。具体的聘礼和嫁妆是多少钱需要双方共同商定。但有一点是肯定的，那就是女孩家必须要有嫁妆，以确保日后在婆家有地位不被人瞧不起。到结婚那天，全村的村民都会被请过来喝喜酒，少的几十桌，多的上百桌。结婚前一天，新娘家把嫁妆搬到夫家，亲戚朋友、左邻右舍都会过来帮忙搬，嫁妆多少大家一看就知道了。

　　不管是彩礼还是嫁妆，都是做给别人看的，外面的人看热闹，家里人做门面。有时为了撑场面或者夫妻双方都没钱的话，通常就会让男方家先借钱，作为聘礼付给女方后，女方也去借钱，加上聘礼一起作为嫁妆。双方都要借钱，亲戚也愿意把钱借给办喜事的新人，如果亲戚朋友的钱不够还要借高利贷。这对新人来说也是有风险的借款，结婚后会尽快还掉。当然，这都要偷偷地去做，尽量不找本村的人借钱，免得让人看笑话。因为借高利贷有很大的风险，借钱都要靠双方的信用来做的，如果男方借钱付给女方彩礼，结婚那天女方没有如数返还彩礼，或者给的嫁妆远远低于彩礼钱，那么双方马上就会反目成仇，很有可能就拆散了一桩婚姻。

当然，晋江的高额嫁妆毕竟是特例，追根究底，嫁妆多寡其实就是行动者维护其阶层地位的行为策略。富裕的女方家庭往往陪送奢侈的嫁妆，而贫穷的家庭却习惯于索要一份高额的彩礼，富裕家庭以此与贫穷家庭形成鲜明的对比，彰显其境的优越感和阶层地位的比较优势。在终极理想和现实运作的矛盾冲突里，在经济条件允许的前提下，大多数女方父母还是会尽力去实现他们的终极理想，以陪送奢侈嫁妆或者缩小彩礼和嫁妆的差距等方式来建构女儿在婆家的地位。尤其在泉州一带，嫁妆规模远高于彩礼价值，以避免贪图彩礼的不好名声，也保证女儿在婆家能受到更多的尊重。从惠安迁移到南日岛的浮叶人依旧延续惠安的传统，深知嫁妆的重要性，每逢婚礼新娘家送嫁妆都成为当地津津乐道的谈资。

（七）回门

回门俗称"请转马"或"请子婿"。"婚礼后三日，新妇家命卑幼者迎新妇及婿回舆。婿至新妇家，谒祖拜父母及尊长亲戚，妇家备席宴婿，礼毕，偕妇归，婚礼毕。"[1] 莆田大部分地区的风俗是婚后第三天办回门宴，但南日岛和浮叶村的风俗则略微做了调整，安排在婚后第二天，新娘由新郎陪伴回娘家，这在民间叫"回门礼"，也称"回马礼"。新郎家一般会准备线面、面包、烟、酒、茶、红枣、花生、桂圆、莲子等礼物作为回门礼，安排两担共四个红筐装着，意即两双、成双成对，由新郎家人（一般为女性）用扁担抬到女方家。路途远的都要开车去，但事先会准备两根新鲜且带根须和绿叶的甘蔗，用红绳子、红纸绑起来，将甘蔗的尾巴留在车的后备箱外面，意即留尾，子孙后代兴旺。另外还要加上两箱饼干，男童和女童各一名陪同前往。而新娘要回赠两只鸡，鸡用草绳捆，鸡拿回去要在其生蛋之前宰掉，必须给新娘新郎吃，意思是鸡不生人生，保佑以后早生贵子，或者回鸡蛋、饼干、甘蔗。同时新娘家照例还是大摆酒席，让新郎坐上席，款待新郎家，村里人都会过来帮忙，非常热闹。但也有人觉得嫁出去的女儿泼出去的水，不需要办回门宴，只有招赘才要办酒，这视新娘家的思想观念和经济状况而定。宴罢，新娘家还要用红纸条封好的根叶俱全的甘蔗一对、雌雄鸡两只欢送新人。

---

[1] 民国《莆田县志》卷7《风俗志上·礼制》第一册，第251页。

新娘回门时新郎的花费往往不菲，浮叶村的阿美是这么说的：

　　回门要准备线面、面包、红枣、花生、桂圆、莲子这些东西，主要是凑数的，为了回门好看，其实都贵不到哪去。真正花大钱的是香烟，要好几万才够。回门那天女方家会安排在中午请自家的亲戚朋友吃饭，男方家会来十几个本家族的女人，把面包、线面这些东西用红色的塑料筐装着，抬到女方家的大厅里，高高的一摆。按照风俗习惯，中午宴请的主要是女婿，作为回报，女婿要事先准备好香烟来发放，新郎新娘在酒席后都要分烟，每个人必须分一包。如果有40桌，大概就要320包，也就是32条烟。除此，进门问候长辈、对亲戚邻居登门表示问候等，也要准备至少20条烟，比如女方的爷爷奶奶、父母、兄弟姐妹等直系亲属，每次问候都要给一条烟，这样算下来，单单中午的酒席男方家就要准备50条烟左右。除此以外，香烟的牌子也很重要，香烟就跟红包一样作为男方给女方家亲戚的回门礼，万万不能买太便宜的，现在高档的都会给硬壳中华、软壳中华，便宜点会选择红双喜、红七匹狼、红塔山这些。但主要还是给中华烟居多，有钱的就给软壳中华，要省钱的就给硬壳中华。所以，单单香烟这一项是回门礼中最贵的，差不多要花五六万元，这个要男方家单独出。

　　还有一个大额的花费就是鞭炮和烟花，虽然跟香烟比算不上有多贵重，但也要花上千元。回门那天，新郎要去新娘家以前，就要到祖庙去祭拜，有的是到村庙里去祭拜，给村庙里负责主要事务的乡老敬烟，捐点香火钱，然后买一条三四十米的长鞭炮在村庙的天井里燃放，鞭炮要足够大声和长久，让远近的村民都能听得见。他们只要听到那么持久的鞭炮声就会互相打听谁家办喜事，也会出门看看洞房的彩礼或者回门礼。不管是办喜酒还是回门礼，都要在大门口燃放鞭炮，所以要准备好多捆鞭炮。我们村里人办喜酒都喜欢在家里办，让村里的亲戚朋友过来帮忙，家里很热闹也很喜气，不像城里人喜欢在酒店办喜酒才叫气派。到时请来的亲戚朋友非常多，村里沾亲带故的都要面面俱到，要不就是不礼貌。大厅里、房间里、院子里坐不下，就分成两场，中午一场，晚上一场，每场酒席开始和结束都要放鞭炮，鞭炮一天到晚放个不停。到了晚上，还要准备好几箱烟花，烟花在夜晚的天空燃放非常漂亮，村里人都会看得见，很多人还会跑过来看烟花，全村都很热闹。……鞭炮和烟花是很烧钱的东西，热闹一下就没有了，为了热闹更加持久，就要买很多捆鞭炮和很多箱烟花，按照南日岛的价格来算，正常鞭炮价格在100～300元，长鞭炮最贵的价格是680元一捆，烟花略便宜一些，便宜的有几十元，最贵的也要380元左右。南日岛的烟花爆竹比大陆要贵很多，一来是要加上运费，从大陆过来的托运费要加到价格里去，自然就贵一些；二来听说我们岛上的烟花爆竹被一个黑社会老大垄断了，这个老大来头不小，早年在澳门当黑社会，犯事了被关了几年后永久遣送回大陆，他就回到岛上做生意，凭着他特殊的黑社会背景，垄断了岛上的烟花爆竹生意，还有KTV等娱乐场所的水果生意，所以岛上的烟花爆竹价格都是他说了算，自然要比大陆贵一些。这样算下来，新郎新娘家在结婚还有回门的时候，都要准备大量香烟、鞭炮、烟花，这些都是不小的开支。

　　该访谈中，阿美所提到的香烟，在村庄社会中常被称为"装烟钱"，专门送给新娘用来酬劳她在婚礼上为长辈敬烟点烟所用，即"仪式性服务的报酬"，与此类似的就是鞭炮和烟花。像彩礼一样，装烟钱和烟花爆竹的金额在这几年都有大幅增长，一般都会有五六万元的花费，这是男方"回门礼"中最贵的一笔花销。新郎对香烟和烟花爆竹花费的高额投入，不仅反映了对于炫富和表象仪式的趋之若鹜，也反映了婚姻交换关系中新娘的重要性不断增强，间接体现了新生代女性权力的崛起。

　　（八）反思

　　不管是国外还是国内，千百年来历史沉淀下来的传统婚俗复杂且繁琐，古希腊的婚姻形式基于对奥林匹斯山上众神的崇拜，基督教传统婚礼仪式中，上帝不可或缺，相比较而言，中国传统婚姻关乎香火延续和家族权威，要向列祖列宗禀告，在专门的开庚帖写上新娘的生辰八字，还有"天作之合，乾坤定矣"的字样，以求祖宗荫庇、香火延续、多子多福。虽然传统婚礼形式在现代社会日渐式微，其社会功能日益为私人情感所取代。

第一，传统与现代互动中的理性选择

尽管当今学者对现代化这一进化论式的、充满"西方中心主义"色彩的理论大加批判，但潜意识里却仍然逃不出现代化理论的"传统—现代"二分法的窠臼。在这一思路的指引下，传统和现代不是简单的时间分隔概念，而被赋予更多的空间和意识形态因素。传统的代名词有乡村、东方、封闭、感性等，代表着价值理性，现代的代名词则包括城市、西方、开放、理性等，代表着工具理性。于是乡村秩序就应该从传统的东方式的"差序格局"向现代西方式的"团体格局"演变，应该从封闭走向开放，从礼俗本位走向法理本位，从非理性走向理性。

浮叶村的阿梅说：

> 我还是比较传统的，结婚对我来说一辈子只有一次，怎么都不想太简单应付。按照我们村里的规矩，"娶个老婆好过年"，大家都选择在旧历年底前结婚，很少有人春节结婚，春节办喜酒的很多都是已经在外地结婚回村补办喜酒的。当年结婚的时候，单单做头发就要扎四五十条辫子，还花了四个多小时化妆，进夫家的时候，新娘要绕过火堆往边上走，不能从上面直接跨过去，门槛也不能随便踩。头上垂下来的饰带，要戴到第三天早晨才能拿掉。我不懂规矩，别人叫我怎么做，我就怎么做，虽然辛苦，但心里是很愿意、很开心的。
>
> 我们都是惠安人，但平时只有老阿嬷会穿传统的惠女服，年轻人都不穿了，也不会戴斗笠，只扎南日岛本地的大红头巾，岛上风很大，扎头巾是很普遍的，但我也无法肯定我到老了还会不会像我的阿嬷那样穿传统的惠女服，总觉得穿着不方便，不习惯，走在路上就觉得大家都在看我。……虽然传统的习俗对我们来说已经很陌生了，现在浮叶村的女孩子都不愿意在结婚的时候穿复杂的衣服，都想披金戴银地穿漂亮的旗袍。结婚那天也不会躲在洞房里不敢出来，邀请的都是自己的同学好友，都会在大厅招呼客人，跟大家一起吃饭敬酒、敬烟，不会像以前跟小媳妇一样。……现在就算结婚不穿传统的衣服、不戴头巾、不按照传统礼俗来办婚礼，也不会有人说三道四，大家似乎都比较宽容。特别是我们惠安独有的长住娘

家的习俗，结婚后就要回娘家住，等到快生孩子的时候才回到夫家，现在也慢慢没人去遵守了，一般结婚后就直接住在一起了，反正村里很小，娘家和夫家都离得很近，住哪都一样，况且现在很多浮叶人很多都会找外地人，人家更不会遵守惠安的风俗。

　　虽然现在很多浮叶村人不愿意按照繁琐的礼仪来操办婚事，更加追求简单浪漫的婚礼体验，不少姑娘甚至喜欢穿白色婚纱拍结婚照，穿红色的套装宴请宾客，设宴款待的时候也不再遵循传统躲在洞房不出门的习俗，跟新郎一起出来敬酒，跟宾客吃饭和谈天说地。甚至惠安女延续几百年的长住娘家的风俗也没有很好地传承下来。可以说，在浮叶村，传统与现代的生活方式，在乡村发展的新兴语境下，进入了并行不悖的阶段。现代浮叶人即使按照传统婚礼结婚，也不可能完全遵从世代相传的婚俗，传统更多是对于过往的留恋，更多时候，浮叶人还是选择融入现代的生活方式中。

第二，婚姻梯度匹配下被"挤压"的剩男与"缺席"的新娘

　　中国传统社会的理想婚姻类型就是门当户对和男才女貌，实质上是经济学意义上的等价交换，各取所需。但在长期父权制的思想钳制下，更多男性追求"男强女弱"的婚姻模式，在地位、收入、学历上对于女性的比较优势彰显了男性尊严的价值取向，也诠释了乡村中男性的婚姻"剩余"。

　　但理想终归是空中楼阁，现实情况却很骨感。乡村中位于社会底层的男性几乎没有选择的余地，成为绝对的"剩男"。而30多年来计划生育也缔造了农村家庭的生男偏好，在莆田语系的区域尤甚，出生性别比甚至超过120。比如笔者曾经调查过莆田涵江区，有个小学生就说他们班48个同学，只有11个是女生。这在莆田绝不是个例，可见性别比严重失衡。到2014年底，中国大陆男性人口比女性多出3000多万，而且主要集中在广大的农村。乡村青年男性的绝对数量与日俱增，与此同时，大量农村女性流动到城市打工，嫁到城里去成为农村女性的梦想目标，越来越少的女性愿意留在村里嫁给本地人。在男高女低的婚姻梯度模式影响下，城市里拥堵着大量高学历高收入的剩女。城市女性和乡村女性对于农村剩男的婚姻挤压加剧了农村剩男"被迫失婚"的可能性。乡村

社会中男多女少的现实带来男性选择机会的减少，娶亲成本的增加，婚配概率的降低，这在中国乡村社会成为普遍的事实。笔者访谈了省内的彩礼行情，差距惊人。很多人表示：

> 福建有些农村地区，比如永春、安溪、漳州一些农村，聘金不高，只有几千元到两三万，城里和农村都差不多是这个价格。这些地方虽然也算沿海，但聘金多年都没有涨价，因为这些地方有"按米价论聘金"的风俗，按照大米的价格来估计聘金差不多要多少钱，这么多年了，大米的价格一直都比较平稳，因此，这些地方的聘金也没涨多少。倒是有些地方这几年经济发展起来后，聘金涨了非常多。比如闽西客家农村婚礼聘金都在十几万，你看那个专门生产河田鸡的河田镇，聘金一般在 15 万元以上，长汀的濯田镇高一些，为 20 万元；闽北的武夷山、闽东沿海农村的聘金行情也是十几万；相比之下，大家公认高额彩礼的地方就是我们莆田的忠门、灵川这些沿海地方，都在 50 万元以上，别的地方不说，单单跟莆田其他地方比，就相差好几倍。这几年大家经济生活好起来了，聘金也跟着涨了许多，村里人好面子，都希望在办喜酒的时候炫耀一把，让全村人都来围观，尤其是彩礼钱，前来拜访的村民都会问彩礼多少，如果是高额彩礼或者天价彩礼，全村都会传来传去，以后有人办酒都会以这家人作为例子赞美一下。所以，我们村里的女孩家都愿意让媒人帮忙介绍忠门的男孩子，只要跟这个地方的人攀上关系，就会有高额的彩礼，以后会在村里落下个好名声。

乡村女性的"缺席"与婚姻成本的增加并没有让女性彻底摆脱重男轻女的传统桎梏，反而在无形中造成女性被物化，将女性的相貌和学历当作等价交换的商品，很多乡村男性对婚配对象更多是保持着买婚式的婚姻交换观念。女性被当作一种稀缺商品，本质上是对女性的另一种歧视。

社会结构快速而深层次的变化正在酿造婚姻剩余的客观焦虑，婚姻梯度是客观现实也是多维叠加的，单向度的男高女低的思维定式建构了婚姻剩余的社会焦虑，在适应城市化节奏带来的不利婚姻现实的同时，乡村男性提高个体素质、转变婚姻匹配观念，倡导多向度的婚姻选择，亦是可资选择的理性出路。

第三，彩礼和嫁妆互惠交换中的婚姻资助

彩礼和嫁妆是男女双方父母为准新郎新娘这一潜在夫妻单元提供的代际义务型礼物。作为相互交换的礼物，就被赋予了互惠的性质，不仅是夫妻间的现实互惠，男方家以彩礼的形式交付给女方，以补偿女方家庭多年来的养育之恩，交换的条件遵循订婚时的口头协定。这个协定是两个家庭对于新组成群体的结构布局、身份的法律创设、权利的让渡之间的功能性协商，通过财产的转移进行权利和身份的重置。在这一程序的交换中，女方对女儿的支配权被转让，建构起群体之间的姻亲关系。作为新娘的妇女被客体化了，通过彩礼实践而被交换，彩礼被诠释为新郎家付给新娘家的费用，用以确认对新娘繁衍后代和家务劳动的权利的转移，尽管所有的或者大部分的彩礼最终会以嫁妆的形式返还给新郎的家庭。[①] 当她们从娘家的族亲群体中转移出来时，又被完全纳入了新郎家的族亲群体。[②] 但婚姻交换关系中并不仅仅是对新娘家的单向度偿付，在多数情况下，男女双方的家庭都要支付很大一笔费用，但本质上财富的分配是对新婚夫妇的资助。新郎家将家产份额首次提取，以彩礼的形式交给女方，通过婚姻赠礼的过程，他的家产的一部分被转换成了妻子的嫁妆，然后成为他和妻子可单独享有的部分财产。[③] 虽然彩礼和嫁妆常以炫耀和补偿的形式存在，但实际上更注重的是资助功能，是对新组建家庭的财富转移和家产馈赠。

婚姻交换关系还体现为年轻夫妻对年老父母的预期互惠，是父母年老时对其提供赡养义务，繁衍后代来保证姓氏的延续。虽然此种互惠没法像彩礼和嫁妆的交换那么及时，但需要以家庭伦理道德作为文化预期，传统孝道的道德价值、"三从四德"、父权制的潜移默化，都保障着互惠

① Freedman, Maurice. *Chinese Lineage and Society：Fukien and Kwangtung.* London：Athlone, 1966.
② Freedman, Maurice. "Ritual Aspects of Chinese Kinship and Marriage," in *The Study of Chinese Society：Essays by Maurice Freedman*, edited by G. William Skinner. Stanford：Stanford University Press, 1979, pp. 273 - 295.
③ Chen, Chung-min. "Dowry and Inheritance," in *The Chinese Family and Its Ritual Behavior*, edited by Hsieh Jihchang and Chuang Ying-chang. Taiwan：Institute of Ethnology, Academia Sinica, 1985, pp. 117 - 127.

关系的固化和延续。

不论是彩礼还是嫁妆，都是两个家庭间转移财富以重构权利义务关系的方式，有着强烈的仪式感，成为村庄舆论的主要口实。这种家庭财富的转移也是子代继承家产的一种方式，作为彩礼和嫁妆的物品，无外乎就是高额的现金或昂贵的金器首饰，随着人口流动的增加，现代化元素左右着村民的思想观念，除了作为保留物品的现金和金器外，房屋的所有权、家族实业的股份、店铺等可以增值的物品逐渐开发出来并为现代人所接受，并引发新一轮的攀比竞争，深化权利义务重构的复杂性，也成为女性权力崛起和男女平等的常态化表达。

二 招赘婚姻的盛行

"剩男"作为话语权缺失的群体，不得不弱化择偶梯度效应，选择姐弟恋、上门招赘、与单亲女性婚配等边缘化模式以淡薄择偶竞争，其中，招赘婚姻应时而生，顺应了乡村社会特殊的人口新状况。

从历史发展的脉络来看，招赘婚姻在形式上属于从妻居，即夫妻婚后在妻子父母家中居住。从妻居始于母系家族制度时期，随着私有制和父系家庭制度的建立和嫁娶婚姻的兴盛而没落。[①] 在父系家庭制度下，嫁娶婚姻成为主要的婚姻形式，但从妻居的婚姻形式一直都保留并延续至今。追根溯源，招赘婚姻古已有之，最早的记载见于先秦时期，"淳于髡者，齐之赘婿也"[②]，以及"家贫子壮则出赘"[③]。秦汉时赘婿的社会地位不高，经常被人瞧不起，被列为七科谪之一。延续到后世，招赘的功能简单地说就是为了接续宗祧，或弥补家庭劳动力的短缺，招赘入门的性质与秦汉时有枘枘之别。到了元代，招赘婚姻则衍生出四种类别：养老型，上门女婿自结婚起长年累月住在妻子家中，为岳父母养老；年限型，男女双方在嫁娶之日就约定好一定的年限，待生下儿子后，儿子要跟母亲姓，此后生下的儿子才归夫家所有，随父姓；"出舍型"，结婚后可以从妻族中分离出来另立炉灶；"归宗型"，男女双方约定的年限到期，或妻子去世，男人可以回到自己的原生家庭。此四种类型在历史发

---

① 李文采：《论对偶婚从夫居形态及在家庭史上的地位》，《历史研究》1989 年第 6 期。
② 《史记·滑稽列传》
③ 《汉书·贾谊传》

展不同时期存在于不同的族群，契合于当地特殊的文化语境。招赘婚姻按照招夫的主体还可以有如下种类。闺女招夫，即未嫁女子招夫，是最常见的招赘婚姻模式，南日岛的招赘婚姻主要是这种类型。除此以外，还有妇人招夫，即有夫之妇招新夫来养旧夫，多因旧夫残废、衰迈、痴呆，不能从事生产，是一妻多夫制的一种表现形式；寡妇招夫，主要是前夫家有些遗产而无人管理，上有年迈的公婆，下有幼子，需要招夫养老或招夫养子，以此维持家庭的生计和运转；养媳招夫，其生计策略与寡妇招夫类似。但后面三种类型在现实中较为少见，多见于闺女招夫，这也是本研究的主要旨趣。

中国农村的招赘婚姻模式有应时性变化和制度性变化两种类型。[1][2]其中，应时性变化类型在绝大多数农村地区广泛存在，根源在于重男轻女文化的影响，家庭中没有男孩来传宗接代，于是不得不采取招赘婚姻来延续血脉，作为权宜之计，确保家族连续的保存性功能。相比之下，制度性变化类型发生的概率较小，主要是由人口和一些经济因素引起的，招赘婚姻更多出于家庭生计和维持的考虑，具有保存性和实用性双重功能，代表着一种制度性变化。由于社会发展程度的区域差异性，在一些区域仍残留着对偶婚[3]形态，这是母系氏族文化的文化积累和现实写照，最典型的个案就是云南摩梭人的"走婚"制度，处于从夫居阶段的不落夫家的风俗。本书所研究的浮叶女根源于惠安女，就是保持着长住娘家的风俗，这在某种程度上是不落夫家风俗的另一种表现形式，是浮叶女从原生地沿袭传承下来的婚姻形态，至今在浮叶村中老年群体中仍有广泛的受众。

在中国农村父系联合家庭体系下，嫁娶和招赘有着不同的角色定位，扮演着不同的功能，强烈影响着招赘婚姻中男女的婚龄。相对于主流的嫁娶婚姻，招赘婚姻的女性结婚时间都较早，而男性的结婚时间则较晚，夫妻之间存在较大的年龄差距。这要归结于招赘婚姻的形成条件，比如传宗接代、劳动力引入和彩礼花费。但笔者在浮叶村的调查发现，跟传

---

[1]　Pasternak, B. "On the Causes and Demographic Consequences of Uxorilocal Marriage in China," in *Family and Population in East Asian History*, edited by S. B. Hanley and A. P. Wolf. California: Stanford University Press, 1985, pp. 309 – 334.

[2]　Wolf, Margery. *Women and Family in Rural Taiwan*. Stanford University Press, 1972, p. 9.

[3]　高奇：《文明的进程》，山东画报出版社，2003，第34页。

统招赘婚姻比较，浮叶村的招赘婚姻更多是男方家庭对于有着不良癖好的儿子的"甩包袱"行为。比如笔者调查的阿芳就是如此。阿芳今年26岁，家境殷实，招赘老公比她小两岁，南日岛万峰村人。

笔者遇到阿芳的时候，她已经结婚三年，有一个可爱的女儿，还挺着孕肚经营自家的水果店，她是如此形容自己招赘丈夫的：

> 他是我们岛上的人，当时我们家在镇上开了家水果店，还兼卖蔬菜、零食和服装，一开间的店铺挤得满满当当的，只要能想到的我们家都会进货拿来卖。我家的店铺就在镇上菜市场对面，来来往往的人很多，大家都会跑到我们店里买东西，我们家已经开了二十几年了，新老顾客很多，生意算是比较好的，这几年家里人都把心思投在店铺的经营上，全家齐心协力，倒是攒了不少钱。家里经济条件好了，我也到了谈婚论嫁的年纪，按照我们岛上的风俗，女孩子到了23岁结婚算是比较晚的了，家里就张罗着为我相亲。考虑到家里经济条件还算不错，我爸妈一开始就想着让我留在家里不要嫁出去，所以当时相亲的对象都是愿意入赘的男人。你要知道，我们岛上是非常重男轻女的，家里男孩再多也很少有人愿意送给别人家当上门女婿的，这对一个家庭来说是没有面子的事情。我家里人把招赘要求告诉媒婆，等了很长时间都没有人愿意相亲，很多人家说什么也不肯把男孩送出去，媒婆打听来打听去，好久了都没有找到，我们也很着急，就担心年龄越来越大就更不好找了。后来总算有个人家说可以把其中一个儿子给别人家做上门女婿，我们全家都很高兴，当即就答应相亲，看看年龄长相性格什么的。
>
> 见面的那天，我丈夫和他妈妈来我家，坐在我家客厅的沙发上，低着脑袋，一言不发，从他的眉宇之间我看出他长得很帅气，但我也很奇怪，这么帅的男人怎么会愿意当我家的上门女婿。整个相亲的过程很简单，听到更多的是媒婆对男方的介绍，她说得天花乱坠，列举他的各种好处，说得我很心动，其实后来我也在想，我跟他是有缘分的，如果一定要说一见钟情，那这应该是最真切的体会了。
>
> 相亲那天，我家里人对他还是比较满意的，等他们下楼后，家里的父母、大姨二姨、舅舅舅妈、弟弟妹妹、表哥表姐都觉得还不

错，长得帅，话也不多，看着很踏实。但大家也一致觉得奇怪，这样好条件的男生怎么愿意来我们家当上门女婿？婚姻总归是现实的，对女人来说也是至关重要的。媒婆的嘴也不可信，如果相亲成功了我们要付给她一大笔钱（见图4-28），她当然要把男方说得要多好有多好，巴不得你们马上就成呢。家里人一合计，就托人去万峰村问，看是怎样的人家，怎样的人品。

过几天线人就带回消息了，果不其然，他是家里最令人伤脑筋的坏孩子，从小不读书，小学没毕业就辍学了，到处东游西逛，跟着村里的几个坏孩子混在一起。长期下来，养成了很多坏习惯，一到晚上就一定会跑出去玩，到KTV唱歌，或者通宵上网，到天亮了才回家，白天都窝在家里睡大觉，也没听说过他做过什么正经的工作，反而听说他还沾染了吸毒的恶习。这下我家里人可不愿意了，天天嚷嚷着媒婆心太黑，没问清楚就乱介绍，他家怎么会养出这么个坏人，还告诫我不能跟他再有来往，嚷嚷了几天，家里安静下来，没人再把这件事放在心上，就像经历了一件不值得一提的小事而已。

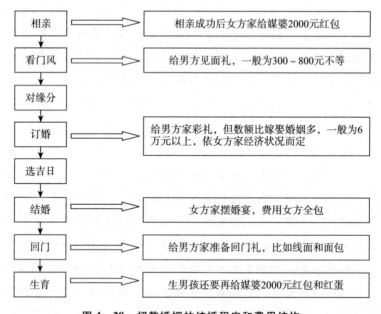

图4-28　招赘婚姻的结婚程序和费用结构

但我的心里跟他们完全不一样，从见到他的第一面我就喜欢他，如果一定要说这是一见钟情，那我肯定会承认，对，就是我说不出来的感觉，我就意识到他就是我要找的人，他个子很高，长得也很帅气，就是我心目中理想男人的形象。就算他有再多的缺点，我也可以调教他，他肯定是心地善良的，肯定不是他们说的那种十恶不赦的坏人。而且，最为关键的是，我从他的眼神里看出，他也喜欢我！打定主意后，我就根据他留给我的号码给他打电话，他似乎对我也印象不错，于是我们私底下见面了几次。他就是那种很会玩的人，会带你去海边钓鱼，去海滩上看星星，到小店里喝酒猜拳，到KTV去飙歌……反正跟他在一起就是很开心，我不想过平平淡淡的生活，我就愿意跟他每天快乐地生活，就算他没有钱，我也愿意赚很多的钱养着他，就算他白天睡大觉不出房间吃饭，我也愿意把饭端到床头给他吃。为他做的每件事，对我来说都是幸福的味道。

没多久，我俩就商量要结婚了，我家里人当然不同意，他们压根就没想到那次相亲后就成定局了，没想到我们还会偷偷见面，说什么都不同意。我闹过几次，我在家里又哭又喊就是要跟他在一起，没有他我就不结婚。那段时间我干脆就不回家了，住到他家去了，等我父母带我回家的时候，我发现我怀孕了。这下，全家气得没办法，既然生米做成熟饭，就放我去吧，但条件还是相亲时就说好的，招上门女婿，男方住到我们家来，以后生下来的孩子都要跟我们家姓。他家听了也乐意，长久以来他一直被家里人当作包袱，所有人都管不住他，他还经常向家里要钱，既然现在有人愿意跟他结婚，总是件好事，至少以后不会找家里要钱，而且说不定有可能会变好。男方家倒是很赞成，说什么条件都答应。

三　有情人难成眷属

家庭领域里的私人父权制和经济国家领域里的公共父权制，正以各种方式组合联结，产生了一个将妇女置于从属地位的支配体系。传统社会一直固守实践着父系家族制度，分化出父系制度（Patrilineality）、夫居制度（Patrilocality）和父权制度（Patriarchy），树立起男性在财产继承、居住安排、家庭延续、家庭权力结构上的主导地位，女性不得不依附于男性，地位低下。同时，公共父权制成为出于各种社会制度下的不同性别、年龄、种族和阶层者的一种关系构成。当对女性生活控制的私人父权制转向公共父权制的时候，男性的家长式统治得以扩展，并获得社会性别不平等再生产的机会，这一过程，以男性为主导地位的家庭权力被以男性为主导的制度体系所代替，并衍生出在制度法律、意识形态、资源分配等方面为公众所高度认可的权力结构。①

为了迎合公共父权制的制度体系，婚姻被披上了务实的外衣，体现着现实的经济价值，如家族延续、增加家庭劳动力、建立家族网络、提供老年支持，以及交换经济资源。这就使得缺乏男性后裔的家庭，在家庭姓氏延续、劳动力需求和养老保障等方面存在很大的焦虑和危机意识，为了延续血脉等现实的因素，而选择招赘等婚配方式，可以将具有较多经济积累，抑或愿意保留原生家庭姓氏的女孩留在家里不要嫁出去，还可以增加家庭的劳动力，为父母提供养老支持。但现实是，能够接受当上门女婿或者"两顾"的男人，往往是对原生家庭来说价值较小的儿子。有关家庭体系和人口过程的国际比较表明，在一个特定的家庭体系中，对于家庭价值较高的子女，更可能结婚，并且结婚时间更早，婚配对象更好；相反，对于家庭价值较低的子女，更不可能结婚，并且结婚时间更晚，婚配对象更差。② 由此可见，家庭往往会选择对家庭价值较高的女孩③来招上门女婿以保留血脉，而在30多年计划生育体制下，男孩是稀缺资源，婚姻市场中女性匮乏。正常情况下，很少有家庭会把男孩当作上门女婿拱手让人，特别是在有着严重重男轻女观念的南日岛，更是不可能的事情。因此，能够成为上门女婿的男性，往往是对家庭价值较低的男孩，他们没有固定工作、经常闯祸、让父母很伤脑筋，当了上门女婿后对原生家庭来说

---

① 李树茂、靳小怡等：《当代中国农村的招赘婚姻》，社会科学文献出版社，2006，第214页。

② Skinner, G. W. "Family Systems and Demographic Processes," in *Anthropological Demography: Towards a New Synthesis* edited by D. I. Kertzer and T. Fricke, pp. 53 – 95, Chicago: University of Chicago Press, 1997.

③ 对原生家庭来说，价值较高的女孩一般是指能获得较高经济收入的女性，原生家庭担心她们嫁出去会影响家庭的经济积累，从家庭利益最大化地考量，父母往往会选择她们留在家里以保证"肥水不流外人田"，为延续血脉提供经济基础。况且经济收入高的女性，在招上门女婿的条件协商上有着比较优势，她们可以拿出更多的彩礼在协商博弈中胜出，也有更大的可能性实现父母的愿望。

相当于减去了一个包袱，他们的父母有着较强的意愿。在浮叶村的调研中，笔者也深刻感受到，很多招上门女婿的女人，为了家庭姓氏的延续，不得不忍痛割爱，放弃两情相悦的男人，娶进一个条件比自己差的男性作为丈夫。这种棒打鸳鸯的招赘婚姻，极大地限制了女性的婚姻自主权，很多家庭在结婚前都要围绕"招进来"还是"嫁出去"，孩子跟谁姓等问题而吵得不可开交，打击了女孩对于婚姻的信心。而被招赘的男性，在严格的父系家庭体系下，要承担很高的心理成本，他们的姓氏无法延续，或者得拱手让给女方其中一个孩子的姓氏，在女方家庭、家族、村落无法得到应有的承认和尊重，更多是一种被动和无奈的最后选择。[1]

阿香是笔者访谈过的最美丽的女人，有着海风熏陶下难得的白皙皮肤，两个酒窝很是醉人。阿香今年 29 岁，浮叶人，在镇上经营服装生意，有两个女儿。她继承了父亲的帅气和母亲的聪慧，对她的访谈没有任何违和感，就跟久别重逢的朋友一样。在浮叶村重男轻女的传统理念了，阿香的情感历程似乎更像是一出传奇，而作为女主角的她，却表现出这个年龄段少有的淡定与从容。

于是，阿香对笔者娓娓道来：

> 我是家里的长女，大家都说我长得像父亲一样好看，从小就被家里百般疼爱，特别是我的外婆。从我记事起，家里的经济条件一直都不错，我妈和两个舅舅一起在镇上买了三开间的店面，店面上盖了三层楼，一家分一层，大舅家经营小卖部，二舅家租给别人卖海鲜干货，我家一开始也卖杂货，那时镇上开店的人不多，我妈人很勤快，又懂得经营的门路，所以生意很好做，一天的营业额都有一千多元，这在 1990 年那会可是大数目，我姨夫当海员，一个月工资一千多元都已经算我们村里的有钱人了，更何况我们家一个月营业额有 3 万多元。因为开店的关系，家里的亲戚只要来镇上都会来店里坐坐，有时还会帮忙卖东西，店里天天都很热闹。

> 本以为生活从此就可以这么风平浪静地过了，事实却不是。

---

① Pasternak, B. "On the Causes and Demographic Consequences of Uxorilocal Marriage in China," in *Family and Population in East Asian History*, edited by S. B. Hanley and A. P. Wolf. California: Stanford University Press, 1985, pp. 309 – 334.

2007 年的时候，我年纪也大了，家里开始帮我相亲。我妈那时又是灵媒又是媒婆，手头有好多年龄相当的男孩子，就安排我去相亲。可他们不知道，我已经有男朋友了，是我的初中同学，我们已经好了很久了，每次偷偷摸摸地出去玩，家里什么都不知道。所以我妈给我安排的几次相亲，我一个都看不上，也不梳头也不打扮，把男孩子都给吓跑了。我妈后来一打听才知道原来我有男朋友了，就找了中间人去探听一下男方家的口风，看他们的意见是怎样的。中间人带话回来了，说是男方家不同意，找各种借口推脱。尤其是他家就一个儿子，按照村里的习俗是要娶进门的，绝对不肯给人当上门女婿或者'两顾'。而我家的想法是，家里虽然有一个男孩，但是是抱养的，和我们没有血缘关系，如果让弟弟娶进门的话，家里的家产以后都要归他所有，我们姐妹都没有份，又心有不甘，辛苦一辈子赚到的家产就要拱手让给一个没有血缘关系的弟弟。这是万万不可以的，我一定要招赘或者'两顾'，才能保住我家的家产不被外人夺走。

　　两家从此僵持不下，谁也不让步，兼顾到双方利益的'两顾'也没办法解决，男方家就是不松口，他们铁下心不让家里唯一的儿子跟我结婚，除非是娶进门。而我家的意见也是一样的，为了保住家产就不能嫁出去。双方协调不了，几次下来都闹得很不愉快。我面临一个重要的选择，就是要么嫁出去，家产全留给弟弟，要么分手，从此不再联系。选择的过程是痛苦的，我左右为难，想想当年我们家欠下那么多钱的时候，我妈为了保住家里的房子，给我们一个完整的家，宁愿自己辛苦也不跟我爸离婚。为了家庭利益，也为了辛苦养我那么多年的妈妈，我不得不跟男朋友分开，虽然我是那么舍不得，但为了家庭最终我还是选择放弃。（讲到这，阿香泪流满面）

　　阿香的情况在浮叶村比比皆是，很多自由恋爱的青年男女到了谈婚论嫁的时候，双方父母就要相约见面，谈妥结婚的重要事项，比如结婚是招赘还是嫁出去，抑或是"两顾"，以及以后生下来的孩子的姓氏问题。只有这两个问题取得双方家长的一致共识后，才会再约时间就双方生辰八字、彩礼的具体数额、结婚时要准备的物件、订婚和结婚的良辰吉日、酒席的操办等细节做进一步的磋商。

　　受传统习俗的影响，很多"一女户"或"二女户"不愿意让女儿嫁出去，在他们的思想观念里，一旦把女儿都嫁出去，那就是绝后了，这在农村里是有损颜面的大事，万万不能尝试的。因此在谈判的时候，家境好或者女孩个人条件好的家庭，就会要求招赘，条件稍差的就要求"两顾"。但随着计划生育的普及，很多"独男家庭"是不可以有生育第二个孩子的指标的，只有第一个孩子是女孩才可以生育第二个孩子，即"一孩半家庭"。由此，很多家庭的男丁成为稀缺资源，男方家长巴不得娶进门来，哪里还肯被招赘或"两顾"？

　　很多浮叶家庭到子女结婚的时候都要为这个问题伤透脑筋，甚至吵得不可开交，逼着子女斩断情缘。在某种意义上，"有情人难成眷属"确实成为浮叶人婚配的真实写照。

四　礼金攀比与婚姻竞争

　　莆田沿海乃至浮叶村所隶属的村庄语境较为特殊，主要由宗族性村庄构成，尤其是浮叶村，从惠安迁移过来的主要是二房份和三房份，移民村落特有的抱团生存策略使得村庄成为聚族而居的团结型村庄。团结型村庄对自上而下、自外而内的各种力量具有一定的抵御能力，经过宗族的抵制，外来力量大为减弱，对村民的改变没有太强的约束力。因此，社会变迁所带来的婚育观念、男女平等、自由恋爱等等现代思维理念在浮叶村封闭的地理环境中并没有造成太大的影响，村民还是延续传统的思想观念，在周而复始的生活轨迹中重复原初的生活方式。因此，嫁女儿就应当收回女儿养育成本的观念依然存在，对于彩礼的多寡尤其重视。况且村庄内部存在着若干竞争性的结构，比如不同的姓氏之间对于资源的竞争，彩礼作为表象的符号在很大程度上固化姓氏的地位，成为群体分化的重要标志。家族乃至家庭单位之间的竞争性攀比，往往将彩礼作为表征标准，通过乡间舆论的口耳相传，强化和抬高自身的地位层级。

　　然而，这场彩礼的竞争攀比中，女人却被大大物化了。诚如印度的嫁妆制度，只不过彩礼是男方赠予女方的礼物，而嫁妆则刚好相反。不管是彩礼还是嫁妆，都有对女性物化的嫌疑，充满着对女性的歧视。以印度的嫁妆制度作为对比，不难发现，随着种姓制度的稳固和种姓阶层的细分，嫁妆被赋予新的意义。种姓制度规定，男性不可以娶比自己地位高的女性，但可以娶比自己地位低下的女性。这就导致了一个后果，嫁妆日益成为女方家族通过嫁女提高自身地位的、"贿赂"男方家庭的一项手段，而嫁妆也从原先的自愿，变成了一种义务，而且金额越来越高。美国加利福尼亚大学河滨分校的印度裔经济学教授阿尼尔·迪欧拉里卡和世界银行学者维查雅瓦达·拉瓦的研究表明，进入 21 世纪后，印度嫁妆的置办费用为 6 万~13 万美元，一个中产阶级家庭会因为一次婚姻就破产的事情屡见不鲜。嫁妆的高低，通常还与女子的教育程度和年龄相关联，越是高教育水平的妇女（同时也可能年纪较长），男方"勒索"的嫁妆就越多，这也是妇女教育水平发展迟缓和童婚依然常见的一个原因，因为低收入人群害怕女儿嫁不出去，便更不愿意让她接受教育，希望能尽早将她以低廉的价格"卖出去"。男方如果不满意嫁妆的金额，则会增加女性遭受家庭暴力和虐待的风险。① 因此，美国历史学家韦纳·奥尔登堡（Veena Talwar Oldenburg）在《嫁妆谋杀——文化犯罪的根源》一书中写道："英国统治下（印度）经济和社会巨变的后果之一就是妇女失去了对嫁妆这样的值钱物品应有的权利，越来越失去对嫁妆的支配权。这最终导致妇女越来越不受尊重。对妇女的轻视伴随她们的一生。"

如果说嫁妆是女方随身带到自己婚姻中赠予男方的礼物，是提高女性家庭地位和培育声誉的一项重要策略，以此减少女方嫁到男方家受虐待的风险，那么，彩礼则是男方对女方父母多年养育的经济补偿，是男方家向女方家转移的财富，是对女孩嫁妆的补贴，使婚姻契约以及从一个家庭转移到另一个家庭中的对于妇女的权利生效，亦体现男方对女孩的重视程度。作为彩礼往往包含现金和物品，但现代人对于物品似乎没有太多的兴趣，除非金银首饰，其他作为陪衬的物品，比如烟、酒、茶、床上用品等物品，则渐渐省却了，取而代之的是现金，这对男女双方来说都是省时省力的事情，全部折算成现金也会增加彩礼的金额。在笔者调查的莆田沿海一些攀比彩礼的地区，连金银首饰都省却了，全部折合成现金，这也符合阎云翔所提出的对于"折合彩礼"② 的理解，也就是将所有送给

---

① Yi Yang：《印度的嫁妆制度在当前印度还依旧存在吗，今后将如何发展？》，2014 年 6 月 2 日，https://www.zhihu.com/question/23821454，最后访问日期：2021 年 8 月 26 日。

② 阎云翔：《礼物的流动：一个村庄中的互惠原则与社会网络》，李放春、刘瑜译，上海人民出版社，2000，第 173~174 页。

新娘的定亲礼全部转换成现金额，用"干折"来体现这种经济交换。

笔者访谈的阿玉是这么说的：

> 浮叶村的女孩子如果是相亲认识的，都愿意找莆田忠门镇的男孩相亲，那边的彩礼行情高，一般都在50万元以上，如果条件差不多的男孩子，女方家都更愿意把女儿嫁到忠门镇去。按照忠门镇的婚俗，女孩出嫁时，男方给彩礼一般是银行卡或存折之类，但是有的会加上小轿车等大件的东西，所有这些加起来折合成人民币，所以有的人家说彩礼是20万元，实际上现金可能是10万元，其他物品都是按照市场价格折算的总额。但现在真正有钱的人家不会这样，觉得有虚报数字的嫌疑，媒人在定亲的时候就把彩礼数给散布出去了，全村老小都知道你家的彩礼是多少，如果用东西来折算会被全村人笑话的，说你家吹牛，反而更丢了面子。我们村定亲的男方很少有给房子这些大件，洞房就安排在老家，新房布置及家具由男方家里负责，也有些是女方的陪嫁，比如床上用品、衣服、家具等。这些花不了多少钱，不会算在彩礼里，彩礼主要是给现金和金银首饰，折算成具体多少钱。……以前人结婚都会住在村里，很少有人会想到在城里买房子，彩礼多少就是现金多少。现在年轻人很多都想在城里买房子，不愿意在农村长期住着，彩礼钱就会给小两口作为买房的首付，年轻人自己按揭银行贷款。现在房子都很贵，特别是在城里，听说莆田市区的房子都卖到每平方米2万元以上了，房子总价那么贵，彩礼更不可能把房子算进去。
>
> 这几年村里有些有钱人家也沾染了莆田沿海一些地区的坏风气，会明里暗里互相攀比，哄抬彩礼，20万元是现在的行情价，但数额也不是越多越好。比如村里有一户嫁女儿，男方愿意出50万元彩礼，不过村里之前聘金最高纪录是30万元，女方家顾及村里人的议论，最后只收了30万元彩礼。村里人相亲时间很短，从相亲到结婚顶多就是3个月的时间，男女双方都不是特别了解，彩礼多少会在很大程度上影响女孩的选择。我们常说，女孩子也就定亲时最俏了，等结婚后就"不值钱"了，所以女孩家都希望在定亲时选择条件好的男孩作为女婿。既然认识时间较短，感情基础一般，那么就看彩

礼，在条件差不多的男孩当中，谁的彩礼多谁就容易胜出。这样男孩家庭就会通过彩礼互相竞争，希望取得女孩的青睐。

但是，并不是每个家庭都是看重彩礼的，还有一点要说的是，浮叶人都信奉神灵，如果双方对过缘分，生辰八字是相合的，彩礼多少就不那么重要，村民都认为两个人的缘分是上天的意思，不能因为彩礼多少而违背天意。而其他的相亲男女，选择的对象如果条件都差不多，就会相对倾向于选择彩礼多的男孩，如果女孩条件足够好，就会有好几家男孩子通过彩礼来竞争。比如今年5月份，我们村一个女孩通过媒人介绍，被忠门镇一个男孩看中，男孩家愿意出80万元作为彩礼，而另一个岛上的鲍鱼养殖户家愿意出100万元，这样，当然是岛上的那家人后来定亲了。不过这种高额彩礼的情况在我们村并不多见，大部分人家的彩礼都是在10万元左右。

由此可以看出，高额彩礼的竞争体现了"干折"这一赋予新娘以特权的新彩礼形式。虽然"干折"的出现并非"买卖婚姻"，新娘父母也不一定从不断增长的彩礼中获利。但进而言之，"干折"的存在破坏了两个家庭之间的交换，削弱了婚姻交换中父母的权力，也降低了长辈之间姻亲关系的重要性。通过"干折"所表达出来的组织原则以新婚夫妻而不是父系继嗣为中心。在更深刻的层面，"干折"使新娘对新郎家所提供的婚事费用拥有直接的控制权，事实上使彩礼转变为新娘及其娘家的财产。对于新娘来说，拥有这笔财产不仅巩固了她婚后的地位，用这笔钱作为新生家庭原始积累的重要基金，为未来小家庭的繁荣做准备，这与新郎的意愿是相符的。在高额彩礼的竞争谈判中，每一个争强好胜的新娘背后通常都有一个鼎力支持的新郎。对于新娘的原生家庭来说，高额彩礼提升了家庭在熟人社会中的颜面，在特殊情况下还作为儿子婚事筹备的经济来源。在这一互动中，家庭生活中的性别关系发生了深刻的变化。[1]

在传统习俗里，彩礼是婚姻当中一个重要的环节，是构成婚姻的基本要素。随着社会的发展这种趋势不仅没有根本的转变反而愈演愈烈，成为乡村社会攀比和炫耀的资本，重塑乡土社会的家庭地位。浮叶村当

---

[1]　阎云翔：《中国社会的个体化》，陆洋等译，上海译文出版社，2012，第189页。

然也难以免俗，对于彩礼的竞争演变为"有钱人的游戏"，尤其是女孩家庭，在定亲中获得高额聘金，不仅彰显未来女婿的家世、地位和能力，而且给男女两个家庭赚足了面子。基于此类的心态，虽然浮叶人没有莆田沿海地区竞争高额聘金的恶俗，但私底下仍会暗暗攀比，潜移默化地调整村庄的地位格局，使得婚姻成为变相的"人情、面子与权力的再生产"。

前文提到的媒人阿红亦如是说：

　　村里人下聘需要一整车的聘礼，里面装有猪头肉、面线、鱼、猪肚、喜糖喜饼、猪脚、莲子、面包。一共要准备八样，每一样都代表着一种含义。比如猪脚是送给媒人的，用红纸包起来，也有送给女方，感激丈母娘把女孩带大。猪脚挂在女孩卧室的床头，还要放好几天才能拿下了。猪脚是生的，放久了会有异味，也会招来苍蝇，但是我们这边的风俗，要照做，不能随便拿下来。古早的时候，下聘的东西要放进'担盘'里，用扁担挑到女孩家里，女孩再把聘礼分类，送给家族的亲戚。男方家要是经济条件好的，往往要准备一两百份去分发。

　　但下聘的这些东西都是不重要的，最重要的是聘金的多少。我介绍过好多对，都是在下聘时因为彩礼多少而吵架甚至撕破脸的。现在的行情是8万元彩礼起底，这对一般人家来说也不算什么大数额，但有些经济不太好的家庭就比较为难，他们顾及面子去借钱来充门面，凑了8万元给女方家，但他们希望女方家也能给点嫁妆来分担一下彩礼的钱，但嫁妆在我们村里并不是非要不可的，不像晋江那边嫁女儿，嫁妆要比彩礼多一倍，比如男方彩礼给100万元，女方嫁妆要200万元这样子。嫁妆按照各家的经济状况决定，很多人家没有截留下来，把彩礼的钱都用来买东西和充当嫁妆上，但岛上的人比较重男轻女，觉得嫁出去的女儿泼出去的水，以后养老靠儿子不能指望女儿，儿子结婚也要准备彩礼，就想不给嫁妆或者截留一部分彩礼，但这也很可能成为两家吵架的导火线。比如，我介绍过一对，男方答应给女方13万元彩礼，但下聘那天却只有10万元，男方家说另外的3万拿来买家具和家电去了，总数还是13万，只是现金只有10万元。但女方家可不答应，说好的13万变成10

万，当场翻脸悔婚，两个年轻人从此分道扬镳。这些冲着钱去的婚姻，父母都是看条件结婚的。我还遇到一对自由恋爱的男女，男的是公务员，女的当小学老师，两人谈了两年恋爱准备结婚，按照习俗，就算自由恋爱也要请媒人象征一下出席。定亲那天，女方的父亲说，我女儿是本科生，在我们村里算是高学历的，现在找的工作也好，而且长得高还漂亮，大女儿的彩礼是28万元，小女儿的条件更好，怎么也不能少于这个数，不然就会给家族丢脸。男方家抠了家底，愣是拿不出这么多钱，两个自由恋爱的年轻人也是不得不分手。

有钱、彩礼多、嫁妆厚都是做给别人看的，最重要的是婚姻幸福，我常常跟新人的父母讲这些道理，劝诫他们要看淡这些，不要太计较彩礼和嫁妆。何况这些都是婚前财产，按照新出台的《民法典》是不计入夫妻共同财产的。但是很多父母也跟我诉苦，他们说下聘啊，结婚啊，都会有很多亲戚朋友邻居过来热闹，村里人都会互相打听彩礼多少，嫁妆多少，如果太少了我们家的面子挂不住，以后在村里会被人说三道四的，我们也会觉得对不起孩子，这么好的条件怎么拿一点点钱就打发了，当然也怕孩子以后会怪我。

你要让农村人改变当地习俗和思想观念是很难的，即使他们跟着子女到外地居住，一年到头很少回村，但逢年过节总要回到村里，也要面对村民的议论。村里的三姑六婆、大妈大姨非常多，闲着没事都互相串门聊天，就喜欢聊家长里短，特别是生男孩、结婚这类人生大事，一旦落下话柄后会被全村人说好多年，谁也不愿意自家的事情被人说来说去，就不得不按照这样的规矩来办。有时因为礼金问题谈崩了，年轻人没法结婚，不得不棒打鸳鸯。虽然不近人情，但也是没有办法的事情，毕竟叶落归根，走再远也终归要回到自己家乡。

对于高额彩礼的出现，其实代表着男方父母对于儿子的责任心，基于他们愿意为孩子操劳的最强烈动机。他们对子女的幸福十分关心，而最重要的莫过于儿子的美满婚姻，都会举全家之经济实力去满足儿子对于高额彩礼的要求。在彩礼的博弈中，父母处在一种特定的道德和舆论压力下，他们认为称职的父母就必须为儿子操办一场体面的婚礼，为儿子提供高额的彩礼日后才不会留下遗憾。帮助儿子完成婚姻大事是他们义不容辞的责任，不仅体现亲子关系，亦表现出中国文化特有的人格建构模式。在更深的层次上，揭示了村落社会对于家庭生活的重视，对于血脉延续和家族颜面的维护。作为一种关系性的存在，中国的个体不是仅仅凭借出生权就可以拥有自主性的个体，而是必须扮演好一生中各种各样角色之后才能成为一个完整的人。① 与之形成鲜明对比的是，在婚礼操办上有所欠缺，比如提供不了令人满意的彩礼而不得不棒打鸳鸯，或者在婚礼花费上小气抠门让宾客吃得不爽快的，诸如此类，都会被整个村里的人看不起，他们成年的儿子也会谴责父母在道德义务上的不称职，没有尽到父母的责任。

当然，对于传统乡土社会的村民来说，彩礼毕竟是物化的礼物，完全转换成存折和银行卡的彩礼看不见、摸不着，就算用镜框装裱在村里炫耀，总归是单薄的虚拟存在，村民们结婚更多是图个热闹，邀请亲戚朋友、左邻右舍、七大姑八大姨，让婚礼成为全村的集体狂欢，这才是举行婚礼的初衷。由此，村民更愿意把简单功利化的现金作为光耀门楣的装饰，而把实物类的彩礼以及寄托在实物彩礼上的情意作为婚姻缔结最主要的本质所在。除了嫁给忠门镇的女孩以外，浮叶人也很看重实物类彩礼的多寡与贵重，而实物类彩礼以黄金、家具、家用电器、床上用品为主，这些彩礼会选择在结婚前就送到新婚夫妇的洞房里。

到了新婚那天，新郎家要把所有的实物彩礼全部摆在洞房显眼的地方给所有到访的亲戚朋友观看，比如房产证裱在相框里，小轿车停在进门的显眼地方并挂出价格，干折所转化成的现金一摞摞摆放出来，尤其是有高额现金彩礼的家庭，这是很好的摆阔方式，其效果远远好于银行卡存折所带给村民的震撼力。还有给新娘穿戴好的金器，以及作为陪衬的家具、家用电器、床上用品，等等。洞房的摆设纯粹是一种炫富的表象仪式，充满土豪的气息，但也一贯为村民所推崇和向往，成为村民口中津津乐道的谈资，影响新郎和新娘家庭在村民心目中的社会认可度。

这些实物类彩礼不是送给新娘或新郎个人，而是由新郎的父母送给作为夫妇单位或大家庭中亚单位的新婚夫妻的。因而，实物类彩礼更适

---

① Kipnis, A. *Producing Guanxi: Sentiment, Self, and Subculture in a North China Village.* Durham: Duke University Press, 1997.

合于称作对新生家庭的直接资助。在男方家赠送的实物类彩礼当中，最重要的彩礼非金器莫属。金器由于其价格昂贵，定价常在每克 328～368 元不等，尤其是作为婚嫁的礼物，都会选择打造精美的黄金饰品（见图 4－29），不仅嫁娶之日新娘戴着风光，平时也可以作为日常饰品。由此，黄金在很大程度上成为男女方炫富的重要表征工具，起着举足轻重的作用。

图 4－29　婚嫁时打造精美的黄金饰品

相比之下，嫁妆一般只包括实物性礼物，比如黄金首饰、家具、家用电器、梳妆用品等。而嫁妆的资金赞助主要来源于彩礼，从某种程度上说，是新郎家出钱资助的"间接嫁妆"，可谓"羊毛出在羊身上"。因此，在婚姻交换中，女方家很重视彩礼的数额，大多数情况下，嫁妆的一大部分源于彩礼，新娘和她们的娘家往往倾向于争取较高数额的彩礼，"通过与其同伴们的比较，一个女人可以靠定亲礼和婚庆宴的质量与规模来体现自己"。[①] 新娘对于彩礼的重视使得她们会委托父母与夫家协商，试图抬高彩礼的数额，或者让新娘亲自参与或者监督夫家采办实物性彩礼，比如小轿车、金器、家具、家用电器等。彩礼体现夫家对新娘的重视程度，除了现金彩礼是定亲时事先协商好的具体数额，实物类彩礼则采取灵活的策略，根据男方家的经济实力决定多寡，本质上主要是为了烘托婚礼的热闹气氛。尽管如此，彩礼置办得是否丰富常常是新娘家关注的焦点，

---

① Ocko, Jonathan K. "Women, Property, and the Law in the People's Republic of China," in *Marriage and Inequality in Chinese Society*, edited by Rubie S. Watson and Patricia B. Ebrey. Berkeley: University of California Press, 1991, p. 321.

新娘家会通过女儿去询问或监督实物类彩礼的情况，以此确定嫁妆的清单。

按照"间接嫁妆"的理解，嫁妆清单的物品往往根据彩礼的多寡来确定，对于新郎家已经置办的物品，新娘家就不用重复购买，以此减轻新娘家购置嫁妆的花费。但是，彩礼钱最后并不是落入新娘的手里，而是交给新娘的父母，使用权的转移成为惠及新娘父母的物资。争取高额彩礼对新娘而言是更多是出于面子和地位的考虑，而对父母来说则是有效地重新配置家庭经济资源的方式。新娘父母可以自主选择彩礼的使用方向，比如置办嫁妆、在婚礼上购买香烟等"仪式性服务"，还有可能用女儿的彩礼钱去操办儿子的婚事。新郎父母对彩礼的使用和配置一般没有太多话语权，更多是将彩礼看成新娘父母多年来养育女儿的经济补偿和新生家庭建设的原始积累。因此，他们往往放弃在嫁妆配置上的控制权，让新娘父母和年轻夫妇自主决定，这也间接体现了新娘作为婚姻主体的地位不断提高。可以说，相对于彩礼而言，夫家对新娘的嫁妆似乎没有倾注过多的热情，诚然，一个嫁妆丰厚的新娘嫁到夫家，增加的是娘家的颜面，提高的是新娘在夫家的家庭地位，而对夫家来说则没有太大的实质意义。真正决定夫家在村庄中面子和阶层定位的是彩礼而不是嫁妆。但是，对于新娘的娘家来说，嫁妆的数额确立了新娘作为法定妻子的地位。[①] 新娘的嫁妆是专属于新娘个体的私有财产，这是保持她们在婆家基本生存的经济依靠，私房钱的存在可以保证新娘在夫家获得安全感，体现娘家对新娘婚姻生活质量的重视。

如果新娘父母送的嫁妆超过收到的彩礼钱，超出的部分就是"陪送"，是用自己的花费陪嫁，也称为"直接嫁妆"。如果新娘的父母把所有的彩礼或其中的大部分扣留下来，作为家庭存款或者挪作他用，比如作为儿子结婚的彩礼，这样父母就会有卖女儿之嫌。村民们在嫁妆实践中会根据家庭经济水平采取不同的策略，要么是"卖女儿"，索要高额彩礼却返还低廉的嫁妆；要么是"嫁女儿"，新娘父母将收到的彩礼全部转化为嫁妆，父母没有截留；要么是"陪送女儿"，不仅全额返还彩

---

① Watson , Robie S. "Wives, Concubines and Maids: Servitude and Kinship in the Hong Kong Region, 1900–1940," in *Marriage and Inequality in Chinese Society*, edited by Rubie S. Watson and Patricia B. Ebrey. Berkeley: University of California Press, 1991, pp. 239–241.

礼，还从家庭储蓄中掏出额外的嫁资，风风光光嫁女儿，保住女儿的利益和在婆家的地位。不管新娘父母采取什么嫁妆策略，从本质上来说是家庭间的彩礼流动，体现双方家庭内部的财富转移，是一场男方家以现金为主的彩礼与新娘家以实物类为主的嫁妆之间的交换，是对新生家庭的经济资助。而在这场近似对等的物质交换中，黄金饰品充当了重要的礼物载体，成为彩礼或嫁妆的工具化体现。

对于浮叶村彩礼与嫁妆中黄金效用的考察，笔者访谈了 56 岁的阿梅，她的女儿刚刚出嫁不久，她说：

> 我们比较看重黄金首饰，现在年轻人赶时髦，觉得黄金太土，喜欢铂金、白金这些首饰，这些虽然价格很高，但都不能当作聘礼的，只有黄金才能。在我们传统的思想里，黄金才能守得住、穿戴起来也比较贵气，才是保值且贵重的，其他首饰无法替代黄金的地位。以前有人结婚时为了显摆，就要把一两一个的金块用红线连成一串挂在腰上，或者把一斤一块的金条直接搁在箱子里抬出来给大家看，把村里人看得眼红。现在也差不多，买很重的金手镯，用红绳子一个个串起来，挂在脖子上，十个手指上都戴满了金戒指，如果觉得还不够阔气，就把男方家给的现金聘礼数额做成一个大支票，镶上镜框，出嫁那天摆在新娘的闺房里，让大家都可以看得到。当然，这些都是有钱人摆阔的，对于我们普通人家来说，金项链、金戒指就可以了。我爸当年结婚的时候，卖了一头猪换了金项链娶的我妈，我妈进门时买了一辆自行车当嫁妆，这一来二去在村里也是比较有派头。后来生活好了，村里人为了面子都想给孩子摆一场金灿灿的婚礼。我侄子结婚的时候，家里就拿出所有的金块，去找金匠打了五个金戒指、两条金链子、两对金手镯、两对金耳环，总共四斤多重，按照现在的金价算起来也有五十几万元，都是在定聘礼的时候给的，装在写着喜字的红纸盒里，等到办婚礼的时候新娘都要穿戴起来，让村里人看看。

家庭经济好的女孩子，父母经常会给她准备金饰，比如生日或重要的节日，到结婚的时候，按照闽南的风俗，嫁女儿时亲戚要"添妆"，亲戚朋友也会各准备一个金饰送给她。结婚时，母亲把从小到大送给女儿的金子打成一个大凤冠，或者一个大项链，有时图方便就用红线把所有的手镯串起来戴在脖子上，亲戚家送来的金饰也会一起戴在身上，这样的嫁妆在村里非常流行，出嫁的新娘戴着十几斤重的金饰走路，都要家人搀扶才能迈得开脚。经济条件不好的也想让女儿在出嫁的时候有面子，就会找亲戚朋友或同村人借金饰，或者去金店租金饰给女儿装扮。我们之所以很看重出嫁女儿的金饰打扮，是为了在村里炫富，给左邻右舍看，当然，更重要的是为了女儿将来在婆家有地位，婆家人不敢欺负她。况且结婚那天，女方家还要给新郎准备金项链或者金戒指，多少由女方家决定，一般为了女儿体面出嫁，都会准备得很充足，让全村人都来围观。

笔者访谈了浮叶村的男青年阿峰，31岁，他在莆田工作，有一份收入不菲且稳定体面的工作，按照浮叶人的生育观念，这个年龄早已成家立业并且拖儿带女了。阿峰家在浮叶中心小学边上，他是家里的独子，很早就考上了西南一所重点大学，父母一直引以为豪，也是村民口中津津乐道的有为青年。自从两个姐姐都结婚后，家里就筹划为他寻一门亲事，父母对儿媳的要求是本地人或者泉州人、八字相合。阿峰说：

> 村里很多人都在调侃我，放着这么好的条件，到晋江①娶个女孩，嫁妆都有几百万上千万，最基本的也有房有车，可以少奋斗二十年，何况我父母会讲闽南话，也不用担心语言不通，日后也好相处。但现实一点，晋江很多家财万贯的女孩子都不会随便外嫁到外地的，除非我有经营家族企业的能力，一般来说，她们的家庭会物色门当户对的家族企业联姻，是为了家族企业合并或者实现强强联合的目的，他们炫耀彩礼和嫁妆，在结婚那天大摆宴席，请明星驻场，还有盛况空前的表演，其实就是给家族企业做广告而已，让全

---

① 晋江是福建东南的一个沿海城市，隶属泉州市。20世纪90年代至21世纪初，晋江的经济飞速发展，很多晋江人赚得满满的"第一桶金"，从一开始的家庭小作坊变成有规模的家族企业。这些企业从贴牌生产做到自主品牌生产，有的还成了上市公司，并根据地域优势日益形成产业集群效应，比如晋江陈埭镇的制鞋、磁灶镇的瓷砖、石狮的服装、南安水头镇的石材、南安仑苍镇的水暖、德化的陶瓷、惠安的石雕、安溪的茶叶。这些家族企业更希望内部通婚实现强强联合，以获得企业的长久发展。

国人民都来围观，博取众人的眼球。所以说娶晋江的富家女白赚上亿嫁妆，那都是平时村里人鼓励年轻人努力奋斗，开玩笑说说而已，怎么会轮得到我们这种普通的人家呢？

媒人也经常到我家来说亲，她说在惠安一个同行的媒人就成功联姻了一对夫妻，男方是惠安人，家里开了工厂，房产也不少，女方是晋江人，有经营良好的家族产业，不仅原封不动退还男方家的彩礼，还加了两斤金砖、一辆宝马车作为嫁妆。女方家财大气粗，看重的是男方家也有家庭产业，可以实现强强联合。也有的女方家庭看重男方文化素质高，有不错的商业头脑，可以帮女方家打理家族产业，了却父母对于家族产业无人继承的担心。

媒人看我自身条件不错，经常上门游说我家人，希望我能找个经济条件好的女孩子结婚，不仅有大笔的嫁妆，还可以省却彩礼的费用。我的老婆是我的大学同学，我们一起考上莆田的公务员，我的观点跟他们不一样，没有那么实际，总觉得一起奋斗得来的东西才是自己的，否则在女方家也会没地位的，那我岂不是成为人家赚钱的工具而已？这对我来说是不可能接受的。好在我的父亲很开明，毕竟当了几十年的小学老师，看问题的眼界比较宽广，不会拘泥于眼前的利益。所以，不管谁来说媒，把女方的家庭经济条件说得如何天花乱坠，我父亲都没有动心，客客气气地把媒人打发了。不过我身边确实有很多类似的例子，每个人的追求不一样，不能把我的想法强加在别人身上，也没必要以此说这样的人就是势利小人，这个社会还是讲究多元化的，幸福终归是把握在自己手里。

总之，无论是礼金攀比还是黄金炫富，都体现着村落间人际互动中的婚姻竞争关系，调整着村庄的关系结构和地位分化，是权力再生产的表象仪式。这个过程有着多重社会标签，对于交换双方而言，更多渗透着人情交换的经济意蕴，是建立婚姻关系的两个家庭之间的相互补偿，实现互惠的最优化，是婚姻关系中的"社会人"基于性情而产生的社会交换，这种交换不是经济学意义上的经济资源的等价利益交换，抑或是理性"经济人"的投资策略，而是婚姻关系中的两大行动主体之间委婉而迂回的谈判，无论付出还是回报，都渗透着情感的色彩，是心意的表达，这是传统村落社会中交换双方的初衷。在礼金的交换过程中，男方赠予女方的彩礼代表着男方家庭对女方家多年养育之恩的经济补偿，二者之间构成恩情的关系；至于女方家，在礼尚往来的关系互动中也会偿付相对等值的回礼，即嫁妆，以此表示不欠男方人情，甚至还会加重嫁妆的分量，让男方多占一点便宜，来显示自己身份地位的比较优势。诚如费孝通在《乡土中国》里就对此互动有很好的诠释：

> 亲密社群的团结性就倚赖于各分子间都相互地拖欠着未了的人情。在我们社会里看得最清楚，朋友之间抢着回账，意思是要对方欠自己一笔人情，像是投一笔资。欠了别人的人情就得找一个机会加重一些去回个礼，加重一些就在使对方反欠了自己一笔人情。来来往往，维持着人和人之间的互助合作。亲密社群中既无法不互欠人情，也最怕"算账"。"算账""清算"等于绝交之谓，因为如果相互不欠人情，也就无须往来了。①

婚姻中的交换关系与费孝通所谈到的人情往来有着本质的相似，是熟人社会里关系维持的重要方式，而彩礼和嫁妆只是交换关系的媒介而已，但二者的多寡与轻重被交换双方乃至周遭的关系网络所比较权衡，不断商量谈判，得出一个考虑到双方情感的决定，即"人情共谋"，并在此基础上深化对双方的认同，建构起稳固且持续的新兴关系结构。当然，这样的彩礼和嫁妆的交换符合传统社会的人情交往准则，有着浓厚的亲情味道，是熟人社会朴素的关系本质。在相当长的一段时间里，浮叶人还是遵循着这样的交换关系，简单而幸福地完成人生中重要的生命事件。

但时过境迁，在现代商品经济的冲击下，礼金交换却已然异化为"礼物的流动"，更像是理性"经济人"的利益投资，实现利益最大化的目标，建构了彼此之间的关系资本，实现资源的互换。按照边沁功利主义理论的解释，功利的前提是最大幸福和自利选择。人们作出行动选择的目标是增进幸福或减少幸福。社会的构成单位是一个个独立的个体，每个个体都是组成社会的重要元素，社会的整体幸福感取决于个体的幸

---

① 费孝通：《乡土中国》，载《费孝通文集》（第5卷），群言出版社，2001。

福，是以最大多数个体的幸福认同来衡量的。如果增加社会的利益，即最大多数的最大幸福的倾向比减少的倾向大，那么就适合于功利原理。而自利选择原理，边沁则解释为，"快乐或者痛苦都是每个人自己体会出来的，幸福感的体验冷暖自知，归根结底取决于个人的判断"。按照理性人的假设，每个人追求幸福是基于理性的目的。从自然规律来说，趋利避害是人类原初的本能。人们总是追求能给自己带来利益最大化的事物，而不会兼顾其他人的利益。自利选择在人类的社会生活中处于支配地位。边沁所提出的最大幸福原理和自利选择原理在社会实践中有着较强的解释力。在经济利益权衡成为现代人行为模式选择的重要考虑因素的时代语境中，人与人之间的交往或多或少带着利益交换的初衷，人性中趋利避害的本能驱使着人们成为精致的功利主义者，个体的幸福建立在自我利益最大化的算计想象中，或者宽泛些而言，是为了个体家庭的利益最大化，于是，他们精细地算计着利益的得失、交往中获益的可能性和风险，权衡各方面的利益博弈，以此作出幸福指数最大化的选择。诚如彩礼和嫁妆的礼物流动，女方家希望男方提供尽可能多的彩礼，以弥补多年来对于女儿在生活、教育、人情上的诸多经济投入，尤其是长相好、学历高的女孩子，女方家都希望彩礼能与女儿的综合素质成正比，这表现在订婚前对于彩礼数额的协商，凭借双方父母讨价还价的能力，确定现金彩礼的数额、实物彩礼的具体种类和数量，体现出双方权力地位的博弈。在该过程中，女方往往不仅仅是为了获得多年养育的经济补偿，更是以彩礼的数额作为媒介，确立女儿日后在婆家的地位认同。虽然经常会有经济条件比较差的女方家庭看重彩礼的数额，一方面是为了获得经济补偿，另一方面是为了儿子的彩礼做原始积累。但是大多数的女方家庭对彩礼的重视并不在于经济的考量，而在于家族的颜面、在熟人社会中的舆论认同乃至家庭地位的认可，否则女儿就有"折价"或"贱卖"的嫌疑，在实践亲属关系中成为村民茶余饭后的谈资。由此可见，二者之间关于彩礼协商的醉翁之意不在于彩礼的多寡，而在于婆家对女儿的喜爱和重视程度。彩礼作为载体，在双方之间的交换，更是双方家庭利益博弈的较量。男方和女方家庭作为理性经济人，精于算计后实现利益最大化的结果是双方家庭幸福指数的提升，这些精致的利己主义者，在很多情况下，为了所谓的家庭幸福和颜面，在不断地比较中助推彩礼的数额，也无形中助长了奢靡之风，并作为一个陋习潜移默化地内化于心，成为彩礼博弈中必不可少的行为惯习。莆田及闽南沿海很多经济富裕的乡镇就存在诸多彩礼攀比的现象，屡见不鲜的事实说明了这一现象有着广泛的受众，且影响面越来越广，很多浮叶人对此也趋之若鹜。特别是媒人的巧舌如簧，对于铺张浪费的婚礼，还有嫁入豪门的极力渲染，都会给浮叶人带来心灵上的冲击。特别是个别拿到高额彩礼的女孩家庭，常常成为村民嘴里的典型谈资，一传十、十传百，为村民们所津津乐道，引得不少人艳羡不已。于是，竞价排名的舆论宣传层出不穷，"忠门热""晋江热"成为高额彩礼和嫁妆的代名词，对于彩礼和嫁妆的向往也使某些村民的心理失去平衡，人性中趋利的倾向日渐滋长。淳朴单纯的浮叶人，在封闭的海岛环境下，几百年来过着简单朴素的生活，然而交通的便捷拓展了村民的交往半径，在接受新兴思想观念的同时，也带来陋习，唤醒了人性中沉睡的孽根性，在金钱和利益的冲击下，意志不坚定的很容易动摇，很难成为一个安之若素的旁观者，自觉地全盘接受。可以说，部分村民对于彩礼和嫁妆的趋利性，在一定程度上影响了村规民约，给淳朴的乡土氛围带来挑战。

然而，对于村落关系网络结构中的人来说，却是权力再生产和重组的绝好方式。大体而言，中国社会自身的构成及运作，与家族和乡里成员长期的共同生活和相互支持密不可分，同时又受到儒家伦理的强化和乡规民约的框约。中国社会语境下的个人是家族链条上一个摆脱不掉的元素，其言行举止、为人处世、社会地位不仅仅是个人的问题，而是整个家族的期待并可以因此沾光的重要事件。如果一个人所处的角色符合家族众人的期待，那么不仅对自己是种荣耀，家族成员也会引以为豪，也愿意跟着沾光和分享资源；反之，如果一个人所处的角色违背家族成员，尤其是父母的期待，那么就会给家族蒙羞，在家族成员中丢失颜面。翟学伟将脸面理解为"个体为了迎合某一社会圈认同的形象，经过印象整饰后表坝出来的认同性的心理和行为。"[1] 脸面是一个辐射性或推广性的概念，其动力和行为方向都是以有关联之人共享性为特征的，即与所谓光宗耀祖、光大门楣、沾光等心理和行为相联系的，是更深层次上的

---

① 翟学伟：《中国人行动的逻辑》，社会科学文献出版社，2001，第76页。

动力源和众望所归的行动方向。且在特定的条件下，颜面也会获得权力的转让，实现权力的再生产，即日常权威。① 质言之，在新生家庭的组建过程中，双方家庭互相交换礼物，其实就是在家族其他成员面前呈现个体家庭的颜面，彩礼和嫁妆的多寡成为衡量个体家庭颜面的重要标准，不管是现金彩礼还是实物彩礼，都是仪式化程序中的表象，其分享性更是个体家庭在家族中地位排序的重新建构，由此获得进一步的家族认可。这突出表现在订婚前对于彩礼数额的协商，女方家更多出于自己家族颜面的巩固，争夺的不仅仅是经济补偿，更是对女孩身份的认同、素质的肯定，对婆家态度的试探，以及婆家经济资源在不同子女间配置的考量。在浮叶村的调研中发现，有些家庭会因为彩礼数额而争论不休，甚至反目成仇，抑或将女儿嫁给能提供更高彩礼的婆家，乃至不惜牺牲女儿的幸福，甘愿付出彩礼也要招上门女婿来延续家族血脉。女方家庭的行为更多是为了维护个体家庭的颜面，进而重塑在家族的地位和权威。台湾社会学家文崇一对亲属、面子与权力有深刻的探讨，他指出：

> 在中国社会，特别是传统中国社会的政治体系中，亲属和权力表面上是两个不同的范畴，实际却是在一个范畴内运作。所谓一个范畴是指，有时候家族支配权力，有时候又反过来，权力支配家族。家族与权力之间一直是互相支援，形成一种特权。这种特权，通常都在地位上表现出来。有权的人，除了自己享受特权外，还会把权力分享给关系密切的家族和姻亲，由近及远；家族和姻亲也会联合起来分享权力，或要求分享权力。这已经变成一种习俗或社会规范，因为有些法律条文也承认这种分赃式的瓜分权力。这种透过家族和姻亲关系获取或保障既得利益的手段，是权力关系中一种非常奇特的现象，我们通常把这种情形叫作裙带关系。中国人做了官、发了财，如果不给亲戚朋友一点好处，那才叫不懂人情世故。一个不懂

---

① 这里的权力再生产的用法类似于布尔迪厄提出的"再生产"的概念，但布尔迪厄的再生产主要是指社会制度，尤其是教育制度及其权威形成了文化、社会和教育系统自身的再生产，而此处的权力再生产则因人情和面子的运作而生，不但是超越制度的，而且还表现为权力在该情境下非但没有促使其他方面进行再生产，而是自身变成了再生产的对象。参见翟学伟《人情、面子与权力的再生产》（第 2 版），北京大学出版社，2013，第 208 页。

人情世故的人，在中国社会是很难立足的，更不要说为自己的事业打天下了。这就是权力分配在中国社会结构中的关键地位，它跟亲属结构有着不可分割的关联性。①

熟人社会里的脸面并不是单纯的个人荣耀和奋斗经历，而是倾向于把与强关系有关的群体的心理和行为都纳入考虑的范畴，再按照差序格局层层辐射出去，让靠近内圈的强关系所涵盖的家族成员跟着沾光，实现脸面（具体说是强关系所指涉的亲情）和权力的转换。对于脸面，一个家族或村落出了一个富裕人家，不管之前是贫穷还是富有，一旦获得高额彩礼成为有钱人，那么尽管这个家庭对家族没有任何裨益，但对家族乃至村落其他人来说就是沾光的好事，成为家族成员可资炫耀的资本、村民茶余饭后的典型话题。这也是村民对于高额彩礼和嫁妆趋之若鹜并不断攀比炫耀的重要因素。由此可见，脸面的获得基于人情，人情的建立在于有形和无形资源的交换，形成一个逻辑链条。我们可以这样理解，婚姻缔结过程中的经济资源交换，以彩礼和嫁妆作为载体，两个陌生的家庭从此因为一个新生家庭的资助而建立起亲密无间的关系，即人情，具体而言则是亲情。亲情建构的关键点在于经济资源的顺利协商。对于男方家庭来说，在家庭条件许可的范围内，希冀通过炫富式的"干折彩礼"来吸引相关关系人的注意力，在众人羡慕的眼神里获得地位的认可，让周围人群以该家庭为荣，在村民舆论里获得正能量的反馈。正如库利的"镜中我"理论②中所指出的，人的行为很大程度上取决于对自我的认识，而这种认识主要是通过与他人的社会互动形成的，他人对自己的评价、态度，等等，是反映自我的一面"镜子"，个人通过这面"镜子"认识和把握自己。因此，人的自我是通过与他人的相互作用形成的，这种联系包括我们设想自己在他人面前的行为方式；在作出行为后，我们设想或理解他人对自己行为作出的评价；我们根据对他人的评价的想象来评价自己的行为，并据此作出下一步反应。也就是说，男方家庭会事

---

① 文崇一：《亲属关系与权力关系：结构性的分析》，载文崇一《历史社会学：从历史中寻找模式》，台北三民书局，1995，第 246 页。

② 美国社会学家查尔斯·霍顿·库利在其 1902 年出版的《人类本性与社会秩序》一书中提出该理论。

先预设他们炫耀高额彩礼的行为将会有怎样的公众反应，在得到相关利益人的首肯和赞许之后，根据他人的评价来确定行为的正确与否及其影响力。一旦他人的评价是肯定与赞许，那么就会衍生出家庭的颜面，在村庄地位格局中占据重要的地位，无论这些个人资源是否有人来分享。正如一个富有的家庭，宗族成员乃至村民都愿意与之攀上关系，保持特定的关系往来，分享财富、认同、地位、权势等特征，将自己纳入上层圈子的关系网络中，而不一定会考虑是否能获取既得利益。总体上说，脸面是一种扩散性资源，是以他人正面的评价作为回报的。比如他人对施予资源者的接受、感谢、颂扬等会让有脸面者感到自己有了面子。可见，有脸面者愿意与谁共享脸面产生的资源，就是赏脸给谁，而他所要的最好的回报，不是物质帮助，而是多多的恭维、抬举和捧场。所谓给他人面子就是对他人重要性的承认，也就是对他人成功、德行或善举的肯定、羡慕、欣赏、尊重、敬佩等。如果一个人虽有物品、财富、地位等脸面资源，但他想找人分享时，别人都表示出轻蔑、不愿搭理或拒绝，那么就叫不给他面子。①

　　在中国社会，给不给面子是基于道德的认知，而无关资源的来路。还有一种严重的情况是，没面子的行为也同样会波及个体的相关者，如家人、家族、同乡，最后个体只能退出或逃离其为之奋斗过的群体。对于女方家庭而言也是一样的社会效果。无论经济资源的收入与付出多寡，也会在相当程度上调整女方家庭在村庄的颜面。具体而言，女方家希冀通过协商和谈判获得高额彩礼。在此，颜面的构建置身于村情舆论的监督下，谁也不是默默无闻的旁观者，家族力量的动员在很大程度上承担着颜面的考验。比如在彩礼的谈判博弈中，除了女方的父母和兄弟会参与，作为女方家其他重要的家族成员，诸如舅舅、伯伯、叔叔，也会参与到谈判的较量中，提出自己的看法和意见，以资在谈判中占据有利的话语地位，获得更多的经济资源。这个关乎家族颜面的人生事件，影响着家族中强关系的社会评价，承担着个体家庭的面子能否被某一群体或社会圈认可的检验和考验。如果家族中的女孩在彩礼博弈中没有获得较多的现金，或者彩礼的具体数额与女方家的预期相去甚远，或者远低于

---

① 翟学伟：《人情、面子与权力的再生产》（第2版），北京大学出版社，2013，第213页。

村里其他条件差不多的女孩，家族成员就会采用"用脚投票"①来表示反抗，建议女孩父母寻求新的婆家。因此，在彩礼的谈判中闹得不欢而散的情况屡见不鲜。思想观念传统的村民对于女孩一辈子只有一次的终身大事看得很重要，谁也不愿意在彩礼上让步，将女儿"贱卖"出去，给村民们留下口舌是非。当然，这也是关乎家族颜面的大事，家族重要成员在这个关键点上都会参与进来表达自己的看法，使婚姻谈判变成两个家族间的集体动员。同样的道理，嫁妆的付出也是家族颜面的重要考量方式，只是，乡土社会更注重彩礼的多寡，对于嫁妆则没有过高的要求，更多是家庭经济能力较强的女方家庭为了显示财富和地位而显摆的载体。

可见，面子是一个为脸活着、为脸奋斗的人最想得到的东西，在熟人社会里其社会价值比金钱和财富更为重要，作为彩礼的金钱和财富则被赋予了社会和文化的价值和意义，成为判定个体在他人心目中地位序列的重要标杆。无论是彩礼的攀比和嫁妆的显摆，终归还是面子问题，亦是权力再生产的动力源。

五　不只是灯笼

不管在莆田地区还是闽南地区，灯笼都是重要的祈子习俗，很多新人结婚或者乔迁新居，都会在大门口或阳台等醒目的地方挂上红灯笼，上面写着主人的姓氏以及"添丁"，这种习俗要追溯到明朝。明谢肇制《五杂组》曰："闽方言以灯为丁，每添设一灯，则俗谓之'添丁'。②闽南方言"灯"与"丁"同音，在年内出嫁的女儿，娘家在元宵节前要买绣球灯、莲花灯各一对派男童送到女婿家，意在祈祝早日"出丁"（生孩子）。对于出嫁后仍未生男孩的，娘家习惯购买"观音送子灯"送到

---

① "用脚投票"最早由美国经济学家查尔斯·蒂伯特（Charles Tiebout）提出，是指在人口流动不受限制、存在大量辖区政府、辖区间无利益外溢、信息完备等假设条件下，由于各辖区政府提供的公共产品和税负组合不尽相同，所以各地居民可以根据各地方政府提供的公共产品和税负的组合情况，来自由选择那些最能满足自己偏好的地方定居。也就是说，居民可以"用脚"（指迁入或迁出某地）来给当地政府投票，以促使地方政府提高政府绩效。可见，"用脚投票"指涉的是组织中的成员提出自我价值及选择权利的无声诉求。

② 谢肇制撰《五杂组·卷6》，上海书店出版社，2015。

女婿家，谓之"送灯（丁）"。而未育之妇则需在婆家参加元宵灯节活动——串灯，以兆生子。有男孩出生的人家，都要制作或购买花灯，挂到当地寺庙、祠堂，以示"添丁"，俗谓"挂灯"。每逢春节，多数人家喜欢买来花灯或红灯笼，挂到家里或店铺门口，烘托节日气氛。对于浸淫于莆田和闽南文化的浮叶人来说，灯笼象征着添丁，更意味着房产的归属，亦是家庭地位的表征，在家庭重要庆典的时候，灯笼上的姓氏尤其重要，昭告众人谁是家庭的一家之主，谁拥有家庭的话语权，谁在家庭的地位居首。对于正常的男婚女嫁的家庭来说，灯笼上按照情理就是应该写上丈夫的姓，比如单写一个"黄"字。但对于"两顾"的家庭以及招赘婚姻来说，灯笼上写谁的姓是非常敏感的社会行动，一不小心有可能招致家庭纷争，爆发家庭矛盾，这对于极其看重婚姻性质的浮叶人来说尤甚。

　　笔者访谈的阿梅就是一个典型的个案。她的娘家比较有钱，自己又是私营企业的市场部经理，这些年赚了不少钱，尽管她长相一般，又只是中专文凭，但还是找到又高又帅且有本科文凭的阿强。阿强的家境很一般，在适婚年龄的时候父母都已经70多岁了，很多姑娘都不愿意嫁给他，一来没钱买房子，二来他的父母年纪那么大，自理都很困难了，更没法照顾孙子。由此，阿强一直都单着，直到经人介绍认识了阿梅。阿梅对男方的要求就是要有文凭和稳定的工作，这两个要求阿强都具备了，但阿梅家毕竟条件好一些，愿意提供婚房，只要求以后结婚要"两顾"，阿强对这桩婚姻很满意，鉴于自己家庭情况不佳，也不敢对女方家提太多的要求，自然是愿意的，而阿强的父母年纪大了，凡事都由阿强自主决定，也没有太多异议。这样，相亲的过程非常顺利，两人也很快就喜结连理了。

　　阿梅说：

　　　　我那时所在的单位效益不错，平均一个月都可以赚个万把块钱，对打工的人来说算是高收入了，我老公看上我估计也是因为我收入高。刚结婚的时候，我们俩挤在租来的房子里，后来我们申请到了当地的经济适用房，就把攒下来的钱付了首付。再后来，我又把经济适用房卖了，买了一栋三层半的小别墅，还买了一辆小车，生活开始过得红火起来。

　　乔迁新居对农村人来说是非常重要的大事，叫"过厝"，我们对"过厝"是非常重视的，礼俗也很隆重（见图4-30）。为此我们一家上下都要忙活好几天。"过厝"之前要到庙里选择良辰吉日，也有人不去庙里问，直接定初一或十五①作为好日子的。"过厝"前要在大门前或阳台上挂上写有姓氏的红灯笼，门窗要贴红联。亲戚家要备办十个礼盘，盘子里放线面、发糕、红粿、寿桃饼、猪头饼、豆腐丸、豆腐皮、红橘、黄花菜、香菇、花生、红枣以及联（布）、烛、炮和红灯，等等，摆在厅堂供桌上，用来谢天地，祭祖先。

图4-30　乔迁仪式

　　我们要在那天的凌晨，也就是12点刚过的时候，挑一担谷箩，里面放一些五谷种子和一把杆秤，象征五谷丰登；挑一担水桶，里面装满水，放入菊花、柏叶和几个镍币，象征财如水涨；放一个烘炉在谷箩担里面，烧木炭和盐米，这样炉里面就会有爆响的声音，这就是起焰，表示一家红红火火；准备大笠盂一个，一家人将大笠盂竖起来，朝新家方向推着走。家里人还要拿着扫把到各个银行扫地，再从附近的银行搬家到新房来。我们当地人觉得银行有钱，用扫把扫地可以把银行的财运扫回家，从银行搬家到新房，是把钱搬回家的意思，以后家里会很有钱。挑谷箩和水桶的人，要不停地喊："财源滚滚来啊——"，走到新房门口时，早就等候在新房里的家人，要从房里向外抛撒盐米，表示驱邪。然后在新房门口，大家要

---

①　当地有初一、十五不用问路的民谚。

往新房里扔镍币，嘴里要喊："发财啰！发财啰！"同时，家人用新扫帚从门外朝门内扫去，意思是把旧厝的财气再聚于新房来。搬到新房后就要大放鞭炮，点香和蜡烛，拜土地公公和当地的神仙，还有专门的神职①来主持祭拜，请道士来念经，祈求全家平安。然后，许多亲戚会赶来庆贺，一些关系比较好的邻居也会送灯笼和红包前来祝贺。

新房主人要办酒席感谢亲戚朋友和左邻右舍来帮忙，叫作"过厝酒"。摆酒席一般为 18 道菜，其中一定有鲍鱼、螃蟹、鳗鱼这些高档的食材，除此之外一定要有虾，意思是一家和气；还有鱼，表示年年有余；以及甜丸子和甜汤，表示日子过得甜甜蜜蜜的。但摆上桌的菜绝对不能放醋，因为莆田话和闽南话里，醋与厝谐音，吃醋即吃厝，听着不吉利。

乔迁新居对我们来说非常重要，特别是门上和阳台上挂着的写有姓氏的灯笼尤其重要。到了乔迁那天，很多亲戚朋友会过来看新房，主人也要摆酒席请大家吃饭。人来人往，人们还没进门，在很远的地方都可以看到灯笼。农村和城郊的地多，盖个小楼房对他们来说是很稀松平常的事情。为了让所有人都看到这家在办喜事，灯笼经常挂在顶楼的阳台上，还有大门口和每层的阳台上。这样一来，所有经过的人都可以看到。

我和阿强搬新家的前一天就挂好灯笼。因为我们家是"两顾"的家庭，这是结婚前就说好、双方父母都同意的事情。婚后所生的孩子也是一个随爸姓，一个随妈姓。盖新房子也是一样，要在灯笼上写两家的姓，一个是我的张姓，一个是我丈夫的黄姓。每个阳台上挂两个灯笼，但两个灯笼上的姓不能是不一样的，必须是写同一个姓，代表成双成对。因为我父母跟我住在一起，她们也是有私心的，希望写有自家张姓的灯笼挂在比黄姓灯笼更显眼的地方。于是，我妈把两个张姓的灯笼挂在顶楼的阳台上，另外两个挂在大门外，其余的几个黄姓灯笼挂在靠近小路的另一个大门，以及二楼的阳台

---

① 亦称"知客司"，是指在民间众多礼仪活动中的全盘主持者，由德高望重的人担当，主要主持婚嫁、丧葬、祝寿、满月、建造、移居等重要的仪式活动。

上。安排妥当，我妈放心地去睡觉了。第二天乔迁新居，亲戚朋友们都过来了，挤得楼上楼下还有院子里都满满的，大家对新房子赞不绝口，也对我们两口子这么年轻就盖这么大的楼房非常美慕。但很快我妈就发现了一个问题，她看到绝大部分的亲戚朋友都是抄小路进来的，也就是他们都从靠近小路的那个大门进，走到门口就先看到黄姓的两个灯笼，而原本以为靠近大路的那个门挂张姓的两个灯笼比较抢眼，结果却刚好相反。我妈这下急了，赶快把挂在不同大门的张姓和黄姓的灯笼换了过来，这下，大家从小路进来，先看到的就是张姓的灯笼。

我丈夫阿强天生性格比较温和，很少与人争是非，每次吵架都是我的声音比他大，他安安静静地在角落地不声不吭的。他觉得女人都是为一些鸡毛蒜皮的小事生气，不需要理会她们，等她们生气过后很快就忘记了，更没必要跟女人争论。所以结婚这么多年来，我们从来没吵过架，我也是心直口快的人，气来得快也去得快，我们家庭是别人眼中的模范家庭。但乔迁那天我妈临时换灯笼的事情，却真真切切把阿强惹恼了。从来没发过火的他非常生气，他说他老家也来了那么多亲戚，他最亲的母亲、哥哥、姐姐都在场，把灯笼换过来是什么意思，是不是想当场让他们家丢脸。他反复说他不是招赘上门的，既然"两顾"，就应该让两家的灯笼都可以看得见，既然顶楼阳台的好位置已经让给你家了，那么人来人往的大门口的位置就应该让给他家。就在我妈刚换好灯笼，阿强当场就扯下来又换了回去。对我妈一向孝顺的他那天第一次跟我妈说了很不中听的话，"要不都挂你们家的灯笼算了！"那天因为灯笼的事情大家都搞得很不开心，平时和睦的家庭关系因灯笼而心生芥蒂。

不管怎样，我丈夫的情商算是比较高的，尽管非常生气，但他很快也把灯笼换了回来，恢复原状，这样大家都没意见了。我妈把灯笼调来调去本身就是不太妥当，何况那天人来人往，就算有异心也不能不顾家庭的脸面，大家很快就忙起来忘记灯笼的不快了。

村里办喜事的时候因为灯笼而吵架的情况经常都会有，甚至有的亲家从此而老死不相往来的。灯笼在重要的场合里是有意义的，所以现在很多人家为了避免矛盾，在办喜事之前都要把灯笼的数量和摆放位置商量好，选个大家都没意见的择中方式。要不等办喜事的时候再因为灯笼吵架，那就是丢全家脸面的大事了。家丑不外扬，谁也不愿意因为吵架而留个话柄让全村人看笑话。

灯笼在特殊的语境下是代表权力的表象仪式，灯笼风波并不简单是个家庭纠纷，彰显了作为男性个体对于尊严的维护，在严格父权制的框约下，对于女性的性别角色期待就是当好贤妻良母，协调处理家庭的内部事务，尤其重要的是，按照"三从四德"的原则，"夫为妻纲"，这是千古不变的教条，妻子对丈夫要绝对的遵从和认可，即使遇到观点分歧也要对丈夫言听计从。在灯笼的摆放上，女方家确实挑战了阿强的男性尊严和承受的底线，这成为阿强爆发的导火线。在阿强的思维逻辑里，柴米油盐等生活琐事无关男性尊严，然而姓氏、血脉等则构成父权制的表象符号，对面子权力有着重要的价值意义。何况家族成员在场，对于寓居乡村社会的草根阶层来说，姓氏代表着家族的颜面，是个人地位在家族中被认可的标志。作为个人地位，是一个个体单位自身具有的社会重要性在社会交往中被他人所承认的方式及其程度。当一个个体所表现的形象达到了道德或礼的规范标准，符合他在关系网络中的地位时，他就会被与他交往的人看得起，受到尊敬和赞誉，或特别优待，反之则被瞧不起，遭到冷落或唾弃，即所谓的丢失脸面。面子问题关乎个人地位，任何挑战个人地位的行为都会让个人为面子而战，维护自己的面子乃至背后所倚靠的关系资源的分配。

中国社会是靠个人关系联结起来的社会，国人从小就浸淫在他们所讲究的交情、脸面、报恩、做人等复杂的关系网络中，通过符合规范的角色扮演来处理人际关系。而这个人际关系网络要维持下来必须遵循平衡的原则，也就是在同三个以上的具有同等个人地位者交往时，往往用等量交换的原则来保持一方和多方之间的平衡关系。在这样的交换格局中，任何一方不遵循这一原则都会造成人际关系上的紧张和冲突。在灯笼风波中，灯笼的数量在两个姓氏之间的分配必须一致才算合情合理，两个姓氏间才可以维持和谐的关系，如果存在一多一少或者漏掉其中一个姓氏的话，就会引致矛盾冲突。但也要看到，任何三个人以上的交往关系拆散开来看，都是两人关系，而两人关系所遵循的施报原则是要不断地提高彼此的个人地位，平等互惠、利益双赢。两个人之间的个人地位越高，也就预示着第三者的个人地位相对降低，使得三人以上的平衡性原则遭到破坏。在灯笼的摆放上，阿梅和母亲形成利益共同体，对灯笼的处置采取有利于自己姓氏的策略。母女互动强化的关系预示着阿强个人地位的相对降低，破坏关系网络的平衡，引发阿强的不满情绪，导致他用愤怒的方式来表达对失衡的关系网络的反抗。至此，不论一个人的品质言行如何，降低一个人的声威就意味着让这个人蒙受羞辱。[1] 同时，互动中的个体面对这样一种潜在的原则冲突，就会在其基础上形成一个更为圆通性的原则，即在有三个以上的同类个体出现的情况下将施报作为一种两人之间的隐蔽性行为来加以实施，达成彼此间的心照不宣，从而使三人以上的关系网络仍然维持原有的平衡，俗称摆平。阿强就是采用恢复灯笼摆放这种隐蔽性行为，偷偷化解矛盾，心照不宣地处理问题，缓和不快的情绪，在众目睽睽下"若无其事"地解决问题，维护两家的颜面。

第四节　对于土葬的原生性幻想

俗话说，山川毓秀，人杰地灵是也。浮叶人迷信风水，因袭成俗，历史已久，相传不辍，对于老人来说尤盛。每见族大人多者，则曰：此其祖先葬地得某地某穴；见富贵荣显者，则曰：此中其祖先葬地风水得气也。反之，则责之风水不好。[2] 浮叶人大都想天长地久，永昌勿替，为此不惜花费大量人力、物力、财力来寻找"真龙正穴"，兴建坟墓以作家族日后的长眠之地，讨个好风水来保证家族"进前三宰相，退后万人丁"，立地"改贫为富，变贱为贵"。惠安县的民间流传较好的风水是：涂岭"闽林始祖"林禄墓，墓称"玉笏朝天"，穴曰"龙马毓奇"；惠南后边黄氏祠堂，地称"半月沉江"；邑城依螺山之阳而筑，城墙周围狭长似船，称之"船穴"；崇武古城筑于莲花山，称之"莲城"……

---

① 鲁思·本尼迪克特：《菊与刀》，吕万和、熊达云、王智新译，商务印书馆，1990，第155 页。

② 张汉辉、张荣辉编著《惠安旧风俗琐谈》，惠安县地方志办公室，1991，第93 页。

其实山峦起伏，川流萦洄，林木苍郁，奇石峥嵘，似形状物，气派磅礴，乃自然景观形成。加之，历史以来，往往山以人传：上述"闽林始祖"墓因裔孙民族英雄林则徐而知名，后边祠堂因黄妃受闽王之聘而知名，张坑祠堂因乡贤明代名臣张襄惠而知名，黄塘虎窟因施琅将军墓葬而知名，惠安县城与崇武古城因保家卫国、历代人文辈出，渔、盐、石雕、对外交通贸易、经济繁荣而知名。于是，就有善风水之谈的人以此为例，发挥口碑，附会传说，绘声绘色，如数家珍，历代相传不辍，并有《青囊经》《葬经》等著作以及"理气""峦头"学派等，对惠安人的风水观念影响颇深。[①]

看风水又被称作"行地理"。有钱人雇地理先生为他们寻找能使子孙后代兴旺发达的墓穴。地理先生带着罗盘和其他设备，跟东家一起爬上坡顶，用罗盘对准拟议中的墓穴地选址，观察那块地是否合适做墓地。他要观察泥土的颜色，与周围地势结构的相对比较等。如果他判断出该位置下方有大块岩石，就判定不合适做墓地。如果他观察到那里有地下水涌出地面，或土壤太湿，就可以断定那块地不吉。墓地的土壤以干燥、呈金黄色为佳，但因为岛上以沙地为主，只要土质干燥即属最佳。此外，对坡地也有要求。坡地好的话，建起来的椅子坟有一个天然的椅背和扶手，可以让亡灵安息。在平地上或山坡顶上建坟就不容易构筑出这样的形势。特别重要的是，这个拟议中的墓地位置与周围以及正前方其他坡地比较，要有利于"吃到"风水才行，否则就不算是益于子孙，应该放弃。如果前方有一个很深的山沟，或前方有座山峰，其阴影指向这块地方，或前方既没有山也没有水，仅是一块干燥的平地，都认为是不利子孙的。如果墓地的远处有水流蜿蜒回转，以及其他相似的优点，家庭将会人丁兴旺，金玉满堂。如果水流从墓地边经过而一去不回头，这对子孙非常不利，除非周围地形有什么其他因素可以抵消这种影响。要找到一个能带来好运气的墓地还要观察两侧的山峦，左侧的山峦叫作"青龙"，右边的是"白虎"。理想的形势应该是左侧的山峦比右侧的高一些、大一些。因为白虎本来就比青龙更凶猛，如果再居高临下，就会占去太多风水。这样造成的结果将是，墓穴主人的各房子孙的运气大不平

---

① 张汉辉、张荣辉编著《惠安旧风俗琐谈》，惠安县地方志办公室，1991，第93～94页。

衡，一些人极富且贵，另一些人贫穷且卑贱。为了避免出现这种情况，就一定要选择白虎低于青龙的位置，才能让两侧的风水平衡，全体子孙共享富贵。①

村民看重风水的风俗由来已久，都希望借此实现家族繁荣富贵的美好愿望。对于风水的狂热追求刺激着村民的死亡崇拜，为了良辰吉日，或者风水宝地，都有可能出动族人参与纷争或挑起事端。与风水相关的就是土葬，古时盛行土葬，是不忍心看先人遗骸抛弃在荒郊野外，就选择一个海拔较高的地方深埋了，以此避免水土冲刷。现在的浮叶人迷信土葬，则有其独特的海岛生存环境潜移默化的影响和当前政策的宽容。

一 特殊化的海岛语境

在常人眼里，死亡是不可逆转的过程，但肉体的消逝会带来灵魂不灭，进入轮回的循环中，因此，土葬成为南日岛人保留灵魂的一个绝佳方式。为了能在岛上有限的地盘占据有利的风水，岛民很早就为自己选定了百年后的归土之所，而为了死后还能享受到人丁鼎盛、儿孙满堂的胜景，岛民往往选择家族式的坟墓建造方式，且不论耄耋之年的老者，抑或是依旧健壮的中年人，甚至是正当成年的青年之辈，都会像古代皇帝一样，在年轻时就选择好百年以后的去处，并建造家族墓以保持族姓的延续。

随着国家政策的落实，以及乡村既有土地的日渐减少，很多乡村已经没有土葬，火葬已经普遍化了。南日岛是我见过的唯一还保留着土葬习俗的乡村，当然，作为岛上村落的浮叶村，也保留了这一风俗习惯并传承至今。对于土葬何以保留至今，以及具体情况如何，笔者有着强烈的好奇心。于是，笔者采访了浮叶村的中年妇女阿番，她是浮叶村专门负责送葬的人，当地人称"号婆"，就是在做丧俗时大声号哭以增加难过气氛的女人，往往她们一哭所有人就跟着哭，场面颇为壮观。她说：

> 我们浮叶村现在还保留着土葬的习俗，我们惠安老家那里早就没有土葬了，但迁移到南日岛后倒是跟着莆田人延续土葬的风气。

① 卢公明：《中国人的社会生活》，陈泽平译，福建人民出版社，2009，第407~410页。

既然土葬是合法合理的，那就有很多人愿意盖坟墓，这对家族来说是很荣耀的事情，是家族在村里地位的体现。而且现在攀比成风，谁家的墓大、华丽，那才有面子，大理石砌成的豪华墓比盖给人住的房子还贵。我们海岛上交通非常不方便，盖坟墓所需要的石料和水泥什么的，都要从大陆用货船运到岛上，所以在岛上盖坟墓要花很多时间，也要请很多人来帮忙，经常要等到材料都到齐了才能开工，等做了一部分发现水泥不够了，或者瓷砖不足，就要等好些日子才能到货。为此，盖一个家族墓可是个大工程，要花费全家三年左右的时间。但我们对土葬就是很认可和接受，大家都很乐意来盖坟墓。

我们村里人很小的时候，家里就给他们准备好了坟墓的位置和地盘，这些地经常空着，长满了野草。只有部分坟墓是先人已经埋葬的才会打理得很干净。不管怎样，这些地盘的风水都很好，祖先经常会选择背山面海、视野宽广的地方来给族人们盖坟墓，大家都认为，自家祖坟盖得好不好会影响到家庭的运气。很多人就算饿肚子也要为自家盖个气派的坟墓，这样可以讨个好风水，在村里也很有面子。……有些苦于没地方盖房子的村民竟也会将人住的房子建造于此，一来图个清静，二来这么标准的海景别墅，也算是千年一遇。尽管周围都是盖好或未完工或仍闲置的坟墓，但仔细想想，死人有什么好怕的，又不会来害你，真正可怕的是活人（阿番忍不住笑了）。

我们村的老年人百年以后，丧俗和仪式都跟惠安一样，会请乐队来吹拉弹唱一天，搞得很热闹，到时村里的左邻右舍也会过来帮忙，毕竟办丧事的家庭，每个人都很难过，哪里顾得上那么多琐事，做完仪式后还要做饭给前来帮忙的亲戚和邻居吃。我的工作就是哭，拿个麦克风唱歌，用让人一听就很伤心的声音来唱，现场的人都会被我唱哭。唱的歌无非就是那么几首，比如《世上只有妈妈好》《在那桃花盛开的地方》，等等。以前还会唱绕口令，现在说着很有趣，但是在现场配合一下音乐唱起来，所有人都哭了。

另外，亲戚还要送礼金，这个风俗只有我们浮叶村有，其他讲莆田话的村都没有，比如附近的后叶、沙洋村就没有。准备的礼金一般在一百元以上，一千元以下，太少了会被人笑话，太多了也没必要，主要根据交情的深浅和血缘关系远近来判断。办丧事的礼金相对于办喜事会少一些，盖新房啊，儿子娶媳妇啊，自然要比丧事来得多一些。我们中国人对于红白喜事都是需要交换礼金的，礼金的多少也说明彼此关系的厚薄，虽然说这样听起来很俗气，但风俗就是这样子，你就得顺着这个来，要不会被人认为是不懂事。每年村里花在红白喜事上的钱很多，虽然这样会给家庭带来经济负担，但有时就要把这当作集资，这样说是不好听，但也是大实话。今年你集资给我，明天轮到你了，我就出钱凑份子集资给你。反正花来花去都是村里人的钱，帮完这家帮那家，这也是有好处的，村里人在交换礼金的过程中也会顺便走动走动，关系也会变得更融洽。

村里人热衷于土葬和修建坟墓，是因为他们相信灵魂不灭，人死了以后灵魂会寻找自己的家门，选择合适的具有特殊禀赋的家庭成员作为灵媒，以此对家庭事务加以干预，村里很多家族都有"御用"灵媒，家族的重要事件都要由灵媒来定夺，这也是岛上滋生很多灵媒和巫术的思想土壤，也在很大程度上反映了村民对于祖先的崇拜和信仰，认祖归宗的观念深深地植根于村民的精神世界。由此，对于祖先和神灵难以明说的依附力促成了村民根深蒂固的土葬习俗，也愿意斥巨资修建具有重要精神价值的家族坟墓。笔者访谈的阿番就说道：

> 在很早的时候我爷爷因为家里穷，没有自己独立的房子，更拿不出彩礼钱来，给人家做了上门女婿。那家的女人是个寡妇，生了两个儿子以后丈夫去世了。这两个儿子，一个阿岁，一个阿岁，娘家希望能招个女婿来照顾两个儿子。我爷爷跟她结婚以后生了一个女儿，可惜女儿出生没多久这家的女人就死了，据说是在干活的时候，后背被前夫的魂魄碰了一下，然后就长疮，生了一场大病。对此，她一直觉得是前夫叫她走的，家里穷也没法给她看病，没多久就死了。后来，这个刚出生的女孩子因为是妈妈生病后才生下来的，不管是家里人还是村里人都担心病菌会传染给她，一直就没人敢要。她的妈妈预感到可能的后果，在临死前交代村民把孩子也放在棺材

里随她去。村里人也一致认为，与其让这个女婴饿死，不如让她跟妈妈一起下葬，以后灵魂还可以互相陪伴。就这样，村民们把这个可怜的女婴活活放进妈妈的棺材里一起土葬了。很残忍的是，这个女婴放在棺材里还在哭，一路哭着被埋进土里。（这样惨烈的故事听得人后背凉飕飕的）前面提到的那两个年幼的儿子，也就是我爷爷前妻的孩子，是我爷爷尽心尽力地把他们抚养大。我爷爷后来又娶了一个女人，也是平素身体健康，在30多岁时突然就死了。但家里人都认为她得道升仙了，在我爷爷去世以后，她的魂魄常回来找我妹妹，所以我妹妹成了灵媒。我妹妹说的话没人听得懂，只有我妈妈听得懂，在一旁帮忙翻译和传达信息。后来我妈妈80多岁才去世，我爷爷抚养的两个儿子的孙辈还时不时会过来串门，就当是关系很好的亲戚走动。其中，大儿子后来生了两个男孩，这两个男孩后来娶的媳妇都给我妈妈当女儿了。我妈妈去世的时候，这两个媳妇跟我们女儿一样穿白色素服，各挑着一个猪头到我妈妈的坟前去祭拜。

由此可见，浮叶人对于灵魂的存在是认可和可感知的，人的生老病死都与灵魂产生千丝万缕的联系。魂魄存在于村民日常生活的角落里，时不时产生作用，他们的行为常常受制于魂魄的指挥，并不是为所欲为、自由散漫的个体。他们认为土葬可以最充分地保持魂魄的完整性，不会受到太多的惊扰，日后还能回归家庭，参与到家庭事务的决策中来。这也是很多浮叶人面对火葬无法接受甚至誓死抵抗的重要原因。此外，他们对于神灵还有着神秘的敬畏和崇拜，将灵媒当作传达祖先旨意的载体加以推崇和信仰，并形成特殊的魂魄观。与神灵有着千丝万缕联系的灵媒，以及能感应灵媒语言的人，在村民们心中有着重要的地位。这也可以解释，阿番爷爷前妻的曾孙媳妇，面对抚养其家人的爷爷没有强烈的情感归属，却对没有血缘关系但通晓灵媒语言的人恪尽职守，尽忠尽孝。在他们的精神世界里，能通晓祖先语言并能解释清楚祖先意旨的人，一定不是普通的人物，祖先之所以选择他们代为传达信息，总归有冥冥之中的因果。能有机会接近她们并提供力所能及的帮助是无比荣耀的事情，可以给家人带来好运。正因为如此，浮叶人对待魂魄是郑重其事的，希望通过土葬完整保存祖先的肉身，其魂魄就可以荫蔽家人。

笔者还访谈了浮叶村另一个女性阿珠，28岁，在福州工作，她的外婆上个月刚去世，她跟笔者谈起了她的原生家庭。她说：

外婆原本住在镇上的大舅家，后来身体急转直下，眼看着快不行了。外婆自己也担心死在大舅家不吉利，在临去世前她强烈要求回到村里的祖屋去住。按照我们村的习俗，临死前回到祖屋不能睡在卧室，只能放在客厅里，由子女轮流伺候她。七个子女有四个留在岛上，其他都在莆田工作。但是外婆临死前的那一个月，外地的子女都赶回来了，还有孙子。特别是她的长孙子，当年是早产儿，7个月就生下来了，在南日岛那样落后的医疗环境下是非常危险的，但外婆恁是用米汤一口一口地喂他，把他养活了，他对外婆也非常有感情，逢年过节都要给她买衣服，买玉手镯，买金项链，买许多外婆喜欢的礼物。在外婆临死前一个月，他放弃在青海承包医院的工作，无限期请假回来照顾外婆，还有他的媳妇，也是非常孝顺，每天给外婆做饭，擦身体，陪她聊天。现在很多年轻人是不懂得孝顺老人的，长孙媳妇尽管只有26岁，但还是能尽心尽力去照顾她，全家上下都非常认可。后来我问了她，天天陪着一个快咽气的老人会不会感到害怕？她是东北人，回答得非常干脆，当然会害怕，但长媳妇（她的婆婆）走不开，她就要承担起这个责任，何况他们的小家庭都是靠丈夫独立支撑，她也要做得像样让丈夫认可她，巩固在家里的地位，毕竟她生了两个都是女儿，没有为婆家留下延续的血脉，这点对于身为长孙的丈夫来说是很愧疚的，所以再怎么辛苦她都可以忍受。她也跟我说起有天晚上的经历。那段时间外婆已经好几天没有吃饭了，只能靠喝水来维持生命。有天晚上才7点多，她坐在床头跟外婆聊天，外婆突然说，你不要坐在床头，那里站着两个来索我命的鬼。话音刚落，她当场吓晕过去，那天晚上被家里人扛到镇上的医务室里打吊瓶压惊。过了几天还是很恐惧，却仍然硬着头皮天天去照顾外婆，只是太阳一下山她就不敢在祖屋里待着。

土葬前要事先找好丧礼乐队，乐队的具体数量要根据子女的人数来定，我外婆生育了七个子女，两个儿子五个女儿，所以乐队就要请七队。每队由不同的子女分开付钱，比如二儿子比较有钱，而且二媳妇也是丧乐队的成员，那么他请的乐队人数就多，价钱也比较优惠，其他子女请的乐队就根据各家的经济情况而价格各异。但为了照顾各家的心理平衡，避免不必要的争执，一般来说子女们会统一请乐队，人数相当，花钱平摊。除此，孙辈中的男性也要每人准备一对塑料花盆，摆放在坟墓周围。我们村里的习俗是长辈去世了在家里不要哭，要到坟头去哭。如果塑料花盆遇到暴雨或台风被刮走，也经常会有家人光顾及时修复。从这点也可以看出我们村里人对老人是很尊敬，也很有家庭观念，遇到人生磨难的时候将祖先作为精神寄托。

到了外婆临去世之前的一周左右，有公职的子女都请假回家，其他的子女都放下手里的活天天陪着外婆。家族所有的子女和孙辈都赶回祖屋陪她走完最后一程。那段时间大家都住在镇上的亲戚家，白天家族所有成员都在祖屋待着，在院子里泡茶、聊天、做饭，到了晚上就留一家守夜。临终前子女趁着外婆还能说话，要问她喜欢穿哪件寿衣，穿几件，还有什么要交代的事情。外婆就说要穿九件寿衣，红色的那件寿衣穿在最外面。外婆去世那天是 8 月 2 日，到了中午她已经气息微弱了，只能张着嘴巴呼吸。她的生命力非常顽强，强撑了一个月，还是没能挺过。

现在想来，外婆对人世还是很留恋的，从 5 月份开始她的身体就每况愈下，每天晚上都要坚持搬个大竹椅，在客厅看着曾孙子玩耍，等全家都要睡觉了才回自己房间。最后实在熬不过去的那一周，她都是张着嘴巴呼吸，但还是硬撑到 8 月份。她的想法很简单，有她在，家里人就能团结在一起。

外婆去世后，大家都开始着手准备善后事情。为了挑一个好日子出殡，外婆在祖屋的大厅停放了三天，从周二到周五，用村里租来的冰棺存放着。到了周五，镇上就派出专门运棺材的船把外婆通过海运搬到涵江的火葬场，火化完再带回岛上，继续放在祖屋的大厅里。按照村里的习俗，夫妻百年以后都要合葬在一起。十几年前外公去世的时候，家族的坟墓还没修建好，就先找个合适的地方土葬了外公，但这毕竟是权宜之计，长远来看还是要找个风水宝地修建家族坟墓①。前几年家族成员聚在一起合计了一番，决定盖家族坟墓，等外婆去世了就跟外公一起合葬在家族墓里。当年修建坟墓的时候，家里还出了不少的纠纷。起因是这样的，外婆有两个儿子，也就是我大舅和二舅，大舅生了三个儿子，而二舅只生了一个儿子，对此二舅妈一直耿耿于怀，在修建家族坟墓的时候坚称大舅家只能建大儿子的穴位，这样跟自己家保持一致。而大舅家的二儿子常年住在村里伺候父母，大舅和大舅妈不忍心离开二儿子一家，希望死后能跟他们合葬在一起，于是好说歹说做二舅妈的思想工作，让她答应再安排二儿子的穴位，还请了家里的灵媒来决定，灵媒的意思是没问题，二儿子可以安排在家族墓里。迫于种种压力，还有外婆在世时百般劝说，二舅妈只好松口答应。这样大舅的大儿子和二儿子都如愿地在家族墓里预留了自己的夫妻穴位。但是，大舅家的三儿子就没那么幸运了。不管大舅和大舅妈如何做工作，强势的二舅和二舅妈就是不答应，何况两家在老人的赡养问题上长期存在矛盾，二舅妈怪外婆年轻时不帮自己带孩子，老了就对她不管不顾，把外婆推到大舅家住；大舅家认为外婆要带十几个孙子非常辛苦，没法面面俱到，没帮二舅家带孩子情有可原。于是，住在楼上楼下的两家人一直争吵不断，至于坟墓的事情，更是难以协商一致，就这样，三儿子进祖坟的事情只好搁置下来。与此同时，大舅家的三儿子一直都在涵江打工，平时很少有机会回岛上，更别提上山督办修建坟墓的事情，家里人怕他不爽快，也都没人敢跟他提起这茬。所以他一直都知道家族盖坟墓的事情，可万万没想到自己的两个兄长都能进祖坟，只有自己被排除在外。到了外公外婆的棺材抬上山准备入穴的时候，三儿子才发现家族墓的墓碑上没有自己的名字，一回家他就追问父母这是咋回事。父母只好跟他说了原委，如果三儿子家的双穴位都纳入的话，这样算下来三代人共有7对，也就是14个墓门，而对于村民来说，14并不是一个吉利数字，家族的人合议了一

---

① 村里很多人家重视家族的风水，尽管住的楼房拥挤不堪，但都会愿意斥巨资到邻村买地修建家族坟墓，这些坟墓往往在父母还未过世的时候就已经修葺一新，然后以祖坟为中心，按照长幼尊卑的排序往两边拓展，而且都必须是成双成对的夫妻穴位，甚至连很小的男孩子，也事先预留了应有的位置。

下，从家族风水的长远考虑就不安排三儿子进祖坟，尽管墓地的地盘够大，多盖几个穴位还是有空间的。照顾到三儿子的情绪，家人让他们的后代以后再议。所以现在既然事已成定局，以后再议就成了拖延的借口。而目前南日岛已经明令禁止盖坟墓，统一建公墓，即使以后堂兄弟谈拢了估计也没法落实，三儿子再怎么想不明白也无能为力。

从阿珠的谈话可以看出，在传统的中国，家在广义上实际就是社会……按照传统的社会理论，广义的家虽可无限扩大，但个人对家的责任并非没有固定极限。在极限之内，责任大小仍有差等，这都表现在所谓"丧服"上……如此按照传统的社会理论，每个个人是中心，从这个中心向四方辐射出关系：向上是他与父亲及祖先的关系；向下是他与子女及后人的关系；向左向右是他与兄弟及堂兄弟等等的关系。James Legge 的《礼记》译本有几张图表说明这一点。在这辐射圈内，有着轻重不等的亲情和责任。中心的人视圈外的人为"亲毕"，以朋友关系为基础待之。如此按照传统的社会理论，每个个人是一个社会圆的圆心，社会圆由各种社会关系构成。[1] 可以说，土葬的安排和仪式活动在很多时候都是家庭关系的重要表征。

而且，传统的中国家族文化其实就是一个以男性为主体的"继嗣连续统"，男性是家族姓氏和血脉延续的承载主体，是族谱上家族序列上的符号，并赋予男性行为以家族延续的特殊意义。[2] 由此，只有儿子才有资格进入族谱，享有与父母一起土葬的权利，女儿被排斥在家族墓园之外，而妻子作为儿子的附属品，也得以在墓园留有一席之地。但是，尽管男性有权利参与家族坟墓设置的重要决策，但儿子之间也有不同的排序，遵守儒家长幼尊卑的差序格局，彼此间既有互动又有博弈，在家族成员集体凝视的眼光里集体授权，确定各个符号的位置，通过仪式化的行为获得合法的象征性权力。[3] 这就解释了在家族墓地的安葬机会和排

---

① 冯友兰：《新事论》，北京大学出版社，2014，第 145～146 页。

② Baker, Hugh. *Chinese Family and Kinship*. New York：Columbia University Press, 1979，p. 2.

③ Bourdieu, Pierre. *Outline of a Theory of Practice*, trans. by Richard Nice. Cambridge：Cambridge University Press, 1977, p. 35.

序上，大舅家的三儿子在男权社会的内部重组和利益平衡中败下阵来，没有获得安葬在家族墓地的机会。看似家族成员内部喋喋不休的争吵其实仅仅是表象的表演，其本质上表达着男权社会里的权力互动与格局重塑，通过一轮轮的矛盾、冲突、较量最终得以确定，并以固定的模式传承下来。阿珠继续说：

> 在外婆的弥留之际，家人就到外公的坟墓上去钻墓门，把墓门钻裂掉，看里面的棺木有没有腐烂，然后人就可以撤回家了，接着就是找家族的灵媒选个好日子。灵媒安排的好日子是周五，就是外婆去世的第三天，也是火葬后的第二天，把外公的棺材挖出来，用红毛毯盖住棺材，一路吹吹打打，敲锣打鼓，热热闹闹地抬到老宅的院子里。在那里放了两个晚上，再找个黄道吉日跟外婆一起办下葬仪式。那个棺材是当年买的上好的红桃木，这种木料在 90 年代是高档昂贵的木料，都是从外地运到岛上来的。因此过了十几年挖出来还是很新，就只有一个角腐蚀了一些而已。我们岛上的风俗是，棺材埋在坟墓里是不能落地的，棺材下面垫瓦片，瓦片有点弧形，可以稳稳地垫在棺材下，有时也用两长条磨平的光滑的石头。……外公的棺材抬回家后，也是不能落地，垫在石头上，放在祖屋的门口，盖上红色的毛毯，等待黄道吉日跟外婆的棺材一起下葬。外婆临死前我们给她准备了九件寿衣，但那天是农历六月二十日，天气非常热，九件寿衣都要穿上，外婆唉声叹气，不情不愿的，觉得天气这么热还要穿这么多寿衣。
>
> 每个村都有固定的法师来做仪式，这些法师垄断了村里的丧事活动，价格都是他们自己定的，没有人会在这个重要活动中跟他们讨价还价，在丧事上花钱的多少代表着儿孙的孝顺程度，当然多多益善。当法师也是个暴利职业，活动的仪式简单琐碎，反反复复。如果家里的子孙多的话，就要披麻戴孝，跪在地上集体痛哭来增加悲哀的氛围。但是如果家里的子孙少的话，家人担心背负不孝的骂名，就会请"号婆"来哭丧，办得热热闹闹、轰轰烈烈，巴不得全村人都来围观。我外婆去世的时候，她的儿女、孙子女、曾孙子女加起来有 70 多人，连两三岁的小孩都有参加。我读六年级的时候妈

妈就到涵江的姐姐家帮忙，把我交给外婆，从那时候起，我和外婆，还有大舅的女儿，不管住在镇上的大舅家还是住在祖宅里，都住在一个房间，外婆不会重男轻女，很关心照顾我，我们感情很好。外婆对其他孙子女、曾孙子女也都很好，在临死前，外婆受到病痛的折磨，但她还是每天搬一个板凳坐在客厅看曾孙子女玩耍，一直到他们睡觉，她才回到自己的房间。所以外婆去世前所有的家庭成员都非常难过，不管多远都要赶回来陪她，她也因为有大家的陪伴，坚持了一个月才去世，尽管她是万般不舍，但离开也是没有办法的事情。

外婆去世后，家里准备了好多纸钱烧给她用。岛上有整捆的用稻草扎起来的草纸，就是做仪式的时候用的。还有一些五十元、一百元面值的冥币，以及刚去世时做的纸糊的大房子，到七七四十九天的时候烧了给外婆用，一起烧的还有外婆生前穿过的衣服和一些还没穿过的新衣服。外婆穿的寿衣是跟棺材一起整套买来的。村里也有很多老人到 50 岁以后就会考虑做棺材的事情，很少有到七八十岁才开始做。比如我的邻居，平时身体一直都很好，就是眼睛差一些，但有一天摔了一跤了就去世了。老人们担心出现意外来不及做棺材，一般都会从长计议。做棺材是很讲究的事情，往往夫妻双方会同时做棺材。他们要么直接买棺材，要么到处去看木料，选用合适的木材自己找人做。我们家族有个亲戚从部队退伍后复员安排在造船厂当了小领导，他把造船用的大板拿回村里给我们家族的人做棺材，每个棺材六块板，安排得妥妥当当的。价格也是他说了算，以最优惠的价格卖给我们。但棺材不会一步做到位，而是先做四周的两长两短，立起来像一个拱门。做好后让子孙围着未完工的棺材绕圈，先绕内圈，左三圈、右三圈，然后再绕外圈，还是左三圈、右三圈，绕圈后再封上棺材的底板，而上板直接盖上去就可以喷漆了，做得又黑又亮，坚固耐用。接着把配套的寿衣先放在棺材里几天，过几天再叠好收在家里的衣柜里。这些都做好了以后还要请家族的亲戚吃饭。棺材做好后就找个地方安放。村里有些人到镇上去买房子，或者盖了新房子，棺材就放在老旧的祖屋里。但村里的土地很紧张，没那么多空间放棺材，就会放在一楼的空屋子里，家里人日常生活中走来走去也不觉得害怕，甚至有的小孩子玩躲猫猫的时候还躲在棺材里。等老人去世了以后，棺材就要重新清理一遍，在靠头的那块板上，用红字刻上名字、籍贯、生卒日期、子代和孙辈的名字，在靠脚的那块板上，涂上红色的圆。

　　浮叶人对魂魄的认知、敬畏、崇拜有着特殊的思维逻辑，也衍生出一系列的行为实践。从思想根源来看，浮叶人沿袭了惠东及广大闽南地区的魂魄信仰，对于沿海乡村及从事海上生活的人来说尤甚。这种魂魄观及信仰由来已久。明隆庆至万历年间惠安县令叶春及著《惠安政书》，在《自序》中云："闽人俗鬼，尤好解祠之事。邑仅幅员八十，丛祀至五百五十一。腏食群神，快割俛印之养，大率家巫史矣。"在该书的《乡约篇》又云："惠安广轮仅八十里，淫祠①至五百五十有一"，于是定出"禁邪十条"，下令"禁止师巫邪术"。但是，在该书的《里社篇》中的"有患则禳"又云："淫祠既废……师巫之徒，终不可化者，难诛戮，皆分遣各社充社夫，每遇水旱疹疫为人患害之时，使之行禳礼。鬼有所归，乃不为厉。遵洪武礼制，每里一百户内立坛一所，祭无祀鬼神。"②由此记载可以看出，从明代开始惠安一带就有繁盛的魂魄信仰，尽管县令叶春及废了淫祠，也还要利用师巫之徒来行禳礼，使鬼魂有所依归，相信鬼魂的存在。反观惠安人对于魂魄的崇拜和敬畏的心理状态，不难发现，沿袭于惠安文化的浮叶人心里，有着类似的魂魄观念，然而，浮叶人的魂魄观念较为微观和具体，有着特定的对象，比如亲人、祖先，等等，这些魂魄存在于他们的日常起居中，如影随形，有意无意地与他们进行对话，村民顺从臆想中魂魄的旨意来引导生活中的行为。诸如前文提到的阿番爷爷的前妻，冥冥之中觉得自己的前夫在召唤自己，对前夫的旨意矢志不移，为了与前夫做伴就不惜赴死。设想一下她的心理世界，似乎不是惨烈的病痛折磨，而是完成一次凤凰涅槃的升华。她们看待亲人的魂魄，更像是一直生存在心灵深处的寄托，时不时在与她们进行"对话"；而对于压在灵媒身上的祖先的魂魄，抑或是神灵的魂魄，

---

①　祭祀鬼魂的小宫。
②　陈国强、叶文程、汪峰：《闽台惠东人》，厦门大学出版社，1994，第225～226页。

其至是不知来路的魂魄，则更多是惧怕乃至敬畏的心理状态。下文即将谈到的灵媒成为村庄治理的"第二政府"，就是发端于浮叶人对于魂魄由惧怕到崇拜的认知。

究其原因，还要从浮叶人所处的地理环境谈起。

其一，南日岛处于大陆和台湾之间的台湾海峡上，与陆地有较长的距离，有着比陆地生存的人们更加艰险的谋生环境。浮叶人从事的生产主要是海上作业，海上风浪异常险恶，其危险性远远大于封闭定居的农业生产，几乎每年都会出现破坏性很大的台风和风暴，海岛人的生命时时刻刻处于危险之中，生产也极不稳定。笔者访谈的几个年长的渔民都表示，如果出海捕鱼收成好，就可以天天吃龙虾、螃蟹，等等；如果遇到台风家里又没有足够的粮食储备，全家就要天天吃土，足以想象岛民生活的艰辛。

其二，海岛的土质主要是贫瘠的沙地，很难像陆地一样可以种出水稻、小麦、水果等多样化的农作物，海岛人常年以海产品、地瓜、花生、蔬菜为生，食物来源较为单一。

其三，海岛地处台湾海峡，天高皇帝远，这里是公权力触角难以延伸到的盲区，中央政府对海岛的管辖和保护非常微弱。在以前交通极不便利的条件下，海岛更多时候是处于无人治理的状态，延续了相当长的历史时期，自上而下的权力机制无法形成根基，海岛更像是松散的共同体。

其四，海岛封闭的地理结构，对于突发事件的抵御能力很弱。恶性疾病的出现往往因为缺医少药而得不到有效的治疗，松散的共同体很难控制恶疾的蔓延趋势。浮叶人原生地的惠安一带，曾出现过严重的流行性疾病，民间传说也有过因为瘟疫流行使得宗族灭绝乃至村庄空壳化的现象。尽管近代西方医疗技术已广泛应用，但面对瘟疫的突发性和灾难性，民间的应对仍然习惯于寻找神灵和鬼魂进行化解。"一遇时疫流行，仍多祈祷于神鬼之门"。汉代刘熙说，"疫，役也，言有鬼行役也"。瘟疫的出现，病患及其身边的人就会寻求请神驱鬼一类的巫术，"不信医方可活人，但随巫语去迎神"。可以说，与瘟疫相伴随的是人们的恐惧，恐惧日盛则强化迷信心理，人们慌不择路地通过迷信的仪式来缓解内心的恐惧，以期寻求解决问题的快捷方式。就连经济最发达的城市之一上海，遇到1926年的流行病，也是付诸设坛驱灾祈福，"兹以旱魃为灾，疫疬盛行，特于昨日起，设坛礼拜三天，并闸北慈善团、闸北保卫团、全体斋民，虔诚祈祷，以祈上感天和，旱降沛霖，普救众生"。对于交通便利、医药技术相对发达的城市来说尚且如此，更何况封闭且长期无人治理的海岛？

恶疾的存在严重威胁着人的生命，也促使并强化浮叶人对于魂魄的信仰。也许恶疾及瘟疫的蔓延并不常见，这些姑且不论，在很多普通家庭里，生病治病这样一个看似合理的应对策略却成为岛民的奢望。贫穷的岛民往往没有足够的钱财来支付治病的花费，岛上贫瘠的沙地根本不可能长出可以治病的草药，陆地上唾手可得的药材成为海岛上的罕有之物。岛民一旦染病无法得到有效的治疗，他们只能求助于灵媒的神符庇佑或者吃下掺着香灰的食物，如果久病不愈就会采取自生自灭的方式。亲朋好友因恐惧纷纷避去，以至于患者得不到医治，甚至连正常饮食也无法保证，结果悲惨地死去。"病疫之家，往往至亲皆绝迹，不敢问疾，恐相染也。药饵食饮，无人主张，往往不得活"。

由此可见，随时被风浪卷走性命、单一的食物来源、饥一顿饱一顿的生活、抵御病患的脆弱性、无人治理的松散社会……在这些因素的叠加影响下，浮叶人常常没有太强的安全感，朝不保夕的生存状态催生了他们对不可抗力的屈从，也演变为对于看不见摸不着的异己力量的崇拜。他们迫切需要超自然的力量来保佑他们的人身安全，保护他们的生活得以顺利运转，也为了顺利繁衍子嗣。浮叶人相信魂魄是真实的存在，通过虔诚的信仰和祭祀寻求其帮助，在心理上获得平衡，并将其掺糅到日常生活的各个层面。

二　待定的联想

不管怎样，"号婆"对于土葬是全力支持的，毕竟其中有着太大的利益空间，充当"号婆"的女人，常能赚得盆满钵满，在村里盖的房子比谁都气派。对于"号婆"的访谈生动地描述了本土村民对于土葬的信仰和追崇，然而，浮叶村也有很多是从外地嫁到村里来的外来媳妇，她们如何看待浮叶村普遍的土葬习俗呢？于是，笔者又采访了年轻的女孩阿静，她嫁到浮叶村已经7年了，是大学老师，在当地也是个人人敬仰的文化人，与先生供职于福州的事业单位，只有春节时才会回到海岛上。她说：

> 我从小到大都是在城市长大的，城里都是实行火葬，没听说过有土葬，直到 2007 年嫁到浮叶村来才发现村里有很多棺材店，一问才知道浮叶村还是土葬。我开始也很好奇，村里这么多人，家家户户都在盖坟墓，哪有这么多空地可以盖啊？后来我发现南日岛其实挺大的，开车绕一圈都要花大半天，特别是海边有很多没人居住的荒地，很多人把坟墓就盖在那里，可以讨个好风水，又方便运材料。……看到岛民轰轰烈烈地开始大造坟墓，我婆婆也蠢蠢欲动，开始为坟墓的事情操心。据说我婆家的家族墓地跟大舅家、二舅家、阿姨家的相邻，可由于地盘的局限，只能安排四个位置，于是婆婆就想着他们夫妻和我们这对，刚好一人一个。这对我来说是极其毛骨悚然的事情，每次谈论起都感觉背上凉飕飕的。在我的思维里，一个人只有到了弥留之际才会考虑这些身后之事，或者子孙就会为我安排妥帖的，何必在活蹦乱跳的盛年就提前考虑。而南日岛对我来说是个陌生的环境，我想着以后我要与父母埋在自己故乡，何苦来这人生地不熟的地方。于是我百般推脱，执意要把位置让给老公的姐姐，以让他们全家团聚。这样一来，婆婆可生气啦，在当地的风俗里，没有兄弟姐妹合葬的，都是夫妻合葬的。对于位置的局限，婆婆确实也是很伤脑筋，她也想着把女儿和女婿放进来。于是我想了个办法，要不就盖两层的吧，他们楼上，我们楼下，唉，婆婆当时听了可生气了，觉得我是瞎出主意，有关盖坟墓的事情从此对我是只字不提，并常对着家里的亲戚唉声叹气。也许我大逆不道的想法触犯了婆婆的底线吧，可他们这样的丧葬习惯，不也是在触犯我的底线吗？

前文提到的阿珠也说：

> 对于南日岛从 2015 年元旦开始实行的丧葬政策来说，活人是不允许再盖坟墓的，前几年有盖坟墓的，也只能盖三代而已。就算已

经盖好的，听说也只有几十年的使用期限，也就是从家族墓最后一个入葬的成员开始算起，有几十年的使用期限，到时再统一拆除。但几十年后的事情谁能料想呢？何况现在政策都是朝令夕改，那就要靠我们孙子的孙子去解决了。几十年的使用期限也差不多够了，顶多我的孙子的孙子会来扫墓，再往下几代估计就不会有了。去年清明节回岛上扫墓遇到海上有浓雾，码头上等了一万多人准备要上岛，跟蚂蚁一样密密麻麻的。等到下午雾散了才开船，车根本就上不了船，只有人能上去，所有的人都跟沙丁鱼一样挤在船舱里载到岛上，场面还是挺壮观的。之所以有那么多岛民回来扫墓，是因为南日岛人比较注重宗族和孝道，老人在家族中的地位是很高的，家庭的重要事务都是交给老人来定夺。对于去世的长辈，岛民尤其重视，每年清明节扫墓和除夕那天在老宅祭拜是必不可少的家族重要活动。从石南码头每年清明等船的黑压压的人群都可以看得出来，那都是不远万里赶回岛上扫墓的岛民（见图 4 - 31）。但对于已经去世的长辈的祭拜是建立在生前彼此关怀照顾的基础上的，长年累月生活在一起，都会积累深厚的感情，死后祭拜无可厚非，但是如果再往下几代，对待从没见过面的祖先，子孙就不会有那么强烈的感情。政府说过几十年岛上的坟墓都要拆除，也是考虑到以后子孙扫墓的现实情况。到时岛上肯定会有很多无人打扫荒草丛生的坟墓，拆除也就名正言顺了，应该不会有太多的非议。你看呀，那天我们跟女儿说以后爸妈都要埋在南日岛，你会不会回去给我们扫墓，她竟然说如果太挤就不回去了。（在座的人都笑起来了）我们是她的亲生父母，女儿回岛上扫墓都顾虑重重了，那怎么还敢指望我的子孙后代？"

三　表象仪式与权力博弈

尽管在现代人的眼里，土葬是很难理解的陋习，但浮叶人对于土葬的热情丝毫没有因为个别反对的声音而削弱，反而变本加厉，愈演愈烈。阿静接着说：

图 4 - 31　清明节在石南码头等待上岛扫墓的岛民

不管怎样，坟墓还是如期开工了，预先留出六个穴位来，将公公和婆婆、我和老公、姐姐和姐夫都考虑进去，以便从长计议。不过一想到以后要跟异常泼辣且鼾声如雷的大姑子埋在一起，我就非常不爽快。活着都巴不得尽量避开她，死后居然还要长长久久待在一起，真是一声叹息。

虽然我不愿意百年后跟姐姐家合葬在一起，但考虑到我们浮叶村的土地很少，想想只好忍下来。你在村里绕一圈就知道，村民们盖的房子几乎都是"握手楼"，彼此挨得很近。我们是迁移到岛上的外地人，很多土地都是要用钱来置换的，所以村里都是寸土寸金，也经常有听说家里人因为房子的分配吵架的，甚至为了一棵树或者一个过道的巴掌地都要闹上半天。比如我婆家，在祖屋后面有块地一直闲置，以前还借给村里的邻居种地瓜，反正空着也是空着，只有到春节回家的时候，邻居送一些收成的地瓜作为回报。后来邻居也都到外地打工去了，这块地就一直荒着。前段时间旁边有个加工石料的老板，看中了和他毗邻的这块地，有意买下来扩展自己的工场，出价 4 万元，我婆婆还很愿意卖，换钱来给家里添置家具。家里上下都反对，按照现在的物价，这 4 万元根本就买不了什么东西，还不如留着地以后还有更大的用途。如果南日岛以后真开发成旅游区了，就跟鼓浪屿一样，岛上的人可以开发民宿、卖手工艺品、开饭店什么的，坐在家里都可以赚钱，那地皮就值钱了，所以现在地皮还不贵，就留着以后说不定用得上，不能随便卖掉。

对于土地的归属至今仍愤愤不平的是阿泉老婆，她说了一件家里的事情：

我们村靠海，很多村里人种海带，到了四五月份收成的季节，就需要土地来晒海带。靠海的那些地都很值钱，海带挂苗啊，晾晒啊，都需要大量的空地。村里出去打工的人家都把地租出去，租金都有好大一笔。我婆家以前有个旧房子，是我大伯叫我爸买的，在90年代那会花了两万元，这在当时是比较大的一笔开销，但是2013年却以不到6万的价格卖掉。不是我们家里人傻，这座房子500多平方米，前后左右都是田地。但周围田地的主人把田地的沙子越挖越多，房子周围的地都快被挖没了。原本想给房子盖个围墙，但房子周围都是公共的过道，盖围墙会挡住过道，围墙盖了一半只好作罢。后来我家在房子周围放了一圈石头，结果周围土地的主人挖沙子后顺便把石头也给撬走了。在我们岛上，很多人去岛外打工不在家，家里的地被人侵占是常有的事情。比如一个过道，邻居家就会把水沟挖到围墙外，再垒一些石头，时间长了就算是他家的地盘了。或者把水表装在围墙外，水管铺在围墙下，在路的拐弯处培上土，林林总总，反正能占用外面的空间的话，就尽量不占用自家的，尽管只是零星的小空间而已。在岛上开车不难发现，岛上不少公路越变越窄，就是因为沿路的住家在门口种上葱，或者花菜，上海青之类的，然后不断往马路上扩，久而久之就是他家的地盘了。农村很多公共的没有产权的地，在归属上没法精确地认定，就会被狭隘的村民占为己有。

无人看管的房子，周边地盘被侵占是常有的事情。但我家人都在岛上种海带，家里的地还会被侵占是少见的，我爸当时差点就跟邻居打架了，是我妈硬拉着，不过最后也不了了之，真要遇到这样的事情也是无可奈何的。我们村的地非常少，家家户户都巴不得往外扩，村里经常因为地盘问题出现纠纷，甚至还大打出手，就算叫村支书过来协调也没法解决。就是因为房子给家里带来这么多麻烦，

后来干脆就卖给政府了。让政府出面，按照面积计算，补贴我家 6
万元，然后推倒作为耕地，以后只能种菜、种花，不能盖房子，其
实就是相当于政府花 6 万变更这块地的使用权。更夸张的是，岛上
经常有上面的人下来检查，如果你这块地没种好还要罚款。我说这
不是没事找事干吗，何况政府派人过来签协议、量面积，结果给我
家的钱实际还不到 5 万元，说好的 6 万元打了水漂。跟政府要钱怎
么可能要得来？这里少一些，那里短一些。

浮叶村活人的住家尚且如此，更何况死人的坟墓。作为迁移到南日
岛的外来人口，浮叶村面临的现实问题就是地少人多，因此，围绕着土
地的人际纠纷层出不穷，被笔者访谈的很多村民也多有微词。何况浮叶
人看重风水，对于坟墓修建自然是家族的头等大事。坟墓的地理位置最
好是背山面海，明堂要开阔平整，这样有利于子孙的富贵和兴旺。然而
浮叶土地稀有，亦凸显其贵重。在确立坟墓地界的时候，周围地界的邻
居都闻讯而来，要么不愿意离得太近，要么担心占用他家的地盘，要么
对于土地归属持有异议。邻居们在动工之前都要过来吵架，对有争议的
地盘喋喋不休地说个没完，而且双方声音都好大，方圆几里都听得见，
引得村民纷纷出来看热闹，不过他们也以此作为常态，盖坟墓不吵架才
是最令人困惑的社会现象。据有经验的人家介绍，类似这样的吵架要持
续好多年，岛民极端的小农意识和寸土必争的权力欲望，使吵架成为常
态，并异化为重新调整村落家族权力地位的工具理性。从某种意义上说，
吵架就是一种仪式，作为表象的争斗本质蕴含着深刻的社会地位博弈。
但也发现一个更有趣的现象，就是吵架的论据和靠山问题。吵架更为据
理力争的一方，往往有神灵庇护，之所以会知道神灵的旨意，岛民往往
会在确定地界的时候寻求灵媒的帮忙，让神灵附体后请求其指示，神灵
会告诉你哪些该据为己有，哪些该作为公共用地。得到神灵谕旨的岛民
于是在吵架的时候将此作为最强大的武器，众人皆会动容和敬畏，同时
神灵的地位高低、灵验与否也会成为不成文的规定，岛民口耳相传，心
里有谱，只要报上神灵的尊名，岛民就会掂量其分量，以此决定吵架要
不要继续。质言之，虚幻的神灵提供隐形的社会秩序，岛民遵章在社会
场域里活动，维持正常的公共事务和村巷大小事的运作，其权力的效用

远远高于公共部门的村主任、村支书。与此相反，家族中是否有人在政府部门任职，抑或行政职务的高低，放诸南日岛的环境下往往无法真正起作用，在岛民的逻辑里，"当官"与否及地位如何，其权力触角都无法延伸到海岛，对己构不成威胁，对他人也没有裨益，如果岛民世世代代要在岛上生存发展，外界的信息对他们来说就是隔靴搔痒，作用尤其有限。

四　一个时代的湮灭

在历史发展的脉络里，南日岛一直延续着土葬的习俗，村民们业已形成对于土葬的信仰，并衍生出许多与土葬相关联的习俗和产业。比如棺材店，在南日岛有很多家，并且价格不菲，从几百元到几万元，都可以找到合适的板材，办丧事的家庭为了体现最后的孝心，也不愿意讨价还价，就想给逝者最好的板材以作长眠之用，对棺材的消费热情丝毫不减。由此，棺材店的生意也红火了起来，这个靠垄断发家致富的方式，不是每个岛民都愿意去接纳的，若干风险投机者的有效尝试就会带来盆满钵满的财富体验，这时他们很容易就忘记了晦气，掉进钱眼里快乐地数钱。然而，从2015年1月1日开始，南日岛废除了土葬，改成全部实行火葬。① 这个颠覆性的变革对于岛民来说，会产生怎样的文化冲突呢？笔者访谈了阿木，她会吹喇叭，是浮叶村专门从事丧葬习俗的乐队成员。她说：

> 我做这行已经20多年了，村里人都知道我吹得好，有遇到办丧事的都会请我去，我也积攒了很多好口碑。我服务得好，作为子孙后代出于孝心都喜欢有人到现场助兴，让气氛更悲伤一些，也许只有这样，他们才会觉得对得起逝去的家人。记得有一次，村里有人

---

① 2018年9月7日，民政部公布了《殡葬管理条例（修订草案征求意见稿）》，提出把明确政府职责、完善基本殡葬公共服务、强化公益导向作为修订重点。规定国家建立基本殡葬公共服务制度，涵盖遗体接运、暂存、火化、骨灰存放、生态安葬等基本服务项目。对特困人员、最低生活保障对象、生活困难的重点优抚对象以及其他城乡困难群众免费提供基本殡葬服务。征求意见稿中，对公墓墓位占地面积、墓碑高度和使用期限都提出了严格限制。其中，安葬骨灰的独立墓位占地面积规定不得超过0.5平方米，合葬墓位的占地面积不得超过0.8平方米。安葬遗体的墓位（含合葬墓位），占地面积不得超过4平方米。墓碑高度不得超过地面0.8米。

办丧事，家属要求做一个纸糊的大别墅，还有八个佣人，彩电、洗衣机、电冰箱什么的，都要准备好，到时烧给老人在"那边"享受。可是东西到场了，家属却闹起来了，他们说少了彩电，佣人也都是男的，要男女各半，唉，你说这些东西不就是个形式嘛，作为儿女的就是很较真，觉得让老人受委屈了，少一样都不行，一切都要按照他们的意思来做。所以说呀，村里人是很看重这些的，如果办不好会被村里人说的。

笔者不禁问她："我觉得老人在世时对他们好些更重要，死后搞这些仪式只是个心理安慰，您说对吧？"

阿木不以为然，她说：

你可别这么想，这是我们村里的传统，是不可以改变的，子女再没钱也要花大钱来给老人办一个风风光光的丧事，这样他们在村里才有面子，要不落下话柄以后会被村里人说很久的。按照我们村里的规矩，老人地位是很高的，我们遇到事情都要老人亲自拍板才算数，家里的大事也都要跟老人商量，大家都觉得老人吃过的盐都比我们吃过的饭多，做事情比较有思路，也比较长远。村里的老人很多都是没有文化的，但这一点也没有影响他们在家里的地位。你不要觉得只有男性老人才有地位，其实女性老人也是很有地位的，就算她们年轻时在家里都要听丈夫的话，到了老年，特别是等她们的丈夫去世以后，她们在家里的地位就是最高的了。每次办喜酒啊，满月酒啊，搬新房子啊，她们都是坐主位，儿孙都争着把桌上好吃的菜夹给她们吃。村里也有很多人在外地打工，逢年过节回家的第一件事就是去看老人。你看我们村有个姓陈的人家，这家的阿婆得了直肠癌，去年去福州做手术，家里的孙子加起来有23个，还不包括外孙，那些孙子轮流伺候老人，给她做饭、喂饭、按摩身体、倒尿壶的，这在城市里，哪家的老人有这种待遇？现在孙辈都是"90后"的小年轻，很多人才不愿意做这些事情呢。可是你看他家那么多的孙子都那么乖，三班倒地帮忙，反而自己的儿子女儿还插不上手呢。在我们村，大家对老人还是比较尊重，也是很有孝心的。

那年我去丽江，当地的纳西族人跟我说，他们那里很少有人去医院和养老院。我说，难道你们都不会生病也不会老吗？你猜人家怎么说，他们说丽江的气候很好，食物都是天然野生的，他们天天吃这些东西当然不会生病。至于养老院，他们说整个家族都是住在一起的，镇上盖了套房都没人买，都是卖给外地人的。丽江的地多，家族常常找个很大的空地来盖房子。房子不一定很豪华，但一定要有很多房间让家族里的人都住在一起。儿子结婚了，媳妇也要跟着住进来，以后生孩子了，除了女儿是嫁出去的以外，儿子也要住在家里。这么大的家族住在一起就是为了方便彼此照顾，所以家里人的关系都很好，很少有斗嘴打架的，大家都觉得要住在一起才有安全感，家族才会兴旺发达。所以，这样的大家族当然不需要养老院来安顿老人，老人天经地义就要在家里养老。这跟我们村是一样的。

所以说，你看老人活着都有那么多人照顾，死后当然也会办得很体面。我们村有句老话是，"老者死，谓之大福"。就是说，老人死后子孙满堂，没有抛下一家老小。老人去世我们要像办喜事一样热闹，叫家族里所有的亲戚朋友都来，每个人都要或多或少给个红包意思一下，再送猪头、碗糕、花环这些东西，一来二去人就多了，就是图个热闹。有钱的人家还要请道士或和尚或菜友来做功课，念三天三夜，讲二十四孝、讲忠孝礼义、讲十月怀胎的痛苦、讲佛萝卜寻母的故事。做功课的时候，家里的儿孙要穿麻裳、戴麻帽（土话叫戴高轴），手里拿着拐杖跟着做法的人一会站、一会跪、一会拜。虽然要累好几天，但大家都很愿意，总怕漏掉什么事没做会留下遗憾。

这么多年来我也是靠着这个老本行赚了很多钱，这行没有竞争，孤门独市的，你说多少就是多少，没有人会跟你讲价的。我以前不会吹喇叭，都是现学现用，一开始觉得晦气，不愿意去赚这种钱，但看到人家吹一个早晨就可以赚几百元，我也心动了。乐队里那些老手会来教你，很简单，不一定要五音都很准，差不多就可以了，又不是去表演（她笑着说）。到时大家一起吹，你混在中间就算不好听也没人知道。这么多年了，我的水平还是有提高的，熟能生巧嘛。

村里那些做风水的，村里人也很重视。我们浮叶村地很少，很多家盖房子都是挨在一起的，在阳台上都可以直接爬到别人家。因为没有那么多空地来土葬，很多墓都是盖在靠海的那些荒地里，不过这种地方风水很好，村里人觉得水就是金，把坟墓盖在海边，可以讨到很多家财，子孙就会兴旺发达，代代都有钱花。大家都愿意在海边盖坟墓来讨个好风水。这样的坟墓经常盖成家族的，让全家人世世代代都在一起，这也说明我们村家庭观念很重。村里有的小孩才七八岁，家里就给他留好位置了，所以你看那些坟墓，其实很多里面都是空空的，大家都是在年轻时提前盖好坟墓，这在我们村已经变成一种习惯了，没盖坟墓的就会着急，只有盖好了心里才会安心。

可能我们长期以来都是靠打鱼来维持生活的，所以岛上的人都比较迷信，出海打鱼要问菩萨，到庙里去进香；年轻人结婚前都要去庙里对生辰八字，如果八字不合就算两人再喜欢也是不能结婚的；甚至连家里人要去哪里打工，也要事先问菩萨的意思。你说我们对于神灵都是那么信仰，那么对死后变成的鬼就更加畏惧了。这些看不见摸不着的东西才更让人害怕，谁也不愿意去招惹。所以我们村里办丧事都会比较隆重，让全村人都来凑热闹。办得好的话，儿孙辈的心里就不会慌，大家都担心如果办不好，死去的人会找上门来责怪。盖坟墓更是这样，村里人好像都在争着出风头，都想比别人家多盖一层，我们土话叫几进，盖的进数多，就越气派；还有人不只是用水泥来造，而是加上很多大理石，这样看上去很有档次，跟活人住的房子一样。坟墓问题无小事，影响家族长远的风水，大家都很看重。……我们岛上的荒地还比较多，这几年大家都抢着盖坟墓，就怕有一天政策下来了不能盖，毕竟全国那么大的地方，到现在还实行土葬的没剩下多少了。

这样的好日子以后不再有了。从2015年元旦开始，我们村都不能土葬了，都要实行火葬。村里又没有火葬场，就由南日镇政府固定安排一艘载客的渔船，免费送到莆田涵江的火葬场去火化，回来的时候再载回来。我们岛上专门载死者家属的船有两艘，有一号船和二号船，都是小船。遇到五一、国庆这些节假日，回岛的人太多了，岛上的轮渡不够用，这两艘船空闲的时候也被派去载人。我们岛上的人认得这两艘船的用途都不敢坐，甘愿在码头站半天等其他船来接。来岛上旅游的人不懂来由就稀里糊涂地坐这种船上岛。

我们岛上的年轻人很多都出去打工了，村里的老人有的跟出去跟儿女住在一起，只有很少一部分老人住在村里。镇政府之前有统计，全岛一天才一两个老人去世，这样算下来，一年也没多少个去世，专门花钱去盖火葬场就没有必要了。现在刚实行火葬，大家都还是很规矩地去莆田火化，以后看情况再说了。唉，这样一来，那些做风水的生意就没那么好了。镇政府规定，已经盖好的坟墓，如果里面已经埋人了，就不用拆掉，如果没有埋人，那都要全部拆除的。你知道吗？盖坟墓是很贵的，盖个普通的八穴的家族坟墓都要二十几万，这样一拆，二十几万都白花了。有些人在外面发财了，花大钱回村里盖了几层的豪华坟墓，也听说都要拆掉。这个政策现在刚实行，大家都不知道要怎么处理，把人家花几十万盖好的坟墓拆掉人家肯定要造反的。我觉得已经盖好就算了，没盖以后就不要盖了，这样会比较顺，人家花钱了你直接拆掉，那要找谁赔偿啊，镇政府哪里会赔你的损失。况且村里人都觉得火葬是对老人不尊敬，老人都苦了一辈子了，死后还要拿来烧，儿孙辈的心里很难接受，要让他们慢慢适应这个转变。

但也有一些执迷不悟的老人家，他们祖祖辈辈都是土葬，轮到他们这辈就要火葬，很多人都不接受。很多老人在临终前都会交代还是要土葬，孝顺的子孙往往会选择在月黑风高的半夜，偷偷埋在自家早就盖好的坟墓里。不过要做得密不透风。

刚开始实行火葬的时候，骨灰都要放在公墓里，很多老人不愿意，临终前就交代把骨灰放在家里，防止被人盯上，然后过个十天半个月，找个合适的时间，选择在晚上偷偷摸摸地把骨灰放在祖坟里。

土葬习俗是南日岛人根深蒂固的传统文化，尽管在现代人的眼里似乎觉得不可思议，但延续几千年的文化习俗一朝取缔，确实需要岛民强大的宽容和隐忍，这必然是一个较长的适应过程。村民们以土葬为中心长期建构起来的村民自治根基，构成庞大的村庄关系网络，但也随着时代的发展而不断重组，甚至湮灭。

五 弱者的武器

斯科特在《弱者的武器》一书中探讨了工人的日常反抗，他指出怠工和偷懒是最常见的无声的反抗形式，用这种方式表达对劳动时间和薪酬待遇的不满。[①] 正如巴灵顿·摩尔在异质化的情境中所提醒我们的那样，"过去数个世纪中人们对压迫的一个最经常和有效的反应就是逃走。"[②] 在该意义上，逃避抗议的可能性总是比冒公开对抗的风险更具吸引力。[③] 因此，反抗者通过改变现状的异常行动来表达对现实的不满，这种以"退出"而非"表达"的方式，诠释着权力单薄的岛民对于强权制度的反抗。

前文的口述人阿珠提到了一个惨痛的现实，就是浮叶老人自杀的问题。她说：

> 实行火葬以后，老人死后就要运到火葬场去火化，他们生前准备好的棺材就只能放他们的骨灰。也就是在棺材里铺上寿衣，把骨灰按顺序放在寿衣上，然后穿起来，像一套衣服的样式。我外婆去世的时候很忌讳火葬，但政策不允许她也是万般无奈。在临死前她一直唉声叹气，想到自己这么热的天气还要去火葬，就难过极了。有她这种想法的老人在村里比比皆是，老人们临死前最怕的就是火葬。
>
> 有些比较有"预见"且钻牛角尖的老人，则选择在 2015 年元旦火葬实施前自杀[④]，他们的思想观念还接受不了火化，觉得火化了

---

① 詹姆斯·C. 斯科特：《弱者的武器》，郑广怀、张敏、何江穗译，译林出版社，2011。

② Barrington，Moore Jr. *Injustice*：*The Social Bases of Obedience and Revolt*. White Plains：M. E. Sharpe，1978.

③ Michael Adas. "From Avoidance to Confrontation：Peasant Protest in Precolonial and Colonial Southeast Asia," *Comparative Studies in Society and History* 23（1981）：217-247.

④ 很多有关惠东女的文献都提到惠东女的自杀传统，尤其在民国初年为盛。19 世纪末 20 世纪初，每逢春夏之交，惠安当地的洛阳河畔，常能看见三五个妇女或挽手或以绳索拴在一起，纵身一跃跳河自杀。整个民国期间，惠安女集体自杀的数目惊人。根据《惠安县志》记载，净峰西村的一口池塘内，殒命其中的妇女就达 800 多人。这些姑娘媳妇并不是默默独自赴死，而是选择"结盟"式的集体自杀，比如惠安女的秘密小团体"金兰盟"。追根溯源，惠安女承担着繁重的劳动，长住娘家的风俗使得她们多数与丈夫长时间分隔，造成了心理上的崩溃绝望。

什么都没有了，土葬还可以保留完整的身体，不如趁着还可以土葬的时候先占着坟墓的穴位，之后就不会有人来拆祖坟了，是"牺牲他一人、幸福子孙代"的好事。因此他们选择以绝食的方式自杀，或者生病了不配合药物治疗，一心寻死。对老人们的疯狂行为，儿孙们都无能为力，他们一时半会也解不开他们的心结，而火葬的实施从几年前就略有耳闻，但都是道听途说，没有官方的说辞，最后也都不了了之，也就没有人太当回事。可火葬真正落实的前几个月才正式通知，很多人措手不及，心理上还没有做好准备。年轻的担心他们盖好的"活人墓"因为实行火葬会被拆除，年老的担心他们准备好的棺木和修葺一新的坟墓没法安葬完整的肉体，对于火葬有着天生的敏感和恐惧。几个月的时间内马上就要实行火葬了，他们是最焦虑的人群。有的按捺不住焦虑的情绪，就以绝食的方式来自杀，希望能在死后用传统的土葬善后。那段时间里，在村里到处都可以听到老人唉声叹气的议论，尤其是年事已高的老人，各个焦虑不安。

在中国场域中，国家成为权力的重要来源，而地方性文化实践，即处于转型和重构之中的区域制度，也成为浮叶人面对的变化不定的社会环境。政府、制度、规范都在很大程度上影响着村民主体的社会化过程。村民的社会化过程必然伴随着个体的认知差异，以及社会制度的变迁。对于年事已高的老人来说，长期封闭的生活环境造就了他们难以改变的生活惯习。岁月静好，现世安稳，这是很多老年村民的朴素愿望，要让他们随时适应社会制度的变迁，并完成个体的社会化，过程艰难且缺乏人性化的过渡。对于没有太多文化积累、没有见过世面的老年村民，特别是老年妇女而言，这是她们人生不可承受之重，她们的思想观念无法跟上社会制度的转变，在政府的裹挟下，她们无能为力，只能被迫屈从于强势的制度框约。但是她们从思想本原上是不愿意妥协的，囿于个人能力的限制，只能采用极端的方式来表达她们的不满和反抗。这一过程惊心动魄且矛盾丛生，但在表象上又似乎风平浪静。追根溯源，在于老年妇女的能力弱小，她们是名副其实的弱势群体，她们没有合法合理的途径来表达自己的诉求，当然，表达诉求这些表象的仪式也未必能有实质性的效果。在年龄、阅历、知识不占优势的生命周期里，她们反抗的方式极其有限。在大部分的情况下，她们只能隐忍求全，消极避世，带着哀痛继续生活下去，抑或采取"用脚投票"的方式来表达不满。作为弱势群体，她们躲不开火葬制度很快就要落地生根，她们有且仅有的"用脚投票"的方式只能简单化为绝食自尽。我们要看到，主体多场域的反抗和叛离超越抗争的传统意义，形成权力—抗争之间的依存关系，业已成为植根于日常实践的真实抗争政治。[①]

浮叶村老年妇女狭隘的思想观念和拘泥的性格特质在一定程度上增强了她们斗争的诉求和反抗的意识，当绝食自杀的社会行动成为常态并形成群体效应时，看似独立的个体事件已经演变成群体内部心照不宣的潜规则，这个社会行动颇有非暴力不合作的意味，也开始愈演愈烈起来，形成"蝴蝶效应"[②]。女性的弱势地位正在被解构，被漠视、被挤压、被压迫的处境正在被改变，女性通过自己的抗争获得更加合理的生存空间。现实中的结果是，政府承诺不会毁坏业已建好的坟墓，但从2015年实行火葬后严控坟墓的修建，杜绝私自修建坟墓的行为。虽然还是实行火葬，但保留了已经建好的坟墓，孝顺的儿孙也打包票会在火葬后按照土葬的习俗妥善安置老人的善后事宜。对于弱者而言，她们撼动不了体制，但她们执着的抗争方式给了制度一个弥合矛盾的人性化空间，迫使制度不得不出台相应的举措来缓和矛盾。弱者没有强大的资本作为后盾，她们能够战斗的武器只有她们看似柔弱的身体，而这样柔弱的身体却能以弱者特有的"用脚投票"方式，扭转着身份的固化认同，积极改变着边缘的地位，建构彼此间若隐若现但又坚强无比的群体认同。

① Comaroff, Jean. *Body of Power*, *Spirit of Resistance*: *the Culture and History of a South African People*. Chicago: University of Chicago Press, 1985.

② "蝴蝶效应"是指：一只南美洲亚马孙河边热带雨林中的蝴蝶，偶尔扇几下翅膀，就有可能在两周后引起美国得克萨斯的一场龙卷风。原因在于：蝴蝶翅膀的运动，导致其身边的空气系统发生变化，并引起微弱气流的产生，而微弱气流的产生又会引起它四周空气或其他系统产生相应变化，由此引起连锁反应，最终导致其他系统的极大变化。"蝴蝶效应"说明了事物发展的结果，对初始条件具有极为敏感的依赖性；初始条件的极小偏差，将会引起结果的极大差异。

第五节　巫术和灵媒

莆仙地区原为闽越族居住区，北方汉人南下后，带来了传统的中原文化，在与闽越族文化共存冲突中走向融合。因此，莆仙文化兼具中原文化和闽越族文化的诸多特征。而巫术和灵媒的存在，则是闽越族的文化残存，带有浓厚的区域文化特质。[①]

追根溯源，宋朝以前莆仙地区的民间神祇很多都带有巫术的色彩，当所信奉神祇的信众增加、影响力日增的时候，民众开始有意识地美化神祇的生前身份，对其歌功颂德，宣传神祇生前的丰功伟绩，粉饰成有口皆碑的圣人，最典型的例子就是妈祖。1150年廖鹏飞撰写的《圣墩祖庙重建顺济庙记》指出，妈祖"姓林氏，湄洲屿人。初，以巫祝行事，能预知人祸福；既殁，众为立庙于本屿"。[②] 即认为妈祖生前只是一个颇有灵异的女巫。稍后的黄公度等人也持相同的看法。廖鹏飞、黄公度等人生于南宋初年，距离妈祖生活的年代较近，只有一二百年，他们的记载保留着鲜活的妈祖记忆，对于妈祖生前身份特征的描述应该是较为符合客观历史事实的。随着历史的推移，妈祖的信众与日俱增，也从民间转向官方，带着强烈的官方正统象征。于是，虔诚的信众们觉得妈祖的女巫身份与现实地位不符，就开始搜集和杜撰有关妈祖出身的故事。比如，僧照于明末编撰的《天后显圣录》一书，就将妈祖附会为莆田著名的九牧林的后代、福建总管林孚之孙、都巡官林愿之女。[③] 如此一来，妈祖的女巫身份被掩盖，取而代之的是官僚世家的光环。

相较于莆田，位于内陆山区的仙游则有更为强烈的巫术色彩。宋代黄岩孙《仙溪志》称："俗敬鬼神，则受巫觋蛊惑之欺。"[④] 该书《祠庙》的记载中，有不少祠庙的主神就是巫术出身的。例如，位于仙游县西一里的兴福庙，主神林义，仙游下顿人，"生为巫医，殁而有灵"。同

---

① 周雪香：《莆仙文化述论》，中国社会科学出版社，2008，第285～287页。

② 《福建宗教碑铭汇编·兴化府分册》第16号。

③ 湄洲妈祖祖庙董事会、湄洲妈祖文化研究中心编印《天后显圣录·天妃诞降本传》，第1页。

④ 黄岩孙：宝祐《仙溪志》卷1《叙县·风俗》，第12页。

在仙游县西一里的慈感庙，神姓陈氏，"生为女巫，殁而人祠之"。两庙的主神生前或为巫医，或为女巫，最后都因巫而成神。最突出的例子就是三妃庙。三妃庙位于仙游县东北二百步远，合祀当时最有名的三个女巫：一为妈祖，"本湄洲林氏女，为巫，能知人祸福，殁而人祠之，航海者有祷必应"；二为来自更为内陆地区的尤溪女巫，"善禁咒术，殁为立祠"；三为慈感庙的女巫。三女巫合祀的原因，据说是"有巫自言神降，欲合三庙为一，邑人信之，多捐金乐施，殿宇之盛，为诸庙冠"。① 奉祀女巫的神庙修建得富丽堂皇，远超过其他神庙，说明该地域的民间信仰带有浓烈的巫道色彩。

由于莆仙民众崇尚巫道，部分心怀叵测的人，利用民众迷信的心理，打着女巫的幌子招摇撞骗，以此聚敛钱财。《仙游县志》载，南宋时莆田一些游手好闲的民众，"以兴造为名"，借巫女祠来"假神邀利"，"凡有往来鬻贩，必输金钱，少不如意，则苦患百出"。当时蔡敷言以太学生的身份回乡，向知县（邑宰）廖德明条陈此害，并援引鲁论非其鬼之说来打动他。廖德明甚为叹服，"遍榜其书，严行禁戢，命四辈舁神像泛之洪流"。② 由女巫引起的这场风波才告一段落。

一　巫术和灵媒的盛行

人类学家埃文斯·普理查德早期对苏丹阿赞德人（Azande）的研究中就遭遇了与巫术有关的一个经典案例：当一个人坐在粮仓屋檐下，粮仓倒塌并把他压死了，那么阿赞德人就会说这是巫术的力量在作怪。当埃文斯·普理查德说粮仓的木头框架已经腐烂，是房屋倒塌砸死的人，阿赞德人却反驳说埃文斯·普理查德在瞎说。连傻子都知道他的死显然是破烂不堪的房子造成的，这是针对所有人都成立的解释。阿赞德人的问题根本就不在这里，而是在问为什么在它倒塌时砸到的"是这个人，而不是别人"的问题，作为科学家的埃文斯·普理查德无言以对。可以说，与宣称世界是科学理性的解释相比，虽说很多的巧合偶然事件无法解释，是科学所无能为力的盲区，但唯有巫术能够自圆其说，给事件赋

① 黄岩孙：宝祐《仙溪志》卷3《祠庙》，第63～64页。
② 《仙游县志》卷53《摭遗志》，第655页。

予人性，对于巫术的力量和衍生出的形形色色的宗教仪式，因为其强大的神秘力量而具有力透纸背的因缘解释，并在日常生活中为人们所景仰、所崇拜，形成约定俗成的具有区域文化特质的体系存在。

巫术不仅在国外存在且深入民心，在中国尤其是农村亦广泛存在，在南日岛尤甚，在南日岛特殊的文化语境下，大部分的灵媒都是女性，年龄从二三十岁到五六十岁不等。求问者提出各种问题和困扰，希望附身在灵媒身上的神灵能够帮忙查出这些困扰的原因或来源，以求指示如何化解之道。而这些问询的事情，几乎涵盖了生命事件中的全部麻烦：个人或家人的身体病痛、失眠、精神焦虑，家庭气氛不和谐，与人吵架，事业不顺利，感情挫折等。请求神灵帮助的问题也包含日常生活中的琐事：结婚的对象、生育的机会、分家的时机、就业或投资的可行性、工程或典礼的日期、迁移或旅行的好坏、住宅或坟地的选择，等等。问询的仪式过程，以神灵和求问者之间繁复的问答为主，其余还运用到金纸、香、符法、笅杯等象征物。

女性有歇斯底里的生理特征，具有当灵媒的潜质[①]，能成为灵媒的女性，在入行之前都会大病一场，从此似乎获得一种通灵的力量，神灵会经常来找她并附身。

灵媒在村庄事务中起着重要的协调作用，大到家族地位的维系、在村庄纠纷中的话语权，小到占卜命运、盖房修房的决策、建造坟墓的地域纠纷、家庭琐事的解决、出海打鱼的择日、婚丧嫁娶的时辰安排、男女婚配对八字，等等，左右着村民的决策。从某种程度上说，灵媒附身的或者是地方神灵，或者是已经死去的亲人，因此她们对村庄和家庭的情况非常熟悉，能比较切实地解决村民的燃眉之急，深受村民的尊敬和崇拜。在很多时候，特别是重要人生事件的抉择时期，村民最常寻求帮助的就是灵媒，甚至灵媒的位次有时还要高于地方神。由此，灵媒几乎包办了村庄里所有的仪式需求，如"放板坪"（上梁安宅）、"查家运"（预卜家庭成员的际遇）、"改替限"（以纸人替身献祭改运）、"换花栽"（求子嗣）等。[②]

---

① 李小红：《宋代社会中的巫觋研究》，光明日报出版社，2012。
② 李翘宏、庄英章：《夫人妈与婆茶佛：金门与惠东地区的女性神媒及其信仰比较》，载黄应贵、叶春荣主编《从周边看汉人的社会与文化》，台湾"中央研究院"民族学研究所，1997，第76页。

　　如果村民有事情需要询问神灵，祈求神灵指路，或者寻求灵媒的保佑，这时候，她们就要到灵媒家中，通过一系列的仪式进行问询。

　　正是灵媒对于村庄公共事务以及村民日常生活的干预和决策，因此灵媒在村庄有着较高的地位。但在村庄公共事务的参与中，灵媒的地位却有着明显的性别差异。比如，对于浮叶人来说，每年元宵节是他们最重要的节日，也往往会安排在公社门口的小广场举行，但重要的仪式中却只有男性可以入内，女性则被屏蔽在外。重男轻女的仪式参与使得男性拥有合法的权力，他们可以登堂入室，成为村里重要仪式的参与人。村里有登记在册十八个参与仪式的灵媒都是男性，而唯一一位女性灵媒则无法进入公社，只能在公社外的小路上等待神灵附身，再跳上公社外事先为她准备的轿子上。笔者在元宵节就亲眼看见她走着走着就突然跳起来，闭上眼睛进入状态，手开始不自觉地挥舞着，走到公社外的广场上，跳上轿子后继续挥舞着手臂。

二　天赋异禀的灵媒

　　对于南日岛来说，从古早时期就与世隔绝，他们很难以自身力量去控制自然和事物的变迁，由此只有寄望于神灵，于是岛上就出现了灵媒，神灵附身，占卜算卦。一个看似正常的人，平日做生意养海鲜，任何事都跟常人无异，但在特定时刻却会摇身一变，成为仙姑神汉，上知天文下知地理。

　　对于灵媒群体的了解，笔者确实感到更多的是文化震惊，这种在相对封闭的海岛上衍生的灵媒崇拜信仰，成为岛民持之以恒的精神追求。灵媒被美化、神化，成为无所不能的主宰者，引得众多岛民（无论男女）都愿意跪倒在灵媒脚下，灵媒的权力空前膨胀。甚至很多家族为了在村落里占据有利的地位，享有一定的话语权，家族必须要有灵媒庇佑才能站稳脚跟，一切家族的重大决议，以及重要事情的预测，都要问询灵媒，一旦脱离灵媒的指点就容易被边缘化。

　　在南日岛的传统视阈下，对于女性性别角色的界定就是贤妻良母，担负起所有的家务劳动，赡养老人，关注子女的成长和教育问题。在这样的传统惯习下，很多南日岛的中老年女性未出过海岛，在很长一段时间里，出岛成为男人和年轻人的权利，新生代的女性渐渐从传统的性别角色扮演中解放出来，在海岛以外寻找适合自己的发展空间，实现角色的脱域。而因种种原因滞留在海岛发展或者就业回流的女性，在本土文化特质潜移默化的影响下，衍生了多样化的新兴职业形态，灵媒就是其中一种，该职业形态的出现，植根于海岛对于巫术和迷信的狂热崇拜，挑战了惯常的公权力，颠覆了传统的性别角色期待，也重塑了女性在村庄的社会交往关系。对于灵媒这样的群体，往往需要具有个人天赋。"只有那些精神特别专注，信仰感情特别虔诚，具有正确处理人神关系的智慧和领会传达神意的灵性，能够目视四方、耳听八方的人，才有资格成为灵媒，获得神灵的青睐。"① 此外，笔者还发现一个规律，南日岛上将灵媒职业化的都是女性，除了从惠安迁移到南日岛的浮叶村有男性灵媒外，其他莆田语系的村落都是女性灵媒，这也符合现代学者的研究经验，"与男人相比，女人更有巫术天赋"。法国人类学家马塞尔·毛斯指出："她们生活中的一些转变期让她们有了一个特殊的地位。……她们得到一种特别的权威。……人们还认为她们与男人非常不同，相信她们是神秘活动的中心，而且是巫术力量的亲属。且皆为由病而巫，以巫病作为普通人向巫者转化的契机"。② 因此，岛上的女性灵媒群体日益壮大，数量不断增长，并职业化和稳定化，散布在几乎所有的姓氏家族里，广泛地影响着岛民生活的私领域和行政管理的公领域，发挥着重要的作用，成为南日岛文化的一大特色。

三　灵媒对于婚育的选择安排

在岛民的精神世界中，所有与危险、强烈的欲望和感情有关的人生重要阶段，都与巫术有密切的联系。例如，岛民认为，在婴儿还在娘胎的时候，巫术的护佑使其健康成长并在婆婆的授意下成为男婴；在择偶和婚嫁阶段，岛民常用巫术来占卜男女双方是否命里相合，在岛民们看来，爱情的结合要遵从天意，否则就是犯了道德的天规，是要受到谴责的，因此，岛民在婚姻问题上一定要得到神灵的批准才能成行。于是，除了占卜之外，灵媒还成了媒婆。一般来说，相亲是结婚前最重要的程

---

① 马林诺夫斯基：《巫术科学宗教与神话》，李安宅译，上海社会科学出版社，2016，第76页。
② 同上，第69页。

序之一，也是岛民最主要的联姻方式。

这时候，岛民常会找来功力比较深厚的灵媒充当红娘，因为他们认为灵媒是可以直接跟神灵接触的，在特定情况下还可以与神灵对话，进行思想上的沟通和交流，这是凡人所不能企及的能力，灵媒定下的亲事，代表着神灵的意思，是在神灵的指导下寻求的完美搭配，如此，岛民对灵媒寻找来的对象都会认真看待。如果灵媒帮女方介绍男孩子，看对眼了就要由女方父母付给她1000元，如果没看上眼就不收费；如果灵媒帮男方介绍女孩子，成功的话男方父母就要付2000元作为酬劳。对于男女不同的收费标准也体现岛民重男轻女的性别观念，而且日后如果这对小夫妻生下男婴，男方父母还要在男婴满月时额外付给灵媒2000元和搓过红纸的红蛋以表示感谢。而且岛民常口耳相传的是，功力深厚的灵媒介绍成功的小夫妻婚后一般生男孩，这也使得岛民对于灵媒的尊敬和崇拜与日俱增。就这样男女双方相亲看对眼了以后，就要请庙里的主事为两人对缘分，按照两人的生辰八字推算，测出八字是否相合，如果八字不相合的就算男女双方再喜欢也不能结婚，因为这是神灵不同意，是违反天规的，如果八字相合，双方家长就满心欢喜地准备订婚了。这样算下来，从相亲到订婚，一般在一个月内，如果这段时间女方没有明确表示要订婚，男方就要赶紧再去相别的女孩子了。因此，岛民的结婚年龄一般都很早，25岁是正常的黄金年龄，超过25岁就要被亲朋好友左邻右舍劝说着赶紧结婚。岛民结婚的理由往往是为了让父母早点抱孙子，或者"同龄的同学邻居都结婚了我也必须快点结"，或者"神灵说今年结婚比较好我就找个人结了"。因此，在岛上经常可以看到20岁左右的年轻父母，或者才40岁的姥姥奶奶。对此，笔者曾经很纳闷一件事，这样的相亲方式，会有真正的爱情吗？但现实情况是，自由恋爱的夫妻往往离婚率更高，日后合不来的可能性更大，相反，相亲的夫妻却很少有听说离婚的。也许，在岛民的精神世界里，相亲的男女双方是经过神灵允许的，婚后会有神灵庇佑，否则就是触犯天规，会惹神灵动怒的，因此，双方都还是遵从苟且地凑合而不是轰轰烈烈地瞎闹腾。

对此我也调查了年轻女孩阿芳，24岁，在厦门工作。她说：

在厦门的时候，工作太忙了，从早到晚都在公司里，也没时间找对象。从去年本科毕业（23 岁）开始，家里人就天天催着我去相亲，确实非常烦，我想好好工作，等工作稳定下来再来考虑，可家里不这么想。去年国庆回南日岛，家里托灵媒让我去相亲了一个男孩子，长得高大清秀，可怎么说呢，我总觉得有点怪，两个人都不认识，也不知道要说什么，然后都是大人在说话，我坐在一边听。见面了半个小时他们就走了，一连好几天都没有跟我联系，我想估计是没看上我吧。可是回厦门了以后，有一天我突然接到那个男孩子的电话，没话找话说地跟我聊天，还约我出去玩，我也真的就跟他出去逛街吃饭了，后来他又主动约了我好几次，估计是对我有意思了吧，可我不明白，如果当时相亲时就看上我了，应该马上就跟我联系才对啊，怎么过那么久才跟我联系？后来我问他了，他才说了实情。原来，相亲那天他们家都没看上我，觉得我个头不高，南日岛人为了后代着想都喜欢找高个的女孩子。事情的转机还是有一天，他奶奶拿着我俩的生辰八字到庙里，请主事帮看缘分，主事当场就说这两个人八字相符，命里有喜气。于是他奶奶就满心欢喜地叫他跟我联系了，他妈妈，就是我准婆婆，一开始也不喜欢我，后来也是奶奶负责说服的。

于是，阿芳国庆才相亲，春节就要准备订婚了，尽管她是那么不情不愿，但在南日岛这样的环境中，一群婆娘老妈子会数落并劝说快点订婚，而她的母亲也颇为着急，常以邻居家 29 岁的女孩太老了没人愿意相亲的反面案例作为要挟，让她早点答应。就这样，阿芳从相亲到定亲，到结婚，只用了 3 个月的时间。从某种意义上来说，南日岛很多年轻女孩子在如花的年纪就已经淹没在琐碎的柴米油盐中，并很快地繁衍后代。而这一切的顺理成章，都是因为有了"天赋神权式"的旨意，遵循神的意志而为的安排。

四　灵媒对于村庄生活世界的深度渗透

村民还会请灵媒过来择日子。事先要把家庭成员的年龄、属相，特别是户主的八字写在纸上交给灵媒，让她根据既定的规矩确定拆房、打地基、立柱、上梁、上大门、开井、做灶等的吉日吉时。根据五行相生相克的原理，选择不会与利益相关者的生肖相冲突的日子和时辰来做这些标志性的事件。为了充分保证屋主家庭共同体的利益，在立柱、上梁①之前，灵媒会把应该回避的生肖写在一张纸上，贴在房屋前的显眼处。这样，属这些生肖的村民就会自动回避，不会轻易靠近房屋，以免相克或遇到不愉快的事情。村民们总是相信煞气与特定的方位有关，正如有些街巷的入口处都要放置"泰山石敢当"一样，以躲避煞气。但实际情况是，只有特定生肖的人才会受到伤害，因此他们往往会事先被告知躲避。而相克的生肖则不允许出现在房屋建造现场，比如属虎或属蛇的人，就不能参与房屋的建造，跟房屋有关的重要仪式也是将其摒弃在外的。甚至搬家时拿炉火、贴对联、安床等活动也尽量不让他们插手。当然，相克属相的人也不会自讨没趣出现在不该在的场合。此外，为了选出乔迁的最佳时辰，事先要把户主及其长子、长孙的生肖告诉灵媒，请求她根据重要家庭成员的生辰八字算出具体的时间。按照地方风俗，长子、长孙的家庭地位最高，一般是乔迁仪式的主要执行者，是家庭的台柱和颜面，关系到家庭日后的发展。因此，选择的时辰跟他们的生辰八字密切相关，家庭成员也会在特定时刻严格遵照执行。

此外，灵媒还扮演一个意想不到的角色，那就是厨师。这个新兴的职业形态一直很困扰我，在我理解的范围内，灵媒更多是一些能够通神、通灵、通鬼的人，他们能够差遣某些鬼神来祛除疾病、帮助决策、指导人们趋利避害，化解危机，或者对未知的未来世界和事件进行占卜和预见，尽可能满足人们利益最大化的考虑。人类相对于自然界来说是非常渺小的，生理和心理能探及的领域有限，但又对看不见摸不着的虚拟世界有着神秘的探究诉求，希望通过捷径来解决日常生活中的困扰，抑或了解故去的亲人在未知世界的生活状况。基于人类的这种与生俱来的供需关系，灵媒应运而生且有着广泛的受众，人们崇拜之、信仰之、迷信之，灵媒的活动轨迹普遍存在于人群中。正因为人们对灵媒的崇拜感情，在重要事件的选择上总觉得他们能保佑平安顺利，基于这样的想法，灵媒的触角深入到村民生活的方方面面，厨师就是在这样的语境中产生并

---

① 上梁一般选择在新房主体落成时进行，事先选一个黄道吉日，时辰以海水涨潮之时为最好的时辰，寓意"财如水涨"。上梁时，要请人喊赞句，都是颂唱一些吉祥的话语，还要大放鞭炮，以示喜庆。

固化为灵媒的职业。村民遇到乔迁或者嫁娶，都希望将灵媒请到家里来安排酒席，一来讨个好彩头，二来在村民里借助灵媒的威望而增加颜面。如此，灵媒充当厨师后生意异常火爆，档期经常排得满满当当，特别是遇到春节等重要的节日，那几乎是到处赶场的忙活，没有一天可以闲下来的。笔者就调查了村民阿彩，她刚刚请灵媒帮忙置办了婚宴（见图4-32）。

阿彩说：

现在灵媒在村里的作用很重要，相亲、订婚、结婚、生子、乔迁等等家庭重要的事情都要请他们来看吉日，对缘分，为了报答他们，也更愿意请她们来做饭。灵媒当厨师，你可能觉得很好笑，但在我们村里是很正常的一件事情。如果能请到灵媒到家里做饭，是很有面子的事情。他们的档期都很满，没有提前两三个月是预定不到的，特别是春节期间，或者良辰吉日，结婚的人很多，灵媒天天像赶场一样去做饭，忙得连吃饭都没空。当然，他们的收入也很可观。要办喜酒的人提前跟灵媒说好，确定好办喜酒的具体日子，提前一天灵媒就要去采购，按照岛上的风俗，要上齐十八道菜才能显示主人的热情。一般情况下，先上九道菜，这九道菜一定要包括鲍鱼、螃蟹、海鳗等岛上较为昂贵的食材，而且还要保证每人一只南日岛最为贵重的鲍鱼，如果没有这"老三样"，会被人戳脊梁骨说抠门的。所以村民办酒席都要勒紧裤腰带，豁出钱来采购，这是严肃的面子问题，容不得半点马虎。上完九道菜，就会吃水果，作为中场休息，然后继续再上九道菜，总共上齐十八道菜才算结束，其实村民吃到第九道菜的时候就吃饱了，特别是春节那段时间，天天在村里这家吃那家吃，肚子整天都是饱饱的，哪里能吃得下十八道菜，其他菜很多都是浪费掉的。尽管这样，村里的规矩大家还是很认真遵守的。结束宴席的时候，主人还要连连说"招待不周，菜品太少，请求客人打包回去"之类的话。作为客气话人人都会说，但几乎没人会真的打包回去。这样一来，宴请完毕都会剩下好多菜，家里人是吃不完的。于是，主人就会把剩菜送给前来帮忙的亲戚或左邻右舍，以这种方法赠送，没有人会不接受，他们会认为是自己劳动所得，是应该要给的，一般也不会推脱，而是兴高采烈地带回家吃。每桌剩下的同款菜品，比如爆炒鱿鱼什么的，也会收集起来送人，就算是被吃得剩下半条的鳗鱼也不例外。我们村的人很节俭也很团结，不会觉得不干净，反而觉得是沾了这家的喜气。

邀请灵媒来办酒席必须要提前几个月确定，至少也要提前一个月，要不灵媒厨师档期很满，况且我们都会找灵媒对缘分、定黄道吉日，有的是到庙里请主持或长老帮忙定日子。一般来说，确定好的日子是根据阴阳八卦和每个人的生辰八字计算出来的，但好日子总是相对比较固定的，所以办酒席的好日子也差不多都是那几天。这样一来，灵媒厨师就更忙了，大家都要集中在那些好日子办酒席，她们经常忙不过来，没有至少提前一个月预约肯定是没法安排的。到了办酒席的那一天，灵媒厨师一早就开着"红猴子"来了，车上载着炉灶、液化气罐、大口锅、备菜的桌子、食材，等等。她一个人忙不过来，家里也有其他人帮忙洗菜、备料、切肉、摆盘、端菜。往往到了这个时候，左邻右舍和家里的亲戚朋友都会赶来帮忙，所以，每次办喜酒只要一个灵媒厨师掌勺就可以了，家里会有很多人帮忙的。在家里办喜酒就是热闹，一大家子忙前忙后，喜气洋洋。

我们家请的灵媒当厨师都好多年了，她的手艺不错，做的饭菜很好吃。一开始她没有当厨师，只有在村里人定亲、结婚、乔迁等重要活动，请她算日子，定个良辰吉日，后来找她的人多了，大家跟她关系都不错，没事也愿意去她家串门聊天。大家知道她很会做饭，渐渐地，大家就怂恿她来家里帮忙采购食品和烹制，然后给她红包作为辛苦费。村里人好奇她也会当厨师，纷纷慕名前来，吃过几顿酒席后都觉得不错。请她做饭的人慢慢多了，后来村里人干脆都叫她到家里做饭。按照我们村里的习惯，结婚那天要在家里办酒席，邀请亲朋好友和左邻右舍来热闹才好，我们很少像城里人一样到酒店办酒席的。村里人本来就喜欢跟灵媒打交道，总觉得她们身上有灵异的力量，可以保佑他们，所以在办酒席的问题上也更愿意请灵媒来做饭而取代传统上正儿八经的职业厨师，其实更多是出于村民对灵媒迷信和崇拜的潜意识。

图4-32 婚庆仪式中的灵媒厨师

厨师职业化拓展了灵媒的就业途径和收入来源，几乎涉及村民日常生活的各种活动，使得她们的经济收入来源渠道比较多元，不仅有比较稳定的供物和酬金收入，也常有数量不等的捐助收入，家庭经济状况相对丰裕，衣食无忧。更重要的是，灵媒还拓展了自己的交往关系网络，与村民建立了深厚的感情，积累了丰富的社会资本，在村庄的影响力与日俱增。

五 村庄治理的"第二力量"

这种超自然的力量及无法说明的原因逐渐发展为南日岛人特殊的信仰。灵媒常被视为神灵的现实版，大家都愿意跟灵媒攀上关系，或与之合作生意，或习惯去其店铺购买东西，岛民对其更多的是敬畏和信仰。另外，岛上还有一些异化的灵媒，常在家里捣弄巫术，使人有病痛之灾，对此，岛民皆避之唯恐不及，远远见到都要绕行。由此可以看出，灵媒在岛上成为社会关系的核心，与灵媒沾亲带故的岛民常常能从中获得丰富的社会资本。岛民对于神灵的敬仰和崇拜，使得他们就算社会地位再高、经济收入再多，也要对灵媒毕恭毕敬，并以灵媒为中心发展出一个关系网络，犹如差序格局一般，在圈内的人，关系较为紧密团结，能获得较多的社会资本，随着圈数的增加，关系逐渐疏离，能获得的网络资源逐渐减少。这种南日岛特有的"灵媒社会资本"形式，深刻地影响着家庭社会资本的构成，一般来说，家庭成员与灵媒关系更为密切的，在当地往往能借助灵媒的力量获得较好的人缘和社会地位，在当地属于比较能办得了事情的"能人"，一旦他们离开海岛，社会资本必将重构，在岛上的优势位置就会淹没于陌生人的社会里，无法获得有效的资源。基于此，拥有较多"灵媒社会资本"的人更愿意生活在海岛上，而很少出外工作，同时他们也会把这样的理念通过言传身教传承给子女，并利用他们在岛上业已建构的关系网络为子女提供各种便利，保持既有的社会地位和安逸的生活状态。

建造房屋也是村民非常重要的家庭事件。在建造房屋之前，要问灵媒能否盖房子，盖几层为宜，房屋朝向等问题，特别是涉及地界纠纷的房子。农村的地界虽然有土地证作为凭据，但主要是主体框架的划分，一些零零碎碎的地盘，比如房屋周围的菜地、水沟、公共通道等，在归属权上一直都是模棱两可的状态。由此，在盖房子的时候，邻里之间经常因为地界的归属而争论不休，甚至发生打架斗殴事件。而灵媒在此时恰恰扮演着重要的角色。村民们平时经过口耳相传，都会在心里默认神灵的地位排序，只要灵媒上身后报上名字，村民们都知道背后神灵的位次。一旦发生纠纷，邻居就会请出家族里的灵媒作为中间人分地界，这个时候，神灵的位次就非常重要，大家一般会选择位次较高的灵媒，以她所言作为评判的依据。如此，只要报上附身灵媒的神灵名字，大家都会在心里飞快地权衡神灵的地位，然后尊崇较高地位的神灵，请她来划分地界。这样一来，村民虽觉不公，也会敬畏并高度认可，接受这样的安排为神灵的旨意，是要严格遵照执行的金科玉律。出于对家庭安全、健康、和谐等的考虑，没有人愿意跟神灵作对，纠纷自然就顺利化解了。

　　我们全家现在都搬到涵江去了，我女儿在涵江自己经营电子配件，就是计算器上的感光太阳能，小小的一个芯片。她做太阳能批发，我们两夫妻就帮忙她搬货、做家务、带孩子，这几年生意做得很红火，赚了不少钱，在莆田都买了一栋别墅、一个店面和一个套房，跟村里出去做生意的人比起来也算比较有钱的。这几年我开始为我以后的养老做计划，就想着以后老了还是要回到岛上去的，毕竟那里才是我真正的家，我从一出生起就生活在岛上，对海岛很有感情。我跟儿子女儿商量，想回村里盖房子，他们俩一开始是反对我盖房子的，觉得老家的房子一年也住不了几天，花一百万不值得，还不如在城里买个套房。可我们老人不这么想，老了总是要叶落归根的，每天在熟悉的环境生活，到处都是熟人，天天都可以找人聊天串门，这样的生活是我们想要的。

最终我还是说服了儿子女儿给我盖房子。儿子儿媳是公职人员，每月工资是固定的，没有太多的钱给我盖房子，女儿是"两顾"，当儿子养的，按照村里的规矩，"两顾"的女儿不帮娘家盖房子会被村里人笑话的。两个人平摊一下也没太大的经济压力。但女儿做生意比较有钱，我就让女儿先垫钱盖，等儿子以后有钱了再还给女儿。两个孩子还是比较孝顺，虽然一开始不愿意，后来也都同意了。真正要盖房子的时候却很费劲，农村人盖房子就是要找关系，托这个托那个。我家的老房子是90年代初盖的，那时怎么办的手续我都给忘记了。……

打地基的时候一开始进展得很顺利，今年的钢筋和人工成本降价了，刚好被我们赶上，省了一笔钱。不过没几天，我家后门斜对面那户人家就闹起来了，那家的女主人跑到我家来说，不让我们家挖化粪池，会影响到她家。她说得非常激动，几次吵着要跳进化粪池里，被邻居拉住了。我说我家化粪池离你家还远着呢，影响不到的，何况你家自己也有化粪池，凭什么你家可以挖我家就不能挖。可她不管，天天上门来闹，她没事干，有的是时间。我只好让师傅先填掉，等砌墙的时候再说。……没过几天，左边那户人家也闹起来了，他家说我们家的房子不能建台阶，原先设计好的三个台阶要改成平地，要不我家比他家地基高，以后水会流到他家去的。我说地基高不高关系不大，我水沟做好了对你家也不会有影响的。而且到时我家房子要盖三层半，也要比你家高，难道你还不让我盖？因为这件事也是吵了好多次，最终也是不了了之。……房子框架差不多完工后，要把路口拐进我家的那条小路铺上水泥，这下路边的那个邻居也闹起来了。他家很早就砌了围墙，水沟却留在围墙外，还在水沟边上种了一排葱。没盖房子之前我就任由她家种菜了，我跟她说过我家的小车开进来压到你家的菜我可不管，那条路是我家的，当年已经量过了，确定好宽度了，不能随便占别人家的路来种菜。之前我家没住人，随便你怎么种，现在盖房子了，就不许你乱来了。

这家人菜是没再种了，但水沟就是不拆，我做水泥路就只能从水沟外做起，这样一来，路的宽度就变小了。……想到以后小车要开进来不方便，现在路又变窄了，我就想买下旁边的菜地让路更宽一些比较好走。就跟菜地的主人商量要买个一米宽的菜地。这家主人在我家正对面，平时也不住在家里，跟着儿子在外地打工，逢年过节才回家。他家看我家在盖房子，早就眼红了，羡慕得半死，巴不得我家不要盖房子。一听说我要买菜地，连连摆手说肯定不能卖，就算菜地荒了也不卖给我们。在给小路铺水泥的时候，拐弯处是个电线杆，我家就在电线杆的拐弯处多浇了一些水泥，他家马上跳出来，拿着铁锹追出来骂，说拐弯处也是他家的。他说得非常激动，铁锹在他手里握得咯吱咯吱响。

农村盖房子就是这样，平时邻居都是很和气的，见面打招呼，无聊时就串门。但一旦盖房子，什么问题都出来了。农村人心理比较狭隘，见不得别人家好，看你家盖房子，就会聚在一起议论半天，找茬阻止盖房子的进程。很多时候，明明跟他家毫无关系的事情，硬要说会影响到他家。特别是农村有很多公共的地盘，比如过道、树、围墙什么的，根本就说不清是谁家的。有的人会趁着盖房子圈占公共地盘，引起邻居间的矛盾甚至吵架打架的。这样的纠纷在农村很常见，村主任、村支书都解决不了，只能尽量做做思想工作，但没法根治的。没有处理好会加深邻居间的积怨，导致从此不相往来，时不时还会吵架的。

在后启蒙时期，"宗教"和"社会"的概念被严格地二元区分，学界对农村社会的研究常忽视了宗教的重要性，侧重于对于中国国民社会、公共领域、公权力的涉足和定位，比如罗威廉①、玛丽·兰钦②、萧邦齐③、

---

① 罗威廉：《近代中国的公共领域》，《现代中国》1990年第3期；罗威廉：《中华帝国晚期的"市民社会"问题》，《现代中国》1993年第2期。
② Mary Backus Rankin. *Elite Activism and Political Transformation in China：Zhejiang Province：1865 – 1911*. Stanford：Stanford University Press, 1986, p. 15.
③ 萧邦奇：《中国精英及政治变化：20世纪初期的浙江》，徐立望、杨涛羽译，江苏人民出版社，2021。

戴维·史特兰①。在他们的研究视野里，强调了公共领域的重要性，却没有将寺庙、宗教仪式、教派主义、秘密会社等纳入研究范畴，没有将中国公共生活中宗教活动的意义考虑在内。② 他们认为所谓的"公共性"就是对社区及政府的重要事务进行规范化管理，而选择把宗教活动归为私领域的范畴，区别于精英所进行的官方公共管理。③ 可以说，"国家推行的是一个结构而非实质内容，提倡的是符号而非崇拜"④，而宗教的社会功能则恰恰相反，游离于国家提倡的范畴之外。

　　尤其在村庄司法领域，宗教活动则有着"非正式执法"的属性，毕竟国家治理到基层社会的辐射半径太大，上行下效、阳奉阴违等无时无刻不存在，"天高皇帝远"的事实导致法律和操作之间脱节，法律成为"有质疑的动力"，对于地方社会的功能发挥较为有限。

　　由此，在公共领域，灵媒常被岛民请来协调公共纠纷。比如确立家族坟墓或房产的地界，很多岛民在建造坟墓或盖房子的时候，对于公共用地常持有争议，于是，邻居们在动工之前都要过来吵架，对有争议的地盘喋喋不休地说个没完，不过他们也以此作为常态，盖坟墓或房子不吵架的才是最令人困惑的社会事实。据有经验的人家介绍，类似这样的吵架要持续好多年，岛民极端的小农意识和寸土必争的权力欲望，使得吵架成为常态，并异化为重新调整村落家族权力地位的工具理性。从某种意义上说，吵架就是一种仪式，作为表象的争斗本质蕴含着深刻的社会地位博弈。但也发现一个更有趣的现象，就是吵架的论据和靠山问题。吵架更为据理力争的一方，往往有神灵庇护，之所以会知道神灵的旨意，岛民往往会在确定地界的时候寻求灵媒的帮忙，让神灵附体后请求其指示，神灵会告诉你哪些该据为己有，哪些当作为公共用地。得到神灵谕

①　史谦德：《北京的人力车夫：1920 年代的市民及政治》，周书垚、袁剑译，江苏人民出版社，2021。

②　丁荷生：《中国的第二个政府：中国东南部的地区仪式体系》，载王秋桂、庄英章、陈中民编《社会民族与文化展演国际研讨会论文集》，台北汉学研究中心，2001，第77～110 页。

③　Mary Backus Rankin. *Elite Activism and Political Transformation in China：Zhejiang Province：1865 - 1911.* Stanford：Stanford University Press，1986，p. 15.

④　华生：《神明的标准化：华南沿海地区天后之提倡：960 - 1960》，载罗友枝，黎安友，姜士彬主编《中华帝国晚期的大众文化》，赵世玲译，北京师范大学出版社，2022。

旨的岛民于是在吵架的时候将此作为最强大的武器，众人皆会动容和敬畏。同时，神灵的地位高低、灵验与否也会成为不成文的规定，岛民口耳相传，心里有谱，只要报上神灵的尊名，岛民就会掂量其分量，以此决定吵架要不要继续。质言之，虚幻的神灵提供隐形的社会秩序，岛民遵章在社会场域里活动，维持正常的公共事务和村巷大小事的运作，其权力的效用远远高于公共部门的村主任、村支书等行政主体。与此相反，家族中是否有人在岛外政府部门工作，抑或行政职务的高低，放诸南日岛的环境下往往无法真正起作用，在岛民的逻辑里，当官与否及地位如何，其权力触角都无法延伸到海岛，对己构不成威胁，对他人也没有裨益，如果岛民世世代代要在岛上生存发展，外界的信息对他们来说就是隔靴搔痒，作用尤其有限。于是，灵媒对于公权力的行使拓展了她们在岛上的影响力，其影响与日俱增，触及公领域的诸多层面。

　　从客观上说，这种约定俗成的规矩助长了灵媒的日益普遍化。家族为了在村庄事务争议中获得话语权，迫切需要有较高地位的灵媒作为后台以壮士气，这样可以在争吵中占据上风，灵媒常能作为调停纠纷的中间人。特别是对于小姓弱房的子嗣来说，在房份斗争中常处于忍辱负重的地位，迫切需要灵媒来提升房份的地位，争得一定的话语权。村民的这种单纯功利化的愿望，直接或间接鼓励和激发灵媒的生成，成为催生灵媒的意识土壤，大批灵媒应运而生。正如前文所述，女性有当灵媒的潜质，但也需要缘分才能走上正道。但在特定的海岛语境下，灵媒的产出还是超出了正常的范围。当然，也有一些浑水摸鱼、投机取巧的村民，出于对邻里间欺压的担心，而对外佯称灵媒，还会煞有介事在家鼓捣一通，并在村里大肆宣扬。虽然从未有村民见过她们上身后的仪式过程，但天机不可泄露，出于对神灵的敬畏，宁可信其有而不可信其无，谁都不愿意打破砂锅问到底，更多村民在半信半疑中慢慢接受。

　　对于灵媒真假难辨的情况，阿灵是这么说的：

　　　　我们村里有登记在册的就是 18 个男灵媒，平时也很少有活动出场，只有到每年的正月十八元宵节，我们浮叶村最热闹的节日才会请他们出来，用轿子抬着从村里的聚斗安乐社（见图 4-33）出来，到海边的那个坳口做法事。这些在册的灵媒是真实可靠的，我们平时都非常尊重他们，遇到红白喜事都会让他们定日子，村里人上学、找工作、谈恋爱这些人生大事都会请教他们，让他们帮忙拿主意、提建议。其他的灵媒我们就没那么相信，一般是他们本家族的亲戚会请出来解决家庭的内部事情，不是本家族的一般不会找他们。还有就是女灵媒，虽然没有登记在册，但长年累月下来，有些是很灵验的，她们附身的神灵位次排序也比较靠前，村里人也会口耳相传、慕名而来，在村里有着很不错的口碑。

图 4-33　浮叶村的聚斗安乐社

当然，也有一些假灵媒，担心被邻居欺负，就对外谎称灵媒，有时还要在家做法事，但从来没人有见过她们上身的。我们村是从惠安移民过来的，一开始只是住在坳口那一小块地方，定居下来后人不断增多，就拿钱去跟当地人换土地，你要知道，岛上的土地是有限的，农村人对土地非常看重，有时你花钱也不一定能买得到，就算买得到也要花比行情价更高的价格人家才肯卖给你。怎么说我们是外来人，当地人不欺负你已经不错了，哪敢指望人家便宜卖你土地？就因为这样，村里的土地非常少，很多人盖房子都挨得很近，甚至还有人把房子盖在坟墓边上的，窗户一打开就对着坟墓，其他村的人来看都觉得很恐怖，但没地方盖房子啊，住久了也就不怕了。

还有一些人家的猪圈、鸭圈就在卧室旁边，每晚听着猪的呼噜声睡觉，再被公鸡的打鸣叫醒。（阿灵顿时笑开了）

　　你到我们村里就可以看到，村里都是很小的巷子，没有太多地方可以走路，现在人有钱了，买了小车，却发现在村里找不到地方停车，你刚才停车的那个小空地是每年元宵节集合休息的地方，好不容易有留了一小块，其他没有了。所以村里盖房子经常会吵架，邻居都会跳出来闹事，总担心你家盖房子占了他家的地盘。而农村的地盘是很难分得很清楚，为了一小块地、一棵树、一条水沟，都有可能大打出手，甚至变成家族间的打斗。长年累月下来，大家也都积累了经验，为了避免打斗，就会对外宣称家族有个灵媒，会主持公道，有纠纷就会带话给村里人，让村里人都按照他说的做。村民们一听灵媒发话了，都噤声不敢再闹，否则触犯了神灵那可不是闹着玩的。尽管很玄乎，但是真是假，谁都不敢瞎猜测。村民还是比较朴实的，对神灵有着天生的敬畏，尽管他们将信将疑，但宁信其有而不信其无。

　　我们家隔壁邻居也自称是灵媒，我从来没见过她上身，她说上身是不能随便给别人看的，所以我不相信她。她坚持说上身的神灵是她死去的弟弟的鬼魂，经常回来找她，带来天界的消息，遇到问题也会指点她解决的办法。就算我不相信，也总是会有人相信的，我的堂哥就是一个。他住在我家后面，在这户邻居斜对面，在20世纪80年代的时候，邻居家前面有块空地是我家的，邻居盖房子的时候想往前拓宽一些，就找我堂哥，让他说服我把这块地卖给她。我家不是很宽裕，但也不差钱，卖土地的事情我怎么都不愿意，本来每家的地都已经非常少了，我怎么舍得卖给她。于是，我说什么都不答应，任堂哥踏破我家门槛我也不松口。堂哥无功而返，悻悻离开。没过几天，堂哥就嚷着说头痛，痛得昏天黑地下不了床，好不容易好些了又开始痛起来，请村里的赤脚医生来看了几次都不见好。这下我堂哥慌了，他隐隐感觉他的头痛是被神灵捉弄的，不是生病引起的。他联想到隔壁邻居就是灵媒，心想会不会是她没买到地故意做法事来惩罚他的。一想到这，他头痛得更厉害了，跑我家更勤了，几乎一天三顿都要来我家报到，说来说去就是要卖地，甚至在我家痛哭流涕说不卖地他就活不下去了。我老伴当时是远洋轮船上的船员，一年难得回家几次，我就说要等一家之主回家再做决定，我一个女人家怎么能把老伴名下的地给卖了呢？可我堂哥就跟中邪了一样，事情没办妥，头痛得更厉害了，他看自己说不动我，就今天请一个本家来，明天请一个亲戚来，后天再继续……反反复复好多次，我心软了，自作主张把地卖给了邻居，只留了一辆三轮车的宽度作为进出我家大门的通道。说来也巧，自从把地卖给邻居后，我堂哥的头痛马上就好了，看到我都感激不尽。

后来我老伴返航回家了，一听说我把地卖了，气得在家跳脚，转身就去邻居家讨。可人家哪里肯还，拿出卖地的契约，白纸黑字写得清清楚楚，怎么能随便更改？老伴只好无奈地回家。此后他在家一连住了一个多月，都不肯跟我说话，就连现在讲到这件事他还是愤愤不已。……这几年我家生活好了，儿子女儿都买了小轿车，从大陆开车到码头，用大轮船载到岛上来。交通方便了，回家也不用像以前那样跟逃难似的背着大包小包去赶船。但每次开车回家他们都要对我抱怨，当年留的三轮车宽度太小了，车开进来很窄，每次进进出出都要一个人在旁边引导。当年量过道的宽度时，我怎么可能预想到后来会有小车开到我家去？觉得留一条可以走路的过道就可以了，三轮车的宽度肯定是够用。人算不如天算，看到当年我的疏忽给家里人带来的麻烦，我也是后悔不已。

后来我也在想，怎么会那么神奇，自从我把地卖了我堂哥的头痛就好了，其实想想应该是心理作用，没卖地就跟他的心结一样，没有解开自然就会犯病。对于这件事，我也没少责怪他，怪他给我多事。但想归想，自从出了这个事情，我很少再跟邻居打交道了，总觉得她是邪恶的灵媒，专门做坏事捉弄人的，谁惹了她，她就让神灵来惩罚谁，这样的灵媒还是少接触为好。特别是家里的孩子，我都不让她碰，我的小孙女刚出生不久带回村里，她要抱孩子，我就找借口不给她抱，我觉得她一抱孩子肯定就会生病。从此，我视她为瘟神，远远看到她就绕道走，平时也绝不跟她来往，几十年了一直都是这样。

相比之下，我堂哥就过于懦弱。2000 年开始，我和老伴就跟着女儿到大陆做生意了，平常都不在家，只有逢年过节家里办喜事才会回到岛上，十几年来都是这样。我就把钥匙交给我堂哥，他住在我家后面，方便帮我看管房子。2007年，南日岛通了自来水，家家户户都装上了水表。[①] 我家回来一趟很麻烦，就托堂哥帮忙安装水表。等到2008年春节我回家一看，隔壁邻居家也装了水表，但水表装在围墙外，占了我们两家相邻的一小块菜地。我气得跺脚，跟我堂哥吵了一架，我说我把钥匙给你，就是要让你帮我看家的，怎么菜地又被邻居家占了一块。堂哥也很委屈，自从上次卖地头痛后，他对邻居都是恭恭敬敬的，其实内心怕得不行了。这次水表装在围墙外，他早就看到了，邻居家在安装的时候他愣是不敢吭声，眼睁睁地看着邻居家装。……再后来我堂嫂也开始到处说她也是灵媒，这一次我还是不相信，因为我从来没看到她上身过。她说是就是呗，我就算怀疑也不会当面拆穿她，万一她是灵媒，我岂不是要惹怒神灵？跟堂嫂一样的，还有很多人也对外自称灵媒，灵媒也越来越多了，慢慢地，大家也都习以为常了。

现在的灵媒几乎家家户户都有，真真假假难以辨别，从来不会有人那么较真去考证谁是真的谁是假的，到最后只要谁说她是，那就是，村里没人会跳出来质疑，就当是默认了。只是，村里人都还是对为数不多的几个灵媒较为崇拜，像以前一样继续求她们指点一二。

第六节　神秘的库拉圈

一　库拉圈里的交换伙伴和关系网络

库拉圈理论是马林诺夫斯基在1914年来到澳大利亚所属的新几内亚进行田野调查发现的一个有趣的理论，在他写作的《西太平洋上的航海者》一书里有详细的记载。所谓的库拉是一种大范围的交换形式，库拉的交换圈将海岛上的若干部落囊括其中，形成特定的有规律的封闭的循环圈，在诸列岛上的居民群体之间广泛采用。库拉的定律是"一日在库

① 为解决长期困扰南日军民的安全饮水问题，2007年，南日镇投资1.84亿元建设平海湾跨海供水应急工程，全面建成岛上输配水管网和缘岛水厂工程。

拉，终生在库拉"，任何人都无法离开库拉圈形成另外的交换关系。在库拉圈里，有且只有两种媒介物在不断地沿着相反的方向流动，一个是长长的红贝壳项圈（soulava），由红色的贝壳连缀而成，沿着顺时针方向流动；另一个是白贝壳臂镯（mwali），由白色的贝壳加工而成，沿着逆时针方向流动。这两种物品在各自行进的方向中彼此相遇、不断交换。它们按大小、颜色、打磨的精致程度，以及特有的历史分出等级，正是这两种物品的相互交换构成了库拉的主要行为。

对于库拉圈里的交换主体而言，他们通过频繁的交换活动形成固定的伙伴关系，而伙伴关系主要分为两类，一类伙伴给的是臂镯，一类伙伴给的是项圈，臂镯和项圈的交换方向是相向而行的。就库拉交易的地理方向来说，面向圆心的伙伴站在库拉圈的任何一点上，左手接受的是臂镯，右手接受的就是项圈，依照此方向传递下去；就库拉交易的地域来说，一种是岛内的人群之间的交换，这些有限的人群从交换的开始就需要遵从一定的交换规矩和方式，并辅之以巫术的仪式。不过这样的交换关系是稳定而持久的，一旦进入库拉交换关系，就终生延续着特定规则的交换关系和交换方向。一个人拥有的伙伴多寡取决于其在海岛上的等级和重要性，比如酋长可以有几百个库拉伙伴，而普通人的伙伴数量就很少。但随着频繁地交换且囿于岛上有限的资源，限制了岛内人群的交换对象，海岛上的土著人就要开始拓展更大范围的库拉伙伴。这些土著部落里的人，经常要在西太平洋上航行，航途中遇到各种不确定的风险，为了规避可能的风险，就需要获得他的库拉伙伴的帮助和支持以保障他们的安全，于是，土著人给遥远的库拉伙伴们送去食物、礼物，他们的伙伴成为他们在远方的接待人、保护者或者说是忠实的盟友。就这样，海岛内和海岛外的库拉伙伴，与土著人形成错综复杂的交换关系网络，交换物品日益多元，交换关系也得以巩固和持续。

然而，封闭式的海岛生存环境和丰富的海产资源完全可以让土著人的生活实现自给自足，他们进行库拉的交换则有着生存目的之外的动力机制。马林诺夫斯基认为，这种动力正是整个人类所特有的心理机制，即通过赠予而获得别人的认同，达到自我炫耀与满足。土著人彼此交换的直接目的就是为了解决生活的基本需要，但又不仅仅局限于此，还有着向其他部落炫耀、共享和互赠的社会目的。食物的效用在于希冀炫耀财富提高社会声望，库拉物品的意义不只在于实用，更在于社会象征意义，土著人通过库拉物品的交换建立广泛的社会关系，在物品的传递中获得占有的快乐。恰如特纳所指出，"库拉圈的交换关系具有炫耀、共享、给予的基本功能，并且具有创造社会联系的深切愿望"。① 哈维兰同样指出，"臂镯和项圈积累了它们的旅行史，以及占有它们的那些人的名字，通过它们的循环流传，人们称颂其个人的声望和才干，在此过程中为他们自己争得相当大的权势。虽然想法是使一只贝壳的大小和价值配得上另一只，但是人们全凭他们的谈判技巧、物质资源和巫术技能，获得与最强有力的伙伴接触的权利，而且得到最贵重的贝壳。"②

　　库拉还是一种"总体性呈现"，是复杂的集仪式、经济交换、政治关系、巫术和社会整合于一体的综合社会现象。巫术有着超自然的支配力量，土著人重要的库拉交换都要伴随着巫术仪式，他们认为巫术可以使库拉更加顺利，也能在交换的讨价还价和谈判中占据有利的地位，促使交换的成功，还能展现个人魅力。因此，巫术带有的强烈的宗教和社会因素，超越了纯粹的经济行为。马塞尔·莫斯对此曾明确地指出，原始社会的礼物交换现象"涉及大量的、本身极其复杂的事实。而所有这些事实又交融在一起，共同形成了先于我们的社会，乃至原古社会的社会生活。这些总体的社会现象，能够同时绽然展现出全部各种制度：宗教、法律、道德和经济。"③ 可以说，原始土著人的礼物交换是个政治制度、家庭制度、经济制度的综合体，是多维要素交糅在一起的社会现象，通过经济活动将人与自然环境、社会环境有机联系起来，实现经验上的人情互惠、资源配置和库拉交换，并强化了彼此的社会交往，增强了部落间相互依存的向心力。

二　鲍鱼成为新兴的库拉交换载体

　　中国社会中的人情关系是最复杂神秘的交往体验，尤其当人情中被

---

① 乔纳森·特纳：《社会学理论的结构》（上），邱泽奇译，华夏出版社，2001。
② 〔美〕威廉 A. 哈维兰，哈拉尔德 E. L. 普林斯：《人类学：人类的挑战》，翟铁鹏、张钰译，电子工业出版社，2018。
③ 马赛尔·莫斯：《礼物——古式社会中交换的形式与理由》，汲喆译，商务印书馆，2016。

赋予理和义之后，人情就发展成国人的主要交往方式，体现出特殊主义和普遍主义的色彩。如《礼记·曲礼》中所说的："太上贵德，其次务施报。礼尚往来：往而不来，非礼也；来而不往，亦非礼也。"由此，人情的建构需要通过礼物的交换得以实现，附着在礼物上的恩惠转化为关系网络中的资源交换。作为恩惠的礼物从本质上来说就在于为他人做事并使他人因此而长久地感激并设法回报。人情交换的礼物并不能像经济交换一样有确定的价格和理性的价值计算，礼物的社会价值是无法简单估算的。交换双方都认为送礼主要在于情意即蕴含在礼物中的良苦用心，更是一种情感理性的情理交融。情理社会讲求人情交往中的非对等性，希冀交换关系的建立是长期可持续的而不是一次性的权宜交往，发生了一次之后就能连续性地循环下去并固化下来。① 这就为往复式或循环式交往提供人情流动的基础。

除此，在中国场域的社会体系中，不论是后进的社会形态还是古代的社会形态，人们接受馈赠并不是单向度的，须有回报的义务，以遵循权利与利益规则，在这里，现代社会赋予原始礼物以道德的维度，通过礼物的符号意义来重构社会关系逻辑。因此，"礼物、礼物中的自由与义务、慷慨施舍以及给予将会带来利益，并使得社会、社会中的次群体以至社会中的个体，能够使他们的关系稳定下来，知道给予、接受和回报"。② 在礼物的交换过程中，礼物超越其实物本质，而具有社会生命和社会人格，使人们走出各自的关系网络再相互混融，形成契约和交换关系。与此类似，逢年过节熟人社会常通过宴请的方式，加深彼此的感情并重构关系网络，众多夸富宴的确存在明确的利益逻辑，目的是获取荣誉和声望，提升社会形象，家庭成员给予外界礼物和大摆夸富宴的同时，是为了达致荣誉原则，即经济、社会、法律与道德的"混融"，对礼物的所有权经由这种混融而具有特定的涵义，这也正是马林诺夫斯基所描述的"库拉圈"原理。在南日岛的调查中，笔者也发现了"鲍鱼库拉圈"效应。

在南日岛，鲍鱼由于味道鲜美和价格昂贵而成为奢侈品，岛民互赠礼物常选择具有海岛特色的、有较高品位的东西，于是，鲍鱼成为馈赠

---

① 翟学伟：《人情、面子与权力的再生产》（第2版），北京大学出版社，2013，第205页。
② 马赛尔·莫斯：《礼物——古式社会中交换的形式与理由》，汲喆译，商务印书馆，2016。

的绝好媒介，这也符合礼物交换的重要条件。因此，逢年过节或者重要的家庭事件，比如满月酒、结婚等，送礼和宴请的必备物品一定要有鲍鱼，送得起鲍鱼才是最有面子的事情，在很多情况下鲍鱼的数量和质量成为衡量一个家庭富裕程度和个人出手是否阔绰的重要衡量指标。一斤3个的极品鲍鱼成为人们竞相购买的等价物，正因为岛民对鲍鱼的这种执着的热情和追捧，鲍鱼的价格被炒作起来，根据每斤的个数来决定鲍鱼的品质，岛民送礼或宴请的时候常以此作为见面的开场白或宴请的诚意，收礼方和吃客也会心照不宣地知道东西的分量。

三　鲍鱼库拉圈隐含的"总体的呈现"

鲍鱼流动的路径，遵循着金字塔的等级结构如图4-34所示。岛民送鲍鱼一般沿着自下而上的礼物流动路径，这类流动路径带有明显的功利色彩，是为了积累社会资本而采取的行动。但随着自下而上礼物流动的频繁，社会地位等级较高的人收到很多的鲍鱼，单靠个体家庭吃不完，就只能送给等级较低的关系密切人，比如亲属、朋友、邻居，而等级地位相近的群体，也会互相赠送鲍鱼，作为日常交往的一般等价物，但此类赠送相对较少，更多是自下而上和自上而下的鲍鱼流动，形成一个循环反复的系统。可以说，鲍鱼库拉圈代表着一种对岛民来说具有重大意义且充斥着复杂人际交往关系的仪式，反映了特殊的文化特质和民俗氛围，将为数众多的岛民结合在一起，并且交织在大量复杂的活动和仪式之中，成为结婚、满月宴请中重要的道具予以呈现。基于此，鲍鱼库拉圈联系起南日岛的诸多村落，使岛上的6万多人加入这场礼物流动的狂欢盛宴中，加深彼此的交流和感情，形成系统多元的有机整体。对于鲍鱼的消费已经不仅仅是生存层面的礼物交换，更多是为了建构特殊的社会关系的交换载体，鲍鱼的送出者希冀通过鲍鱼获得权力主体的资源配置，为其提供联络感情、介绍工作、职场晋升等方面的便利和资源，经济活动上升为人情的交换，并衍变为资源的再配置，形成社会交往关系新格局，是融经济、政治、社会于一体的"总体的呈现"。

鲍鱼养殖是南日岛新兴的行业，因此鲍鱼库拉圈的形成还处于雏形状态，但已表现出较为清晰的交换轮廓而固化了下来，将岛民涵盖入这样的交往关系圈中，成为具有相互责任和权力的人际关系类型，而且，

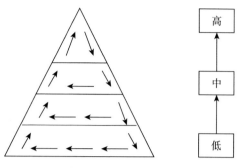

图 4 - 34 鲍鱼库拉圈

鲍鱼库拉圈还嵌入了人际关系的特殊信任，使每个鲍鱼送出者都有信心能从收受鲍鱼者身上获得他所期待的资源，实现互动交换。很多岛民是在春节才回到南日岛，他们趁着春节岛民都在家的机会，互相拜访、送礼、宴请，增进彼此的感情，以此积累社会资本，提高关系网络的顶端、规模和异质性，以此从不同资源掌握者手里获得所要的资源。比如，南日岛很多人在外地承包医院，每年春节回海岛，这些承包者就会在老乡中物色满意的管理人员来为医院服务，而此时，鲍鱼恰恰成为交往的"叩门砖"，有求职意向的岛民就会通过送鲍鱼找上门来，以此为机会进行交流和沟通，如果满意就可以在春节后直接上班。因此，春节常是送鲍鱼的旺季，鲍鱼的价格也水涨船高，在春节时达到一年中价格的顶峰。作为库拉交换的新兴的载体，鲍鱼承载着浮叶人特殊的历史使命，循环往复于金字塔内不同层级的人群，直至被摆上餐桌，成为可口的美食。

第七节 重男轻女的根深蒂固

作为人类文化重要组成部分的生育行为，深深渗透着传统的因素，乡土社会里的生育行为受到传统文化的影响而表现出强烈的延续性。中国农村社会中严格的父系家庭体系的存在，使重男轻女、养儿防老、多子多福的生育观念根深蒂固地延续数千年的时间，刺激了男孩偏好，成为传统社会的重要特征之一，在家庭成员的生育决策中影响力甚于经济成本因素。[1]

---

[1] Poston, D. L. "Son Preference and Fertility in China: A Study of Four Rural Counties," *Population Studies* 51 (2001): 161 - 224, 221 - 228.

生育行为具有空间性、应时性和文化性，[①] 男孩偏好不会因为空间迁移、时代变迁、社会经济发展而轻易消失，相反，却像某个族群不可或缺的重要组成部分一样，被神话和追捧，渗透于文化特质中。尽管植根于父系家族体系和儒家文化的男孩偏好观念在农村社会中日渐式微，但制度体系和文化特质并没有发生根本性的变革，促使村民男孩偏好的基本力量仍然存在。[②] 经济改革提高了妇女的经济收入和进入市场的机会，提高了女性的家庭和社会地位，但家庭生产功能的恢复及祖先崇拜的复苏却加强了男孩偏好的文化基础。[③] 生育成为村民、政治经济力量与父权传统之间的协商，人们会依据自身的经济条件，在政策允许的范围内寻求解决之道。现代家庭日益核心化，子代家庭承担了越来越多的家庭责任，男孩偏好因为生育率的下降而不断强化。在生育数量有限的前提下，更多人选择生育男孩，男孩偏好对控制生育率的效果极其有限[④]，也客观助长了性别不平等，女性依然处于从属的地位。从根本上变革重男轻女的思想意识，将是一个长期曲折的过程。

　　随着两百多年的历史积淀，传统的浮叶女逐渐蜕变，在社会上和家庭中的地位得到很大的提高，她们在物质生产和社会生活中发挥着重要作用，她们的角色地位不容小觑。但在现实生活中，浮叶村还普遍存在着重男轻女的封建思想残余，与她们现代女性的外在身体和形象塑造格格不入，不仅带来观念上的思想桎梏，还影响她们的择偶意愿和家庭生活的行为选择。这样的思想观念估计与她们所处的自然生态环境紧密相关。众所周知，海岛所处的特殊且恶劣的自然环境，造就了渔民讨海的经济模式，他们长期靠捕鱼为生，迫切需要大量男性劳动力作为重要的劳动供给，以对抗风浪的险恶和生活的不易。海岛文化语境下成长起来的渔民在长期与海洋搏斗的历程中，天生就养成了"爱拼才会赢"的竞争意识。由此，在经济和文化双重形塑下，浮叶人坚定不移地对男性有

---

① Greenhalgh, S. "Anthropology Theorizes Reproduction: Integrating Practice, Political Economic, and Feminist Perspectives," in *Situating Fertility*, edited by S. Greenhalgh. Cambridge: Cambridge University Press, 1995.

② 同上。

③ Li, J., W. Lavely. "Villages Context, Women's Status, and Son Preference among Rural Chinese Women," *Rural Sociology* 68 (2003): 87 – 106.

④ 王燕：《男孩偏好对中国生育率的影响》，《中国人口科学》1995 年第 4 期。

着执着的崇拜，男丁数量的多寡规整着家庭经济生产的稳固性，动态调整着村庄的秩序格局，无论对家内家外都有着广泛而深远的影响。重男轻女观念如同强大的磁场吸引着村民的生育向心力，渗透于浮叶村民众生活的方方面面，有着根深蒂固的广泛受众。

一　重男轻女文化特质的日常呈现

中国的传统文化以儒家思想为根基，儒家思想使中国人"最初和最终的责任，是对祖先和后代尽力"，从而导致了中国人的生育选择以追求男性后裔为目的。这种具有传宗接代意义的单系偏重习俗，已经沉淀和转化成中国的传统生育文化，构成了中国农村家庭生育需求的非经济根源，有着广泛的文化受众，根深蒂固且不可替代。虽然有经验表明，工业化的推进促使传统伦理纲常和礼俗规则缓慢地发生了变化，但以男孩偏好为特征的社会文化因素却固化于村民的观念体系里，成为无法弱化的思想偏好，而这终究还是文化特质的问题。

在经济生产活动中，南日岛的主业是渔业捕捞，海上风浪的险恶使得远洋捕捞成为女人们的禁区，于是沿袭着男性捕捞而女性从事农副业的分工格局，且界限清晰而很少有人逾越。在浮叶人的眼里，男人天生就是要出海捕鱼，这是他们的老祖宗从惠安迁移到南日岛后就一直从事的老本行，是他们责无旁贷的家庭责任。女人则从事农副业，比如种地瓜、养鸡鸭等，从事农副业常常是为男人所不屑的，做家务更是男人的耻辱，是要淹没在左邻右舍的唾沫星子里的失范行为。男人如若不得不做家务，就要披星戴月趁人不在而为之，被认为是见不得光的。同理，男人做家务也间接说明这家女主人懒惰愚顽而不善治家，是要被戳脊梁骨取笑的。

在财产的配置方面，虽然女人和男人一样享有对于家庭财产的继承权，但实际上家产还是要分给男人，女人很少有从娘家分家产的先例。但有一种情况比较特殊，那就是前文所提到的"两顾"。这种独特的婚配模式是莆田特有的文化，浮叶人在地理上与莆田的接触，渗透入莆田的婚配文化，既是对招赘婚姻保存性和实用性功能的保留，也是应对当前低生育率和普遍独生子女的权宜之计。在这种婚配方式中，女孩是被娘家当作男孩来养的，自然在财产的分割上有属于她的份额（见图4-35）。比如笔者调查的浮叶女阿英，39岁，家境较为殷实，2000年与仙游的阿辉喜结连理，结婚时说好是按照"两顾"的方式结婚。

图 4 - 35　浮叶村石墙上的计生标语

阿英说：

　　我就是浮叶村人，在南日岛读到初中毕业后，因为岛上的南日中学没有高中部，就跑到离海岛最近的笏石中学读书，那时坐船很不方便，一周也难得回家一趟。高中毕业后没有考上大学，就到涵江的工厂里打工，那时我弟弟在莆田的中学读书，家里舍不得我们离开太远，就让我选择在莆田找事情做，父母也跟着我到莆田来打工。一开始很不顺利，工资很低，住的宿舍很挤，只有上下铺的铁架床，夏天跟烤炉一样，宿舍里啥气味都有，脚臭味、汗臭味、霉味……可脏了。后来我下铺的人辞职了，空出一个床位来，我就让我妈跟我住，我在厂里上班，她在附近别人家里给人打扫卫生。我爸没地方住，为了省下住宿的钱，就在涵江医院给人看大门。那时的生活虽然辛苦，但一家人都在莆田，大家也都挺满意的。

　　不到一年的时间，我就通过自己的努力当上了采购部经理，这可是个肥缺，很多人都羡慕着呢，但也有风险。前面几个当过采购部经理的都因为私底下收客户的回扣而被开除。轮到我当的时候我就不敢了，怎么说老板信任我，我总不能重蹈覆辙。那时也有客户想给我回扣，或者想方设法在经济上补偿我，我都说好话拒绝了。但每次遇到过年过节的，那些客户也会带点吃的给采购部的人。毕竟工作上经常有联系，老是拒绝也不好，我们就按照工厂规定，送来的东西都直接分给部门的人吃了但不能带回家。我记得有一年中秋节客户送了好多月饼，月饼太多了吃不完，我们就把馅挑出来吃，蛋黄馅啊，果酱馅啊，天天都吃得饱饱的回家。所以说，那段时间我的经济算是比较不错的，我又比较节俭，省了好多钱，呵呵，本想着留着当嫁妆用。

这个时候也是我谈婚论嫁的时候，我都26岁了，按照岛上的习惯，26岁已经算年纪比较大的，家里也着急让我去相亲。我前后相亲了好几个，就是看不上，我倒不是眼光高非要找什么有钱人家。虽然我不会读书，但我就想找个有学历的，我相亲的条件就是想找个本科的。我的一个中学好朋友给我介绍了一个老师，叫阿辉，在仰恩大学当老师，第一次见面我就看上了，阿辉斯斯文文长得可帅了，人又老实得很，关键是人家还是正儿八经的本科生。

跟阿辉相处一年后我们就要准备结婚了，我们家的家境虽然普通，但跟阿辉家比起来却是好多了。当时阿辉父母年纪很大，都已经70多岁了，靠着家里三个孩子赚点钱来生活，家里没有什么值钱的东西可以当作彩礼。既然拿不出彩礼来，我妈可高兴了，她说，就按照南日岛的风俗采用"两顾"嘛，到时生两个孩子还可以一个跟我们家姓。我把家里的想法跟阿辉说了，他倒没什么意见，因为他当时就想要一个孩子就好了，肯定先保证跟他姓，"两顾"不"两顾"对他也没太大的影响。他父母一开始倒不是很乐意，他们家就他一个儿子念过大学，其他几个都是在农村种地，一开始也是舍不得，但想到那么一大笔的彩礼啊，就慢慢想开了。所以结婚的时候，他家就不给我们家彩礼，男方和女方家都办喜酒①，对我爸妈来说，他们相当于多了一个儿子给他们养老，开心着呢！

结婚后我也没在采购部经理的位置上待太久，就利用几年时间建立的客户群在家办了小作坊，专门批发电子产品。我现在莆田、涵江都买了房子和店面，这些租金供我们养老足够了。特别是去年

---

① 按照南日岛的习俗，嫁出去的女儿在娘家是不需要办喜酒的，实行"两顾"的女儿是当作男孩养的，也算是娶亲，在娘家要办喜酒。

在我婆家盖了三层半的小别墅，还带两个车库，在村里可气派了，如果不是当初的"两顾"，我就算再有钱也不会花钱在婆家盖房子。我妈看到我给婆家盖房子，开始一百个不乐意，一直百般阻拦，怕我把钱都花在婆家了，没钱给娘家，就嚷嚷着也要在岛上给娘家盖别墅。我妈就是这样，看到周围邻居都盖新房子了，她就坐不住了，总觉得低人一等，在村里没有面子，何况两个子女也都有很好的工作。

按照浮叶村的习惯，实行"两顾"的女儿有钱也要给家里盖房子，要不会被村里人说的，觉得"肥水流到外人田"了。这样啊，我今年还要跟我弟弟一起在岛上盖房子，让她老人家开心，也让村里人觉得我对娘家还是有经济贡献的，毕竟娘家当我是儿子。我们家没有分家产，反正就是岛上那一栋老房子了，一起盖房子其实就相当于土地分你一半。如果我结婚时是嫁出去的，那我就不能随便分娘家的东西。

在农村，最值钱的就是宅基地和耕地，我们很多年轻人都在外面打工，耕地对我们来说没什么太大的用处，村里人都是把耕地租给留守村里的亲戚或熟人，如果是比较值钱的海域，就会承包给人赚取租金。我们村里很多人留在村里主要做捕捞和养殖，特别是鲍鱼和海带养殖，自己家的海域不够用，都要去租别人家的，如果家里人出去打工了，就会把海域租给他们搞养殖，很少有人会空着没用。你想啊，沿海的海域很少，这几年鲍鱼养殖很火，海域都不够用，有的还把鲍鱼排建到小日岛那些比较远的列岛去，海域这么紧俏，那租金自然也是水涨船高，越来越贵了，但在农村这个地方，租金再怎么贵也贵不到哪去。所以啊，跟耕地和海域相比，我们还是比较看重宅基地，这是比较实在的东西，至少可以盖房子住。我们在外面不管赚多少钱，都会想着回村里盖房子才有面子，要盖就要盖大的，气派的，很多人家还经常为了分宅基地而吵架呢。我既然是"两顾"，就可以理直气壮地在家里像儿子一样分家产，而且跟我弟弟要分得一样多，这个规矩在家里和村里是站得住脚的。

阿英就是为父母养老和传宗接代的典型，这在浮叶村是常见的面子策略，不少家庭对此习俗都习以为常，在现实生活中屡试不爽。封建礼教宣称："不孝有三，无后为大"，语出《孟子·离娄上》。其完整的原话是："不孝有三，无后为大，舜不告而娶，为无后也，君子以为犹告也。"这里的"无后"并不是没有后代，而是没有尽到后辈责任的意思。因为女儿也是后代，但不能像儿子一样为父母守孝尽忠，让父母颐养天年，所以没有生育儿子，也就是没有后代来尽孝的意思，这是传统社会家庭养老模式的一大忌讳。汉代的赵岐更是在《十三经注》中注释孟子的话时，说道："于礼有不孝者三者，谓阿意曲从，陷亲不义，一不孝也；家贫亲老，不为禄仕，二不孝也；不娶无子，绝先祖祀，三不孝也。"这里，他就把"无后"进一步引申为"不娶无子"，违背孝道的三种表现中，最严重的一种就是不给父母生下传宗接代的子嗣，强调儿子对父母养老及祖先颜面的重要性。中国人，尤其是汉族人，由于没有凝聚民族心灵的宗教信仰，就会形成祖先崇拜，将延续宗族血脉作为头等大事，把孝道狭义地理解为添丁以光耀门楣，再抚养成人，娶妻生子，令家族血脉得以延续。而祖先崇拜对国人来说似乎更是无私的惯常方式，这是相对于功利化的宗教信仰而言的。比如道教，就是汉族古老的宗教信仰；还有佛教，受众广泛，甚于道教，随处可见寺庙林立，香火旺盛。但是，汉族人对于道教和佛教的教义却鲜少问津，他们到道观佛寺膜拜，无非就是祈寿求福，或为解决某些具体的问题，如升官、发财、消灾、避祸、求偶、生育、去病、升职、求学……乃至彩票中奖、失物回归。也就是说，很多汉族人和宗教的关系，是一种想利用其为己效劳的功利关系，说白了就是没有信仰只有迷信。道士与和尚，本来分属于不同的宗教，但在他们眼里却工具化了，谁保佑我，我就信谁，没有太大的差异性，只要能为我所用就好。因此，他们既进寺庙拜佛，又进道观拜太上老君，还有对于风俗杂神，比如树精、神石、灵兽等，也是一视同仁，照样膜拜，没有异教的概念。这种没有排他性的迷信，可能比怀有强烈排他性的执拗信仰，引发教派争斗和打击异教的可能性会小一些，但就信仰本身而言，会导致没有终极敬畏而违背宗教的理性诠释。质言之，相对于宗教信仰，国人对于祖先崇拜、家族颜面、种姓延续等，往往投入更加执着的追求热情，也更愿意长期持久地坚持下来，并影响下一代的祖先认知。由此，就不难理解传统文化保持较为完好的乡土社会，对于姓氏延续赋予更高的精神意义，生育男孩成为传统观念操作化的行为模式，并贯穿于日常生活惯习中。而为了保证生育男孩，招赘、两顾、迎娶妻妾等成为常用的方法策略。相关古籍资料、民间传说、皇家规制都有所体现，比如大老婆如果不能生育，她就不得不摒弃女人特有的妒忌和争宠等"小爱"，成全传宗接代的"大爱"，为丈夫物色小妾。而传统社会里，妻妾的地位有着根本的区别，妻子更多是侍奉丈夫、治内管家，而小妾则更多是生儿育女，作为妻子功能的有力补充。之所以有这样的妻妾制度，归根结底还是为了繁衍后代，保证生育男孩。斗转星移，人类社会的不断进化消灭了妻妾制度，于是招赘和两顾等权宜策略被广泛运用，也是出于生育男孩、延续家族血脉的考虑，这也符合浮叶人一以贯之的生育策略选择。

二　母系家庭衍生的利益策略

Margery Wolf 对女性在不同生命周期的权力地位状况和家庭利益权衡有着独到的见解。女人在生育子女后的生命周期里，形成以亲子关系为基础的"母系家庭"，这是以保证母亲家庭地位和家庭权威的非正式渠道。对婆家来说，女人是孤独的外来人口，她要在一个父权制管控下的传统家庭站稳脚跟的重要策略是通过生育子女来获得对自己的长期保障，从而保证家庭地位的巩固和家庭权力的可持续。Wolf 进一步提出，"一旦女性建立起她的母系家庭，她就有可能颠覆这个男性的家庭。"在未来家庭博弈的讨价还价中，如果丈夫对自己没有足够的偏爱，女人可以凭借儿子来维护自己的利益。"当女人成为父权制家庭堡垒里的祖母时，她就有着至高无上的权力地位，可以自由支配和控制家庭成员，当然在形式上还是要借助成年孙辈来表达。"① 正比如说，在《红楼梦》第三回林黛玉进贾府中，就描写了这样的场景：

> 王夫人遂携黛玉穿过一个东西穿堂，便是贾母的后院了。于是，进入后房门，已有多人在此伺候，见王夫人来了，方安设桌椅。贾

---

① Wolf, Margery. *Women and Family in Rural Taiwan.* Stanford：Stanford University Press, 1972.

珠之妻李氏捧饭，熙凤安箸，王夫人进羹。贾母正面榻上独坐，两边四张空椅，熙凤忙拉了黛玉在左边第一张椅上坐了，黛玉十分推让。贾母笑道：'你舅母你嫂子们不在这里吃饭。你是客，原应如此坐的。'黛玉方告了座，坐了。贾母命王夫人坐了。迎春姊妹三个告了座方上来。迎春便坐右手第一，探春左第二，惜春右第二。旁边丫鬟执着拂尘、漱盂、巾帕。李、凤二人立于案旁布让。外间伺候之媳妇丫鬟虽多，却连一声咳嗽不闻。寂然饭毕，各有丫鬟用小茶盘捧上茶来。当日林如海教女以惜福养身，云饭后务待饭粒咽尽，过一时再吃茶，方不脾胃。今黛玉见了这里许多事情不合家中之式，不得不随的，少不得一一改过来，因而接了茶。早见人又捧过漱盂来，黛玉也照样漱了口。盥手毕，又捧上茶来，这方是吃的茶。贾母便说：'你们去吧，让我们自在说话儿。'王夫人听了，忙起身，又说了两句闲话，方引凤、李二人去了。

在满人礼仪中，左手为尊，右手次之，在舅妈嫂子姐妹都齐聚的场合中，黛玉是不敢坐左边的位置，一定要请辞的，只有作为一家之主的贾母解释和认可，她才敢告座。接下来，等贾母都招呼过了，作为小姐的三个姑娘才告座上桌。满族的长辈地位很高，如贾母，是要坐上位的，其他未出嫁的姑娘是可以上桌吃饭的，但是出嫁后作了媳妇的却不能享受上桌的待遇。可见，在传统社会里，有长辈在的情况下，小一辈的媳妇是不能上桌的，"贾珠之妻李氏捧饭，熙凤安箸，王夫人进羹"。不过有了儿子就不同了，贾府里的王夫人和邢夫人是有座位的，虽然在吃饭的过程中要为在座的贾母和姑娘们装饭和舀汤，但总归是有座的待遇，然而没有儿子的王熙凤和李纨却无座位，她们只能站在旁边端菜加菜，服侍长辈吃饭。而相反，像林黛玉、薛宝钗、迎春、探春、惜春这些未出阁的姑娘辈反而可以有位置坐着吃饭，她们是家族里的娇客。尤其是作为客人的黛玉，王夫人、李纨、凤姐的第一筷子菜都是先给她的。这深刻说明了"媳妇熬成婆"的道理，特别对生育儿子的女性来说，更是"母凭子贵"，在家庭中有着不一般的地位和认可。已有的研究表明，父权制家庭等级关系中，女性地位的高低取决于是否生育子嗣，且地位随着年龄的增长而提升，俗称"媳妇熬成婆"。Wolf利用"母系家庭"（亦称"子宫家庭"）来解释，也就是表达了女人所营造的个体且私密的圈子，圈子成员只有女人和她的儿子，摒弃其他家庭成员进入，她像十月怀胎一样精心建立起与儿子的亲密关系，就为了能在未来提升自己的家庭地位，获得晚年的生活保障。一般来说，代际关系越亲密，代际互助的程度就越高，代际交换的互惠性越强。女人很看重自己建构的"母系家庭"，愿意投入较多的经济和精力成本，儿子的存在与否、经济收入的多寡，在很大程度上决定着她们年轻时在家庭的话语权，以及老年生活的状况。

母凭子贵的思想观念要追溯到商代。据专家们考证，殷商卜辞中即有"贞，有子"和"不嘉，有女"的内容。商人重鬼神，凡事都要占卜，妻子怀孕当然也不例外。结果，占卜到"有子"，便是"贞"（吉利），占卜到"有女"，便是"不嘉"（不吉利）。可见，重男轻女的观念，大约自商代起便已经有了。到了周代，则有了"弄璋""弄瓦"之别。《诗·小雅·斯干》有云："乃生男子，载寝之床，载衣之裳，载弄之璋。其泣喤喤，朱芾①斯皇，室家君王。乃生女子，载寝之地，载衣之裼，载弄之瓦。无非无仪②，唯酒食是议，无父母诒罹。"这段话前部分的意思是，盖好了这栋新的宫室，如果生下男孩要让他睡在床上，穿着衣裳，给他玉璋玩弄。听他那响亮的哭声，将来一定有出息，地位尊贵。起码是诸侯，说不定还能穿上天子辉煌之服。后部分则说，盖好了这栋新的宫室，如果生下女孩，就让她躺在地上，裹着襁褓，玩着陶纺轮。这女孩长大后是一个干家务的好能手，既不让父母生气，又善事夫家，被人赞许为从不惹是非的贤妻良母。所以，后人把生儿育女，分别称为"弄璋之喜"和"弄瓦之喜"，同样是喜事，意义却迥然不同。对母亲而言，生儿子可以提高或加强自己在家庭中的地位，生女儿却可能带来有损地位的风险；对父亲而言，生儿子可以延续家姓，继承家族产业，增强家族颜面，至少可以为家庭增加劳动力，而生女儿是"嫁出去的女儿泼出去的水"。结果是，无论父亲抑或母亲，都希望生育男孩。于是，笔者田野调查中曾经发现，部分闽南地区的女儿都不管父亲叫"爸

① 朱芾，有谓天子之服。
② 无非，即无违，能够顺从服帖；无仪，即做事不会出格。

爸"，而是叫"叔叔"，有些客家的女孩子还对父亲直呼其名。甚至有些地区还有弑女婴的恶俗，比如春秋战国时代的韩非子就提到"产男则相贺，产女则杀之"。在新中国成立之初的莆田地区，这一恶俗仍有耳闻。

从女性的角色定位而言，当好贤妻良母是很多女人的性别角色期待。母爱是女人的天性，成为一个合格的良母是很多女人的追求目标，她们首先要能生育。不能生育的女人，连贤妻的身份都保不住，何况良母，除非她能主动为丈夫纳妾，比如《红楼梦》中的邢夫人，她的丈夫贾赦看中了贾母身边的丫环鸳鸯，她就忙不迭地亲自出马张罗：又是找鸳鸯私下谈话，又是找鸳鸯的哥嫂传递信息、许以承诺，又是到贾母那里去探听口风，结果反而被骚了一把，连贾母都对她不以为然："你倒也'三从四德'的，只是这贤惠也太过了！""他逼着你杀人，你也杀去？"两口子得鸳鸯不成，反而碰了一鼻子灰，最终悻悻而去。封建社会小妾更多是生育的功能，贤妻如果不能生育就要为家庭的传宗接代主动为丈夫纳妾，生育对家庭的延续来说是头等大事；其次是良母必须生育男孩，很多年轻的女人在结婚时都被希冀能早生贵子。这种好运气可以使她不必经历太多的考验就成为贤妻，巩固在家庭的地位；再次是良母生育的儿子还必须成才。子不教父之过，当然，母亲也有连带责任，甚至起着比父亲的引导更重要的作用，教子无方是要被社会舆论所唾弃的。良母一辈子努力的目标就是儿子功成名就、光宗耀祖，只有这样才算功德圆满，成为名副其实的良母，尽管多子女的生育历程和教养儿子的艰辛可能让她们付出艰辛的代价，成为失去个人自由空间、憔悴凋零的黄脸婆。

对此，笔者访谈的阿秀就是典型的母凭子贵。阿秀今年 26 岁，浮叶人，全职太太，家境一般，但晋江的婆家经济状况非常好。她说：

> 我是 23 岁结婚的，这在我们村里是正常的结婚年龄，再大一些就很难找到条件好的婆家。我家里人托媒人给我介绍过好多男孩子，要求婆家一定是经济条件比较好的。我长得还不错，在岛上有很多人追求，但我不想待在岛上，从小就想着要嫁到大陆去。家里人怕我一个人嫁出去孤独受苦，就强调一定要找个富有的人家再考虑。在我 23 岁本科毕业那年，我家的一个亲戚在晋江私人渔业捕捞公司工作，认识了晋江的有钱老板。你可能会知道一点，晋江那一带的

女孩嫁人时要准备好多的嫁妆，甚至很多普通的家庭借高利贷来显摆，女孩到结婚的那天都要披金戴银，把嫁妆的现金支票用大张的纸打印出来，用镜框裱起来给所有人看。既然女方都嫁了这么多东西，男方也不能小气，彩礼也是水涨船高，男女两家就跟斗富一样，拼的是财富和面子。

虽说有钱人家都想找个门当户对的女孩当媳妇，但含着金汤匙出生的女孩从小就娇生惯养，任性懒惰，怎么可能当个贤惠乖巧的媳妇？何况这些晋江老板都有家族产业，很希望找个有商业头脑、能打理家族产业的媳妇来帮助儿子，但这样的女孩很难遇到，有也很快被哄抢走了。那么就只能退一步，找家境一般但聪明听话的女孩子，有没有工作没关系，但要为家庭生男孩、照顾好丈夫。相亲时我婆家看上我是因为我是本科生，算是高学历的人，年龄也比较合适。他们认为学历更高的硕士、博士不合适，等毕业后已经过了生养的黄金年龄，我公婆都是小学文化，学历太高了他们担心没有共同语言。我的相貌、学历、年龄都是他们满意的，况且我还会讲晋江那一带的闽南话，以后相处也会容易些。

后来的相亲过程非常顺利，我亲戚和媒人带我去晋江见过一次就很快敲定了。我丈夫对我是一见钟情，其他条件也满意，见面后也频繁给我打电话、聊微信，另一边也催着他父母准备婚礼。我父母这边也没意见，我妈妈不会讲普通话，当然乐于找闽南人，何况他家那么有钱，不愁吃穿，家里也很快点头答应了。

至于他父母，本来就乐于这门亲事，也很快就张罗婚礼，但提出唯一的要求，就是结婚后我要生男孩来继承家族产业。

对于婆家非要生男孩的要求，我也是接受的，从小在重男轻女的环境里长大，尽管我是新生代的年轻人，但骨子里还是觉得只有生男孩才能巩固自己在家里的地位。这点是大家都认同的，包括我1993年出生的表弟，还有1988年出生的表姐，都一致认为家里一定要有男孩，不仅是家庭的面子问题，以后家里不管大事小事，只要有男人在，就觉得有依靠，办事也稳妥些，男人嘛，赚钱总是比女人多，不光有门路，办法也会比较多，就连家里的粗重活，也需要有男人来帮忙。女人的压力相对是比较小的，只要赚一点钱糊口或者打发无聊的生活就可以了，赚钱的事情还是要交给男人。

在众人的期待下，我年初结婚，年底就生了孩子。怀孕到4个月的时候，婆婆就托了个医院的朋友为我照B超，当时躺在B超室的时候非常非常紧张，我知道他们家对我最大的要求就是生男孩，其他都不是太放在心上的。如果我连这唯一的要求都没有满足，以后在婆家的生活就很艰难。我之前听说过没生男孩的媳妇，婆婆连鸡蛋都不给吃，也不肯来照顾月子的；还听说过没生男孩就不领结婚证，就算逃计生也要生出男孩来，只有这样才可以领结婚证；更听说过没怀上男孩就要被婆家强迫去做人流，直到怀了男孩才可以生下来的，甚至有的女人到了七八个月B超发现是女孩还要打胎的……种种传言纠结着我，像放电影一样，每天在我的脑海里滚动播放，让我难过抑郁、如坐针毡。想到为了生男孩，我从备孕开始就只敢吃蔬菜、水果，买进口的苏打水当饮料喝，就为了把身体调理成碱性，这样容易怀上男孩。婆婆还带我几乎拜遍了晋江市所有的送子观音①、送子娘娘，带了各种各样的'神符'回家贴，就是为了能生个男孩子。

早在我刚怀孕的时候，婆婆就事先联系了B超医生，约定好如果是男孩，医生就在桌下偷偷伸出大拇指，如果是女孩就伸出小指，以这个作为暗号，神不知鬼不觉，没留下任何证据，压根就不用担心会被人查。果不其然，后来我真的生下男孩，婆家上下都非常开心，摆满月酒那天，宴请亲戚朋友和公司员工，还请戏班子在老家村口接连演了三天木偶戏。单单鲜花拱门就有六个，非常气派，比我结婚那天排场都要大，也热闹多了，婆家恨不得让所有认识他家的人都知道生了男孩。对婆家来说，生男孩并不只是简单地传宗接代，更是对家族企业的传承，是光宗耀祖的大事，嫡长孙对他们来说意义重大。我也是母凭子贵，生了大儿了后婆家奖励我一辆保时捷卡宴，12套房子，还给我娘家盖了别墅，后来生了小儿子更是奖励我12套房子和市中心的店面。我这辈子也算衣食无忧，不愁吃

---

① 观音送子的说法源于《妙法莲花经·观世音菩萨普门品》。经云："若有女人设欲求男，礼拜供养观世音菩萨，便生福德智慧之男；设欲求女，便生端正有相之女。"

穿。很多人羡慕我现在过着神仙般的生活，你想想香港的徐子淇，生了两个儿子婆家奖励 10 亿港元，为孙儿成立上亿的成长基金，丈夫还送 1.05 亿的游艇、价值半亿的 25 克拉钻戒。你看，有钱人家都那么看重生男孩，更何况是有产业的家庭。很多嫁入豪门的女孩子，为了保住在家庭中的地位，就是要生男孩，否则就会受到婆家的白眼，甚至对丈夫在外面找女人都不能干预。有的婆婆还当面说，你要是没生男孩，我儿子什么时候从外面带一个女人回家我也会接受的。有些话虽然听起来让人不舒服，但也是有道理的。婆婆也是过来人，她也要保证家庭后继有人，维护家庭的面子，如果连这么重要的事情都没有办到，媳妇对家庭来说就没有太大价值，"改朝换代"也是情有可原。何况出于很多考虑，有钱人家不一定愿意找个门当户对的女孩作为媳妇，而普通家庭出身的女孩比较懂事，平时都会照顾娘家的日常生活，嫁入豪门对娘家来说是很有面子的事情，如果因为没有生男孩而受到婆家的虐待，不仅没法照顾娘家，还随时都有可能被赶回去，出于这样的担心，女人就一定要追生到男孩才能松一口气，要不在婆家将会度日如年。

　　在闽南的传统习俗中，有一个重要的习俗就是滚床单①。滚床单最早盛行于关东大地，后来闽南地区也沿用这样的习俗，浮叶人作为惠安人的后裔，在迁移中自然带来了这样的习俗并沿用至今。所谓的滚床单就是青年男女结婚那天，在新娘子还没入洞房前，找两个五六岁的男孩子，在婚床上打几个滚。打滚时，要从床脚滚到床头，再从床头滚到床脚，一共滚三个来回。滚完床单后，男方父母要给男孩一个红包，一般是 300 元，寓意'早生贵子'。一般来

---

① 古时，关东大地，人烟稀少，生产力低下，为了从事繁重的农业、渔猎生产，每家都希望男丁兴旺。可是有一赵姓家连续生了 6 个姑娘，这可把赵姓夫妻愁坏了，如果没有男孩，不仅老了没人养，还要受方方面面的指责，就在一天中午，赵氏劳累后睡着了，忽做一梦，梦中一白发老者告诉她，欲得子，要借一儿童在炕上滚三滚，说完老者飘然而去，赵氏醒来。对丈夫说了梦中情形，丈夫大喜过望，认为这是仙人指点。急上兄弟家抱来一对双胞胎儿童，放到炕上滚了三滚。过了 10 个月，赵氏产下一对双胞胎儿子。事情轰动乡里，一传十，十传百，用男孩滚床单能生小子从此在关东大地盛行起来，成为一种习俗。参见：《滚床单的习俗由来》，2013 年 7 月 23 日，http://www.aiuw.com/csyp/cdan/article - 17344.html，最后访问日期：2021 年 8 月 26 日。

说，男孩子主要来自男方家的亲戚，女孩子是没有滚床单的机会的。能被选中去滚床单不单单是为了红包，更是面子问题，如果家里没有男孩子，那么这个家庭在家族里就永远没有滚床单的机会，每次都只能眼巴巴看着别人家的男孩子滚床单。尤其是母亲和婆婆，在滚床单的仪式里常有自卑的心理，有着强烈地让自己家庭抬不起头来的尴尬。

还有就是新娘出嫁到新郎家时，要由男家一位福命大的女长辈手牵新娘出轿，这是非常重要的风俗，而福命大的女人一定是家里有个富有的儿子，在家族崭露头角的人物，母亲因为儿子的优秀也跟着风光无限，只要家族里有红白喜事都会优先考虑到她，在家族中的地位不可小觑。

浮叶村的阿娥对此也深有感受，她是普通的家庭妇女，没有独立的经济来源，都是靠着丈夫的收入维持家庭的运转。她的丈夫经营着红木生意，这几年赚到了不少钱，维持着家庭富足的生活开销。对于这个长年需要丈夫提供经济支持的女人来说，她最大的任务就是生孩子，尤其是男孩子。但她的前三个孩子都是女儿，这让她非常没有安全感，尤其是丈夫有着厚实的经济基础又在外地做生意，没有生育男孩是她的软肋。不过，2015 年阿娥终于喜得贵子，一甩当年连生三个女儿的屈辱，保住了在家庭中岌岌可危的地位。阿娥跟笔者谈起她拼生男孩的曲折经历：

> 我们农村平时没什么娱乐活动，邻里乡亲平时就是聊天看电视。村里的年轻人都出去打工了，就算没出去的平时搞养殖也很忙，没空去串门，来往得也比较少。所以我们村啊，因为太无聊了，只要有人打架就会有很多人跑去看，就跟去镇上赶集或者看耍猴的一样，只有这个时候才会有那么多人聚在一起。（阿娥捂着嘴笑）我们村主任经常跟我们说，在农村，电视为计划生育做了巨大的贡献。早期还没改革开放的时候，浮叶村的人都过着农村的生活方式，每天一大早就出海捕鱼，到了快天黑才回来，女的在家里做家务，一天这么忙下来，天黑了就睡觉，所以一到晚上，村里就非常的安静。你可能不知道，那时候村里人很少用电灯，天一黑就差不多要睡觉

了。以前海岛上的人晚上又没电视看，有没地方可以逛街，实在是太无聊，大家就想着生孩子。所以岛上的计划生育工作非常难做。你看现在南日岛有6万多人，都是因为没有电视生出来的，呵呵。

我总共有四个孩子，前面三个都是女孩，最后一个才是儿子。当初为了生儿子我也是蛮拼的，生第三个孩子的时候我们家还在岛上，为了掩人耳目就东躲西藏的，结果生了女儿难过极了，那时又没有B超，只有生下来才知道是男是女，你要也得要，不要也得要。后来我老公在外地做生意，平常都不在岛上，逢年过节不回家也是常有的事情，我也跟着他在外地，岛上的计划生育管不到我头上，我就在外地放心地生孩子。准备要怀第四胎的时候，涵江商业城的一个朋友介绍说，福州有个人专门做包生男孩子的生意，就是从月经第11天开始住在她家，她带你去附近的定点私人医院照彩超，等卵泡成熟的那天安排夫妻同房，同房前半小时吃下她配好的药粉，就是像小苏打粉一样的那种白色粉末，用温水调匀成一汤匙，喝下后半小时同房，然后过一个小时以同样的方式再吃一次，再同房巩固一下，就可以了。除了在排卵期同房两次外，其他时间夫妻都不能在一起，以保证精子的数量和活力。每个月都要按照这个流程做一次，丝毫都不能有半点马虎，要不就前功尽弃了。怀孕四个月的时候她会安排做彩超，那时就可以知道宝宝性别了，如果是男孩，当场要给她3万现金以作酬劳，如果是女孩就不要钱。当然，很多人找她帮忙都是奔着男孩去的，如果彩超显示是女孩，很多人是不要的，她也会安排做人流。这一切神不知鬼不觉，都是很熟的朋友她才会帮忙，一般关系的出于谨慎起见，她是不帮忙的。据商业城的朋友说，很多人都是在她那生了男孩子的，那个白色药粉被传得神之又神，却没人知道具体的配方，她也是讳莫如深，只说是一个长期在妇产科的医生调配的。虽说她也不敢保证可以百分百生男孩，但有找过她的女人全部都生了男孩子，大家都很信任她，所以好多人都是一个带一个地去找她。像我们家是做生意的，需要男孩子来继承家庭产业，不要说3万元，就是10万我们也是愿意拿出来。

在大家的撮合下，我也求着这个神仙一样的大姐帮忙我生男孩。我当时就一个想法，这第四胎一定得生个男孩才可以，而且现在B

超这么先进，不用等到生下来就可以提前知道性别了，我还是想赌一把。去之前我还专门到医院做了全身检查，吃了消炎药，做了输卵管通水。一切准备妥当，我在她算好的时间里跟老公一起去找她，那几天都住在她租来的房子里。第一个月去的时候，就是安排做 B 超，每四个小时做一次。因为那家私立医院是固定的上下班时间，那天下班前照过 B 超后知道快排卵了，但是等第二天医院上班时去照，就已经排卵了，所以弄不明白排卵的确切时间，究竟是昨天晚上还是今天早上，为稳妥起见，第一个月就放弃了。第二个月再尝试一次，运气很好，在卵泡刚破的时候同房，照例吃下那个白色药粉，然后回家等消息。果然不出所料，那个月还真怀上了，我兴奋但也担心，不知道这回是否一定能怀上男孩。为了这个孩子，我天天躺在床上养胎，闭上眼睛就想象着生男孩的情景。……就这样熬到第四个月，她安排我去做 B 超，我记得非常清楚，那天我非常非常紧张，很怕是女孩，如果是女孩就要去做人流。做 B 超的时候，医生说我吓得脸都是白的。是啊，我当时心脏跳得非常快，紧张得不得了，万幸的是，B 超出来真的是男孩，医生很确信地说是男孩的时候，我高兴得差点晕过去，太不容易了，为了这个男孩我吃了不少苦。前面生下三个女孩，我在婆家经常觉得没地位，他们虽然面上不说，心里肯定是有意见的，因为我害他们在村里抬不起头来。生了男孩以后，也算母凭子贵，我确保了在家的地位，你知道我老公现在做生意赚了不少钱，如果没给他生男孩，我就怕他去外面找其他女人生男孩去，那样的话我就哭死了。

对男孩的极度崇拜衍生出村民强烈的重男轻女情结。如果没生男孩，村里人的观点都是一致的，肯定是女人的问题，谁也不会首先想到是男人的问题。一些略懂得医学常识的人也会说是女人的问题，还煞有介事地说，有的女人容易吸收 X 精子，有的女人容易吸收 Y 精子，所以生男生女归根结底还是由女人决定的。这看似科学的悖论，但在浮叶村民单纯且愚昧的精神世界中却是可以理解的，也是潜移默化地内化于心的。同时，没有生育男孩的家庭，由于没有机会参与男人世界的祭祀活动，也常常被置于村庄集体事务的边缘地带，长年累月下来，逐渐被边缘化并在村庄利益格局的调整中处于弱势地位。这就驱使很多浮叶女不得不为了拼生男孩采取各种技术策略，尽管很多情况下，对女人的身体是严重的摧残。

　　笔者在众多女性几乎一致的价值理念中梳理出这样的思想逻辑：女人为了保全家庭地位，就要以身体作为代价去迎合婆家的性别意愿，她们需要将自己的身体形塑成婆家所期待的性别角色，这个过程中不惜摧残身体，只为了能母凭子贵，确定自己在家庭中的性别身份。笔者从身体社会学的理论来解释这样的思想逻辑。对于女性社会学的考究中，"身体"是不容忽视的重要概念，这个概念已经不是简单的生物学意义上的身体，而被赋予了身份的表征。追根溯源，对于身体的研究自古有之，古希腊哲学家巴门尼德就区分了"精神"与"肉体"。① 柏拉图强调智慧、真理、知识的重要性而贬抑身体，将其看成是障碍，体现了身体与精神的二元对立。② 在基督教中，奥古斯丁也倡导这样的理念，认为身体是滋生罪恶的源泉。而在从中世纪到现代的过渡时期，人们逐渐不再沉迷于神灵的崇拜，转而探讨身体的脆弱性、有限性、偶然性和不确定性，即"祛魅"。笛卡尔"我思故我在"的命题，将精神凌驾于身体之上，且类似这样的基调一直延续到 20 世纪 80 年代。但该阶段中亚里士多德却表达了对于身心二分观点的对立，认为通过人的感官可以把握自然。尼采哲学发展了韦伯、海德格尔、弗洛伊德等人的观点，其研究的维度则是将身体与秩序结合起来，达致健康的社会，否则社会就会陷入病态和疯狂。③ 除此，莫里斯·梅洛－庞蒂在《知觉现象学》中指出，身体是经验的永恒前提，由向世界知觉性的开放和倾注形成，对知觉的分析要将意识和身体的关系纳入考虑范畴，并以动态和建设性的空间作为研究的背景。只有从身体的角度出发，对世界的感知和外向观察才成为可能。知觉与身体活动即使被分离，也只能是认为假想的分离，因为基本的知觉形式就包括了身体活动。他对于知觉的身体性和身体的意向性的阐述可以理解为"为我之身"和"为人之身"，这与笛卡尔的观点

---

① 葛红兵、宋耕：《身体政治》，上海三联书店，2005。
② 柏拉图：《柏拉图全集》，王晓朝译，人民出版社，2002。
③ 尼采：《权力意志——重估一切价值的尝试》，张念东、凌素心译，商务印书馆，1996。

截然相反。① 与此同时，福柯则提出，城市化发展对人口带来的压力，以及工业化资本主义的发展，使得现代社会需要对身体进行有系统的管理和控制，由此产生新的权力模式，即"生命权力"（Bio-power）。它以身体为基点，将人的身体整合入知识和权力的结构系统中，成为符合各种规范的主体，在此，身体成为被"规训过"和"惩罚过"的肉体，而权力则是驯服和改造身体的工具。② 在当代社会，身体逐渐从精神中解脱出来，但却为消费主义所左右。在这里，权力的运作不是简单的控制身体，而是促使身体产生消费的欲望。可以说，消费主义的历史，就是身体被纳入消费计划和消费目的中的历史，身体在权力的庇护下逐渐成为消费的对象。

对于身体社会学的理解和应用，一个重要的领域就是涵盖社会性别、生理性别的女性主义理论，以及后期发展起来的酷儿理论。女性主义理论秉承着这样的一个基调，男性和女性、男性特质和女性特质都是社会文化发展的产物，不能简单地二分对立，都是在具体的社会文化背景条件下发展演化而成。③ 女性主义理论还注意到，将女性塑造为弱者的社会结构在自然科学领域被合法化，即生理性别的弱势普遍存在，但在人文科学、宗教、法律的权力话语建构中，却可以摒弃生理性别的单向度考量，而赋予女性身体丰富的可塑性，这意味着女性的身体可以被塑造为弱者，也可以塑造为强者，而这主要取决于社会主流的话语体系和公众的认知程度。④

身体社会学将女性身体放置于社会性别、生理性别等分析框架内，使女性身体呈现女性主义研究途径与性别取向。学界主要从本体论立场和认识论立场来界定女性身体。本体论立场从基础主义出发来解释身体的现象学，将身体理解成一个鲜活的经验，以此解释生物存在条件对于日常生活和宏观人口组织的影响，或者探寻身体有机系统、文化框架和社会历程之间的复杂互动。从反基础主义视角出发，将身体概念化为有

① 布赖恩·特纳：《普通身体社会学概述》，载布赖恩·特纳编《BLACKWELL 社会理论指南》，李康译，上海人民出版社，2003。
② 葛红兵、宋耕：《身体政治》，上海三联书店，2005。
③ Clinchy, Blythe M. & Julie K. Norem. *The Gender and Psychology Reader*. New York：New York University Press, 1998.
④ 郑丹丹：《女性主义研究方法解析》，社会科学文献出版社，2011。

关社会关系性质的话语，将身体理解成一个象征系统，试图理解身体实践如何成为一个更大社会结构的隐喻，将身体理解为社会中知识和权力的某种社会建构，或者将身体看作社会话语的某个效应。此外，学界从认识论立场辨析了反建构主义认为的身体是独立于那些表征它的话语形式，以及建构主义认为的身体是被话语实践所社会性地建构的。总之，学界对于女性身体的普遍化理解就是将女性的身体看成社会性地建构的、话语的，被看成是现象学或哲学人类学视野内的鲜活身体，代表着一种带有浓厚性别主义色彩的立场选择。①

反观浮叶村女性以身体作为载体来维护传统的重男轻女文化，不难发现，女性的身体就是特定的文化语境社会性地建构出来的，传统文化语境塑造了这样的社会性别话语，女性天经地义就有传宗接代的责任，没有完成延续香火就无法成为真正的家庭成员，容易在家族群体中处于不利的关系位置或被边缘化，家族也会运用强大的话语体系设置舆论压力，将女性的身体塑造成柔软的、能适应于家族性别角色期待的肉体，整合入知识和权力的结构系统中，成为符合父权制规范的主体。女性的身体要契合外在系统的期待，就不得不采用高科技手段进行重塑，使身体的结构成为生育男孩的适合土壤，在条件欠缺的情况下，不惜摧残身体，比如通过流产选择性别的方式，来迎合家庭性别角色期待。同时，很多浮叶女性在婚前是自由的身体，她们可以随心所欲地选择自己的职业和流出地，但一旦进入婚姻围城，就被禁锢于家庭的方寸空间里，她们"自由的身体"蜕变为"驯化的身体"，不能自由选择自己的生活方式，迁移中遵循"随夫迁"，没有职业选择的自主权，经济上受制于丈夫，生儿育女成为主要的家庭任务，职业选择要让渡于这样的前提，这可以解释很多浮叶女婚后往往成为家庭主妇，在经济上依附于丈夫，只能通过生育男孩实现母凭子贵，迎合婆家的性别角色期待，从而保住长期的饭碗。而村庄的舆论又会成为间接的工具，无论是久居村庄，还是客居他乡逢年过节的探亲，村庄主流的文化氛围就会构建这样的舆论定势，谁家今年生了男孩，谁家的男孩多，谁家媳妇怀孕了，常成为舆论关注的焦点，而至于在外赚钱多寡乃至职业晋升情况，对家长里短的村

---

① 　郑丹丹：《女性主义研究方法解析》，社会科学文献出版社，2011。

庄舆论来说是看不见也无从考证的，况且其中不乏带有主体的夸张成分。于是村庄舆论在一定程度上演化为父权制的工具，通过控制主流性别话语，将女性身体塑造成村庄舆论所期待的"柔软、逆来顺受、契合规矩"的肉体，这种温水煮青蛙式的潜移默化影响，使得已婚女性作为积极的行为个体，深深地嵌入于村庄的格局体系里，自觉遵从村庄的制度体系，心甘情愿且趋之若鹜地将身体物化，通过高科技手段的运用，采取有助于生育男孩的行为策略。正如旁观者清、当局者迷，笔者调研中深刻感受到女性的弱势地位，高科技对她们身体的摧残，拼生男孩的无奈与焦虑，但这样看似泯灭人性的非常规过程，却丝毫看不出浮叶女的反抗情结，她们似乎天经地义、顺理成章地接受了这样的命运安排，也为此付出艰辛的努力。尽管哀其不幸、怒其不争，然而，现实生活中的浮叶女，浸淫于特殊的文化语境而乐此不疲。父权制和社会性别语境成为浮叶女处于从属地位的根源，她们的弱势地位通过身体被不断强化，在社会再生产的框架内得以巩固，并长期地延续下去。

三　淹没于口舌间的面子

这种重男轻女的观念源于南日岛根深蒂固的姓氏制度，根据南日岛的风俗，女孩嫁出去就是别人家的，只有男孩跟父亲姓，才算是家庭成员；如若是独女家庭，女儿是当作儿子养的，长大后要给父母养老送终，最重要的是，很多独生女的家庭都要求招上门女婿以保持血脉延续，或者实行"两顾"，即结婚后必须生育两个子女，第一个随父姓，第二个随母姓，如果第一个是女孩，第二个是男孩，就要把女孩改过来跟母亲姓，男孩跟父亲姓，而这些规矩都是订婚时说好的，且大都要立字据以备日后起纠纷。

在对吴姓家庭的访谈中，笔者了解到，这是一个已经迁移到城市的家庭户，在城里盖了小别墅，夫妻都在医院上班，只有一个女儿，在市里当公务员，一家三口过得很幸福，但女主人却给我诉说了这样的烦恼：

> 我只有一个女儿，按照南日岛的风俗，独生女是要招上门女婿的，如果她嫁出去了我们家以后就没有人姓吴了，早在两年前我就给她介绍了好几个男孩子，都是市里的公务员或事业单位工作人员，

作为父母，总是希望孩子能找到靠得住的好人家，但问题是，很多优秀的男孩子都不肯入赘，本来莆田人就是重男轻女，现在计划生育后每家都只有一个男孩子，谁会愿意给你当上门女婿，后来就只好找同姓的男孩子，跟我们家一样姓吴，这样一来，要求太多了，本来就很难找，就算好不容易找到了我女儿还是看不上。后来问了她才知道，原来她有男朋友了，是中学同学，都谈了好多年了，我居然都不知道。……我想既然都找到了，也是好事，可仔细一问才知道男方不姓吴，而且他家很有钱，男方父母肯定不会让唯一的儿子给我们家当上门女婿的，没办法，我就想着要不"两顾"也可以，可男方家就坚持着一定要我女儿嫁过来，还放出话来，说什么一定要娶进来才可以，而且以后就算生一百个孩子也都要跟他们家姓。这样一来，我也生气了，凭什么这么欺负人啊？我辛辛苦苦培养女儿本科毕业还找到很好的工作（当公务员），说什么也不肯让女儿嫁到他家去。后来我也劝我女儿再去相亲，可这两个年轻人死活就是要在一起，怎么说都没用。耽搁了两年，现在女儿都25了，我们浮叶人都是很早结婚的，再拖下去就更找不到对象了。后来还是我女婿对父母以死相逼，苦苦哀求父母答应"两顾"，男方家才勉强松口。为了以防万一，我亲家来我家提亲的时候，我还特地跟他们签了协议，约定好以后生第一个孩子跟他们家姓，如果以后计划生育放开了，单方独生子女可以生育二胎的话，第二个孩子要跟我们家姓，如果第一个是女孩，第二个是男孩，男孩还要再改过来跟他家姓，女孩再改过来跟我们家姓。唉，反正我也是吃了生女儿的亏，不能让下一代继续吃亏……

按照现在的计划生育政策，如果第一胎生男孩的话，男方家很高兴，我们家却什么也没捞到，等政策放开二胎不知猴年马月。最可怕的结果是，如果第一胎生女孩的话，两家都会很崩溃，所以我现在最担心的就是第一胎不是男孩，即使到时真的能生第二胎，也希望第二胎是男孩，这样可以让女儿在婆家有地位，我家也可以保留姓吴的血脉，尽管是女孩跟我们家姓；比较麻烦的是二胎男孩要跟婆家姓，头胎女儿还要更改户口上的名字，名字改来改去，对小孩的成长也不好。

对于这件事的处理，男方的母亲也颇感委屈，她说：

我们家的家境也算不错，在涵江商业城有两个店面，也盖了三栋楼，我们家现在住的房子，单单院子就有300多平方米，我们家在当地也算是还不错的。如果不是我儿子执意要娶她家的女儿，我还真不愿意。我儿子不是公家单位，他随便找个女孩子都可以生两个，现在好了，找个公务员，就只能生一个了，我们家这么有钱，也不需要非得找个公务员的媳妇啊……现在协议签了，我的第二个孙子还要跟她们家姓吴，我到现在还是气不顺，我们家娶媳妇，孙子还要跟别人姓！……

于是，这两个年轻人与双方父母的谈判注定是个异常艰难的过程，他们的女儿阿丹跟笔者谈起谈判当天的情形，她说：

我跟我男朋友是高中就开始谈恋爱的，都已经快七年了。读书那会我爸管得很严，不让我看电视，更不让我谈恋爱。有一次他在楼下等我一起去上学，被我爸逮住了，我爸当时很生气地推了他一个趔趄，警告他以后不要再来找我。从此我们只好转入地下，偷偷摸摸地见面，生日的时候约在电线杆下交换礼物，就跟地下党一样，但我们觉得很好，只要不分开怎么样都行。

读大学那会我在重庆他在厦门，尽管分开了四年我们还是感情很好，每天都要发好多条短信，打无数个电话，就跟热恋中的小情人一样。一到放假我们都会着急跑回家见面，或者偷跑去厦门看海，再一前一后地回莆田来。我们俩从认识开始就是奔着结婚去的，毕业后我们就跟双方父母摊牌了。他爸妈一听我在莆田当公务员，又是名牌大学的本科生，喜欢得不得了，满口答应，但只有一个条件，他们家只有一个儿子，只能娶进来，不能"两顾"，更不可能招赘。而我们家只有我一个女儿，就要招赘，实在不行妥协一步也要"两顾"，让我嫁出去是肯定不行的。第一次见面双方家长就谈崩了，大家都不让步，闹得不欢而散。临走时，我爸强调只有"两顾"才能让我们结婚，要不以后断绝来往。他爸也放下话来，就算以后生一百个孩子也不可能留一个跟你们家姓吴。

家里死活不让我跟他继续来往了，还给我介绍了一个在莆田当警察的男孩子，撮合我跟那男孩子好。那段时间我跟家里人几乎天天吵架，我就是要跟他在一起，我就是要嫁出去，如果不肯让我们在一起，我们就去私奔，我就要跳楼。我男朋友听说我去相亲了，着急得跟热锅上的蚂蚁一样，也在家里闹着一定要跟我结婚，逼着他家里妥协。于是，他妈妈就经常给我打电话，希望我说服家里人妥协，我跟家里又沟通不来，双方僵持着，我们都快被逼疯了。

就这样耗了一年多，双方家长看到我们没有妥协的意思，也不肯去相亲，想着我们年纪也大了，只好重新坐下来再谈判。最终，在我们俩的努力下，采取保住双方面子的"两顾"，第一个孩子跟爸爸姓，第二个跟妈妈姓，如果第一个是女孩，第二个是男孩，就要让男孩跟爸爸姓，女孩改过来跟妈妈姓。为了保证日后不发生扯皮，双方家长还签订协议，画押。这听起来似乎很可笑，但在我们村里是非常普遍的，很多自由恋爱的男女朋友经常是因为这些问题没谈好而被迫分手的。就是因为这样，我们村里的年轻人经常是相亲认识的，就算在外面打工的，逢年过节一个重要的事情就是回村里相亲，这种看条件结婚的方式可以避免自由恋爱带来的矛盾冲突。

结婚之后又有新的烦恼，那就是生孩子的问题，按照结婚前协议上说好的，两个孩子一个跟爸姓，一个跟妈姓。那么，谁都希望生个男孩子跟自己姓，特别是我家。所以最好的结果就是生两个男孩，一个姓吴，一个姓邱，皆大欢喜，谁也不占谁的便宜。但问题来了，我是公务员，我只能生一胎。① 如果生男孩，他家肯定高兴，但要是生女孩怎么办？而且我们家也等着我生孩子姓吴，"单独二孩"政策遥遥无期，不知道什么时候政策能放开。我要是没有生第二个孩子的机会，那么协议就白签了，我们家什么好处都没有。最好的办法就是生双胞胎男孩，但这个概率太低了，我们双方家族都没有双胞胎基因。我妈还曾经帮我问过用试管婴儿技术生双胞胎男孩。你肯定知道，在莆田这个地方，历史上就有很多游医，专门卖

---

① 笔者访谈的时间是 2013 年，那时"单独二孩"政策尚未施行。

狗皮膏药的，后来攒了些经验就成了赤脚医生。但是现在时代不同了，赤脚医生赚钱太慢，很多人都到外地，特别是一些偏远的地方办医院（见图4-36）。所以国内很多民办医院都是莆田人承包的，具体细分为科室，每个人分配不同的科室入股承包，到年底根据利润情况进行分成，这在我们当地叫作"炒摊"。我妈就是找了莆田的民办医院，打听到做试管婴儿可以包生男孩，标价是8万，而且还有可能是双胞胎。说得我妈蠢蠢欲动，还当真带着我去看医生。可医生一看到我瘦小的身子板，强烈建议不能去尝试这么危险的办法。

图4-36　承包医院是莆田人公认的高收益行业

当初既然选择"两顾"，就是为了有机会给我娘家生男孩以延续血脉，但现在是计划生育，我又是国家公职人员，单位对计划生育管控特别严格，我如果违反计划生育，那么，不仅我要被开除，分管的领导也要被处分，是一票否决制的，所以在计划生育上没有人敢越雷池半步。

为了生男孩，我妈可是想尽了各种办法，只要有人提到一种方法，她就千方百计地去打听，花多少钱都愿意的样子。所以啊，我们村里重男轻女思想很严重，既然你要住在村里，那就要遵守村里的规矩，保持住在村里的所谓面子，这样才能堂堂正正地在村里挺着胸脯走路。但这样也使得村里人都想男孩、盼男孩、生男孩……

随便问村里一个老太婆，她都会说，巴不得孙辈个个都是男孩，男孩永远都不嫌多，多多益善。这样下来，全村男女老少为了生男孩都是蛮拼的，也给家里人带来很多麻烦，生了男孩的嫌太少，没生男孩的很抓狂，在村里都抬不起头来。每当大年初一，庙里都会组织村里热心公益事业的人，带着一群孩子到前一年生男孩、结婚、升官、考大学的村民家里去，放鞭炮，讨糖果吃，如果家里从来没有因为生男孩而热闹一番的话，在村里是很没有面子的事情。有的人家只能眼巴巴看着别人家热闹，自己家什么也没有，那种内心的煎熬是无法体会的。所以说，现在我们村里人谈恋爱烦，结婚烦，生孩子烦，什么都很烦。归根到底，都是重男轻女给闹的。

而且我们村里虽然都是女人管钱，但女人的地位其实不高，没生过男孩的女人是被看不起的。在邻里纠纷、宅基地分配、协调水沟高低等事情上，家里要是没有儿子经常要被欺负，被邻居占便宜也只能忍气吞声。比如我家前面那户人家，10年前邻居盖房子的时候跟邻居说好要留一条3米宽的路进出。这几年这家人在外做生意平时都没回家，只有在春节时才会回来住个把月。有一年回来的时候发现路变窄了，量了一下果真如此，邻居家把当围墙的石头往外挪出来一些，还在围墙外种了一排葱，这样路就更窄了。可吵架也没办法，邻居家有两个儿子，个个魁梧彪悍，拦在门口叫嚷起来，随时都要打架。这家人没有儿子，女儿也都嫁出去了，只有老两口，哪里敢跟邻居吵架，只好不了了之。这只是一个方面，村里还有很多事情需要男人出面解决的，比如上头炷香、给新人滚床单、宗族的祭祀活动，都是由男人来完成的，女人插不了手，只能站在旁边干瞪眼。有男孩的家庭，就可以挺着胸脯参与各种活动，风光极了，这也在很大程度上刺激着无男孩家庭的神经，让他们在村里老觉得低人一等，就想尽办法让儿子辈、孙子辈一定要有男孩。

尽管过程异常曲折，但阿丹无疑是幸运的，毕竟她能跟自己喜欢的男人结婚。在现实中的浮叶村，很多青年男女都是在谈婚论嫁时由于姓氏归属、婚配模式、彩礼多寡等感情外的因素而不得不被"棒打鸳鸯"，屈从于家庭的招赘安排，与上门女婿在子女姓氏、共居方式、财产继承和养老支持等方面达成口头的框约，促使新生家庭能继承家族姓氏，又能够在婚姻上拓展家族网络资源。这种具有保存性功能和实用性功能的婚配模式更多是出于家庭整体利益的考量，是对父权制家族体系的应时性变化，湮灭了婚姻原初的情感体验。与此同时，当前农村社会的家庭规模不断缩小，核心家庭的比重在上升而扩展型家庭的比重在下降，传统的父系联合家庭体系正逐渐向配偶型家庭体系转变。[1][2] 招赘婚姻夫妻婚后与父母的共居时间明显大于婚嫁婚姻夫妻，其分家的风险也显著降低，招赘婚姻更容易保持大家庭状态。招赘婚姻比嫁娶婚姻有更强的多育倾向，但却被长期以来普遍执行的计划生育的限制和强制所掩盖。[3] 随着"全面二孩"[4] 的放开，招赘婚姻的优势凸显，可能会助长对于招赘婚姻的追捧。

阿丹家庭所经历的尴尬还算是有了兼顾双方的结局，可在岛上调查的实际情况是：年轻的女孩相亲后很多人不着急领结婚证，都是先生孩子，生了男孩再来筹办婚礼或者领证，如果生不了男孩就一直生，直到生了男孩才可以谈结婚的事情。因此，很多岛民都是结婚喜酒和满月酒一起办的，即选择春节岛民都空闲的时候，今天办喜酒，明天办满月酒，或者怀孕到大月份的时候去做彩超，如果是男孩就办喜酒，如果不是男孩就以后再说。这也催生了岛上一些不地道的医生，专门照彩超看性别，且价钱应需日增，赚得盆满钵满。而可怜的年轻女孩，如果第一胎是女孩，第二胎还是女孩的话就要被迫去做引产，直到怀上男孩。这看似人性的泯灭，却是岛民传统适者生存的丛林法则的无奈之举。特别是在春节的时候，岛民彼此都互相登门拜年，如果生男孩就要敲锣打鼓上门讨要香烟和糖果，一群大人孩子前簇后拥，好不热闹。而婆娘们见面都是

---

① 宋健：《中国人口结构面面观——中国第五次人口普查公报透视》，《人口研究》2001年第3期。

② 查瑞傅、曾毅、郭志刚：《中国第四次全国人口普查资料分析》，高等教育出版社，1996。

③ 李树茁、靳小怡：《当代中国农村的招赘婚姻》，社会科学文献出版社，2006。

④ 中国共产党第十八届中央委员会第五次全体会议，于2015年10月26日至29日在北京举行。全会提出，允许普遍二孩政策。促进人口均衡发展，坚持计划生育的基本国策，完善人口发展战略，全面实施一对夫妇可生育两个孩子政策，积极开展应对人口老龄化行动。

打听添丁的事情，对于没有生育男孩的家庭就要被指指点点，她们的观点都是一致的，那就是你赚多少钱我看不见，但你家没有男孩那可是全村都知道的笑话。因此，岛民对于男丁的狂热追捧日益白热化。

对此，我也采访到了岛上的中年妇女阿兰，她跟我诉说了这样的痛苦：

> 我只有三个孩子，一男二女，大女婿家穷，给我们家当了上门女婿，我当时就觉得很满意，后来大女儿生了女孩，尽管不是很喜欢，但觉得她可以生两个，就希望第二个能是男孩，所以怀上第二胎5个月的时候我就托人去看彩超，结果又是女孩，我就说第二个不要了，流掉以后再生男孩，可我女儿第一胎是剖宫产，第二胎间隔时间太短没法自然生产，如果流产就要再剖一次，她吓坏了，死活不肯流，只好生下来。既然这样，我就希望儿子能给我生男孩，因为我儿子媳妇都是公家单位的，我就想着只能生一个，就在怀孕时去做彩超，如果是女孩就不要了，男孩就留下来，可我媳妇也一样不肯做彩超，结果生了又是女儿，唉，我就是命苦啊，现在回到村里都抬不起头来了，我的二女儿是抱养的，以后肯定要嫁人了，我都指望不上，现在村里人都说我们家有财无丁，每年春节回来我都很怕去别人家玩，更不敢去喝别人家的满月酒……

从阿兰的叙述中可以发现，能否生育男孩对家庭乃至宗族来说至关重要，这不仅仅是简单地繁衍后代、延续血脉，更是人情交往中的面子问题，是村庄利益格局博弈中的头等大事。在笔者的调查中还发现，出于对男丁的极度崇拜，村里的女人都狠下心一定要生男孩，甚至有的人家要求生了男孩才可以拿结婚证，要不就一直生，直到生男孩为止。在村民的思想观念里，如果领了结婚证再生孩子，就是有在计生部门备案的，管计生的工作人员会时不时上门拜访，反而不方便。现在很多年轻人都在外地打工，生几个孩子是很难考证的事实。既然领结婚证会带来这么多麻烦，村民反而乐于完成生育的任务后再领结婚证。何况在乡村社会约定俗成的观念里，摆喜酒宴请村民的社会价值和婚姻认可程度要远远高于领结婚证的法律效力，没有人会在吃完酒席后让新人拿出结婚证来看看是否真有其事。而未登记结婚所生的孩子，不用担心计生部门到家里拆墙弄瓦的，一些殷实的人家可以找个稳妥的地方放心地生养，生了男孩还有各种奖励。比如笔者访谈的一个鲍鱼养殖户，就是让妻子脱离体制（小学老师）在家完成"生计"任务，生第一个男孩奖励 100 万元，第二个男孩奖励 100 万元，这个收入要远远高于妻子当小学老师的收入，她可以心安理得地繁衍后代而游离于计生的盲区。由于妻子不在南日岛，天高皇帝远，谁也没有发现这个家庭超生的状况。等到孩子大了带回村，生米煮成熟饭，计生部门要查也已经来不及了，而罚款对富裕的家庭来说撼动不了经济基础，威慑力有限。可以说，人口高密度频繁流动在很大程度上成为计生管理的瓶颈，成为超生人员的保护屏障。

阿斌的口述经历给我带来很大的心灵冲击，一个小而弱的婴儿，从出生开始就要离开亲生父母，到遥远的地方生活，她这辈子可能都不会知道自己的真实身世，在周围人编制的善意的谎言中生活。这是怎样一种人性的残忍？她无法选择自己的性别，就仅仅因为她是女孩，就被剥夺了与亲生父母生活的权利。

在南日岛乃至浮叶村，用彩超选择性别导致女婴流产或者因为种种原因不得不生下来然后再去送人的故事随时都在岛上演绎。对于旁观者来说，总觉得这样的真实情况只出现在文化水平不高的中老年人群里，他们年轻时总要为自己的错误行为付出代价，他们的认知水平总是可以找到让人宽容的理由。但是实际情况却相反，对于女婴的残忍对待恰恰出现在很多"80 后"，甚至"90 后"的年轻人身上。笔者在感受到深深的文化震惊的同时，也在深刻思考着这样的问题。为什么新生代还会有如此强烈的重男轻女理念，且在南日岛有着广泛的受众，在很多家庭屡见不鲜，从常理推断这并不符合年轻人该有的认知水平。笔者在长期对南日岛跟踪调查的过程中，有着经验性的判断，那就是生存的需要。可以想象，两百多年前浮叶村乃至南日岛的很多村民世世代代捕鱼为生，就算是从惠安迁移到南日岛的浮叶人来说也不例外，他们本质上就是渔民，不管迁移到哪里，捕鱼是他们赖以谋生的唯一手段。然而，海上风浪的险恶总是让人捉摸不定，渔民常命悬一线，提着脑袋在艰险的环境下谋生。为了养家糊口，生存下来并繁衍发展，渔民不得不冒着生命危险讨海谋生。但仔细思量不难发现，讨海的艰辛只有男人可以胜任，女人由于先天生理上的弱势是无法胜任高强度高风险的讨海生活的，很多渔民家庭都是男人出海捕鱼，女人留守家庭养老扶幼，能做的与捕鱼有关的事务无非就是帮忙补渔网、晒鱼干、种海带等等在陆地上的工作。男主外女主内的性别分工使得出海捕鱼成为男人的特权和对家庭应尽的责任。假设一个捕鱼为生的家庭没有男丁，那么这个家庭赖以谋生的唯一支柱就不存在，全家生活就会陷入困顿，这是关乎生存的生命事件，有可能面临绝户的重大风险。从家庭生存策略出发，就要保证家庭有男丁且能世世代代延续下来，这是以捕鱼为生的南日岛民不得不采取的生育方式，重男轻女有其存在的土壤。

　　其次，海岛恶劣的环境也使得生存方式单一化。海岛到处都是特殊的沙地环境，淡水成为异常稀缺的资源，对于大岛来说还有一定的淡水资源，比如井水，但对于大岛周边很多列岛来说，打井获得的只有咸涩的苦水，并不是真正意义上的淡水，很多列岛上的岛民因为长期饮用咸涩的苦水而普遍有肾结石。在这样的海岛环境下，就只能种植地瓜，这是需要淡水较少的农作物，一年不需要过多浇水就能生长，而大陆的很多农作物，比如大米、小麦等粮食在海岛没法存活，对于列岛上的岛民来说，连大岛上唯一可以种植的地瓜都没法存活。除此之外就是一些辅助性没法填饱肚子的农作物比如包菜、花菜、上海青等。不管是能填饱肚子的地瓜还是作为配菜的青菜，都只能暂时哄饱肚子，没有太多营养，只能靠捕鱼获得海产品。笔者访谈过的阿兰就说了，他们小时候家里孩子多，经常挨饿，地瓜不够吃，吃了也没营养，全家都依靠父亲捕鱼，如果出海捕鱼一无所获，那么家里就只能吃地瓜或池塘里的黏土，如果出海捕鱼收获满满，要么全家都可以吃上龙虾、螃蟹、海鱼、鱿鱼等海鲜。所以南日岛特殊的恶劣环境造就了作物类型的单一化，要生存下来还是得依靠捕鱼。这又回到前文提到的逻辑，捕鱼是男人的专利，是女人无法胜任的高风险工作，海岛恶劣的环境需要海产品来补充营养，那么男丁就是家庭赖以生存的重要依靠，重男轻女的思想观念得以强化。

　　还有一个重要的原因就是文化语境。尽管现代生活发展日新月异，与外界沟通的频繁扩展了岛民的视野，也改变了岛民的生活方式。总体而言，新生代的岛民容易接受新鲜事物，比如城市的生活方式，也有着强烈的城市融入意愿。但他们毕竟长期浸淫于南日岛的文化语境中，他们的理解和认知还停留在海岛文化里，形成相对封闭保守的思想观念，尤其是长期形成的根深蒂固的重男轻女理念，在祖辈、父辈、村民的口耳相传下得以强化，他们耳濡目染后潜移默化地接受这样的思想观念并内化于心，这样的思想观念并不会因为他们迁移的足迹而轻易改变，会伴随他们相当长的时期。同时，作为长辈的家庭成员也会通过言语渲染来巩固和强化重男轻女的思想观念。很多已婚的年轻人逢年过节回家，就会被唠叨的长辈驱使着早日完成生儿育女的任务，尤其是生育男孩，这在海岛是再普通不过的事情，并已然形成惯习。很多海岛的年轻人都是先生育男孩才领结婚证，或者互相攀比谁家的男丁更多，生育男丁的家庭都要大摆筵席，挥霍无度，来显示男丁的荣耀，甚至还寻求村庙里的神灵或者功力高深的灵媒的帮助，不惜付出任何代价祈求男丁。相反，没有生育男丁的家庭则成为全村茶余饭后的谈资，是全村都引以为戒的笑柄。这样一来，每个家庭都有生育男孩的紧迫感，也深深感觉到压力，家庭里的年轻人一旦婚配，就会被其他家庭成员教唆、驱使着去生育男孩，否则就会滋生家庭矛盾，引发家庭的不和谐。除此，对于久久未能生育男孩的家庭，家族成员也会被动员起来，提供力所能及的帮助。阿斌的例子就可见一斑。

四　愚昧思想观念与现代科技手段的不期而遇

不管是赡养父母的权益策略还是传宗接代的现实考虑，都需要有子代作为延续的寄托。尤其是 2016 年"全面二孩"政策放开以后，原本第一胎是女孩的家庭有了生育二胎的机会，这对于"两顾"的家庭是个重要的利好消息。男方和女方家庭都有了生育男孩的机会，也就是有了延续姓氏的可能性，这也促使不少年龄不占优势的浮叶女，冒着高龄的风险去争取难得的生育机会。在生育性别的问题上，按照正常的生物规律是随机的，为了有更大的可能性生育男孩，就要考虑采用现代科技手段，比如碱性食品、彩超或试管婴儿得以实现。事实上，碱性食品对于身体的调理功效需要较长的时间周期，且没有必然的生育男孩的可能性，不少浮叶女尝试喝苏打水，也就是常规的治疗尿酸的碳酸氢钙，几元钱一瓶的白色药丸成为廉价的生育手段，但碱性食品或药物终归是提高生男概率而非打包票的投资，更多浮叶人选择彩超作为普通的方式，在怀孕

16 周后很多人通过各种门路去照彩超，只可惜得到结果后选择流产是对女人身体的重大伤害。这几年则有一个生意开始风生水起，那就是试管婴儿①。这项技术由英国引进中国后，在 1988 年大陆有了第一例试管婴儿的成功案例，在治疗不孕不育方面有着重要的作用。然而，时过境迁，该技术有着诸多的优点，比如可以选择胎儿性别等。在优化和改进的过程中试管婴儿技术日益普遍化，已然催生了一个地下产业链条，刺激着重男轻女文化泛滥区域的生子热情。在当今的浮叶村，随便问一个村民，大体都知道试管婴儿，村里成功的生子案例鼓励着经济富裕的独女家庭去尝试这样一类高科技。对此，笔者访谈了浮叶女阿娇，她 36 岁，现在福州一家事业单位工作，丈夫从事电脑生意，也是莆田人，独生子，家庭经济状况较好，自从 2009 年生下女儿后，公婆一直在福州照顾孙女。阿娇说：

> 我在事业单位工作，每天上班都很忙，单位在五四北，在路上都要折腾很多时间。当年全国实施严格的计划生育政策，考虑到生"二孩"会被单位开除，还有我丈夫做生意的风险，家里还是努力保全我这份来之不易的事业单位工作，公婆一直都不敢提生孩子的事情，尽管他们心底肯定非常想要一个孙子。没有生育机会的家庭反而更加和睦，少了很多口舌是非。自从 2014 年"单独二孩"实施后，公婆开始催生，还鼓动我爸妈也来游说我。我爸妈都在海岛上，没法照顾到我，担心我在婆家没地位受欺负，也配合着公婆积极鼓励我生孩子。于是我从政策开始落地的第一个月就开始准备。其实我心里也非常清楚，婆家需要的是男孩而不是二孩，这一点家里所有人似乎都约定俗成，彼此心知肚明，就是奔着生男孩去的。于是，我一开始是调养身体，尽量吃青菜水果，到药店买"益生碱"，把身体调理成碱性体质。同时，我的公婆则忙着联系莆田的亲戚，希望能通过试管婴儿生男孩。

---

① 试管婴儿又称体外受精 - 胚胎移植（IVF - ET），是指采用人工方法将卵子和精子从人体内取出并在体外受精，发育成胚胎后，再移植回母体子宫内，以达到受孕目的的一种技术。这一技术的产生，给那些可以产生正常精子、卵子但由于某些原因却无法生育的夫妇寄以希望。目前，试管婴儿技术在我国仍是一种新兴技术，不完全成熟。

后来我成功怀上了龙凤胎。因为第一胎是女儿，这回能怀上龙凤胎对婆家来说是个好消息，他们家终于能延续香火，这对于看重姓氏和面子的莆田人来说尤其重要。婆家高兴得几乎癫狂，什么事情都不让我做，天天大鱼大肉地做给我吃，恨不得把天上飞的地上跑的都做成满汉全席来伺候我，这是结婚多年来难得的幸福时光。对婆家来说，这更是对孙子的疼惜。每次我吃大餐的时候，婆婆都会开心地看着我吃，就好像看着孙子吃一样。

阿娇口述的故事终归是个圆满的结局，儿女双全的美满家庭结构巩固了阿娇在家庭中的地位，也带来家庭难得的和谐氛围，让婆家可以在莆田挺着腰杆面对家族亲戚。但是，笔者也在考虑这样的问题，当时跟阿娇一起做试管婴儿的那些女客户，虽然不都是浸淫于愚昧的莆田文化中，但相似的重男轻女文化和养儿防老的思想观念驱使着她们背井离乡，躲在城市的某个角落孤独地完成一件影响她们未来命运的人生事件。她们各有各的难言之隐，也有不同的辛酸故事，在延续香火、传宗接代、重男轻女的多种压力下，不得不采用高科技来生育孩子，甚至选择性别。这个过程要忍受很多痛苦，特别是一些身体条件不太好的女人，因为胚胎着床、宫内妊娠、精子和卵子质量等问题，可以想象她们的精神压力有多大。

从生育文化的角度反观阿娇的例子，个中五味杂陈。对于那些不孕不育的女人来说，没有按照婆家所希望的那样生儿育女，对于经济上依赖于男方的她们来说，可能会面临被丈夫抛弃的风险。为了维持现有的婚姻状态，她们不得不将生子作为最后的救命稻草，成者为王，败者为寇，用身体做最后的赌注，押下后半辈子的幸福。在阿娇的口述中，她也提到了不少女客户，她们的婆婆甚至会有意无意地表示，如果没有生育男孩，那么，她们的儿子随时都可能带别的女人回家传宗接代。这是最伤害女人的奇耻大辱，但对于没有经济独立的女人来说，她们却无法选择，一旦离开婚姻，年龄和容貌已经不占优势，很难再次进入新的婚姻。她们没有一技之长，注定了没有太大的人力资本适应社会的优胜劣汰，从而没有底气对抗婆家的压力，只能被迫屈从于现实。

阿娇的个案更多是传统文化对女性身体和思想观念的形塑，代表着家本位的利益考量。而要实现对女性的钳制，不仅要有传统文化观念，还需要现代的高科技作为工具化载体，否则传统的重男轻女观念也难以实现。这就涉及现代科技的普遍化运用问题，尤其是鉴定性别的廉价和技术检验的准确性。众所周知，随着现代高科技在医学上的广泛应用，彩超成为产检重要的检测工具，对很多人来说并不陌生，尤其是彩色多普勒和四维彩超等更高新技术的应用，使得彩超技术的科学性和准确性有了很大的提升。彩超不仅应用于对于胎儿健康的诊断，最重要的是还可以预先知道胎儿的性别。基于彩超的这一特点，医院都会明令禁止非医学需要的性别鉴定，但由于彩超技术使用的简便性，很多医务工作者都会操作并看得懂彩超的图像，而且彩超技术的收费不高，按照三甲医院的收费标准，黑白 B 超的价格一般在 100 元以下，一般的彩超也只要两三百元，就算选用较高技术的高清四维彩超也只要五六百元。对于普通家庭来说这是可以承担得起的医学技术。按照南日岛的收费情况，单单鉴定胎儿性别的话，男孩收费 800 元，女孩收费 300 元，也有统一收费 500 元的情况。这在南日岛的很多民营医院都是可以轻易做到的技术，但鉴定的准确性无从判断，也不承担鉴定错误的风险。笔者曾经访谈过一位在南日岛工作多年的民警，他曾经抓住过一个专门从事性别鉴定的"黑医"，那个"黑医"也坦然承认，他鉴定胎儿性别也只是模棱两可，一台电脑和一台简易的仪器，就是他所有的作案工具，通过模糊的图像只能判断个大概，是否准确他自己也把握不了，反正一个愿打一个愿挨，就算判断错误也不会有人去告他，顶多到家里骂他几句而已。低成本运作、微弱的道德风险、高额的回报，使得从事这个行业的人趋之若鹜，在海岛上也有一定的市场，尤其是对于一些贪图方便不愿意出岛到大医院排队的岛民来说。但是为了稳妥起见，很多在岛上拍了知道是女孩的岛民往往会选择在稍大的孕周到莆田或福州的正规医院照彩超，那里先进的仪器设备可以有效提高性别鉴定准确性，前提是必须有熟人的推荐。而这个所谓的熟人往往也是医院的工作人员，基于同事的交情与彩超科的医生进行通融，事成之后由孕妇家属给予物质上的回报。很多彩超科的医生都有这样的灰色收入，这成为业内公开的秘密，当然，并不是所有的孕妇彩超科的医生都会帮忙，主要看中间人的交情、物质回报的丰厚以及人情面子的运作。同时，在医院彩超室里是不允许谈论性别的，医生和孕妇之间也会心照不宣地用暗语来表示，比如伸出大拇指代表男孩，小指代表女孩；让孕妇买蓝色衣服就是男孩，买粉色衣服就是女孩；等等。有时彩超医生干脆都不吭声，直接让同样是医院工作人员的中间人进入彩超室自己看影像，这样不用承担违反法律的风险，判断是否准确与他无关。就笔者目前掌握的实际情况来说，就算在福州这样的二线城市，通过彩超询问性别也不是特别难的事情，更不必说公权力的触角难以全部延伸的乡土社会？

　　尽管彩超技术鉴定胎儿性别的准确性很高，但是按照彩超的技术要求，准确鉴定胎儿性别要在 16 周以后才能较清晰地判断，而且胎儿月份越大，判断的准确性越高。可是，很多希望通过彩超来鉴定性别的父母希望能越早知道性别越好，这样可以减少流产的风险和对母亲身体的伤害。于是，这几年来，香港通过血液检测鉴定性别的业务被发展起来。这个技术只要采集孕妇 18 毫升的血液样本即可，然后通过中介机构携带或邮寄到香港鉴定胎儿性别的机构进行 Y‑DNA 含量鉴定①，即"寄血验子"，该技术要求在 1～3 个小时内把孕妇的血样送到香港血液化验所化验，3～5 个工作日就可以出具报告，准确率可以达到 98%，最重要的是，血液鉴定可以将鉴定性别的时间提前到怀孕两个月左右，甚至是 40 天。这几年全面放开"二孩"政策后，"寄血验子"的生意异常火爆，也拉低了收费水平，按照 2016 年的市场行情，收费已经从最初的 5000元降低到 2000 多元，这对很多家庭来说并不是太大的经济负担，简便易行且准确性高诱惑着很多年轻父母的鉴定热情，最关键的因素是在孕周较小的时候选择流产可以减少对身体的伤害。在笔者访谈的很多浮叶家庭来看，他们普遍认同"寄血验子"技术，尤其是对于一女户或二女户的家庭来说，但凡能找到门路联系上中介的，都愿意花重金去检测。

　　这里，笔者有个需要澄清的观点，就是在现代科技日新月异的语境中，何以维护传统重男轻女魅俗的生存土壤？传统与现代，这两个截然对立和撕裂的二元主体，又是如何以婚姻作为载体，通过文化潜移默化地渗透，双重塑造女性的身体，使她们选择用自己的身体来迎合传统的文化表达？这要从传统—现代的进化历程寻求可能的解释，以此明确对

---

　　①　按照香港特别行政区的法律，检验胎儿性别不违法，但堕胎违法。

于女性身体的形塑和行动的性别象征。

尽管当今学者对现代化这一进化论式的、充满"西方中心主义"色彩的理论大加批判，但潜意识里却仍然逃不出现代化理论的"传统—现代"二分法的窠臼。在这一思路的指引下，传统和现代不是简单的时间分隔概念，而被赋予更多的空间和意识形态因素。传统的代名词有乡村、东方、封闭、感性等，现代的代名词则包括城市、西方、开放、理性等。于是乡村秩序就应该从传统的东方式的"差序格局"向现代西方式的"团体格局"演变，应该从封闭走向开放，从礼俗本位走向法理本位，从非理性走向理性。这种思路下的乡村秩序的变迁轨迹其实类似于语义差异量表中的两端陈述项目，由意义完全对立的词条构成。对乡村秩序的分析，传统—现代思路已成为公认的叙事话语，无论多么激进批判的学者，也总是会在不经意间受其影响。① 在传统—现代的进化变迁中，会衍生两方面的结果：一方面，传统与现代的分野衍生出城市与村落间的支配关系。基于中国的特殊场域，中国现代城市和传统村落的关系是非正当性的支配。② 另一方面现代城市具有高度的政治特性，是理性行政的产物，政府可以控制市民及其生活，但行政力量只能达到县一级，广大的传统村落实际上还处于"自治"的状态，即前文探讨过的乡村社会存在着"第二力量"。因此，行政体制可以利用其辐射力，给予城市更多的资源，使城市高度集约化地实现经济跨越式发展和现代化的腾飞，并衍生出社会民主机制、社会保障体制等，赋予市民以与农民差别化的待遇，而广大的村落却处于行政力量管控的盲区，行政触角无法深入到达，造成了农村发展的滞后，长期以来形成的城乡发展二元结构，加剧了城乡发展的两极分化，城乡间的"推—拉"格局开始形成，城市也逐渐强化了对农村的支配作用。城市在经济上的优势地位很容易通过"乡—城"流动实现文化上的渗透，比如高科技的生育技术原本在乡村社会就是村民认识的盲区，随着人口流动的频繁反而被越来越多的村民所认知，与重男轻女传统文化紧密结合，甚至在农村有相较于城市来说更加广泛

---

① 林聚任、刘翠霞：《论乡村社会秩序的重建——"共同体"之路》，载林聚任，何中华主编《当代社会发展研究》第 2 辑，山东人民出版社，2007。

② Weber, Max. *The Religion of China: an Outline of Interpretive Sociology*, edited by G. Roth & C. Wittich. Berkeley: University of California Press, 1978.

的受众。笔者在浮叶村调查时，不同年龄段的村民都对彩超鉴定性别、试管婴儿有着或多或少的认知，尤其是彩超鉴定性别的技术更是为很多浮叶家庭所熟知并广泛运用。与此同时，中国社会特殊化的家产制国家共同体有强大的氏族纽带，具有现代意识的市民与具有传统观念的农民大多还保持着原有的乡土情结，这表现在人际关系和仪式上。[①] 城乡间的沟通和交往使得现代文化与传统文化碰撞、传统元素与现代元素矛盾与融合，农民逐渐缩小了与市民的社会距离，通过交往、互动，乃至联姻的方式吸收现代文化的精髓，从而对家本位进行深刻的思考，将现代文化融入家庭结构的工具化组建中，传统家庭功能被世俗化、理性化所影响。伴随着现代化的进程，传统和现代发生断裂，现代的工具理性挤压、驱逐传统的价值理性，改变着我们日常生活中最熟悉和最具个人色彩的家庭领域，社会世俗化、理性化造成家庭制度、家庭价值、家庭发展的物化、工具化。于是，体现在家庭决策对于性别结构的选择中，遵循的是现代的工具理性，采用现代城市文化中的高科技手段来干预自然规律，维护传统的重男轻女的思想文化价值。

可见，所谓的传统是把前人的生活习俗和社会活动等经验统一起来，进行传承责任，让后来的人们尽量遵照"传统"来生活和进行社会活动。传统体现价值理性，是通过有意识地对一个特定的行为——伦理的、美学的、宗教的或作其他阐释的——无条件的固有价值的纯粹信仰，不管是否取得成就。价值理性赋予传统行为以绝对价值，表现为行为模式的责任感、家庭荣耀和忠诚等。而所谓的现代则是一种新的、与以前不同的社会秩序，强调创新、变化和进步的一个权力、知识与社会实践的特殊聚合体，同时也是一种信念，由科学促成，相信知识无限进步、社会和改良无限发展。现代体现工具理性，通过实践的途径确认工具（手段）的有用性，从而追求事物的最大功效，为人的某种功利的实现服务。工具理性是通过精确计算功利的方法最有效地达至目的的理性，是一种以工具崇拜和技术主义为生存目标的价值观，体现了行为模式的功效理性和效率理性。传统与现代所指向的分别是价值理性和工具理性，在逻

---

① 马克斯·韦伯：《新教伦理与资本主义精神》，康乐、简惠美译，广西师范大学出版社，2010。

辑上是互斥的，但在现代社会中却是交错的，呈现"你中有我，我中有你"的状况，现实世界里常是传统与现代元素彼此共存，交相辉映，且互相影响和发生作用。可以说，工具理性和价值理性因各自效应的不同而成为相互独立的系统，但在一定条件下会提高和升华。二者结合所形成的合力，体现了工具理性能实现主体客体化的手段价值；反映了主体在实践活动中为实现自身本质力量对象化，提供自身所需手段的精神能动性。价值理性与工具理性的统一，不断确证"人是人的最高本质"，体现人的主体性和价值。① 同时，工具理性又会支配价值理性，在维护价值理性的前提下对其进行渗透和潜移默化。总之，传统所代表的价值理性与现代所代表的工具理性交融共生，在一定的条件下，工具理性支配价值理性，现代影响传统。归根结底，无论社会如何变迁，工具理性依然维护着价值理性的原生地位，终究要回归价值的本质。

五　女子无才便是德

女孩在成长过程中，都要经历社会性别等级制度在家庭的实际运作，在家庭资源有限的情况下，比如有限的家庭储蓄用于子女教育的投资，男孩和女孩就会产生竞争性需求，谁都想获得家庭教育的投资以增强人力资本，从而获得较好的工作机会，或流动到较好的就业地点。在这场子代成员的教育投资博弈中，父母的性别观念起着关键性的作用，如果父亲或母亲有男孩偏好或女孩偏好，就会在教育投资方面有所取舍，选择偏爱的男孩或女孩进行培养。在浮叶村的调查中，绝大多数的父母都有强烈的性别歧视，性别歧视的观念仍内化于心，并表现于行动的选择中。父母会满足子女最基本的要求，比如基本的生存需求、九年义务教育的权利，但在较高层次的需求上则会对男孩有较多的倾斜。在南日岛，家庭的性别歧视和男孩偏好仍在很大范围内有着广泛的受众，长期的性别观念沉淀和内化在普通民众的思想观念中，坚如磐石，牢不可摧。很多村民普遍持有女孩读书无用论，很多家庭更愿意供男孩读书而不把机会让给女孩。尽管岛上很多村民通过养殖鲍鱼、做木材生意和加工海产

---

① 马克斯·韦伯：《新教伦理与资本主义精神》，康乐、简惠美译，广西师范大学出版社，2010。

品（主要是海带）等方式获得不菲的收入，但他们还是很难自觉地将培养女孩作为自己的责任，普遍认为女孩最终是"嫁出去的女儿泼出去的水"。

正是基于这样的性别观念，除了独女家庭外，其他家庭都会将有限的家庭资源留给男孩，男孩在竞争博弈中常常毫无悬念地轻松胜出，包括女孩在内的成员都不会有丝毫的异议。在该过程中，被选拔去读书预示着家庭性别观念所体现的价值取向，就是男孩承担光宗耀祖、出人头地的家庭期待，而女孩由于家庭赋予的教育投资的不足，人力资本处于相对弱势。在就业流动中，不管是身体的迁移还是身份的变迁都或多或少地受制于教育的缺陷，难以有更多机会通过就业实现向上流动，就业回流的可能性也大大增加。"现代社会对人的控制往往不是直接的约束，而是间接地通过对社会空间的控制来实现"。[①] 社会和家庭在长期发展中积淀的性别等级制度，使得男孩比女孩更有机会脱离原生地而迁移到其他更为理想的区域，融入新空间后，男孩的人生轨迹有着重要的转折，这是长期留在原生地的女孩所望尘莫及的。

而要研究子女教育问题，肯定要涉及家庭讨价还价能力。[②] 家庭讨价还价能力代表着家庭的人力资本积累，与子女教育投资存在高度相关。母亲讨价还价能力的增强，会促成子女受教育程度的提高。与父亲相比，母亲倾向于花费更多的可支配收入在孩子身上，随着母亲讨价还价能力的增强，子女会有更多的机会接受更好的教育，享受更多的家庭资源。在中国特殊的传统语境下，女孩在成长过程中从家庭中获得的资源存在不公平。在我国很多农村地区，女孩受到严重的歧视，相反，男孩则拥有更高的地位，家庭会自觉不自觉地把有限的资源向男孩倾斜。例如，有些农村家庭摆酒设宴，请亲戚朋友、左邻右舍前来聚餐，很多时候女人要让男人先吃饭，等他们吃完了再上桌，或者将好吃的饭菜留下来给男人。这在南日岛很多家庭中是广泛存在的普遍现象，平时家庭一日三餐也是遵守这样的规矩。此外，在女孩的成长过程中，父母对她们的期待就是承担更多的家务劳动，而希望男孩花更多的时间在农业生产和职业技能上。在成年以后，女性的工作时间往往比男性长，且因为工作经

---

① 郑丹丹：《女性主义研究方法解析》，社会科学文献出版社，2011。
② 家庭讨价还价能力指的是家庭决策能力，通俗地说，也就是在家庭重大问题上的决策权。

验的缺乏而获得较少的收入，难以避免"同工不同酬"的事实。正因为女孩在就业收入上的弱势地位，女孩的父母会倾向于减少对她们的人力资本投资，将教育资源向男孩倾斜，实现家庭有限资源的性价比优化配置。

对于女孩在教育机会获得上相较于男孩的弱势，笔者访谈了阿荣。阿荣是浮叶人，女，46岁，夫妻都在厦门打工，丈夫已经是公司的管理层，几年积累下来，家庭的经济状况不错。她有一儿一女，儿子读初二，女儿即将中专毕业。阿荣说：

> 我们家搬到厦门已经九年了，最开始的时候，我和老公在同一家彩印厂打工，他是技术员，我负责装订和包装。工作几年后，因为他熟悉彩打的工作流程，就跳槽到另一家彩印厂工作，工资提高了很多。几年下来，我们家的经济状况开始好转，在村里盖起了三层半的楼房，占地180平方米，在村里也算不错的家庭。我有一个大女儿和一个小儿子，儿子一直跟我们在厦门生活，女儿在村里读书，在小学五年级的时候被我带到厦门去，就在翔安区的一个城乡结合部读书。初中的时候读书非常差，毕业后考不上当地的高中，就在家无所事事。她在青春期，脾气火爆得很，天天跟我吵架，我一气之下就把她送回村里，让爷爷奶奶照顾。没想到她回家后跟岛上的很多十七八岁的大姑娘小伙子一起玩，天天跟他们厮混在一起，要么到KTV唱歌，喝酒打牌，要么就是打电话聊天到半夜，还三天两头讨钱买衣服买手机。我怕她在村里学坏了，就跟我老公的堂弟说，看看能不能找个工作。堂弟一听说是初中毕业的，很肯定地说是找不到很好的工作，最好再去读个中专，有一技之长还好找工作。他认识福州一个中专学校的领导，可以免试入学，两年制，一年交8000的学费。我和老公一听要交那么多钱，就犹豫着要不要让她去读书了，女孩子读那么多书有什么用？过几年嫁人了又不可能指望她拿钱给我花，我有钱不如留给儿子，他会给我们两口子养老，他赚钱多我们也跟着享福。可堂弟说他能联系到会计专业读书，毕业后考个会计证，也算有技能，有工作了还能谈个好婆家。我们一听似乎也有点道理，虽然舍不得钱，但想想只有两年，各种费用加起

来3万元左右，也不算非常贵。最主要的是，我们怕她在岛上被人带坏了，她现在天天跟小混混在一起，随时都可能变坏，万一名声坏了嫁不出去那就是家里的负担了。况且堂弟在福州一家国企当领导，毕业后一定要赖着他安排工作。就这样，商量来商量去，我们咬咬牙，还是供她去福州读中专了。

两年时间很快就过去了，今年6月份马上就要毕业，我老公就给堂弟打电话，让他一定要给我女儿安排工作。既然是你叫我们去读书的，我们都按照你说的来做了，毕业后你就要给我们安排工作，你在国企当领导，就肯定有门路把女儿留在国企当会计。没想到一打电话堂弟就说他们单位肯定进不去，现在大型国企都要招收本科生以上，研究生都要被挑挑拣拣了，何况中专生？他连连拒绝，只答应安排福州的私人企业去上班。我老公一听就来气了，我们根本就不想花钱让她读书，既然是你叫她去读书的，就应该负责到底。你要是没本事，当初就不应该让她去读书，我们家也可以省下3万元，现在对我们家来说，3万元花了工作还不好找，过几年嫁人了肯定没法去工作了。我还不如一开始就不花这个钱，让她在厦门玩几年嫁人，在我们身边她应该也不会变坏。就这样，我老公跟堂弟在电话里吵了起来，堂弟当场挂断了电话。后来堂弟的姐姐觉得不好意思，说会帮我女儿在涵江找个私人企业当会计，我老公气得连电话都不愿意接。本来我们指望读个中专就去国企当会计的，如果给私人老板打工她干吗要读书，就算当不成会计也可以打杂啊，反正工资又没差多少。所以啊，我女儿读书的3万元就是白花了，都要怪堂弟，如果没有他，我们也不会花那么多冤枉钱。（说到这里，阿荣不停地叹气，心里还是愤愤不已）

中国自20世纪80年代前后施行的计划生育政策导致家庭子女数量减少，孩子"数量—质量"替代关系的结果是每个孩子可以获得家庭更多的经济资源，也就意味着子女获得更多的人力资本投资。但是中国的文化传统注重家庭美满、家庭成员间和谐共处，并不特别强调家庭成员的决策主导权，而是有着较高的选择自由度。在特殊的情况下，主导权可能交给女人。比如笔者调查的浮叶村，长期以来以捕鱼为生，为了得到更好的海产品收成，男人要到远洋捕捞，少则一个月，多则好几个月，而女人则留守村落。这样的家庭分工使得女人常常成为一家之主，管理家庭的财政支出。因此，尽管女孩在家庭中受到歧视的情况屡见不鲜。然而，如果一个家庭是由女性来主导的，也就是让女人来当家的话，即便家庭经济状况不佳，子女也可以获得较多的教育资源，还可以摒弃对女孩的性别歧视，让女孩子享受到较平等的受教育机会，弱势地位会有一定的改观。

根深蒂固的浮叶文化特质如乡规民约般牵制着村民的行为方式，使他们为了日后能够在村庄的熟人社会里长久地生存下来而不敢违背既有的规范，以免留下负面口舌。虽然村庄里很多青壮年劳动力出外打工，有的甚至一年难得回来一趟，但遇上重要的节日，比如春节、清明节等，村民们哪怕出门再远、在外地有难以割舍的宏大事业都要回村寻根，这就涉及村庄里的面子问题，中国乡村社会依照差序格局建构的人际关系网络使一个个看似独立的村民个体因网络的存在而彼此关联，发生种种错综复杂的人情关系，谁也无法置身于关系网络之外。既然无法抽身而出，或者在重要的人生事件中需要村民见证重要时刻，就得遵循村庄的文化特质。在一定意义上说，浮叶村特有的文化特质是在长期捕鱼为生的历史变迁中取其精华、弃其糟粕，不断优胜劣汰而保留下来的，是村庄长久发展重要的道德标杆和价值向度，假如违背这样的文化特质，必然为世俗所唾弃，无法融入村庄格局。由此可见，浮叶村长期以来建构的性别歧视观念在村民的口耳相传及行动实践中被不断地重复，并内化为根深蒂固的价值理念，成为老祖宗延续下来的精神标准，纵使现代化的多元思潮冲击传统村落的价值理念，但文化脉络的延续仍有广泛的受众，为村民们所追捧和崇拜，其客观规律亦有存在的必要性和重要性。

第五章　浮叶女对村庄文化的塑造

第一节　海上丝绸之路上活跃的生存者

番平若是真好赚，许多人去几回转，
都是家乡环境逼，只得出门渡难关。

——闽南民谣

无田地，断柴米，唔愿白白待饿死；
无奈何，过暹罗，去卖咕哩堵日子。

盘起浴布背市篮，欲到实叻胶拉巴；
甜粿脯，刻苦咬，海水咸咸堵喉干。

在咱唐山真无空，即着相招过番邦。
想着侵欠人钱项，矢志无面窗见人。
甘心出外来去趁，在咱唐山实在难。

——潮州民谣

　　闽粤民间流传的过番歌谣反映了移民出国前后的艰苦生活状况，这也是当年浮叶人到南洋打工的生存图景的真实写照。而浮叶人移民的路线以及到南洋打工的经历，则与海上丝绸之路的发展息息相关。

一　海上丝绸之路上的淘金者

　　海上丝绸之路是指起始于古代中国，连接亚洲、非洲和欧洲的古代海上商业贸易路线，是一条从雷州半岛启航，沿中南半岛、暹罗湾至印度东南海岸建志补罗、斯里兰卡；返航从印度东海岸，横渡印度洋至苏门答腊，再穿越南海至越南中部海岸的海上贸易航线。在这条贸易航线上，中国的丝绸是主要的商品。除此之外还有瓷器等商品，通过丝绸之路运输到很远的地方。长年累月的发展，丝绸之路成为东西方进行经济、政治、文化等方面交流的重要通道，将中国同东南亚、印度洋各国联结起来。[①] 海上丝绸之路对于古代中国来说是重要的海上贸易通道，实现中国与外国之间的经贸往来，也带来文化的繁荣。海上丝绸之路形成于秦汉时期，发展于三国至隋朝时期，繁荣于唐宋时期，转变于明清时期，是已知的最为古老的海上航线。它是意大利人马可·波罗的回国之路，也是郑和的探险之途。由历史记载可知，海上丝绸之路的航海贸易周期很长，通常需要数年，参与贸易的中国商人在漫长的贸易周期中，足迹遍及丝绸之路沿线的各个国家，他们辗转贩卖物品，成为早期的华侨。

随着海上丝绸之路的繁荣，海外交通和贸易的发达，为华人大规模出国提供了条件，留居海外的不归者越来越多，在国外的侨居状况也从"流寓"发展为定居。交趾，因厚遇中国商人，故吸引了大批的福建商人到此经商，甚至定居。据说安南李朝的创立者李公蕴就是福建人。[②] 另外，"交趾公卿贵人多闽人也"，[③] 这些人多"因商贾至交趾"。[④] 南宋时，"漳州百姓黄琼商贩南蕃，其父客死异乡"。[⑤] 元代华人定居海外更盛，如"昔泉之吴宅，发舶梢众百有余人"，到古里地闷贸易，[⑥] 其中不少人因各种原因留居海外不归。[⑦] 尤其是许多处于社会下层的劳动者为寻求较好的生活环境往往逗留海外不归。在真腊，"唐人之为水手者，利其国中不著衣裳，且米粮易求，妇女易得，屋室易办，器用易足，买卖易为，往往皆逃逸于彼"。[⑧] 缅甸，泉州商人商于乌爹（今缅甸沿海），

---

① 廖大珂：《海上丝绸之路与华侨》，《海交会研究》2015 年第 1 期。

② 沈括：《梦溪笔谈》卷 25，《杂志》，第 13 页，文渊阁《四库全书》，武汉大学出版社原文电子版。

③ 司马光：《涑水纪闻》卷 13，中华书局，1989，第 248 页。

④ 《续资治通鉴长编》卷 273，熙宁九年二月壬申，上海古籍出版社，1986，第 2577 页。

⑤ 《宋会要辑稿》职官二 0 至三 0，中华书局，1957，第 2835 页。

⑥ 汪大渊：《岛夷志略·古里地闷》，中华书局，1981，第 209 页。

⑦ 刘仁本：《羽庭集》卷 4，《闽中女四首》第 34－35 页，文渊阁《四库全书》，武汉大学出版社；高启：《高太史大全集》卷 8，《温陵节妇行》，第 20 页，文渊阁《四库全书》，武汉大学出版社原文电子版。

⑧ 周达观：《真腊风土记·流寓》，中华书局，1981，第 180 页。

因获巨利,"故贩其地者,十去九不还也"。① 当时海外华人不仅有住番经商的商人、水手,而且包括了由于其他各种原因而到海外经商寻求发展的社会各阶层人士。随着定居海外的华人的增多,在一些东西方通商口岸已形成颇具规模的华侨聚居的社区。北宋时,高丽的王城(开城)"有华人数百,多闽人因贾舶至者,密试其所能,诱以禄仕,或强留之终身。"② 明初爪哇的新村、杜板、泗水等地,以及苏门答腊的旧港的华人聚居区达千余家至数千家,③ 人口在 5000~20000 人。

海上丝绸之路的繁荣发展,为华人尤其是闽人创造了经济贸易的良好契机,也提供了海外赖以生存和繁衍的立足之地。不少闽人,亦有不少从事远洋捕捞的渔民,到南洋、我国台湾,甚至俄罗斯捕捞,并与当地居民进行物品交换,用海产品换取手表、香烟等等奢侈品。这样一来,因远洋捕捞而进行商品交换成为惯常的贸易方式,长期的交换和迁徙促使闽人愿意在他处寻觅适合的生存空间,而迁徙的路径则沿着海上丝绸之路延展开来。

在迁移的沿海城市中,泉州凭借其优越的地理位置,在经济贸易和移民南洋中占尽天时地利。被西方称为"刺桐"的泉州,是海上丝绸之路的起点,是东西洋间国际贸易网的东方支撑点,有着重要且独特的历史地位,是当时世界性的经济文化中心。在马可波罗游记里,泉州港被誉为东方第一大港,足见泉州当年地位之重要。古代泉州府的管辖范围包括如今的泉州、厦门、金门、钓鱼岛、澎湖及台湾。古泉州港有"四湾十六港"之称。"四湾"指的是泉州湾、深沪湾、围头湾、湄洲湾,每个港湾中各有四个支港,从而组成了这个著名的海丝名港。得益于泉州优越的地理位置,惠安的对外交往自宋代始,明代蓬勃兴盛。明嘉靖版《惠安县志》已有"通商贾,辇货之境外,几遍天下"和"通海外诸夷"等记载。明代黄仲昭的《八闽通志》提到,惠安濒临东溟大海,"水达诸藩"。惠安在海一隅,为海上重要枢纽,与国外的交往有据可查。惠安一带很早就有人与琉球群岛通商,民间称为"做琉球",惠安有名的"琉球花生"种子就是从琉球引进。《崇武所城志·战船》载:

---

① 汪大渊:《岛夷志略·乌爹》,第 376 页。
② 《宋史》卷 487,《高丽传》,第 14053 页。
③ 马欢原:《明钞本〈瀛涯胜览〉校注》,万明校注,海洋出版社,2005。

"百户经□掌勇字五十九号四百料官船一只，此船后送琉球国中山王差长史郭祖尾去国。"经姓祖先于洪武二十八年到崇武任百户，传至经镗于隆庆三年升副千户。由此记载可见在隆庆以前至少朝廷与外国的交往都曾经通过崇武港。还有《惠安县华侨志》在"大事记"的开首即载，"明崇祯年间（1628～1644年）崇武黄宝夫往日本经商，落籍于长崎；黄锦殿定居暹罗国，并落籍于佛鄙。"①也可见惠安崇武与日本经贸往来早在明代就已开始。随着海上贸易的发展，源源不断的商人通过海上丝绸之路到沿线从事经济贸易。

到了清政府统治时期，泉州的社会没有得到发展反而遭到很大的破坏，昔日港口的繁华早已成为过眼云烟。这主要是受到郑成功反清复明战争和海禁迁界的影响，成千上万的老百姓逃离家园，下南洋过台湾，寻找谋生的路径。泉州也因此成为中国第一侨乡和台湾同胞主要祖籍地。据考证，自清代后期到20世纪50年代，几乎每个惠安的村子都有一些曾经到过南洋一带谋生的人，有的村人数尤盛，如崇武镇郊区的霞西村就有300多人。自清朝末期，霞西村的老百姓北上舟山从事捕捞，但贫困使得他们无法购置大船而不得不放弃捕捞的谋生方式，恰又遇到战乱，地处海岸线的崇武集镇受到很大的影响，男人们纷纷南下厦门讨生活，然后就被当作"猪仔"运到南洋去。还有一些以石雕见长的工匠村，清末大批石雕产品通过厦门销往南洋，亦有人往南洋一带开石店、包工程，带去了不少能工巧匠。也就是在这一移民时期，作为惠安后裔的一个支系即浮叶人的祖先，则在乾隆年间从泉州迁徙到莆田南日岛，在那生存繁衍、开枝散叶，再从事远洋捕捞到南洋一带换取物品，然后将换取的稀罕物品带到浮叶村，从邻村的原生地岛民那里换取周边的土地，由此循环，浮叶人在南日岛终于扎根下来并不断扩充浮叶村的生存地盘。

伴随着东南亚因为西方国家的殖民扩张沦为殖民地，中国与东南亚的传统贸易逐渐演变为与西方殖民地宗主国之间的贸易，海上丝绸之路发生质变。如此一来，渔民们将捕鱼的半径缩小到国内，因为海禁而减少远洋捕捞，更多是按照就近原则在周边地区捕鱼。于是，来自惠安的浮叶祖先因为海禁而选择近距离航线，南日岛与惠安空间距离的相近和

---

① 陈国强、叶文程、汪峰著《闽台惠东人》，厦门大学出版社，1994，第82页。

南日岛得天独厚的避风港成为浮叶祖先栖息并定居的合理选择。与此同时，从乾隆年间陆续迁移到浮叶村并不断发展扩张，到了清末民初已经逐渐固化下来。迁移而来的浮叶人经过几百年的繁衍，人口增长而土地有限，地狭民稠的压力与日俱增，为了更多地扩张村庄的土地，不得不依靠海上贸易换取购买土地的奢侈品。还有相当一部分浮叶人，则"鲜有可耕之地，航海商渔，乃其生业"，不得不下南洋谋生。正如蓝鼎元所言，福建人民"望海谋生十居五、六，内地贱菲无足重轻之物，载至番境，皆同珍贝。是以沿海居民，造作小巧技艺，以及女红针黹，皆于洋船行销，岁收诸岛银钱货物百十万，入我中土"①。原本传统意义上出洋是为了经营海上贸易以获取利润，则演变为以谋生作为动因，移民下南洋更多是为了生计而不仅仅是经商牟利。所以，浮叶村下南洋的多数是没有文化的劳工，或者有点文化的技术工人，比如码头工、搬运工、木工、泥水工、渔工，其中以建筑工人居多，这与原生地惠安的石雕传统及迁移地莆田木工兴盛息息相关。也有做小本生意的，但数量不多。早期下南洋的浮叶人都是从劳工开始的，跟闽南一带的劳工经历没有太大区别。

随着清末民初西方国家入侵东南亚，中国的丝绸、瓷器等物品通过东南亚而转运到欧洲和美洲市场，刺激着很多从事远洋捕捞的渔民，把中国的商品带上远洋航船，在船舶靠岸的休整期间将商品通过民间市场进行买卖，换取中国需要的紧俏物品。在此过程中，从事远洋捕捞的渔民将东南亚的地理信息和经济发展情况带回海岛，也促使很多难以养家糊口的渔民跟着出海的航船到东南亚打工，东南亚的殖民地经济发展正需要大量劳动力的补充，可以提供广大的发展空间和充足的就业机会，在强大的需求拉力下，很多浮叶人趋之若鹜，下南洋打工者众。这一移民趋势从清末民初一直延续到20世纪90年代。

二 迁徙路上如蝼蚁般艰辛的生存经历

然而，尽管有诸多岛民到南洋打工，但他们到南洋的路途却异常艰

---

① 蓝鼎元：《鹿洲初集》卷3，《论南洋事宜书》，载《鹿洲全集》，厦门大学出版社，1995，第55页。

辛。1727 年，闽浙总督高其倬论及当时移民的情形："商船出洋之时，每船所报人数，连舵手、客商总计，多者不过七八十人，少者六七十人，其实每船皆私载二三百人。到彼之后，照外多出之人俱存留不归。更有一种嗜利船户，略载些许货物，竟将游手之人偷载四五百人之多。每人索银八两或十余两，载往彼地，即行留住。此等人大约闽省居十之六七，粤省与江浙等省居十之三四"。① 在巴达维亚，1754 年厦门来的 7 艘帆船载 4608 人，但只有 1928 人登记在册。② 这些移民大多数是海岛人，凭借沿海得天独厚的优势，采用偷渡的方式到南洋打工。笔者所访谈的浮叶村很多人家，祖上都有到南洋讨生活的经历，还有一些中老年男人，在 20 世纪 90 年代的时候还到过新加坡打工，这些到新加坡打工的人很多都是通过白道或黑道的不同方式到达新加坡，赚了人生第一桶金。而南下打工的这些移民，从事的不仅仅是经济贸易，更多是出卖苦力的建筑业。笔者特地访谈了浮叶村阿通的老婆，这位 60 多岁的老太太跟笔者讲起了当年她外公到南洋打工的原因。

阿通太太说：

　　我外公早年在南洋打工，现在想想，估计是 100 多年前了，差不多是清末民初那个时期，那时南日岛人去南洋主要是打杂做小工，比如像我外公那样去拉车，就是电视上常看到的那种载客人的小三轮车。拉三轮车的工作很辛苦，也赚不到什么钱，3 年后外公回到村里的时候，差不多只是人回来了，值钱的东西都没有。打工的那些年，就养活了他自己。两个孩子都没管，都是我外婆养的。我外婆连生了 16 个孩子，我外婆年轻的时候肚子几乎都没有空过。这些孩子有双胞胎，有单个的，但全部都是女孩子，外公生气极了，多次扬言要拿刀砍了这些女孩子③，省得浪费粮食。外婆心疼这些女孩子，除了没养活的，其他都拿去送人了，就留了四个在身边。其中一个女孩送给舅公家，舅公长得很帅，还有做木工的手艺，村里

---

① 《硃批谕旨》，光绪十三年上海点石斋缩印本，第 46 册，第 26～27 页。
② 包乐史：《巴达维亚华人与中荷贸易》，庄国土、吴龙、张晓宁译，广西人民出版社，1997。
③ 笔者访谈的部分浮叶家庭早期有溺女婴的做法。

人常找他打制棺材板。对于家里都是生女孩的事实，外公觉得是坟墓风水的问题，就找了舅公商量。这两个连襟赶到坟墓的时候发现，祖坟的旁边多了一家采石场，常年在炸石头，每天轰隆隆地吵个不停，坟墓的角落都被打石头的人给炸坏了。外公恍然大悟，原来采石场影响了坟墓的风水。祖坟的风水会影响家族的运势，自己家老是生女孩，估计跟祖坟被吵被毁有关。按照浮叶人的传统，也迫切需要赶在自己百年前修建坟墓。但是，按照舅公的意见必须把坟墓盖在离家比较近的地方。可实际情况是，村里连人住的土地都很紧张，更何况还要给死人挪地方？绝大部分的村民都把坟墓盖在离村很远的偏僻旮旯，只有那样的角落不适合耕种和晒海带，才有人愿意把土地卖给别人，却从没有听说有人把坟墓盖在浮叶村附近。为了这个坟墓的选址，舅公帮忙联系了好多家，最后敲定了一户人家，是我二舅妈的娘家。她娘家有块地就在学校后面，有一块沙地一直闲置着没用，就卖给了外公家，但是要价很高，听说外公拿了一大捆红色纸币①给那家人。为了偿付这块沙地的钱用来修建坟墓，外公可以说是倾家荡产。为了养活这些女孩子，也为了继续生男孩，外公跟村里其他人合作，到涵江从事捕捞的工作，不过每天回家都要面对空荡荡的房间，没有人做饭给他吃，寂寞得慌。于是，姑婆家刚好有个 5 岁的男孩，经常跑到外公家玩，外公一向重男轻女，对他视若珍宝，每次都准备大鱼大虾给他吃。于是，这个孩子不愿意回自己家受苦，他在十岁的时候就跟着外公去了涵江与他做伴。这个孩子后来还去参军到处打仗，辗转福建省内的几个地区，新中国成立后还安排进了一个国有企业，现在家里还出了一个家族有名的企业家，生活过得很好。如果留在他自己原来的家庭，饭都吃不饱了，更谈不上去参军，也就没有后来子孙兴旺了。况且他还有个哥哥曾经坐过牢，对他肯定会有负面影响，在当年的社会背景下，他的原生家庭算是家庭政治面貌不好，成为一大忌讳，如果留在那个家庭肯定参不了军。

---

① 很多浮叶老人回忆说，那时南日岛上没有大陆通行的钱币，而是用岛上特有的红色纸币，大小与人民币一角钱相近。

　　这个男孩备受外公的宠爱，外公想方设法给家里唯一的男孩子最好的安排。而在涵江做捕捞工作没赚到太多的钱，家里要吃饭的嘴太多了，不得已外公继续跟同村人结伴到南洋拉车赚钱。因为时代太久远了，而且外公长年在南洋打工，家里人对他的印象很淡薄，能留下来的记忆少之又少。但有一点是可以肯定的，就是家里的子女太多了，如果当年外公不是为了生男孩，就不会年复一年生了如此多的女孩子，以至于为了养活这些女孩子，他不得不客走他乡艰难地讨生活。也是因为重男轻女的思想，他要为家里唯一的男孩子创造很好的物质条件，操心他的婚姻大事，为他能找到一门中意的亲事而盖房子、攒彩礼。如果没有这么多孩子，他完全可以像村里其他人一样，在岛上捕鱼，种地瓜、花生，也能在热闹的家里享受天伦之乐。长年的打工压榨了外公的身体，从南洋回来后他的身体一直不好，也很早就去世了。

　　浮叶人去南洋打工的理由千万，很多人为重男轻女的传统陋习所累，在缺乏现代生殖技术的时代里，浮叶人无法控制自己的生育行为，也不知道所怀胎儿是男是女，只有生下来才能揭晓困惑，很多人为了生男孩，选择年复一年的生育，这给浮叶女带来莫大的身体摧残，也增加了丈夫们的生活压力。他们传统单一的讨海生活的经常让家庭成员陷入生活困境，不少人甚至靠吃土来消除饥饿。这些为生活所迫的男人们，希望去南洋打工来养活妻儿，回乡光宗耀祖。虽然浮叶人下南洋讨生活的经历可谓艰辛，但是捞到第一桶金的浮叶人衣锦还乡后的正面典型以及现身说法刺激着其他浮叶人跃跃欲试，很多人也跟着下南洋，而南洋的众多落脚点中，吸引最多浮叶人的却是新加坡，这一潮流一直延续到20世纪90年代。笔者能直接面对面访谈的很多都是90年代的那拨亲历者。之所以有那么多浮叶人选择到新加坡打工，是因为新加坡地处太平洋与印度洋航运的咽喉要道马六甲海峡的出入口，有着优良的地理位置，被誉为"东方的十字路口"。新加坡早在古代已是海上丝绸之路的重要中转站，从唐朝开始，新加坡就是海上丝绸之路上的一个非常重要的环节，当时中国的许多货船从新加坡经过，货物再被运送到澳洲、欧洲、非洲、南美洲等地。从此以后的1400年间，新加坡成为海上丝绸之路重要的经济贸易港口，在区域贸易中地位举足轻重。1811 年，莱佛士爵士被任命为爪哇总督，在英国占领了原本属于荷兰的苏门答腊岛后，很快被提升为苏门答腊总督。莱佛士于 1819 年 2 月 29 日在马来西亚半岛南端的一个小岛上建立了一个自由贸易港，即新加坡。由此，新加坡经济不断发展繁荣，吸引着众多华人华侨到新加坡经商、打工乃至定居，其中，自然包括浮叶人。时至今日，依然有耳闻浮叶人到新加坡打工。尽管在南洋打工的经历漫长而艰辛，但浮叶女仍然用自己坚强的信念和肩膀，在家相夫教子，为丈夫提供重要的家庭支持，让丈夫可以安心在南洋打工。多少浮叶女独守空房，望眼欲穿，等待丈夫有朝一日衣锦还乡，光耀门楣。这样的信念支持着她们安心养老扶幼，妥善安排家庭事务，为了家庭的生存贡献自己的绵薄力气。

笔者访谈的阿兰，她的丈夫、两个弟弟和妹夫曾经到新加坡打工，她跟笔者讲述了他们打工的经历：

当年村里有很多人到南洋打工，主要是去新加坡，在20世纪90年代的时候达到高峰。但他们不再从事当年他们的祖先所做的那种简单活，而是做有技术含量的建筑业。出去的门路有多种，稍有点文化的是办理留学手续出去，没有文化和技术的则通过地下产业链条出境。我的两个弟弟和妹夫就是通过"蛇头"带出去的，这个"蛇头"在涵江的一家医院工作，人脉很广，酷爱打牌，很多到新加坡打工的人都是通过他的牌友引荐给他的。按照他们的说法，办理去新加坡打工就跟现在快递一样，要有一系列的手续，分为红道、白道、黑道，除了白道是做生意以外，红道是合法的途径，黑道则是非法的途径，也就是我们常说的偷渡。红道有合法的手续，在新加坡有临时的户口，也就是暂住证，不用像黑工一样提心吊胆担心被警察抓去监狱。90年代初去新加坡的行情价是一个人5.8万左右，家里只要有一个人去新加坡打工，其他家庭成员可以探亲的名义出去，我的弟媳和妹妹都去过新加坡。去新加坡的人都是结伴去的，由"蛇头"牵线办手续，一批批去。实际情况是，办理出境手续经常是随机性的，这一批办出去了，下一批就不知道什么时候会受理。很多有打工意向的村民都会争取跟"蛇头"攀上关系，希望能尽快办出去。

　　但我老公不是办正规手续出去的，他是偷渡过去的，也就是走黑道出去的。以这种非法途径出去的要价便宜，只要两万多，跟红道一样办手续、走流程，只是到新加坡以后只能打黑工，新加坡的警察时不时要来突击检查。之所以没法走红道是因为他超龄了，去新加坡那年他已经49岁，超过法律规定的45岁的年龄限制。49岁那年他刚好从福州远洋渔业有限公司下岗，还没到退休年龄，没有任何收入，就在涵江医院当了一年的保安，也没赚到什么钱。在福州工作的时候他一个月有一千多的收入，当保安却只有200多的收入，他一向心高气傲，哪里能安于现状？看到我的两个弟弟和妹夫都出去了，他也闹着要去新加坡，我们全家都不同意，毕竟走黑道出去是有风险的。后来他还是执意跟他的大侄子结伴去，因为超龄的缘故，在新加坡打工的亲戚里，只有他要天天担惊受怕被警察查到。刚去新加坡的时候，我老公人生地不熟，然而我的两个弟弟都不敢去接他，他的非法身份让两个弟弟担心自己受牵连。那段时间，他跟大侄子合租在一间房屋里。他们租房的地方有很多房屋都是出租给跟他一样打黑工的中国人，左邻右舍都讲普通话。然而，在他打工一年多的时候，这个黑工聚集地被新加坡警察发现，顺藤摸瓜抓了很多黑工，我老公也不幸被警察抓到了，当场被警察打得头破血流，在被押上警车的时候，他忍着痛飞快地逃走了。而跟他同租一间房屋的大侄子，在新加坡的时候好吃懒做，整天窝在出租房里没有出门，警察查不到他打黑工的证据，加上他在警局里能言善辩，好话说尽，竟然给放出来了。尽管如此，后来我老公还有一次被抓的经历，这次就没有那么幸运，新加坡警察把他抓到警局里关了一个多月，在出狱前把他打了三鞭，然后赶出去。之所以没有被遣送回国是因为我老公到我弟弟的建筑工地打工，新加坡警方允许他等工程结束后再回国。就这样，他在警局里写了保证书，又待了几个月才回国。既然警察已经知道他的黑工身份，也允许他待几个月再回国，这时候我的两个弟弟都不担心受牵连了，就开始光明正大地带他在工地进进出出。

　　我的两个弟弟是合法途径出去的，做有技术含量的工种，大弟做钢筋，小弟做钉板，我老公只能做小工打下手，就是搅拌水泥、搬砖头等等没有技术含量的杂工。说实话，打黑工在新加坡的工资是很低的，还只能偷偷摸摸地打工，用人老板也知道你的身份，不会给你开太高的工资，所以他去新加坡一年多，几乎没赚到什么钱，差不多只是抵消办出境的两万多，不仅如此还挨了三鞭，最后灰溜溜地回家了。幸好回家后不久，原来的单位补贴给下岗工人5万多元，加上后来的退休金，生活开始好起来，还给我儿子在福州买了新房子。现在想想，还是自己的祖国好，在国内，政府会管你，让你的生活有保证，而在国外人家没把你当人看，随时都想赶你回家，运气不好还会受到皮肉之苦。

相比之下，我小弟是最早去新加坡打工的，前后共待了十几年，那时新加坡工资挺高，很快就赚了不少钱，工地的老板还会安排工作年限比较长的员工住在单位租来的房子里，而刚去打工的员工就只能住在临时盖的简易房子里。于是在小弟去新加坡的第四年，我大弟也跟着出去打工。那时我爸年纪很大了，他的意思是小儿子去打工就好，大儿子留在岛上给父母养老，小儿子赚的钱给两家一起花。可是小弟媳执意不肯，她觉得自己家赚的辛苦钱怎么能拿出来让全家用。后来大弟只好也跟着去新加坡打工，如果大弟没有跟着出去，那家里就穷死了，根本就没法赡养父母，也养不起4个年幼的孩子。

我的两个弟弟从新加坡回到岛上以后，就和我妹妹一起在镇上最繁华路段买了三间店铺，在店铺上盖了三层楼，每家一层楼，住上了像城里人一样的套房。大弟一家还热情地接纳了我的母亲，把她接到了新房子居住，方便老人坐在窗户看热闹。套房里安装了自来水和热水器、空调、电冰箱这些家用电器，跟原来村里那种破旧的石头房相比，生活条件明显好了许多。要知道，原来村里那种房子很难做到密不透风，冬天呼呼的海风会从窗户和门缝里吹进来，盖几床被子都不暖和。他们在镇上盖的房子，窗户是铝合金做的，门是防盗门，24小时热水，关键是镇上很少停水停电，就算春节的高峰期也能保持水电正常供应。我的娘家人住上了新盖的楼房，我也脸上有光，每次回到岛上都是先在镇上的新房里落脚，跟我年迈的母亲聊聊天，到对面的菜市场买菜后再回家。从新加坡回来的两个弟弟在岛上没有生活来源，大弟把一楼的店铺整理好开了一家杂货铺，一家老小都靠这家店铺维持家庭的基本开支；小弟把店铺出租给别人卖海鲜干货，这几年来岛上旅游的人很多，游客们回家都会在镇上买海鲜干货，店铺生意兴隆自然店租也跟着涨，小弟家靠店租生活也算旱涝保收，他刚好可以腾出时间去做海鲜养殖，生活也不错，去年在福州市给儿子买了三房一厅的套房。所以我家几个亲戚辛亏都去过新加坡打工，辛苦几年就可以在村里出人头地了。村里也有不少人在20世纪90年代那时去新加坡打工，现在都过得很好。现在去新加坡的人少了很多，自从南日鲍成为中国驰名商标后，岛上从事鲍鱼养殖的人越来越多，能赚到比去新加坡打工更高的收入，除了鲍鱼以外还有海带、紫菜、海产品养殖和加工，这几年都经营得不错。在岛上做养殖虽然风吹日晒很辛苦，但可以照顾到一家老小，每天全家团聚很热闹，不用像在新加坡打工那样孤独冷清，生活没人照顾。

尽管到新加坡打工者众多，却很少有人愿意留下来，这是因为到新加坡的打工者主要由缺少文化知识的渔民构成，在浮叶村地少人稠的情况下，他们在南日岛没有足够的土地可以耕种，只能转而从事海洋捕捞或做渔工，而远洋捕捞需要巨额投资来建造船舶，即使是受雇于人也畏惧于海上风浪的险恶，在海洋技术还不甚发达的时代，每次的海上作业都有相当大的危险性，越来越多的浮叶人逐渐厌烦高度紧张的劳作模式，身心俱疲的肉体不愿将生命时刻刻拴在渔船上，他们逐渐疏离曾经赖以生存的海岛，到新加坡打工成为八九十年代的流行趋势；再者，浮叶人沿袭了原生地惠安人和迁移地南日岛民的强烈的乡土观念，他们到新加坡打工，并不是为了留下来，而只是单纯地给自己的家庭增加经济收入。传统性别分工的惯习使得男人愿意把赚到的钱交给女人打理，而女人留守在海岛上，尽管依然过着日出而作、日落而息的周而复始的生活，但却是下南洋打工的丈夫重要的精神支柱。在海上丝绸之路的开拓者中，她们的丈夫也不自觉地纳入历史的洪流中，而浮叶女曾经的留守经历，也将是这段历史浓墨重彩的一笔。

时至今日，去新加坡打工的年轻人屈指可数，父辈的打工经历终归成为村民们闲暇的谈资，淹没于唾沫星里，随着时光的流逝被记忆所淡忘，成为浮叶人尘封的回忆。

第二节　就业流动中的性别分工与夫妻关系重塑

一　生存理性与劳动异化

当前，很多研究者反对仅用经济学的理论和模式来解释就业流动这样一个并非纯经济的现象而提出了用结构化理论进行解释，因为作为中国场域内发生的就业流动，尽管有着家庭经济利益最大化的需求，但却无法用量化的数据来解释中国人朴素的家庭观念和伦理道德，也无法解释具有多元差异的家庭的发展模式和生存理性。因此，国内很多学者认为，就业流动不仅仅只是制度性安排使然，也并非简单地只是个人追求利益最大化经济理性选择，而是结构二重性的过程，是为了谋生的"生存理性"而不是追求利益最大化的"经济理性"，是流动者在特定的资源和场域里作出选择的权宜策略，目标指向家庭的生存。吉登斯的结构二重性理论解释说明着就业流动的方向和迁移的决策。对于结构和主体的关系，只有结构性因素和机会条件适当，流动者才会作出就业流出的决策，反之，制度安排也不可能动摇流动者的选择如果他没有外出需求的话。流动者也不是盲目的外出，他们也会不断反思权衡来调整目标，摸索出最优化的行为选择。因此，这些行动的后果，常常是未曾预料的，更不一定是"合乎理性的"。①

在南日岛有个常见的交通工具，就是带后斗的摩托车，前面是驾驶室，后斗有遮雨棚，遮盖得严严实实的，乘车人坐在里面不怕风吹日晒，这种交通工具常被粉刷成大红色，在路上跑起来格外耀眼，被当地人俗称为"红猴子"。而笔者在南日岛调查的这个对象，没有大名，大家就叫他"红猴子"，男性，46 岁，妻子出外打工，儿子在读中专。见到红猴子，却也人如其名，长得黝黑精瘦，有着典型的岛民特征。红猴子自从就业流出后就一直在福州的罗源县打石头，因为他的踏实肯干，一天

---

① 黄平，E. 克莱尔：《对农业的促进或冲击：中国农民外出务工的村级研究》，《社会学研究》1998 年第 3 期。

下来常能赚到 500 多元的收入，且这种正常上工的时间一个月有 18～20 天，但打石头是个超负荷的体力活，很多年轻人干一段时间都要休息以恢复体力，但红猴子却很少休息，40 多岁的身体应付着高强度的劳动，但也为自己获得了丰厚的现金回报。2012 年他儿子如愿考入福州某中专学校，红猴子开心地为其购置了苹果手机和电脑等对于农家子弟来说算是高档的奢侈品，并为儿子的未来做着美好的憧憬。但 2013 年 4 月份发生的一次意外却粉碎了红猴子美梦，在一次打石头过程中，突然飞溅起来的碎石打中了红猴子的左眼，虽然其他工人以最快的速度把他送到福州大医院治疗，但他的眼睛还是没有光感。也就是说，红猴子的左眼瞎了。这对于家庭顶梁柱的他来说，确实打击不小，红猴子以后不能再从事重体力活了。尽管后来经过几轮的讨价还价，采石场的老板最终赔付了 16 万元，等 180 天再鉴定后再给 2 万元，但对这个家庭日后发展来说，毕竟是杯水车薪。于是，这个家庭从前的男主外女主内的格局被打破了，红猴子的妻子选择去外地打工来缓解家庭的困境，演变为女主外男主内的格局。但红猴子的妻子是地道的南日岛农民，没有一技之长的劣势使得她进城后只能在建筑工地打工，天天风吹日晒的劳动使她更加苍老了。而红猴子因为眼疾赋闲在家，也是异常焦虑，一方面想给自己创造能与采石工作收入相仿的就业机会，但在南日岛确实是几乎不可能的事情；另一方面也想让妻子回到海岛，继续实现家庭角色扮演和回归以前的家庭生活，可被打乱的家庭生活模式却无法在短时期内解决。

在红猴子的家庭中，丈夫因为意外致残而选择就业回流，而妻子则是就业流出，夫妻互换的角色地位都是出于家庭生存和家庭利益的双重考虑，毕竟在该家庭中，丈夫的一技之长（打石头）不能再派上用场了，而靠海吃海的捕鱼技术又不会，海带收成的时间毕竟有限①，为了维持家庭长久的温饱，只能选择妻子外出打工。在这里，对于妻子来说，她出于家庭生存的需要而选择就业外流出卖劳动力，使真实的自我经历成为自我异化和自我物化的过程。"这种劳动不是满足劳动需要，而只是满足劳动需要以外需要的一种手段，外在的劳动使个体外化，自我牺牲、

---

① 每年海带收成的季节是四五月份，海带挂苗的季节是 12 月份，在海带收成和挂苗的季节才会大量使用劳动力，其他时间需求不大。

自我折磨，这种劳动不是自己的，而是别人的；劳动不属于她；她在劳动中不属于自己，而是属于别人。"① 在此过程中，妻子没有把劳动就业作为实现自我需要的手段，而是纯粹地出于养家糊口的权宜目的，不是自由发挥自己体力和智力的感受，而是不自在的劳动体验。妻子存在和就业的目的，只是为了家庭能渡过难关和实现丈夫、儿子的期待。因此在访谈中，妻子表现出憔悴的状态，也对这样的生活还要持续多久持悲观的态度。同样地，作为丈夫的红猴子，他也深表焦虑和不安，为自己的遭遇给家庭带来的变故十分歉疚。调查中，红猴子还表达了很想再出去打工的意愿，虽然不能再从事像打石头一样重体力的工作，但出外打工还是要比南日岛打零工赚得多，也能缓解妻子的压力。

二　就业入世与父权制的博弈

无论男性还是女性，都想通过自己的努力来实现他们的个体存在模式，作为流动中的女性，也渴望通过就业来体现个体的人生价值和精神追求，获得更多的话语权和社会地位，作为社会行动者，这种积极的态度可称之为入世②。韦伯认为，人们的行为是由社会行动模式决定的，人们的社会行动模式取决于他的伦理观念体系，人们的伦理观念体系取决于伦理观念归属的宗教文化体系，决定人们行动模式的宗教伦理主要有入世禁欲主义、出世禁欲主义、入世神秘主义和出世神秘主义。入世方式以介入世界的态度，借助日常生活的实际行动做到禁欲而达到救赎；出世主义以逃避世界的态度，通过冥想默祷进入着魔入迷的附体状态达到救赎。③ 在这里，入世讲究的是"得"，求得功名、求得利禄，颇有"一夜看尽长安花"的感觉。朱光潜的"以出世之态度做人，以入世之态度做事"亦有此意。积极入世的女性，渴望逃离农村生活到城市寻求

---

① 马克思：《1844 年经济学哲学手稿》，中共中央马克思恩格斯列宁斯大林著作编译局译，人民出版社，2018。

② "入世"是相对于"出世"而言的，这两个概念来源于佛法精神，在这里，"出"和"入"就是离去和进来的意思，而"世"则指凡尘俗世。出世表示一个人不再关心人类生活中大家都追求的共鸣、权力、财富等，出世的人希望超脱世人的生活，获得更多的精神追求；入世则相反，表示个体渴望在现实生活中实现自己的人生价值。

③ 马克斯·韦伯：《新教伦理与资本主义精神》，康乐、简惠美译，广西师范大学出版社，2010。

不一样的生活方式和工作模式，她们毅然冲破父权制藩篱，在经历自我异化和自我物化的劳动过程中重塑自我，实现自我需要和自我满足，这不仅体现在物质利益的获取，还表现为精神层次的满足和自我价值的释放。这突出表现在年轻的南日女现在正以较高的增长速度实现就业流出。笔者调查的很多女性特别是年轻的女性，都有过就业流出经历，她们在黄金年龄段就业流出实现劳动力的增值，通过就业流出扭转原生地的生存状态，在时间和空间上开启了另一种全新的生活方式。

笔者访谈的一位女性叫海威，27 岁，在甘肃某私营医院当医导，丈夫是同一家医院的股东和管理人员。海威是黑龙江人，嫁到浮叶村多年，在长期生活的耳濡目染中逐渐被浮叶文化所同化，成为新兴的带有浮叶标签的"浮叶女"。笔者认识她已经有 5 年了，6 年前她与丈夫相识于东北一家私营医院，这家医院是南日岛人承包的，她在儿科当护士，丈夫是医院的中层管理人员，是南日岛人，认识一年后她成了南日岛人的媳妇。5 年来她跟随丈夫到处打工，结婚生女，也跟着丈夫流动于内陆好多城市，先后去过广西、青海、吉林、甘肃等民营医院，尽管生活非常颠沛流离，但她还是保持很好的身材和长相，待人接物的成熟和老练一点也看不出她只是 27 岁的姑娘。在南日岛调查的时候，海威和她丈夫已经在甘肃某民营医院工作了，于是只能通过电话访谈并录音的方式。之所以会选择甘肃这家医院，海威说：

> 这家医院原本是公办医院，现在被莆田人承包了，老百姓原本不愿意去莆田人开的医院，觉得里面陷阱很多，于是就选择了公办医院，觉得比较可靠，结果连公办医院都被莆田人承包了……老板拿出 500 多万投资了这家医院的妇儿科，在私人承包的医院里，承包医院叫作"炒摊"，承包的科室叫作"摊位"，被承包的科室有专科的，如肝病科；也有几个相近科室合起来的，如妇科和儿科；也有综合科的，啥病都看。老板看重我老公的能力，为了挽留他，答应每月给他两万元，其中一万五每月发放，剩下五千元年底看业绩给，而且还让他投资一个点（一个点是百分之十）的股份，要知道医院赚钱是一本万利的，能让我们投资是求之不得的事情，我们去年投资了 40 多万元，现在早就翻番了。现在如果有人要转承包这家

医院，就要花 900 万的现金，老板早就赚足了大把的钱啦，我们只是人家的零头，不过日子也算过得还不错……我现在医院当医导，只要有病人来，我会询问病情，然后招呼他们到我们入股的科室去……其实我这工作就是招揽生意啦。

海威的家乡是黑龙江一个极其偏僻的小山村，同村里其他姑娘一样，海威初中毕业后就离开家乡到外地打工，作为家里的长女，她从小就要负起家庭的责任，她也由此衍生出自我发展的策略，离开家乡和原生家庭到外地打工，摆脱了父权制和原生文化的束缚，在一定程度上颠覆了自己在家庭生活中的女性角色和身份认同，在城市中获得自由的生活方式和就业模式。同时，在城市生存的不易和城市融入的困境使得她们有着强烈的自我保护的意识和获得安全感的趋向，此时，婚姻成为她们重要的考虑途径，她们常会采用婚迁等方式彻底摆脱原生地和流入地的负面影响，而婚姻伴侣的选择则更多选择经济条件较好的男性，即"择偶梯度模式"[1]。比如海威，她工作那么多年，所能接受的就是当管理层且年薪有几十万的丈夫。因此，在结婚后，小两口确实也实现了夫唱妇随的性别分工的成功模式。其中，海威和丈夫的性别分工很明确，就是妻子招揽生意和照顾家庭；丈夫负责所承包科室的日常行政工作，并将更多的时间花在计划家庭经济和处理相关市场事务上。[2] 海威以其甜美的外表、能言善辩的口才和诚恳的态度，常能得到很多慕名求医者的信任，而她丈夫兢兢业业地工作，每天晚上都要给科室医生开会，夫妻间良好的分工合作使他们的家庭生活过得很不错。从海威身上可以看出，女性虽然在分工中处于相对的弱势，但如果没有海威的工作付出，丈夫很难在承包经营中获得足够的利益，可以说，海威的工作是经营链条上一个重要的环节。正因如此，海威的家庭地位还是比较高的，丈夫的事业发展离不开海威的支持与帮助，丈夫对她也算是言听计从。但是，尽管如

---

① 所谓"择偶梯度"，即男性倾向于选择社会地位相当或较低的女性，而女性往往更多地要求配偶的受教育程度、职业阶层和薪金收入与自己相当或高于自己，也就是婚姻配对的"男高女低"模式。参见莱斯利《社会脉络中的家庭》，华夏出版社，1982，第196 页。

② Croll, Elisabeth. *Women and Development in China*: *Production and Reproduction*. Geneva: International Labor Office, 1985.

此，这样成功的范例却以生育作为一个重要的分界点。自从海威生完女儿后，由于缺乏代际抚育的先天条件，只能选择由海威自己承担起照顾女儿的责任，以往正常的上下班时间被枯燥无味且杂乱无章的时间取代了，年幼的女儿的哭泣、饥饿、玩耍等行为常常是不合逻辑和没有周期性的，还要为下班后回家的丈夫做饭洗衣服等等，海威从一个能上得了台面且挥斥自如的职业女性转变为憔悴的家庭妇女，唯一能够娱乐的方式就是在女儿睡着后上网和看电视。海威直言，生完女儿后，在柴米油盐酱醋茶的单调生活里，她感到前所未有的威胁和不稳定，所以她必须紧紧抓住丈夫的银行卡这种方式来获得家庭生活的安全感。因此，对于海威这样的打工妹来说，她们的就业流动常以结婚和生育作为分界点，结婚前是可以随意迁移的自由的身体，结婚后则是安心在家相夫教子的家庭妇女角色，但这也增加了她们对于男性的依赖。很多女性表示非常忧虑婚后的生活，担心回归家庭后失去自我，成为免费家务劳动和枯燥且千篇一律的家庭生活的牺牲品。婚后女性家庭地位相比婚前有所下降，这也产生一个很矛盾的社会问题：一方面，年轻女性都非常渴望离开传统落后的原生地到城市开拓新生活，实现自我发展和自我满足，而一到婚配年龄，她们却要和其他已婚女性一样，尽可能地选择经济条件较好的男性；另一方面却要被婚姻牢牢束缚于家庭之上，无法为家庭赚钱和实现自我体面的价值。可是如果不按照这样的传统规律进行性别和家庭分工的话，也难以为社会舆论所接受。父权制业已形成的庞大社会机器通过多元化途径渗透于社会各个角落，使女性无处可逃，只能选择就范。

三　性别化的自我认同与再生产

贝克尔的家庭性别分工理论认为，劳动分工取决于比较优势。就女性在家务劳动和男性在市场生产中具有比较优势来说，女性对前者进行某种程度的专业化，而男子专业化于后者，都是有效率的。首先，贝克尔的家庭性别分工理论认为，在生物学意义上，女性不仅有生产和喂养孩子的义务，而且也有其他更精巧的方法照顾孩子的义务，且她们有较大的主观能动性和意愿来进行人口再生产和养育孩子，男性则更多负责市场生产的活动。从生物学意义的差异可以看出，家庭常以性别进行分工协作，如果女性在家庭部门里有比较优势，就会被期待留在家庭；而如果男性在生产部门里有比较优势，就会被期待外出就业。可以说，男女两性之间生理差异的比较优势，可以解释家庭内的性别分工。其次，专门化投资引起两性分工的不同，女性主要在提高家庭效率尤其是子女的人力资本上投资，而男性则主要投资于提高市场效率的人力资本。专业化投资的性别差异，加深了家庭和市场部门之间在生物学意义、环境原因等方面的性别差异。最后，从性别分工的结果来看，已婚女性在家庭部门的专业化和已婚男人在市场部门的专业化，使得已婚男性的工资高于已婚女性，加大二者之间的性别差异，也导致了女性对于男性的依赖和男性对于女性的权力。

吴某是南日岛的年轻一代，从小生活在南日岛，很少有到岛外的经历，结婚后才有了第一次出岛的机会。她说：

> 我们南日岛很多人靠捕鱼为生，以前还没有渔船的时候，都是钓鱼自己吃，那时南日岛的海产品非常丰富，经常可以在岸边捡到海带、螃蟹之类的，现在这些物种慢慢变少了，只能到远一点的海里去捞，有时还得跑到更远的深海去捕鱼，不过我们家钱不够，买不了大渔船，听说晋江有招聘渔民，我老公就去那个渔场上班了。晋江人很有钱，常投资几百万买大渔船到深海捕鱼，大渔船的装备非常高档，房间、卫生间、厨房装修得很好，特别是渔船上有冷冻的设备，新鲜的鱼刚抓上来就直接放进去冰冻，这样鱼才不会烂掉。他们的渔船设备好，可以保证海产品的新鲜，因此他们的渔业捕捞生意特别好，每年可以赚好多钱，但这些老板自己从来不到海上捕鱼，都是聘请有远洋渔业经验的人来捕鱼，南日岛人天生就是靠海吃海，渔业经验丰富，所以那些晋江人都偏爱南日岛人，每年都有很多南日岛人去晋江做渔业。但是晋江老板都不要我们女的，他们只要男的，因为女的没法到远海捕鱼。有一次我想跟我老公一块去渔场打工，我负责在家做饭带孩子，或者去渔场打点零工，但是人家老板就是不要女的，我老公经常出海捕鱼，也没什么时间在大陆，我去了也是白去，见不了几次面的，所以我一直都在南日岛住。平时种些地瓜，或者到海带收成的时候帮别人家收海带，还要给一家老小做饭，洗衣服，打扫卫生，其实我一天也挺忙的。

吴某的家庭属于典型的男主外女主内的形式，丈夫常年在外打工，把钱寄回来贴补家用，吴某则留守在家负责赡养老人和抚养小孩，耕种家庭的田地，有时还要出去打零工额外赚点钱，这种半工半耕的就业模式增加了家庭的收入水平，保证家庭的温饱，吴某在家庭无私的付出也解决了丈夫的后顾之忧，使他在外捕鱼时能心无旁骛，更有积极性和动力为家庭谋取利益。另外，吴某丈夫在外打工赚的钱可以充当孩子的教育支出，为孩子日后的就业和发展前途积累人力资本，提高家庭可持续发展能力。吴某的家庭分工在南日岛非常普遍。对于有一技之长（一般是指捕鱼技术）的男人来说，常能在外地找到合适的工作，但对于没有一技之长的女人来说，就更多选择留守家庭养老抚幼，并辅之以打零工。

如此不平等的家庭性别分工从根本上说源于性别化的劳动分工，男性会凭借相较于女性的资源占有优势，再生产出性别之间的权力差异。男人所占有的物质资源和对于妻子的权力是成正比的，在劳动性别分工中，男性的生理优势使得他们占有的物质资源越多，就越多地在性别关系中运用权力，导致妻子对丈夫的言听计从。结果是，家庭事务与家务劳动主要归属于妻子，尽管她有工作，而男人参与家务劳动的机会大大减少。① 吴某由于家庭和社会赋予其受教育等先天资源有限，造成其文化素质的低下和劳动技能的缺乏。如果女性的能力素质能胜任外面工作的话，她们也很愿意在外地和丈夫一起工作。正如吴某所言，她很羡慕那些在外地工作遵循"早八晚六"的工作时间，她说：

> 家里事情非常多，一个人忙不过来，就算婆婆会帮忙，但她毕竟年纪大了，做不了什么事情，孩子又都在读书，我也不想浪费他们的时间来做家务，如果能跟我老公一起出去打工就好了，我们可以互相照顾，如果条件好了还可以把孩子接到城里读书，外面的环境还是要好一些。

可以看出，和吴某类似的留守家庭的女性，对于就业流出还是有强

---

① Chaftz, Janet Saltzman. *Gender Equity: An Integrated Theory of Stability and Change.* Newbury Park, CA: Sage, 1990.

烈的渴望,可这样一个意愿的实现却要受制于家庭责任和角色期待,她们被束缚于家庭和土地上,无法自由地实现就业流动。

在此性别模式生成过程中,劳动的经济分工程度越高,占据精英地位的男性所分配的资源越多,社会的文化定义越是表现出性别偏见,家庭生活中越能见证性别差异。按照家庭与其他社会化机构中的性别生成程度的不同,个人不同程度地自愿行动,去维持宏观的性别劳动分工和性别差异的社会定义,同时在男女相处的家庭微观领域,再造性别差异,并获得男女彼此的认同和强化,实现性别化再生产。[①] 吴某就很自觉地接受男主外女主内的性别分工,尽管在家庭分工中处于劣势,但她却并没有感觉到被剥夺,而是很自然地接受这样的安排。同样,笔者也发现了这样一个类似的现象。尽管红猴子的妻子现在角色地位更加重要,成为家庭收入的主要来源,但在家庭仍然是依附地位,没有获得足够的话语权和决策地位,长期男尊女卑的性别惯习使得女性就算有了较高的收入地位,但家庭地位还是较低。在调查中发生了一个小插曲,在访谈红猴子的过程中,妻子刚好打来电话,结果红猴子没等妻子话说完就挂掉电话了,而作为妻子,她也没有觉得有哪里不妥。这说明性别不平等在握有不同层次资源的人们之间互动与交换时间链条的意义上才是结构性的。红猴子夫妻家庭地位的不平等,就是通过打电话这种仪式所表现出来的,妻子向丈夫表示尊敬和顺从,保持丈夫的风度,通过交谈和姿态的运用趋于仪式化,在互动中产生并维持业已存在的不平等。对此,科林斯和安内特提出这样的命题:个体间不平等程度越高而资源水平不同的群体间流动程度越低,这些群体内顺从于风度的仪式和交谈就越可视、明确和可预知。[②] 所以,一个简单的谈话,就充分暴露了红猴子的家庭地位关系。但尽管在夫妻关系中,妻子的话语权得不到尊重,但性别观念已然内化于心,成为一种惯习,就算得不到尊重,妻子仍然习以为常,并没有因为现在自己在家庭中承担重要的经济角色而在家庭地位上有所体现,更不会在言语上挑衅丈夫长期以来奠定的权威。可以说,红猴子

① Chaftz, Janet Saltzman. *Gender Equity: An Integrated Theory of Stability and Change.* Newbury Park, CA: Sage, 1990.

② Collins, Randall and Joan Annett. "A Short History of Deference and Demeanor," *Conflict Sociology* (1981): 161-224.

夫妻的关系还是很融洽，妻子还是愿意为了家庭和残疾的丈夫在外奔波赚钱，并以此作为对未来生活的期盼。

第三节　攀比与竞争的游戏规则

从理想类型的角度进行区分，乡村社会中的面子主要有外显性面子、社交性面子和依附性面子，由此衍生出不同的面子竞争逻辑。其中，外显性面子表现为通过显而易见的奢侈消费来炫耀自身的经济实力，外显物是彰显面子的载体或外在表现形式，可视性是其重要的特征，侧重于外显性面子的个体行动者会精心算计好自己的经济资源，通过挥霍性展示向村民证明自己的实力，以期获得村民的认同，提升自己在村庄的社会地位。彰显面子的载体在乡村社会主要表现为金钱、房屋、宴席等，例如春节时回乡看望长辈派发的红包或伴手礼，办喜酒或满月酒的宴席及宴席上的食材，尤其是房屋的建造，日复一日矗立在村里，人人皆可见，恰如一个家族兴衰荣辱的标志，留给村民们自由评说。不管羡慕也好，嫉妒也罢，房屋不仅改善了家庭的住房条件，而且彰显了家庭经济实力。这种风气驱使村民们砸锅卖铁也要在村里修建房屋，尽管大部分的时间，随着主人的外出流动，房屋常处于空置的状态。但盲目地进行外显性炫富的结果导致村庄陷入无序竞争的恶性循环，家家勒紧裤腰带省吃俭用，但在彰显面子的外在载体中却甘愿一掷千金，引发其他人的围观和竞争，从而让整个村庄陷入恶性循环。比如村庄里有人办夸富宴，其他人遇到家庭喜事时也都要以此作为规格或标准办一场，否则对家庭来说就是颜面尽失的大事。对于社交性面子而言，主要表现为社交领域的成果性积累，包括关系网络中的社会资本以及与社交相关联的主观优越感。社交性面子的主体行动者注重关系网络中的资源投入，不仅在村庄重要事务中展示社会交往能力，而且积极营造和维持网络紧密度。社交性面子的标识物都是与社会交往有关的，比如时髦的服饰、高档的手机、闲暇时间以及酒席等。这些标识物在社会交往的场合里成为面子竞争的重要标志，也往往被集中展示。比如办夸富宴的时候，主人就会衣着光鲜、打扮贵气，再配上最新款高档手机，那就是彰显面子的绝好方式。相对于外显性面子是对家庭经济资本的展示，社交性面子则凸显的是个人的社会交往能力，还有对于网络规模、网络顶端、网络紧密性的积极努力。还有一种理想类型就是依附性面子。这类面子指向的标识物是村庄的公共规则和公共价值，行动者对其遵循和贡献程度以及被再确认，成为衡量的重要标准。相对于其他两类面子，依附性面子更具有长期可持续性。依附性面子突破个体化的自我炫富，将展示面子的落脚点放在对于村规民约的维护和捍卫上，比如衣锦还乡、光耀门楣、在村庄公共纠纷中主持公道。在村庄熟人社会里，依附性面子不仅是个体的荣耀，更是与之相关联的家庭成员乃至家族的荣耀，其共享覆盖面较广，有强烈的公共价值意味。许烺光曾提出"情境中心"来理解中国人的心理、行为及生活方式，并认为"一切都取决于个人是否在祖先的荫庇之下"。① 如果说前两类面子是个体可以达到的话，那么依附性面子则更趋向于集体行动，因此面子的竞争更具有集体性的特征，作为家族成员的村民都愿意为所在的家族或姓氏做贡献，尽管这是长期积累才可以达到的面子，其生成逻辑和价值导向是共同体社会的价值理性。

当然，这三种理想类型的面子都有打肿脸充胖子、哗众取宠的意味，并不一定是生活的常态。展示面子的行动者通过后台精心的准备，呈现带有强烈表演性质的面子竞争游戏，游戏规则和标识物随着社会变迁不断推陈出新，甚至出现异化。下文即将要探讨的主要是外显性面子和社交性面子所表现出来的节衣缩食盖房子、夸富宴、鞭炮的奢侈消费及由此引发的竞争攀比。

一　安得广厦千万间

尽管道义世界规定了林林总总的准则，但对于农民来说占据主导地位的依然是个体责任观，强烈地影响着农民的行为选择。他们对于村庄共同体并没有强烈的普遍认同，既不愿意对共同体承担过多的责任，相对应地也不履行太多的义务。农村人口的乡城流动，为传统封闭的乡村带来现代化元素，也带来村庄价值体系的异化，村庄越来越原子化，取代传统的共同体。村民们共享本体性价值，以自我的认知为世界观的核心。与之相对的是社会性价值，受到社会性价值影响的个体注重他人的

---

① 许烺光：《宗族·种姓·俱乐部》，薛刚译，华夏出版社，1990，第143页。

评价和感受，在人与人交往中找寻自己的价值，于是才有了舆论的力量和面子的压力。所以，本体性价值和社会性价值二者是相辅相成、动态平衡的。在不同的场域和时间维度下，两种价值体系对村民的影响各异。一年中大部分的时间里，村民都在外地讨生活，他们盖的房子基本上都处于空置状态，或者由家里的老人来看家护院。原子化的个体性价值占据主导，村民们各得其所，以自我为中心的行为导向使得村民常为了个体利益而闹出各种纷争，也会出现父母无人赡养或子女虐待父母的情况。到了春节这样的特殊时期，离过年还有大半个月，在外打工的村民们就会早早地从祖国各地回流到村庄，这时的村庄又回归共同体社会的价值体系，村民们会经常聚在一起聊天、吹大牛、赌博喝酒，各种炫富，此可谓"守望相助、疾病相扶"的道义合作，整个村庄似乎回归到一团和气的和谐盛况。相聚总是短暂，村民们都愿意把一年来辛苦所得的物质共同分享。当然，分享并不只是物质层面，而是关乎价值层面，通过物质的分享来彰显自己及家庭在村庄的地位，获得广泛认同的面子。比如，在外办民营医院的村民会帮助村里患病的村民春节后到自己的医院看病，为其提供就医的便利和医药费的优惠，这不仅仅是表象的共同体社会意味的支持，更是依附性面子的体现，展示自己的人脉和能力，虽然很多时候是虚假的繁荣。相对于依附性面子而言，村民在春节期间更多营造的是外显性面子和社交性面子，尤其是外显性面子，以最为简单直接的方式来达到炫富的目的。

对于浮叶村民来说，最直接有效且长期可持续的炫富方式就是盖房子。虽说浮叶村的土地大部分是从周边莆田语系的村庄置换或购买的，村里可以盖房子的土地非常少，更谈不上耕地了。村民为了盖房子可谓睚眦必报，动员所有的力量来申请到最大化的基建面积，然后在周围建起尽可能大的院子，最大限度地拓展空间范围。在这样的村庄社会中，外显性面子成为炫耀的主要标识物，而最具有长期可持续性的标识物就是房屋，房屋一旦盖好后，可以使用几十年的时间，这是大宗的炫富投资，尤其是在外积累经济资本的家庭，他们炫富最主要的方式就是盖房子，每家的房子以房型、格局、豪华等指标作为评判标准，在村庄形成房屋竞赛。所谓的房屋竞赛就是竞争谁家的房子盖得又豪华又气派，谁家用的是价格不菲的红木家具。这样的竞争首先起源于家庭成员内部，比如兄弟之间，按照岛上的风俗，兄弟成年后是要分家的，家庭资源有限的就会把房子按照开间数进行分割，左边几个开间归哥哥，右边几个开间归弟弟，一般是平分秋色的土办法。平日里，两兄弟的家庭各走各的楼梯，分灶吃饭，实现经济上的独立和分化，一旦兄弟俩的其中一方有了足够的积蓄，就想着花钱把对方的房子盘下来据为己有，如果对方不肯，就在村里置换别人家的宅基地盖房子。① 而经济资源较丰富的家庭，就会把宅基地直接分给兄弟，让他们自己盖房子。可以说，家庭成员的经济资源配置几乎是平均主义分配的，他们获得的是相同或相近的初始资源。先天同等的经济积累意味着竞争优势在于后天的勤劳努力。于是，兄弟俩开始抑制日常生活的需求，或者谋求更快的赚钱方式来积累经济资本，小家庭开始集中力量办大事，投入到盖房的竞争游戏中。结果是，先富起来的兄弟一方盖起了新房子，光鲜亮丽接受村民们羡慕的眼光。新房子盖好后摆上乔迁喜酒邀请亲朋好友、左邻右舍前来助兴。这是彰显家庭经济实力的外显性面子，在村里有广泛的受众，谁都想着在村民面前显摆一番。而还没盖新房的另一个兄弟难免黯然神伤，抑制家里所有享乐性的家庭开支，也要争取盖起一栋像样的楼房。家族观念比较重的兄弟之间会互相提携，在村里盖起同等样式和结构的联排别墅，以规模和豪华引来村民们的啧啧称赞。

　　然而，笔者的田野调查中发现，家庭内部对于盖房子的竞争远没有那么简单，尤其是家庭成员众多，涉及较多房份间的利益时，就演变成错综复杂的谈判过程。接受访谈的阿云说：

　　　　2013 年，我们家族老旧的祖宅随时都有倒塌的危险，不得不重新修整，两房的家族成员一致同意拆掉重建。但谁来牵头重建，重建后的房子归谁，是个需要讨论的麻烦事。如果两个房份的三个男丁都各自建房子的话，每家只能分一点地，盖起来又难看又拥挤；如果盖一栋楼各家分几间，以后生活在一起难免口舌是非多，两种方案总是不太现实。这时，二房份的孙子放话了，每个男丁分几个

───────────────

① 改革开放前，南日岛很多地都是空着的，很多岛民家有多块宅基地，他们经常作为人情互相置换或赠送。岛民有强烈的平均主义观念，生存环境的艰辛使得他们仅能养家糊口，没有足够的经济积累，所以那时并不存在房屋竞赛。

开间盖房子不妥当，他堂堂一个大老板怎么能盖开间呢？除非把地都给他盖别墅，这样家族有面子他也愿意投资。

我们浮叶村的地很少，祖先当年要在这里扎根都是拿钱去买地，或者到台湾用海产品换手表、香烟等高档的东西，拿回村里跟隔壁的莆田村换地。正因为这样，村里很多人家盖房子都非常拥挤，能盖个三开间算是有钱人家了。这回二房份的孙子要盖房子，如果能把所有的地都给他，让他盖一栋别墅，那在村里是非常有面子的事情，也算光宗耀祖了。你看我们村早些年盖的房子都差不多，都是两层三开间的石头房，户型都差不多，但有户人家在20世纪80年代的时候就盖了三层的石头房，那时在村里也算是轰动了，村里人天天都愿意去他家看电视，小孩子也经常在他家的大院子里玩耍。考虑到二房份的孙子把家族的墓盖得非常气派，之前在盖坟墓的事情上人家没有亏待过大房份的子孙，花钱也是大手笔的。就这样，大房份的二儿子主动把自己的份额送给二房份的孙子，让他有更多的地在村里盖房子，前提是他的儿子要到二房份的孙子办的纸箱厂工作。然后，大房份的二儿子又联合家族的其他女眷，都来游说大儿子，让他也把自己的地让出来给二房份家的盖，二房份补贴一笔钱给他们两个。大儿子犹豫再三，也考虑到自己分到的房间被夹在中间，其他儿子不拆自己也盖不起来，就算盖起来了也是很小的地，用处不大。于是，大房份的两个儿子都答应下来，各自把自己的份额送给二房份。协商清楚了，旧房子很快就推倒重建，盖起了一幢很漂亮的三层半别墅（见图5-1），是专门请人来设计的，整体造型和颜色搭配都很不错，跟周围那些农村房子比起来就是豪华别墅了，村里人看到了都赞不绝口。

有血缘关系的家庭成员内部姑且如此，更何况是同村的远亲或没有血缘关系的村民。诚如，"不想当将军的士兵不是好士兵"，"不想在村庄建构面子的村民也不是真正意义上的农民"。从传统到现代，无论社会如何变迁，村民在村庄社会里要想安身立命、光耀门楣，就要卷入这场房屋竞赛的游戏。以房屋为重要标志的财产是炫富的重要凭借，财产是村民立足社会的根本，他们也会以财产为基础，通过仪式的渲染，履行

图 5 - 1 二房份盖起的别墅

社会义务，参与社会地位的竞争。财产的差异并不能限制农民盖房的积极性，他们会根据现有的财产数量选择建造不同造价的房子，本质上是对自己在现实社会分化体系中所处地位结构的认同和展示。经济条件的差异固然成为盖房的限制，然而村民的主体认知及由此形成的"社会分化的文化网络"① 更值得我们考量。很多学者在道义经济的视域下，强调农民的共同体认同，以及"再分配机制""庇护关系"等生存伦理②。这表现在村民间自发地对于日常生活事务的相互协助以及突发事件的援助。然而自发的互帮互助只是表象，无法掩盖个体化潜移默化影响下，占据主流价值体系的还是强烈的个体责任观，这是以家庭为单位的责任界定，没有强烈的共同体认同，不承担对于集体的贡献和义务，相对应的，也不奢望集体能对个体有所裨益。对于责任体系的清晰界定，他们将等级结构视作天经地义的社会存在，住房的兴建成为不折不扣的地位竞争仪式。

---

① 卢晖临：《革命前后中国乡村社会分化模式及其变迁：社区研究的发现》，载黄宗智主编《中国乡村研究》（第 1 辑），商务印书馆，2003。

② Scott, James. *The Moral Economy of the Peasant：Rebellion and Subsistence in Southeast Asia*. New Haven：Yale University Press, 1976.

浮叶村民的盖房竞赛，笔者访谈的阿兰是这么说的：

盖房子是家里的头等大事，房子盖多高，每层面积有多大，外面的瓷砖贴得是否美观，都是显示房子是否气派要考虑的事情。农村人很看重盖房子，不单单是为了改善家里的居住条件，更重要的是盖房子事关家庭的面子。我们村里好多人家到外地打工，以前还会把老人孩子放在家里，由老人来带孙子。现在城里的教育条件好了，很多家庭勒紧裤腰带也要在城里买房子，把全家老小都搬到城里去住。我们岛上的南日中学，最高峰的时候一个年级有 12 个班，现在只剩下 4 个班了。说明村里的孩子只要家庭条件允许，都会带到城里去读书，城里的条件总是比海岛好得多。不过就算全家都搬到外面去住，但村里的老宅也不会让它一直破落下去，很多家庭都会回家盖房子。谁家房子盖得高大气派，是全家的颜面。我们常说，你在外面赚多少钱我们看不见，但村里的房子太破的话，你吹破牛皮说自己家很有钱也不会有人相信的。所以就算房子盖好后空着养蚊子，也是一定要盖的。

农村盖房子都要先经过审批。我们岛上的规矩是至少要有四个户口落在岛上，家里才有资格盖房子。[①] 为此，我还专门做了女儿的思想工作，把女儿的户口和孙女的户口都迁回岛上，加上我们老两口的户口，刚好凑齐四个。而每个户口最多只能批 30 平方米，这样算下来，我家只能盖 120 平方米，而我家把周围的地都纳入围墙内的话，至少要盖 160 平方米才够气派。多出来的面积能不能经过审批，还要看村干部的态度。于是我儿子拎着茶叶和高档烟酒就去村主任家探探口风。村主任也不表态，只是强调现在审批很严格。后来找其他人打听，才知道现在负责审批的是村支书。村主任不负责这件事还不跟我们说，还收下了我们送的礼。这礼算是白送了，只好又准备了一堆高档礼物去送村支书。勉强通过审批后，还要应付镇上的拆迁督察队，他们会在岛上找有盖房子的人家，超出面积

---

① 根据《福建省土地管理实施办法》第二十九条规定，农村居民建住宅用地面积的限额为：每人要少于 20 平方米，六口以上每户也要少于 120 平方米。利用荒坡地的，可以适当放宽，但不得超过 30 平方米。

的话就会被他们直接敲断大梁，花多少钱盖的房子只能推倒重盖。每次这伙人到村里，盖房子的人家再忙也要好酒好饭好烟伺候，生怕惹毛了他们。我家超过面积了，盖房子的那几年也是成天担心这伙人来敲房子。后来是我儿子找了区里的领导交代下来，我家才从督察队的名单里删了。

　　农村盖房子最揪心的是跟左邻右舍吵架。现在政府实行新的规定，村里只要有盖房子，紧挨着的几户人家都要集体签字同意了，这家人才能盖房子，只要有一个邻居不签字，房子就盖不起来。这也让邻居们来监督这家人盖房子的情况。但房子一旦开工了就难免会影响到邻居。比如地基比邻居高了会有人来闹；墙壁间没有留下足够的公共空间也会被投诉；连自家挖的井长年给邻居使用，房子盖好后拓展了围墙范围，井在围墙里邻居用不到，也会挨骂；除此以外，拆脚手架时难免也会砸到邻居家的屋顶，甚至还有邻居把死狗扔到你家新盖的围墙内。遇到这样的事情很麻烦，邻居闹腾不说，盖房子都要被迫停工。所以只好请出村干部或者乡老，有时是当事邻居家的亲戚来做中间人说和。

　　就因为盖房子都要找各种社会关系来摆平。所以盖完房子后第一件事就是宴请。邀请的对象首先是在房子审批和建造过程中帮忙的村干部，还不能单单就请村领导，而要把村里的所有干部都请到家里来，还有村里的乡老及家族的长辈都是宴请的座上宾。除此就是盖房子的工匠和亲戚朋友。乔迁请客跟喜酒、满月酒等等采用的食材、上菜程序、每桌人数都没有太大的差异。宴请就是个形式，就是为了感激这些出力帮忙的人，更主要是为了跟他们攀上关系，以后有需要的话也好开口。农村不像城里，有很多规章制度可以解决问题，大部分都是靠村里的人情关系。请客吃饭在所难免，我们也乐于跟村里的能人建立良好的关系，也许在关键时刻都可以派上用场。

　　农民盖房攀比的竞争行为具有普遍的集体性，浮叶人有根深蒂固的祖先崇拜，从每家每户都会在家族祠堂里供奉祖先的塑像并定期拜祭可见一斑。既然祖先崇拜内化于心，成为他们精神世界的核心，那么，浮叶村民就会由祖先崇拜衍生出传宗接代、创建祖业、代代传承，并转化为独特的建业观，在村庄渲染成风。尤其是改革开放以后，很多岛民到大陆发展，积攒了足够的财富后都不舍得去挥霍，除却日常开支外，女人会将家庭的大部分收入积攒起来而不是用于享乐性消费，如若不然，就会被认为"不会过日子""败家娘"。女人掌管家庭的经济收入有利于财富的积累，当积累到一定程度的时候，个体化家庭要做的就是回乡盖房子。作为家庭大宗的固定资产投资，虽然房屋建好后的使用价值有限，成本与收益不对等，但是，不能仅仅将收益理解为经济回报，村民投入高昂的经济成本，换取的却是在村庄中的面子，这是地位结构层面的主观认知，无法用经济标杆来衡量。众所周知，传统村落里的房屋是祖业，是家庭经济资本的象征，是子嗣传承中家庭财产继承重要的载体，还凝聚着祖先的心血、荣辱和感情，在村民心目中有着特殊的价值。对于村民的建业观，并不能简单地用理性经济人来考量，因为大部分的情况下，他们对于房屋投入的成本是与实际效用不成正比的。在浮叶村逛一圈就不难发现，很多房屋建得高大气派，有的还是家族成员集体建造的联排别墅，但实际上偌大的房屋很多都是空置的，或者只有老人家居住。村民建房不单单是为了改善居住条件，更是为了彰显祖业、光耀门楣。首先，道义经济的个体责任感促使每个家庭成员都有增加祖业的义务，建房成为必要的行为，是村庄主流的价值导向，有钱而没有盖房子就容易被村庄舆论边缘化，会被认为没能耐而遭人歧视，村民们必须跟着形势走，谁也不愿意失去家族的颜面。如此一来，祖先崇拜是村民建房的内驱力，而建房也就成为村民的内在需求。这既是对家族的责任义务，又能获得满满的幸福感，实现村民的本体性价值。其次，还有农民个体责任观的影响。鉴于越来越多农民实现就业流出，他们收入的多寡与个体人力资本息息相关。随着农民社会流动的加快，职业分化的日益多元，经济地位分化也日趋增大，农民群体内部的异质程度明显。村庄弱化了对村民的约束，客观上也拓展了农民自由发展的空间，农民强化了个体责任观，将收入水平归咎于个人的努力。[①] 同时，家家户户都寄托于家

---

①　汪永涛：《农民建房行为的动力——基于江西宗族型村庄的调查》，《西南石油大学学报（社会科学版）》，2011 年第 6 期。

庭成员的能力和勤奋来提高家庭在村庄的地位，于是，房屋竞争由此展开。

从外部因素来看，村民面对的盖房"形势"和"潮流"，与现代商品社会中的"时尚"有异曲同工的感觉，诚如齐美尔对于时尚的理解，前文提到时髦服饰的流行就已经探讨过，对于时髦的追求具有阶层分化的社会功能，高社会阶层的人们总是通过标签化的服饰消费与下一阶层的群体区分开来。沿着这样的思路来理解，村民盖房也是为了彰显自己的经济地位，以此重新调整家庭在村庄所处的社会地位，以此区别于经济条件较弱的家庭，建房面积及豪华程度等指标成为村庄默认的对于社会阶层高低的评价标准。房屋消费相当于对流行的追求，会引发村庄的集体关注和攀比热情。除此，反观农村集体化和平均主义发展的历史脉络，不难发现，乡村在土地改革前浸淫于"社会分化的文化网络"里。农民对私有财产有着与生俱来的敬畏和尊重，对财产界限有高度清晰的认同，将等级化的社会分层看成天经地义的社会存在。他们抱持着个体责任观，将社会阶层分化和经济上的困顿看成是个体不够努力的结果。土地改革乃至改革开放后，农村"社会分化的文化网络"损毁，阶层间的竞争规则被重新界定，农民处于前所未有的道德困境中，"文化不稳定时期"里，天经地义的普遍化做法被离经叛道所取代，正确与错误的边界常模糊不清。斯韦勒认为，这种时期里的文化意义对行动的影响主要表现为意识形态的作用。格尔兹也有类似的说法，"当一个社会最通用的文化取向和最实际的倾向都不能提供一幅适宜的政治过程图像的时候，作为社会政治意义和态度起源的意识形态就开始变得至关重要"。① 政治意识形态导向的变迁带来农民心态发生实质性的变化，平均主义心态日益固化，"当时也不知道怎么想的，其实房子盖那么高没有什么用处，就是觉得，大家都是社员，谁也不比谁差，怎么能让别人看笑话呢？"② 这体现了农民在现实生活中的情绪、紧张和需求，也呈现了集体主义解体后农村兴起了盖房竞争，住房的兴建成为地位竞争仪式。毕竟在阶层固化的网络格局里，不同阶层之间是很难攀比的，只有相同或相似的群体，

---

① 卢晖临：《集体化与农民平均主义心态的形成——关于房屋的故事》，《社会学研究》2006 年第 6 期。

② 同上。

才存在攀比想象。例如，如果一个人永远都没法做到赚一个亿的小目标，那么他是不可能与这样阶层的人对比，更谈不上攀比。攀比来源于平均主义心态，是希望自己也能跟同阶层的人过得一样好的期望。尤其是大量农民外出打工后，赚钱回村盖房子的示范效应会鼓励更多的农民到外地去发展，并形成乡城流动趋势。而之所以会有越来越多的村民回农村盖房子，源于相对平均的社会分化网络，这是村庄盖房的"形势"产生的基础，正是农民认为彼此都应该差不多，"谁也不比谁差"，才会成为盖房竞赛的外在动力，如果形势所要求的经济标准在普通村民的承受范围之内，那么他们就会付诸行动去实现。一般情况下，房屋的建造和装修程度都在村民可承受的范围内，他们会量入为出地精心计算手头的储蓄来盖房。在村庄分化的网络中，农民对于未来房屋的期待以及由此带来的地位结构的调整，成为村民共享的知识，从而形成集体压力，影响阶层内部的其他成员都来参与其中，沉迷于房屋竞争带来的心理满足。

二　夸富宴的仪式

家庭是个收缩性很强的概念，广义上可以拓展到社会和国家，狭义上可以具体到姓、家族、家庭。孔迈隆认为中国家庭本质上是一个经济合作单位，其成员之间具有血缘、婚姻或者收养的关系，并且还有共同的预算和共同财产。[①] 这个具有广泛认同的概念强调了家庭的合作性质，不仅对于家庭成员内部互动成立，而且适用于女性个体与娘家的资源协调与关系网络互动。随着现代化的发展，"传统权威的形式仅仅成为其他权威中的某些权威"[②]，中国传统与现代要素之间的持续张力让家庭的面貌呈现出多变的特征。于是，由夫妻二人（与其未婚子女）组成的核心家庭作为一个相对独立而完整的行动体呈现出其延展性。家庭的形态适用于现代化的转型而表现出结构核心化和脱离传统亲属体系的发展趋向，从传统的制度型家庭发展到友伴型家庭，尽管仍然基于共同体的精神而维系着部分父系亲属关系。

---

① Cohen, Myron. L. *House United, House Divided: The Chinese Family in Taiwan*. Columbia: Columbia University Press, 1976.

② 安东尼·吉登斯：《现代性与自我认同》，赵旭东、方文、王铭铭译，生活·读书·新知三联书店，1998，第229页。

个体化是与现代化相伴生的发展历程，从传统到现代的转变，就是个体化的过程。贝克认为个体化包括三重过程：脱离，即从历史的规定的、在统治和支持的传统语境意义上的社会形式与义务脱离（解放的维度）；与实践知识、信仰和指导规则相关的传统安全感的丧失（去魅的维度）；以及重新植入，即一种新形式的社会义务（控制或重新整合的维度）。① 这是个被迫追寻"为自己而活"并"通过从众来创造自己的生活"以及系统风险的生平内在化的过程。而现代化的发展促使个体化在乡土社会里刻画出独特的历史轨迹。个体化渗透下的家庭结构日益核心化，女性的权力崛起和发挥积极的主体性，这是去传统化的开端；女性个体从传统的父系亲属关系网络中脱离出来，自愿或被迫"过自己的生活"，拥有作出与他人不同生活方式的选择自由，"自我成为过程的核心"②，家庭成为个体成就自我的手段而不是目的；去魅和再嵌入的过程中，女性开始拓展"女缘"关系网络，动员多元资源精心构建属于自己的关系网络，实现从被动沉默的客体到积极能动的主体的蜕变。正如阎云翔所言，整体而言中国社会的个体化是一个发展中的过程，具体到农村社会，一方面年轻女性"发挥的积极作用最终导致了家庭等级制度的瓦解"，但另一方面她们的权力发展受到了锢于家庭生活特定方面与短暂性这两个限制，而"很少挑战男性中心文化"。③

第一，以个体为中心的差序格局和实践亲属关系的运作

费孝通的差序格局指的是"在中国社会中，最重要的亲属关系就是这种丢石头形成的同心圆波纹的性质。在这样一个同心圆网络中，每个人都是他社会影响所推出去的圈子的中心。被圈子的波纹推及的就发生联系。每个人在某一时刻某一地点所动用的圈子是不一定相同的。"④ 中国社会不是群体本位的，而是自我本位的。处于圆心的个体赋予圈里人不同的价值，根据功利性的权衡和社会互动的道德判断，确定社会关系圈的每个个体以关系的厚薄，且这样的关系判断是动态变化的。比如对

---

① 乌尔里希·贝克：《风险社会》，何博闻译，译林出版社，2003，第156页。

② Graham, Allan and Graham Crow. *Families, Households and Society*. Basingstoke：Palgrave, 2001.

③ 阎云翔：《中国社会的个体化》，陆洋等译，上海译文出版社，2012，第177~200页。

④ Fei, Xiaotong. *From the Soil: The Foundations of Chinese Society*, trans. by Gary Hanmilton and Wang Zheng. Berkeley：University of California Press, 1992.

于血缘关系较远的弱关系，如果需要寻求其支持，就会通过宴请的形式邀请其成为贵宾，好茶好酒伺候，建构成为强关系。这为个体行动者日后社会实践提供了社会资本和机会渠道。可见，强关系和弱关系不是二元对立的，在特殊的价值目标下有可能发生互换，这一切取决于个体的价值判断。

由此，在当前很多农村家庭，父系宗族为中心的亲属关系已经发生了质变，亲属关系在社会变迁中呈现弹性和易变性。维系村庄团结与整合的社会结构缺少支撑，村庄出现多个小亲族共治的局面，与外部力量尤其是国家权力紧密结合。正如贺雪峰等所言，村庄内部小亲族结构的多元并存为外部力量进入村庄提供了内在动力。小亲族作为功能性组织，更多为村民应对红白喜事等重大人生事件上提供血缘伦理的道义支持，很少整合为一体对外采取集体行动，更缺少对小亲族成员行为的强制约束能力。① 商品生产和市场行为需要超越传统亲属纽带和村庄边界。个体行动者的朋友圈的数量和紧密性已经成为村落社会中社会资本的显著标志。② 个体行动者根据更大范围的社会变化将其加以改造和重构，建立起合乎市场经济的社会关系。布尔迪厄提出两个重要的概念，正式亲属关系和实践性亲属关系。前者是亲属群体的抽象的规范、规则和规定，而后者指日常生活中个体行动者将亲属转变为实践策略。正式亲属关系的功能是建立社会秩序并使之合法化，而实践性亲属关系在日常生活中被个体行动者用来实现他们的社会目标。③④ 在实践性亲属关系的操作化运用中，女性是新兴的积极的个体行动者，在实践性亲属关系中发挥能动作用，她们通过娘家的资源，在夸富宴仪式上有着淋漓尽致的表现。

第二，夸富宴成为浮叶女建构社会关系的重要载体

浮叶人本质是好客的，尤其在逢年过节的时候。所以一到春节，村

---

① 贺雪峰等：《南北中国：中国农村区域差异研究》，社会科学文献出版社，2018，第172页。

② Yan, Yunxiang. *The Flow of Gifts: Reciprocity and Social Network in a Chinese Village.* Stanford: Stanford University Press, 1996.

③ Bourdieu, Pierre. *Outline of a Theory of Practice*, trans. by Richard Nice. Cambridge: Cambridge University Press, 1977.

④ Bourdieu, Pierre. *The Logic of Practice*, trans. by Richard Nice. Stanford: Stanford University Press, 1990.

民都是从村头吃到村尾的，家家户户都在摆宴席。南日岛的烟酒消费最高，还有比较高档的海鲜鲍鱼、鳗鱼、螃蟹、等等。家里办喜事，比如结婚喜酒、满月酒，都要请左邻右舍前来热闹一番，一来表示主人的好客，二来彰显家庭的经济实力。家庭经济资本较强的家庭，或者在外地赚了钱的村民，衣锦还乡之际都要大摆筵席来显摆家庭的经济实力，让村里人从此对自己家刮目相看。尤其是春节，作为村民最重视的传统节日，村民到了春节必然拖儿带女返乡过年，这也是村民大摆夸富宴的重要契机。

笔者访谈的阿淑，就是这么说的：

过年我们都要做一大桌子菜，请亲戚朋友来吃饭，按照辈分先后顺序一个个邀请，我们村很小，很多人都是认识的，就算左邻右舍也都可以扯上亲戚。如果要请客，鲍鱼是必备的东西，也是岛上最贵的美味佳肴，谁家的鲍鱼个头大，数量多，家里人就很有面子，在村里走路都可以横着走；而谁家的鲍鱼个头小，或者不上桌，在村民的打探中连请客都不敢提。从大年初一开始，村里人都会开始请客，让族人和邻居前来帮忙，在饭桌上摆满了菜盆，村里人会暗暗记住谁家的鲍鱼又大又好，谁家会一直添菜，谁家会一直热情周到地邀请。可能刚从你家吃完饭出来，就会拐到别家串门聊天，在你家吃的菜是否丰盛，海鲜品种多寡，鲍鱼大小等，都会在串门闲聊中不胫而走，传遍整个村庄，村里人会互相比较、暗中比拼。其实没有谁家是真正大方到心甘情愿想把家里最好的东西摆出来白送给别人吃的，即使是最老实巴交的主人，都懂得这么个道理。这么做只不过是为了讨个好口碑，在村里好做人，遇到事情有人帮忙。

遇到家里办喜事的，那真的是烧钱。每桌都要上满十八道菜，上第九道菜以后要上一盘水果，然后继续上满十八道菜。为了表示诚意，前面几道菜都要端上最高档的食材，比如鲍鱼、螃蟹、鳗鱼、海参等等。因为很多村民在春节时要跑好几家吃饭，有时在你家夹上几口菜就到下一家去吃饭了，所以前面几道菜就要准备最好吃的。而实际情况是，十八道菜实在是太多了，很多人根本就吃不完，经常是上完前面九道菜大家都吃饱了，后面九道菜只是随便夹几筷子，剩下很多。但村里的规矩是，既然是请客就不能偷工减料，就算吃不完也要上满十八道菜，要不没吃够这么多菜，村民会在背后戳你家的脊梁骨。而且，每一桌只能坐8个人，算是讨个好彩头，坐10个人就怕客人吃不饱，显得主人不够热情。村民常有一些帮人做大餐的厨师，食材和桌椅碗筷他们都会全部安排。我就注意到，这些厨师带来的桌子都不是太大，只能够8个人吃饭，当然，这也是村里的规矩。之所以村里新规矩是每桌坐8个人，是因为菜是固定十八道，而人越少则每个人吃的菜就越多。不管你能否吃完，分配到每个人的菜量就增加了。除此以外，每桌还要准备红色软壳中华烟、红蛋、面包、橘子等等，不仅桌子上要摆，每个来吃饭的村民都要给一包（见图5-2）。所以，每年春节请人吃饭或者办喜酒，真的是非常浪费，正常情况下都要花掉3万元以上。你在外面要是没赚到太多钱，还真不敢回村摆酒。

图5-2 夸富宴上的礼袋

　　面子是村里最为讲究的声誉，攀比则是将辛苦一年的家庭展示劳动成果的必需品。过年时都要互相送鲍鱼，或者请人到家里吃饭，家境殷实的人家在春节的那几天几乎天天摆酒设宴，款待出外工作回村的能人，借以拉近关系，积累社会资本，为来年的生意打点提供思路和人脉，或者在重要的人生事件中能有贵人相助以备不时之需。然而，夸富宴宴请的对象并不都是传统意义上的父系宗族为中心的亲属关系，而是以个体为中心作为价值判断的有利于社会资本积累的能人或贵人。通过高档食材的采用、名烟名酒的款待，煮酒茶叙，好不热闹，看似繁荣的表象下是利益的算计，是权力的博弈。在这一过程中，传统父系家族的乡老和村里有威望的长辈也成为座上的贵宾，倒不在于他们能给村民带来什么直接的利益，而在于面子的权衡，对于儒家观念和价值中的孝顺、祖先崇拜、祖荫等规矩的恪守，以此元素为载体常成为宴请的托词。

　　商品生产和市场导向经济引入后，商业化进程为村民个体建立社会关系网络创造出更多的维度和手段，夸富宴成为重要的沟通方式。村民通过炫耀自己家的经济实力，将村庄能人纳入自己的关系网络，以获得长期稳定的资源交换。在夸富宴的新结盟方式中，个体的经济力量替代了辈分和年龄序列成为社会等级的新基础，而且，由于生意中无法预测的变化以及个体关系网络的扩展，传统的亲属关系义务和行为规范被慢慢侵蚀，被迫让位，导致亲属实践关系的新发展。① 这就能够解释夸富宴的座上宾并不是传统意义上的父系宗族的长辈，而是代表村庄公权力的村干部，节假日返乡的能人，对村庄公共事务有重要决断作用的乡贤和乡老。宴请只是一个契机，通过宴请想要建构的以个体为中心的社会关系网络才是醉翁之意。而之所以要炫富，就是彰显个体的经济实力，让村民了解他所拥有的资源数量和广度，为建立可持续的稳定的关系网络打下基础。村民所建立的社会关系网络带着明显的策略性意味，也会随着个体和网络成员的经济实力和社会影响力的变化产生动态的调整。经济、社会、文化等因素持续地相互作用，导致亲属关系本身实践的不断变化。我们可以说，亲属纽带是一套在不同的语境下意味着不同意义的关系建构体，亲属关系的相对性决定了亲属制度体系的不断变化调整。

---

① 阎云翔：《中国社会的个体化》，陆洋译，上海译文出版社，2016，第129～130页。

第三，浮叶女在夸富宴上通过娘家资源重塑地位结构

中国社会中最重要的亲属关系是父系继嗣。不同代的个体被父系继嗣关系或香火紧密结合起来，建立起血亲联系及互惠关系。休·贝克指出，在传统的中国社会，活着的个体是"他所有的先辈和未出生的后代的化身。他因祖先而存在，而他的后代只能通过他而存在。"①因而，所有活着的人都生活在祖荫之下。② 很多国内外学者对于传统中国社会的认知主要是父系继嗣。然而，随着实践性亲属关系日益成为村民建构关系网络的核心，亲属关系的演变日益扁平化，从纵向代际联系到横向同代关系的重心转移，关系网络中的姻亲和朋友关系在个体家庭的权力结构中越来越占据重要地位。很多年轻的女性在结婚后离开自己的原生家庭和纵向社会关系，随夫迁或者到婆家生活，就要从头开始建构关系网络，姻亲、朋友、同事和屯亲是她们关系网络的基础组成部分，她们通过选择同代关系而在日常生活中发展互惠交往。在这里，年龄和辈分并不代表权威，个体的行动能力才是权威的标志特征。她们的关系网络成员的日常互动中，核心成员往往是年轻的、素质高、能力强的人，而长辈并不处于重要地位。这样的交往格局对于从头开始建构关系网络的女性来说更加有利。她们在日常生活中家庭网络的维系方面更能发挥积极作用。女性常作为家庭的代表邀请宾客或被邀请赴宴，还参与礼物交换，如喜酒、满月酒、乔迁酒时的随礼，主要由女性按照当地传统予以设计安排并亲自赴宴而随礼的。所以，夸富宴的仪式从头到尾更像是"一群女人的狂欢"，座上宾的名单、邀请的厨师、宴席的数量、冷菜摆盘、请来帮忙的人员数目和人选，林林总总，考验的是女性的关系网络规模和紧密度。女性通过彰显家庭经济实力的夸富宴仪式，检验个体社会关系网络的可靠程度，也以物以类聚的暗示，吸引更多资源相近的人融入其中，进一步拓展了网络的覆盖面。她们的实践已然表明女性的社会关系足以超越以男性为中心的亲属关系网络的传统边界。当然，从另外一个角度可见，如果宴席的质量和数量没有符合赴宴者的期待，拓展关系网络的努力可能是不成功的，所以促使女性要提高宴席质量，精心算计甚

---

① Baker, Hugh. *Chinese Family and Kinship*. New York: Columbia University Press, 1979.
② Hsu, Francis L. K. *Under the Ancestors' Shadow: Chinese Culture and Personality*. New York: Doubleday & Company, 1967.

至不惜痛下血本来维持表象的辉煌。尽管这个过程客观上也助长了互相攀比和炫富的不良风气。

鉴于女性在夸富宴筹备上的积极投入，她们扮演的角色日益重要，改变了传统家庭的交往格局。在她们的丈夫和父系亲属制度的意识形态里，亲属关系距离最近的应当是基于血缘的父系亲属，这也是男人心目中最值得信任、关系最为紧密的人。而女人则不然，她们对于父系亲属的观念是模糊的，她们能用到的资源更多来自娘家，这就是很多女性的娘家对于新生家庭能发挥影响力的重要原因。

父系父权的亲属制度下，出嫁是女性与娘家关系的分水岭，出嫁前是亲子关系，而出嫁后就是亲戚关系，不过无论出嫁与否，娘家与女儿都保持着亲密的关系，娘家教会女儿恪守妇道，在婆家尽人事听天命，做个称职妥帖的家庭主妇，尽快融入婆家成为其中一员，也能归属婆家所在的村落，为村规民约所接纳；也积极协调女儿与婆家的关系，敦促亲家与女儿建构起紧密的亲属关系。娘家对女儿也通过具有文化和伦理色彩的关照，促使女性在出嫁后的生命周期里都处于从娘家人向婆家人过渡的阈限状态。[①] 在一个妻子占有决策权的农村家庭里，她们往往依靠娘家的资源来组织自己在婆家的家庭生活，以积极的能动性建构亲属关系网络，以此获得安全感、归属感和对人生意义、生命价值的体验。[②] 特别是在父权制文化控制下的传统村庄里，出嫁女积极主动地与娘家进行互动，来取得可持续的资源及关系。与传统父权制话语不同的是，虽然出嫁女与娘家常被摒弃在正统的规范体系之外，但在现实生活中二者仍频繁地互动，动态联结起亲密的关系，娘家与出嫁女的来往"是在一个关系网络之中互动博弈的结果"。[③] 很多浮叶女都表示，出嫁后与娘家的互动较为频繁，几乎是通过娘家的资源来构建在夫家的关系网络，也常利用娘家的人脉来帮助协调家庭的内在事务。还是以夸富宴为例，很多浮叶女表示，"在家里摆宴席不同于酒店，酒店有很多服务员可以帮

① 李霞：《娘家与婆家：华北农村妇女的生活空间和后台权力》，社会科学文献出版社，2010。
② 杨华：《隐藏的世界：农村妇女的人生归属与生命意义》，中国政法大学出版社，2012。
③ 王均霞、李彦炜：《个人生活史、生活场域与乡村女性的亲属关系实践》，《北方民族大学学报》（哲学社会科学版）2016 年第 3 期。

忙，还分工细致，而农村的宴席是在家里的院子里或客厅摆酒，甚至连卧室都要腾出空间来用。负责做饭的厨师一般只会带一两个帮工，其他都要靠主人来张罗。家里的人手往往不足以应付几十个甚至上百个宾客，就要提前几天通知亲朋好友或邻居来帮忙。前来帮忙的都是家里平时走动比较多的人，男人很少会帮忙琐碎活，大部分男人来了都是上桌喝茶喝酒。摆酒席的辅助工作，比如切菜、洗菜、摆盘、端菜等事情，主要是女主人找娘家人来帮忙的，这让女主人在村里很有面子。村里人以后要是有办酒席，也愿意找人缘口碑好的女人。"由此可见，娘家人出场的人数、在酒席安排中所起的作用，成为女主人彰显娘家势力的一个绝好机会。如果说娘家资源就是幕后的控制者，那么女主人就是前台的表演者，她们表演的水平和呈现的气场，恰恰就是娘家身份地位的写照。女人和娘家就是动态平衡的利益共同体，彼此进行资源交换，建构起牢不可摧的关系网络。

同时，从情感归属上来说，女性和她们的姐妹之间建立的情感联系要比兄弟之间的关系来得更紧密些。对于丈夫来说，通过妻子的姐妹关系建立的男人之间的联系（比如连襟）没有内在的利益冲突，在互助和合作时更容易得到妻子的支持。[1] 例如，按照浮叶村的规矩，满月酒是不需要礼金免费宴请亲朋好友的（没生过男孩的家庭没机会办满月酒，会因为老吃别人家的而自家从未宴请被村民指指点点），乔迁酒、升迁酒、寿宴等其他的宴席是要随礼的，按照南日岛的风俗是参加宴席的人，每人100元的标准。100元是最低的标准，一些与主人关系较好的人会随礼较多。相比较而言，娘家的舅舅和姐妹给的随礼会比婆家的亲属来得多，这其实就是娘家和婆家在暗中的博弈。如前所述，传统的性别分工是男人出海打鱼而女人养老扶幼，出海打鱼会遇到很多风险考验，甚至付出生命的代价，男人们都不会把值钱的东西随身携带，而是让女人来保管。这就使得很多浮叶家庭的经济是由女人来掌管的，这种经济管控方式一直保留至今。对于夸富宴这个重大的家庭事务来说，经济收入和支出也理所应当地由女人来管理。出于女人的私心，她们都会将随礼倾

---

① Judd, Ellen. "Niangjia: Chinese Women and Their Natal Families," *Journal of Asian Studies* 48 (1989): 525–544.

向于自己的娘家，而作为等价交换，娘家人办酒席的时候也会回馈体面的随礼，如此形成良性循环。

正如经济基础决定上层建筑，女人对于经济上的管控增长了她们参与村庄公共事务的底气，浮叶村的民族志考察表明，女性在公共领域的诸多方面也扮演着重要的角色。村庙要举办祭拜活动，相亲需要探门风，邻居纠纷需要协调等等公共事务，常由女人来协调和落实。女人是村庄公共事务中积极的社会行动者。还是以夸富宴为例，按照浮叶村的惯例，宴席通常是在自己家里办。在他们的精神世界里，设宴款待是光耀家庭门楣的好事，要让全村人都看得见家里的热闹和喜庆。这与城里人在星级酒店设宴的意义不同。不过，在家设宴是个浩大的工程，通常能请来的厨师只有一位，顶多会有两个帮工负责辅助性工作，其他琐碎的事务都是亲朋好友来帮忙的，比如上十八道菜就要有人负责端盘子，还有人负责洗碗、洗盘子，有人则洗菜和切菜，等等。看似繁忙，实则并行不悖。而男人，则主要负责到酒桌上挨个敬酒，男尊女从的观念下男人要在宴席中维护自己的权威，而琐碎的事务则交给女人来完成。这就考验女主人社会关系网络的规模和紧密度。如果女主人常参与村庄的公共事务，那她在潜移默化中必定能积累足够的人脉资源，在她需要帮忙的时候就有强大的召集能力，其他妇女也愿意参与进来。这样一来，以女主人作为核心往外延展，她的娘家人作为强关系是宴席上集体行动的主力，再往外的弱关系就是愿意帮忙的村里人，构成操办宴席重要的人力基础。作为交换，以后其他人家办酒席的时候，她们也愿意付出对等的努力。在女人忙不迭地周旋中，村庄形成和谐温暖的人文氛围。

第四，夸富宴衍生的"女缘"圈子及成员认同

滕尼斯在《共同体与社会》里提到的"利益社会"在社会学领域里有着广泛的共识，意即原有的束缚性的包容性的血缘和地缘关系解体后的社会形态。与其相对应的是除了血缘和地缘之外的所有人际关系组合的"社缘"。尽管男性被深深地卷入社缘社会里，社缘社会也为他们提供稳定的自我认同意识，男性嵌入于其中并熟悉种种的运作规则。而对于女性来说，尤其是外嫁女，在公私领域分离的情况下，她们被社缘这个公家领域排除在外，也为以往的血缘、地缘网络所疏远。为了逃脱

"主妇的孤独"①，她们需要创造不同于以往的血缘、地缘、社缘关系的社会关系，于是，选择缘应运而生，成为她们积极营造的关系形态。

浮叶女人的活动领域多元，有村庙的集体祭拜活动，有礼鼓队的定期排练和演出，有团购优惠商品的微信群，更有大摆宴席的集体动员，这些领域的活动成为她们日常生活中的重要组成部分。她们通过与邻居、姐妹伴的频繁接触，有着独立自由的私人交往空间，即"选择缘"。选择缘通过制造许多和实际利益没有关系的"社会壁龛"，回避了人口密集型社会中的竞争，从而保证了稳定的自我认同意识。② 选择缘是所有定型的角色集合体的"残余范畴"。帕森斯把"个人"看作"角色的集合体"，反之，"个人"是从所有的角色集合中排挤出来的"残余范畴"。因此，选择缘的关系网络是自由的，没有约束的，依靠成员的自我认同意识建立起来的，没有像男人的世界那样受到血缘和地缘产生的"居住的共同"以及社缘"生产行业共同"等因素的影响，建构的关系网络摒弃经济利益，非功利化的关系更具有稳定性和持久性。

对于浮叶女来说，女缘网络在她们的生活中占据决定性比例，尤其是在面临机会资源或生活危机时，她们倒是能通过女缘动员足够的人力资源为其所用。还是以夸富宴为例，在筹备和举办宴席的过程中，男女主人的力量主要配置在选择厨师、接待客人，陪客人闲聊等等礼仪性的事务中，为了凸显家庭圆满富裕的角色扮演使得他们无法参与到宴席具体琐碎的过程中，做不了事务性的活儿，只能提供宏观上的遥控。这时候，女主人的女缘就彰显出重要性来。女缘里的成员在长期非利益的交往中建构起牢不可摧的关系网络，在某个集体成员需要帮忙或遇到困境的时候，其他成员会自觉接受这样的任务，不管女主人有没有开口，都会无意识地作为己任，形成内在的成员认同和自觉行动。特别是对于外嫁的浮叶女来说，她们在血缘和姻亲地理上与娘家都离得很远，娘家人即便从老远赶过来，也不过是走马观花的客人，何况现在的兄弟姐妹都很少，能来帮忙的娘家人有限。于是，女缘成员被动员加入夸富宴的筹备队伍，女人们在婆家建构的女缘网络及其成员开始走到台前，发挥重

---

① 贝蒂·弗兰当：《新女性的创造》，三浦富美子译，日本大和书房，1977。
② 梅棹忠夫：《我的生命价值论——人生有目的吗？》，日本讲谈社，1981。

要的支持作用，担当起服务人员的角色。很多浮叶女表示，"我嫁到其他村里去，虽然都在同一个岛上，但是回家一趟也是有点距离的，没办法天天回家，更别说其他嫁到岛外的女孩子啦。婆家的左邻右舍和朋友很多，平时闲暇之余都互相串门聊天，叽叽喳喳的好不热闹。村里只要有事情我们都会聚在一起商议，或者到祖祠或村庙里帮忙。我们也形成了不成文的规矩，谁家有需要人手的我们都会结伴去帮忙，不管是喜事还是丧事。我们大事情都会找娘家人商议，让娘家人出面解决。但平时一些小事，或家里办酒等具体事情，还是麻烦村里人方便些，她们帮忙完就可以回家了，如果找娘家人来帮忙，我还要安排一群人的吃喝拉撒。"由此可见，女缘网络成为强烈的依赖关系，网络成员之间有共同的凝聚力，她们会恰当地界定闲暇时间，在网络成员需要帮助的时候，所有的时间安排都让位于闲暇时间，她们愿意腾出时间参与成员间的事务性协助中。女缘网络成员间的相互协助替代血缘和地缘而在日常生活中发挥重要作用，成员关系也成为最可信赖的人际关系。在关键时刻，上门来帮忙的主要还是女缘圈子的人。女缘圈子的人恰到好处的心理距离，摒弃利益关系的优势，成为沟通商量和互帮互助的绝好选择。

　　现代信息科技广泛运用于人群的交往中，女缘的网络规模可以得到最大化地延伸，就算是同村的女性，她们彼此交往的方式也经常是微信，微信的语音和视频功能缩小了空间距离，也可以随时随地与人交流，相比之下，见面聊天要换上得体的衣服，要走到朋友家，遇到别人家吃饭、做家务而难免尴尬。微信可以有效减少这些麻烦。因此，很多浮叶女基于共同的价值观和心理感觉选择自己的女缘圈子，选择几个到十几个[①]志同道合的人建立自己的关系网络（微信群），另外，微信语音和视频功能的有效利用，也增加了她们联系的频度，微信简单便利的使用功能拓展了女缘关系网络，增进网络成员彼此的紧密度。另外，她们还经常转发网络上的新闻或视频，比如养牛知识、心灵鸡汤、兴趣班的报名、超市的优惠信息，等等。当然，对女人来说，她们的关注点主要在于家庭及其成员，婚姻和孩子成为永恒的交流话题，且话题的侧重点随着生

①　十五六个成员人数是相互之间能够进行人格方面面对面接触的最大上限，也更容易获得一致的认同感。

命周期的变化而变化。比如未嫁的时候，聊天的主题主要在于情感体验；婚配的时候聊的主要是彩礼和嫁妆，以及居住类型；到了生育的时候则更多是身体照顾和育儿体验；在人届中年的时候谈论的更多是孩子的读书和老人的赡养。微信群里的女人年龄相仿、境遇相似，随着年龄的增长，她们创造着"同窗会型"人际关系网络，在网络里融入家庭成员的日常生活，也组建了个体之间的互助关系，亦将自己的日常生活透露给其他圈子成员，成为透明的交流主体。由此，同质化的信息强化了网络成员彼此的心理认同，也缩短了彼此的情感距离。常态化的联系方式成为浮叶女交往的惯习，支持着她们之间的交流和情感联系，面对面的接触就不一定有必要，女人们正在享受着高新科技手段的恩惠。

综上所述，在个体化渗透的乡村社会，女性有着更多的选择权，基于心有灵犀的女缘圈子成为浮叶女重要的交往方式，她们随心所欲展示个人兴趣，在共享价值观和成员认同基础上确认彼此存在的意义。"这样的社交场所，同时也是人们相互展示个人兴趣的场所，是在心有灵犀一点通的相互批评中确认兴趣的正确性的场所。"[①] 选择缘社会里的女人获得快乐的缘由在于成员的认同和赞赏，而不在于物质利益的犒赏。在女缘圈子里，女人们的品位、生活方式、价值观相同或相近，她们彼此交流，互相合作。通过这种伴随着评判他人的过程，选择缘社会对女人而言，也是她们实现自我价值的场所。她们在女缘圈子里是真正自由独立的个体，而不是冠以妻子或母亲的角色定位，充分成为一个"个人"，女缘圈子为她们提供了一个"个人"的场所。[②] 而夸富宴恰恰成为检验女缘圈子成员紧密度的载体，从宴席的准备、筹划、成员招募、食材选择、摆酒的规模、人手的分工等等，处处体现女缘圈子成员对于彼此的关注，在关键时刻愿意贡献自己的绵薄之力，为圈子成员所处家庭的面子构建提供实在的帮助。夸富宴更像是一场表演仪式，台前风光的表演，

① 山崎正和：《柔软的个人主义的诞生——消费社会的美学》，中央公论社，1985，第95页。

② 从社会学角度来说，由于近代的"个人"是原来所有的其他角色剔除出去以后残留下来的人格的"残余范畴"，所以对定型的角色期待和角色取得来说，使"个人"成立的社会关系的场所，也就是所有"有缘"关系的残余，亦即"余暇"或多余的时间和空间，这一点在理论上来讲应该是理所当然的。转自上野千鹤子：《近代家庭的形成和终结》，吴咏梅译，商务印书馆，2004，第276页。

后台累积的是家庭的人际关系、女主人所建构的女缘圈子一呼百应的凝聚力，目的是提升家庭在村庄的权力地位和价值认同。类似于共同体的女缘圈子，在外部个体化的渗透下，内部整合着村庄集体主义的凝聚力，在新兴信息技术的助推下，强化彼此的联系，成为村庄和谐共处的重要支撑。

三 此时有声胜无声

（一）无主体熟人社会里的价值竞争

费孝通常将乡村社会界定为熟人社会，"是一个'熟悉'的社会，没有陌生人的社会，……熟悉是从时间里、多方面、经常接触中所发生的亲密的感觉。这感觉是无数次的小摩擦陶炼出来的结果"，在这种社会里生活，"平素所接触的是生而与俱的人物"。[①] 熟人社会里的成员，是"无选择性和长期性"的个体，对于村民来说他们是一个个积极能动的个体，对于村庄而言则是共同体的细胞。既然每天都要面对同样的对象，在村庄中生活不得不浸淫于村庄的村规民约和价值体系，那么一个人乃至一个家庭的颜面就成为重要的事情，光耀门楣、炫耀面子是家庭建构在村庄中的社会地位的关键，反之，面子没了在村里就抬不起头来，要被戳脊梁骨的。面子是村庄社会的交往方式，是村民立足于村庄的重要依据，无论是口头炫耀还是行为逻辑，都指向共同的价值目标，那就是面子。

随着人口流动的频繁，越来越多的村民到城市去打拼，村庄已经不再是村民们主要的生活空间，亦不是他们炫耀面子的唯一场域。何况，现在的乡村社会已经不再是传统意义上的熟人社会，而是呈现明显的"半熟人社会化"[②] 趋势，随着农民的周期性往返呈现"无主体熟人社会"[③] 的特征。农民往复式流动采取的是"半工半耕"的生计模式，对农民来说，半工半耕不仅仅意味着两个收入支柱，还是一种生活逻辑的空间分配策略：城市是财富生产的主要空间，农村则是价值生产的主要空间。[④] 农民会将城市获得的经济财富用于随迁家庭的日常开支，留下

---

① 费孝通：《乡土中国》，载《费孝通文集》（第五卷），群言出版社，2001。
② 贺雪峰：《农村的半熟人社会化与公共生活的重建——辽宁大古村调查》，载黄宗智主编《中国乡村研究》（第6辑），福建教育出版社，2008。
③ 吴重庆：《无主体熟人社会》，《开放时代》2002年第1期。
④ 贺雪峰等：《南北中国：中国农村区域差异研究》，社会科学文献出版社，2018，第161页。

部分储蓄作为子女未来教育投资所需，其余的则带回农村。而带回农村的经济资源更多是用于积累面子的炫耀式消费，比如翻新老宅、盖别墅、办夸富宴、礼仪性的红包等。如果说城市的生活消费是工具理性的话，那么村庄的面子消费则是价值理性。作为理性的消费主体，工具理性和价值理性错位配置的消费方式，助推乡村消费的活力，也引发村庄普遍化的价值竞争。尤其是在春节大部分村民回乡团聚的时候，更是村庄价值竞争的狂欢。传统社会只有少数精英刺激村庄的竞争气氛，"无主体熟人社会"却是普遍性的社会竞争。农民可以在城市里节衣缩食、勒紧裤腰带生活，回到乡村社会就会摇身一变成为衣锦还乡的富豪，将一年间积累下的财富剩余投入乡村社会竞争中。集体化时代农民平均主义的心态，俨然已经被炫富竞赛所取代。农民心甘情愿地将城市打工过程赚到的经济积累带回农村进行价值理性消费。当前乡村社会的价值竞争空前的白热化，农民们评价面子竞争行为的标的物涵盖从大额支出的房屋建造到小额的烟花消费，在高成本和低成本之间无缝连接，将农民内心的价值竞争渴望表现得淋漓尽致。

（二）作为价值竞争载体的鞭炮消费

爆竹为中国特产，亦称"爆仗""炮仗""鞭炮"。其起源很早，至今已有两千多年的历史，相传是为了驱赶一种叫年的怪兽。当午夜交正子时，新年钟声敲响，整个中华大地上空爆竹声震响天宇。在这"岁之元、月之元、时之元"的"三元"时刻，有的地方还在庭院里垒"旺火"，以示旺气通天，兴隆繁盛。在熊熊燃烧的旺火周围，孩子们放鞭炮，欢乐地活蹦乱跳，这时，屋内是通明的灯火，庭前是灿烂的火花，屋外是震天的响声，把除夕的热闹气氛推向了最高潮。燃放爆竹是驱邪、避灾、祈福的重要方式。随着鞭炮的不断改良出新，烟花逐渐取代鞭炮成为逢年过节或家庭红白喜事的仪式载体。

浮叶村的阿淑如是说：

> 放烟花也是一种攀比方式。每年春节村里都要放烟花，以前是放普通的鞭炮，一会就放完了，现在主要是小孩在玩。这几年村里流行放烟花，在夜空中会有各种不同的形状和花色，村里人人都可以欣赏到，一到放烟花的时候，村里很多人就会出来看，互相比较

和称赞。这几年村里有钱人家多了，过年放烟花不是什么稀罕的事情，不会因为有人放烟花就引来村里人旁观的。那么，就要在烟花的质量上下点功夫，谁家的烟花放得好看，响得大声，时间持久，谁家在村里就更有面子。特别是除夕夜，吃过年夜饭就开始陆陆续续放烟花，

村里的烟花和鞭炮是从大陆批发到岛上来卖的。但并不是谁都可以有资格卖烟花，需要打点各种关系。经过几年的竞争，海岛上垄断烟花爆竹生意的是岩下村的阿雄，他自小生长在岛上，跟岛上的混混们天天窝在一起，因为他为人爽直，脑袋活络，敢做敢当，在朋友圈里有着不错的口碑，被拥戴为"头人"。不过岛上赚钱的门路还是有限，远远不够兄弟们吃喝玩乐的开销。1993 年的时候，他带着一群弟兄南下深圳，形成黑帮，收取保护费，积累了不少钱财。1999 年澳门回归后，他们干脆跑到澳门发展，成为澳门当地有名的黑帮，在圈子里有着相当的知名度。不过，好日子没有持续太久，他因为卷入帮派斗争惹上了人命，在澳门坐了几年牢，刑满释放后回到莆田，垄断了当地 KTV 的水果供给。只要莆田的 KTV 要买水果就必须要找他买，否则就会遭到报复。KTV 的营业性质本身就多少有点帮派的色彩，货品的供给自然带有垄断的可能性，能垄断得了的帮派都是有很硬的社会背景，能轻松做到黑白两道通吃。阿雄就是凭借自己多年来攒下的人脉，垄断了南日岛上的烟花爆竹供给。岛上的店家有且只能找他家买烟花，不能找别家，否则就会有后患。这样一来，价格都是他家说了算，迫于他家的势力，谁也不敢说三道四。这几年岛上的烟花爆竹需求连年上涨，很多家庭在春节期间都要买大量的烟花燃放，特别是家里有盖新房子的，除夕夜和乔迁办酒的那天都要燃放烟花，一来讨个好彩头，二来让爆竹的声音吸引左邻右舍的注意力。吃完年夜饭大家都无所事事，走亲戚聊天，看到燃放烟花爆竹都会停下来看，谁家的烟花漂亮，放得持久，都会在村里传来传去，成为全村都知道的事情。所以烟花就算价格被垄断了，连年都在涨价，但我们还是愿意花钱去购买，家里的红白喜事没有放烟花是不完整的，家里也会觉得缺少一个重要的环节。

　　齐美尔认为，人们与客体之间沟通的联结是消费，通过对于时尚的追捧和崇拜实现阶层的向上流动，尽管这种流动是暂时的，但还是会让消费者有掩耳盗铃的满足感，他们在心理上模糊了自己与较高阶层之间的表象差异，有着与原有阶层相异的元素符号。对于较高阶层的人来说，一旦发现较低阶层的人们追求他们的阶层标签，就会转而寻找其他消费模式以示区别，二者之间的动态平衡类似于"旋转木马"游戏。炫耀性消费成为身份认同的标签，已经不是简单意义上的生活商品，而是成为消费者彰显自己所处阶层地位结构的标签。这样的竞争游戏加剧了贫富分化和社会分层。

　　如果说前文提到的房屋的规模、夸富宴的排场是炫富的方式，那么烟花消费就是这些炫富心理的仪式化表征，是外显性面子，让村民投入非理性的竞争热情。从时尚流行的规律看，流行的载体总在与时俱进地发生着变化。在物资匮乏的年代，大米、地瓜、面食之外的主食是罕见的，那时的浮叶人为了体现经济实力，在家庭重大事务中会给左邻右舍分发面包。吃面包是难得的味蕾体验，村民对于西餐的主食面包有着好奇和崇拜的心理。随着村庄经济水平的提升，相对廉价的面包已经不足以体现经济实力了，面包就被香烟所取代，且香烟的品牌不断更新，价格高的香烟不断刷新标的物。时至今日，香烟作为主要标的物的地位仍然没有撼动，但是依附于建造房屋和红白喜事上的烟花燃放成为当前炫耀性消费的新增标的物。可以预见，随着村民生活水平的不断提升，炫富的标的物会不断推陈出新，彰显着消费主体的经济实力和社会地位。

　　炫耀性消费从本质上来说是外显性面子，炫耀性地表达自身实力，让自身实力转化成外显物。烟花作为外显物，就是面子的附着物或者载体，具有很强的可视性，能将烟花消费背后的经济实力乃至身份地位展示出来，接受他人的评价。村民作为积极的社会行动者，注重在烟花这种极具可视性和震撼力的消费上投入经济资源，他们放烟花的目的是向全村彰显经济实力。逢年过节或家族重要实务上燃放烟花是村民心照不宣的共识。在烟花绚丽的色彩和震耳欲聋的响声里，村民的虚荣心得以满足。通过评判烟花燃放的可视效果和持久性，村民间的外显性面子得以彰显。烟花作为熟人社会里客观的面子标识物，被村民广泛推崇，烟花的竞争性消费可以获得"有面子"的评价。此外，烟花虽然被岛上的个人商家所垄断，没有讨价还价的空间，但烟花毕竟不是奢侈品，不像房子一样要投入家庭多年甚至是毕生的积蓄，因此村民乐于花钱在烟花消费上。同时，燃放烟花所发出的声响会吸引村民围观，看似有声的烟花背后隐含着无声的消费竞争，比建造房屋更能引起村民的注意。如果说建造房屋、生育男孩等是静悄悄地炫耀，那么燃放烟花就是把无声的炫耀摆在台面上，让村民投入评价的热情。所以烟花消费常跟建造房屋、生育男孩等家庭重大事务联系在一起，以摆喜酒为契机燃放烟花，也让没有参加宴席的村民可以知晓，等同于昭告全村。

（三）移民村庄呈现的原子化状态及理性的面子竞争

对于历经战乱的浮叶移民来说，对未来生活缺乏长久稳定的预期，他们没有像依附性面子那样对宗族有强烈的归属认同，而是强调珍惜当下、及时行乐。村庄中不存在超越家庭的具备强烈认同感和一致行动能力的血缘单位，村民之间呈现分散的原子化①状态。移民村落的根基是后天建构的，不存在先赋性的结构地位分化，缺少宗族等血缘结构提供功能性支持和本体性安全的保障，在重要生命事件的选择中，没有可以基于血缘伦理提供道义支持的社会力量，只能依靠地缘关系。个体的关系建构能力能够动员的资源主要来自日常交往中营造的地缘关系。时至今日，地缘关系随着人口流动的频繁而增加了不确定的风险，也强化了村民的个体独立性。缺乏血缘伦理约束与支撑的地缘关系带有浓厚的工具理性，社会交往更多停留在较浅的层次，个体有着较强的自由度，可以灵活选择交往的对象、频率、广度。而且，浮叶村作为原子化的村庄，在迁移后的历史进程里没有像莆田语系的村落一样有着血缘结构力量的支撑，浮叶村的价值规范比较松散和不稳定，容易受到外来因素的干扰，比如高档手机消费。可以说原子化村庄对于现代元素的外部力量有着较大的包容性和接受度。尤其是在外部力量被赋予时髦、奢侈等共识性认可时，现代元素就会在短期内获得村民的争相追捧。同时，能获得村民共识性认可的载体更多是从日常生活需要的角度进行理性选择，村庄的

---

① "原子化"的意思与西方社会理论中以个体为单位的"原子化"概念不同。这里，"原子"的基本单位是家庭，称其为"原子化"是因其缺乏亲缘性力量将一个个"家庭"聚合成血缘结构，家庭之间的社会关联比较松散。参见贺雪峰等《南北中国：中国农村区域差异研究》，社会科学文献出版社，2018。

面子竞争没有血缘亲族村庄那样高度竞争的社会压力，没有结构性力量的推波助澜，个体理性的面子竞争还停留在日常生活中，所以豪车消费在村里很难有广泛的受众。因此，浮叶人注重以凑热闹为目的的仪式性炫富，不追求仪式的奢华和庄重，而在于提供美食和娱乐的机会，吸引更多村民参加到娱乐性的面子狂欢中，让参加的村民来评论并获得最佳的享乐体验。

村庄流动性的增强加剧了村民对地缘关系建构的社交性面子的认可度，对社交性面子投资及期待回报的过程日益短期化，村民们对于面子的投资有着及时变现的功利性趋向。缺乏结构力量和规范约束的面子消费不断推陈出新，在理性的村民中有着广泛的受众，结果是社交性面子的异化，村民的面子竞争局限于日常生活本身，村民辛苦积累的家庭经济资本被兑换成现实的生活消费，比如夸富宴、奢侈手机乃至烟花的消费。由此可见，在短暂的节日相聚里，村民没有足够的时间去探访村里每个家庭的经济状况，只有长期生活在村庄的村民才能了解村里的内部事务，尤其是喜欢茶余饭后聊天的中老年浮叶女，有着大把的时间可以喝茶聊天，东家长西家短，对村庄的事务了然于心。年轻的浮叶女建构社交性面子的时间很短，夸富宴铺张浪费的消费支出无法宴请到村庄所有的人家，就需要通过有声的烟花消费，让烟花绚丽的色彩和震耳欲聋的响声来吸引全村的眼光，发挥烟花广而告之的社会效果，在功利化的短期人情交往中，彰显家庭的经济实力。此时，有声的烟花下，掩盖的是无声的社交性面子建构。功利性的村民对于乐此不疲，激发着烟花消费的热情。

四　精致的利己主义者

传统的乡土社会注重社会关系中的"差序格局"，按照关系的强弱来决定自己的人情生疏及交往模式。这样的社会交往模式讲究"报"的规范，这成为人情、面子、关系的动力源，存在于带有集体主义性质的熟人社会里，代表着熟人社会中关系互动的一般性模式。虽然现代社会处于高度工业化、都市化、高素质化、信息快速传递的情境下，但相对封闭的文化仍带有独特的结构情境，使个体采用不同的方式来思考人际关系，渗透着深刻的人情痕迹，按照人情法则来规范个体间的社会交往，个体在稳定且结构性的熟人社会里争取可用的社会资源。于是，关系网络中的人们会根据自己在差序性"关系网"中所处的相对位置，履行彼此间的义务，长期刻意运营社会资本、操作面子，建构起个体特殊的关系网络。那么，关系网络中的社会行动者要如何确定自己的位置，由此建构社会关系呢？那就是依据权力的大小。所谓的权力是社会交往过程中，一方以社会道德的说服或群体的压力加诸另一方，使其改变态度、动机或行为而表现出顺从的力量。个人以权力影响他人的过程，基本上是一种"社会交易"的过程。①② 权力的大小取决于两个要素：资源多寡和资源的依赖程度。有着较多资源的一方容易造成对另一方的权力；而依赖的一方容易顺从和妥协于权力拥有者。由此，熟人社会中的个体更愿意通过自己的关系判断接近权力的拥有者，来获得对方所能支配的某种社会资源，满足自己的需要。而权力拥有者也愿意利用个人的影响，来获得他所预期的某种报酬，或者提高自己在村庄中的声誉，强化其权威地位。

韦伯提出价值理性③和工具理性④的概念，前者注重行为本身所能代表的价值，后者则注重行为选择的结果。在中国社会中，混合性关系兼具价值理性与工具理性的特征，最有可能以人情和面子来影响他人的人际关系，交往双方彼此认识且带有一定程度的情感关系，但情感关系又不至于深厚到可以随意表现出真实本质的行为。在村庄共同体中，交往的村民们以血缘和地缘构建起情感联系，长久存在，绵延不绝，并通过人与人之间的礼尚往来加以维系。在混合性关系中，人际交往的本质是

① Baldwin, D. A. "Power and Social Exchange," *The American Political Science Review* 72 (1978): 1229 - 1242.

② Cook, Karen S., and Richard M. Emerson. "Power, Equity, and Commitment in Exchange Networks," *American Sociological Review*, 43 (1978): 721 - 739.

③ 价值理性也称实质理性，即"通过有意识地对一个特定的行为—伦理的、美学的、宗教的或作其他阐释的——无条件的固有价值的纯粹信仰，不管是否取得成就"。也就是说，人们只赋予选定的行为以"绝对价值"，而不管它们是为了伦理的、美学的、宗教的，或者出于责任感、荣誉和忠诚等方面的目的。

④ 工具理性就是通过实践的途径确认工具（手段）的有用性，从而追求事物的最大功效，为人的某种功利的实现服务。工具理性是通过精确计算功利的方法最有效达到目的的理性，是一种以工具崇拜和技术主义为生存目标的价值观，所以"工具理性"又叫"功效理性"或者说"效率理性"。

特殊性和个人化的，交往双方以血缘关系或地缘关系确认情感性交往，通过攀亲或第三人的介绍建立关系，并通过礼尚往来维持长久的交往，而交往的目的更多是为了获得预期的收益。同时，交往双方也会希望共同关系网络内的其他成员了解他们交往的情形，并根据社会规范的标准加以评判。

（一）人情的困境与规避

对于村庄中混合性关系所体现的情感联系与工具交往，笔者访谈了浮叶村的阿双，她跟我谈起自己家里的事情。

> 我家原来在村里就是个普通的家庭，我有一儿一女，我家那口子是跑船的，常年在外海捕鱼，一年到头很少回家，村里很多人家跟我一样，都是男人在外跑船，女人在家带孩子，做农活，有时还去收海带赚点小钱。我们村里有个人家，男主人叫阿伟，跟我男人同姓，也算有点沾亲带故的'面线亲'①，因为离我家比较近，跟我家常有走动，关系也比较亲。十几年前，一个会捣弄巫术的灵媒老是捉弄我大伯子，在家烧香念咒，害得他天天头痛。后来实在没办法，大伯子找到我，希望把我家旁边的那块地送给灵媒来讨好她，祈求她不再做坏事惩罚他。我男人当时跑船还没回来，我自己做不了主，就找到阿伟家，希望他家能出面解决。阿伟当场就表示可以将他家前面跟灵媒家紧挨着的一小块地送给她。那时每家每户都有很多地，地都不值钱，邻居家把地换来换去也是常有的事情。因为这件事，我们家还是很感激阿伟，也算欠了他家一个人情。1990年左右我家房子拆掉重建，盖了三开间两层楼的房子，楼上左右各一个卧室，中间一个客厅，楼下左右是对称的厨房和杂物间，中间也是客厅，这是南日岛常有的房屋格局。那时家里只有我和孩子，一到晚上都关着门不敢出门，也很少去串门聊天，总觉得家里放着两个孩子不安全。相比之下，阿伟家就住得非常拥挤，他家三个兄弟都挤在两层楼的房子里，房子常年没有翻新，很多地方都开始渗漏了。我想反正家里够住，另一半还空着呢，还不如让他家人过来住，

---

① 闽南俚语，表示关系稀薄，多指硬攀上的关系。

还可以有人陪着说话，家里热闹些。于是，我就把另一半的一个开间让给他家住，中间客厅公用。阿伟家当然很高兴，很快就搬进来跟我们家住一起了，他哥哥还有他自己都是在另一半的开间里结婚的，对我家自然感激不尽。从 2000 年我家男人退休后我们一直住在涵江女儿家，岛上的地都给他们家耕种了，逢年过节他们都会给我家送花生、地瓜这些南日岛的特产作为感谢。

后来阿伟去了罗源那一带采石头，是跟着村里几个男人一起去的，也好互相有个照应。采石头的工作非常辛苦，夏天外面非常热，也得冒着太阳去打石头，冬天还好些，但罗源那一带靠海，冬天海风很大，吹得人直发抖。而且采石头是非常危险的工作，要时刻提防山上滚下来的碎石，甚至是松动的大石头。但采石头工资高，一天能赚 300 元左右。这样的工作是阶段性的，有时有、有时没有，正常情况下辛苦 3 个月就可以回家了，过段时间等采石场打电话通知了再过去。不管怎样，岛上很多结伴去采石头的人耐不住辛苦都回来了，只有阿伟留了下来，因为他找不到比采石头更赚钱的工作。

原本生活就是这么过下去，虽然辛苦但也可以养家糊口，家里的经济也不错，没几年，阿伟家攒了 30 几万，又借了 20 万，也在岛上的宅基地上盖了新房子，从我家搬了出去，生活慢慢变好了。可是，阿伟就是运气不好，2012 年一次采石头的过程中，天气太热了，他过于麻痹摘掉了安全帽，可惜敲击一块石头时，被溅起的小碎石击中眼睛，流了好多血，工友们吓得赶紧把他送到福建省协和医院做手术。我儿子就在福州，连续陪了他好几天，帮他协调医生。尽管手术很顺利，但阿伟的右眼却彻底瞎了，还怕见光，从此要戴着墨镜才能出门。

手术后马上面临的就是医药费的问题，采石场的老板付了 8 万元以后就不再联系了，打电话不接，发短信不回，阿伟家的亲戚儿次去罗源找他也都找不到，他似乎彻底从采石场消失了。后来没办法，阿伟的妈妈找到我，一把鼻涕一把泪地说医药费不够，他家借了好多钱，以后可能永远都还不上了。我很可怜他家，就让我儿子去帮忙，找了罗源县的重要领导，一层层压下来，交代他们一定要解决这件事。我儿子还专门去罗源县政府和采石场跑了好多趟。采石场的老板看到阿伟家大有来头，也担心再不出钱的话以后生意就没法做了，好不容易打点好的政府关系也会完全毁掉。于是同意再给17万，与住院时垫付的8万元加起来凑25万元，还有3万元等医疗鉴定出来了，过一个月再给，这样算下来，总共赔了28万元。事情似乎完美地解决了，阿伟家人拿着一笔钱回家了，也还清了家里盖房子时欠下的债务。他后来要给我儿子两万元作为感谢，都被我们家谢绝了，我们帮他纯粹是可怜他，怎么可能还拿他的钱？他家也很感激，如果不是我儿子找的县政府领导，采石场老板肯定不会赔那么多钱，如果天天去缠着他，人家说不定会找采石场的工人出来打人，那事情就闹大了。他们家是外地人，去罗源人生地不熟的，也怕惹上大麻烦，人家真的一分不给也是没办法的事情。

　　阿伟眼睛受伤后一直在家待着，岛上没什么活干，就算有收海带的事情，人家也不敢找他做。他在家闲得发慌，最担心的就是他7月份马上要初中毕业的儿子。他老婆身体不好，有高血压，当年生了一个儿子后就结扎了，反正家里有个儿子传宗接代就够了。这几年他赚得还不错，在儿子身上很舍得花钱，单手机就买了好几部，都要最新流行款的。浮叶人看重儿子，他家也是这样，对男孩宠得上天了，几乎是要什么给什么，也不管他有没有乱花钱。眼看着儿子7月份就要毕业了，南日岛中学没有高中部，按照他儿子的学习成绩，肯定考不上莆田的高中。于是，阿伟就寻思着要花钱让儿子找个中专去混张文凭以后好找工作。然后他又找到我，希望我出面跟我儿子说，在福州找个中专学校读书。现在中专学校都不需要考试，只要有门路花钱都可以随便进。后来我儿子又找了他的高中同学，帮他联系了福州工业学校，学习汽车维修，也算是个有技术的专业。现在满大街都是小汽车，有个这个技术以后在大城市很容易找到工作的。……解决了儿子的读书问题，我想阿伟该松一口气了吧，可他儿子不明白父亲赚钱的辛苦，在福州花钱都是大手大脚的，到学校报到后马上就买了一部苹果手机，还是最新款的，我家都舍不得用，他家那么穷都舍得给儿子买。他儿子在福州看不懂公交车站牌，嫌麻烦都不肯坐公交车，一出门都是打的，一趟四五十元的打的费花得都不心疼，后来为了方便他儿子出门还专门给儿子买了一辆电动车。尽管儿子花钱如流水，但他从来不会埋怨。

到了2014年春节，阿伟的儿子再过半年就要毕业了，这时他又来找我了，春节时给我家送了好多鱼，几乎天天都到我家来，有时还会帮我做点家务。等除夕我儿子回岛上，阿伟就直接跟我儿子开口了，想让我儿子帮忙阿伟儿子找工作。我才明白原来他这段时间老上我们家来就是为了儿子工作的事情，他经常开口要我找儿子帮忙，现在都不敢说了，就直接跟我儿子说。好吧，我儿子看在他家现在很穷的份上，又一次可怜他，春节后就联系了福州一家私人的汽车修理店，让阿伟儿子先去实习半年，毕业后再留下来。谁知道，阿伟儿子从小娇生惯养，哪里吃得了苦？才实习了几天，就抱怨环境太差，到处都是机油，他有严重的皮肤病，碰到机油就会过敏。后来干脆招呼都不打就直接跑掉了。反正还有半年时间才毕业，阿伟就没有再提工作的事情。到了6月份，眼看着儿子快要毕业了，工作还没有着落，阿伟着急了。这回，他拎了好几只南日岛的大鲈鱼、九节虾、鲍鱼，直接跑到福州我儿子家，硬要送给我们，在我家赖了一天。我儿子故意躲在外面不回家，也不愿意跟他见面。一来他家那么穷，我们家怎么会收他家的东西；二来他招呼都不打就直接到我家来，我们家要耗一天时间去陪他，还要做饭给他吃。关键是，凡事适可而止，我们家总不能一而再再而三地帮他吧？可阿伟似乎就是赖上我们家了，一连在福州住了好几天，天天上我家来，碍于面子我们又不好去赶他走。后来我儿子再次心软了，就安排阿伟儿子到福州一家大型国企当合同工。这件事情似乎又被他得逞了。

原以为阿伟从此应该不会再来麻烦我们了吧，不过2014年我家盖坟墓，阿伟几乎天天到墓地去帮忙。我家的坟墓是家族墓地，在我公婆的墓地旁边加盖了六个穴，留给我们两口子，还有儿子、女儿两夫妻，盖坟墓的时候经常为了地界问题跟邻位的吵架，邻位的几家都眼巴巴地盯着我家，没超出地界也硬要说碰到他家的地了；有的人则是心理不平衡，见不得别人家好，找出种种理由拦着不让我家盖；有的人是吵着盖坟墓的时候要离他家的坟墓远一点，要保持几米的距离，要不会影响风水。反正盖坟墓的那段时间，几乎天天都在跟不同的人吵架，有的人拿钱去贴都不肯，所以我也非常累。

阿伟就是那段时间过来帮忙，挑沙子、和水泥、砌砖，一些苦力活他都抢着干，确实给我省了很多事情。我想，我们家都帮忙那么多事情了，他过来帮忙也是应该的。可没想到，坟墓盖好后没多久，阿伟又跑到我家来提要求了，这回他要给他儿子的工作转正。理由是合同工的工作不稳定，万一我儿子离开那个国企了，他儿子只有中专文凭很可能被炒鱿鱼。我说那怎么可能？现在本科生都找不到工作，你一个中专生怎么可能转为国有企业的正式员工？想想我家盖坟墓的时候他那么积极，我就知道肯定又有什么事情来麻烦我家，早知道就不让他来帮忙了，可他天天自己跑到墓地去帮忙我也拦不住啊。（讲到这，阿双不停地叹气）

我儿子一开始也没答应，总觉得他家怎么没完没了的，好像我们家欠他一样，一件解决完了还有一件，事情就这么暂时搁置下来了。过了一年，也就是 2015 年，阿伟儿子所在的班组闹了一回辞职。原来，那个班组要专门给公交车安装监控，调整公交车上的电路，福州上千辆公交车都要他们班组来完成，工作量非常大，班组人员又少，工资收入不高。同班组的几个本科生纷纷提出要转正，否则就集体辞职，只有阿伟儿子一个人不吭声。单位的领导看着不妥当，如果这些懂技术的人员都辞职了，工作马上就没法做了，再去招聘然后培训还要一段时间，这对天天都要上路的公交车来说是等不及的。考虑到这些，单位领导满足了班组里那些本科生的要求，同意给他们转正，唯独只有中专文凭的阿伟不在考虑的范围内。阿伟听说这个千载难逢的好事没有儿子的份，在南日岛坐不住了，连夜跑到福州来，还是跟前几次一样，又买了一些海鲜，然后赖在我儿子家，一连好几天都不肯走，天天一早就来敲门，一直求着我儿子去找单位领导，一定要趁着这次大规模转正顺便也帮他儿子转了。

我儿子实在被缠得没办法了，就去帮他打了申请找了人，以班组人员太少，中专生更稳定、更适合在基层工作为理由，随着本科生的转正也顺便帮阿伟儿子解决了。转正后阿伟儿子还搬到了单位为员工租的新宿舍里，两人一间，水、电、宽带全免费。很多中专生在福州都很难找到工作的，想想阿伟儿子这样一毕业就在国有企业工作，现在转为正式编制的员工，还享受这么好的住宿条件，也该要满足了。……2015 年我家底开始盖新房子，从房子拆迁、打地基、绑钢筋、灌水泥、封顶、砌墙、贴瓷砖，每个环节都需要人来帮忙，师傅过来也只是负责自己的工序，扛沙子、搬砖、清理土头这些零零碎碎的事情非常多，都要自己找人来做，师傅是不会做这些头尾的琐事。这一年来，阿伟确实帮了我们家不少忙，我妈妈 7 月份病得厉害需要我照顾，也是阿伟在工地督工，很多时候还要帮忙做体力活。其实从心底里，我是应该感激他的，毕竟能坚持做这么多事情很难得，都是非常辛苦的体力活。但实际上想想，他也是为他儿子才这么帮忙的，在我儿子没当官的时候，他跟我们家也没有经常来往，顶多逢年过节我回家的时候会过来串门聊天，但自从我儿子当官了以后，每次回村里他都会过来帮我做家务，几乎天天都会过来喝茶聊天，还会带点海鲜。村里人讲面子，有他经常来我家干活，其实让左邻右舍看见也是脸上有光的事情。他可能也是抓住我的这种心理，平时对我们家真的不错，跑前跑后，帮忙做了很多事情。然后他就开始提要求，我们有时需要他帮忙就不好去推辞，就一而再再而三地为他解决问题。现在他只要有事情首先就是想到我们家，我跟他说过好几次，我儿子又不是市长，哪有可能什么事情都帮得上忙，况且我儿子也要去找人，也要欠别人人情，可他就是听不进去，总觉得你不帮忙就是不想去努力，不去努力就是因为没有送东西或者东西没送够，然后又会通过送东西来催着你办事。

　　农村人就是这样，你帮他十件事情，只要有一件没有帮，他就会一直记着那一件，以前帮忙的那九件事情他统统都会忘光的。在他们的观念里，我送你几条鱼就是给你人情了，算是礼尚往来，你就要为我办事情，要不我的鱼就白送了，我就难免会在村里发牢骚，说得村里人都知道。而以前帮忙的事情我当时已经感激过了，也在村里宣传过了，算是还了人情了。可对我们家来说，我压根就不稀罕你家送几条鱼来，你千里迢迢从南日岛扛到福州来，我要是不收鱼马上就臭掉了，你说我是收还是不收？不收从情面上过不去，毕竟都是村里人，还糟蹋了东西，收了觉得反而欠你人情，虽然我们家确实不差这几条鱼。收也不是不收也不是，每次都让我家非常为难。你一个大字不识的农村人，送几条鱼就想让别人为你跑腿，不帮忙就赖在家里几天都不肯走，现在我们家都怕接到他的电话，就怕还有事情要来麻烦。你说说，我们帮你这个事那个事，而且还没完没了的，这算什么呀？你看前段时间中秋节我儿子回村里来，他又拐弯抹角说他儿子皮肤会过敏，不要老是安排在基层干活，能不能换个轻松点的岗位。（说到这里，阿双表现出很生气的样子，但对于阿伟的行为却又无可奈何）

　　从该个案可以看出，寻求资源的一方达到既定的目的后，会在村庄社会里放大其社会影响，以结识权力人物为荣，让村民从此对他刮目相看，不敢轻易造次。而权力支配者，却陷入人情困境中。如果资源支配者拒绝给予特殊的帮助，坚持公平交易的法则，按照优胜劣汰进行竞争选拔，需求资源者往往陷入竞争中的弱势方，势必在村庄社会里通过闲暇谈资、舆论传播来强化其所受到的"不公平"待遇，难免给权力支配者的个人乃至家庭带来压力，势必影响他们之间的关系，甚至破坏原本平静的人缘。因此，在很多情况下，当关系网络中的个体需要某种生活资源而要求其给予协助时，权力支配者考虑到血缘、人情等乡土社会抹不开的面子因素，不得不遵循人情法则，给予对方特殊的帮助，一旦有了这样的开始，受助者的典型示范效应会在村庄广泛传播，关系网络中的其他成员出于投机取巧的心理，纷纷跃跃欲试，都想讨得一杯羹，登门寻求资源的人就会紧接着蜂拥而至，形成恶性循环，弱关系也会通过攀亲带故来强化关系距离，力图转化为强关系来接近权力支配者，通过功利化、权宜性的礼尚往来，促使权力—礼物之间形成资源交换。

　　但尤其需要关注的是，在权力—礼物的互换中，对于资源支配者来说，他必须付出某些代价，如帮忙疏通关系、欠人情等。他虽然能够预期寻求资源方会给他带来某种恩惠，但回报的方式及内容却是不可预期，甚至遥不可及的。如该个案中的掌握权力者，其并不期待穷困潦倒的阿伟能给他带来多大的恩惠，微薄的海鲜礼物对他来说并不是帮忙的目的，也不是所预期的恩惠，更多是出自对于面子的顾及还有村庄人情的回报。因此，在乡土社会中，和资源支配者有关系的人如果向资源支配者求情，要求他将其所掌握的资源作有利于自身的分配，资源支配者往往会陷入

"人情困境"之中。①

首先，资源支配者付出的代价。资源支配者接受了对方的请托，他必然要付出某些资源。如果他是资源的拥有者，帮助对方，自己便要承受某些损失。对方的要求越多，自己的损失就越大。在很多情况下，他往往不是资源的所有者，而只握有资源的支配权。假使他违背公平法则，将资源作有利于对方的分配，他还可能遭受到其他利益相关者的社会非议，将自己置身于一定的社会风险中。这些都是他接受对方请托时必须考虑的代价。正如该个案中的阿双儿子，在帮阿伟儿子转正的过程中，就会面临单位舆论的考量，对于一个没有一技之长的中专生的特殊化待遇，可能使其顶着任人唯亲的压力，破坏公平法则，给自己带来不必要的麻烦，这些都是帮助别人所要付出的代价，而这样的代价并不是简单的送几条鱼这样的礼尚往来所能弥补的。

其次，受者回报之预期。在社会关系中讲究"报"的规范及人情法则，礼物流动和资源互换成为关系维持的必要准则。资源支配者施恩于他人时，虽然能够预期受者一有机会终将回报。但是，人心叵测，人情的回报是很难用客观的标准和时间预期加以衡量的，不仅对方回报的时日遥遥无期，对方回报的方式、回报的载体也难以预计。因此，资源支配者只能依照对方权力的大小来估计他可能做出的回报。对方的地位越高，权力越大，掌握的资源越多，平常又以出手大方著称，他可能回报的层面越广，回报的方式也越丰厚。反之，对方的地位越低，权力越小，掌握的资源越少，平时又是小气成性，他可能作出的回报也越有限。②在该个案中，阿伟家穷困潦倒，几年前眼睛瞎了以后一直没有积累足够的经济资源，为了儿子的前途，只能通过不遗余力地为资源支配者所属的家庭出卖苦力，以及赠送高档的海鲜来换取儿子读书、实习、工作乃至转正的机会。作为资源拥有的弱势方，他已经倾其所有，但对于资源支配者来说，这样的恩惠无异于隔靴搔痒，相对于其提供帮助所可能面临的更大的风险，可谓杯水车薪。而维系资源互换的唯一路径，更多是村落的舆论和人情面子潜移默化的压力。

---

① 黄光国，胡先缙：《人情与面子：中国人的权力游戏》，中国人民大学出版社，2010，第17页。
② 同上，第18页。

　　再次，付出与回报的权衡与理性选择。在中国特殊的关系取向的语境里，个人所处的地位、所拥有的社会关系代表着重要的权力。资源支配者在人情的互换中，都要精心算计付出的代价和可能获得回报，综合权衡自身必须付出的代价与预期得失之间的轻重关系，以此作出利益最优的选择，决定是否实现人情交换。如果受助者关系网络中的网络顶端能给他带来直接的影响力，预期获得回报的绝对值远大于他所付出的代价，那么，资源支配者可能会选择提供力所能及的帮助，屈从于对方的请求。反之，如果对方经济资源有限，且没有网络顶端作为有力的支持，预期回报的绝对值不大，资源支配者就会有其他的考虑，或者直接一口回绝，但会损伤彼此的情面，或者采取温和的策略，将事情久拖不决，为了照顾彼此的面子不明确表态。更多情况下，求助者都会考虑维护人际关系和谐的文化价值，在有诉求的情况下不会直截了当地提出来，而是仍旧在资源支配者的面前表现得泰然自若，但通过平时积极的行动策略，投入以足够的热情来争取资源支配者的认可，在提出诉求时能被资源支配者所采纳，寻找合适的机会做个顺水推舟的人情，这样的时间和情感投入是润物细无声的潜移默化，是求助者精心算计的预期回报，长年累月的积累下往往会有意想不到的趋利效果，至少不会被资源支配者当场回绝。

　　最后，关系网内其他人的回应。中国人所谓"社会取向"的国民性格，通常都被定义为一种由社会服从性、不得罪人的策略及顺从社会期望与权威等特性所组成的复杂行为组型。[1][2] 这种组型其实也可以看作个人在面对由许多明显的或隐含的社会要求所构成的困境时，表现出来的行为反应。一般而言，在熟人社会里遵循差序格局的社会交往，大凡有点沾亲带故的强关系都纳入其社会关系网，如此一来，以资源支配者为中心就形成错综复杂、夹杂着各种人情的网络体系，网络中的成员彼此紧密互动，构成一个个结点，这个结点就是可以利用的社会资源，通过互动来实现资源的互换。同时，关系网络的存在并不是静止不变的，而

---

① Hsu, Francis L. K. *Americans and Chinese: Two Ways of life.* New York: Henry Schuman, 1953.

② Yang, Kuo-shu. "Social Orientation and Individual Modernity among Chinese Students in Taiwan," *Journal of Social Psychology*, 113 (1981): 159－170.

是处于动态平衡的过程中。如果资源支配者能为网络成员提供较多的经济支持或照顾，成为网络成员的网络顶端，那么就在关系网络中占据较高的地位，获得网络成员的支持，自己也会享受到经济资源所无法换取的人情和面子。反之，如果资源支配者虽然位高权重，但并没有给网络成员带来预期的帮助，其社会认可度就会成为虚拟的空中楼阁，无法获得网络成员的热情回应，反而有边缘化的可能性。在关系网络利益互动的动态平衡中，社会舆论起着重要的作用，俗话说，"众口铄金，积毁销骨"，关系网络就是一个全景敞视主义的空间结构，关系网络中的成员都在密切凝视着资源支配者的一举一动，如果网络中的求助者能从资源支配者身上获得预期的收益，那么社会舆论就会表现出赞许和支持，在村庄社会里广泛传播，当然也会吸引大批网络成员以种种借口接近资源支配者，大家都有着"见者有份""讨得一杯羹"的趋利本能，成为急功近利，精心算计的利己主义者。如此一来，久未谋面的弱关系也会将自己粉饰成具有血缘关系的强关系，找出种种理由来建构社会关系，并费尽心思地进行经济和情感投入，以便在关键时刻能获得资源支配者的帮助。而资源支配者如果碍于面子和社会舆论的压力，就会妥协并提供一些力所能及的帮助，比如个案当中的阿双儿子，在适当的情况下也会顾及在村庄的面子一而再、再而三地帮助阿伟儿子，尽管他也预期阿伟窘迫的家庭无法给予其预期的回报。但一想到帮助阿伟儿子后，阿伟会在村庄广泛宣扬并赞许，提升自己在村庄的社会认可度和地位，就会在是否提供帮助的选择中有所考虑。否则，一旦回到熟人社会，社会舆论对自己不利，也会影响父母乃至家族的颜面，在村庄难以立足。所以这种情况较为特殊，我们可以理解为，再位高权重的资源支配者也有从神坛上下来回归乡土社会的可能性，他也要考虑到乡土社会的舆论压力和面子口碑等潜移默化的影响因素，也担心屡屡拒绝同乡可能带来的舆论风险，在多重压力下会有选择提供帮助的可能性，尽管对方并不能给他带来经济收益或者权力互换。

在关系网里村民的围观及回应中，阿伟的个案竟然有了更进一步的发展，恰恰成为舆论—面子—人情之间的生动写照，这个过程中，村民们的急功近利表现得淋漓尽致。阿双继续说：

　　自从我儿子给阿伟儿子找了个好工作，还帮他争取了国有企业的正式编制，这对于一个只有中专文化又没有家庭背景的农村孩子来说，是很值得庆幸的大事。阿伟对我们家千恩万谢，只要我回南日岛，他家都忙得不可开交，有时给我送土鸭，有时给我送海鲜，特别是我家今年盖房子，都是他在负责。今年有几个月我妈妈生病我一直要抽时间去照顾她，虽然我妈妈就住在镇上我弟弟家，但我不会骑车，跑来跑去很不方便。阿伟很勤快地每天骑摩托车接送我在镇上来来回回。南日岛风大，他的眼睛还没完全恢复好，不能吹风，但他还是戴着墨镜每天坚持接送我。家里盖房子有很多零零碎碎的事情，也是他在帮我照看着。前段时间他有继续去罗源打石头，但采石场的老板看到他瞎了一只眼睛，都不敢随便留他，任务结束后就打发他回家了。他现在没人请他干活，事情少就干脆天天帮我盖房子，有他在家，确实省了不少心。最主要的是，阿伟懂得感恩，在村里遇到熟人和邻居，都会到处说我儿子帮了他家不少忙，解决了很多大事情。

村里不少人眼红了，看到没有任何社会资本积累的阿伟家，因为攀上了阿双家的关系，而一跃在村里显摆起来，唯一的儿子还成为国企的正式员工，这个正面典型刺激了不少村民的神经，于是，村民们跃跃欲试，都想跟阿双家扯上点关系，跟着讨得一杯羹。于是，阿双继续说：

　　自从阿伟回村到处宣扬后，我儿子的口碑在村里好了起来，村里人都说他没有忘本，会帮村民做事情，不像有些人，当了官就不认老家的亲戚了，回村也从来没跟长辈来往。我也跟着脸上有光，这对我们家来说是很荣耀的事情。
　　没过多久，我大伯哥就找上门来了，他说我家怎么那么好心，帮一个没有亲戚关系的人家那么多忙，既然这样，那我们两家是血缘关系最亲的，也得帮他孙子找工作，哪都不去了，就去我儿子所在的国企，自家的侄子，这个忙肯定要帮。我儿子接了大伯好几次电话，毕竟是最亲的亲戚，又刚好住在隔壁，我家盖房子的时候都把东西放在大伯家呢，我儿子不敢推脱，当场就满口答应。考虑到大伯哥家的孙子没有什么技术，只是会开车，那就去出租车公司吧。于是联系了出租车公司去当出租车司机。可是大伯哥家的孙子好吃懒做，来福州就要住宾馆，给他找了一间100元的宾馆嫌太差不肯住，给他找了280元的嫌太贵。到了出租车公司又后悔了，觉得工作太累不想去，连招呼都不打就跑回南日岛了。于是我儿子就跟出租车公司的董事长说好不去了。结果过几天，大伯哥家的孙子又被家里人劝着来福州了，这回改变主意又肯来上班了，结果开了一天车又突然跑回家去了。就这样来回折腾了三次，我儿子也跟出租车公司的董事长一会说要来，一会说不来，来来回回说了三次，你说烦人不烦人？这不是给我们家添麻烦嘛！

　　还有我弟弟的儿子，原来在涵江一个亲戚办的纸箱厂上班，嫌工资太低又经常加班，也闹着要找工作。我儿子也给弄进了他们国企的一个下属单位，有正式的编制。过了没多久，我儿子从小玩得很好的一个发小，小名叫鸭头，他女儿也要找工作。这个发小跟我儿子关系很好，于是我儿子又给安排在单位当外聘。可能是觉得他女儿是个本科生就理所应当是正式编制，鸭头家也三天两头打电话说要转正，都被我儿子以条件不合适给搁置下来了。没想到今年春节，鸭头家突然跟我家提了一件事，就是希望他女儿能跟我弟弟的儿子在一起，一个未娶一个未嫁，年龄又相当，可以促成一对好姻缘。我也觉得有道理，就跟我弟弟说了。我外甥今年28岁，家里正愁着还没对象，到处张罗着在相亲，一听说还有人主动说亲，当然愿意。这两个年轻人在一个单位，以后如果能成也是天作的美事。接下来我们做长辈的就安排年轻人见面，鼓励他们多了解多交往。本想着介绍这两个年轻人认识后就没事了，没想到鸭头家又跑到我家来了，拐弯抹角地说，既然两个孩子已经开始交往了，以后我们两家就是亲戚了，那么，我儿子就应该帮他女儿的工作转正。我这下才恍然大悟，原来这是他们家事先算计好的，这算什么呀？把婚姻当作转正的跳板，做人也太现实了吧。就算我们两家长辈同意，那年轻人可不一定这么想。

　　我一直都不肯跟我儿子说起这件事，鸭头家也过来说了几次我都没有表态，觉得这是儿女之间的事情，都什么年代了，父母怎么能为儿女的婚姻大事做主？……过了一段时间，我忍不住问了我外甥，跟鸭头家的女儿谈得怎么样了，如果年轻人愿意，也是件大好事。我外甥回来说，人家女孩子根本就跟他聊不起来，刚开始有一起出去郊游、逛街，后来发现完全没有共同语言，我外甥内向木讷，那女孩子活泼外向，根本就不是一路的。况且那个女孩子还想着考研究生，根本就看不上他这个大专生。我外甥也一直都主动去联系她，可她对我外甥都爱理不理的，现在他们俩都没怎么联系了。但是鸭头家为了让女儿转正，还是不依不饶地天天找我们，因为是同村的，鸭头家跟我女儿关系也不错，就打电话希望她也来出出力，还跑到镇上我弟弟家，让家里地位最高的奶奶出面撮合，我儿子回到村里，也是送海鲜到我家，明摆着不敢说，拐弯抹角让我帮他表达意思。家里的亲戚都被他家动员了起来，三番五次打电话给我儿子说情，只要鸭头家的女儿转正了，就会回心转意，就会看上我外甥，到时也将成就两家的好事。可我儿子是坚决不同意，婚姻怎么能用来交换？就算鸭头家的女儿能转正，也是通过她自己努力，比如考研、考注册会计师去实现的，怎么能跟一纸婚书扯上关系呢？

　　既然两个人都没有缘分，那就算了。没想到有一天我弟弟到我们村里来理发，那个理发店的老板就跟他说，听说你儿子被鸭头家的女儿甩了，人家都看不上。我弟弟一听就火冒三丈，这两个人自己聊不到一块去，怎么能说是我儿子被甩了呢？就算真是这样的话，鸭头家也不应该在村里到处乱说，这让我儿子以后怎么找对象？我弟弟也气不过，也找了鸭头家女儿很多不是，说了一个下午。果不其然，没多久，村里到处都在谈论我外甥与鸭头家女儿的事情，传来传去，说什么的都有。村里都是老人和小孩，还有一些没出去打工的家庭主妇，没事就喜欢聚在一起聊天，村里一有什么风吹草动，这些闲来无事的女人还有抱着孩子的老人就会凑在一起聊个没完没了。有的说我外甥仗着表哥是领导，逼着女孩子谈恋爱；有的说鸭头家想攀高枝，不顾女儿的幸福；有的说其实鸭头女儿已经有对象了，还跟我外甥黏黏糊糊地扯不清……

阿双的口述形象生动地呈现了村庄里的社会关系生态。一个资源支配者，出于善良的同情心帮助了没有任何家庭背景和经济资源的阿伟家后，旁观者纷至沓来，做了种种不可思议的趋利行为。谁都想接近资源支配者，通过攀附关系获利，他们会编制各种精心设计好的策略，一步一步去实现，甚至不惜以最纯洁的感情作为代价，鸭头家的个案就可见一斑。后续的众生相之所以有其生存的土壤且层出不穷，更多是资源支配者迫于社会舆论的压力所致。众所周知，村庄社会是个相对封闭的熟人空间，尤其是对于浮叶村这样的移民村落。村民经过几百年的繁衍，为了在莆田语系的环境下生存下来并且不断壮大，需要有强烈的集体凝聚力。他们的祖辈是原生地房份斗争的失败者，为了生计逃避到南日岛的一个避风港来，长年累月地生息繁衍，彼此间基于血缘关系建构起封闭的社会交往模式，有着更深厚的情感联系。尽管现代社会流动调整了传统的村庄格局，利益结构得到重组，传统村庄社会中居于高位的乡老，以及代表公权力的村主任和村支书，其权力的行使广度囿于特定的范围内，影响力有限，而通过鲤鱼跳龙门式的向上流动获得社会地位的资源支配者，却能给村民带来异质文化，给予他们摆脱传统生活方式的机会。这对于渴望离开村庄到外地谋求发展空间的村民来说，无疑是重要的利好消息。他们作为旁观者，也在密切观察资源支配者，用凝视的目光来看待资源的配置。出于面子的考虑，谁都不愿意当第一个吃螃蟹的人，更像是一个事不关己的看客。不过一旦有人得逞，获得种种好处，这种正向的典型示范就会在村庄里发酵蔓延，引发村民的围观热情，并通过口耳相传引发舆论的强烈关注。至此，村民们不再是淡定的围观者，他们也开始计划自己的策略，尤其是与资源支配者有着血缘关系或交情的村民，他们会强化这种关系的合法性，重新调整交往的关系格局，最终目标就是获得资源支配者的支持。而对于资源支配者来说，他们逢年过节总要回到村庄社会，他们的至亲，比如父母，离不开家乡的生活方式，亦长年累月处在关系网络的结点位置。在这场资源考量的利益博弈中，商品经济的等价交换关系日渐淡化，取而代之的是村庄的人情世故和面子关系。资源支配者并不能从这些村民身上获得可以交换的资源，却要面临提供资源后自己可能面临的风险，比如任人唯亲的负面影响。但是对于带有强烈功利色彩的村民来说，他们却认为自己实现了等价交换，海鱼、螃蟹、海带……这些工具化的物品交付给资源支配者的家庭，就算完成了等价交换，基于血缘关系和情感支持的关系让这样的交换看似公平合理。村民们狭隘的小农意识使得他们常以微小的代价来换取较大的价值，这种占便宜的心理让他们常能获得巨大的满足。如果这种交换关系没有顺利进行，心理不平衡的利己主义者们就会散播种种舆论，扩散不良的情绪体验，给资源支配者以压力，迫使其屈从于这样的思维惯习。熟人社会基于差序格局建构的社会关系网，却异化为精致的利己主义村民们获得利益的温床，他们盘算着可能的获益机会，设计出缜密的行动策略，然后心安理得地享受强关系所带来的集体狂欢。

　　然而，在这场集体狂欢中，没有哪个村民感觉到自己行为的不妥，没有耻感来造成心理的困惑或不安，这与传统乡土社会中内敛朴实的民众心理形成鲜明的对比。正如美国文化人类学家本尼迪克特在《菊与刀》一书中指出，真正的耻感文化依靠外部的强制力来做善行，是通过外在的制度及文化约束让个体感觉到内心的羞耻，依靠罪恶感在内心的反应形成有效的强制力。美国社会学家米尔斯在《社会学的想象力》中提到，个人事件同整个社会是相连接的。翟学伟进一步指出，连接的方法之一是将某个事例与一个社会相对稳定的容忍度相勾连，并由此发现社会的预设与运行。如果外在的约束力有限，只有乡规民约抑或道德文化加以限制，就不能形成有效的耻感。而一个社会对特定的行为方式不加评论，姑息纵容，势必促使该行为方式成为惯习，没有形成谴责内心的耻感。正如在浮叶村资源交换的权力游戏中，宽容的乡土舆论氛围对个人的行为没有任何约束力，没有人觉得自己的行为方式有何不妥。我付出海鲜，你用权力给予我方便，一切进行得似乎合情合理，是等价交换的过程，没有人感到内心道德的不安，也不会去思考这场集体狂欢的奇怪和荒谬之处。而村民精致的利己主义倾向也在宽容的社会舆论及被冲淡的耻感中日积月累，形成潜移默化的行为惯习。

　　人情的情感价值是难以估算其客观价值的，并不是简单的物质与权力的互换就能完成的等价交换。一次性的物质付出很多时候不能补偿权力支配者行使权力所可能遇到的风险消耗，况且在熟人社会里，很多时候物质的付出是有限的，基于血缘和地缘关系长期建构起来的关系体系将交换关系合法化，认为是天经地义的馈赠，不存在严格意义上的等价交换。所以对资源支配者来说，都会尽力规避人情的纠缠，远离可能带来是非的关系网络，畏惧人情的瓜葛会损及自身的利益。很多农村地区就常见村里有些位高权重人士会将父母带离原生地，多年不回村庄，荒废老宅，或者将父母继续留在原有的生活方式中，避开逢年过节等特殊时期偷偷回家探亲、拜会长辈。或者遇到村民请托时，不给予对方肯定的答复，采取拖延策略，既不损害双方的颜面又间接拒绝对方。林林总总的办法应时而生，是规避人情不得已而采取的权宜之计。

（二）面子的印象整饰

"礼义廉耻，国之四维，四维既张，国乃富强"①，这是中华民族的传统，与 2000 多年儒家思想的熏陶分不开，儒家思想倡导"礼、义、廉、耻"，这也养成了中国人含蓄、注重个人品行的风格。从社会心理学的角度来说，所谓的面子是指个人在社会上有所成就而获得的社会地位或声望②；所谓面子功夫更像是一种"印象整饰"的行为，是个人为了让别人对自己产生某些特定印象而故意做给别人看的行为。③ 对于面子的理解似乎与戈夫曼的拟剧理论有异曲同工之妙，戈夫曼曾经提出人们日常生活中的社会行为分为前台和后台两种④，"人生如戏，戏如人生"。前台展现的是光鲜亮丽的面子，是关系网络中成员们围观所看到的形象；而后台是前台形象的准备，更能展现真实的生活状态，是显露给关系网内的"自己人"看的"后台行为"。每个个体在前台和后台的行为就像一场表演，背景、说辞、道具都是事先预设好的，在众人面前表现精心装饰过的服装仪表和举止谈吐，按照众人的期待塑造一个完美的自我形象。正如库利在《人类本性与社会秩序》一书中提出的"镜中我"理论

---

① 这是两千七百年前振兴齐国，成就霸业的一代英才管仲的千古名言，在管仲看来廉耻是立人之大节，盖不廉，则无所不取；不耻，则无所不为。管仲把礼义廉耻称为国之"四维"。他认为，"礼"就是不能越出应有的节度，即思想行为不能超出道德规范；"义"，就是自己不推荐自己，即使自己的思想行为符合道德标准；"廉"，就是不隐瞒自己的缺点错误，即廉洁不贪；"耻"就是不与不正派的人在一起，即要知羞耻。他认为"礼、义、廉、耻"与法相比，比法更为重要，把它们认作支撑国家大厦的四根柱子。

② Hu, Hsien Chin. "The Chinese Concept of 'Face'," *American Anthropology* 46 (1944): 45 - 64.

③ Schlenker, B. R. *Impression Management: The Self-Concept, Social Identity and Interpersonal Relations.* Monterey, Calif.: Brooks/Cole, 1980.

④ Goffman, Erving. *The Presentation of Self in Every Day Life.* Edinburgh: University of Edinburgh Press, 1959.

所言，人的行为很大程度上取决于对自我的认识，而这种认识主要是通过与他人的社会互动形成的，他人对自己的评价、态度等等，是反映自我的一面"镜子"，个人通过这面"镜子"认识和把握自己。① 因此，人的自我是通过与他人的相互作用形成的，个体根据关系网络中他人的价值观念将自己塑造成众人所期待的角色形象，以面子来展示其所归属的社会层级和地位。值得一提的是，中国社会中个人的社会关系是决定个人社会地位的重要因素之一。

正因如此，很多资源支配者回到村落就以吹牛作为惯常显摆的方式，吹嘘自己的网络规模和网络顶端。作为旁观者的村民依据他个人的属性和所能支配的资源来判断其权力的大小，以此决定要不要进行较多的物质和情感投资。如果资源支配者的网络规模足够大，所构建的关系网络的广度较大，就意味着有丰富的异质性的人脉资源，而且资源触角能延伸的网络顶端较高，比如能认识较大的官员就意味着有动员权威资源的能力。那么，资源支配者在村民眼里的权力形象就越正面，越来越多的村民对他趋之若鹜，他也能获得村民较高的社会认可，其所属家族的颜面越加巩固。当然，村民还是功利和务实的，对资源支配者来说，最有面子的事情就是能帮村民解决实实在在的事情，让他们获得看得见的眼前利益，尽管这种帮助有可能给他带来没完没了的麻烦，甚至要承担付出人情和行使权力的风险。但村庄颜面的巩固毕竟是要付出代价的，很多资源支配者常用情境背景、服装仪容和举止动作等符号来炫耀他的财富、学问和身份等权力象征，还有用吹牛、渲染权力地位等前台行为来显示其人际关系格局。这些方式吸引很多村民愿意接近他们，逢年过节这些资源支配者的家里一定门庭若市，村民都会通过送礼来建立起情感联系，这些台前表演的面子功夫给资源支配者很大的颜面和个人自尊，他们被村民接受、认可及渲染，巩固和重塑他们在村庄的地位结构。比如浮叶村的阿莲就提到这样一件事：

> 我爷爷早年娶了一个老婆，生了七个孩子，两个男的，五个女的，可惜大老婆在 39 岁的时候就去世了。后来又娶了一个小老婆，

---

① 查尔斯·霍顿·库利：《人类本性与社会秩序》，包凡一、王溰译，华夏出版社，2020。

生了一男一女，二房份比较有出息，出了一个很能干的孙子，在涵江办了一个纸箱厂，是家族里最有钱的。每年中秋都会宴请所有家族成员，把大老婆和小老婆这两个同父异母的子孙都请去吃饭，家族里有事情也都是他负责打点的，比如家族里就有很多亲戚在他的纸箱厂做工，有能力的还能提拔当管理人员，年轻的找不到工作都不用担心，至少可以去他的纸箱厂找个活干。就是因为这样，他在家族里有很高的地位。按照我们村的风俗，订婚和结婚都要安排一个最有福气的长辈一同到女方家去，正因为孙子有出息，儿媳妇每次都被家族的人请去随行。2012年的时候，岛上放出风声以后不再土葬了，都改成火葬。我们家族原先有地的都赶着盖坟墓，我爷爷和大老婆的坟墓在中间，子孙的坟墓分别在两边排下去。就因为二房份有钱，这个孙子就把我爷爷和大老婆的坟墓都修整过了，盖了依山看海的家族坟墓，在那个地是最气派的，大房份的子孙都很感激他。盖坟墓是事关家族颜面的大事，孙辈出了一个有钱人帮祖辈修建风水，对他和家族来说都是很荣耀的事情。

阿莲所谈到的家族能人，就是典型的经济资源的既得利益者，因为其控制的资源广度能荫蔽家族，给家族成员带来实实在在的直接利益，在家族里有着较高的社会认可。他为家族成员谋工作乃至为祖辈修建气派的坟墓，恰恰就是渲染权力地位的前台表演，作为请托的家族成员都会对其俯首帖耳，积极地运用种种的面子功夫来为他"争面子"，维护他在家族的颜面。比如在盖坟墓的过程中，小老婆这个房份的孙子只负责出钱和总体规划，而大老婆这个房份的两个儿子则心甘情愿地负责落实，尽心尽责地包揽了所有与坟墓有关的繁琐事务。在盖房子的问题上，大房份也是作出了很大的让步，在涉及家族颜面及荣耀的事情上，不管是大房份还是二房份，观点都是一致的。由此可见，不论是坟墓还是房屋，都被赋予了家族颜面的标签，物化的财产被工具化，成为家族颜面的载体，通过村庄舆论的口耳相传，不断被放大、被推崇。家族能人所彰显的辐射效应为家族攒足了面子，家族成员推崇他的炫富行为，通过后台有利于家族利益的集体协商，展现积极能动蕴含家族凝聚力的前台表演，种种的面子功夫重新调整村里人对其家族的社会认可度，也间接提升家族的社会地位。

　　戈夫曼在《日常生活中的自我呈现》一书中，将面子定义为一种可以获得社会赞许的自我形象（self-image），参与社会互动的双方，其中一方向另一方宣称自己拥有社会赞许的价值，比如财富、成就、能力等，如果个人的言谈举止很上道（on line），符合自己所要宣称的价值，并受到对方的认可，他就获得了他所要的面子，这是一种个人所认为的有价值的且能被有关的人所认可或赞许的需要，即"积极的面子"；相反地，如果他的宣称不被认可，其行动成为被他人妨碍或强制的需要，他就失掉了面子，即"消极的面子"。可见，面子并不是个人所拥有的某种东西，它是随着情境的事件而变动的。[①]

　　反观个案，对村民来说，能有位高权重人士的帮助，也能彰显自己的地位和能耐，在村民眼里也是很有面子的事情。当村民向有关的资源支配者寻求帮助时，资源支配者如果不给予帮助或予以拒绝，那他就会自尊受损，失去面子，在村庄语境下就处于不利的地位，但他也不是消极的失败者，他也会在村庄的社会舆论中大肆渲染，对资源支配者进行污名化。这也是有些资源支配者所惮之而不得不给予消极面子的重要原因。在很多情况下，为了避免在村庄关系交往中的难堪，资源支配者也会网开一面，做个顺水推舟的人情，接受对方的请托，间接肯定其社会地位，让他有足够的自尊在村庄社会里"面子上有光彩"，实现双方面子上的共赢。于是，村民就要与资源支配者维持较好的关系，通过日常的投资来保持资源与权力的互换能顺利进行。毕竟，村民作为请托者如果期望资源支配者按照人情法则将其掌握的资源作有利于自己的分配，他必须运用各种方法将对方套系在和自己有关的角色关系中，按照约定俗成的交易法则保持往来。聪明的村民作为请托者，会将普通的地缘关系通过"钻营"的办法，通过关系人士的引介，将自己和资源支配者"串联"起来。[②③] 建立起交往关系后，请托者将资源支配者视为潜在的

---

①　Goffman, Erving. *The Presentation of Self in Every Day Life*. Edinburgh：University of Edinburgh Press, 1959.

②　乔健：《"关系"刍议》，《社会及行为科学研究的中国化研讨会论文集》，台湾"中央研究院"，1982，第345～360页。

③　Walder, Andrew G. "Organized Dependency and Cultures of Authority in Chinese Industry," *Journal of Asian Studies* 43, no.1 (1983)：51-75.

利益提供方，会对角色关系进行投资，主要采用宴请和送礼的方式。逢年过节，请托者会通过礼物的流动巩固业已建构的交往关系。但权益性的礼物流动并不一定能产生立竿见影的效果，诸如此类的投资是要较长时间的、润物细无声式的潜移默化来维系的，村民们都可能成为潜在的请托者，他们期待有朝一日遇到困难时能获得资源支配者的支持，实现"礼物—权力"之间的交换，于是，这样的礼物投资村民们都趋之若鹜。尤其是村里出现获得利益的正面典型后，更加驱动了村民运用关系投资的热情。这在浮叶村是普遍存在的现象。逢年过节资源支配者家里都是宾客满堂，村民们带去了南日岛本土最贵重的鲍鱼①作为礼物，并以能给他们送礼为荣。在这里，送礼或宴请则是明显的前台表演，礼物的多寡和厚重程度，宴请的规格、宾客、菜式，林林总总，所传递的价值符号就是关系的建构乃至亲密关系的维系，会给其他村民无限的后台想象空间，村民们会很自然地将这样的村民称为能人，是能调动各方权力资源的社会行动者，在村庄的威望也会与日俱增。虽然这样的能人可能不是直接的资源支配者，但他们有着调动资源、调配资源为家族成员服务的能力，作用不容小觑。于是乎，村民们简单的逻辑思维定势就这样形成了：如果村民发现某人给资源支配者送去鲍鱼且被接受，在心里会对此人刮目相看；如果村民发现某人经常在资源支配者家里走动，并且在求职、村庄利益等方面受到资源支配者的照顾，那么此人在村民心目中的地位就会提高，尤其是觊觎资源支配者的权力价值并对其有所求的村民来说。当然，按照人情法则，"吃人家嘴软，拿人家手短"，资源支配者接受礼物后也会觉得亏欠人情，这份人情与礼物的贵重程度成正比，当然也包括抽象的难以估算客观价值的情感成分。一旦哪天村民开口寻求支持，资源支配者往往难以回绝，会觉得有义务要在能力范围内尽力设法回报。于是，礼物与权力的交换得以实现。

但有一种情况则是例外，对于精心算计的村民来说，他们虽然希望得到资源支配者的社会支持，但并不是每个资源支配者都有利用的价值

---

①　鲍鱼在南日岛是贵重的海鲜，春节时的价格被炒到最高，比大陆的价格都要高出许多，岛民彼此送礼以鲍鱼为主，只有鲍鱼才能体现礼物的厚重和送礼人的颜面。从某种程度上说，鲍鱼起着一般等价物的作用，是礼物流动的主要载体，新鲜的活鲍鱼可能在不同的村民手里作为礼物不断流动。

空间，比如有些村民长期在海岛生活，无所欲无所求，而资源支配者的权力范围更多是在外地，则对其没有太大的影响，就不存在拉关系的可能性。或者村民家庭成员的工作和生活半径不在资源支配者的管控范围内，自然也没必要对他们进行物质和情感投资，礼物流动也就无从说起。只有等资源支配者的权力范围在其所需的半径内，有需要的村民才会是积极的行动者，角色关系的建构才能提上议事日程并付诸行动。笔者在调查中就发现一个个案，村里的两家人为了地盘的归属争论不休，其中一家人为了震慑对方，反复强调自己儿子是省城里的领导，而另一家根本就不买账，他们的理由是，"我们家又没有人在省城发展，你当再大的官对我们家来说都是无关紧要的"。该个案中村民的对于功利的权益考量就可见一斑，很多村民都是精致的利己主义者，他们都希望把有限的物质和情感投资在能管控他们生活的资源支配者身上，不在生活半径里的官员自然对他们来说没有太大的利用价值，也就失去了交往的吸引力，难免暴露人性最真实的面目。

（三）追根溯源：传统乡土社会到现代都市工商社会的变迁

中国乡土社会在过去的几十年里发生了广泛的变革，在该语境下，传统乡土社会里朴素的村落文化塑造的村民思想观念和行为模式，已然朝着现代都市工商社会里精致的利己主义者的方向变迁。追根溯源，要从历史谱系的角度，运用典型建构法的学术脉络，才能更深刻地理解变革后村民的思想观念和行为模式。从近代国外的学术研究谱系中不难发现，很多学者采用类型对比的方法来解释这样的转变。比如梅因从罗马法律史的角度考察社会变迁，提出古代社会为家族社会，以"身份"为特征；近代社会为个人社会，以"契约"为特征；社会发展则是从"身份社会"转向"契约社会"。① 还有美国人类学家摩尔根的"氏族性社会"（societas）和"政治性国家"（civitas）②、社会学家滕尼斯的"共同体"与"社会"③、

---

① Maine, H. S. *Ancient Law：Its Connection with the Early History of Society and Its Relation to Modern Ideas.* Boston：Beacon Press, 1963.
② Morgan, L. H. *Ancient Society.* Cambridge：Belknap Press of Harvard University, 1964.
③ Tennies, F. *Community and Society.* Mineola, New York：Dover Publications, 2002.

涂尔干的"机械团结"与"有机团结"① 等，表达的都是同一个意思。可以说，在传统乡土社会，封闭的环境造就了社会中人们之间建立起相同或相似的同质性社会联系，个体之间的差异很小，集体成员具有相同的文化特质和性格特征，比如相似的情绪感受、价值观、宗教信仰。人与人之间没有分化与分工合作，乡土社会本质上趋同，人们的行动是自发的、不假思索和集体动员的，社会成员之间高度融合，彼此相互依赖。宗教信仰能在最大的广度和深度渗透成员的价值体系，社会成员凝聚成一个社会共同体，分享共同的行为模式和精神世界。因此，社会成员没有太多的个人私利，村庄共同体的利益是村民的考量标准，尤其是对于外来移民来说，需要高度整合形成广泛的凝聚力才能在异质文化的包围中生存下来。假如村庄共同体的封闭性没有破除，这样的生活方式和价值理念会一直延续并形成广泛的共识，村庄也会在枯燥琐碎的日出而作、日落而息的规律中周而复始地单调运转。

　　然而村庄共同体的神话终究会在社会变迁的洪流中归于湮灭，在现代文明潜移默化的影响下，文化解组，乡土社会的世俗化和个体化的程度逐渐增强，传统乡土社会呈现向现代工商社会变迁的现实图景，即"乡土—都市连续统"②。费孝通也将此定义为"礼俗社会"向"法理社会"的现代转型，他提出的传统乡土社会的"差序格局"是与现代都市社会的"团体格局"相对的两个概念。从理论层面上说，这代表一个发展趋势，目前的浮叶村还处于这样的过渡阶段。在对不少浮叶女口述资料的整理中不难发现，在几十年前，这个村落还是一个规模小、没有太多文字记载的共同体。在封闭的自然环境和落后的技术条件下，村民的社会生活范围很小，社会分化简单，以亲属关系为社会结构的基础。作为外来迁移到南日岛的村落，先天带有孤独的村落地位，要在莆田语系的海岛生存下来，村民们的同质性高，群体团结意识强，谋生方式趋同，思想观念约定俗成并融为一体，村民们行为模式还是遵循传统模式而不是业已框约的法规体系，行动往往出于自

---

① Durkheim, E. *The Division of Labor in Society*, trans. by George Simpson. New York: The Free Press, 1964.

② Wilcox, C. *Robert Redfield and the Development of American Anthropology*. Lanham, Maryland: Lexington Books, 2004.

发自觉，注重家族利益的考量。村庄社会里亲密的社会关系是长期形成的，人们的行为是个人化或亲属化而非物化的，每个人嵌入于亲属关系网络中，受到乡规民约的规范和制约，亲属之间依据各自在家族谱系中的身份相互交往，家族组织是基本的交往单位，差序格局是村庄社会交往关系的基本模式，也可以理解为"以己为中心的亲属记认体系"，即以自我为中心，依托亲属关系向外扩展，社会关系是"一根根私人联系所构成的网络"。① 村民的经验和生活阅历建立起实践亲属关系，以家族群体为行动单位，乡土社会由神圣而非世俗的力量主导，经济活动由身份而非市场所决定。②

在传统乡土社会的差序格局里，以己为中心的交往模式更像是多重同心圆，代表着村庄的内外关系，从较亲密的生活圈（亲缘）到文化认同圈（地缘），再扩大到区域防御圈。③ 在差序格局的场域不断往外扩展的社会圈里，亲属联结减弱，文化认同增强④，那么，越往外延展亲缘关系淡化，功利性的社会交往关系强化。费孝通特别指出，以己为中心带有绝对的自我主义，在家庭内部，家庭成员各自赚钱、攒私房钱，每个人都是"先己后家"；在家庭和宗族的关系上，个体化的家庭相较于家族来说则是首要的考虑因素，即"先家后族"。对此，费孝通说，"为了自己可以牺牲家，为家可以牺牲族……这是一个事实上的公式"。⑤ 这就催生了中国乡土社会极端的利己主义思想。修身、齐家、治国、平天下，这是一脉相承的体系，反过来说，自己、家庭、国家、天下的前后排序中，后者都是为前者牺牲的，乡土社会里的个体将前者作为考虑的首要因素，保住自己的利益，才有可能考虑家庭，在维护家庭的利益之上，再去考虑国家，乃至天下。这是利己主义者考虑问题的基本逻辑，亦是催生利己主义的现实土壤。

---

① 费孝通：《乡土中国》，载《费孝通文集》（第5卷），群言出版社，2001。

② Redfield, R. "The Folk Society and Culture," *American Journal of Sociology* 45, No. 5 (1940): 731 – 742.

③ Redfield, R. "Culture Change in Yucatan," *American Anthropologist* 36, No. 1 (1934): 9 – 10.

④ Fortes, M. *The Dynamics of Clanship among the Tallensi.* London, New York and Toronto: Oxford University Press, 1945, 62 – 63, 76 – 77.

⑤ 费孝通：《论私》，载《世纪评论》（第2卷）1947年第16期。

反观浮叶村民的交往模式不难看出，时过境迁，随着商品经济的发展，人口迁移日趋频繁，交通的日益便利化显著增加了浮叶人出岛的机会，很多一辈子没出过岛的女性开始踏上大陆并且习得大陆的生活方式，在耳濡目染的融合过程中，浮叶人的思想观念已经呈现明显的世俗化和个体化色彩，不少人蜕变为精致的利己主义者，投机的礼物流动、精心运营的角色关系、权宜的印象整饰，俨然成为村民生活的常态。尤其是既得利益者的典型示范，恰恰起着"祛魅"的作用，驱动了村民的投机热情，世俗的行为模式反而替代家族利益的凝聚力，被不断追捧形成惯习。只要对他们有利可图的机会，他们就会突破亲密的生活圈限制，通过关系的运作从文化认同圈挤进亲密的生活圈，获得可以利用的资源。从精神层面来说，这是现代化进程中因技术与经济系统的扩张，由"乡土思维"衍生的道德失序问题。

因此，浮叶村并不是孤立且纯粹意义上的乡土社会，这样的理想类型只停留在理论层面的探讨。在现实生活中，传统与现代双重链条在时空的维度上交织互动，构成一个"复杂的农民社会"①，带有乡土社会和城市社会双重属性。一方面有浓厚的传统文化，注重传统信仰崇拜，以家庭或家族为基本社会组织，与此同时，在工商社会的冲击下又带有城市里的文化符号，比如货币、民主选举、投机钻营、现代机械等，同城市所代表的现代文明体系有千丝万缕的联系。② 除了文化传统保留和传承外，经济、政治及社会身份上深受城市的影响，尤其是实现就业流出的村民，回到原生地后带着明显的城市标签，他们用手机、电脑、西装、珠宝等个性化品牌符号来展示与传统农民的差异性，尤其是年轻的一代，逢年过节回家前都要"血拼"采购升级版的苹果手机，手机的品牌和价位成为炫富的工具，更是一个人在城市打拼财富积累的重要表征，如此可以解释奢侈手机在浮叶村这样的环境下被不断推崇并普遍化的重要原因。与此同时，就业流出者的思想观念也受到城市异质性文化的渗透而

---

① 美国社会人类学家雷德菲尔德称之为"中间社会"，即包含着"乡土"和"城市"诸多因素，在特定的社会历史文化条件下，呈现出各种现象及问题的组合。参见阎明《"差序格局"探源》，《社会学研究》2016年第5期。

② Redfield, R. "The Folk Society and Culture," *American Journal of Sociology* 45, no. 5 (1940): 731–742.

发生质变，进而影响着父辈和留守村落的其他农民，留守村落的其他村民也逐渐接受城市异质文化中人情的运作、面子功夫等与传统朴素的集体意识背道而驰的规范，以此调整个人在差序格局关系网中所处的地位，以及投机钻营所带来的权力资源回报。

第四节　维护婚姻的集体动员与关系话语

从人类历史进程追根溯源，奴隶社会以来就出现了以一夫一妻制为主要形式的对偶婚，并衍生出复杂多变的婚姻形式。质言之，婚姻是一种以人类自身生产为前提的男女两性结合的社会形式，具有自然属性和社会属性，是人类社会发展到一定阶段的产物。男女两性的差别和本能是婚姻关系成立的生理基础。作为家庭的组织形式，婚姻又牵涉到缔结双方的亲属关系、血缘关系等社会关系，将原生家庭与新生家庭通过婚姻联系在一起，在日常生活中紧密互动。

婚姻制度是指规定男女两个成年人结合在一起的制度体系。该制度使得两性相处并不是绝对的自由，而是基于性关系的保障夫妻双方安全的、稳定的、促进人口再生产的制度体系。形式多元化的婚姻制度有着共同的规则，那就是两性相结合生活在一起的经济惯习和稳定的性关系。既包含夫妻双方的性关系和经济关系，还确定了婚姻缔结后形成的亲属关系。在传统婚姻的视野里，宗教或宗法会通过禁忌的规定来约束夫妻双方，该文化规则将性道德和经济道德有机联系起来。相比较于现代婚姻制度主要依靠法律进行约束则有橘枳之别。然而对于传统村庄社会来说，宗法观念、人情世故、文化氛围还是在相当大的程度上超越公权力的约束力。

家庭制度既规定了两性的结合方式，又规定了在婚姻关系和实践亲属关系中安全、稳定、可持续地生育、抚育和养老等的约束条款，由此实现"老有所依、幼有所养，黄发垂髫并怡然自乐"的理想家庭生活模式。正如费孝通所指出的，婚姻制度是生育制度的一部分，他说："我们到处可以看见男女们互相结合成夫妇，生出孩子来，共同把孩子抚育成人。这一套活动我将称为生育制度。……婚姻的意义，依我以上的说法，是在确立双系抚育。"①

亲属制度则规定了个体之间的联系，这种联系可以通过婚姻的缔结，也可以通过连接父母、兄弟姐妹、子嗣等血亲的亲缘关系而确立。婚姻是两个成年个体之间为社会所承认与许可的结合。当两个人结婚时，他们彼此便成为对方的亲属，同时，婚姻纽带还把更大范围内的亲属连接起来，通过婚姻关系，父母、兄弟、姐妹以及其他血亲便成为配偶的亲戚。家庭关系总是在更宽泛的亲属制度的群体中得到确认的。②

作为村庄社会生活中一个重要的组成部分，婚姻扮演着独特的历史使命。特别是在浮叶村传统的伦常观念里，他们一直信奉从一而终、白头偕老的婚姻准则，将婚姻稳定视为形而上的教条，是以"礼"的形式规范来维护宗法制度的组织形式，在熟人社会建构的关系圈子中代代相传，并形成亘古不变的行为关系。对于婚姻稳定性的冒犯是要受到村民一致谴责的，谁也不愿意冒天下之大不韪去挑战传统伦理的权威，村民会以种种方式维护婚姻的权威，捍卫婚姻的完整性。

基于浮叶村民维护婚姻所产生的共识，乡村社会中建立起普遍流行并被广泛接受的"关系话语"，成为熟人社会中的标志性话语。正如费孝通所言，村庄社会讲究的是人际关系，由此衍生出圈子文化，以自己为中心，按照关系的亲疏建构起私人关系网络，将圈子里的所有人联系起来。费孝通谈到的"差序格局"是传统乡土社会关系的基础，实际上是血缘关系和地缘关系，尤其是血缘关系，这种"缘"是社会关系的基石，村民彼此之间存在着相互的依赖关系。村民在人际交往中依照血缘关系和地缘关系确立人际交往的准则，并形成关系话语。关系话语的建立不拘于制度和法律，而是乡土社会的惯习和伦常。人们生于斯，长于斯，死于斯，常态的生活是叶落归根，告老还乡。人们相互熟悉，没有陌生人的干扰，构成一个"熟人社会"。

尽管新差序格局下的乡村社会带有浓厚的功利主义色彩，以可供利用的价值作为建立关系的基础，人们的活动半径扩大了，生产和社会关系复杂多变，公共空间和公共需求也大大扩张。人们变得更多地依赖制

①　费孝通：《乡土中国　生育制度》，北京大学出版社，1998，第99、129页。
②　佟新：《社会性别研究导论》（第2版），北京大学出版社，2011，第156～157页。

度体系，按照制度、法律所框约的条款程序化地生活，契约精神成为人
们崇尚的行为准则。然而，情感性的人际互助的旧差序格局仍然在封闭
的海岛广泛存在，带着浓厚的温情、人伦、情感。它是长期积累和精心
建构的，没有市场规律的去人情化，也没有权力支配的功利交换色彩。
由旧差序格局所衍生的圈子社会与文化，实际上是传统乡土熟人社会的
派生和延续，生产和社会关系比较简单，成员间彼此熟悉，通过人情往
来解决日常生活中的矛盾和困扰，圈子里的成员也自觉自愿地参与到纠
纷的处理中，以熟人的身份发挥自己的作用，以资对纠纷的处理有所裨
益，从而在熟人社会的和谐共处中体现个体的价值。熟人社会中的人们
习惯于在社会互动过程中建立起一种由熟悉到信任的关系，即使不能直
接形成彼此间的信任关系，也会通过熟悉和信任的第三人对请托者产生
信任的情感，实现个体成员间的互动。① 这种去体制化的交往模式反而
更加灵活，可以自由把握交往的方式，依靠彼此的秉性和喜好确定交往
的亲疏。这种充满人情味和情感色彩的熟人社会虽然有悖于现代社会的
契约，甚至带有不可逆的魅惑，但也正是乡土社会难能可贵的价值所在。

　　为了更好地诠释维护婚姻关系的集体动员，以及关系话语在符号权
力运作中的作用，笔者选择田野调查中一个生动的个案进行描述。

一　阿琴家庭纠纷的基本描述

　　浮叶村的年轻夫妻，姐弟恋，男的叫涵涵，岩下村人，23 岁，生得
很精瘦，模样一般，且沉迷于网络游戏，没有固定工作，在涵江的纸箱
厂打工。女的叫阿琴，浮叶村人，25 岁，身高 170 厘米，很漂亮，也没
有固定工作，在家里开淘宝店，专营高仿 Nike 鞋。这对夫妻是在浙江工
厂打工时认识的，认识的时候两人年纪都很小，不顾父母的反对生活在
一起，现在跟公婆在涵江租房子生活。年轻的夫妻俩怀孕后奉子成婚，
但只是回浮叶村办了酒席，由于男方当时还太小达不到结婚年龄，两人
没有领取结婚证。后来生了一个男孩，但是因其父母太年轻不会照顾，
在四个月大的时候不幸夭折。夫妻俩很快又要了第二个孩子，是个漂亮

---

① 纪程：《话语政治：中国乡村社会变迁中的符号权力运作》，中国社会科学出版社，
　　2011，第 182～184 页。

的女儿，在女儿两岁时两人才结婚，现在女儿已经 5 岁了。

二　新生家庭的矛盾起因

两个没有固定工作的夫妻在涵江跟公婆生活在一起，生活非常拮据，经常跟公婆要零花钱，有时涵涵还会怂恿阿琴跟娘家要钱。俗话说"贫贱夫妻百事哀"，拮据的生活让两口子经常为了一点小事吵架，有时年轻气盛的涵涵甚至还大打出手。2016 年的一天晚上，涵涵再次打了阿琴，阿琴一气之下扔下女儿跑了出去，怕父母担心不敢回浮叶村，就投奔了晋江的朋友。没想到两周后被涵涵找到了，竟然在朋友家殴打阿琴，阿琴被打得很惨，朋友不得不叫了救护车送她到医院。出院后阿琴毅然回了浮叶村的娘家，不管婆家人怎么劝就是不回家。

笔者的婆家与涵涵家是亲戚，按辈分来算，涵涵要管我的公公叫叔公，算是血缘关系很近的亲戚，平时两家也经常有来往。这次两口子吵架，阿琴的公婆费了好大劲都叫不回阿琴，眼看着春节快到了，在外地打工的人都回家了，村里很热闹，家家户户都会过来聊家常。如果回到村里，左邻右舍过来串门发现两口子不在一起，只有涵涵在家过年，肯定会给人留下话柄，被人看笑话的，公公婆婆的面子挂不住。于是，公公婆婆找了家里有名望有地位的亲戚来帮忙，到浮叶村劝阿琴回家。这样，在涵江纸箱厂当主管的舅公还有舅婆，以及在福州当国企高管的叔叔和婶婶一起去浮叶村劝和。

三　家族对于新生家庭的利益维护与话语分析

四个人驱车前往浮叶村，但车只能停在村口的路边。据村里人说，村里只有一块稍大些的空地，平时举行村庙活动或者村里重要的集体活动才用，能停车的地方只有村口。由于浮叶村土地有限，家家户户房子盖得很近，几乎成为"握手楼"。村里都是很窄的小路，上坡下坡，坑坑洼洼，都是难走的土路，外地人来到这样一个拥挤的村庄根本就找不到路，村民们天天这么挤挤挨挨地穿行，反而经常有碰面的机会，关系要比其他村落更好些。阿琴家就住在上浮村，离莆田语系的村落最近，地理上的优势使得村里人很多会说莆田话，但原生语言闽南话也一样没有忘记。经过村民的指点，笔者很快就找到阿琴的家，她家是个三层半的楼房，还未完工，墙壁都还是土墙，甚至连水泥都还没有刷，尽管如此，全家还是暂时搬进去住。可以看出，阿琴家的经济条件算是中等，谈不上富贵多金。她家有 5 口人，阿琴的奶奶、父母，还有一个 16 岁的弟弟。一听到我们来，家里人还是很热情，都出门迎接，端茶倒水，唯独阿琴躲在卧室里不吭声，客厅里多了一个娘家的亲戚，一群人就这么说开了。

以下是笔者所记录的访谈内容，按照说话的先后次序记录。

阿琴父亲（47 岁，在村里从事海带养殖，性格爽直）

　　我一直都很怕出事情，没想到这两个人这次吵得那么厉害，我女儿还怕得跑到泉州去了，现在回到娘家都不敢出去。（刚跑到泉州的时候）婆婆打电话说阿琴是不是在家里，我说我打了好几个电话她都不接，我怎么会知道她在哪里？我就在电话里跟她婆婆说，你要是知道在哪里你跟我说就好了，我真的不知道。那天我在外头喝酒，听说他们在打架，我马上就赶回来处理。……我女儿工作后从不交钱给家里，她没钱我还会拿个千把元给她。反正他们夫妻有钱没钱跟我也没关系，只要过得平平安安就好了。这样吵下去，连两家大人都会跟着吵架。她婆婆说到现在也不知道两口子为什么吵架。那天阿琴跑到厦门去，涵涵还威胁要追到厦门去放火。我就跟她婆婆说，儿子是你的，我女儿也是你的，你家儿子怎么可以这样做？……又拖又打的。我今年四十出头，我到死也要为女儿讨回公道！我女儿被打了不敢回家就跑到厦门，后来还是害怕被找到就跑到晋江以前的工友那里去，工友给涵涵打电话他也不接。

　　我女儿被打如果是她自己的原因，比如对婆婆不好什么的，你都可以说，可以骂她。如果是夫妻俩之间的私事就他们自己解决，跟大人没关系，你（涵涵）不要拿出威胁的口气来说，这点让人不好接受，会伤到对方的心。夫妻之间吵吵闹闹是很正常的事情，这是可以理解的。

　　我们杨氏是浮叶村最大的姓氏，我们从来不去欺负人家，当然也不会被别人欺负。我们做亲戚这么久，从来不会因为一点小事去欺负你们。我是不会说话的人，涵涵要是真对不起我，我也会跟他不客气的。

　　他们去年才结婚，今年就打架，这人（涵涵）一点素质都没有。现在这个社会，这个年纪了还跟小孩子一样，这种事我本来就不爱去管的。他们吵架我都不知道，看他们两个好像很好的样子。我女儿养这么大我们都舍不得打，他们家怎么能想打就打。他这人怎么打老婆还敢做不敢当？

舅公（45岁，在涵江一个家族纸箱厂当业务主管，能言善辩，收入不菲，在家族有着不错的口碑，这次涵涵家请他当调和人，有较大的胜算）

　　今年过年回家就赶快过来处理孩子吵架的事情，想让年轻人见面谈一下。这次是因为口舌之争引起的，我也不是很清楚（具体原因）。作为大人生气一下也没关系，我们大人也是为了小孩好，如果孩子做得不对，我们骂了，他们也是可以接受的。（阿琴）婆婆叫涵涵去晋江把老婆接回来，回来后也都好好的。阿琴是比较乖的女孩子，我们都知道的。如果是男方有外遇就要说出来，让大家来骂他，你不说出来我们怎么帮你们解决呢？

　　我昨天晚上刚回到岛上就听（阿琴）婆婆说了，今天马上跑过来。我们大人都是为孩子好的，你叫我去叫（阿琴回家）可以，但要为人家负责。不是我们今天把她带回家就完事了，（没有从根本解决问题）说不定他们很快又会吵起来，不能这样做。我觉得夫妻之间就要多交流，不管是父亲、母亲、奶奶、婆婆，都是为了你们好。那天晚上在莆田的时候，我就跟涵涵说，你自己的立场要站得稳，把家庭责任承担起来，我们外人讲得再多也不如你们夫妻两人沟通来得重要，一定要多交流。不能不沟通而是夫妻互相生气不理对方。这不是一句话就能说得清的，还是你们多沟通，如果有电话要接，不要故意不接，那是不能解决问题的。……昨天阿琴的公公婆婆有来过一次，叫不回去就只好叫我们今天都过来了。

　　两人的思想工作都还没做到位，这就要多交流。他们两人有什么问题，要跟父母说，让大家都忙解决。小孩要让他认识到自己做得不对，要从心里真正接受，要不谁也帮不了你。父母都不敢保证自己的子女不做错事，最重要的是你们当事人自己解决问题。多交流，说得通，……谁家夫妻不吵架？有事情要跟父母说，请教他们，他们还小不懂的可以多问。……今天我们特地把涵涵叫过来了。

阿琴的亲戚（男，50岁，与阿琴父亲一起合伙养殖海带）

老婆做错事情是要打的，打老婆有什么关系呢？夫妻要互相体谅一下，等气消了就好了。……这次回去要跟涵涵讲一下道理，夫妻吵吵闹闹的，日子会过得很艰难。阿琴长得很不错，涵涵就疑神疑鬼觉得出去玩就是做坏事。我老婆长得也很不错，晚上太晚回来，就算玩到一两点我也不会计较，也不会说她，因为我知道她肯定是回娘家住了，不能像涵涵一样老婆太晚回来就怀疑。要相信自己的老婆，不能因为老婆一出门就怀疑会干吗。要从一个人的本质来判断她会不会做这做那的，要先了解一下。朋友有时走得比较近，喜欢出去玩，出去聊天，他们爱聊什么就聊什么，关键在于互相信任。现在反正打架都已经打过了，大人就要教育以后不应该再这样了。这样做（打人）的话，首先问题是出在涵涵身上，他自己要负责任。你把她的心伤透了，家庭怎么能搞得起来，到那时候大家都没有办法了。

阿琴平时没有什么做得不好的地方，我们也知道，作为别人家的媳妇，孝顺最重要，如果不孝顺，你们不打，我们也会打。他（涵涵）做人要诚心，要不这次就算叫回去也没用，家庭一样是搞不起来的。是他对不起家庭，没有承担起家庭的责任。做事情要有道德，要多跟大人交流，有些（没有根据的）话不能随便说，说出来是要负责任的，你伤了她的心，这个家庭千疮百孔了如何搞起来？你说话老那么伤人怎么解决问题？如果要找这样（不负责任）的老公多得去了，到处都是，干吗偏要找他？小夫妻吵架，几乎家家户户都有，关键是要有诚心对待老婆，对家庭要有责任感。

阿琴母亲（43 岁，家庭主妇，闲暇之余帮助老公养殖海带）

我们家养她（阿琴）到 25 岁，都没找她要过一分钱，不信你可以问她婆婆，也没要求你们要给我女儿过多好的生活，也没要过 10 万或者 8 万的实收聘金。定亲时，她婆婆问我们要多少聘金，我说又不是卖女儿，如果是卖女儿我早就卖了。我女儿跟你儿子同居七年了，女儿也 5 岁了，也都没说过你们家任何闲话或者关于钱的问题。现在的子女都很少，要男女平等，无论女儿和女婿都是自己家的孩子。你们现在就是岁数小，不懂事，亲家也是年纪比较小，一个 47 岁，一个 42 岁。你们就算年纪还小也应该多为父母打算，要跟公婆商讨一下做什么事业能够成功，比较赚钱。你就是岁数少（这样做）太不应该了。我女儿做错事情你可以打电话跟我们说，无论是公公还是婆婆都可以骂她，要让大家评评理，伤风化也要看面子，我们没要求什么。长辈的话涵涵都要听进去，就跟树种下去就要种活一样。你们昨天来接人的时候，我们在海面养鲍鱼，听奶奶说，家里有人过来，回来一问才知道，就涵涵一个人过来，一个人过来就一个人过来吧。后来接不走老婆就只好让亲家都过来，照样没用。

说到这，阿琴从卧室出来了，穿着单薄的睡衣，低着头，一言不发。

阿琴回来这么久了，一直说她不回去了。要先听听女儿的原因，为什么住在家里不回去？女儿有做错事的话，我们也会先问她的。如果以后男方亲戚还有话说，我们也会跟他们解释。我问女儿为什么不回家，她说老公会打人。第一次打她是在农历七八月刚结婚那会，八月看日子，给我家开庚帖①。孩子恋爱是自己谈的，谈完后生孩子结婚也是正常的，毕竟我女儿 25 岁了，也到了结婚年龄。我们从不指望女儿会赚多少钱回来，只要她过得好就好。外孙女已经 5 岁了，女儿赚个三千或五千也没有两边（娘家和婆家）都分，从

---

①　有男女双方八字，找算命先生看属相是否相冲。

泉州回来到现在，女儿已经花了我5000多元了，（钱）我也没跟她算清楚，就算平时要个300元、500元也没打算要回来。去泉州的时候，刚开始汇2000元，后面几百几百都没怎么算清楚。反正给孩子花没关系，只要娘家生活过得去都会给钱的。女儿是我自己养的，脾气性格我很清楚，我可以保证，不会做什么坏事。我记得七八月的时候，差不多七月二十几日（被打），我女儿生气了跑到泉州一个朋友那里，涵涵追到泉州把她打得去叫急救车。你们也是做父母的，他怎么会狠得下心去打她？听到这个消息你们心里会怎么想？（说到这，阿琴妈妈伤心地哭了）

婆婆也是生了两个女儿，也希望女儿嫁出去过得富贵。我认为，第一点，出去打拼比较要紧；第二就是不能动粗。我讲给你听，我女儿嫁给你家不是为了贪图你家有钱，都是靠自己赚钱，大家都希望嫁个好老公过好日子，如果嫁了老公日子还不好过，以后谁还愿意嫁人？我有跟两夫妻说过，我举个例子跟你说，现在这个年代离婚是正常的，每个老婆都希望老公有成就，不希望老公天天跷着二郎腿，让我女儿当牛作马跟你涵涵过日子。三年两年可以迁就你，十年八年，一辈子怎么可能呢？阿琴自己有手有脚，可以自己赚钱，涵涵也是有手有脚，如果涵涵没钱过日子，你们离婚也是可以的。如果我女儿不想跟你们过日子，每天吃完饭都出去花天酒地，你们马上就可以不要她。你们有什么原因可以马上说出来，不是我吹牛，这场婚姻大伯叔叔舅舅都有参与进来，我女儿为人也是家喻户晓。竟然动手动脚打她，好比畜生！孩子们合心合力，赚钱过日子，婆家说等等再结婚，我们家说孩子都5岁了，就要组成家庭一起生活。如果没组成家庭，男孩就会乱花钱，赚多少花多少，没有责任心，就会胡作非为，还不如早点成家立业。这关系到你们岩下村的面子，也关系到我们浮叶村的面子。

我女儿是自己生的，而不是寄养的，谁家那么神经病会把女儿寄养在我家？一般来说，只要经济没问题的家庭都不会把女儿寄养在别人家里，你说是不是？当今这个社会是不应该打人的，我们夫妻两个就算吵架也都很少打架。现在吵架是很正常的，哪有两句不合就打人？我养个女儿25岁，如果嫁出去也可以找到比他更好的人家，你们家有什么？打个比方，不是说要嫌弃你们家什么，婚都已经成了，反正孩子要自己奋斗，白手起家有个前途，如果涵涵自己不想奋斗，就算父母有千百万家产也没用。你自己奋斗，我们也有面子，你要有自信，做人家女婿就应该要这样。涵涵要经常回家问候父母，留下一个好印象。涵涵每次来，我都会劝他有事情要好好说，不要动手动脚，家和万事兴。涵涵如果欺负阿琴，阿琴以后在家里也会被婆婆看不起。你们尽心不尽心，被你们气几次，我们都会知道。婆婆如果待她像女儿，阿琴也会待她跟母亲一样。婆婆平时要像对女儿一样给她吃，给她喝，……每个女孩子都喜欢被自己的公婆疼爱。可是，谁知道婆婆有没有把她当女儿看待？如果老公对老婆都这样（打人），（媳妇）就会被公婆看不起。（阿琴妈妈边说边哭）

我外孙女也已经5岁了，有钱没钱是一回事，别人也不会跑到你家问到底有多少钱，有没有欠债啊，有没有剩钱啊。我天天对涵涵说，家和万事兴，我女儿嫁过去也是有做事情的，又不是只吃不做。今年外孙女5岁了也应该要读书了，阿琴也是得回去打工。我也教女儿现在也要学会当家做主，夫妻出去赚钱，一年存5万元，十年也就是50万元。

你们不信可以问她婆婆，阿琴有没有带男的回家玩，或者出去找男人玩。举个例子，她春节找一大帮朋友一起玩，一起聊天说笑，如果都要怀疑，天天都要拆房子吵架。每次两口子打架阿琴都会跑回娘家，这次已经是第二次了，第一次这样打人，第二次还是打人，如果还有第三次，你们看这样还有没有面子？

上次她舅舅乔迁的时候阿琴带孩子回来，孩子就说小云①穿得红红的，我穿得黑黑的，小孩一直都很聪明的，怎么会讲这样的话？我就觉得她说的话很奇怪，肯定是觉得自己穿的衣服没有别人好看。小孩自己都知道的道理，你们做父母的会不知道？我叫涵涵千万要照顾好自己的孩子，千万要有头路，要去奋斗，老婆要跟着你去过好日子。阿琴又不是那种傻傻的女孩子，她很多事情都闷在心里的。

---

① 小云是阿琴舅舅的孙女。

从结婚到现在，他天天说她去外面找男人，阿琴天天都哭。她带弟弟去体检，要住酒店，酒店很贵，她就想到她的姐妹伴家住。到11点的时候，涵涵就去问她在哪，她说在朋友家住，结果，都半夜12点了涵涵还跑过去叫她回家，回家后就一巴掌盖过去。这件事她公公也是知道的，她婆婆的大女儿也是知道的，你们可以问婆婆的女儿。回娘家后，弟弟发现姐姐都睡不着，还以为生意做得不好，房子也还没着落，在为这些事情烦恼。她不说我们都不知道，这次回家才发现涵涵经常打她。她不敢告诉父母是因为当初是自己谈的恋爱，当年怀孕的时候，你们家所有的亲戚都不愿意涵涵跟她交往，后来想想是自由恋爱，孩子都有了，肯也肯，不肯也得肯，反正以后你们要是能过幸福的生活也没关系。每家的女儿长大终归要嫁人的，我们家走出去也是有头有脸的人家，也不是靠女儿赚钱。让孩子自己去把家庭做好，不能花钱没有度，随便花。不管有钱没钱，过好日子比较重要。

结婚的时候，我家的亲戚全部都是买金，我嫁女儿还赔了不少钱。① 我们也不是什么有钱人家，就希望孩子过得开心，大人也都希望他们这样。去年给父母过生日，涵涵连小孩子的压岁钱都要拿走，压岁钱都拿走一两千元，小孩已经5岁了，她自己都看得懂。去年春节他们两口子要拿钱给父母当压岁钱，我们家就说不要，其实我们不要求多少钱，只要你们过得好就好。

涵涵磨蹭到现在才到阿琴家，在门口听到长辈的议论，似乎对他不利，躲躲闪闪踌躇不前，阿琴爸爸看见了，立即横眉冷对，吼他进屋，他坐在小板凳上，低着头，一声不吭。倒是阿琴奶奶一看到他进门就赶快从厨房里出来，拉着舅公说起来了。

阿琴奶奶（68岁，家庭主妇，在家里帮忙做点家务，最近家里盖房子一直在帮忙）

---

① 浮叶村嫁女儿还是延续原生地惠安的风俗，嫁妆要高于彩礼才不会有卖女儿的嫌疑。很多女孩子的娘家都要赔上好多钱作为嫁妆，以此让女儿日后在婆家有地位，不会被瞧不起。

　　我们要让舅舅评个理，她跑出去那么久，家里难道不担心吗？就算家里养的狗，几天不回来都不用去找吗？涵涵家盖房子，我们娘家怕阿琴没钱，就托人带了一千元给她，她就留了两百，剩下八百元都被涵涵拿走了。阿琴打电话回家说没钱花，跟乞丐一样，我们只好又汇了 1000 元给她，舅舅你说这样对不对？做事情要有良心你知道吧。像我家养的狗，中午没回家吃饭我们都会去找，你们家怎么都不去找。阿琴妈妈寄了 1000 元给女儿当伙食费，女婿还敢拿走 800 元？你们家居然说阿琴跑去哪里都不知道，说她自己会回来的。你们自己谈的对象，（年轻人）对对方好才是最重要的，公婆是长辈，总会变老的（不可能时时跟着你们），如果这样下去的话，我孙女以后还会受苦的。你老是打他，她是不是会害怕？做人要讲道理的。她回家讲给妈妈听，家里都觉得她很可怜，真要遇到也是没办法的事情。

　　你们年轻人才二十几岁，现在就这样是不行的。涵涵竟然说阿琴是出去找男人，你说这样可以吗？你这样说有说无的（乱说话）不可以，大人要有大人的样子，夫妻也要有夫妻的样子，你老是说七说八的，阿琴回来都闷闷不乐，什么都不肯说，我们也都劝她不要这样，要放宽心来。她去送货，到两点多回来，涵涵就说她不是好人，是去找男人。涵涵怎么会是这样的人？我的心情舅舅你要理解。我们阿琴二十几岁的人，出一个门就这么说，就算是给人家当小老婆也不必说得这么难听吧？你们也要考虑一下，这样行不行？公婆怎么说他们什么都不知道？大人是会变老的，自己老公对她好才是最重要的。真正的情况是两个人都太小了，还不懂事。……我孙女是很乖很听话的孩子，怎么能随便打她？

　　舅公连声称是，对于涵涵打人的事情也非常惭愧，当场喝令涵涵过去跟阿琴说几句话，求她回家。大家也在旁边推涵涵，让他过去跟阿琴说几句话，劝她回家。涵涵很勉强地过去拉她，却一句好话也不肯说，这下阿琴终于忍不住发怒了。

　　阿琴面带愠色地说：

　　我老公在浙江的时候都说得好好的，（做人）会改变的，结果回来又没变。我最后给他一个机会，我想不到他还是这样，我是不会回去的。女儿他不会带，我自己带。我当时生女儿的时候，我一个人带就老了很多，家里的公婆都没怎么管我，我很委屈，这些事情都跟我老公说过了。他又不肯去跟父母沟通，在家里也什么事情都不做，也没有赚到什么钱回家，连我的钱都被他拿走了。他说过还想让我再生个男孩子，我就是为了继续生个男孩才一直跟着他的。我妈说人都已经嫁给他了，不管好坏都要维持家庭，不要闹出来给别人家看笑话。她老是这么说，我就算有委屈回去也不爱说。

　　这次他实在太过分了，竟然还打人，还在我同学家当着同学的面打我，要不是同学帮我叫救护车，我说不定就被他打死了。……我不回去，我现在不想回去，谁求我都不会回去的。我现在不生气，都过了这么久了干嘛还要生气？我已经死心了，这次回娘家就没打算要回去了。……刚才那么多人推他，他都那么不情愿，也不吭声。我已经不相信他说的话了，他又没给我多少钱。我爸现在都怪我什么都不说。你还是回去吧！"

　　（涵涵）："我上次叫你回家，你干嘛跑出去？"（阿琴）："因为我知道你会打我。"（涵涵）："我给你打了多少个电话，你都不接，你知道我有多担心你吗？"（阿琴）："你担心我还会一见面就打我？"（涵涵）："你知道我到晋江市怎么找你的吗？"（阿琴）："既然那么辛苦找我，干嘛一见面就打人？连说话都没有就打人！"……

　　说到这里，两夫妻又吵了起来，气氛有点尴尬，涵涵跑出门，站在门口，低着头玩 ipad，任众人怎么劝都不肯进去，场面一下子僵持了下来。看到涵涵这么没有诚意来接阿琴，阿琴爸爸坐不住了，他生气得上蹿下跳的，在屋里不停地走来走去。

阿琴爸爸：

　　既然那么努力去找，为什么见面还要打她？带回来就好好讲什么原因，干吗一见面就打人？我就说一句话，我就问你，你到底有没有打？你一两句话没说就说打就打，你现在去打给我看看。……

家家户户都会吵架，每个家庭都是为了做一个好招牌，怎么能随便打人？那你们看，现在这个脾气看他怎么改？万一再打老婆怎么办？你既然人都来了，该道歉就要道歉，不要这么一声不吭的。你不能找回来就打人。这样打人是不行的。

阿琴爸爸越说越生气，拿起墙角的啤酒开了一瓶喝起来，嘴里反复强调"不要回去"，甚至一度要过来揍涵涵，被众人拉住了，气氛一下子凝重了，双方僵持着。阿琴妈妈看到形势不妙，赶紧过来拉着他，对大家说："既然你们今天都来了，我们也要给你们个面子，①如果不做这个面子我家面子也挂不住。"

阿琴妈妈转身对女儿说：

第一，嫁过去要好好过日子，让邻居知道你嫁了一个好人家。昨天有邻居问，你女儿怎么快过年了还在娘家？平时都有带孙女回来，这次怎么没有跟回来？我就跟邻居说明天就回去了，婆家最近也没什么事情，我家在盖房子就过来帮忙，外孙女昨天晚上被女儿的朋友带出去玩了。我知道你现在心里也不确定，回去还是不回去，回去后涵涵会怎么对你？你自己也要考虑一下，回去会怎样。第二，就是有了孩子，反正也不可能去离婚，孩子都有了就要维持家庭，两夫妻来努力。第三，就是他也不是不聪明的孩子，自己会对以后的生活好好考虑的。

阿琴妈妈对舅公说：

说来说去，婚姻是她自己谈来的，被打了也不敢跟父母和亲戚朋友讲。在我眼里女儿女婿都一样，都像自己的孩了一样疼爱，只希望你们过好日子。……这两个月她跑出去，他也无所谓，跑出去就跑出去。第一次跑出去，在莆田步行街被找到，他就直接揍老婆，

---

① 在浮叶村，舅公的地位是娘家最高的，很多新人结婚的时候，娘家舅舅都要赠送母舅联，表示娘家对新娘的重视。结婚后遇到家庭纠纷也往往由舅舅出来为外甥女伸张正义。

这件事我跟她婆婆也不敢说。他们两个孩子过幸福日子比较重要，我们讲太多，人家还以为我们没事找事。你作为舅舅当然会偏袒，你不可能希望你姐姐家里关系不和睦。

上次我就跟他们说，有事情好好说，不能打人，要不对自己不好，给别人看到也不好看，人家会以为这个老婆是神经病老是被老公骂，在家吵架没关系，在外面大吵大闹就会被人看不起，走出去老婆被人看有看无①差很多。女婿就顶嘴说，你跟爸爸不也整天吵架。我听了不想应他，我们都老夫老妻了，平时吵架有什么关系，我们也不可能动手，也不可能去离婚，你们还年轻，现在就开始吵，以后还那么长时间怎么过得下去？我就说你们怎么能跟我们比？你年纪小还不懂事，对老婆责任心不够，你们两个才25岁，都还在父母身边，但要学会对家庭尽心尽意，大家一起努力维持小家庭。

四　一场家庭集体动员的婚姻保卫战

第一，父母差异化的角色扮演对于女儿利益的性别承担

在阿琴家，相对于父亲来说，母亲的话语似乎更多一些，对于女儿的生活状况、行为模式、处事方式有着比父亲更强烈的观察力和敏锐性，米勒指出，母亲较容易与女儿产生认同，把女儿看作自己生命的延续，而鼓励儿子成为独立的存在。她们把父母共同分担养育孩子的责任看作是对父权律法的挑战，母性角色给女性的身份制造了混乱。②作为母亲角色，更希望女儿能延续自己的思想观念，在处世哲学上与自己保持一致，相较于儿子，母亲会更理解女儿的处境，尊重女儿的真实想法，在生活上尤其在婚姻上给予女儿更多的经验。母亲对于女儿的特殊关怀分担了父亲的责任，甚至有可能僭越父亲的权威，挑战传统的女性身份。在母亲享有较多话语权的家庭，父权制的权威是受到限制的，母亲对于家庭事务似乎发挥着更大的积极作用。

诚如克里斯蒂娃指出，父权体制"要求女性被排斥在唯一真实、具

---

① 闽南话，意思是能不能看得起。
② 让·贝克·米勒：《走向女性的新心理》，郑至慧等译，女书出版社，1976，第204、234页。

立法效力的原则——即话语——之外，也被排斥在赋予生育以社会价值的（父权）因素之外。总之，女性被排斥在知识与权力之外。她还借用基督神话中上帝、亚当、夏娃和蛇的关系进一步说明女性从创世纪初就被剥夺了话语权力，成为相对于男性的'另类'。[①] 父权话语得以维系是男女两性之间殊死斗争的结果，这就是唯一神教的要旨。"[②] 她所描述的状态是中国父权制下普遍的现象，父亲通过拥有绝对的话语权来显示在家庭的权威地位，压制母亲的话语权来体现家庭性别地位的不平等。在阿琴的例子里，父亲却没有绝对压制母亲的话语权，甚至给予母亲更多的权力话语，让她来周旋与女儿婆家的关系，调和业已存在的家庭矛盾，尤其对于女婿的不良行为予以震慑和施压，让他从此不敢再犯。在阿琴的家庭里，父亲之所以后来不得不直面冲突，当场发怒，扬言不让女儿回到夫家，更多是因为家族的权威受到挑衅，比如父亲提到"我们杨氏是浮叶村最大的姓氏，我们从来不去欺负人家，当然也不会被别人欺负。"这充分说明父亲比较注重家庭乃至家族的颜面。涵涵随意殴打阿琴的行为触碰了父亲忍受的底线，他作为一家之主需要维护自己在家庭的权威。作为家族的重要一员，更要控制社会舆论朝着有利于家庭利益的方向发展，不给左邻右舍留下谈论的话柄，看似激烈的言语较量实则是控制事态的发展，维护婚姻的完整性，保持自己家庭在家族的颜面。虽然父亲反复强调不让女儿回到婆家，声厉内荏的表象其实是对女婿的震慑，让他以后不敢再有打人的行为，让新生家庭能维持基本的完整性。但他也清醒地意识到女儿是不可能长期留在娘家的，总要找个台阶下，把女儿合情合理、风风光光地送回婆家。尽管婆家请出了家族中地位比较高的舅公，但是如果婆家亲戚来一次就赶紧把女儿送回家，那么太容易获得的所谓"和谐"可能让涵涵产生侥幸心理，不懂得珍惜岳父母的苦心，增加了日后再次犯错的风险。父亲的表现其实更像是一场表演，是父亲关爱女儿的隐晦体现，是维护家庭面子的经验策略。至此，不管是父亲还是母亲，已然将所谓的家庭性别话语抛却在外，取而代之的是

---

① Kristeva, Julia. *About Chinese Women*, trans by Antia Barrows. London: M. Boyars Publishers Ltd, 1977, pp. 132, 143.

② Kristeva, Julia. *About Chinese Women*, trans by Antia Barrows. London: M. Boyars Publishers Ltd, 1977, pp. 134, 144.

父母对于娘家颜面的集体维护，是为保护女儿利益的共同努力。

第二，差序式关系网络的平衡关系互动

费孝通在《乡土中国》中提出的差序格局是关于中国人际关系结构的重要概念，表示中国人在交往时以己为中心，逐渐地向外推移，以表明自己和他人的远近关系。传统社会里，家庭是与个人最亲近的集体，无论现代人流动多么频繁，对于家庭都有着强烈的归属和向心力，对于家庭的意识总是根深蒂固的。现代国人构建的人际关系网络并不因为差序格局的存在而排斥外群体，而是以内群体为核心向外扩张。① 这使得个体在社会生活中遇到琐碎且麻烦的事情时，往往寻求内群体的支持，固守于常规网络，动员强关系所赋予的集体资源。同时，在差序格局里，强关系也有自身的动态平衡原则，特别体现在乡土社会，血缘关系的亲疏决定着他人在关系网络中的地位和对于个体的影响力，也注定可以动员的关系资源的多寡。这样，在实践亲属关系时，处于网络序列中的家族成员会尽可能依据平衡性原则同需要帮助的个体进行社会交换。为了维持关系网络的长久性，相互交换是必要的因素，特别是对于有着传统思想观念的人们来说，寻求帮助的个体属于弱势群体，关系网络的平衡需要彼此的相互帮助，他们寻求帮助的努力恰恰也体现成员的重要地位。② 比如阿琴个案中的舅公，在阿琴遇到家庭纠纷的时候，婆家就会寻求在家族中拥有较高地位和话语权的舅公的支持，舅公在相对弱势的阿琴面前也愿意给予新生家庭以有力的支持，通过上门游说的方式劝和阿琴夫妻，让他们重归于好，由此，维护家族关系网络的动态平衡。可见，每一个不同情境中的互动个体都尽可能小心翼翼地避免不平衡现象的出现，不希望出现矛盾和冲突，都会选择贡献自己的资源来维持人际关系结构的平衡。

在差序性格局这样比较固定的关系网络中，成员间彼此关系的平衡性还在于交往策略，保证网络成员的从众性、趋同性和一致性，以避免由此引致的人际不和谐乃至冲突。于是，在这样的交往规则中，网络成员会遵循既定的规矩行事，一般不会标新立异，作出有违传统伦理惯常

---

① 费孝通：《乡土中国》，载《费孝通文集》（第 5 卷），群言出版社，2001，第 21 页。
② 翟学伟：《人情、面子与权力的再生产》（第 2 版），北京大学出版社，2013，第 110 页。

的决定，否则就会给个体带来心理压力，迫使他不得不放弃自己行动上的自主性而去附和集体的意愿，这也是典型的中国人大概率价值观①的体现。在阿琴的个案中，婚姻的稳定性是家族凝聚力最重要的表征之一，传统思想观念追求稳定的婚姻关系，追求婚姻幸福和家庭和睦的积极内容，家庭发挥维系成员团结和社会稳定的功能，"宁拆一座庙，不毁一桩婚"。特别是对于浮叶村这样的移民村落来说，团结对他们是适者生存的保障，在几百年移民迁徙的过程中，要在一个文化价值观念迥异的海岛扎根而不被当地人驱逐，就需要稳定团结的集体关系。家庭作为集体的单位，其稳定和谐才能惠及家族，实现家族乃至村落的兴旺发达。由此，他们潜移默化地会用实际行动维护家庭的完整性，在他们的思想观念里，没有离婚的意识，就算不幸福也要维持表面的和谐，否则就会被周围的人议论，沦为话柄，这是村民们非常忌讳的事情，也有辱家族颜面，往往在矛盾出现苗头的时候被家族成员遏制。

第三，儒家的"礼"与"和"的价值规范对于家庭结构的平衡操作

中国儒家传统强调礼制，规定社会中人们的各种关系都要依靠"礼"来理顺，处理各种事情和判断是非也都要以"礼"为准则。安于现状，老老实实依"礼"而为，即为沐浴圣化之顺民，如稍有非分之想，则为犯上作乱，大逆不道，就会受到"刑"乃至族规家法严厉的惩罚，以此来维护以父权、夫权为中心的家庭、家族伦理关系和以君权为中心的社会秩序，达到国家安全、社会和谐、天下长治久安的目的。礼制作为行为规范约束着人们的交往方式，包括待人接物的行为举止，还有对于群体结构的平衡重视。在中国家庭构成方式②的影响下，家庭结构的平衡操作在于平均性而非公平性，人们在社会互动中想表现的是群体中对从众性和一致性的需要，并企图抹杀人们彼此间存在的社会资源上的差异，磨灭人们性格上的棱角。尽管人们不断追求社会身份、地位、权威、名誉等个体优越性，并有着资源配置上的种种差异性，但在维护结构平衡的努力上，成员间的目标是一致的，就是保持和谐的家庭结构，而恰恰只有这样，才能够更好地保持地位差异的稳定持久。反思该个案

---

① 李银河：《论中国人的大概率价值观》，《中国社会科学季刊》1994年第1卷。

② 翟学伟：《中国人群体意识的双重取向——"内聚"和"内耗"的社会学研究》，《江海学刊》1992年第3期。

不难看出，家庭成员各自有着差异化的身份地位，拥有不同的经济资源，但在强大的父权制和家庭伦理关系的礼制框约下，尽管大家都认为涵涵打老婆的行为侵犯了阿琴的人身权利和自尊心，也让阿琴娘家颜面扫地，无论婆家人及其说客如何谴责涵涵，在阿琴娘家人面前痛斥涵涵的不良行为，但这些角色扮演只是为了让阿琴家有台阶可下，终归还是为了保住涵涵家的面子，让他家在春节即将到来的时候不会淹没在左邻右舍的猜测和议论里，质言之，更是维护家庭的父权制，保证丈夫对妻子的绝对控制，维护家庭完整和谐。同样地，阿琴娘家人，尤其是母亲，在矛盾调和中起着重要的作用，在涵涵态度仍很强硬的时候也要安抚婆家人的情绪，强调"既然你们今天都来了，我们也要给你们个面子，如果不做这个面子我家面子也挂不住。"面对邻居对于春节将至阿琴还在娘家、孙女都没有带回家的质疑，她也用"我就跟邻居说明天就回去了，婆家最近也没什么事情，我家在盖房子就过来帮忙，外孙女昨天晚上被女儿的朋友带出去玩了"这些话敷衍过去。甚至在阿琴回不回婆家的纠结时，她力劝阿琴看在婆家人的面子上回去过年。阿琴母亲宽容且通情达理的行为方式，恰恰源于她维护父权制的初衷。她认为家庭和睦才能在村里立足，只有遵守传统模式下的夫为妻纲才能让女儿有真正的幸福。相反，如果娘家人依靠家族势力，因为外嫁女被婆家欺负而组织全家族的力量去助阵，矛盾冲突是很难化解的，还有可能引发两家的打斗，这种不理智的方式非但没有保住娘家的面子，反而是对传统伦常制度的挑衅，为女儿日后在婆家的生活状况埋下隐患。这看似服软的方式却在关键时刻以柔克刚，委婉地将矛盾化解，维护了家庭的和谐。

第四，以男性利益为中心的父权制文化对于家庭成员的规训

在中国传统文化里，家庭一直是组成社会的基本单位，中国社会以家庭为中心来组织社会生产和社会生活，儒家文化也强化了家庭制度的核心作用，以父权制为中心的封建"君臣、父子、夫妻"的等级秩序文化塑造了家庭内部男性优先的性别等级秩序，男性家长权力是最高的统治权力，由此将这一秩序从家庭引向社会并固化下来。人类学家许烺光指出：

　　　　中国的社会结构是以家庭为基础，家庭中成员关系是以父与子的关系为"主轴",其他种种关系也都以这一主轴为中心。父子的关系不但发生作用于家庭之中,而且扩及于宗教,乃至于国家。中国古代的君臣关系,实是父子关系的投射。由中国社会的背景所孕育,中国人的性格因素首先是服从权威和长子上(父子关系的扩大)。①

在此理念的框约下,国家运用其强大的机器巩固婚姻家庭制度,建立了一整套以男性利益为中心的生活规则,包括父系继嗣、包办婚姻、从夫居、从父姓、生育中的男性偏好等。其中,父系继嗣是指封建宗法制度规定只有儿子有权享有对家庭、家族的政治地位、经济财产的继承权,例如世袭官爵、继承财产等。在传统观念里,人们认为女孩将来要嫁到别人家里去,"嫁出去的女儿泼出去的水",因而不被当作是父亲家的人,不会被记入父亲家的族谱,更没有继承家产的权力。"父母之命、媒妁之言"的包办婚姻是传统社会约定俗成的择偶方式。在这种婚姻下,男女青年都没有选择配偶的权利,只能服从于家庭或家族的需要。在"男大当婚、女大当嫁"的观念下,男性家长在家庭中拥有至高无上的权威,他们为了家庭或家族的利益,在"门当户对"的条件下为自己的儿女决定终身大事。从夫居是指女方嫁到男方的规则,男女结婚之时并不另立新家,而是由男方家长将女方娶进家门。虽然存在"倒插门"的夫入妻家的情形,但在这种情况下,入赘女婿的社会地位很低。对于女性来说,从夫居意味着自结婚之日起她要离开娘家,脱离原有的社会关系网络,进入夫家的生活环境中。从父姓是指夫妻生育孩子后,出生的孩子取父姓。生育中的男性偏好是指强调婚姻的生育功能。传宗接代是结婚的主要目标,生养男孩具有重要意义。"不孝有三,无后为大"意味着亲子关系优于夫妻关系。如果一个女人不能为丈夫生育男孩,那么她就有义务为丈夫另娶妻子,完成生育男孩的义务,这样的女性才算是有德行的人。①

反观此案例,却是男性利益为中心的生活规则的生动体现。在这场纠纷中,代表各方立场的亲戚邻居都表达了同样的观点,就是作为妻子

---

① 金耀基:《从传统到现代》,法律出版社,2010,第39页。
② 佟新:《社会性别研究导论》(第2版),北京大学出版社,2011,第165页。

的阿琴，要服从涵涵的男性权威，尽管男方有过错，但也要从总体上来维护婚姻的完整与和谐。比如父系继嗣，就体现在公婆把所有赚取的经济资源毫无保留地给了涵涵，不仅把家庭在涵江购置的唯一的房产留给涵涵作为结婚后的住所，平时家庭柴米油盐所用的开支也往往是父母提供，年轻的夫妻赚的钱都归自己享受，不够用的话还需要父母提供支持。就连过年时孩子的压岁钱，也是原封不动地交由涵涵处置，自始至终，早已成家立业、本该在经济上独立自主的涵涵似乎觉得父母对他的支持就是理所应当，对于父母的日常安排和经济资源的倾斜泰然处之。相较于涵涵，他的两个姐姐就没有这样的机会。两个姐姐都外貌姣好，可惜都只有初中毕业，重男轻女的父母更愿意把有限的经济资源投入在儿子身上，只不过从小娇生惯养的儿子耐不住读书的辛苦，勉强读完初中就去打工了。在父母的理念中，女儿培养得再有出息，也是为人作嫁衣裳，不会给家庭带来更多的经济回报，只不过在彩礼的博弈中有可能获得比约定俗成的行情稍微高点的数额而已，他们不愿意把有限的资源投资在迟早要嫁为人妇的女儿身上。因此，姐姐们很早就被父母张罗着去相亲，然后结婚生子。而对于父母来说，算是完成了对于女儿的责任，女儿婚后的生活父母鲜有问津。然而，姐姐出嫁后拿到的彩礼却都被父母省下来，作为儿子结婚时的彩礼。逢年过节姐姐们交给父母的压岁钱也常用来给儿子贴补家用。在这一过程中，谁也没有觉得有任何不妥当，潜移默化形成的父系继嗣观念早已在一家老小中扎根于心，生活沿着理念的指导，有条不紊地继续前行，和谐运转。

虽然涵涵两口子的婚姻是自由恋爱而成，不是遵循岛上所惯有的相亲仪式，但儿子看中的媳妇，爱屋及乌的父母还是无比疼爱，媳妇也天经地义地选择从夫居的方式，被迎娶进门与公婆生活在一起。公婆负责日常的生活起居，将有限的经济资源投入到日常的运转中，也在孙辈出生后承担起抚养的责任来。这体现在阿琴虽然生了女儿，但公婆依然视为掌上明珠，给予孙女无微不至的照顾，在阿琴逃回娘家的几个月里，承担起抚养孙女的责任来。同时，在涵江的住所也是公婆花钱租来的，阿琴娘家在订婚时会对日后的婚姻安排，包括居住地，进行密切的协商，但结婚后女儿的具体生活起居，娘家是不能随意干涉的。几年前两口子结婚时，公婆在岛上把祖宅重新修整一番作为两口子结婚时的住所，相较于涵涵的姐姐来说，这个翻新的房子天经地义归属于儿子，女儿可以暂住，但不能久留，更无法获得房子的部分所有权。女儿出嫁前是主人，在出嫁后却更像是客人，而嫁到婆家的阿琴则成为房子的主人，在房屋的所有权上有着较多的话语权。调查中，涵涵的大姐跟笔者提到一个细节，她从小就与全家人居住在岛上的祖宅里，一直把祖宅当作自己的家，可若干年后，姐姐弟弟都结婚了，现在她回自己的娘家住却像个客人一样，临走时，弟媳妇还会客气地跟她说，欢迎下次再回家玩。那时她就产生强烈的心理不适，从具有归属感的家，一夜间产生客居他乡的错觉，让她很长时间难以适应，但也要慢慢调试这种心理落差，毕竟作为女儿，她有从夫居的安排，结婚后只有夫家才是自己真正意义上的家，娘家只是偶尔回到岛上的落脚地而已。正可谓"嫁出去的女儿泼出去的水"，婚后命运的安排维系于丈夫身上，由婆家来安排她的生活。婚姻作为一个明显的分界线，客观环境随着婚姻的建立而发生质变。

如果没有这场纷争，这对年轻夫妻的生活跟岛上很多人一样，简单且平淡地维系下去。然而，春节前夕两口子的这场风波破坏了看似平静的家庭生活，结果是阿琴以逃到娘家作为抗争的激烈表达。在这场集体动员的谈判中，各方的话语表达有着强烈的父权制情结。比如阿琴的母亲，有着较强的语言表达能力和沟通能力，虽然对涵涵打人的行为颇有微词，甚至声泪俱下，但也要顾及夫家的颜面，找种种借口搪塞邻居对阿琴久居娘家的疑惑，也在夫家亲戚上门游说时对阿琴动之以情，晓之以理，极力劝说阿琴回夫家过年，以免夫家在春节时面对阿琴不在家难以自圆其说所遭受的舆论压力。阿琴的父亲，则是性格直爽且刚硬的男人，对于阿琴被打回家的客观事实有着强烈的愤慨，出于对家庭颜面的维护以及作为父亲的家庭权威的树立，他的态度则要强硬得多，但在妻子和夫家亲戚的极力劝说下，最终还是屈就于阿琴夫家的颜面。这在客观上是维护父权制的表达方式，阿琴作为已经结婚的女儿，父母有义务维护她的人身安全和在夫家的地位，但终归是要从夫居，回到夫家相夫教子，延续生活的，娘家是暂住地，从维护夫家父权制的角度出发，是万万不可将女儿久留娘家的，这也是阿琴父亲最终妥协帮助劝说女儿回夫家的重要原因。而对于当事人阿琴来说，尽管被丈夫打到住进医院，见到丈夫和夫家亲戚的时候还是嘴硬，但她的心里还是渴望丈夫给她一个台阶下，来娘家接她回去。这表现在夫家亲戚上门劝和时，阿琴一直都躲在客厅旁边的小房间听众人的谈话，以便于自己有个合理又不伤自尊心的理由，名正言顺地回到夫家。而她见到丈夫依然嘴硬，恰恰反映她内心的虚弱，她想试探一下丈夫的心思，如果丈夫没有绝对的诚意接她回去的话，她担心日后还会有再次遭受家暴的风险。在亲友的游说劝和过程中，涵涵面对众亲友的指责顿觉颜面扫地，他顾及男人的面子，表现出极大的不耐烦，也没有太大的诚意想接她回去。他也在思考，如果这次妥协了，以后阿琴也会动不动以回娘家的方式来反抗，以后就失去对妻子绝对的控制力，也会动摇自己在家庭中的权威地位，这恰恰是夫为妻纲的真实写照。夫妻俩的思想斗争在众人的劝和中暗暗起着波澜。但作为妻子的阿琴，面对丈夫劝自己回家的行动，在众人面前还是脱口而出她内心的真实想法。她表达了还想再给涵涵生儿子的想法，说明她内心深处对丈夫并不是完全排斥，只是想让他服软给自己一个台阶。她回家后最大的愿望还是遵循传统生儿育女的生活轨迹，生育男孩的理念一直在她心里挥之不去，她也想用生男孩来表达诚意，更重要的是，以生男孩的实际行动来实现母凭子贵，巩固自己在夫家的地位，否则长此以往，也会影响公婆对自己的态度，让岌岌可危的家庭面临挑战。正如《大戴礼记·本命》有言"妇有七去：不顺父母去，无子去，淫去，妒去，有恶疾去，多言去，盗窃去"。社会通过礼制和规章制度框约女性的行为方式，让女性谨记对于婚姻的生育功能，将生养男孩作为重要的目标，以实现家族的传宗接代。尤其是在南日岛这样的环境背景下，靠海吃海的生活惯习延续了千百年，他们世代以捕鱼为生，只有男性可以胜任捕鱼的繁重体力负荷，生育男孩成为家庭赖以生存的基础，这也衍生出海岛人执着的生男偏好，否则对于女性而言，这将是丈夫嫌弃她们的最主要理由。所以不难理解，阿琴虽然凭着一时之气回到娘家，但内心深处还是希望能回到夫家，见到丈夫的时候，就当着众人的面脱口而出提到生男孩的事情。这是潜移默化形成的传统伦理思想在她语言行为上的自然流露，也代表着阿琴这类的传统女性对于父权制文化的自觉内化，在行动上的自我规训与慎独。

第五节　父系家族的代际传承与儿女间
分化的赡养逻辑

一　父系家族代际传承中互惠关系的建构

"夫继承云者，不惟承接其产业，实即继承其宗祧。"① 在传统家族
制度中，代际间继承和沿袭的主要是宗祧和财产。宗祧传承代表着家族
延续、传宗接代和祖先祭祀，可谓"上以事宗庙，下以继后世"②。宗祧
传承在很大程度上将同宗的祖先及后代紧密联系在一起，以姓氏作为标
志性符号。这可以解释为什么浮叶村很多家庭在子女婚配上事先要对后
代的姓氏做好双方都可以接受的约定，否则纵使棒打鸳鸯也难以缔结婚
姻。在婚姻延续期间，也对后代的性别格外重视，强烈的生男偏好助长
了村民的热情，他们不惜花重金通过高科技的生殖技术来换取生男的机
会。诸如此类的方式，归根结底就是维护父系家族的代际传承。这个溯
源到原始社会从夫居的传承体系，是在废除母系氏族社会里世系和财产
的母女继承制而确立的。③ 父系家族的代际传承建构的是以父系为中心
的亲属关系，有且只有男人享有承继和嗣续的责任，女人被屏蔽在代际
传承制度之外。也有一些浮叶家庭因为没有生育儿子，为了家族延续的
需要，通过招赘婚姻或者半嫁娶婚姻等方式来传承祖先的姓氏，但究其
本质，依然是父系家族的传承体系，只是女儿当儿子养，成为姓氏传承
的载体而已。

父系家族代际传承的另一个表现形式就是财产继承。作为祖先与子
孙人格连续体的实物形式，财产继承不仅包括继承父辈的财产，还涵盖
着他们的权利和义务。比如子代从父辈继承家庭财产性收入和家庭自然
资本，在父辈需要生活照顾的时候要义不容辞地承担相应的义务，包括

---

① 出自《大清明律草案》，转引自滋贺秀三：《中国家族法原理》，张建国、李力译，法
　律出版社，2003，第102页。
② 出自《礼记·昏义》。
③ 王利华：《中国家庭史：先秦至南北朝时期》（第1卷），广东人民出版社，2007，第
　33页。

对父辈的赡养以及统筹安排故去祖辈的丧葬和祭祀活动，即"父子一体"①（father-son identification）。因此，在很多浮叶家庭，分家产是很重要的仪式，权利的获得在很大程度上决定后期义务付出的多寡。这是个精心算计、建构新的互惠关系、不同权力主体明争暗斗进行博弈，并带有强烈契约精神的长期过程。根据塞尔登的观点，家庭契约的核心是老年父母由男性后代照顾和最终的土地转移之间的交易。② 只是随着农村发生深刻的变革后，土地作为主要的继承财产，其表现形式让渡于房屋、现金、财产性收入等。不管继承的是什么，总归是有价值的物品，遵循市场经济的等价交换原则。如果父辈没有丰厚的财产给予子代，那么他们在需要赡养的时候会享受来自子代的推诿。

在父系家族代际传承的制度框架里，宗祧、财产继承、赡养行为、祭祀仪式成为四个主要因素。男性拥有最终话语权，女人被摒弃在权力话语的圈子外，无法与她们的父母建立权利义务关系。只有她们嫁作他人妇，以媳妇的身份依附于丈夫后，才能在父系家族代际传承的话语体系里拥有一席之地。然而，这四个因素并不是缺一不可的，比如宗祧主要存在于经济条件或人文氛围相对较好的家族，为家族传承的合法性增添神秘的色彩；祭祀仪式与宗祧相关联，亦是家族彰显权威的表象形式，祭祀并不是每个家族都有的活动，反而祭拜成为很多家庭常见的活动，家庭成员在祭拜的过程中获得来自逝去亲人的精神慰藉，但是家庭内部的祭拜延续时间较短，很少有超过三代；财产继承也存在着家庭间的差异，很多没有家庭财产或家庭自然资本③传承给子代的父母，在年老或生病的时候，依然需要子代承担赡养的责任，只是不等价交换的后果是传统的孝道有可能遭到抛弃，存在较大的赡养风险；只有赡养这一带有

---

① "父子一体"的概念是许烺光提出来的。他指出，父子关系是中国亲属关系中最重要的关系形式，其他关系皆为从属地位。在他看来，"父子一体"本质上是继承关系，儿子是父亲姓氏和财产的继承人，父亲的人格在儿子身上得以延续。"父子一体"即父亲抑或儿子所拥有的资源等同于另一方拥有。转引自滋贺秀三：《中国家族法原理》，张建国、李力译，法律出版社，2003，第 106～113 页。

② Selden, Mark. *Family Strategies and Structure in Rural North China*, *Chinese Families in the Post-Mao Era*, edited by Deborah Davis and Stevan Harrell. California: University of California Press, 1933.

③ 按照南日岛独特的地理资源状况，家庭自然资本主要表现为海域或耕地，以及子代继承的家庭财产性收入。

功利性色彩的行为过程才是父系家族代际传承的核心要素。在父辈的价值观念里广泛存在着养儿防老这个物质性很强的目的，"嗣续的实质还是保证老年的赡养，是'养儿防老'而不是'养女防老'"①。赡养关系是以男性血缘关系为中心的家族等级制度的产物，赡养义务对应着家族等级制度的地位、身份和权利，不仅包括生养之恩、血缘亲情，还包括财产继承的权利，是家族身份的体现。赡养关系因其身份化和功利化而具有很强的实用理性和交换色彩，无论抚育还是赡养活动都主要出于一种把外延放大到"家"的范围的利己主义，而不是利他主义。情感交换或亲情互惠不是家族正式赡养关系的主要逻辑。②

笔者访谈了浮叶村的小学老师阿珠，在父母的赡养问题上她是这么说的：

> 我有两个弟弟和五个姐妹，家庭关系一直都很好。我的父母都不会重男轻女，在我们成长过程中对儿女都一视同仁。唯一有所区别的是20世纪80年代末那时候，我父亲已经60多岁了，身体不太好，担心自己随时都可能归西，就把家里的儿女都叫过来，商量分家的事情。我家在村里有一栋二层土坯房，是我爷爷盖起来的，当年我父亲跟他的兄弟分家时，只分给我们家一半。因为另一半的房屋是我伯伯家的，他家穷，尽管我们家提议一起翻建房子，但只能一再拖延。这栋房子一直到现在都没有重新翻建，土墙摇摇欲坠，没人敢靠近。除了这栋房子，我们家在村里还有一栋二层楼的石头房屋，当年我父亲可是花了血本建起来的，房子的构造就是岛上千篇一律的结构，一家人居住多年还保持得很新很坚固。在分家的时候，按照村里的规矩，女儿是不能参与分家的，家里的财产只能分给两个儿子。我父亲把家里正住的那栋楼分给两个儿子，从分给大儿子的房产份额里要了一个房间给自己和我母亲住，约定父母百年以后这个房间交还给大儿子。至于那栋只有一半归我家的土坯房，

---

①　费孝通：《家庭结构变动中的老年赡养问题——再论中国家庭结构的变动》，载《费孝通社会学文集》，天津人民出版社，1985，第90页。

②　李银河：《生育与村落文化》，文化艺术出版社，2003，第124页。

父亲留给自己的长孙①，也就是大儿子的长子。父亲在的时候说话很有分量，他的决定一家人都同意，没人会有异议。

在父亲的晚年，我的大弟和二弟相继到新加坡打工。最先去的是我二弟，原本家里商量让二弟出去赚钱，大弟留在村里照顾父母，二弟赚的钱分一些补贴我大弟。可二弟赚到钱以后就不肯拿出来了，我二弟媳也死活不肯掏钱。无奈之下，我大弟为了养活父母和四个孩子，迫于生活的压力也跟着到新加坡打工了。90年代末我的两个弟弟相继回到岛上生活，他们在新加坡赚了不少钱，就和我妹妹一起选了镇上的三间店面用作以后做生意，在这三间店面的基础上盖了三层楼房，一个家庭分一层，具体谁住哪层就抓阄决定。我的母亲在过世前一直跟我大弟生活，按照农村的风俗，父母要由儿子来养老，很多家庭的惯例就是在几个儿子家轮流住。对于父母的养老，我的大弟作为长子很爽快地答应他们住在家里。他认为母亲帮自己带大了四个孩子，在他去新加坡打工的那段时间里，家里的事情都是母亲帮忙决定和协调的，无论是红白喜事还是孙辈的上学、工作，母亲都付出很多辛劳，现在她年纪大了，理所应当要养她。

可我二弟的态度就完全不一样了，他不同意母亲搬到他家住。尤其是二弟媳妇，她认为我的母亲在年轻时抚养了好几个孙子，可以说几乎家里的孙辈她都有帮忙，唯独他家的两个孩子没有抚养。她的理由很充分，她不是我母亲养大的，本来就没有感情基础，在她的孩子成长过程中，母亲也没有尽到抚养的义务，长期没有来往的结果是她跟我母亲没有感情，怎么能住在一起呢？因此，她百般推卸赡养的责任。我二弟听老婆的话，完全忘记了自己是母亲辛辛苦苦养大的，在新楼落成以后执意不让母亲入住他家。无奈之下，母亲住进了大弟家的套房里，楼上楼下彼此走动。住在三楼的女儿也感念母亲多年来帮忙照顾孩子，虽然没有给母亲提供一日三餐，但家里煮了好吃的都会端下楼给母亲吃。母亲平时也常到女儿家聊天，帮女儿家看一楼的店铺。而其他的三个女儿，每次回到娘家也

---

① 浮叶人分家的时候都会将长孙考虑进来，这根源于原生地惠安的分家传统，就笔者所了解，闽南的很多地区都是这样的习俗。

都是住在两个儿子家，家里摆酒席的时候也会把最重要的尊位留给母亲。就这样，一家人楼上楼下地走动，和睦相处，相安无事地过了好多年。

由此可见，父系家族代际传承体系建构起来后，父辈的赡养问题得以妥善解决，在此过程中还建立起代际互惠关系。这种互惠关系多少带有物质性的成分，在阎云翔对于下岬村的田野调查中，人情与礼物的流动在村庄社会交往中起着重要的作用，相应地，代际互惠关系同样依托家庭财产等物化载体的继承而将赡养关系联结并固化下来，个中交织着平等交易的逻辑和讨价还价的协商。儒家文化强调"报"，即父母对儿女有养育之恩，儿女要以赡养行为来回报父母。[①] 姑且不论性别因素，父系家族代际传承遵循的就是互惠原则和代际交换，是一种"双向反馈"的代际关系。只是此类代际关系强调长子的赡养责任，在家庭若干儿子的平衡中，长子是照顾父母的最主要力量，当然，父母也会在财产的分配上对长子有所倾斜。阿顺口述的故事里，她的父母在分家的财产配置上不仅考虑两个儿子，还要考虑长孙的份额。在年老的时候会选择与大弟共同居住，大弟承担主要的赡养责任。获得家庭财产份额的长孙及媳妇也在奶奶年老的时候，给予无微不至的照料和情感投入。至此，阿顺的家庭以男性成员为主角的互惠关系得以完美地建构并运作起来。

然而一旦加入性别的考量，情况就有所改变。在父系家族代际传承的框架格局里，女儿出嫁了以后就没有尽孝的义务，她们要赡养父母也主要是情感的付出和做一些力所能及的照料，并没有物质上赡养父母的性别角色期待。在父母的赡养和居住问题上，无论是父母、儿子还是家族成员，他们的思想观念都认为这是儿子责无旁贷的义务，这从父辈在生育目的上的生男偏好可见一斑。儿子不赡养父母要遭受村庄舆论的谴责，而女儿则不背负如此的压力。同理，如果女儿是嫁出去而不是招赘，那么父母与女儿同住，由女儿的家庭来赡养老人，则有悖于村庄所认可的常理，成为没有子嗣或子嗣不孝的负面典型。由此，父系家族代际传

---

① 　叶光辉：《孝道的心理与行为》，载杨国枢、黄光国、杨中芳主编《华人本土心理学》，重庆大学出版社，2008，第297～298页。

承的运作规则将女儿置于协商式代际互惠交换和赡养关系的边缘。女儿赡养行为的原动力来自亲情所衍生的非正式的、单向度的、无偿给予的利他主义，并在长期日积月累的付出中形成惯习。

二　非正式身份与实践性赡养关系的并存

父系家族的代际传承规则和秩序约定儿子正式的赡养责任和义务，儿子的身份地位在父系家族制度中得以固化和合法化。赡养父母的责任和义务根源于代际交换关系，父辈财产理所应当要由儿子来继承和占有。这种平均继承和平均占有的权利与"香火延续"联系起来，具有神圣不可侵犯的性质。[①] 尤其是在中国的传统家庭关系中，代际交换是建构代际关系的一种普遍模式，无论是"延时交换"还是"即时交换"，总体而言都遵循公平原则。[②]

儿子们对父辈财产有着合法的分配权利，并自觉地把财产的分配权利与赡养父母的义务天然地联系起来，他们对赡养父母所付出的经济支持和生活照料取决于占有父辈财产的多寡。因此，在农村家庭中时不时发生儿子们因争夺家产而反目成仇，闹得鸡飞狗跳，影响家庭关系的和谐，尤其是儿媳妇的加入会让家庭关系更加扑朔迷离。儿子们所建立的小家庭能和谐共处的情况相对较少。相比之下，女儿则没有明显的权利和义务对等的意识。她们"非正式""非约定"的赡养更多是出于母性的本能所产生的自愿行为，市场交换中精于算计的潜规则对她们的行为没有必然的制约作用。

在中国的广大农村普遍存在重男轻女的生育习惯，这主要源于养儿防老的原生性初衷，在物质不够丰富和养老保障不甚完善的时代，老人需要儿子提供物质性支持和生活照料，而女儿没有这样的伦理责任。日积月累的思想观念与现代生殖技术的碰撞与交织的结果是很多人运用彩超、试管婴儿、寄血验子等方式获得男孩，这一生育技术实践在农村社会中广泛运用，极大地限制了女婴的出生权利。在笔者所访谈的浮叶村

---

① 王跃生：《社会变革与婚姻家庭变动——20 世纪 30 ~ 90 年代的冀南农村》，生活·读书·新知三联书店，2006，第 315 页。

② 郭于华：《代际关系中的公平逻辑及其变迁——对河北农村养老事件的分析》，《中国学术》2001 年第 4 期。

乃至南日岛，出生性别比居高不下且愈演愈烈，很多媒婆表示现在岛上的男孩过多，平均一个适龄的女孩子都有三五个条件相当的男孩争着与其相亲。"粥多僧少"的现实状况降低了媒婆介绍成功的概率，中介价格自然也水涨船高，按照笔者 2018 年春节在南日岛获得的最新信息，媒婆介绍成功的价格已经增长到 1.3 万元，这远远高于不久前刚刷新的5000 元的标准。按照岛民的婚配惯习，他们更希望能找个同在海岛的人结婚，伦理道德和乡规民约相对比较接近，有利于婚姻缔结后双方家庭成员更和谐地相处，也省却了逢年过节夫妻双方在去娘家过年还是去婆家过年问题上所产生的纷争。

　　然而美好的设想总是要归于理性。岛民重男轻女的愈演愈烈导致女孩严重短缺，出生性别比不断提高，在不远的将来可以预见对于男孩的婚姻挤压效应，这在笔者近几年的调查中已经日渐显示端倪。对于偏爱找本地女孩的男孩父母来说，本地女孩可谓一女难求，稍微有点长相和能力的女孩本来就不多，迎娶她们的彩礼自然也水涨船高，按照笔者的调查，2000~2010 年岛上的彩礼都在 3 万元左右，而且岛上有条不成文的规矩，就是如果女方有固定工作，则男方需要付出的彩礼会很少甚至没有，如果女方没有固定工作，人力资本和家庭背景稍逊一筹的话，需要的彩礼则会更多一些。在岛民的逻辑思维里，有固定工作的女孩有独立的生活能力，她们的收入对家庭经济来说有重要的支持作用，当然也会转移这样的经济资源给自己的父母，她们跟独生女一样对父母有赡养的义务，不管她们的婚配模式是嫁娶还是招赘。相比之下，没有工作的女孩婚后就是家庭主妇，她们的收入主要来源于自己的丈夫，对家庭承担的更多是照顾的角色而不是经济支持者，她们对自己的父母无法提供太多的经济支持，也就谈不上在父母年老的时候赡养他们。于是，她们的父母会在定亲时索要高额的彩礼，来弥补他们多年来养育女儿的经济付出。按照现在的市场规则，类似于"买断"。由此算来，没有固定工作的女孩按照 2018 年春节笔者在海岛获得的最新的行情，她们的彩礼在 13 万元左右，相比十年前翻了两番还多。这种看似没有人情味的婚姻交换法则指导着岛民的婚姻生活并延续至今。随着社会发生日新月异的变化，南日岛人口生育率不断下降而出生性别比提高，尽管彩礼的数额不断被刷新，女孩在岛上依然是香饽饽，只要有女孩来相亲，自然会有众多男孩排队等候。且不论岛外还有大量的竞争者，在福建沿海的很多村庄，彩礼的攀比随着女孩的短缺而不断升级，彩礼的数额被不断地抬高。

彩礼交换加剧了女孩被物化的风险，时至今日，彩礼的博弈已不仅仅是为了弥补家庭抚养的经济付出，更多是为了维持在村庄中的颜面和家庭的地位结构。在热闹的彩礼攀比游戏中，生活还是要回归本原。很多女孩的原生家庭拿到了高额的彩礼后并没有真正意义上的"买断"，血缘亲情依然紧密联系着女孩与原生家庭，很多女孩在娘家所投入的财力和精力不一定比自己的兄弟来得少。笔者访谈的阿珠如是说：

> 然而，天有不测风云，在母亲84岁的时候得了一场大病，在省协和医院做了一次大手术。这个手术风险很高，连医生都很谨慎，毕竟很少有病人在80岁的高龄动手术，特别是术后的护理尤其重要。我的两个弟弟和妹妹都要在岛上忙生意和带孙子，脱不开身，考虑到家里的孙子很多都已经成人，就安排没有工作的几个孙子（女）照顾我母亲，我二弟的女儿学过医，毕业后找到工作还没正式上班，就由她主要负责我母亲的术后护理，其他人帮忙。我们几个姐妹也没闲着，都轮流从外地跑到福州来照顾母亲。在这件事上，儿子和女儿都是一样的，女儿们都觉得自己应该尽孝心，而不会把责任完全推给儿子。随着母亲病情的好转，在医院住了20天后准备要出院了。但是，问题来了，医药费谁来出，怎么平摊？因为母亲有参加新农合，扣掉报销的比例还要自费4万多元，在报销之前，这笔8万多元的医药费要结清了才能出院。为了钱的问题，家里的兄弟姐妹坐在一起商量。姐妹们都说在农村嫁出去的女儿泼出去的水，女儿是不用养老的，何况这次母亲生病她们也尽力去照顾了，也算仁至义尽，不需要出钱。兄弟们却不这么认为，他们说母亲在年轻的时候也帮女儿家照顾外孙，尤其是我二弟，愤愤不平地说母亲就是因为帮女儿带孩子才没空来自己家帮忙，女儿也要出钱。而且他们家现在只有一个儿子，今年都二十好几了还没结婚，家里要准备钱给他在城里买房子，这样才有女孩子愿意嫁给他。二弟说他顶多只能出1万元，还要过段时间才能筹到钱。二弟媳妇还强调了

自己女儿在医院照顾得最多，他家又出钱又出力，作出的贡献最大。大弟家倒是还好，他感念母亲对他家四个孩子的照顾，特别是大儿子在七个月的时候就早产，是母亲一口口米汤救回来的，他愿意出医药费。但大弟表示自家经济状况不是很好，三个儿子结婚要花好大一笔钱，自己的负担比较重，让他出剩下的 3 万元他心有余而力不足。就这样，一家人商量来商量去，要么是客观的经济原因，要么是主观不愿意，谁也没法多出钱。最后不得已，在莆田医院工作的妹妹出来说话了，她的文化程度最高，利用在医院工作的便利，她经常带家里的亲戚去看病，不用排队直接找最好的医生看。家里的亲戚都依赖她，她在家里说话分量很重。她说她只有一个独生女儿，结婚不需要花太多钱，家里经济条件还不错，她决定让两个兄弟各出一万元，剩下的两万元她来出，但是前期还没报销的 8 万元医药费，她没有那么多钱来垫付。解决了医药费的分配问题，全家把目光都转向家里最有钱的孙女英，她在家开了家庭作坊，专门批发计算器上的太阳能部件，十几年来积累了几百万元的家产。我妹妹提议让英来垫付 8 万元的医药费，等新农合报销好了，全家再尽快把该出的钱还给她。

就这样，阿珠母亲住院期间的照顾和医药费问题在家人的协商下妥善解决。在这个事例中要指出的是，中国的农村家庭在传统与现代双重利益链条的裹挟下，呈现出传统的家庭伦理规制与现代化的性别权力博弈并存的现象。

一方面是日趋平等的家庭内部关系，个人自主性较高，女儿也承担起赡养母亲的义务，她们对母亲无微不至地照顾，承担起力所能及的医药费，在母亲弥留之际陪伴照顾，时刻都体现着现代农村变迁下女儿也是赡养父母的主体，女儿凭借其特有的温柔贤惠的性格特质，在养老中让父母感受到比儿子更温暖的实践体验，父母与女儿的情感沟通和话语表达更加顺畅。正如贾德研究女儿与其娘家的联系中认为，以女性为中心的亲属关系与父系制度原则有所不同，女儿在与娘家的互动中，情感因素的重要性高于父系亲属制度具体指涉的成员资格和财产。贾德指出，一个已婚妇女虽然在身份上属于她的婆家，但她仍然可以让娘家继续成为她亲属世界的一部分。① 相比之下，儿子承担更多的是经济责任，儿媳与婆婆天生的情感隔阂往往难以很好地胜任赡养的义务，儿子的实际决策往往受到媳妇的强烈干预而流于形式。女儿在养老实践中价值凸显，被村庄社会情理所认同。女儿之所以对娘家父母不计回报地付出，根源于她们的"娘家情结"抑或"顾娘家"的心理。女性比男性更多地将赡养父母作为个人婚姻的目的，② 女儿与娘家有着突破父系亲属制度的千丝万缕的联系，她们也在与娘家的互动中获得力量。对于大部分南日岛民还固守的嫁娶婚姻和从夫居的婚居模式，女性的"娘家情结"是她们在成年时加入夫家这个陌生的社会团体后的心理反应，是对父系单承赡养体制的情感补偿。③ 随着时代的变迁，传统的父系家庭关系被解构，父权制日渐式微，强调平等血亲关系的家庭制度重新建构起来，女性获得新的逻辑话语，④ 她们会参与到娘家的诸多事务并承担一定的义务，这些从很多浮叶女自觉自愿地赡养父母的行为就可见一斑。至此，以女儿不断增加的娘家义务与娘家给女儿准备的嫁妆和女儿在娘家的受惠增多为特征的"拟双系制"⑤ 建立起来并形成常态。这可以解释很多浮叶女结婚时都会有嫁妆，只是很少会超过彩礼的价值或者仅仅存在嫁妆多寡的差异而已。一些娘家经济条件相对较好的浮叶女，她们的兄弟在娘家盖房子，还会留一个房间给她们在娘家居住。

　　另一方面，传统父系家族的文化结构和继承规则仍然主宰着乡村社会，体现出很强的"文化韧性"。⑥ 在养老的实践中，儿子赡养父母是几千年来的传统乡规民约所期待和认可的，女儿的赡养行为则被认为是自愿的、非正式的。父母为了养老与儿子同住才是天经地义的，与女儿同住则背负较大的舆论道德压力，在村庄里颜面尽失。基于此，很多浮叶

① Judd, Ellen. "Niangjia: Chinese Women and Their Natal Families," *Journal of Asian Studies* 48 (1989): 525 – 544.

② 潘光旦：《中国之家庭问题》，载李文海等主编《民国时期社会调查丛编》，福建教育出版社，2004。

③ 费孝通：《乡土中国 生育制度》，北京大学出版社，1998，第199页。

④ 白凯：《中国的妇女与财产：960—1949》，刘昶译，上海书店出版社，2007。

⑤ 金一虹：《父权的式微——江南农村现代化进程中的性别研究》，四川人民出版社，2000，第230~231页。

⑥ 唐灿、马春华、石金群：《女儿赡养的伦理与公平——浙东农村家庭代际关系的性别考察》，《社会学研究》2009年第6期。

父母的生育观念依然有浓厚的生男偏好，归根结底还是出于养儿防老的初衷。而儿子依旧占据着养老的主导地位，他们在赡养父母的角色关系中不仅是养老送终的义务承担者，也是家庭自然资本的继承者，儿子养老是一种代际交换行为。[①] 随着国家力量对乡村社会的数次革命以及文化运动对传统父系家庭的冲击，改变了原有的家庭等级关系和权力地位格局。变革的结果是父辈的权力下降而子代的权力上升，长幼尊卑的权力等级受到挑战。为抚养子代倾注了无限时间和精力的父辈，在年老体弱的时候可能成为子代的负担，蜕变为子代权力竞技的物化载体。他们有时还会把男权社会里精于算计的市场规则带入家庭场域中，根据家庭财产的分配比例以及父母抚养孙辈的付出来计算自己的付出与收益之间的多寡，更像是市场交换中的成本—收益比较。父辈的养老过程常常充斥着儿子之间的利益比较和权力较量，兄弟间互相推诿和相互算计的情况屡见不鲜，儿子们的赡养行为常常与父母的财产和分配状况紧密联系，有宽裕的财产且能传承给儿子们大量自然资本的父母通常能获得儿子和媳妇较好的照顾。而女儿的赡养行为基本是单向度的、给予性的、奉献的。从某种意义上说，女儿的付出是与娘家嫁资之间的平衡，尽管女儿的嫁妆很少超出男方的聘礼，但按照浮叶村的习俗，每个女儿出嫁时多多少少都会有自己的嫁妆，只是依据家庭经济状况呈现多寡差异而已。再者，从生物本能上来考量，女儿很多情况下是出于母性照顾的本能强化了她们赡养父母的自觉性。没有赡养父母会让她们良心不安，承受较大的心理压力，尽管村规民约对她们的赡养没有框约和期待。比如阿珠的原生家庭，在赡养母亲的漫长过程中，两个兄弟之间经常有口舌是非，媳妇则扮演着负面的推动者，演化为两个兄弟家庭之间的纷扰。入院手术的母亲，在医药费和生活照料的问题上充斥着儿孙辈的比较和算计。持续不断的冲突与矛盾交织在父母赡养的过程中，直到双亲相继过世。儿子对父母的赡养更多在于温饱层面，保证老人的一日三餐和基本的生活花费，逢年过节与父母一同度过，而鲜有精神慰藉、生病照顾等情感支持，在父母大病、丧葬等重大的家庭开支中，儿子天经地义要为父母

---

① 郭于华：《代际关系中的公平逻辑及其变迁——对河北农村养老事件的分析》，《中国学术》2001 年第 4 期。

承担较多的花费。而实际情况是，很多儿子不愿意承担所有的费用，在重要的开支上通过家庭会议确定费用的分配，压低自己的付出而让姐妹参与其中，实行费用"儿女统摊"或"儿女均摊"①，而在重要的家庭收入方面，比如原生家庭的租金收入、父母存款的利息收入、父母丧葬的人情收入等方面，则有且只有儿子接收，女儿很少有参与财产性收入的分配，尽管在国家法律层面女儿享有与儿子平等的财产继承权。相比之下，女儿的赡养行为更多是情感劳动，是出于对父母的亲情而自发产生的行为实践。女儿赡养父母虽然有悖传统伦理所认同的儿子的主导地位，但在情感上女儿天生与父母有更多紧密的联系。女儿在父母养老时所起的作用正在现代化的家庭变迁中挑战传统父系家庭的父系继承规则和不对称的性别关系。父权制所衍生的社会等级制的权威正在女儿频繁参与的家庭生活实践中不断地被解构，尽管儿子仍享有表面的象征性权力。

三　生育家庭中母亲的积累性责任与权力表达

阿珠的家庭依然有着典型的代表性，笔者对她的访谈继续进行，阿珠说：

> 母亲经常会把子女给她的钱存起来，用来囤一些优质的海带、紫菜、虾米、虾干、鱼干等干货，或者把海边捡来的苦螺洗干净，用锤子压碎，挑出螺肉，腌制起来，装成一个个瓶子，就等逢年过节家里人回村来，每人发一份。我们村很重男轻女，家家都在拼生男孩子。但母亲对曾孙子、曾孙女都一视同仁，一样的疼爱有加。有时孙辈怀了女孩想流产，都背着母亲偷偷去医院做手术，如果被她知道一点动静，她是肯定不会让孙辈去医院的，对她来说，不管男女都是自己家族的血脉，她都要留下来养大。比如我小妹就生了三个女儿，生下第三个女儿的时候想把第二个女儿送人，我母亲就执意留下来，送给我二姐当女儿，承诺她自己带，只要户口落在我二姐家就好。她就算再辛苦也要把家里的血脉留在身边。20 年前，

---

① 唐灿、马春华、石金群：《女儿赡养的伦理与公平——浙东农村家庭代际关系的性别考察》，《社会学研究》2009 年第 6 期。

我大弟二弟都想去新加坡打工，在涵江工作的三妹帮他们联系好了新加坡的建筑工地，准备要去打工，可那时两人都被要求服兵役[①]，是母亲不厌其烦地到村委会、到镇上找领导，免了兵役，顺利送去新加坡打工。两个弟弟之所以能在镇上买店面、盖房子，就是当年在新加坡赚到了第一桶金。还有陈氏夫人，按辈分算是我母亲的婆婆，当初两个婆媳关系处得很融洽，可惜婆婆三十几岁就去世了。多年后，婆婆的魂魄附身在我小妹身上，第一次附身的时候婆婆痛哭流涕，很感慨终于找到自己家里人，从此以后，婆婆的魂魄就经常来找小妹。家族有什么重要的事情，比如升官提拔、找工作、生孩子、保佑平安等，都会找婆婆帮忙，我们尊称她为陈氏夫人。后来一个偶然的机会，我们家族还找到了陈氏夫人在岛上的灵位，据说已经在天界谋到了重要的官职。每当陈氏夫人附身的时候，就会用唱歌的方式把问询的事情说出来。因为她唱歌的语言含糊不清，家里的晚辈都听不太懂，只有作为媳妇的母亲能听得懂。每次母亲都会坐在旁边一句一句地翻译，准备好神符、毛笔、墨水、香烟、香火等，在做仪式的时候帮忙打下手。她们婆媳有心灵感应，彼此能互相理解对方，召唤、上身、问询、解答、画符、庇佑，整个程序都能顺利进行。家族的人都很信奉陈氏夫人，当然，最主要原因是母亲能从中协调。所以，我们家族的人都说，有母亲在才有家，家里人才能凝聚在一起，她要是不在，家就散了。

从以上可以看出，母亲所构建的家庭结构就是典型的生育家庭，又称子宫家庭，是指在父权社会里，男主外女主内的传统性别分工下，母亲通过生育孩子使得孩子对母亲的奉献有认同感，并且产生一个"女人的社会"，即以女性自己为中心，通过生育和家庭管理建构的家庭组织结构。家庭成员依靠忠诚和责任进行互劲，女性起着主导的影响力。"这种生育家庭没有意识形态，没有正式结构，没有公共的存在。它建立在其成员的情感和忠诚之上，并因成员的死去而解体，但是它却是实际存在

---

① 南日岛作为抵御台湾的前线，早期的岛民有服兵役的先例。

的家庭。[1] 子宫家庭是以母亲身份的女性为中心而形成的家庭定义，包括女性成婚后作为女儿与（旧）娘家以及女性生育后作为母亲与（新）娘家的联结，仍受传统约束的女性在社群中的现实影响力即由此获得。对中国城市女性来说，较年长者比青年者更强调子宫家庭的运作。"[2] 在阿珠的原生家庭里，父亲去世后家里失去了男主人，母亲作为家里唯一的长辈，理所当然地掌管统筹起家庭事务。正如《红楼梦》中的贾母，在史太君去世后享有家族至高无上的权力。外婆所建构的生育家庭虽然没有在父系家族文化中获得重要的话语权，但在实践中却在实际地支撑着父系家族的纵向传承。在家族成员的联系互动、生活照料、与灵媒互动，乃至生育子女的性别等方面，外婆都有重要的话语权，她会通过认真的态度和坚持不懈的努力来妥善安排家庭的内在事务，平衡家庭成员间的权力关系，并在此过程中强化自己的家庭地位。家庭成员一盘散沙的状况在外婆强有力的主导下凝聚在一起。这种实践性家庭模式正是女性在日常生活中以生活家庭为中心，建立以自己为中心的亲属体系，在家庭生活中发挥后台权力。[3] 因而，女性在家庭中积极参与、统筹兼顾、谋划策略，通过一系列实践活动的积累发挥影响力，达成积累性责任，并衍生出积累性权力作为长期实践的权力表达。质言之，积累性权力就是在实践中积累的实践性权力。

　　但是，需要指出的是，女性的实践性权力处于文化边缘地位，难以获得与男性权力并驾齐驱的社会认可。女性权力的存在仅仅是依靠个人的努力来产生影响效应，一旦没有自觉自愿的实践作为基础，权力则荡然无存。此外，女性的实践性权力更多是建立在女性对家庭事务自觉自愿的付出基础上，渗透着祖辈的情感体验而没有功利性的色彩。这多少有些母系氏族社会的遗风，作为母亲角色更多是对子代的物质和情感付出而不会计较收益的多寡。形成鲜明对比的是父系氏族社会里的男性更多强调的却是权利的对等而鲜有实际的付出。如女儿在养老活动中经常

---

① Wolf, Margery. *Women and Family in Rural Taiwan*. Stanford：Stanford University Press，1972.

② Wolf, Margery. *Revolution Postponed：Women in Contemporary China*. Stanford：Stanford University Press，1985.

③ 李霞：《娘家与婆家：华北农村妇女的生活空间和后台权力》，社会科学文献出版社，2010。

是积极地赡养父母而很少从父母那里继承家产，她们的多付出少回报可以部分地追溯到她们自幼在父权家庭中为男性成员的各种无偿奉献。[①]正是对子代不计回报的连续付出奠定了女性在家族中的权力地位。再则，女性在家庭中的实践性权力的表达更多是含蓄而隐晦的，无法像男权社会的男人一样可以光明正大地在前台展示其权力地位。在乡村社会生活中，"父系制度中的性别分工、男尊女卑和父系亲属体系中的义务构成了前台，而女性对家事和亲属关系经营所具有的影响力则是居于后台的。"[②] 在笔者的观察中发现，很多浮叶家庭的女性长辈在家庭场域里常居于重要的位置，得到子代的尊重和关怀。比如阿珠的母亲在世时，家庭的聚餐活动或日常生活安排，都会把主位让给母亲坐，家庭成员会自觉地帮母亲盛饭、夹菜、舀汤，做一些力所能及的辅助事务。在一些难以抉择的家庭事务中，母亲的话语权得以尊重，她的意见往往能得到子代的认可。比如阿珠外甥媳妇因为怀的是女孩，阿珠的弟弟家原本打算让她去流产，但在医院刚好碰到去医院取药的阿珠母亲，于是阿珠母亲竭力阻拦，还到处游说家里人来劝大儿子家改变决定，直到他们留住孩子。后来这个经历劫难的孩子终于出生了，尽管是女孩，阿珠母亲仍然各种疼爱，并以个体的实践行动影响着大儿子一家人对女婴的态度。但在前台具有文化与政治双重权力的正式场合，阿珠母亲的地位则让渡给自己的两个儿子[③]，由儿子行使正式权力，在重要的仪式活动中发挥作用。"女性要使自己的活动获得合法的形式，就要在正式场合尊重男性权威，在各项事务中征得男性的仪式性的最后认可，通过男性发挥影响力"。[④] 男性和女性在前台和后台的性别分工，恰恰体现了父权制的文化框约。女性的这种后台权力，在一定意义上从内部置换了父权和夫权，但并未撼动以男性为中心的家族文化格局和权力基础。女性在家庭场域更多是表达意见和提供建议，真正作出最终决策和在前台进行仪式性表

---

① 唐灿、马春华、石金群：《女儿赡养的伦理与公平——浙东农村家庭代际关系的性别考察》，《社会学研究》2009 年第 6 期。

② 李霞：《娘家与婆家：华北农村妇女的生活空间和后台权力》，社会科学文献出版社，2010。

③ 阿珠丈夫在世的时候掌控家庭的重要事务，享有话语权，阿珠丈夫去世后则将权力传承给两个儿子。这也体现了传统女性所遵从的三从四德，"既嫁从夫，夫死从子"。

④ 同②。

演则由男性来完成。尽管经历性别之间的权力博弈，依然没有动摇父权制的根基，男性的象征性权力仍然有广泛的受众，为社会文化所认同和强化。女性权力要在前台发挥其实质性作用，尚需文化的变迁和时间的考量。

第六章　沉默的未央语

总结本研究的主要发现，意旨在于探讨本研究所开创的底层叙事的记忆次文体。描述口述史研究方法在本研究田野调查中的应用及有益经验，探寻其学术价值和社会的价值。本研究调查对象主要是底层农村妇女，意旨在于发出她们自己的声音。所采用的底层叙事的记忆次文体拓展了口述史的研究方法，具有开创性学术功能，能对未来口述史研究提供线索性导引。

第一节　本研究的主要发现

从文化溯源上看，本研究的调查点南日岛浮叶村位于台湾海峡，属于海上丝绸之路的沿线。随着海上丝绸之路贸易的发展以及浮叶人生存策略的选择，他们从惠安迁移至此。本研究对于研究海上丝绸之路沿线区域的族群迁移历史有重要的参考价值，也有利于深化对闽台文化的研究。依据中心—边缘的话语体系和吉登斯的结构二重性理论，阐述作为惠安女文化的分支和延伸的浮叶女文化，在迁移到南日岛后作为"他者"的客体存在，经历了文化的冲突—适应—融合的过程。在村庄的视野下，浮叶女不仅沿袭原生地的文化传统，而且还融合迁移地文化，产生对迁移地的文化认同，二者兼收并蓄，制约着浮叶女在日常生活中的行为模式。在女性的视野下，浮叶女重塑村庄文化结构，获得新的文化认同和价值体系，建构起新兴的浮叶女文化。本研究所描述的浮叶女作为积极的社会行动者，对村庄文化进行改造和重塑，律构起特殊的浮叶女文化，影响村庄的日常生活。

一　妇女口述史是展现流动族群真实生存图景的重要研究工具

对于女性主义研究方法，很多学者对此进行了大量的学术投入，百家争鸣，各具特色，但论述的精髓和脉络基本还是强调女性主义知识体系，将其作为观察和认知社会的研究视角。女性主义社会学家莉思·斯坦利和苏·怀思认为只有女性才能成为女性主义者、具备女性主义意识并进行女性主义研究，"从根本上说，女性主义研究是蕴涵着并产生于女性主义意识的，正因为如此它才能'以不同的方式看待世界'"。[①] 妇女口述史主张自下而上的历史研究，认可口述回忆的价值，赞同女性主义的价值理念，强调以妇女为中心展开历史研究，兼具史料、方法与政治的多重价值。采用口述史方法记录流动女性族群最直接的感触与体会，用"女人自己的声音"进行底层叙事，不加修饰地展现流动女性族群真实立体的生存图景，是记载和传承妇女史的"活材料"。

第一，历史分析与比较分析相结合。女性主义社会学家多萝西·史密斯指出，要开创一种女性主义特有的思维方法和叙述方法，并把该方法置于历史的具体情境和社会运行的关系框架里。女性主义研究方法的重点在于"从女人的立场出发探索日常世界"。[②] 从女性的立场出发并不是将女人的特殊经验普遍化，或者只是代表了女人之间共有的观点，而是为历史长河中缺席的主体和经验创造空间，给她们展示主体身份的空间坐席和话语权力，毕竟在传统历史格局里，女性的声音常常被忽略。于是，女性口述史研究就是采用历时性和时段论方法对口述资料进行全面梳理，辅之以族谱记载、地方志、碑刻等文字资料。对于日常生活经验的归纳和整理，并不是简单的对女人自身生活以及与他人关系的语言和行动记录，而是将研究的重点放置于实质表象之后抽象的社会秩序或规律，探寻浮叶女性在漫长的族群迁移中发展的历史谱系。这样的研究范式是反思性的，女性既是研究者，又是研究对象，二者是辩证统一的。同时，为了更好地展现女性的性别特质，本研究采用女性学独特的学科视角和社会性别理论进行性别比较、原生地惠安女文化和迁移地莆田女文化的比较，以此更好地梳理群体特征和彼此的差异性，有利于深化对于规律的总体认知。

第二，口述史描述与文献分析相结合。哈丁认为，女性主义方法论

---

① Stanley, Liz and Sue Wise. *Breaking Out: Feminist Consciousness and Feminist Research*. London: Routledge & Kegan Paul, 1983.

② Smith, Dorothy. *The Everyday World As Problematic: A Feminist Sociology*. Boston: Northeastern University Press, 1987.

和认识论的独特性在于女性经验的融入。相比较于传统男性经验所秉持的男性视角，女性主义研究方法就要基于女性经验，从女性视角出发描述女性的真实生存图景，在看似碎片化的口述描述中确认女性的主体身份，并成为衡量多样化女性日常生活经验的指标。哈丁还进一步指出，"研究者对我们来说就不是以一个无形的、匿名的、权威的声音出现，而是表现为一个具有具体的、特定的欲望和利益的真实的、历史的个体"。① 基于此，本研究所追求的方法论是建构于女性价值框架之上的，尽量摒弃性别、阶层、文化等因素的干扰。访谈口述对象的过程中尽量做到一对一的访谈，减少和避免其他家庭成员的介入，以保证口述者所描述的社会事实是其真实意思表达，能自由地表达自己的看法，成为口述过程中的主体角色。访谈中采用半结构式或开放式的口述访谈，基于阐释学的叙事方法收集所需资料，使被访问者在叙述中将处于碎片状态的个人经历拼接起来使之具有连贯意义，做到"让女人自己说话"。具体操作中采用即兴式的口述采访，让被访谈者口述真实生活的经历，使文化表述和生活经验有效结合起来，形成对于社会事实的厚描述。对于口述过程中可能出现的主观情绪和记忆偏差，访谈人有必要质疑所陈述的事实，及时进行立场转换或反向追问，还可以通过文献搜索、族谱记载、碑刻、旁人的补充访谈等更多的旁证资料予以补充，以利于去伪存真，由此获得的探索浮叶女性别特征的口述资料，才能多维度展现她们立体化的真实生存图景。

第三，话语分析和历时性研究相结合。在由男性书写的历史中，女人的经历常常被边缘化和琐碎化，甚至被完全忽略，仿佛根本不曾存在过。女性的生活经历经常被排斥在正式或者官方的文字记载之外。然而，剥夺女性的话语权和书写历史的权力并不能真正地让她们不能发声，她们在父权制下充满压迫的生活历史通过口述的方式传递给年轻一代。② 中国的女性历史建构出漫长的口述历史传统，并借助记忆和想象代代相传。③ 这

---

① Harding, Sandra. "Introduction: Is There a Feminist Method?" in *Feminism and Methodology: Social Science Issues*, edited by Sandra Harding. Bloomington Indiana: Indiana University Press, 1987.

② Anagnost, Ann. *National Past-Times: Narrative, Representation, and Power in Modern China.* Durham and London: Duke University Press, 1997.

③ Croll, Elisabeth. *Changing Identities of Chinese Women.* London: Zed; Hong Kong: Hong Kong University Press, 1995.

些女性的故事有助于解释女性的生活世界，并且可以帮助女性理解其自身的经历。女性之间的谈话是丰富的文化资本，它提供的不仅仅是各种故事、范例与模式，而且还有一部活生生的谱系，女性可以从这个谱系中认知女性的主体身份与抗争表达。[①] 因此，在对资料的分析处理上，采用话语分析和历时性研究相结合的方法。通过话语分析探寻女性在村庄的建构身份及其意义，以及所处的社会地位状况和生存图景。本研究还将肢体语言和情绪表达都穿插进访谈内容里，通过女性的感受和情绪的描述，感受到女性情绪反应就是演进的性化过程，通过口述的表达，女人之间达成共鸣，展现她们被性化的主体身份。同时，本研究通过历时性研究可以从特殊的角度阐明经验同话语之间的关系，探讨话语氛围和时间周期如何影响女性个体的生活经验和身份地位，以及原生地文化和迁移地文化如何形塑浮叶女，她们的文化适应及融合的状况。具体操作上综合运用类属分析、情境分析、事件－结构分析等方法进行深度二次分析。

二　个体—文化互动下呈现结构二重性的变化规律和张力

吉登斯的结构二重性将"结构"解释为一种规则和资源，它在社会系统的再生产过程中被不断地卷入其中，体现在：一方面，社会结构制约人们的行动，成为个体行动的框约力量，也使得个体行动成为可能。"行动并非总是在特定明确意图或意识的引导下进行的，但行动本身也并非是一种纯粹个体性质的东西，而是始终处于'结构化'或'例行化'状态之下的。人类的社会活动始终具有一种循环往复的特性，即'结构化'或'例行化'特性"[②]。社会生活中的"规则"主要指的是"在社会实践的实施及再生产活动中运用的技术或可加以一般化的程序。"[③] 社会规则的固化和框约力量主要取决于行动者的自觉，只是行动者的自觉更多体现在实践中而非拥有话语权。吉登斯说："对社会规则的自觉意识

---

① 潘毅：《中国女工——新兴打工者主体的形成》，任焰译，九州出版社，2011，第155页。

② 谢立中：《主体性、实践意识、结构化：吉登斯"结构化"理论再审视》，《学海》2019年第4期。

③ 安东尼·吉登斯：《社会的构成——结构化理论纲要》，李康、李猛译，中国人民大学出版社，2016，第16页。

（它首先体现为实践意识）……正是人类行动者的显著特征。"① 规则能够存在并延续下来，需要行动者自觉地践行并内化为个体意识。从本质上说，规则与个体行动者并非界限分明的对立物，二者互相依存，彼此依赖，规则是高度依存行动者的自觉意识（但首先是实践意识）、依存于行动者在具体实践过程中对它所做的理解和发挥的一种存在。

另一方面，行动者并非被动地受到结构的框约，他们有积极性和主动性去改造或重塑结构，二者在时空维度里相互依存，辩证统一。社会规律约束着行动者创造和再创造的社会实践；行动者则有着反思性和实践性的知识体系；行动者积极能动的行动体现为行动的反思性监控、行动的理性化和行动的动机激发过程。行动是这三个维度形成的一系列过程。在付诸实践时，行动者有着明确的行为动机，能对自己的行动及所处情境的社会和物理特性进行反思性监控；然而行动者的知识体系并不是全面理性的，总会遇到的一些"未被认知的行动条件"——这就是社会结构，并进而导致一些"非预期的行动后果"，而后者又会反过来成为前者。未被行动者认知的行动条件、行动者的反思性监控、行动的理性化、行动背后的动机以及"非预期的行动后果"构成了吉登斯的"行动自我的分层模型"。吉登斯认为，人类的所有行动都表现为这个模型，且都是以实践意识作为认知基础的。

吉登斯认为，规则和资源构成的社会结构并不是个体行动的外在附属物，在现实世界里，规则和行动是高度联系在一起的，规则不是简单的概括个体行动，而是规范和框约个体行动。积极能动的行动者在自己的知识体系范畴里选择合适的行动，检验规则的合理性。于是，行动者的积极能动不仅在于达致目标而且还实现了社会结构的再生产。社会结构指涉的两类资源分别是分配性资源和命令性资源，它们是行动者在互动过程中不断地再生产出来的。权力赖以存在的基础是资源，行动者依靠权力改变外在环境，这突出表现在社会环境场域里，权力有着对资源的支配力量。可是，资源并不能等同于权力，充其量只是权力实现的中介物。规则和资源建立起相互依存的关系，一方面，行动者所占有的资

---

① 安东尼·吉登斯：《社会的构成——结构化理论纲要》，李康、李猛译，中国人民大学出版社，2016，第19页。

源多寡及强度对规则的测试和确认有重要的影响；另一方面，资源又不是独立于行动之外的旁观者，而是行动者在社会环境中通过行动来赋予其多元化意义，从而影响规则的建构。因此，行动兼具意义的掌握和沟通、社会的认可与制裁以及资源的支配三个维度，且彼此之间互动相依。资源也因此具有转换性与传递性，可以随行动者在具体情境中的使用而得到改变。据此，吉登斯认为，"社会系统的结构性特征，既是其不断组织的实践的条件，又是这些实践的结果。结构并不是外在于个人的，……它既有制约性同时又赋予行动者以主动性"，这就是吉登斯的"结构化理论"的核心思想。

从吉登斯的结构化理论可以反思到，族群的文化是不为个人意识所左右的、遵循独立的发展轨迹的规范性存在，个体行动就是按照惯例进行的，只有在特定的情境下才会激发出动机，否则，个体行动就是规范的践行者。族群成员的行动并非是由一系列单个分离的意图、理由或动机组成的，而是作为一种"绵延之流"而存在。这种绵延不断的"行动流"经常体现为日常行动的"惯有特性"，即对于惯习的延续和遵从。对于流动族群来说，族群中个体的迁移经验会自觉沿袭原生地的文化并建构族群认同。族群文化认同是一种原生情感，源自自然或精神上的同源关系，血缘、语言、习俗对族群的内聚力有强大的力量。与此同时，个体行动者的社会行动更具有"实践意识"。变幻的情境使得迁移者从族群切身利益出发作出利益最大化的理性选择，尽管族群或多或少保留原生地文化但能与迁移地文化彼此交融、互动、整合，逐渐吸收迁移地文化的诸多元素，建构出新兴的文化形态。积极能动的浮叶女更是建构了她们的话语表达能力，即话语意识，使得她们有能力合乎逻辑地表述自己的活动及理由。于是，行动者以话语形式用来表述自己行动过程及理由的"话语意识"，与行动者以非话语或例行化形式监控自己行动过程的"实践意识"，二者相互结合，积极的女性社会行动者们以能动的实践建构了两种意识，也客观上促使外在环境的变化。这样一来，"结构—主体""社会—个人""客观—主观"之间的关系发生强烈的互动，原生地文化在族群迁移中会发生断裂，融入迁移地的文化体系，并兼收并蓄地整合成一个新的文化体系。流动族群中的女性成员通过多元化的性别实践，融合和重塑了具有特殊文化特质的生存空间。迁移的历史过程，使得浮叶族群建构了从"边缘—他者—客人"到"中心—我者—主人"的话语政治，妇女的性别实践促使移民文化从边缘回归中心，并实现性别化的自我认同与再生产。

三 对原生地文化的认同和沿袭

从时空维度上看，文化一经产生就要被人模范、效法和利用。对浮叶女而言，原生地的惠安文化通过纵向的传递，即社会化方式，将文化一代代传承下来；也会通过横向传递，在不同地域、民族之间传播，文化之间的交流促进了文化的接纳和融合。尤其在族群迁移的过程中，异域文化之间的碰撞和冲突更加明显，会加速文化的横向和纵向传递，促使文化的变迁。从文化的内部整合看，按照刘易斯·科塞提出的冲突的内部整合功能的解释，原生地文化与迁移地文化的冲突有助于建立和维护族群文化的身份和边界，文化在交流和融合的过程产生的冲突有助于族群文化内部的凝聚和整合，承载文化的族群成员间强化了彼此的团结和整合，形成有利于内部凝聚的合力。为了凸显彼此的成员资格，她们更愿意保持原有的生活方式和惯习，确认彼此之间的文化认同，加强互动的基础。社会性别理论认为，女性是由文化建构的。强调了文化对女性身体的框约和塑造。"性别文化指的是由社会或某一些人共同承认的有关性别的价值观和意义体系。"女性根据性别文化所指涉的规范和标准来引导和调整自己的言行举止。通过社会化的过程，建构起稳固的价值取向、精神世界和性别气质，乃至具体的行为模式。随着族群的迁移，女性出于文化的惯性，对于原生地的文化有着天然的亲切感和认同感，她们愿意固守长年累月延续下来的文化价值体系。这一过程中也会因为外界环境的剧烈变迁，而对原生地的性别文化有着改变的惰性，当她们疲于奔命适应艰难的自然环境和社会环境时，就没有足够的时间和精力对旧的性别话语进行反思，因此在迁移后的很长一段时间里，沿袭原生地文化是她们彼此互相认同的基础，她们之间默契的互动给族群带来强大的凝聚力。

浮叶女对于原生地文化的认同和沿袭，在本研究中具体体现为：第一，她们一呼百应的社会行动，建构族群认同的凝聚力；将神灵崇拜和祖先祭拜有机融合，以此作为载体强化宗族凝聚力，促进族群成员间的彼此认同；浮叶村最重要的元宵节，通过一系列繁复的仪式来祭拜神灵，在祭拜和游神的过程中，她们朴素的海神信仰，以及具体的仪式流程，总是充满着海洋文化的神秘气息，仪式成为符号化的标签，展演是过程，而族群认同的强化才是仪式的目的。第二，从浮叶人对闽越原始文化元素的保留和延续寻求其存在的合理性，描述移民过程中文化元素的保留和传承更能建构一个族群结构关系阶梯，通过文化特质的比较来探讨浮叶文化与他者文化的差异点，尤其是共生于同一个海岛的浮叶女与莆田女的差异点，更加凸显浮叶文化的特质。第三，原生地文化沿袭的生活经验。无论是时空维度的文化变迁，抑或是内外部文化冲突导致的内部整合，都使得浮叶女强化了对于原生地的历史记忆，保留着饮食、服饰、民间信仰等多元化的文化元素，比如，浮叶女至今还保留着惠女服，将其成为重要仪式、结婚、土葬时的服饰；她们还保留着闽南语且熟练掌握莆田语；老一代在年轻时还有长住娘家的特殊婚俗，早婚而晚育，对待婚姻从一而终的态度将离婚作为道德耻辱；长住娘家的婚俗促使她们有类聚本能与姐妹伴，姐妹伴成为她们婚姻中重要的角色，也异化为集体自杀的行动可能性；沿袭原生地的石雕技术，很多浮叶女与石头有着神秘的情怀，从事建筑业者众；男主外女主内的传统性别分工和丈夫出海打鱼的谋生策略，使得浮叶女获得掌控财权的家庭配置，也提升了她们的家庭地位。在曲折的迁移的经验中，文化认同得以巩固和强化，也增强了族群认同，获得族群内部强大的凝聚力。

四　原生地文化和迁移地文化冲突与融合，浮叶女对于村庄文化的适应

诚如社会学家库利所言，"冲突是社会的生命之所在。"[①] 兼具破坏作用和积极影响的冲突是个矛盾统一体，是辩证统一的，皆为社会的常态。秉持这一观点的达伦多夫亦认可辩证冲突论。他认为冲突是一个在社会性和结构性安排中相反力量间产生的不可抗拒的过程，着眼点在于强制引起冲突与变迁。[②] 刘易斯·科塞的观点与此类似，他也认为文化

---

① L. 科塞：《社会冲突的功能》，孙立平等译，华夏出版社，1989，第 4 页。
② 乔纳森·特纳：《社会学理论的结构》（上），邱泽奇译，华夏出版社，2001，第 172 ~ 176 页。

冲突对新群体与文化形态的形成具有促进功能，对新规范和制度的建立具有激发功能。原生地文化和迁移地文化的冲突，产生文化形态重塑的动力，促使流动族群出于生存发展的本能，需要潜移默化地接受异质文化，吸纳其中相同的文化元素，慢慢磨平不同文化元素的棱角，在长期社会化过程中认同并逐渐内化为文化价值体系。

传统的乡村社会是以自然经济、家族血缘和姻缘关系为基础形成的相对封闭的共同体。村庄是村民生活的主要场域和满足生活所需的主要资源环境，乡村中的个体在经济生产、人际交往与文化互动中保持着较为紧密的联系，并由此形成对村庄的文化与心理认同。个体的家计安排、人情往来乃至村庄公共事务的运筹，无不是以共同体所蕴含的社会规范为原则而展开的。随着人口迁移带来的异质文化的冲击，原有的生产生活方式和规范整合力量趋于松散，给迁移地文化的引入和渗透以足够的空间。原生地的价值规范、文化体系吸收了迁移地的文化元素，同质性文化得以强化，异质性文化得以并存，形成兼收并蓄的多元文化要素整合的文化形态，也影响着浮叶女的生活方式、民间信仰、婚配习俗、性别偏好等方面。这表现为：第一，日常生活的本土化，探索老一辈浮叶女封闭且鲜有出岛的生活方式，如饮食习惯、靠海吃海为南日岛人所同化，对待子女的教育也与南日岛人以九年义务教育为分界线的重男轻女做法趋同；第二，民间信仰，表现为有形的信仰而无果的传承，与本土文化交融所衍生的金、邱大人信仰，兼收并蓄原生地与迁移地所形成的独特妈祖信仰，以及重阳节习俗表达方式的本土适应；第三，相亲仪式与婚配模式。婚姻是浮叶女重要的生命事件，婚配仪式表现出迁移地的程序特征：受制于父权制、重男轻女文化、种姓制度的框约，招赘婚姻盛行导致有情人难成眷属，对于面子的推崇使得礼金攀比成为习俗，表象的婚姻竞争重新调整家庭在村庄的地位格局，尤其是作为仪式载体的灯笼成为家庭地位分化的表征；第四，对于土葬的原生性幻想。在特殊化的海岛语境下，岛民的魂魄观演变成对于土葬的原生性幻想，浮叶人对土葬陋习趋之若鹜，家族坟墓成为家庭权力博弈的竞技场，随着土葬被政府明令禁止成为历史，愚昧的浮叶女用绝食、非暴力不合作等方式作为弱者的武器，维护根深蒂固的土葬观；第五，巫术和灵媒。与神灵因缘际会的女性天赋异禀，有着通晓未来、指点迷津的能力，巫术和灵媒在村庄盛行，她们对于村庄生活世界的深度渗透，异化为村庄治理的"第二力量"；第六，神秘的库拉圈。鲍鱼成为礼物流动的重要载体，也演变为库拉，在流通中逐渐形成库拉圈效应并体现村庄地位格局；第七，重男轻女观念的根深蒂固。海上风浪的险恶使得远洋捕捞成为女性的禁区，也促使重男轻女文化特质在岛上根深蒂固地传承下来，母系家庭衍生出浮叶女母凭子贵的利益策略，村庄舆论对男孩的追捧使家族颜面淹没于口舌间，现代生殖技术成就了很多浮叶女的生子梦想，也固化了她们在家庭中的依附地位，很多浮叶人认为女子无才便是德，在教育投入上的性别歧视和男孩偏好沉淀在很多浮叶人的思想观念里。

五　浮叶女对村庄文化的塑造

随着现代化进程的加快，越来越多的浮叶女到外地感受大陆的生活方式和精神世界。无论是几百年前她们的祖先漂移到南日岛扎根，还是现在浮叶女流出到大陆的打工经历，漫长的迁移和流动过程渗透着传统与现代的二元对立又并行不悖，浮叶女追求个体自由的努力，对于精神世界的现代化改造，与她们对于传统习俗的维护，形成密切的联系和互动。正如 Andrew Kipnis 指出，"他们宣称要面向过去，并积极评价这种定位的价值。他们没有以否定过去为前提建设新的未来，而是将未来构建成自觉地用对过去习俗的重造来充满的东西。在村里，那些拒绝农民亚文化的人试图成为进步的人，将农民的特性视为是落后的；那些重视农民性的人则将他们的亚文化视为一种传统，认为出于对祖先的尊重，应该把它流传下来。"[①] 浮叶女就是在传统与现代的双重链条里，寻求合适的空间，建构起契合地理环境的带有强烈的海洋文化特色的新兴的文化特质，并拓展受众的半径范围，影响着越来越多的浮叶人融入村庄文化中。可以说，族群迁移的过程并不是简单的一个地点到另一个地点的迁移，个中掺杂着经济理性、价值建构乃至文化变迁，看似零碎的女性的叙述话语，正是多角度展现宏观变化的微小元素，通过对于口述史的记录，展现生动活泼的文化变迁历程。而女性个体也不是被动地服从文

---

① Andrew. Kipnis, "Within and Against Peasantness: Backwardness and Filiality in Rural China," *Comparative Studies in Society and History* 37 (1995): 124.

化的变迁，她们作为积极能动的社会行动者，也通过自己的努力建构女性特有的话语体系，彰显女性对于父权制的解构，对传统文化的祛魅，乃至对现代生产生活方式的重塑。

浮叶女对村庄文化的塑造表现在：第一，海上丝绸之路上活跃的生存者，描述了从清末民初延续到 20 世纪 90 年代的浮叶人在海上丝绸之路沿线国家讨生活的经历。浮叶人讨生活的艰难和辛酸的历史，通过女性的口述和书信往来的内容，展现她们的性别分工及勤劳质朴的性格特质，更深层次理解家庭在经济理性的决策中为了实现家庭利益最大化的考量而特有的性别分工。第二，就业流动中的性别分工与夫妻关系重塑。很多浮叶女出于家庭利益最大化的生存理性的考虑而选择就业流出，如果说未婚的浮叶女就业流出更多是放飞自我的尝试，那么已婚的浮叶女对于就业流动的考量则更多增加了经济、丈夫、责任等因素。虽然她们的就业经历会导致自我异化和自我物化，她们不仅吸纳也向往城市的文化特质，努力实现城市融入，但父权制仍在很大程度上限制着浮叶女积极的就业入世，浮叶女不得不选择就业回流，在家里承担起养老扶幼的责任，或者"随夫迁"，成为不直接创造家庭经济收入的全职太太，传统的基于男女生理差异的男主外女主内的性别分工仍然左右着浮叶女的个体化选择和就业流动的方向，形成不平等的家庭地位格局，也让浮叶女的性别化自我认同与再生产成为习惯。第三，攀比与竞争的游戏规则。面子是村里最为讲究的声誉，浮叶村民为了面子，不惜勒紧裤腰带砸重金投入到面子的博弈和竞争中。这表现为村庄到处矗立的现代化别墅，房屋的层高、格局、气派程度等因素成为村民眼里的考量指标，驱动着村民趋之若鹜的热情，但也助长了心里不平衡引发的地盘纷争；春节时村民操办的夸富宴和燃放鞭炮，将家庭财富展示给村民，并演化为互相攀比的竞争游戏。这些看似热闹的表面仪式，其实蕴含着村民难以言说的炫富情结。无土体熟人社会里的价值竞争，就是希望通过这样的炫富游戏，调整个体家庭在村庄中的地位结构；现代化的发展促使个体化在乡土社会里刻画出独特的历史轨迹，个体化渗透下的家庭结构日益核心化，女性的权力崛起和发挥积极的主体性，祛魅和再嵌入的过程中，女性开始拓展"女缘"关系网络，动员多元资源精心构建属于自己的关系网络，实现从被动沉默的客体到积极能动的主体的蜕变。她们建构以个体为中心的差序格局，运作实践亲属关系，将夸富宴作为拓展关系网络的重要载体，由此衍生出"女缘"圈子及广泛的成员认同，并通过娘家资源重塑在家庭乃至村庄的地位结构；从传统乡土社会到现代工商社会变迁的过程中，很多年轻的浮叶女蜕变成精致的利己主义者，她们学会了人情的熟练运作和面子的印象整饰，精心编制的社会关系网络改变了传统差序格局的交往方式，她们通过攀亲带故来强化关系距离，力图转化为强关系来接近权力支配者，通过功利化、权宜性的礼尚往来，促使权力—礼物之间形成资源交换；第四，维护婚姻的集体动员与关系话语。描述了浮叶女阿琴婚姻危机的个案，探讨了家庭成员和左邻右舍的关系话语，剖析了旁观者对于新生家庭的婚姻维护，展示了他们通过集体动员约束和维护婚姻，建构起一整套与家庭道德联系在一起的文化规则。第五，父系家族的代际传承与儿女间分化的赡养逻辑。父系家族代际传承建构了重男轻女的互惠体系，儿子对于家庭财产的继承与对于父母的赡养行为形成约定俗成的交换关系，女儿在赡养中的非正式身份并未妨碍她们的实践性赡养关系，尤其是在生育家庭中，母亲建构起积累性责任，并通过家庭的权力予以表达。

第二节　开创底层叙事的记忆次文体

传统意义上对女性问题的研究可以采用定量和定性两种研究工具，在具体的选择上两种研究工具各有利弊。因此，未来对于女性问题的研究可以不单单采用问卷调查和个案访谈，可以采用新兴的研究方法口述史，并在实践中操作化为底层叙事的次文体。口述史虽然不是女性学研究的独创方法，但已成为一个有着广泛前景和受众的研究工具，可以对传统史学起着补充和校正的作用。通过女性的底层叙事，完整记录作为社会主体的"人"及其历史，呈现动态的历史过程，使得"真实的记录"成为可能，让"事件"的参与者直接对"历史"说话，"倾听她们的声音"，将生命经验融入事件的理解，有效防止转述的误差和篡改。口述史方法的采用，可以将人类学的研究方法引入到对于女性学的研究，使得研究的过程不再是冷冰冰的沉默数据，而是形象生动、立体多元的图景再现。口述史的采用将规避宏大叙事史观的弱点，从微观的、接地气的角度对女性进行必要的关注和记录。在相关文献资料较为匮乏的情况下，口述史可以成为一个重要的补充资料，校正认识偏差，展现有血有肉的"人"的个性特征，并拓展研究领域的视角和生活经验，实现人类学与女性学、社会学、人口学的学科交融，达致学科整合。

在历史发展过程中，女性作为弱势群体常处于边缘化的角色地位，她们的存在价值和辛苦的付出常被忽略，女性的话语权没有得到应有的重视，女性的声音和所表述的情感体验很少得到主流学界的关注。即使偶尔出现女性的角色描述，也大多是从男性的视角出发来评价和记载上流社会的女性，而极少出现对少数族裔和底层普通女性的专门研究。"让女人自己说话"是建构妇女史的基本原则，发出"女性的声音"，在今天社会中兼有政治的和学术的双重使命。找回和重建女人的历史，不仅是史学的需要，更是女人找回自我，确立自主、自信的人生的必要基石。对此，女性主义者已经有相关的文献研究，并取得了大量的研究成果。这些研究主张从女人的立场出发，用女性的视角分析资料，"向男权文化为主导的传统史学挑战、将妇女置于历史的主体地位来研究，通过重视一向被忽视的妇女的声音和视角，以及她们在历史上一贯的主观能动性，来揭示形成社会性别的历史过程。"鉴于此，女性的口述资料不仅仅在弥补女性历史，也对男性历史提供新的观察。男性书写通常更多呈现功绩和伟业，往往只对重要的历史人物树碑立传、歌功颂德，而本研究所建构的妇女口述史，则以女性的口吻来叙说她们生活中的诸多方面，看似琐碎的故事恰恰隐藏着她们与文化进行互动的真实感受，与男性书写不同的是，妇女口述史更加微观和具体，边缘化的社会事实呈现女性的主体性，她们作为积极能动的社会行动者，如吉登斯所言，不仅传承原生地文化、适应迁移地文化，受到村庄文化的框约，同时又积极建构新型的村庄文化，体现出女性的主体性及在村庄文化塑造中的重要作用。妇女口述史的特点在于生动活泼、立体形象，把边缘化的女性拉回到社会主体地位中。中心与边缘，看似二元对立的存在，却在女性的叙述中互换互构，边缘化的女性在口述中凸显其主体性。

这种基于女性叙事与记忆的次文体，就是站在女性的立场上，按照自下而上的方式对女性的生命经验进行访谈，以"接地气"和"人民化"的价值取向来关注她们的生命事件，尤其是与日常生活紧密联系的碎片化的记忆和感受，理解话语背后所隐含的深层的价值体系并重新认识妇女意识的建构历程，揭示日常语境对于女性的塑造及其女性对于所处状态的适应和重塑，特别是她们目前所处位置所预示的社会地位状况。底层叙事是从微观的角度叙述个体的经历，亦可指涉从属群体（亦称庶民）的叙事。而女性作为一个从属群体存在，对于女性记忆的口述记载，则更多采用底层叙事来描写。斯皮瓦克著名的"从属者无话语权"的论点，用于社会性别领域，源于女性受政治、经济及意识形态诸因素所限，失落于"历史文献"与本地"父权制"夹缝的现实。女性的底层叙事被这样一个话语的权力结构所压抑，通常难以"浮出历史地表"。由此，女性底层叙事不仅是对历史的"补白"，更是对以往那个失衡的文化符码结构的拆解，对主宰性叙事的抵抗，体现主体性解放。

在社会的多重场域里，我们常常难以窥探到底层真正的声音，而常常游离于边缘状态的女性，特别是没有足够文化积累的女性，比如书中所谈到的灵媒、与神灵心灵相契的媒婆、年事已高却以绝食来反抗火葬制度的老年妇女，等等，她们没有文化，自然没法用文字来记录她们的生活经验，更没有渠道来表达她们的真实感受，于是底层叙事的次文体提供了这样的途径，让这些平凡的女人们，也能被社会看得见。尽管她们没有弱势群体的悲情，也没有草根的积极向上，她们的身上常常带着时代的印记甚至是污名化标签，但总归要有人来记录她们真实的生存图景，不再让她们来自底层的声音被遮蔽。在村庄的关系格局里，她们的生活经验绝非城市上流社会的"阳春白雪"，但有着"下里巴人"的底层想象，底层叙事的次文体，提供了一个感受纯真的契机，真实的叙事更具有穿透力和社会洞见。

基于此，我们有必要用底层叙事的方法对特定区域的女性的生存图景进行描述。可以说，口述史作为一种记忆的次文体，提供了底层叙事这样一个工具媒介，让我们以此为载体获得属于底层女性自己的真实情感表达，在字里行间搜寻女性的历史经历，由此展现生动的妇女史，构建多维立体的女性生存图景和历史还原。本研究对于这一研究次文体的应用，正是对女性研究方法的有益尝试。

附录1 南日岛志

我国沿海岛屿棋布星罗，关系国防最为重要，第因历朝主政划策不同，弃守无定，遂使有用之地几沦为荒域等，降至近代，虽渐感亟宜开发，然尚乏慎密之调查者，比比犹多，如吾闽南日岛即其一也。南日岛旧称南匿山，清《一统志》云：南匿山在莆田县东九十里大海中，与琉球相望，一名南日。明初设寨于此，后徙入内地，是我国经营其地。远在宋元，徐兴公藏书目：有安国贤《南日寨小纪》十卷，可知前人已有详细记载。旧寨既废，书亦不传，考献无征，识者惜焉。

福榛自北京大学毕业后，服务桑梓垂十余年，今夏奉陈雄夫专员命来是岛指挥党务，首即视察地方情形、山川、风土、人情，逐日请求，或公余踏勘，笔之于篇，成《南日岛志》一书，以为建设是岛借镜。惟时间甚暂，闻见未周，其中简陋窒误之处，在所难免，深望海内贤硕详加指正，欣幸之忱，岂福榛一人已耶。

民国二十六年（1937）十月卅日萨福榛[①]志于南日岛

沿　革

兴化洋外群岛星罗，其最大者有四，曰平潭，曰江阴，曰南日，曰湄洲。南日土质硗薄，耕田稀少，全区丁粮共只一百零两，人民贫困，多海盗，任何商船经南日岛必栗栗危惧，不敢久泊。然南日非尽盗，不过盛衰乘除亦视政治之良否为转移也。

南日岛发现于何代，志乘无考，民族之迁来更不能起枯骨而质言之。据《兴化府志》，海上岛屿，宋元以来，居民甚多，洪武初，以勾引番寇遗祸，地方奏迁内地，岛屿遂虚，故今日居留之民族实自明代以降始

[①]　本文作者萨福榛，为民国时期海军将领萨镇冰的族人。

迁入岛，岛民宗祠之图像及古墓之碑石，可得十之八九之考证焉。南日各村之有族谱宗祠者殊鲜，惟石头盘乡陈姓有宗祠及族谱，其中神主与图像皆始于明初，迄今而繁殖。想自明初以后，海禁渐弛，居民复渐渐来聚，或谓由于明代御倭寇之戍民亦未敢断言也。其次古墓碑石及神庙之纪年多为清代，康乾明碑，绝无综以上之迹象。观之现在该岛之民族来自明代，盛于清初，可无疑矣。至于建置沿革，明初曾设寨于此，内遏南安湖井之冲，南阻湄洲岱屿之陁。景泰以后，移与内地，旧寨遂废，前清咸同之际，设县丞统治，民初设县佐，继设岛务局，归省府直辖，二十二年秋，民政厅明令取消南日岛务局，尚未另有改设，而本省政变已起，该岛遂陷于无政府状态者，约半年至二十三年五月。该岛公民林慎修，呈请设区管理，经省府核准，改为福清县第九区，并委林慎修为该区区长，孤岛悬绝，遥控不易，有鞭长莫及之叹。二十四年改南日岛特区署，委李名堂为区长。同年九月，省令撤特种区署，为福清县第四区，仍归福清管辖，至二十五年十二月，又改为特种区署，再归省政府直辖，受第一区行政专员监督指挥，至二十六年，福建省党务特派委员陈公雄夫，以南日岛地位重要，有关国防，于夏间，呈请中央设立党部，任萨福榛为党务指挥专员，来岛开办，其初系秘密组织，至八月始公开活动，以三民主义熏陶人心，使南日岛民众于覆盆之下得获仰视天日。

形　势

南日岛位于本省之东南，东经二五点二度，北纬一一九点七度，西界莆田，西北界福清，北界平摊，东邻台湾海峡，为多芒角形之长岛，横卧海中，东西广阔，有山相距约二十华里，南北狭小，多沙滩，中央平坦，四周围小岛屿环绕，如众星之拱卫，全岛面积三百方里，海岸线蜿蜒，便于停泊。在国防上，位置甚为重要，港之大者，有西寨、石头盘、云利、岩下牛肚港、浮叶、后叶及官澳等处，中以西寨港最为深广，可泊巨舟，南北有山，东岸沙滩时深时浅，去涵江七十五华里，曾经省政府建设厅及闽海关派员勘测，拟辟为海航避风港。其东面草湖港，面积约三千余亩，潮汐时，深八九尺至一丈余，潮汐退，泥沙毕露，此港可称为一良好渔港，惜无人建筑，任其潮生潮退，送朝晖而照夕阳也。

官澳港东南有山为屏,西北为屿,偎掩任何风浪,皆可引避,唯吃水不深,轮船不敢驶泊者,尽帆船。岛之东西山,以尖山及九龙山为骨干,山岩受风雨之侵袭,化为壤土,居民辟为田园,土壤硗薄。

属 岛

南日岛所辖之小岛多在东北:一小南日,二东西鳌山,三大敏,四罗盘屿,五赤山等小岛。小南日因形似本岛,故名之,距官澳仅七八里,东西长,而南北狭小。本岛十分之一施姓占十分之七强,余为陈庄王余等姓,生活完全恃诸渔业;

东西鳌山在小南日之东,西鳌俗称为小鳌山,东鳌俗称为大鳌山,在潮落后两山可以通行;罗盘屿在本岛之极东北,前为海岛巢穴,居民甚少;赤山在罗盘之东,前亦为海匪逋逃薮;大敏居民甚少,石室若窖,人乏衣食;浮屿、鼓山顶、卒仔兜面积均小,无居民。

胜 迹

南日岛孤悬海面,文化落后,虽有山水名胜古迹,终鲜文人学士题咏记载,遂多湮没无闻,无从查考,故兹将最近调查所得分述如左:

一、浮斗观日:浮斗面临东海,太阳东升,如巨轮突涌海际而上,红芒映射,海天一碧,数百渔舟争出掏鱼,其乐融融。

二、尖山远眺:尖山以头尖而得名尖头山,山之巅有玉皇宫关帝庙,阮存岩凹,微露半面,山尖有石,平滑如台,攀沿而登,可俯瞰全岛。岛民于东海捕鱼,均以是山为南针。

三、九龙险峻:九龙山险峻,为环岛冠,若干年前为海盗雄踞,山势迴环,堡垒屏峙。至今遗迹尚存,足供后人凭吊。

四、海会古墓:该墓系何代物,不可考也。传为宋代名宦,海行遇险,全家溺海,岛民收其遗体,葬于古万屿。群山翠绕,烟波万顷,颇饶风景,岛民甚信,问灾祈福,必决。于是,年节礼祭,膜拜尤虔。

五、西寨晚照:西寨港,当夕阳衔山,彩霞万丈,绚烂无匹,航舟三数欸乃。其间,红男绿女红裤跣足,微逐其间,争抬鱼虾,几疑人间仙境。

　　六、龙头山烈女祠：烈女姓林名俊妹，生于西户乡，初字白沙洋乡杨姓，杨子业渔。一日女方勤织倦极，凭机而睡，梦其夫溺海，妹奋身赴援，以口衔夫衣襟，将及岸，母至见其酣睡，喊醒，不旋踵，噩耗传来，杨子溺毙，女哀毁之，余誓守其志，其翁姑以家贫勿许，然女志坚决。而两家父母遂不敢反其意，女入杨门，以盐盲目以示决心。某年颇旱，岛民望雨祷于神签，示求女，女出禳于烈日之下，不雨，女愤不能感天地，闭门自尽。是夜大雨，乡人德之，于龙头山建祠祀之，至今，庙宇巍然，香火不断，为万人瞻拜。

交　通

　　南日岛孤悬海面，交通不便利，多用帆船，地当福清、莆田、惠安、平潭诸县。水道往来要冲，每值狂风，则海面断航，交通断绝。由西寨港至涵江七十五华里，至平潭县约四十余里，石头盘至莆田所属炮台山二十余里，由炮台山至涵江，陆路九十里，若南日至福清高山之牛头门，约三十余里，须经过十八群岛，非有领航者不敢开航。

气　候

　　南日岛冬无严寒，夏无酷暑，冷者不过池有薄冰，最热者不过华氏表八十五六度，故气候极温和。唯风季极多，当夏历七八九月，台风一至，屋宇震撼，海滨细沙随风卷起，扑面伤肤，目为之闭，首为之低，十、十一、十二月风亦强烈，正、二、三月渐渐和缓。四、五、六月，始有天朗气清之日。每值狂风，海中断航，交通亦为之断绝，日用必需品如柴米油盐酱醋茶等，均受缺乏，岛上气候时时不一，夏季炎日方张，忽然云生大雨，凉风习习，则俨如秋令，故居是岛者，须时时留意焉。

物　产

　　南日岛出产，以花生、地瓜、紫菜及鱼类为大宗，其他猪羊鸡及蛋等亦有输出，浮斗、鳌山、大敏及小南日岛之鱼，春冬两季以虾蟹多，夏以鳗鲕多，每年产值数十万元。东菜尾、浮斗等处，海滨岩壁，于春冬之际，丛生海藻，称为紫菜，岛民攀巉岩削壁，卷菜成条形，质嫩味美，驾于平潭县所出，是为南日岛特产，年产值十余万元。

户　口

南日岛户口向无确实统计，自设区编查保甲以来，始略有端绪。兹依据二十六年七月所编，计有四联保，二十五保，二百五十四甲，二千五百八十八户，男女共一万四千八百八十三人，所属各岛屿约五千人，统计约两万人。居南日岛者，可分为两大支派，居于西山者，系莆田迁来，居于东山者，系福清迁来，姓氏宗族又分门别户，俨然部落生活。东山之五杨，中部之东林、郭二大宗，南部之陈张，西北部之王刘，西南部之王黄。各族有乡长而不能负责，遇事则人言繁杂叠嚷，械斗报复不已。闻清季东山归福清管辖，西山归兴化管辖，嗣因赔钱多累兴化，抛弃完全归福清，各族械斗仍不少减，近经编组保甲绥靖安抚，械斗之风始息。

氏　族

西寨自江嘴至岭上，蔡姓居三分之一，系莆田蔡京之裔。因蔡京为宋代奸臣，故子孙不认为祖，均称为蔡君，谟之裔，施姓居其次，其余为江姓，居民性耐劳苦，农隙则掏鱼，初山在西寨岭北偏，完全姓刘，为王刘之一，民务农为业。官沃、西安楼、平顶三个村，完全姓刘，为五刘中之三，村民多务农兼掏海。后峰完全姓刘，合初山、官澳、西安楼、平顶四村为五刘。龙头山在西寨山之正东，约里许，其南面有山，形似龙头，故名之也。黄姓占十之九，故称五黄之一，民以农为业，万安楼居民完全姓黄，为五黄之二。山北居民亦完全姓黄，为五黄之三。厝娘子姓魏，民多业农，后山仔姓郭，民悍，为三东之一。草湖在本岛之中部，地势平坦，南北两面大海，其民强悍，多操舟为业，余林两姓各半，为三东之二，头英石毗邻草湖，多姓郭，为三东之三，红头户草湖分支鹅头，尽姓杨，为五杨之一。石头盘在西寨之南，近接海滨，尽姓陈，文化比较优先，其房屋建筑在本岛足称巨擘，惜二十一年五月间，永绩军舰误信惠安逢尾村，虚报焚毁民房数十栋，至今元气尚未恢复。大井在石头盘之东南，姓林，务农为渔。岩下在大井之东，近海滨，姓张占十之九，为西山大村；云利附土头、井埔，刘陈二姓为大宗，留学外国，不乏其人；平海楼完全姓张，月眉姓林，土地坪附君楼南。厝娘仔林姓为大宗，白沙洋在东山之麓，近领沧海，文化比较全岛为优，从前贩海洛因者颇多，今已禁绝，民风强悍，尽姓杨，与福清高山、渔溪二处杨姓同宗，故列为五杨之首；西皋与白沙洋毗邻，地多沙漠，民极穷困，尽姓杨，为五杨之二；此次本岛党务指导员萨福榛即在此地发现煤矿，化验若可用，对国计民生大有裨益；后叶多姓杨，亦列五杨之内；浮斗在东山之海滨，无耕地，依海为活，男女之形态极奇，妇女之发扎成很长，髻如清季之花翎，然昉于何代，不得而知，现已逐渐改良革除，该村为五杨之大村，而与其他杨不同宗；东菜尾则本岛之极东，民以渔为业，产紫菜为各县冠。

民俗（一）

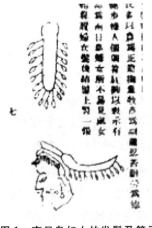

图1　南日岛妇女的发髻及簪子

岛民健讼好斗，每因极其细微之事而发生械斗，甚至循环报复不已，哓哓求直，倾家荡产，在所不计，铤而走险，流为海盗。近年政治渐上轨道，此风稍杀。人民多以农为正业，讨海牧畜为副业，忍苦耐劳，为他处人民所不及。男女终年不著长衣，衣不蔽体，赤足健步。妇人个个着红裤，以示有福之意，若不着红裤者必媚寡之流，至于绫罗丝织品为南日岛妇女所不易见处。女梳辫，首缠红绒绳一把，无贫富皆赤足，废历除夕始着履，妇女发后结髻，上制一银盖络以小簪，重至七八斤，价值百余元，绘图如图1所示：

现已革除将尽矣。人民食粮以山芋为主，无山芋时，即向海中掏小鱼以充饥，非岛民不惯食米，是因金钱不许可。岛中村落建筑非常散漫，各就地势，门向任意，村中无街衢店肆，建筑房屋多中青石，为墙留一小洞，以通空气，室内甚少有窗户，故其室内黑暗而潮湿，屋上盖瓦，较内地需多覆一层，粘以石灰，瓦上再密压尺方石块，不如是，台风一起，片瓦无存，海风之厉，可见一斑也。岛民迷信，每有疾病，多问鬼神以求佑。民国二十三年起，打吗啡风行全岛，每日消耗在二百元以上，自厉禁后，此风稍杀。

民俗（二）

岛上婚嫁亦彩舆鼓吹，惟聘金特厚，贫者亦需二三百元，稍足衣食者率五六百元，尚有赘婿入岳家，亦须纳三四百元不等，赘婿有姓本姓，有姓岳姓者，生男自承宗祧，生女首继岳家，真一买卖婚姻也。其最奇者，娶妇可以出卖，可以甲乙交换。而妻家为巨族，丈夫卖妻，妻族不但不干涉，反促其交易，速成可分三分之一卖价。如夫族微弱，妻族强大，可分三分之二卖价。此外尚有更奇者，如某甲之妻卖出，某乙买为妻，生有子女，某乙出卖子女，其妻家族乃得出而分润，某乙卖子女金钱。又有齐食制度，意即共同生活，妇人夫死，子女幼稚，田园荒芜，守既不易，嫁又不能，于是授意家族之长者招人齐食，其手续先由男女双方同意或经媒妁之言，家长许可，然后由男子出资宴请亲族，征取证明，即认为正式夫妻，若不循此途径，则认为奸乱，往往处以极刑，过去奸夫淫妇沉海活埋，时有所闻。齐食后，男子则应常住妻家，代其耕作，共营生活，生有子女，首出多归妻有或归夫有，则视其成约而定。与初婚子女齐食，则男子应冠女姓，或纳以相当于雁聘。男子应常住女家，代耕田园，维持家计，子女首出则归女姓，此种制度用费廉。丧葬之礼，贫富悬殊，贫者则择地筑一椅背式之石灰墓，崇伟固不如福州，而形式则无少异，贫者棺厝野外，三年之后，棺朽尸化，捡骨盛于瓦坛中，上覆以灰泥，埋诸山岗，永留子孙祭奠。

宗　教

　　本岛宗教势力甚为膨胀，全岛天主教堂，耶稣教及真耶稣教会不下百余所，尤以岩下天主教堂峻宇，高墙，为全岛建筑冠，其次如白沙洋、草湖之耶稣教堂亦崇越民居，每逢星期信徒聚集礼拜，听讲耶稣教之，美以美派传入莆仙内地，系先由本岛草湖始，后散布全省，故是乡建堂纪念以示不忘也。

附录2 南日山记[*]

沧海茫茫之际,水光接天,有一山浮于日之南者,为中流之砥柱焉,夫山属既之于南,而南又系之于日,意为被太阳拱照之方,出震向离之象,岂非南方之雅化,南国之休风也哉。居其所而四面之岛屿萦回者,宛若众星之旋绕焉耳。

试观界分南北,山别东西,榕城居半,莆邑相连,一百零八乡兮,风土人情并美,三十六曲兮,鹤汀凫渚争奇。

溯洪荒于未辟,浮桥之洪水横流,迨混沌于初开,大井之清泉渐引。甲称四甲,石头盘之文物流芳,庚号六庚,芦竹井之仙踪寄迹,王庙天宫赐福,登万安楼以进表,帝山天子来游,坐六角石以题诗,土地坪之神明如在,观音澳之我佛有灵。东户西户鸡鸣犬吠相闻,港南港北风起蛟腾,平海楼月眉之半月星辉,云利岩下之片云绚彩。君楼百尺,仰烟景于万湖,官澳千间,靓风光与浮斗。平海楼通则高洋可渡,尖山起则大屿堪登。东莱尾之白露成珠,屿仔洋之丹露舒锦。

若夫龙咽吐气,坑口生风,鲨壳顶浮坡,鹅头下戏水,北楼增其眼界,西寨壮其游观,粗山聚则山头益俨,卒仔兜排则岩下长雄,企坑之流水生声,大峤之层峦叠翠,滩兜险而霞桥驾,官澳长而飘淊深,乃望梅于院下,爰采藻于溪顶,镜仔虽云褊小,照人别有光辉。

况当征马踟蹰,寨里之兵车暂驻,渔舟唱晚,江咀口之舸舰弥津,白沙洋之白雪飞花,赤路口之赤虹化玉,峰回路转,登坪顶以逍遥,地阔天长,越渡浜而奔走。大池头之水清兮,可以濯我缨,泗洲垅之水浊兮,可以濯我足。至于墓前祭扫,山水观光,中楼畅饮,上患高吟,法华寺之诵经,良有以也,清云祠之说偈,岂徒然哉?

石燕于飞,风起于赤多之外,商羊鼓舞,雨洒于白山之前,最可爱

---

* 此文为民国萨福榛作,当时南日为无政府管辖状态。文章写出了南日各个村落以及周围屿、礁的详细地名。

后峰毓秀，列岗峦之体势，后山献瑞，验民物之安康，后郑初偈有菜堂，后杨又观其胜境，以及后坑遇夏而生凉，后叶逢春而再发，倘大厝娘怀孕，龙王宫之贵子投胎，厝娘仔成婚，石院下之嘉宾来贺，欲得龙头山之正脉，须从鬼屿之祈求，推而坑底影深，头英石片石尚存。

大池口现，鸬鹚后寸胫可通，岂惟耘菽于土头，且喜积粮于官厝。利厝亭之灯句可敲，请问西皋长者？石门碌之春联未换，恭烦云利先生，苟非半路有亭，草湖之百卉俱靡，幸际妙音有寺，西安寨之万物皆新，连绣壤于井埔，乌龟宛在，绘丹于鸟屿，红头户依然，后亭头供其玩赏，黄厝楼任其安居，德阳宫之阙效灵，金炉飞坠，佛梦之祖师神话，莲座脱凡，一旦国公回驾，旗鼓坑之歌舞纷纷，千秋烈女流徽，火石坛之香烟蔼蔼，祇祈厚福之滔滔，何妨小力之劳劳，将见虎仔负隅，南山辟何由过路，牛郎牧野，后山仔洞别一洞天。走驿马于海隅，非无胜概，捧罗盘于埔仔，岂泛雄州，火烧刀之气焰腾空，东岐楼之彩凤来仪，四角井深，酌甘泉而觉爽，一点灯笼，映车路而流光，当年父老迎婆，东埔仔之杏花一色，此日马鞍停辔，南浦头芳草千般，山下与山边接壤，大麦兼小麦同风，斯时也，笔架三山，朱文公之旧迹奚存，砚池溪水，叶先生之故居安在，第见丘山楼之不朽，泰澳之石屃弥坚，燕头持势，蜂仔归巢，狗尾振威，鼠多入穴，摇篮坑之赤子同眠，胶桶塞之奇兵肃静，千民寨之聚，五虎山之藏；凤舞之凤尾朝阳，龙飞之龙头带雾，幸也。烽烟平息，白马庙之元帅犹游，社稷安宁，青龙寨之将军宴饮。

本岛虽为海滨僻处，亦被邹鲁文风，其间县令之所站，军旅之所司，水陆咸亨，出贡赋以供圣天之要需。即此一隅之地，直与邦畿千里，若合符节，异日或献民众于天朝，登版图于王国，庶几有论有要，及万斯年之不变也，因着俚词，附记于此。

　　释：在那沧海茫茫，海水和天空相接的地方，有一座山漂浮在太阳的南边，就像坚强地屹立在激流的海浪中的砥柱一样，那山既是在南边，而南边又连着太阳，意思是被太阳拱照的地方，出震向离的迹象（《易经》上说，震代表东方，离代表南方。这句话意思是太阳从东方升起，在南方照耀）。这难道不是南方最纯正的教化和美好的风气之地？它的四面被岛屿环绕，好像众星捧月一样围绕着它。

看那岛屿分为南北界限，和东西半岛，一半由福州管辖，一半由莆田管辖，总共有一百零八乡，风土人情都很美，有一个叫三十六曲（石盘）的村子，栖居着水鸟和野鸭等珍奇的飞禽。

追溯到尚未开天辟地的远古时代，浮桥村的洪水横流，（东西岛还未相连），等到了混沌初开之后，大井村的清泉才渐渐流进，（从此有了村庄）。四甲年，石头盘遗址的文物流传千古，六庚年，卢竹井村也有了人居住的踪迹。到王庙（石盘）去求天宫赐福，登万安楼（万峰）去进奏上表，邀请皇帝到皇帝山来游玩，皇帝坐在六角石上题诗，土地坪（石盘）的神明还在，观音澳佛祖有灵。东户和西户村的鸡鸣狗叫都能听到，港南和港北村的凤凰蛟龙起舞，平海楼和月眉村已是半月星辉，云利和岩下村天空依旧云朵绚烂，君楼（石盘）高百尺，能够仰望到万湖的烟霞，房屋千座，和浮斗一样有着美丽的风景。平海楼路通了走过去就是高洋，从尖山下走过去就能登上大屿岛。秋天到来时，东莱尾、屿仔洋的露水凝结成珠，风光像是绣在锦缎上的画一样。

如果龙吐出气息，坑口村就会刮风，在鲎壳顶浮坡，去鹅头下戏水，登北楼能够开阔眼界，游西寨能够壮大游览的力量，如果粗山聚集山头就更加整齐，如果卒仔兜的水排完，岩下就更加长久坚固。到那时候，企坑村的流水有声，大峤山树木翠绿。（可惜）滩兜险峻，官澳狭长，飘湴幽深，于是只好去院下（岩下村）望梅，到溪顶采摘海藻，镜仔虽然狭小，照着人却别有光亮。

何况当远行的马徘徊不前，兵车暂住在寨里，傍晚时分，渔船归来，船只停泊在了江咀口（山初）的渡口，白沙洋下起了白雪，赤路口的彩虹从天而降，化作了美玉，峰回路转，登上坪顶逍遥自在，地阔天长，穿过渡浜一路奔跑。大池头的水清澈，可以洗我的帽子，泗洲泷的水污浊，就用来洗我的脚。等到了墓前（山初）扫墓祭拜，观赏山水，去中楼痛快喝酒，去上惠（海山）高声歌唱，人们前往法华寺（万峰）去诵经，的确是有原因的，清云祠的佛家偈语，又难道是无缘无故的吗？

石燕要起飞了，赤多之外开始起风，商羊神兽（知雨的吉祥鸟儿），在大雨到来之前，屈着一足在白山，跳着古老的舞蹈。最可爱的是后峰天地灵气，高低起伏像岗峦的样子。后山呈现祥瑞，见证着这里的物产丰富，人民安康。后郑最初有座堂，后杨能观看到它的美景。以及后坑在夏天时凉快，后叶逢春天发芽。如果大厝娘（万峰）怀孕，必定是龙王宫（东菜尾村）的贵子投胎，厝娘子（万峰）成婚时，石院下的嘉宾纷纷来祝贺，想要生下龙头山的正统，必须到鬼屿去祈求，推而坑的底下幽深，头英石（万峰）的一片石头还在。

大池口（港南）出现，鸬鹚后脚部就可通行，难道只是麦子堆满土头（云万），粮食堆积在官厝？利厝亭的灯句值得推敲，请问西皋的长老？石门硖的春联没换，恭敬地去劳烦云利先生吧。

假如不是半路有亭，草湖的百花都枯萎了，幸好有座妙音寺，西安寮的万物都更新，连着一条水沟到井埔，乌龟还在，在鸟屿绘画，红头户依旧在后亭头赏玩，黄厝楼仍凭它居住，德阳宫的宫殿显灵，金炉上香火落下，佛祖梦到祖师神话，观音莲座脱凡，一旦国公回来，举旗打鼓歌舞纷纷，千秋烈女（龙头山烈女祠）唱出哀婉的声调，火石坛的香火旺盛，向神祇祈求厚福海水滔滔，何妨劳烦小力的人。将见虎仔屿阻拦，南山从哪里过路？牛郎在山野牧牛，后山仔洞中另有一番风景。传信的马儿向海隅，并不是没有圣明的君主，在埔仔捧一个罗盘，等同雄州。

火烧刀的气焰腾空，东岐楼彩凤飞来配合，四角井深，饮水倍觉清爽，一点灯笼的火光，映照在车路上发出光芒，当年父老迎娶，东埔仔的如杏花般姿色的女子，这一天，马鞍脱离缰绳，（自在地奔跑），南浦头有芳草千种，山下和山边相接，大麦屿和小麦屿同风，这时候，笔架三山上，朱文公（朱熹）的旧迹还存在哪里？砚池溪水里，叶先生的故居在哪里？（名人都会随着历史消逝，只有自然界的景物长存）只见那丘山楼永不磨灭，泰澳的石头更加坚固。燕山保持它的高耸的地位，蜜蜂归巢，狗尾摇摆振威，老鼠多已入穴。摇篮里的孩子一起睡眠，胶桶塞的骑兵肃静，千民寮（东菜尾）聚，五虎山藏，凤凰起舞时凤尾朝着太阳，龙飞时龙头带着雾气，这是幸事啊。战火平息，白马庙的元帅还在悠游，国家安宁，青龙寨（浮叶）的将军在宴请宾客，畅快饮酒。

本岛虽然是沿海偏僻的地方，也承蒙邹鲁的文化氛围，这是由县委所管辖，也有部队主管，水陆交通都能顺利到达。每年都有缴纳税收供天朝的需要。这一个地方，离京城有千里之遥，若有需要，改天将民众献给政府，在国家的地图上刊登上自己的版图，百姓有自己的归宿，希望有理有据，这是一万年不变的。于是我作了这一篇口语诗，附上记在这里。

附录3　南日108乡村落统计

山初村，位于岛极西，南日第一村，也是全岛最大的村。本村由山头保、西初保组成，各取一字，得名"山初"，由寨里、江咀口、西寨、户头、大池头、山头、四角井、龙头山、石门硖、墓前、君厝楼、南浦头、赤哆、后郑、北楼、后山、坑口、后亭头、乌多底等自然村落组成，以刘姓居多。

石盘村，位于岛西南，以石头盘为中心点，故名石盘。有石头盘、三十六曲、后坑、新厝、山塘头、大井、塔山下、破山边、南厝楼、土地坪等自然村组成。以陈姓、林姓居多。

云万村，以本村最大的云利和万湖村名取一字而得名。由云利、万湖、土头、六亩三、东马利、砖埕等自然村组成。以刘姓、林姓、陈姓居多。

岩下村，清朝年间由埭头后亭沈氏和黄石塘桥头张氏最早搬来，村中有一岩石名为虎头岩，村落位其下，故得名。由院下、下厝陈、新厝尾、火烧哆、赤田里、大厝娘下、三井等自然村组成。以陈姓、张姓、沈姓氏居多。

万峰村，以万安楼、后峰各取一字得名。由万安楼、半路亭、山北、院下、企坑、金兴、大厝娘、厝娘子、西安楼、平顶、官澳、黄厝楼、后峰、后杨、顶楼等自然村组成。以黄姓、刘姓居多。

海山村，位于岛中心。以山边、平海楼各取一字得名。由上惠、平海楼、中楼、山边、东岐楼、尖山下、高洋、月眉、官厝等自然村组成。以张姓、林姓居多。

三墩村，由英石山、草湖山、后山仔三座小山组成故得名。由草湖、后山仔、头英石、树栽尾、屿仔尾、半浦、红头户等自然村组成。以郭姓、佘姓居多。

西高村，本村是清朝年间由福清县坂头场承藩迁来。该村有山取名为皋，村落西向而得名西皋。1954年改名为西沙，1961年改名为西高。

由企下、西皋尾、皋宅、中厝、卒仔兜等自然村组成，以杨姓、蔡姓、郭姓居多。

沙洋村，地势低平，古时是一片沙滩，沙多色美，故称为白沙洋。由白沙洋、浮洋、鹅头下、下楼、鸬鹚、后枫浦、海浦等自然村组成。以杨姓、陈姓居多。

港南村，因坐落于南日港南面而得名。由厚福、下洋、南山、后兰、镜仔、大池口、东户、西户、庙尾、滩兜、屿仔洋、燕埕头自然村组成。以林姓、魏姓居多。

浮叶村，本村取后叶、浮斗各一字得名。由闽南一带搬迁而来，是岛上唯一讲闽南方言的村子。本村由上浮叶、下浮叶、燕头、路竹井等自然村组成，以杨姓、周姓居多。

后叶村，本村原来由欧、叶两姓居此，后来两姓迁走，由福清杨姓迁来，改名后叶。本村只有一个自然村，全姓杨。

东岱村，本村由晋江沼湖胡姓、涵江延亭宫魏姓、福清食头街王姓搬迁而来，后又有东峤许厝许姑等搬迁。本村位于岛极东，居民以讨紫菜为生，故得名东菜尾。因本村有大峤山脉，故以山代村，改名东岱。本村由一个村子组成，以魏姓、王姓居多。

小日岛，小群岛之首。原名红日岛，群岛中仅小于南日主岛，故改名小日岛。岛上以施姓居多。

鳌山岛，小岛因形似鳌鱼而得名。以杨姓、林姓居多。

罗盘岛，因形似罗盘而得名。

赤山岛，因岛上多红土而得名。以郭姓、方姓居多。

主要参考文献

中文

《关于惠安县七个月来非正常死亡情况的报告（1953 年）》，惠安县档案馆藏，32 – 1.1 – 4 – 1。

《汉书·惠帝纪》，云南人民出版社，2011。

《汉书·贾谊传》，云南人民出版社，2011。

《惠安妇女自杀情况的报告（1953 年）》，惠安县档案馆藏，档案号：32 – 1.1 – 5 – 7。

《惠安县第十区涂岭乡贯彻婚姻法重点试验第一阶段乡干部学习小结（1953 年）》，惠安县档案馆藏，32 – 1.1 – 5 – 3。

《惠安县宣传贯彻婚姻法运动基本总结（1953 年）》，惠安县档案馆藏，32 – 1.1 – 5 – 5。

《惠安县制止妇女自杀工作总结（1956 年）》，惠安县档案馆藏，32 – 1.1 – 4 – 11。

《晋书·列女传》。

《晋书·武帝纪》。

《礼记·昏义》。

《梦溪笔谈》卷 25。

《莆田县志》卷 2《舆地·风俗》。

《莆田县志》卷 7《风俗志上·礼制》第一册。

《莆田县志》卷 8《风俗志下·岁时》，第一册。

《莆田县志》卷 8《邑肇志·风俗》。

《史记·滑稽列传》。

《宋会要辑稿》职官二 0 至三 0，中华书局，1957。

《宋史》卷 487，《高丽传》。

《台游笔记》，《小方壶斋舆地丛钞》第九帙。

《唐书·食货志》。

《仙游县志》卷 53《摭遗志》。

《续资治通鉴长编》卷 273，熙宁九年二月壬申，上海古籍出版社，1986。

《战国秦汉间人的造伪与辨伪》，《史学年报》1935 年第 2 期。

《周书·武帝传》。

《硃批谕旨》，光绪十三年上海点石斋缩印本，第 46 册。

B. 特纳：《普通身体社会学概述》，载布赖恩·特纳编《BLACKWELL 社会理论指南》，李康译，上海人民出版社，2003。

阿尔弗雷德·格罗塞：《身份认同的困境》，王鲲译，社会科学文献出版社，2010。

埃米尔·迪尔凯姆：《自杀论》，冯韵文译，商务印书馆，1996。

爱德华·W. 萨义德：《东方学》，王宇根译，生活·读书·新知三联书店，2019。

安东尼·吉登斯：《民族—国家与暴力》，胡宗泽、赵力涛、王铭铭译，生活·读书·新知三联书店，1998。

安东尼·吉登斯：《社会的构成》，李康、李猛译，生活·读书·新知三联书店，1998。

安东尼·吉登斯：《现代性与自我认同》，赵旭东、方文、王铭铭译，生活·读书·新知三联书店，1998。

白凯：《中国的妇女与财产：960—1949》，刘昶译，上海书店出版社，2007。

柏拉图：《柏拉图全集》，王晓朝译，人民出版社，2002。

包乐史：《巴达维亚华人与中荷贸易》，庄国土、吴龙、张晓宁译，广西人民出版社，1997。

保尔·汤普逊：《过去的声音：口述史》，覃方明、渠东、张旅平译，辽宁教育出版社，2000。

鲍晓兰：《西方女性主义口述史发展初探》，《浙江学刊》1999 年第 6 期。

贝蒂·弗里丹：《新女性的创造》，三浦富美子译，日本大和书房，1977。

本尼迪克特·安德森：《想象的共同体——民族主义的起源与散布》，吴叡人译，上海人民出版社，2016。

查尔斯·霍顿·库利：《人类本性与社会秩序》，包凡一、王湲译，华夏出版社，2020。

查瑞传、曾毅、郭志刚主编《中国第四次全国人口普查资料分析》，高
　　等教育出版社，1996。

常建阁：《对口述史价值的思考》，《黑龙江史志》2012 年第 11 期。

陈朝卿：《忆述惠安小岞妇女的际遇》，《泉州文史资料》（第 4 辑）1988
　　年第 6 期。

陈国华：《惠安女的奥秘》，中国文联出版社，1993。

陈国强、石奕龙主编《崇武大岞村调查》，福建教育出版社，1990。

陈国强、叶文程、汪峰著《闽台惠东人》，厦门大学出版社，1994。

陈国强主编《惠安民俗》，厦门大学出版社，1997。

陈清发、汪峰：《惠东崇武镇的历史地理环境及对外关系》，载乔健、陈
　　国强、周立方主编《惠东人研究》，福建教育出版社，1992。

陈盛诏：《问俗录：卷一》，书目文献出版社，1983。

程中原：《谈谈口述史的若干问题》，《扬州大学学报》（人文社会科学
　　版）2005 年第 2 期。

戴逸：《漫谈口述历史》，载王俊义、丁东主编《口述历史》（第 2 辑），
　　中国社会科学出版社，2004。

丁荷生：《中国的第二个政府：中国东南部的地区仪式体系》，载王秋
　　桂、庄英章、陈中民编《社会民族与文化展演国际研讨会论文集》，
　　台北汉学研究中心，2001。

杜唐：《惠安县乡土志》，惠安民众教育馆铅印本，1934。

凡勃伦：《有闲阶级论》，商务印书馆，2004。

方慧容：《"无事件境"与生活世界中的"真实"——西村农民土地改革
　　时期社会生活的记忆》，载杨念群主编《空间·记忆·社会转型：
　　"新社会史"研究论文精选集》，上海人民出版社，2001。

斐迪南·滕尼斯：《共同体与社会——纯粹社会学的基本概念》，张巍卓
　　译，商务印书馆，2021。

费孝通：《家庭结构变动中的老年赡养问题——再论中国家庭结构的变
　　动》，载《费孝通社会学文集》，天津人民出版社，1985。

费孝通：《论私》，载《世纪评论》（第 2 卷）1947 年第 16 期。

费孝通：《土地里长出来的文化》，载《费孝通文集》（第 4 卷），群言出

版社，2001。

费孝通：《乡土中国 生育制度》，北京大学出版社，1998。

费孝通：《乡土中国》，载《费孝通文集》（第5卷），群言出版社，2001。

冯骥才：《一百个人的十年》，江苏文艺出版社，1991。

冯友兰：《新事论》，北京大学出版社，2014。

福建省地方志编纂委员会编《福建省志·民俗志》，方志出版社，1997。

福建省莆田县地名办公室编《莆田县地名录》，1982。

傅光明：《口述史：历史，价值与方法》，《甘肃社会科学》2008年第1期。

高拱乾纂修《台湾府志》卷1《封城志》。

高奇：《文明的历程》，山东画报出版社，2003。

高启：《高太史大全集》卷8，《温陵节妇行》，文渊阁《四库全书》，武汉大学出版社原文电子版。

格罗瑙：《趣味社会学——当代学术棱镜译丛》，向建华译，南京大学出版社，2002。

葛红兵、宋耕：《身体政治》，上海三联书店，2005。

古风：《中国婚姻小史》，东方出版社，2010。

郭于华：《代际关系中的公平逻辑及其变迁——对河北农村养老事件的分析》，《中国学术》2001年第4期。

郭于华：《心灵的集体化：陕北骥村农业合作化的女性记忆》，载王政、陈雁：《百年中国女权思潮研究》，复旦大学出版社，2005。

哈维兰：《当代人类学》，王铭铭等译，上海人民出版社，1987。

贺雪峰：《农村的半熟人社会化与公共生活的重建——辽宁大古村调查》，载黄宗智主编《中国乡村研究》（第6辑），福建教育出版社，2008。

贺雪峰等：《南北中国：中国农村区域差异研究》，社会科学文献出版社，2018。

胡必亮：《关系共同体》，人民出版社，2005。

华生：《神明的标准化：华南沿海地区天后之提倡：960－1960》，载罗友枝、黎安友、姜士彬《中华帝国晚期的大众文化》，赵世玲译，北京师范大学出版社，2022；《思与言》第26卷第4期，1988。

黄光国，胡先缙：《人情与面子：中国人的权力游戏》，中国人民大学出版社，2010。

黄平，E. 克莱尔：《对农业的促进或冲击：中国农民外出务工的村级研究》，《社会学研究》1998 年第 3 期。

黄岩孙：《仙溪志》卷 1《叙县·风俗》，福建人民出版社，1989。

黄岩孙：《仙溪志》卷 3《祠庙》，福建人民出版社，1989。

黄宗智：《中国的"公共领域"与"市民社会"？——国家与社会间的第三领域》，载邓正来、J·C. 亚历山大编《国家与市民社会：一种社会理论的研究路径》，中央编译出版社，2005。

惠安县地方志编纂委员会编《惠安县志》，方言出版社，1998。

基辛：《人类学与当代世界》，张恭启、于嘉云译，巨流图书公司，2005。

纪程：《话语政治：中国乡村社会变迁中的符号权力运作》，中国社会科学出版社，2011。

蒋炳钊：《惠安地区长住娘家婚俗的历史考察》，《中国社会科学》1989 年第 3 期。

蒋维锬编校《妈祖文献资料》，福建人民出版社，1990。

金皋谢：《兴化府莆田县志》（康熙版），中国文史出版社，2000。

金耀基：《从传统到现代》，法律出版社，2010。

金一虹：《父权的式微——江南农村现代化进程中的性别研究》，四川人民出版社，2000。

金一虹：《女性叙事与记忆》，九州出版社，2007。

康豹、李琼花：《西方学界研究中国社区宗教传统的主要动态》，《文史哲》2009 年第 1 期。

克利福德·格尔茨著《文化的解释》，韩莉译，译林出版社，1999。

莱斯利：《社会脉络中的家庭》，华夏出版社，1982。

蓝鼎元：《鹿洲初集》卷 3，《书·论南洋事宜书》，载《鹿洲全集》，厦门大学出版社，1995。

黎曦：《妇女口述史：人类历史的另一半——访中国女性学家李小江教授》，《中国民族》1995 年第 8 期。

李宝梁：《现代口述史的兴起与研究述要》，《社科纵横》2007 年第 7 期。

李国庆：《关于中国村落共同体的论战——以"戒能—平野论战"为核心》，《社会学研究》2005 年第 6 期。

李翘宏、庄英章：《夫人妈与查某佛：金门与惠东地区的女性神媒及其信仰比较》，载黄应贵、叶春荣主编《从周边看汉人的社会与文化》，中央研究院民族学研究所，1997。

李树茁、靳小怡等：《当代中国农村的招赘婚姻》，社会科学文献出版社，2006。

李文采：《论对偶婚从夫居形态及在家庭史上的地位》，《历史研究》1989年第6期。

李霞：《娘家与婆家：华北农村妇女的生活空间和后台权力》，社会科学文献出版社，2010。

李向平、魏扬波：《口述史研究方法》，上海人民出版社，2010。

李小沧：《现代口述史对传统历史学的突破与拓展》，《天津大学学报》（社会科学版）2011年第1期。

李小红：《宋代社会中的巫觋研究》，光明日报出版社，2012。

李小江：《口述史学与口述访谈的若干问题——从"妇女口述史"说起》，《山西师大学报》（社会科学版）2017年第6期。

李亦园：《两岸惠东人的比较研究：理论架构与探讨方向》，载陈国强等编《闽台惠东人》，厦门大学出版社，1994。

李亦园：《人类的视野》，上海文艺出版社，1997。

李银河：《论中国人的大概率价值观》，《中国社会科学季刊》1994年第1卷。

李银河：《生育与村落文化》，文化艺术出版社，2003。

廖大珂：《海上丝绸之路与华侨》，《海交史研究》2015年第1期。

林登名：《莆舆纪胜》，载福建省地方志编纂委员会编《福建省志·民俗志》，方志出版社，1997。

林惠祥：《论长住娘家风俗的起源及母系制到父系制的过渡》，《厦门大学学报》1962年第4期。

林聚任、刘翠霞：《论乡村社会秩序的重建——"共同体"之路》，载林聚任、何中华主编《当代社会发展研究》（第2辑），山东人民出版社，2007。

林文豪主编《海内外学人论妈祖》，中国社会科学出版社，1992。

刘大可：《传统与变迁：福建民众的信仰世界》，社会科学文献出版社，2011。

刘大可：《闽台地域人群与民间信仰研究》，海风出版社，2008。

刘大可：《中心与边缘：客家民众的生活世界》，社会科学文献出版社，2012。

刘平平：《现代口述史研究的理论与方法综述》，《传奇·传记文学选刊》2011 年第 4 期。

刘仁本：《羽庭集》卷 4，《闽中女四首》，文渊阁《四库全书》，武汉大学出版社。

刘禹轮、李唐编纂《民国新修丰顺县志·杂录》，汕头铸字局梅县分局，1943。

刘志琴：《口述史与中国历史学的发展》，《光明日报》，2005 年 2 月 22 日。

卢公明：《中国人的社会生活》，陈泽平译，福建人民出版社，2009。

卢晖临：《革命前后中国乡村社会分化模式及其变迁：社区研究的发现》，载黄宗智主编《中国乡村研究》（第 1 辑），商务印书馆，2003。

卢晖临：《集体化与农民平均主义心态的形成——关于房屋的故事》，《社会学研究》2006 年第 6 期。

鲁思·本尼迪克特：《菊与刀》，吕万和、熊达云、王智新译，商务印书馆，1990。

罗威廉：《近代中国的公共领域》，《现代中国》1990 年第 3 期。

罗威廉：《中华帝国晚期的"市民社会"问题》，《现代中国》1993 年第 2 期。

马欢原：《明钞本〈瀛涯胜览〉校注》，万明校注，海洋出版社，2005。

马克思：《1844 年经济学哲学手稿》，中共中央马克思恩格斯列宁斯大林著作编译局译，人民出版社，2018。

马克斯·韦伯：《新教伦理与资本主义精神》，康乐、简惠美译，广西师范大学出版社，2010。

马林诺夫斯基：《巫术科学宗教与神话》，李安宅译，上海社会科学出版社，2016。

马戎：《西方民族社会学的理论与方法》，天津人民出版社，1997。

马赛尔·莫斯：《礼物——古式社会中交换的形式与理由》，汲喆译，商务印书馆，2016。

曼纽尔·卡斯特：《认同的力量》，曹荣湘译，社会科学文献出版社，2006。

梅棹忠夫：《我的生命价值论——人生有目的吗?》，日本讲谈社，1981。

湄洲妈祖祖庙董事会、湄洲妈祖文化研究中心编印《天后显圣录·天妃诞降本传》。

民国《永定县志》卷15《礼俗志》，载《中国地方志集成·福建府县志辑》第36册，上海书店出版社，2012。

尼采：《权力意志——重估一切价值的尝试》，张念东、凌素心译，商务印书馆，1996。

潘光旦：《中国之家庭问题》，载李文海等主编《民国时期社会调查丛编》，福建教育出版社，2004。

潘蛟：《解构中国少数民族：去东方学化还是再东方学化》，《广西民族大学学报》（哲学社会科学版）2009年第2期。

潘毅：《中国女工——新兴打工者主体的形成》，任焰译，九州出版社，2011。

彭兆荣：《边际族群：远离帝国庇佑的客人》，黄山书社，2006。

莆田市莆仙文化研究院编《莆田市名人志》，福建人民出版社，2014。

莆田县县志编集委员会编《莆田县志·明代倭寇祸莆》，1963。

齐小新：《口述历史在美国刍议》，《北京大学学报》（哲学社会科学版）2002年第3期。

乔健：《"关系"刍议》，《社会及行为科学研究的中国化研讨会论文集》，中央研究院民族学研究所，1982。

乔健：《惠东地区长住娘家婚俗的解释与再解释》，乔健、陈国强、周立芳主编《惠东人研究》，福建教育出版社，1992。

乔健等主编《文化、族群与社会的反思》，北京大学出版社，2005。

乔纳森·特纳：《社会学理论的结构》（上），邱泽奇译，华夏出版社，2001。

曲彦斌：《略论口述史学与民俗学方法论的关联：民俗学视野的口述史学》，《社会科学战线》2003年第4期。

让·贝克·米勒：《走向女性的新心理》，郑至慧等译，女书出版社，

1976。

让－弗朗索瓦·利奥塔：《后现代性与公正游戏——利奥塔访谈、书信录》，谈瀛洲译，上海人民出版社，1997。

桑德拉·哈丁：《是否有一种女性主义研究方法》，孙中欣、张莉莉编《女性主义研究方法》，复旦大学出版社，2007。

山崎正和：《柔软的个人主义的诞生——消费社会的美学》，中央公论社，1985。

上野千鹤子：《近代家庭的形成和终结》，吴咏梅译，商务印书馆，2004。

史谦德：《北京的人力车夫：1920 年代的市民及政治》，周书垚、袁剑译，江苏人民出版社，2021。

司马光：《涑水纪闻》卷 13，中华书局，1989。

宋健：《中国人口结构面面观——中国第五次人口普查公报透视》，《人口研究》2001 年第 3 期。

宋学勤：《当代中国史研究与口述史学》，《史学集刊》2006 年第 5 期。

孙尔准修《道光重纂福建通志》卷 276《丛谈》，广陵书社，2018。

唐灿、马春华、石金群：《女儿赡养的伦理与公平——浙东农村家庭代际关系的性别考察》，《社会学研究》2009 年第 6 期。

唐德刚：《胡适口述自传》，广西师范大学出版社，2005。

唐纳德·里奇：《大家来做口述历史（第 2 版）》，王芝芝、姚力译，当代中国出版社，2006。

田海：《现代中国早期的地方社会及信仰组织初步研究》，《亚洲中东部宗教研究》1995 年第 8 期。

佟新：《社会性别研究导论：两性不平等的社会机制分析》，北京大学出版社，2005。

佟新：《社会性别研究导论》（第 2 版），北京大学出版社，2011。

涂尔干：《社会分工论》，渠东译，生活·读书·新知三联书店，2013。

挽鹅：《民俗志怪·跳墼》，《华报》，1932 年 6 月 21 日，第 3 版。

汪大渊：《岛夷志略·古里地闷》，中华书局，1981。

汪大渊：《岛夷志略·乌爹》。

汪炜伟、吴宏洛：《清初至 20 世纪 90 年代南方乡村妇女集体自杀风习探因》，《东南学术》2017 年第 3 期。

汪永涛：《农民建房行为的动力——基于江西宗族型村庄的调查》，《西南石油大学学报》（社会科学版）2011 年第 6 期。

王均霞、李彦炜：《个人生活史、生活场域与乡村女性的亲属关系实践》，《北方民族大学学报》（哲学社会科学版）2016 年第 3 期。

王利华：《中国家庭史：先秦至南北朝时期》（第 1 卷），广东人民出版社，2007。

王燕：《男孩偏好对中国生育率的影响》，《中国人口科学》1995 年第 4 期。

王跃生：《社会变革与婚姻家庭变动——20 世纪 30～90 年代的冀南农村》，生活·读书·新知三联书店，2006。

威廉·A. 哈维兰等：《人类学：人类的挑战》，翟铁鹏、张钰译，电子工业出版社，2018。

魏开琼：《中国妇女口述史发展初探》，《浙江学刊》2012 年第 4 期。

文崇一：《亲属关系与权力关系：结构性的分析》，载文崇一《历史社会学：从历史中寻找模式》，三民书局股份有限公司，1995。

乌尔里希·贝克：《风险社会》，何博闻译，译林出版社，2003。

吴重庆：《无主体熟人社会》，《开放时代》2002 年第 1 期。

萧邦奇：《中国精英及政治变迁：20 世纪初期的浙江》，徐立望、杨涛羽译，江苏人民出版社，2021。

萧春雷：《嫁给大海的女人》，海峡摄影艺术出版社，2003。

谢怀丹：《闽南农村漫谈·新福建》，福建省政府秘书处编译室编印，1944 年第 1 期。

谢立中：《主体性、实践意识、结构化：吉登斯"结构化"理论再审视》，《学海》2019 年第 4 期。

谢肇制撰《五杂组》，上海书店出版社，2015。

辛土成：《浅释福建若干特异之民俗》，《人类学研究》（试刊号），1985。

熊月之：《口述史的价值》，《史林》2000 年第 3 期。

徐承伦：《关于胡适、李宗仁的口述历史及其他——唐德刚教授访问记》，《文史哲》1993 年第 6 期。

徐杰舜、彭兆荣、徐新建：《对话：人类学高级论坛与中国人类学家口述史》，《民族论坛》2014 年第 4 期。

徐晓望：《宋代闾山派巫法与早期妈祖信仰》，赵麟斌主编《闽台民俗散论》，海洋出版社，2006。

许涓：《南日岛往事》，海峡文艺出版社，2018。

许烺光：《宗族·种姓·俱乐部》，薛刚译，华夏出版社，1990。

闫茂旭：《当代中国史研究中的口述史问题：学科与方法》，《泰山学院学报》2009年第5期。

阎明：《"差序格局"探源》，《社会学研究》2016年第5期。

阎云翔：《礼物的流动：一个中国村庄中的互惠原则与社会网络》，李放春、刘瑜译，上海人民出版社，2000。

阎云翔：《中国社会的个体化》，陆洋等译，上海译文出版社，2012。

杨华：《隐藏的世界：农村妇女的人生归属与生命意义》，中国政法大学出版社，2012。

杨洁：《妇女口述史国际学术研讨会综述》，《历史研究》1999年第2期。

杨立文：《论口述史学在历史学中的功用与地位》，载《北大史学》（第1辑），北京大学出版社，1993。

杨祥银：《关于口述史学基本特征的思考》，《郑州大学学报》（哲学社会科学版）2010年第4期。

杨祥银：《与历史对话：口述史学的理论与实践》，中国社会科学出版社，2004。

叶光辉：《孝道的心理与行为》，载杨国枢、黄光国、杨中芳主编《华人本土心理学》，重庆大学出版社，2008。

阴法鲁、许树安：《中国古代文化史3》，北京大学出版社，1991。

尤育号：《口述史、生活史与民间文化研究》，《温州大学学报》（社会科学版）2013年第5期。

游鉴明：《她们的声音：从近代中国女性的历史记忆谈起》，四川人民出版社，2020。

余涌：《道德权利和道德义务的相关性问题》，《哲学研究》2000年第10期。

虞和平：《口述史学的学术特点》，《北京党史》2005年第6期。

袁亚愚：《乡村社会学》，四川大学出版社，1990。

翟学伟：《人情、面子与权力的再生产》（第2版），北京大学出版社，2013。

翟学伟：《中国人群体意识的双重取向——"内聚"和"内耗"的社会学研究》，《江海学刊》1992 年第 3 期。

翟学伟《中国人行动的逻辑》，社会科学文献出版社，2001。

詹姆斯·C. 斯科特：《弱者的武器》，郑广怀、张敏、何江穗译，译林出版社，2011。

张汉辉、张荣辉编著《惠安旧风俗琐谈》，惠安县地方志办公室，1991。

张双志、于洪：《口述史在民族史研究中的功用及相关问题》，《西北民族大学学报》（哲学社会科学版）2004 年第 4 期。

郑丹丹：《女性主义研究方法解析》，社会科学文献出版社，2011。

郑得来编《连江里志略》，莆田市图书馆收藏抄本。

郑浩澜：《"村落共同体"与乡村变革》，吴毅主编《乡村中国评论》（第一辑），广西师范大学出版社，2006。

郑振满、丁荷生编纂《福建宗教碑铭汇编·兴化府分册》，福建人民出版社，1995。

周达观：《真腊风土记·流寓》，中华书局，1981。

周立方：《福建十年民俗调查》，厦门大学出版社，2007。

周雪香：《莆仙文化述论》，中国社会科学出版社，2008。

朱景英撰《海东札记》卷 4。

朱志敏：《口述史学能否引发史学革命》，《新视野》2006 年第 1 期。

滋贺秀三：《中国家族法原理》，张建国、李力译，法律出版社，2003。

英文

Anagnost, Ann. *National Past-Times: Narrative, Representation, and Power in Modern China*. Durham and London: Duke University Press, 1997.

Andrew, B. Kipnis. "Within and Against Peasantness: Backwardness and Filiality in Rural China." *Comparative Studies in Society and History* 37, No. 1 (1995): 124.

Baker, Hugh. *Chinese Family and Kinship*. New York: Columbia University Press, 1979.

Baldwin, D. A. "Power and Social Exchange," *The American Political Science Review* 72 (1978): 1229 – 1242.

Barrington, Moore Jr. *Injustice*: *The Social Bases of Obedience and Revolt*. White Plains: M. E. Sharpe, 1978.

Bourdieu, Pierre. *Outline of a Theory of Practice*, trans by Richard Nice. Cambridge: Cambridge University Press, 1977.

Bourdieu, Pierre. *The Logic of Practice*, trans by Richard Nice. Stanford: Stanford University Press, 1990.

Chaftz, Janet Saltzman. *Gender Equity*: *An Integrated Theory of Stability and Change*. Newbury Park, CA: Sage, 1990.

Chen, Chung-min. "Dowry and Inheritance," in *The Chinese Family and Its Ritual Behavior*, edited by Hsieh Jihchang and Chuang Ying-chang. Taiwan: Institute of Ethnology, Academia Sinica, 1985.

Clinchy, Blythe M. & Julie K. Norem. *The Gender and Psychology Reader*. New York: New York University Press, 1998.

Cohen, Myron. L. *House United, House Divided*: *The Chinese Family in Taiwan*. Columbia: Columbia University Press, 1976.

Collins, Randall and Joan Annett. "A Short History of Deference and Demeanor," *Conflict Sociology* (1981): 161 – 224.

Comaroff, Jean. *Body of Power, Spirit of Resistance*: *the Culture and History of a South African People*. Chicago: University of Chicago Press, 1985.

Cook, Karen S. , and Richard M. Emerson. "Power, Equity, and Commitment in Exchange Networks," *American Sociological Review*, 43 (1978): 721 – 739.

Croll, Elisabeth. *Changing Identities of Chinese Women*. London: Zed; Hong Kong: Hong Kong University Press, 1995.

Croll, Elisabeth. *From Heaven to Earth*: *Images and Experiences of Development in China*. London and New York: Routledge, 1994.

Croll, Elisabeth. *Women and Development in China*: *Production and Reproduction*. Geneva: International Labor Office, 1985.

Davis, Deborah, and Stevan Harrell. *Chinese Families in the Post-Mao Era*. Berkeley: University of California Press, 1993.

Durkheim, E. *The Division of Labor in Society*, trans by George Simpson. New

York: The Free Press, 1964.

Fei, Xiaotong. *From the soil: The Foundations of Chinese Society*, trans by Gary Hanmilton and Wang Zheng. Berkeley: University of California Press, 1992.

Fortes, M. *The Dynamics of Clanship among the Tallensi.* London, New York and Toronto: Oxford University Press, 1945.

Freedman, Maurice. "Ritual Aspects of Chinese Kinship and Marriage," in *The Study of Chinese Society: Essays by Maurice Freedman*, edited by G. William Skinner. Stanford: Stanford University Press, 1979.

Freedman, Maurice. *Chinese Lineage and Society: Fukien and Kwangtung.* London: Athlone, 1966.

Gluck, Sherna Berger & Daphne Patai eds. *Women's Words: The Feminist Practice of Oral History.* New York: Routledge, 1991.

Goffman, Erving. *The Presentation of Self in Every Day Life.* Edinburgh: University of Edinburgh Press, 1959.

Graham, Allan and Graham Crow. *Families, Households and Society.* Basingstoke: Palgrave, 2001.

Greenhalgh, S. "Anthropology Theorizes Reproduction: Integrating Practice, Political Economic, and Feminist Perspectives," in *Situating Fertility*, edited by S. Greenhalgh. Cambridge: Cambridge University Press, 1995.

Harding, Sandra. "Introduction: Is There a Feminist Method?" in *Feminism and Methodology: Social Science Issues*, edited by Sandra Harding. Bloomington Indiana: Indiana University Press, 1987.

Hsu, Francis L. K. *Under the Ancestors' Shadow: Chinese Culture and Personality.* New York: Doubleday & Company, 1967.

Hsu, Francis L. K. *Americans and Chinese: Two Ways of Life.* New York: Henry Schuman, 1953.

Hu, Hsien Chin. "The Chinese Concept of 'Face'," *American Anthropology* 46 (1944): 45 – 64.

Jaksic, Ivan. "Oral History in the Americas," *Journal of American History* 79 (1992): 590.

Johnson, Kay Ann. *Women, the Family and Peasant Revolution in China.* Chicago: the University of Chicago Press, 1983.

Judd, Ellen. "Niangjia: Chinese Women and Their Natal Families," *Journal of Asian Studies* 48 (1989): 525 – 544.

Kipnis, A. *Producing Guanxi: Sentiment, Self, and Subculture in a North China Village.* Durham: Duke University Press, 1997.

Kristeva, Julia. *About Chinese Women*, trans by Antia Barrows. London: M. Boyars Publishers Ltd, 1977.

Kung, Lydia. *Factory Women in Taiwan.* Ann Arbor: University of Michigan Press, 1983.

Li, J. , W. Lavely. "Villages Context, Women's Status, and Son Preference among Rural Chinese Women," *Rural Sociology* 68 (2003): 87 – 106.

Louis Starr, "Oral history", in *Oral History: An Interdisciplinary Anthology*, edited by Dunaway David K. and Baum Willa K. New York: Rowman & Littlefield Pub Inc, 1984.

Maine, H. S. *Ancient Law: Its Connection with the Early History of Society and Its Relation to Modern Ideas.* Boston: Beacon Press, 1963.

Michael, Adas. "From Avoidance to Confrontation: Peasant Protest in Precolonial and Colonial Southeast Asia," *Comparative Studies in Society and History* 23 (1981): 217 – 247.

Morgan, L. H. *Ancient Society.* Cambridge: Belknap Press of Harvard University, 1964.

Moss, William W. "Oral History: What Is It and Where Did It Come From?" in *The Past Meets the Present: Essays on Oral History*, edited by Divid Stricklin and Rebecca Sharpless. Landam, Md: University Press of America, 1988.

Ocko, Jonathan K. "Women, Property, and the Law in the People's Republic of China," in *Marriage and Inequality in Chinese Society*, edited by Rubie S. Watson and Patricia B. Ebrey. Berkeley: University of California Press, 1991.

Pasternak, B. "On the Causes and Demographic Consequences of Uxorilocal

Marriage in China," in *Family and Population in East Asian History*, edited by S. B. Hanley and A. P. Wolf. California: Stanford University Press, 1985.

Polishuk, Sandy. "Secrets, Lies, and Misremembering: The Perils of Oral History Interviewing," *Frontiers*, 19, No. 3 (1998): 14 – 23.

Portelli, Alessandro. *The Death of Luigi Trastulli and other Stories: Form and Meaning in Oral History*. New York: State University of New York Press, 1991.

Poston, D. L. "Son Preference and Fertility in China: A Study of Four Rural Counties," *Population Studies* 51 (2001): 161 – 224, 221 – 228.

Redfield, R. "Culture Change in Yucatan," *American Anthropologist* 36, No. 1 (1934): 9 – 10.

Redfield, R. "The Folk Society and Culture," *American Journal of Sociology* 45, No. 5 (1940): 731 – 742.

Schlenker, B. R. *Impression Management: The Self-Concept, Social Identity and Interpersonal Relations*. Monterey, Calif. : Brooks/ Cole, 1980.

Scott, James. *The Moral Economy of the Peasant: Rebellion and Subsistence in Southeast Asia*. New Haven: Yale University Press, 1976.

Selden, Mark. *Family Strategies and Structure in Rural North China*, *Chinese Families in the Post-Mao Era*, edited by Deborah Davis and Stevan Harrell. California: University of California Press, 1933.

Simme, Georg. "Fashion," *American Journal of Sociology*, 62 (1957): 541 – 558.

Skinner, G. W. "Family Systems and Demographic Processes," in *Anthropological Demography: Toward A New Synthesis*, edited by D. I. Kertzer and T. Fricke, Chicago: University of Chicago Press, 1997.

Smith, Dorothy. *The Everyday World As Problematic: A Feminist Sociology*. Boston: Northeastern University Press, 1987.

Stanley, Liz, and Sue Wise. *Breaking Out: Feminist Consciousness and Feminist Research*. London: Routledge & Kegan Paul, 1983.

Strong, Bryan, Christine De Vault, and Theodore F. Cohen. *The Marriage and*

Family Experience: Intimate Relationships in a Changing Society. Nashville: B & H Publishing, 2010.

Tennies, F. *Community and Society.* New York: Dover Publications, 2002.

Thompson, P. *The Voice of Past: Oral History.* New York: Oxford University Press, 1978.

Tilly, Louise, and John Scott. *Women, Work and Family.* New York: Holt, Rinehart and Winston. 1978.

Touraine, Alain. *The Voice and the Eye: An Analysis of Social Movement.* New York: Cambridge University Press, 1981.

Walder, Andrew G. "Organized Dependency and Cultures of Authority in Chinese Industry," *Journal of Asian Studies* 43, No. 1 (1983): 51 – 75.

Watson, Robie S. "Wives, Concubines and Maids: Servitude and Kinship in the Hong Kong Region, 1900 – 1940," in *Marriage and Inequality in Chinese Society*, edited by Rubie S. Watson and Patricia B. Ebrey. Berkeley: University of California Press, 1991.

Weber, Max. *The Religion of China: an Outline of Interpretive Sociology*, edited by G. Roth & C. Wittich. Berkeley: University of California Press, 1978.

Wilcox, C. *Robert Redfield and the Development of American Anthropology.* Lanham, Maryland: Lexington Books, 2004.

Wolf, Margery. *Revolution Postponed: Women in Contemporary China.* Stanford: Stanford University Press, 1985.

Wolf, Margery. *Women and the Family in Rural Taiwan.* Stanford: Stanford University Press, 1972.

Yan, Yunxiang. *The Flow of Gifts: Reciprocity and Social Network in a Chinese village.* Stanford: Stanford University Press, 1996.

Yang, Kuo-shu. "Social Orientation and Individual Modernity among Chinese Students in Taiwan," *Journal of Social Psychology*, 113 (1981): 159 – 170.

后 记

　　每位女博士的求学经历都是一部不朽的史诗，而每位高校女教师的科研经历正可谓史诗再造传奇。

　　能顺利毕业并拿下博士学位是每位女博士生命历程中重要的社会行动。作为积极的行动者，为了达到博士学位边际效益的最大化，实现帕累托最优，进入高校任教成为很多女博士的理想追求。她们自认为未来理想类型的建构总能在社会学理论中找到答案，因为社会分层的事实告诉我们，优秀者自有成就担当；精英循环理论告诉我们，精英是可以转换的，更是可再生的；社会无限可能的突生性更是告诉我们，中庸以及尚未展露才能者，绝地反击有待时日，命运之神的护佑也不只是宿命。怀着这样的雄心壮志，从入职伊始，我就自认在社会层级结构中能实现向上流动，在获得社会资本的过程中可以占据有利位置，于是，不止一次在微笑中为日后岁月静好的理想生活设定诸多假设。

　　可惜生不逢时，这些假设被残酷的现实证伪了。在我任职高校后赶上高校普遍实行的非升即走、聘期考核的制度，发表核心期刊论文、申请课题成为工作的常态，还要完成定额的教学工作，辅导数量日趋庞大的本科生和硕士生，并承担起繁重琐碎的行政事务。博士毕业并不意味着学习的结束，而恰恰是一个新的学习周期的开始。任教几年来，为了应对学院的学科调整和专业整合，我自学了社会保障、社会工作、行政管理三个专业，考取了社会工作师，拿下了国家社会科学基金和教育部人文社科规划项目，发表了多篇核心期刊论文。契合古人所云，"活到老学到老"，我一直走在勤勉努力的路上。

　　对很多高校女老师来说，在科研路上作出成绩已属不易，奈何"屋漏偏逢连夜雨"，博士毕业后国家适时调整生育政策，从"单独二孩"到"全面二孩"再到"全面三孩"，生育政策的调整让人眼花缭乱。很多女老师面临艰难的人生选择，历史使命需要她们缓解国家人口老龄化的压力，家庭责任需要她们为家庭人口再生产尽绵薄之力，她们在面临严峻的科研压力的同时不得不把生育纳入议事日程。在父权制的凝视下，必须在年龄不占优势的生命历程里完成家庭共同的性别角色期待，尽管家庭分工依旧。可以说，生育政策调整鼓励增加的是孩子的数量，却缺乏相应的生育配套措施，抚养孩子依然主要由母亲和祖辈承担，隔代抚养带来婆媳关系、夫妻关系、亲子关系等家庭关系的重大调整，考验着高校女教师们的身体素质、智商情商和时间分配。很多高校女教师在科研和家庭的夹缝里艰难求生，个中辛苦，冷暖自知，难以想象，作为八零后的我们在计划生育时代里也曾经娇生惯养过。

尽管工作和生活如一地鸡毛，但对于科研执着的兴趣和追求是支撑我险中求胜最好的良药。博三伊始，之前任职的福建行政学院与福建省委党校合并，新成立的校院热情地邀请我加入闽台妇女口述史研究课题组。该课题组由福建省委党校副校长刘大可教授、浙江省社会科学院女性社会学家王金玲研究员和社会科学文献出版社原社长谢寿光教授共同倡导开展，对闽台地域特殊女性人群开展口述史研究。在"铜钵寡妇"、"大陆新娘"、"福佬妈"、"明溪少妇"、客家妇女等诸多女性群体中，我选择了迁移到南日岛浮叶村的惠安女作为研究对象。此书凝聚了我七年多的心血，对学术的兴趣和桀骜不驯的性格驱动着我克服重重阻力去完成这个浩大的工程。

犹记得 2013 年 9 月中秋节第一次进入浮叶村踩点，突如其来的台风让我在海岛上滞留多日。我和村委会成员开了个座谈会，会上头脑风暴，各抒己见，好不热闹。浮叶村干部对于当年还是凤毛麟角的女博士无比崇拜，对于有人愿意将从未有过文字记载的浮叶文化写成专著怀着无比感激的心情。乡老们慷慨地分享家里珍藏的手写族谱、南日岛记等，逐字逐句地解读上面已经模糊的字迹和拗口的表述，还带我寻找村里几个典型的浮叶女，比如上过央视的灵媒阿尾，为我日后在写作过程中时不时重返浮叶村补充调查提供宝贵的线索。这些线索人物通过滚雪球的方式，带我访谈了更多的浮叶女，让我积累了丰富的第一手素材。七年多的田野调查，没有浮叶村从村干部到普通村民的配合，我很难完成工作量如此大的口述访谈。浮叶人朴素的集体主义精神，对于知识和文人的理解和崇拜，成为我在写作过程中每一点积累的精神支柱。当然，写作过程的艰辛是无法用语言来表达的，之所以并未感觉到痛苦是因为对写作和学术执着的热情。2014 年通过博士论文答辩后，当同学们都在忙着庆祝毕业时，我却扎在厦门大学图书馆里寻找口述史的各种资料。厦门大学图书馆藏书浩瀚，保存着很多珍贵的口述史资料，尤其是惠安女的文字记载。因为很多文献是孤本，我只能借出来复印。答辩后到离开厦大的那一个月时间里，我每天往返于宿舍和图书馆，博士同学对此都感到无比诧异："都答辩结束了怎么还天天窝在图书馆里？"他们百思不得其解我会对一本口述史专著投入比博士论文更大的热情。相较于这本口述史专著，我更愿意认为博士论文是功利性写作，为了能在三年里顺利毕业，获得一个更好的"饭碗"，博士期间的求学生涯对我来说是个无比焦虑煎熬的漫长过程，要经历开题、预答辩和正式答辩这些险象环生的环节。功利性写作令我身心俱疲却没有太大的成就感，毕业论文答辩完，我感觉只是完成了一个重要的生命事件。然而，口述史专著却是纯粹出于个人的兴趣和喜好，搜集资料、求教专家、撰写书稿的过程是令人身心愉悦的，做一件自己喜欢的事情能带来持久的动力。我从不担心这本书写完了没地方出版，也从未想过要以此申请课题或发表论文，等我年老的时候，把厚重的书稿打印出来孤芳自赏，也将是不错的心理体验，所以七年多的写作对我来说并不算折磨，是痛并快乐着，有时来了灵感会写作到深夜却毫无困意。后来一个偶然的机会，高人指点我可以将书稿申请国家社科基金后期资助，我花了几周的时间去琢磨这个我从未涉及的课题类型。当然，从一开始拿课题就不是我写作的初衷，只是在有了一定的收获和积累后，自然而然成就的一个中间环节。所幸，扎实的田野调查和厚重的书稿让我顺利通过社会科学文献出版社的内部评审，他们为我开具了推荐信，我的博导叶文振教授，还有厦门大学研究华侨和移民的专家李明欢教授，为我申请课题字斟句酌地写了宝贵的推荐意见，让我得以顺利获得国家社科基金后期资助立项。可以说，我的写作过程渗透着学界前辈们的支持和鼓励，这本书稿不仅仅是我个人的心血，更是集体智慧的结晶。我始终相信越努力越幸运，只要肯在学术上投入时间和精力，就会有善良的前辈们乐见你的成长，为你的成长提供他们的人脉和资源，这个过程对于年轻学者来说弥足珍贵，是值得感恩终身的愉悦体验。

　　在七年多的田野调查过程中，单纯朴素的浮叶人带我寻访了一百多位浮叶女，记录下她们的生命事件，发出浮叶女自己的声音，诠释了一个移民村落在两百多年的迁移历程里生动活泼的生存图景。很多浮叶女的口述资料渗透着深刻的个人情感，她们对女博士和女教师充满尊重和信任，愿意袒露心扉，分享她们的生命故事，甚至是个体家庭的隐私，访谈的过程常让我有着强烈的"共情"。很多浮叶女的名字代表着一个符号，而简单的符号背后却对应着一个个活生生的个体。为了保护她们的隐私，本书隐去了她们的真实姓名，用惠安女常用的"阿梅""阿玲"等鲜活明快的符号来称谓她们。她们就像我的家人一样，单纯而亲切，简单而快乐，每每想起，亲情的温暖都会油然而生。当然，隐匿姓名的真实本意是希望我的学术研究不会打扰她们平静的生活，让她们在分享故事后还能重新回归简单的日常生活。

我常怀着感恩的心态来看待我所书写的浮叶女的口述历史，是她们讲述了浮叶女两百多年迁移历史谱系中的宏大叙事，并落脚到柴米油盐的日常，在跌宕起伏中让我能清晰地梳理出异质文化与本土文化在冲突、碰撞、交融中的发展脉络和运行规律。不过，书写浮叶女口述资料的过程无比艰辛，我几乎走遍了每一个角落。访谈的一百多位浮叶女很多不会讲普通话，她们的口述语言既带有原生地的闽南口音，亦有迁移地的莆田口音，而且上浮、中浮、下浮三个自然村的口音还略有差异，每次我都认真地录下音频并做好记录，然后请人帮我一句句翻译出来，我再把语句整理完整。尽管如此，我在写作过程中还是尽力还原最真实的口述语言，对她们的口述资料整理和解释尽量做到价值中立。

本书出版在即，意绪怦然。作为潜心社会学的学者，我的夙愿是分别出版一本定量研究和定性研究的专著，已经出版的博士论文是关于南日岛女性就业流动的定量研究，而这本书聚焦于南日岛浮叶村的女性，是采用口述史方法记录她们生存图景的厚描述，两本专著方法迥异却相得益彰。当然，完成50多万字的专著，写作过程冗长且艰辛，需要我对口述资料进行经验性思考并进行理论解释，在浩如烟海的文献资料中寻找理论的闪光点，平心而论，我是凭借着对科研执着的兴趣和非功利的学术热情去完成的。不过，对于口述史研究我还是学界新株，写作中难免有不足和纰漏，很愿意瞻彼前修、谦虚恭敬地听取学界友人的意见，以利于本书日后的修订和完善。在此，要感谢中国社会学会秘书长谢寿光教授，出于提携后学的善意，他认真审阅我的文稿并为我写了洋洋洒洒四千多字的序，还关心和协调书稿出版的诸多事宜；感谢社会科学文献出版社群学分社谢蕊芬社长、责任编辑李明锋同志，在三审三校中认真细致地修改，并提供很有见地的修改意见；感谢国家社科基金为本书的出版提供的经费支持；感谢厦门大学的博导叶文振教授，作为中国第一位研究女性社会学的男性，对学术总是有高屋建瓴的旨趣，多年磨合中为我建构了独特的性别视角和恢弘大气的学术眼光，我们是同事，亦师亦友，多重角色中他总能保持最佳的魅力；感谢清华大学王天夫教授给我提供的访学机会，让我有足够的时间完成书稿的校对和修订，更助推我在社会学研究道路上的成长；感谢所任职的福建师范大学为我的科研创作提供的重要发展平台，时任社科处处长袁勇麟教授认真评阅了我的国家社科基金后期资助申请书，热情地联系外国语学院的岳峰教授，向我大方地分享宝贵的申报经验，让我感受到师大温暖的情谊；还有公共管理学院的谢宏忠教授、曾盛聪教授对本书出版也给予诸多方面的支持；感谢厦门大学李明欢教授，她对于移民研究有着厚重的学术积累，字斟句酌地为我申请国家社科基金后期资助写推荐信，她总是乐见年轻学者的成长；感谢母亲颜小华女士和婆婆陈美兰女士任劳任怨的隔代抚养，为我腾出珍贵的白天时间，使得我能在送完孩子上学后安心写作；感谢先生张群洪宽容的性格，在夫妻讨价还价能力的博弈中总是让我占据优势，在我奋笔疾书的过程中付出情感劳动；感谢浮叶村的村支书江春水、村委会主任杨发荣、浮叶村杨氏宗亲会会长杨清银、原浮叶小学校长杨柳发、原沙洋中学校长陈国华、浮叶村乡老杨笔春和周忠金为我的田野调查提供的诸多资料和便利；更感谢善良的浮叶女提供的重要的口述资料，正是她们的知无不言、言无不尽，才让本书如此厚重。

2022 年迹留清华园

图书在版编目（CIP）数据

本土文化的他者：浮叶女的底层叙事／严静著. --
北京：社会科学文献出版社，2022.11
国家社科基金后期资助项目
ISBN 978 - 7 - 5228 - 0823 - 9

Ⅰ.①本… Ⅱ.①严… Ⅲ.①妇女 - 人口迁移 - 研究
- 莆田 Ⅳ.①C922.2②D669.68

中国版本图书馆 CIP 数据核字（2022）第 183166 号

国家社科基金后期资助项目
本土文化的他者：浮叶女的底层叙事

著　　者／严　静

出 版 人／王利民
责任编辑／李明锋　胡庆英
责任印制／王京美

出　　版／社会科学文献出版社·群学出版分社（010）59366453
　　　　　地址：北京市北三环中路甲 29 号院华龙大厦　邮编：100029
　　　　　网址：www.ssap.com.cn
发　　行／社会科学文献出版社（010）59367028
印　　装／三河市龙林印务有限公司

规　　格／开　本：787mm × 1092mm　1/16
　　　　　印　张：35.5　字　数：563 千字
版　　次／2022 年 11 月第 1 版　2022 年 11 月第 1 次印刷
书　　号／ISBN 978 - 7 - 5228 - 0823 - 9
定　　价／168.00 元

读者服务电话：4008918866